THALASSA ! THALASSA !
LA « GRANDE MER » ET SES PASSEURS

Itinéraires en Afrique de l'histoire du droit et des institutions

Mélanges en l'honneur de Bernard DURAND

COLLECTION « MEMOIRES DU DROIT EN AFRIQUE »

Conçue et dirigée par les Professeurs Mamadou BADJI (Université Cheikh Anta Diop de Dakar) et Blaise Alfred NGANDO (Université de Yaoundé 2-Soa), cette collection entend mobiliser, non seulement les historiens du droit, mais aussi d'une manière plus large les juristes et autres spécialistes de la Norme en Afrique pour contribuer à faire percevoir les enjeux, les étapes, les différences et les apports de ce continent dans la marche juridique de l'histoire universelle.

Déjà paru :

Blaise Alfred NGANDO, *Genèse de l'État et du droit au Cameroun (1472-1961). Les racines d'une Nation en construction*, 2020.

Études réunies par
Mamadou BADJI et Samba THIAM

THALASSA ! THALASSA !
LA « GRANDE MER » ET SES PASSEURS

Itinéraires en Afrique de l'histoire du droit et des institutions

Mélanges en l'honneur de Bernard DURAND

L'Harmattan

5-7, rue de l'Ecole-Polytechnique, 75005 Paris

www.editions-harmattan.fr

ISBN : 978-2-343-20139-9
EAN : 9782343201399

Coordination scientifique :
- Paul NGOM (Université Cheikh Anta Diop de Dakar, Sénégal) ;
- Olivier DEVAUX (Université Toulouse 1 Capitole, France) ;
- Samba TRAORE (Université Gaston Berger de Saint-Louis, Sénégal) ;
- Éric GASPARINI (Université d'Aix Marseille, France) ;
- Pascal VIELFAURE (Université de Montpellier, France) ;

Secrétariat scientifique :
- Alassane KANTE (Université Cheikh Anta Diop de Dakar, Sénégal) ;
- Sylvain SANKALE (Avocat, Barreau de Dakar, Sénégal) ;
- Yamar SAMB (Université Gaston Berger de Saint-Louis) ;
- Seydou DIOUF (Université Cheikh Anta Diop de Dakar, Sénégal) ;
- Amadou Abdoulaye DIOP (Université Cheikh Anta Diop de Dakar, Sénégal)

CURRICULUM VITAE

Bernard DURAND

Professeur émérite Université Montpellier I depuis 2010
Doyen honoraire de la Faculté de droit de Montpellier
Né le 5 avril 1940 à Sète.
Grade : professeur classe exceptionnelle, E2.
Adresse personnelle : 49 quai du Verdanson, 34090 Montpellier. Tel. : 04 67 72 11 02.
Adresse professionnelle : Institut d'histoire du droit (IHD), 39, rue de l'Université, 34060, Montpellier Cedex. Tel. : 04 34 43 29 36.

ACTIVITÉS ACTUELLES

Fonctions
*Membre de l'Institut d'histoire du droit, Faculté de droit et de science politique, Université Montpellier
*Membre de l'Assemblée de l'Université de Sherbrooke (Québec) (>2019)
*Professeur associé à l'Université Senghor (Alexandrie, Égypte)

Distinctions honorifiques et académiques :
Chevalier de la Légion d'honneur,
Chevalier de l'ordre national du mérite,
Officier des palmes académiques,
Officier de l'ordre du Lion (Sénégal),
Officier de l'ordre du mérite congolais
Officier de l'ordre du mérite gabonais
Docteur *honoris causa* de l'Université de Yérévan (Arménie)
Docteur d'honneur de l'Université de Sherbrooke (Québec)
Docteur *honoris causa* de l'Université de Liège (Faculté de Droit).

À - CARRIÈRE UNIVERSITAIRE ET ACTIVITÉS PÉDAGOGIQUES

ETUDES

-1962 : Licencié en droit.
-1963 : DES de Droit public.
-1964 : DES d'histoire du droit.
-1965-1967 : Assistant à la Faculté de droit de Montpellier I.
-1967-1968 : Service militaire en coopération, professeur au centre de formation administrative de Ouargla (Algérie), chargé des cours d'institutions politiques

algériennes, de droit administratif algérien, de droit international, de rédaction administrative.

-1968 : Docteur en droit, Thèse : Les commandants en chef des provinces sous l'Ancien régime (prix Viard, lauréat de l'Académie française).

-1968-1969 : Chargé de cours à la Faculté de Droit de Montpellier. Admissible au concours d'agrégation des facultés de droit (1969).

-1970 : agrégé au concours d'Agrégation (1er).

ENSEIGNEMENTS

-1970-1972 : Maître de conférences agrégé au Centre universitaire de Perpignan (Histoire des institutions 1re année, Histoire du droit public 2e année, Histoire du droit privé 2e année), chargé des cours à la faculté de Montpellier d'histoire des institutions des pays européens, missions d'enseignement à la faculté de droit de Dakar (Histoire des régimes matrimoniaux 4e année ; Histoire du droit privé 2e année ; cours de DEA Histoire du contrat).

-1972-1985 : Professeur à la faculté de droit de Dakar. Création du département d'Histoire du droit. Chargé des enseignements spécialisés de droit coutumier Africain (3e année), Anthropologie culturelle et sociale (4e année) Droit musulman (3e année), Histoire comparative des institutions de l'Europe, de l'Arabie et de l'Afrique (1re année) Histoire économique de l'Afrique (1re année).

-Missions d'enseignement à Libreville - Gabon - (cours de 1re année d'histoire des institutions de l'Afrique de 1974 à 1977 ; à Ndjamena - Tchad - (cours de droit coutumier en 3e année en 1974) ; à Montpellier (cours d'histoire du droit pénal en DEA de 1982 à 1985).

-1986-1998 : Professeur à l'Université de Montpellier. Chargé des Enseignements d'Histoire des Institutions (1re année), d'Histoire du droit des obligations (2e année) à Montpellier et à Nîmes, d'histoire administrative (4e année) jusqu'en 1990, d'Histoire des institutions de l'Antiquité (3e année) depuis 1991, d'Histoire du droit pénal (DEA (*Diplôme d'Études approfondies*) de sciences criminelles et DEA d'histoire du droit pénal), cours d'Histoire des idées politiques à l'I.P.A.G. (*Institut de préparation à l'Administration générale*) de 1985 à 1992, cours d'histoire des contrats en DEA de droit privé fondamental, cours sur les fondements juridiques de la civilisation européenne en DEA de droit communautaire.

-Missions et délégations annuelles (de 1986 à 1996) d'enseignement à la faculté de droit de Dakar en Droit musulman (3e année), en Histoire du droit privé (3e année), en Histoire administrative Africaine (4e année), cours spécialisé sur l'histoire des Contrats en DEA droit privé. Délégation à la Faculté de droit de Dakar du 21 avril au 4 juin 1992 (3 cours semestriels), du 3 mai au 4 juin 1994, du 2 mai au 30 mai 1995, du 3 mai au 31 mai 1996.

-Missions d'enseignement à l'Université libanaise-Filière francophone, cours de droit romain, Beyrouth, 12-25 Janvier 1997 ; 10-23 novembre 1997 ; 9-19 janvier 2002 ; janvier 2003. En 2005, mission d'enseignement à l'université de

Chisinau (Moldavie), en juin 2007 mission d'enseignement à la faculté de droit de Dakar, Mission d'enseignement en Moldavie (15-20 octobre 2007).

-En 2003-2004 à Montpellier : Histoire du droit des obligations (2e année), Histoire du droit privé-famille, sûretés, successions (Maîtrise), Histoire du droit pénal (Cours et séminaire, DEA histoire du droit), Histoire du droit privé (DEA histoire du droit), histoire du droit commercial : la vente (DEA droit privé fondamental), Fondements juridiques et politiques de la civilisation européenne (DEA droit communautaire), interventions ponctuelles (DESS droit du commerce international).

-De 2004 à 2010 : Histoire du droit privé L2 et L3 (Obligations, contrats, sûretés), Histoire du droit pénal (Master II), Histoire de la démocratie Athénienne (L2), Doctrine pénale en Europe (Master II), Fondements romano-canoniques du Contrat (Master II) – depuis 2006, également Histoire du droit des obligations (Master II, Dakar et Deuxième année, Université de Moldavie, Chisinau) et de 2008 à 2011, aussi, droit successoral musulman (Master II, Université de Perpignan et Master II Université des Comores) et Systèmes juridiques comparés et Droits de l'Homme (Master II, Université de la mer Égée, Lesbos). Missions d'enseignement aux Comores, au Bénin, à Dakar, etc.

-De 2010 à 2014 :

Université de Dakar (Histoire du droit des obligations, Histoire diplomatique),

Université de la mer Égée (diversité culturelle et universalisme des droits de l'homme) ;

Université de Montpellier (Le droit chinois) ;

Université de Cotonou (Bénin) (droit successoral musulman, histoire du droit des obligations).

Professeur invité à l'Université de Sherbrooke, Faculté de droit, 2012

COURS POLYCOPIÉS POUR LES ÉTUDIANTS

-Histoire des Institutions et Faits sociaux depuis la Révolution, les services publics (Enseignement, Diplomatie, Armée), Deuxième année, 1968, 3 fascicules, Éditions de l'AGEM, 230 p.

-Histoire comparée des institutions européennes, 1760-1820, 2 fascicules, 229 p., Éditions de l'AGEM, 1969.

-Cours d'histoire comparative des institutions de l'Europe et de l'Afrique, Faculté de sciences juridiques de Dakar, 1978, 1 fascicule, 300 p.

-Cours d'histoire des institutions et des faits économiques et sociaux, Première année, Faculté de droit de Montpellier, 1989-1990, 8 fascicules, 400 p., Éditions de l'AGEM.

-Cours d'Histoire du droit des Obligations, 1996, 130 p., Editions Corpo droit.

THÈSES D'HISTOIRE DU DROIT ET DES INSTITUTIONS DIRIGÉES ET SOUTENUES

-1980 : Dominique Sarr, *La Cour d'appel de l'AOF*, Montpellier

-1993 : Paul Ngom, *L'école de droit colonial et le principe du respect des coutumes indigènes,* Dakar.

-1996 : Antoine Astaing, *Droits et garanties de l'accusé dans le procès criminel d'ancien régime : Audace et pusillanimité de la doctrine pénale française*, Montpellier 1.
-1998 : Sylvain Sankalé, *« A la mode du pays… » Chroniques saint-louisiennes d'Antoine François Feuiltaine-Saint-Louis du Sénégal*, 1788-1835, Montpellier.
-1998 : Pascal Vielfaure, *L'évolution du droit pénal sous la Monarchie de Juillet, entre exigences politiques et interrogations de société*, Montpellier.
-2000 : Seydou Diouf, *Les droits de la femme dans le mariage en droit musulman d'après la jurisprudence musulmane sénégalaise aux 19e et 20e siècles*, Dakar.
-2001 : Samba Thiam (assistant Faculté de droit de Dakar, Sénégal), *Les indigènes paysans entre maisons de commerce et administration coloniale, Pratiques et institutions de crédit au Sénégal (1840-1940),* Montpellier.
-2002 : Christine Rijo (assistant de Justice), *Droit pénal et chemins de fer*, Montpellier.
-2003 : Cédric Amourette (avocat), *La prostitution et le proxénétisme en France depuis 1946 : Etude juridique et systémique*, Montpellier.
-2004 : Carine Jallamion, *L'arbitrage civil du XVIe au XIXe siècle, l'exemple de Montpellier*, Montpellier.
-2005 : Raymond Bernard Durand, *Les syndics généraux aux États de Languedoc*, Montpellier.
-2006 : Annabelle Bestion, *Le soldat français au 18e siècle, un justiciable royal*, Montpellier.
-2006 : Ibrahima Moussa Touré, *Les jurisconsultes de la boucle du Niger et les conflits hégémoniques,* Montpellier.
-2007 : Anne-Sophie Vinet, *Le rôle du magistrat Outre-mer dans le processus de décolonisation : le cas néo-calédonien à la lumière du modèle sénégalais (1946-1982),* Montpellier.
-2007 : Philippe Duval, *La genèse du Code de procédure civile de 1806 : à la frontière du droit et du politique*, Montpellier.
-2008 : Séverine Benzimra, *L'accès à la fonction publique en Afrique du Nord de 1918 aux indépendances, l'exemple des PTT*, Montpellier.
-2008 : Maria Marrero, *L'Empire du droit ou le droit international saisi par le fait colonial. Le cas de l'Afrique, 1880-1922,* Montpellier.
-2009 : David Berdugo, *Moïse Maïmonide ((Rambam) : sa contribution au droit*, Montpellier.
-2009 : Fabrice Desnos, *Une pratique précoce de l'intime conviction, la preuve dans la procédure criminelle (XVIe-XVIIIe siècle),* Montpellier.
-2009 : Karine Menichetti, *La Cour d'assises de l'Hérault sous la IIIe République*, Montpellier.
-2010 : Fara Razafindratsima, *Les magistrats de la Cour d'appel de Madagascar. Entre Droit français et coutumes malgaches (1896-1960),* Montpellier.
-2010 : Marie-Clotilde Lault, *Perseverare diabolicum, la recherche du concept de récidive dans la science juridique médiévale (Consilia et statuts italiens), XIIe-XVe,* Montpellier.

-2011 : Yamar Samb, *Les créations intellectuelles dans les colonies françaises : Un défi au droit colonial, l'exemple de l'Afrique (1791-1960),* Montpellier.
-2013 : Amadou Abdoulaye Diop, *La profession d'avocat au Sénégal. De l'ère des Conseils commissionnés à l'Ordre des avocats (1859-1960)*. Dakar.
-2018 : Amayel Diop, *Le meilleur d'entre nous ? Georges Cnapleink ou la trajectoire d'un procureur général, chef du service judiciaire de l'AOF,* Dakar.

PRÉPARATION CONCOURS

-Chargé de la préparation de la note de synthèse des candidats au concours de l'École nationale de la magistrature dans le cadre de l'Institut d'études judiciaires de Montpellier (1988-1991)
-Chargé de la préparation à l'épreuve de culture générale du concours des commissaires de police (de 1991 à 1993).
-Mission d'encadrement des candidats à l'agrégation du Conseil Africain et Malgache pour l'enseignement supérieur (CAMES) à Abidjan en 1988.
-Encadrement de candidats à l'Agrégation-CAMES, Bordeaux, 7-8 septembre 1994
-Préparation au concours d'agrégation CAMES (*Conseil Africain et Malgache pour l'Enseignement supérieur*), 23 juillet-4 août 2017, Dakar, Mission AUF.

B – RESPONSABILITÉS ADMINISTRATIVES ET EXPERTISES

L'UNIVERSITÉ

Responsabilités dans les conseils
-Président de la section d'Histoire du Droit (*Faculté de droit, Université Montpellier I*) de 1986 à 1989.
-Membre des commissions de spécialistes : Université de Montpellier I - Université de Paris I (de 1991 à 1994), Université de Perpignan (de 1991 à 1994).
-Membre du conseil de l'UFR (*Unité de formation et de recherche*) droit, Université Montpellier I (jusqu'en 2002)
-Membre du conseil scientifique de l'université de Montpellier I de 1991 à 2004.
-Directeur du master d'histoire du droit de 1996 à 2006, Montpellier.
-Président de la commission des langues et civilisations de l'Université Montpellier I de 2000 à 2006.
-Responsable scientifique, Université Européenne d'été, « Les fondements juridiques et politiques de la civilisation européenne », Montpellier 28 juin-5 juillet 2003. « Du bon et du mauvais usage des espaces maritimes », juillet 2008.

Responsabilités de direction
-Responsable des études juridiques au Centre universitaire de Perpignan de 1970 à 1972 (création des 3° et 4° années).
-Vice-Doyen de la faculté de droit de Dakar de 1978 à 1981.

-Président de l'association des parents d'élèves, gérant le lycée français Jean Mermoz, Dakar 1980-1982.
-Directeur de l'École doctorale « Droit et Sciences sociales », 2004 et 2005.
-Directeur de l'UMR (*Unité mixte de recherches CNRS*) 5815, Les Dynamiques du droit (regroupant quatre « équipes ») de 1998 à 2006.
-Doyen de la Faculté de droit de Montpellier (11/02/1999 - 10/02/2004).
-Vice-Président de l'Université, chargé des relations internationales de l'Université Montpellier I de 1999 jusqu'en juin 2009.

Conseils scientifiques nationaux

-Membre du comité national du CNRS (*Centre National de la Recherche scientifique*), section 36 de 1991 à 1995
-Président de la section 36 du comité national (CNRS), Sociologie - Normes et Règles de 1995 à 2000.
-Membre du Conseil de département CNRS (1995-2000).
-Chargé de mission (CNRS-DRES-*Direction des Relations avec l'Enseignement supérieur*) du suivi de la contractualisation des universités de 1997 à 2005 auprès des Présidents des Universités et Directeurs des grandes écoles.
-Membre du conseil d'administration du GIP « Mission recherche et justice », représentant du CNRS de 2000 à 2005
-Membre du conseil scientifique de l'Agence universitaire de la Francophonie de 2000 à 2007.
-Membre du Conseil scientifique de la Mission recherche droit et justice de 2006 à 2010.
-Membre du Conseil académique de l'Université Senghor, Alexandrie (Égypte) de 2012 à 2016

Jurys de concours

-Membre du jury d'agrégation CAMES à Abidjan en 1983, à Dakar en 1987, à Ouagadougou en 2003, à N'Djamena en 2005, à Libreville en 2007, à Cotonou en 2009, à Abidjan en 2011, à Brazzaville en 2013.
-Président du jury d'agrégation CAMES à Ouagadougou en 1989, à Brazzaville en 1991, à Lomé en 1995 et en 1997, à Dakar en 1999, à Yaoundé en 2001.
-Membre du jury du concours d'entrée à l'École nationale de la magistrature en 1992, 1993 et 1994.
-Membre des concours CNRS, chargés de recherches et directeurs de recherche de 1991 à 2000.
-Président du jury d'agrégation d'histoire du droit, Paris, 2005-2006.
-Membre du jury de concours-junior de l'IUF (*Institut universitaire français*), 2010 et 2011.
-Membre du jury de concours-senior de l'IUF, 2012 et 2013.

Missions d'expertise à l'étranger

-Mission "ministère des Affaires étrangères et ministère de l'Enseignement supérieur et de la recherche" sur "L'enseignement supérieur et la recherche au Vietnam", chef de délégation, 5-26 janvier 1994.

-Mission "ministère des Affaires étrangères et ministère de l'Enseignement supérieur et de la recherche", coopération universitaire, Arabie saoudite, Riyadh et Djeddah, 8 juin-16 juin 1995.

-Missions pour la Faculté et les relations internationales de l'Université : Arménie (octobre 1994), Vietnam (mars 1996), Mali (1999), Mexique (1999), Argentine (1999, 2005), Maroc (2001), Russie (2001, 2002, 2003, 2004), Turquie (2002), Azerbaïdjan (2002). Russie (2004, 2005, 2006, 2007), Chine (2004, 2005), Argentine (2006), île Maurice (2006), Chine (2007), île Maurice (2006, 2007, 2008, 2009), Argentine (2007, 2008, 2009), Mexique (2007, 2008, 2009, 2010).

-Mission MAE (*ministère des Affaires étrangères*), Universités indonésiennes, Djakarta et Bandung, 20-28 février 2000.

-Mission Coimbra et CEE, Enseignement supérieur Sénégal et Gambie, Dakar, 2-10 octobre 2002.

-Missions AUF (*Agence universitaire pour la Francophonie*) pour l'évaluation du CAMES (avril 2002-avril 2004) (Québec, Burkina Faso).

-Mission AUF pour évaluation filière francophone Droit, Université Libanaise, Beyrouth, 11-14 décembre 2003.

-Mission AUF pour évaluation des filières francophones de droit (Moldova) et de sciences politiques (Sofia et Bucarest), 9-17 octobre 2004.

-Mission AUF pour l'évaluation du réseau « L'Etat de droit saisi par la philosophie » (Cluj Napoca, Roumanie), juin 2005.

-Mission AUF pour évaluation du pôle d'excellence régional de Yaoundé – association pour la promotion des droits de l'homme en Afrique centrale de l'université catholique d'Afrique centrale, Cameroun, 10-16 avril 2006.

-Mission AUF pour évaluation des filières francophones de droit, Laos et Vietnam, 23 septembre-5 octobre 2006.

-Mission AUF et CAMES/président du comité de pilotage de l'atelier de formation des présidents des Universités africaines à l'évaluation des établissements (Ouagadougou/11-14 décembre 2006).

-Mission AUF pour évaluation filière de sciences politiques, Sofia et Bucarest, 13-19 février 2011.

-Expertise AERES (*Agence d'évaluation de la recherche et de l'enseignement supérieur*), Écoles doctorales et équipes de recherches (droit), Rennes, 2010 et 2011, Paris II (histoire du droit, sociologie politique), Institut Michel Villey.

-Expertise AERES, Equipes de recherches Paris II, histoire du droit, institut Michel Villey, sociologie juridique, 2013.

PROFESSEUR INVITÉ

*Senior Research Fellow à la Robbins Collection in Religious and Civil Law, School of Law, Berkeley, Californie, juillet-août 1993, juillet-août 1994, juillet-août 1996, juillet-août 2003, Juillet-août 2009, mars 2016.

*Professeur invité, Université de Sherbrooke, Québec, janvier-juillet 2012

C- RECHERCHES ET PUBLICATIONS

1) Ouvrages

-*Manuel d'Histoire comparative des institutions (Europe - Arabie - Afrique),* NEA, 1983.

-*Droit musulman - Droit successoral (Algérie - Maroc - Tunisie - Sénégal),* 400 p., coll. des manuels Litec, 1991.

-*Arbitraire du juge et Consuetudo Delinquendi. La doctrine pénale en Europe du XVI*[e] *au XVIII*[e] *siècle* (386 p.), Gerda Henkel Stiftung et Société d'histoire du droit et des institutions des pays de droit écrit, Presses du Midi, 1993.

-*Introduction historique au droit colonial, « Un ordre au gré des vents »,* Economica, janvier 2015, 564 p.

-*Les Justices en monde colonial, « Un ordre en recherche de modèles »* (coll. Pascal Vielfaure), IHD Montpellier, 2016, 760 p.

2/*Ouvrages dirigés ou dirigés en collaboration*

-*La douleur et le droit*, sous la direction de Bernard Durand, Jean Poirier et Jean-Pierre Royer, Puf, 1997.

-*Secret et Justice, le secret entre éthique et technique*, sous la direction de Jean-Pierre Royer et Bernard Durand, L'espace juridique, Lille 2000.

-*Les controverses doctrinales*, sous la direction de Bernard Durand, Cahier des écoles doctorales, Montpellier, 2000.

-*Exceptiones Juris, mélanges André Gouron,* Laurent Mayali et Bernard Durand, Berkeley, 2001.

-*Histoire de la Codification juridique au Vietnam,* textes réunis par Bernard Durand, Philippe Langlet et Chanh Tam Nguyen, collection Temps et droits, Faculté de droit, Montpellier, 2001.

-*La Torture judiciaire, approches historiques et juridiques*, sous la direction de Bernard Durand, avec la collaboration de Leah Otis-Cour, 2 volumes, 2002, Lille, 977 p.

-*Le juge et l'Outre-mer : les roches bleues de l'Empire colonial,* (dir.) Bernard Durand et Martine Fabre, *Histoire de la justice*, Presses Universitaires de Lille, 2004, 484 p.

-*Introduction historique au droit,* par Bernard Durand, Christian Chêne, Antoine Leca, P. Pages d'Amphi, Montchrestien, Paris, 2004, 536 p.

-*Justice pénale et droit des clercs en Europe (XVIe- XVIIIème siècles),* sous la direction de Bernard Durand, avec la collaboration de Maïté Lesné-Ferret, Histoire de la justice, 2005, 288 p.

-*Staatsanwaltschaft, Europaïsche und amerikanische Geschichten,* Hg. Bernard Durand, Laurent Mayali, Antonio Padoa Schioppa, Dieter Simon, Band 20, Rechtsprechung Materialen und Studien, V. Klosterman, Frankfurt am Main, 2005, 421 p.

-*Le juge et l'Outre-mer : Phinée le devin ou les leçons du passé*, (dir.) Bernard Durand et Martine Fabre, *Histoire de la justice*, Presses Universitaires de Lille, 2005, 325 p.

-*Le droit sous Vichy (Das Europa der Diktatur, 13, Hg. Dieter Simon)*, (dir.) Bernard Durand, Jean-Pierre Le Crom, Alessandro Somma, Klosterman, Francfort, 2006, 498 p.

-*Kolonialverwaltung in Afrika zwischen zentraler Politik und lokaler Realität* (Hg. Erk Volmar Heyen/Bernard Durand), Jarhbuch für europäische Verwaltungsgeschichte [JEV], Bd. 18, Baden-Baden, 2006, 314 p.

-*Le juge et l'Outre-mer : Médée ou les impératifs du choix,* tome 3, (dir.) Bernard Durand et Eric Gasparini, *Histoire de la justice*, Presses Universitaires de Lille, 2007, 248 p.

-*Le juge et l'Outre-mer : Le Royaume d'Aiétès, Produire de l'Ordre,* tome 4, (dir.) Bernard Durand et Martine Fabre, Histoire de la justice, Presses Universitaires de Lille, 2008, 388 p.

-*Histoire de la justice en France* (Jean-Pierre Royer, Jean-Paul Jean, Bernard Durand, Nicolas Derasse, Bruno Dubois), Collection droit fondamental, PUF, 4e édition, 2010, 1305 p.

-*Continuités ou ruptures ? Cour de cassation en France, Cour suprême au Maroc* (dir. Bernard Durand, Martine Fabre), *Histoire de la justice*, Centre d'histoire judiciaire Editeur, 2010, 202 p.

-*Le juge et l'Outre-mer : Les dents du dragon*, Justicia illiterata : aequitate uti ?, tome 5, (dir.) Bernard Durand, Martine Fabre, Mamadou Badji, *Histoire de la justice*, Presses Universitaires de Lille, 2010, 364 p.

-*Le juge et l'Outre-mer : La conquête de la Toison*, Justicia litterata : aequitate uti ?, tome 6, (dir.) Bernard Durand, Martine Fabre, Mamadou Badji, *Histoire de la justice*, Presses Universitaires de Lille, 2010, 334 p.

-Ars Persuasionis *: Entre Doute et Certitude*, édité par Bernard Durand, *Comparative Studies in Continental and Anglo-American Legal History*, Duncker et Humblot, Berlin, 2012, 199 p.

-*Le juge et l'Outre-mer : Le retour d'Orphée*, tome 7 (dir. Bernard Durand, Mamadou Badji, Samba Thiam, Sandra Gérard-Loiseau), Lille, 2014, 362 p.

-*Le juge et l'Outre-mer. Décolonisations : le repli de l'État, la mort d'Eurydice* (dir. Martine Fabre et Dominique Mouret), coll. Dir. Bernard Durand, Montpellier, 2013, 305 p.

-*Le juge et l'Outre-mer, Décolonisations : le juge et les rapatriés, Revenir en Thessalie* (dir. Martine Fabre), coll. Dir. Bernard Durand, Montpellier, 2013, 271 p.

-*Juger et Préjugés*, sous la direction de Bernard Durand, Paul-Henri Antonmattei, Yves Mausen, Pascal Vielfaure, Faculté de droit et de science politique de Montpellier, Actes de colloque, 2016, 250 p.

3) Articles

a) Sur l'Afrique, le droit musulman et le droit colonial

-« Droit musulman et Jurisprudence des Cours suprêmes en Afrique Noire », in *Les Cours suprêmes en Afrique,* Publication du centre d'études juridiques et politiques du monde africain, Economica, 1990, t. IV, p. 121-146.

-« 'En mariage trompe qui peut' : de quelques vices rédhibitoires en droit musulman », *Mélanges André Colomer*, 1993, Montpellier.

-« La justice en islam de Muhammed à Harun-al-Rachid (622-809) : innovations et traditions », in *La Giustizia nell'Alto Medioevo (secoli V-VIII), 7-13 aprile 1994,* Centro Italiano di studi sull'alto medioevo, Presso la sede del Centro, 1995, p. 373-421.
-« Le législateur, la chauve-souris et les deux belettes », in *De la tradition à la post-modernité, hommage à Jean Poirier,* PUF, 1996, p. 381-392.
-« Les pouvoirs du Gouverneur général de l'AOF », in *AOF réalités et héritages, Sociétés ouest-africaines et ordre colonial, 1895-1960,* tome 1, 1997, p. 50-58.
-« Les avocats-défenseurs aux colonies », in *Officium advocati, Jus Commune*, Francfort, 2000, p. 55-100.
-« Les décrets coloniaux sont-ils des lois ou des règlements », in *Cahier des écoles doctorales*, Montpellier, 2000, p. 53-105.
-« Rapport intermédiaire sur la justice coloniale (Mission recherche et justice) », Direction, 1176 p., 2001.
-« The Construction of a Juridical Society : The African Challenge », in *Privileges and Rights of Citizenship : Law and the Juridical Construction of Civil Society*, ed. Julius Kirshner and Laurent Mayali, Robbins Collection, Berkeley, 2002, p. 227-276.
-« Des cahiers fort à propos », avant-propos aux *Cahiers aixois d'Histoire des Droits de l'Outre-mer français*, n° 1, Presses universitaires d'Aix-Marseille, 2002, p. 9-16.
-« Observer la justice coloniale sous la IIIe République », in *La justice d'un siècle à l'autre*, sous la direction de Jean-Pierre Royer, Droit et Justice, PUF, 2003, p. 55-81.
-« Le juge colonial et l'introduction du droit de propriété ou comment accompagner le législateur », in *Le juge et l'Outre-mer, Histoire de la Justice*, Lille, 2004, p. 289-325.
-« La procédure civile aux colonies entre procédure pour administrateurs et procédure pour magistrats », in *Le juge et l'Outre-mer, Histoire de la Justice*, Lille, 2004, p. 163-220.
-« Originalités et Conformités de la justice coloniale sous la troisième République », in *Le juge et l'Outre-mer, Histoire de la Justice,* Lille, 2004, p. 7-45.
-« Les magistrats coloniaux entre absence et errance », in *Le juge et l'Outre-mer, Histoire de la Justice*, Lille, 2004, p. 47-70.
-« Le juge colonial et la contrainte par corps en matière civile et commerciale, comment faire semblant de ne pas comprendre le législateur », in *Le juge et l'Outre-mer, Histoire de la Justice*, Lille, 2004, p. 421-456.
-« Un dogme soumis « à la force des choses » : l'inamovibilité des magistrats aux colonies », *Revue historique de droit français et étranger*, 82, 2, 2004, p. 241-262.
-« Justice coloniale », in *Dictionnaire de la Justice*, PUF, 2004, p. 734-736.
-« Code civil français et législation des pays d'Afrique du Nord, entre œuvre juridique et constitution civile », in *La présence du code civil dans le monde arabe, Bicentenaire du code civil,* Rabat, 2004, p. 87-102.

-« À la recherche d'un modèle de procédure pénale aux colonies. Pragmatisme et dogmatisme sous la troisième République », *Cahiers aixois d'Histoire des droits de l'Outre-mer français*, n° 2, 2004, p. 159-173.
-« Les magistrats coloniaux et les lotophages sous la troisième République », in *Figures de justice, études en l'honneur de Jean-Pierre Royer*, Centre d'Histoire judiciaire, Lille, 2004, p. 41-62.
-« Migration et expérimentation en droit : l'exemple « colonial » français », in *Les collectivités locales et l'expérimentation : perspectives nationales et européennes*, La documentation française, 2004, p. 135-153.
-« Modèles et Précédents de la justice coloniale », rapport intermédiaire au Gip, Mission de Recherche Droit, 2005, 68 p.
-« Le « Parquet » et la « Brousse », Procureurs généraux et Ministère public dans les colonies françaises sous la troisième République », in *Staatsanwaltschaft, Europaïsche und amerikanische Geschichten*, Max-Planck-Institut, Klosterman, Frankfurt am Main, 2005, p. 105-137.
-« Originalité et exemplarité de la justice en Algérie (de la conquête à la deuxième guerre mondiale) », in *La justice en Algérie 1830-1962*, Collection Histoire de la justice, Association française pour l'histoire de la justice, 2005, p. 45-74.
-« Le juge « colonial » français sous la troisième République », in L'Europa e gli « altri », il diritto coloniale fra Otto e Novecento, Quaderni fiorentini, Milano, 2005, p. 613-639.
-« Premiers modèles et premières leçons de la justice coloniale », in *Le juge et l'outre-mer*, tome 1, *Histoire de la justice*, Lille, 2005, p. 13-41.
-« Juges, justices et justiciables sous les tropiques au milieu du XIXe siècle », in *Le juge et l'autre mer*, tome 1, *Histoire de la justice*, Lille, 2005, p. 193-208.
-« Les colonies et l'économie des dictatures : Expérimentations et projections », in *Die andere Seite des Wirtschaftsrechts, Steuerung in den Diktaturen des 20.* Jahrhunderts, Dir. G. Bender, R.M. Kiesow, D. Simon, Das Europa der Diktatur, 10, Frankfurt, 2006, p. 143-186.
-„Il magistrato francese d'Oltremare: il sogno dell'inamovibilità, in oltremare", *Diritto e istituzioni dal Colonialismo all'età postcoloniale*, Istituto Suor Orsola Benincasa, CUEN, Napoli, p. 145-163.
-« La loi du 20 novembre 1940 sur les successions vacantes et non réclamées », in *Le droit sous Vichy*, (dir.) B. Durand, J.-P. Le Crom, A. Somma, Das Europa der Diktatur (Hg. Dieter Simon), Francfort, p. 51-66.
-„Approches comparatives et modélisations des administrations coloniales ", *Kolonialverwaltung in Afrika zwischen zentraler Politik und lokaler Realität* (Hg. Bernard Durand) , Jarhbuch für europäische Verwaltungsgeschichte [JEV], Bd. 18, Baden-Baden, 2006, 1-20.
-„Administrer ou gouverner les colonies françaises : l'Empire de Flore", *Kolonialverwaltung in Afrika zwischen zentraler Politik und lokaler Realität* (Hg. Bernard Durand) , Jarhbuch für europäische Verwaltungsgeschichte [JEV], Bd. 18, Baden-Baden, 2006, p. 63-108.
-„Motivations des décisions de justice et contrôle des motifs – la pratique judiciaire coloniale sous la troisième République ", in *Ratio decidendi, Guiding*

Principles of judicial Decisions (Dir. W. Hamilton Bryson et Serge Dauchy), Duncker et Humblot- Berlin, 2006, p. 247-270.
-„Les décrets coloniaux étaient-ils des lois ou des règlements ? Une controverse aux frontières du droit et de la politique “, *Cahiers aixois d'histoire des droits de l'Outre-mer français*, PU d'Aix-Marseille, 2007, p. 11-54.
-„Magistrats et justiciables en recherche de garanties “, in *Le juge et l'Outre-mer*, tome 3, *Histoire de la justice*, Lille, 2007, p. 129-157.
-« Les acteurs de la séparation aux colonies ou le dragon à plusieurs têtes et le dragon à plusieurs queues », in *Auteurs et Acteurs de la séparation des Églises et de l'État,* Textes réunis par Sylvie Humbert et Jean-Pierre Royer, Centre d'histoire judiciaire éditeur, Lille, 2007, p.273-295.
-« Le droit des Missions aux colonies : une affaire 'patrimoniale' », in *Cahier d'études du religieux-Recherches interdisciplinaires*, n° 1 (http://www.msh-m.fr/rubrique.php3?id_rubrique=14).
-« La petite justice aux colonies, un autre regard sur la proximité », in *Le droit à l'épreuve des changements de paradigmes,* Université de Montpellier, Mon éditeur, juin 2007, p. 105-120.
-« Vive l'absinthe ! À bas la loi qui en interdit la vente ! La Réglementation de l'alcool aux colonies », in *Le juge et l'Outre-mer,* tome 4, *Le royaume d'Aiétès, Histoire de la justice,* Lille, 2008, p. 167-192.
-« La répression du jeu en Indochine (1889-1912) : Selon que vous serez français ou indigène… tous les jeux de hasard vous seront interdits », in *Le juge et l'Outre-mer*, tome 4, *Le royaume d'Aiétès, Histoire de la justice*, Lille, 2008, p. 209-220.
-« Magistrats coloniaux et conjoint survivant en droit annamite : quelques réflexions » (B. Durand et E. Gasparini), in *L'Egalité des sexes dans le monde francophone*, PU de l'Université de Toulouse, CIFDUF, 2009, p. 175-185.
-« Assesseurs ou jurés ? Variations coloniales sur le Code d'instruction criminelle », in *Du compromis au dysfonctionnement : les destinées du Code d'instruction criminelle, 1808-2008*, actes du colloque international, 24 et 25 janvier 2008, *Histoire de la justice*, 2009, p. 139-159
-« Incertitudes du « droit colonial » et atténuation des responsabilités : les notaires aussi ? », *Le Gnomon, Revue internationale d'histoire du Notariat*, juillet-septembre 2009, n° 160, p. 18-27.
-« Continuités ou ruptures », préface de « Continuités ou ruptures ? Cour de cassation en France, Cour suprême au Maroc (dir. Bernard Durand, Martine Fabre), Histoire de la justice, Centre d'histoire judiciaire Editeur, 2010, p. 1-7.
-« L'expropriation pour cause d'utilité publique, vers une appréciation mesurée de l'utilité publique », in *Continuités ou ruptures ? Cour de cassation en France, Cour suprême au Maroc* (dir. Bernard Durand, Martine Fabre), *Histoire de la justice*, Centre d'histoire judiciaire Editeur, 2010, p. 57-76.
-« Traditions notariales et réalités coloniales : le notariat français au gré de l'Outre-mer », *RHDFE*, Janvier-mars 2010, p. 59-89.

-« Reconnaissance et refus d'un droit étranger ? Magistrats français et droit musulman dans la colonie du Sénégal » , in *Rationes decidendi, Guiding Principles of Judicial Decisions,* vol. 2 (ed. Serge Dauchy, W. Hamilton Bryson, Matthew C. Mirow) Comparative Studies in Continental and Anglo-American Legal History, Berlin, 2010, p. 187-206.

-« Les tribunaux français en Indochine et le tireur de pousse-pousse. Quel chemin prendre en cas d'accident ? », in *Histoire, théorie et pratique du droit, Études offertes à Michel Vidal,* études réunies par Emmanuelle Burgaud, Yann Delbrel et Nader Hakim, Presses universitaires de Bordeaux, 2010, p. 483-497.

-« Les justices indigènes : un état des lieux par les autorités coloniales », in *Le juge et l'Outre-mer, Les dents du Dragon*, tome 5, 2010, p.13-78.

-« Des justices de bâtiments de mer », in *Le juge et l'Outre-mer*, tome 5, *Les dents du Dragon*, 2010, p. 199-216.

-« L'impératif de proximité dans l'Empire colonial français : les justices de paix à compétence étendue », in *Le juge et l'Outre-mer : La conquête de la Toison, Justicia illiterata : aequitate uti ?*, tome 6, (dir.) Bernard Durand, Martine Fabre, Mamadou Badji, *Histoire de la justice*, Presses Universitaires de Lille, 2010, p. 49-66.

-« La petite justice au temps des colonies : un autre regard sur la proximité ? », in *Le juge et l'Outre-mer : La conquête de la Toison, Justicia illiterata : aequitate uti ?* tome 6, (dir.) Bernard Durand, Martine Fabre, Mamadou Badji, *Histoire de la justice,* Presses Universitaires de Lille, 2010, p. 249-263.

-« Pratique judiciaire et pratiques du droit ». Procès et accommodements en Afrique équatoriale au début du 20e siècle, in Les pratiques, sources de normativité ? Rencontres Sherbrooke-Montpellier, Montpellier, 2011, p. 145-160.

-« Les discours des commissions sur l'Algérie naissante (1833-1847) », in *Les discours sur le droit et la justice au Maghreb pendant la période coloniale,* Centre d'histoire judiciaire, Lille, 2011, p. 37-60.

-« Robinson et Vendredi : du bon usage du pluralisme juridique », *Revue juridique, politique et économique de Nouvelle-Calédonie*, n° 18, 2011/2, p. 79-92.

-« Indulgence, compassion et gratitude… de quelques « sentiments » qui émeuvent le droit et embarrassent la justice », Université de Sherbrooke, 2012, p. 237-257.

-« Le droit des missions aux colonies : une affaire patrimoniale », in *Cahiers aixois d'histoire des droits de l'Outre-mer français*, PU Aix-Marseille, n° 4, 2012, p. 135-155.

-« Vécu colonial et « assimilation » professionnelle : des avocats-défenseurs circonspects » in Site internet du Département de Loire-Atlantique, dans la rubrique offre culturelle/publications électroniques des Archives départementales : http://www.loire-atlantique.fr/jcms/cg1_241239/ Quand l'injustice crée le droit : le procès des insurgés de Cayenne à Nantes en 1931.

-« Crying Settlers and Crusading Judges. L'art de persuader aux colonies", in *Ars Persuasionis : Entre Doute et Certitude*, édité par Bernard Durand,

Comparative Studies in Continental and Anglo-American Legal History, Duncker et Humblot, Berlin, 2012, p. 144-164.

-« Du droit de chasser à la protection des espaces : un impact progressif sur le faciès naturel des colonies, 1914-1939 », in *L'Impact environnemental de la norme en milieu contraint, exemples de droit colonial et analogies contemporaines*, (dir. E. de Mari et D. Taurisson-Mouret), PUF, 2012, p. 207-226.

-« Colonisation et impératifs internationaux ou Pourquoi et comment l'international a bridé la souveraineté coloniale », in *Constructing International Law, The Birth of a discipline*, ed. Luigi Nuzzo et Milos Vec, Francfort, 2012, p. 403-428.

-« Justice coloniale ou Justices coloniales. L'apport d'une histoire comparative des institutions » , in *Storia della giustizia e storia del diritto, Prospettive europee di ricerca (a cura di Luigi Lacchè e Massimo Meccarelli)*, Macerata, 2012, p. 73-99.

-« Code pénal et violences des autorités au Congo dans les années 30. Gide avait-il raison ? », in *Le Code pénal, les métamorphoses d'un Modèle, 1810-2010,* Textes réunis et présentés par Chantal Aboucaya et Renée Martinage, Histoire de la Justice, Lille, 2012, p. 109-149.

-« 'Prendre son pied la route' : Enjeux et Défis de la mobilité en Afrique coloniale française », in *Votare con i piedi (a cura di Isabella Rosoni,* Voldelul Chelti Dirar, Università di Macerata, 2012, p. 105-130.

-« Les Magistrats en décolonisation : un démontage 'à la cire perdue' ? », in *Démontage d'Empires*, dir. Jean Fremigacci, Daniel Lefeuvre et Marc Michel, Actes académiques, Riveneuve éditions, 2012, p. 189-217.

-« Le charbon est-il neutre ? », *Le droit international à la peine, La Neutralité et le droit,* Université de Sherbrooke, 2013, p. 63-83.

-« Droit et/ou religion : quels choix pour un État ? » *Revue de Droit*, Université de Sherbrooke, 2013, p. 205-225.

-« La Constitution de 1875 et les Colonies françaises : de la perplexité républicaine aux soupçons d'Empire », *Giornale di Storia Costituzionale*, 25, I semestre 2013, p. 79-115.

-« Pauvre marin revient de guerre… », *Le Juge et l'Outre-mer, La mort d'Eurydice*, tome 8, 2013, p. 80-102.

-« Partir ou/et rester ? » in *Le Juge et l'Outre-mer*, tome 7, *Le retour d'Orphée*, 2014, p. 15-105.

-« Citoyens et Sujets en demande de Justice : Quand la politique s'en mêle ! », *Le Juge et l'Outre-mer*, tome 7, *Le retour d'Orphée*, 2014, p. 145-201.

-« Le juge « de Mer » aux prises avec le droit de la guerre », *Le Juge et l'Outre-mer*, tome 7, *Le retour d'Orphée*, 2014, p. 325-349.

-« De stéréotypes en préjugés. Des juges coloniaux en quête de repères », in *Juger et Préjugés*, sous la direction de Bernard Durand, Paul-Henri Antonmattei, Yves Mausen, Pascal Vielfaure, Faculté de droit et de science politique de Montpellier, Actes de colloque, 2016, p. 93-124.

-« Le droit colonial au gré de la mondialisation. Un ordre sous surveillance », in *Justices en Guyane, à l'ombre du droit*, dir. Sylvie Humbert et Yerri Urban, AHHJ, Le documentation française, 2016, p. 13-28.

-« Quelle place pour les droits de l'homme dans les colonies ? La SDN et la politique des mandats », in *Droits de l'homme et les colonies, de la mission de civilisation au droit à l'autodétermination*, Actes des colloques des 16 et 17 octobre 2013 et 21 et 22 octobre 2014, PU d'Aix Marseille, 2017, volume XLIV, p. 403-432.
-« 'Le mandat sur l'Arménie n'aura pas lieu ? ', Un drame au cœur de la Turquie, de la Cilicie et de la Syrie (1915-1920) », *Revue historique de droit français et étranger*, n° 3, juillet-septembre 2017 Trimestrielle, Dalloz, p. 393-410.
-« L'eau fait société... pour les juristes aussi ! », *Mélanges B. Kanté*, Dakar 2017, p. 43-55.
-« Conventions internationales, ports coloniaux et Première guerre mondiale ou un droit de la guerre commandé par la géographie », in *La Grande Guerre et son droit*, LGDJ, 2018, p. 277-319.
-« Force est de reconnaitre quand même que... », *Comprendre : des mathématiques au droit, Études en l'honneur du professeur Marie-Laure Mathieu*, Bruylant, 2019, p. 259-275.
-« Félix Eboué : un gouverneur à 'principes' », *La trace et le sentier, Mélanges dédiés au Professeur Dominique Sarr* (dir. M. Badji, A.A. Diop et P. Ngom), Credila, l'Harmattan, Sénégal, 2019, tome 1, p. 357-383.
-« En mémoire des premiers pas... La trace et le sentier », *Mélanges dédiés au Professeur Dominique Sarr* (dir. M. Badji, A.A. Diop et P. Ngom), Credila, l'Harmattan, Sénégal, 2019, tome 1, p. 47-56.
-« Guerres sur mer, navires marchands ennemis et délai de grâce... Faire du Temps un Allié ? », *Mélanges en l'honneur de Babacar Gueye*, Toulouse 2019, p. 273-302.

b) En histoire du droit (plus particulièrement histoire du droit pénal).
-« Aut nubere, Aut dotare ». *Rec. de droit écrit*, 1974.
-« Le Conseil souverain de Roussillon et la répression de la tentative ». *R.H.D.*, 1976.
-« Arbitraire du juge et droit de la torture », *Rec. de droit écrit*, 1979.
-« Arbitraire de la peine et peine de mort en Roussillon », conférence de droits savants et des pratiques juridiques, actes du colloque de Montpellier, 1979.
-« La répression du vol sacrilège au conseil souverain de Roussillon (Conflent et Cerdagne) », actes du 51e congrès de la fédération historique du Languedoc Méditerranéen et du Roussillon, 106e congrès des Sociétés savantes, 1981.
-« Quelques remarques sur les circonstances aggravantes au Conseil souverain de Roussillon », 106e congrès des Sociétés savantes, Perpignan, 1981, Histoire Moderne, T. II. p. 17-30.
-« Remarques sur la récidive en Roussillon au 18e siècle », *R.H.D.*, 1985.
-« La détermination de la peine chez les criminalistes catalans du XVIe au XVIIIe siècle : logique juridique ou effet des mentalités ? », *Recueil de droit écrit*, XV, 1991.

-« Y-avait-il un espace pénal européen avant 1789 ? » Journées Heidelberg-Montpellier, 24 juin 1991, (15 p.), Publications de la Juristische Fakultät der Universität Heidelberg, Heidelberg, 1992.
-« Les droits de la défense et la procédure pénale : les nullités de l'instruction au XIXe siècle », colloque "Justice et République", Lille, Septembre 1992, in Actes du colloque, *Justice et République, l'espace juridique*, Ester éditions, 1993, p. 145-170.
-« Les témoins reprochables en France aux XIXe et XXe siècles », rencontres du lac de Come, 6-8 décembre 1991, *Jus commune*, 1994, p. 212-244.
-« Déontologie du juge et droits de la défense : quelques pistes nouvelles », *Recueil de droit écrit*, XVI, 1994, p. 213-237.
-« Suspicions et récusation des juges dans le procès pénal d'Ancien Régime », *Recueil de droit écrit*, 1996, p. 91- 128 (et préface de l'ouvrage, p. 1-11).
-« Outrage et délicatesse du juge au XIXe siècle », *Jus commune*, 1996, p. 83-125.
-« La notion de police du XVIe au XVIIIe Siècle », *Jus commune*, 1996, p. 163-211.
-« Royal Power and its legal instruments in France, 1500-1800 », in *Legislation and justice*, Clarendon press, 1997, p. 291-312. Article paru dans *Justice et Législation* (sous la direction de A. Padoa-Schioppa), *Les Origines de l'État moderne*, PUF, 2000, p. 341-367.
-« Intuitions, illusions et raisons de la doctrine pénale française du XVIe au XVIIIe siècle », in *Auctoritates xenia R.C. van Caenegem Oblata,* Brussel, 1997, p. 186-208.
-« Les juristes sont-ils sans cœur ? L'interdiction de répéter la torture », in *Douleur et droit*, PUF, 1997, p. 303-323.
-« Introduction générale » à l'ouvrage *La douleur et le droit*, PUF 1997 (avec Jean Pierre Royer), p. 1-20.
-« Rationalisme et « Romantisme » dans la perception de l'erreur judiciaire par les juristes français aux XIXe et XXe siècles », *Jus commune,* 1998, p. 75-102.
-« Synthèse » sur Secret et Justice, *Espace judiciaire*, Lille, 2000, p. 425-444.
-« Regards français sur l'histoire du droit en Allemagne », Publication franco-allemande, in *Eine deutsch-französische Rechtswissenschaft ?* Baden-Baden, 1999, p. 11 à 40.
-« Maîtres Popelin, Chauvin et Le Vigoureux, pionnières du barreau », in *Exceptiones juris*, Berkeley, 2000, p. 147-176.
-« La formazione dei giuristi in Francia » dans *Questioni contemporane*, 14, *La formazione des giuristi in Europa e negli stati uniti, a cura di Aldo Mazzacane*, 2001, p. 43-58.
-« Réflexion préliminaire : une histoire juridique de la torture est-elle possible ? » in *La Torture judiciaire, Approches historiques et juridiques*, Lille, 2002, p. 1-37.
-« Médecins et militaires contre l'épizootie au XVIIIe siècle en Languedoc », in *Le Risque épisdémique*, Presses Universitaires d'Aix- Marseille, 2003, p. 127-138.
-« Le Fédéralisme en Ligne de Crête », in *Cahiers des écoles doctorales*, Montpellier, 2003, p. 27-35.

-« Entre droit pénal laïque et droit ecclésiastique : les clercs justiciables », in *Justice pénale et droit des clercs, XVI-XVIIIème siècles, Histoire de la justice*, 2005, p. 9-12.
-« Délits privilégiés et délits communs en France : conflits de compétence et batailles de procédure autour du clerc délinquant », in *Justice pénale et droit des clercs, XVI-XVIIIème siècles, Histoire de la justice,* 2005, p. 37-61.
-« L'affaire Claude le François : les clercs pris en habit laïque » (avec Carine Jallamion), in *Justice pénale et Droit des clercs, XVI XVIIIes siècles, Histoire de la justice*, 2005, p. 187-208.
-« Jousse, la récidive et Farinacius », in *Daniel Jousse, un juriste au temps des lumières (1704-1781),* Textes réunis par Corinne Leveleux-Teixeira, Cahiers de l'Institut d'Anthropologie Juridique, n° 16, Université de Limoges, Faculté de Droit et des Sciences économiques, Pulim, 2007, p. 100-113.
-« Démocraties en mutation : Aux frontières des disciplines », in *Les mutations contemporaines de la démocratie, VIIe séminaire franco-japonais de droit public*, dir. O. Jouanjan, A. Viala, H. Yamamoto, Actes de colloque, Faculté de droit de Montpellier, 2007, p. 17-37.
-« Comment parler à son juge ? » in *Rencontres Montpellier-Sherbrooke, la Parole et le droit*, publications Université de Sherbrooke, 2009, p. 55-66.
-« Des personnes en quête d'héritage : les hermaphrodites », in *Les assises du corps transformé. Regards croisés sur le genre* (sous la direction de Jacques Mateu, Mathieu Reynier, François Vialla), Les études hospitalières, 2010, p. 35-45.
-« 'Une société à vulnérabilité réciproque' : Nourrices et Nourrissons », in *La Vulnérabilité et le Droit*, Rencontres Juridiques Montpellier-Sherbrooke, Les Éditions Revue de droit de l'Université de Sherbrooke, 2010, p. 7-23.
-« Nul ne sera soumis à la torture… », in *Le Casoar, Revue trimestrielle de la Saint-Cyrienne*, n° 206 et suivants, à partir de juillet 2012.
-« Indulgence, compassion et gratitude… De quelques « sentiments » qui émeuvent le droit et embarrassent la justice », in *Les sentiments et le droit, Rencontres juridiques Montpellier-Sherbrooke*, 2012, p. 237-256.
-« Crimes de famille, recherche de la *qualitas* et droits de la défense ; Modernité du droit criminel catalan (XVIe-XVIIe siècles », in *Histoires de famille, à la convergence du droit pénal et des liens de parenté,* textes réunis par Leah Otis-Cour, Cahiers de l'institut d'Anthropologie juridique n° 33, 2012, Pulim, p. 79-94.
-"Pluralism in France in the Modern Era – Between the "Quest for Justice" and "Uniformity trough the Law" : The Case of Roussillon, in the Law's Many Bodies", *Studies in Legal Hybridity and Jurisdictionnal Complexity c 1600-1900*, ed. Séan Patrick Donlan and Dirk Heirbaut, Comparative studies in continental and Anglo-American Legal History, Dunker & Humblot, Berlin 2015, p. 169-172.
-« Le Conseil souverain de Roussillon. Un édit de création aux frontières de la Catalogne », *Revue du Nord*, tome 97 – n° 411, juillet-septembre 2015, p. 497-513

c) Articles à paraître :
* remis aux éditeurs
-« Les Parts de prises maritimes et la loi du 15 mars 1916 : Du nerf de la guerre sur mer… à la sollicitude envers les morts pour la patrie » (*Mélanges Professeur Mestre* Aix)
-« Experiences and experimentations : *Two words between two Worlds* (Fiskars, Finlande)
-« Frontières de mer et enclaves stratégiques ou « Comment jouer à la marelle » (Lille)
-« Le Tailleur et ses Modèles en 'outremer', 'Un pont trop loin » », Secondes rencontres internationales Roger Decottignies, Dakar, 8, 9 et 10 avril 2019 (Université Savoie Montblanc).
-« Entre Liberté académique et Déontologie universitaire : Des 'franchises hors d'âge' » ? (Institut des droits de l'homme, Dakar).
*En préparation : *La pluralité d'infractions dans les thèses du 18e siècle.*

3) Conférences (depuis 1992)
-« Les instruments juridiques du pouvoir en France, XVIe-XVIIIe », rapport pour l'"European Science Foundation", rencontres de Lloret de Mar, 12-14 avril 1991 et de Copenhague, 3-6 octobre 1991.
-Conférence sur "Droit et Religion dans les législations d'Afrique noire", colloque "Droit et Religion", Berkeley, 9-10 octobre 1992.
-Conférencier pour l'institut du Monde arabe aux journées de formation des magistrats, École Nationale de la Magistrature, Paris, 6 octobre 1992 et 6 octobre 1993.
-Conférencier ordinaire à l'Université de Liège, "Les relations entre époux en droit malékite", 3-6 mars 1993.
-Conférence en droit musulman au DEA de droit privé "Le droit des successions en islam", 15 novembre 1993.
-Conférence au Max-Planck Institut de Francfort, "La notion de Police en France du XVIe au XVIIIe siècle", 29 mars 1994.
-Conférence "La justice en islam de Muhammed à Harun-al-Rachid (622-809), Centro Italiano di studi sull'alto medioevo, semaine sur "la giustizia nell'alto medioevo", Spoleto, 7-13 avril 1994.
-Conférence à Monterey (Californie), Journées des 1-2 novembre 1994 sur "La délicatesse du juge dans le droit pénal du XIX° siècle".
-Conférence sur "Transfert de propriété, paiement du prix et droit de revendication du vendeur dans les ventes de marchandises du XIIIe siècle au Code civil", colloque "Faut-il retarder le transfert de propriété des marchandises et équipements" ? Montpellier, 28 avril 1995.
-Conférence sur "Les pouvoirs des gouverneurs généraux des colonies", Commémoration du centenaire du Gouvernement général de l'Afrique occidentale française, Dakar, 13-21 juin 1995.
-Conférence sur "Les orientations dégagées par la mission de janvier 1994 sur la coopération franco-vietnamienne", colloque Jussieu, 29 septembre 1995.

-Conférence sur "Erreur judiciaire ou complot judiciaire", Rencontres sur la perception de l'erreur judiciaire, Bad-Hombourg (Allemagne), 11-13 octobre 1995.
-Conférence sur "Les juristes sont-ils sans cœur : l'interdiction de répéter la torture, symbole ponctuel d'humanité ou refus programmé de la douleur ?", Colloque "Douleur et droit", Montpellier 26-28 octobre 1995.
-« Criminality and recidivism, The search for animus delinquentis », Colloque de Boston, novembre 1995 (texte envoyé).
-Conférence sur « Assimilation et respect des coutumes indigènes », table ronde sur les « peuples autochtones », Montpellier 19 mars 1998.
-Conférence à Berkeley (14 - 18 avril 1998) sur « Les systèmes politiques africains 'sans Etat' » (en anglais), à Liège le 15 décembre 1999 (en français).
-Conférence sur « Les juristes français et la codification dans les 'États indochinois' », Colloque Hanoi, 14-17 juillet 1998.
-Conférence sur « La formation des juristes en France », table ronde sur « La formazione dei giuristi in Europa e negli stati uniti », Naples, 1er mars 1999
-Conférence à la Société d'Histoire du droit, « L'affaire Claude le François », Paris II, 25 mars 2000.
-Séminaire « Inheritance islamic Law », Berkeley, School of Law, 8-14 Avril 2000.
-Séminaires à l'École nationale de la magistrature, « La justice coloniale », 30 décembre 2001 et 3 mai 2002.
-Conférence sur « Originalités et conformités de la Justice coloniale en Algérie (1830-1962) », Colloque Droit et Justice en Algérie, Paris, 22 et 23 octobre 2002.
-Intervention Berlin, « Les corporatismes », 24 et 27 octobre 2002.
-Conférence sur « Le magistrat colonial », Aix, novembre 2002.
-Conférence sur « Médecins et militaires : comment vaincre les épizooties aux XVIIe et XVIIIe siècles ? », IIe Colloque national « Droit, Histoire, médecine et Pharmacie », Aix-en-Provence, 28-29 novembre 2002.
-Conférence sur le magistrat colonial, « Il magistrato francese Oltremare : il sogno dell'inamovibilità », Oltremare culture e istituzioni, dal Colonialismo all'età postcoloniale, Istituto Universitario Suor Orsola Benincasa, Naples, 19-20 décembre 2002.
-Conférence sur le magistrat colonial, Institut de recherche sur le Maghreb contemporain, Tunis 20-21 mars 2003.
-Conférence sur la « Torture judiciaire », Cour de cassation et Association française pour l'histoire de la justice, 12 juin 2003.
-Conférence École doctorale Lille II, « Grandeurs et servitudes de la vérité : la torture de saint Thomas d'Aquin à Beccaria », 20 juin 2003.
-Conférence sur « Colonies et dictatures : préparation des esprits et bancs d'essais, Euresco Conférence : Europe under Dictatorship : Economic control and Law, Albufeira 18-23 octobre 2003.
-Conférence sur « Les justices de paix à compétence étendue », Colloque « des juges de paix aux juges de proximité », Bibliothèque nationale, Paris, 17-18 novembre 2003.

-Conférence sur « La législation des pays musulmans, entre tradition et Modernisme », Sherbrooke, 7 mai 2004.

-Conférence sur « La Cour de cassation et les motivations : la pratique coloniale », Richmond (Virginie), colloque 12-13 mai 2004.

-Conférence sur « Le Code civil au Maghreb : Prudences du Législateur et ruses des magistrats », Colloque 20 mai 2004, Marrakech, « La présence du Code civil français dans le monde arabe ».

-Conférence sur « Le droit foncier en AOF », Institut de Recherches sur le Maghreb contemporain, Tunis, 11 juin 2004.

-Conférence sur « L'expérimentation en matière coloniale : vie et survie des institutions coloniales », Colloque IEP Aix-Marseille, 17-18 juin 2004.

-Conférence à l'Université de Francfort sur « Unité et diversité du droit colonial », journée des doctorants, Rechtseinheit in Kolonialreichen, international Max Planck Research School for Comparative Legal History, Francfort, 20 janvier 2006.

-Conférence sur « Droit colonial et droit foncier », Introduction à la Journée d'étude, Le droit foncier dans les protectorats et les colonies, 6 mai 2006.

-Conférence sur « Crises et Valeurs du Droit », Première Rencontres Universités Montpellier I et Sherbrooke, Sherbrooke, 10-11 mai 2006.

-Conférence sur « Mutations et Démocratie : l'exemple d'Athènes », VIIe séminaire franco-japonais de droit public, Montpellier, 20-22 septembre 2006.

-Conférence sur « Ordre-raison et désordre-folie : Croisements institutionnels et juridiques en Europe et en Afrique » ou « Comment les savoirs sur le Sud enrichissent la connaissance au Nord : l'exemple du Droit et de la Science politique », 6e semaine de la coopération et de la solidarité internationale, Montpellier, 16 novembre 2006.

-Conférence sur « l'histoire du droit de la torture », Faculté de droit, Université de Mauritius, 30 novembre 2006.

-Conférence sur « droit des Missions et Patrimoine », Séminaire MSH, Montpellier ?

-Conférence sur « Folie et raison dans les sociétés politiques », Faculté de droit, Dakar, 21 juin 2007-06-26.

-Conférence sur « La petite justice aux colonies », journées Montpellier-Sherbrooke, Montpellier, 26 juin 2007.

-Conférence sur « Droit et Religion : entre communauté universelle et séparation de biens », Université de Monterrey (Mexique), 21 septembre 2007.

-Conférence sur « Continuités ou ruptures ? Les jurisprudences de la Cour de cassation française et de la Cour suprême du Maroc (1912-2007) », 50e Anniversaire de la Cour suprême, Rabat, 21-22 novembre 2007.

-Conférence sur « Le Code d'instruction criminelle à la peine : jurés et assesseurs aux colonies », colloque sur « Les destinées du Code d'instruction criminelle, 1808-2008 », Lille 24-25 janvier 2008.

-Conférence sur « Droit étranger ou droit national ? Magistrats français et droit musulman, dans la colonie du Sénégal. », colloque sur « Ratio décidendi : Foreign Law », Miami, Florida International University, 5-9 mars 2008.

-Conférence sur « L'eau comme repère de Civilisation : focalisations institutionnelles et juridiques », Table ronde sur « Water Rights and Governance in sub-Saharan Africa », Berkeley, 13 mars 2008.

-Conférence sur « Droit de la preuve et couples sanglants sous l'Ancien régime », Histoires de Famille : à la convergence du droit pénal et des liens de parenté, colloque international, Montpellier, 19-21 juin 2008.

-Conférence sur « Comment parler à son juge ? », Rencontres Sherbrooke-Montpellier, « La parole et le droit », 23-26 juin 2008.

-Conférence sur « L'eau fait société », Journée sur l'eau, Institut agronomique méditerranéen de Montpellier, 5 septembre 2008.

-Conférence sur « Les commissions d'Afrique », Table ronde, Lille, 25-26 septembre 2008.

-Conférence sur « Désordre et Folie au service de l'Harmonie dans l'histoire du Politique », Université de Monterrey, Mexique, 7 novembre 2008.

-Conférence sur « Les juges de proximité en France et en Europe », Université Fra Luca, Cuernavaca, 10 novembre 2008.

-Conférence sur « Influences du droit germanique et notariat aux colonies », Institut international du notariat, 27 novembre 2008, Paris.

-Conférence sur « Les Sociétés sans Etat », Alliance Franco-Comorienne, Moroni, Grande Comores, 29 janvier 2009.

-Conférence sur « La dévolution héréditaire en droit successoral musulman », Université de Liège, 11 mai 2009.

-Conférence sur « Stratégie coloniale et impératifs internationaux : l'exemple de la France », Université de Lecce, Storia teoria e diritto internazionale, la costruzione di una disciplina, Lecce Copertino, 20-22 mai 2009.

-Conférence sur « Nourrices et Nourrissons », rencontres Sherbrooke-Montpellier, Sherbrooke, 28-30 mai 2009.

-Conférence sur « The Crusading judges », Université de Sherbrooke, 5 octobre 2009.

-Conférence sur « Vérités et doutes depuis Saint Thomas d'Aquin », Cegep, Sherbrooke, 7 octobre 2009.

-Conférence sur « Les relations entre époux en droit musulman », Université d'Ottawa, 9 octobre 2009.

-Conférence sur « Les Hermaphrodites en Droit successoral musulman », Assises du « Corps transformé », Faculté de droit Montpellier, 16 octobre 2009.

-Conférence sur « La coutume en délit aggrave le péché », Université de Liège, 16 octobre 2010.

-Conférence sur « Le code pénal de 1810 au Congo dans les années 30. Gide avait-il raison ? », Université de Lille,

-Colloque sur « Le Code pénal de 1810, Métamorphoses », 16 décembre 2010.

-Conférence sur « La « Société » des avocats et situation coloniale », in Colloque sur « Quand l'injustice crée le droit : le procès des insurgés de Cayenne à Nantes en 1931, 14-15 avril 2011, Nantes.

-Conférence sur « Robinson *versus* Vendredi, mythes et réalités du pluralisme juridique en droit colonial », Colloque sur « Le pluralisme juridique à l'épreuve de l'Histoire », Université Paris 13 et Paris Descartes, 28 et 29 avril 2011.

-Conférence sur « Un gouverneur à principes : Félix Eboué, entre Epictète et Alexandre Dumas », Colloque sur « Constances et volatilités des positions de politique coloniale au regard de quelques carrières », Université Paul Cézanne, Aix-en-Provence, 13-14 octobre 2011.

-Conférence sur « An Impeded hope: The Mandate on Armenia », international scientific conference 7-8 mai 2014 "Europe and Caucasus inter-regional relations and the question of identity", Yerevan, Armenia

-Conférence sur "Juger et préjugés", colloque Montpellier-Palavas,

-Conférence sur « Droits et Justices dans le monde colonial : un ordre au gré des vents », Colloque sur les Justices en Guyane, Journées régionales d'histoire de la Justice, Cayenne, 24-25 novembre 2014.

-Conférence sur « L'eau fait société », Université française au Liban, Beyrouth, décembre 2015

-Conférence sur « Experiences and experimentations in colonial law: Two words between two Worlds », workshop, The Influence of colonies on commercial law and practice, Fiskars, Finlande, 6-8 Janvier 2016

-Conférence sur « Mer et Outre-mers », Faculté de droit Robert Schumann, Aix, 4 Mars 2016

-Conférence sur « les Ports coloniaux », Dakar, 15 juillet 2017.

-Conférence sur « Droit des terres coloniales et souvenirs des mers : un droit à imiter *ou* Du modèle marin… à la marque marine », International conference, « The colonial Law in a comparative perspective and the heritage of Colonialism : Crisis and future of the european Identity », Ravenne, 19-20 octobre 2017.

-Conférence sur « La science politique doit-elle quelque chose aux « pygmées » ?, Université du Tiers temps, Montpellier 2, 19 février 2019.

-Conférence sur « Le Tailleur, ses Modèles et l'Historien du droit », Secondes rencontres internationales Roger Decottignies, Dakar, 8, 9 et 10 avril 2019.

-Conférence sur « Les frontières floues de l'assistance en mer », Dakar, Colloque Toulouse, Aix, Dakar et Montpellier, 12-13 juillet 2019.

AVANT TOUT PROPOS…

Mamadou BADJI,
Professeur titulaire à l'Université Cheikh Anta Diop de Dakar, doyen honoraire de la Faculté des sciences juridiques et politiques (Sénégal)

Ceux qui, il y a quelques années, étaient les étudiants du professeur Bernard Durand, et qui sont devenus ses collègues, ont pris l'initiative de lui consacrer ce recueil d'études, perpétuant de la sorte une tradition universitaire visant à honorer un « maître ». Cet hommage auquel s'associent ses nombreux amis est amplement mérité.

Enseignant talentueux, le professeur Durand a pris une part active à la formation de nombreux étudiants, non seulement dans son pays d'origine, la France, mais aussi dans la plupart des pays d'Afrique francophone. Chargé de cours pendant deux ans à Montpellier, il est reçu au concours d'agrégation d'histoire du droit en 1970. Le jeune professeur est nommé à Perpignan avant de partir en 1972 pour le Sénégal où sa venue permettra de changer le cadre dans lequel ses devanciers confinent trop souvent les études juridiques et historiques.

Partant d'une méthode de l'enseignement du droit qui ne s'interdit pas d'innover, le professeur Durand jette un regard critique sur le contenu des enseignements à la Faculté de droit de Dakar, en demandant que soit pris en compte dans les programmes officiels un enseignement de culture, orienté vers l'étude des institutions africaines. C'est, dans le contexte de l'époque, une manière d'approcher autrement la fonction du droit dans la société. Mais, au-delà de cette demande, il fallait aller plus loin, s'investir dans la convergence des disciplines. Nous y reviendrons. Pour l'heure, il n'est pas indifférent de remarquer que, dans les milieux universitaires, la convergence des disciplines n'est pas accueillie d'enthousiasme par tout le monde. Ainsi, mis à part les historiens du droit qui, « alliant une rigoureuse connaissance de la technique juridique, de son vocabulaire et de ses notions au sens des mutations et de la spécificité de chaque époque et de chaque société », en ont vite compris le sens, très peu de juristes sont ouverts à la nécessité d'une rénovation des études juridiques et historiques. De la sorte, ils s'enferment dans une vision étriquée de l'enseignement du droit, en perdant de vue que la vocation de l'université est de former, non seulement des techniciens du droit, mais surtout des juristes. Symptomatique de cette manière de voir est le sort réservé à l'histoire du droit et des institutions dans les programmes officiels des Universités françaises. Certes, son utilité dans la formation du juriste a très tôt été perçue dans certaines Facultés de droit de province, notamment celle de Toulouse[1]. Mais, d'une manière générale, cette discipline a été, en raison de la spécificité dont se réclament volontiers les juristes, reléguée au second plan du système d'enseignement du droit alors en vigueur, axé sur l'exégèse des Codes. Aussi plonge-t-elle dans une sorte de « splendide isolement[2] » à l'égard des courants qui ont traversé la « fabrique de l'Histoire »[3]. Il s'en faut de beaucoup pour changer cet état de choses.

Cependant, les régimes politiques de la Monarchie de juillet et du Second Empire firent l'aveu d'une rupture avec le passé, mettant au jour des conditions historiques propres à précipiter des mutations[4]. Un vent de réformes[5] souffle alors sur l'Université[6]. Pour autant, le changement souhaité n'intervint qu'avec l'avènement de la Troisième République dont le régime politique modifia le statut des Écoles de droit[7]. Désormais, les conditions propres à entendre la voix des tenants d'une nouvelle science juridique dégagée de l'exégèse des Codes semblent réunies. C'est, pour l'Université française l'annonce d'orientations nouvelles : l'ouverture vers d'autres disciplines des sciences sociales et l'inscription dans les programmes officiels d'un enseignement de culture[8] - l'histoire du droit et des institutions-, dispensé dans un esprit purement scientifique[9].

Si cette discipline finit par imposer ses exigences épistémologiques avant d'acquérir et tenir sa place dans le concert des études juridiques au XXe siècle[10],

---

[1] Pour aller dans le même sens, P. NELIDOFF, « Histoire et méthodes de l'enseignement à la Faculté de droit de Toulouse au XIXe siècle », in O. DEVAUX (dir.), *Histoire de l'enseignement du droit à Toulouse*, Presses de l'Université des sciences sociales de Toulouse, 2007, p. 379-380.

[2] Le lecteur désireux d'en apprendre davantage sur le sujet pourra se rapporter avec profit à J. POUMARÈDE (dir.), *Histoire de l'Histoire du Droit*, Toulouse, Presses de l'université des Sciences sociales de Toulouse, 2006, plus particulièrement p. 113-131.

[3] Pour aller plus loin, v° P. BONIN, « Histoire des institutions de l'enseignement supérieur », in B. BEIGNIER et D. TRUCHET, *Droit de l'enseignement supérieur*, Paris, LGDJ, 2018, p. 1-13.

[4] *Ibidem.*

[5] Toutes ces réformes visent une rénovation de la science juridique. Cf. P. NELIDOFF, « Histoire et méthodes de l'enseignement à la Faculté de droit de Toulouse au XIXe siècle », *op. cit.*, p. 379 et s.

[6] La question qui se posait était celle de savoir si les Facultés de droit étaient de simples écoles professionnelles ou alors des établissements d'enseignement supérieur dispensant un savoir scientifique ?

[7] Notamment dans les années 1880 à 1930. L'objet des réformes entreprises durant ces années-là est de clarifier le statut des Ecoles de droit, en en faisant des établissements d'enseignement supérieur ayant aussi une vocation scientifique. Ces réformes consacrent la mue de ces établissements, considérés jusque-là comme de simples écoles professionnelles.

[8] Au sens où l'entend J. Gaudemet selon lequel l'histoire ne peut être envisagée simplement comme « une étude verticale et chronologique ; elle doit être horizontale et comparative. C'est à cette condition seulement qu'elle peut être considérée comme un élément de culture et de connaissance ». Cf. J. GAUDEMET, *Sociologie historique du droit,* PUF, 2000, p. 15-16.

[9] Pour les réformes intervenues sous la troisième République, Cf. J.-L. HALPERIN, « L'histoire du droit constituée en discipline : consécration ou repli identitaire ? », *Revue d'histoire des sciences humaines*, 2001, 4, p. 22. L'auteur revient notamment sur le décret du 28 décembre 1880 instituant un cours annuel et un examen d'histoire générale du droit français en première année.

[10] J. POUMARÈDE (dir.), *Histoire de l'Histoire du Droit, op. cit.*, p. 113-131.

elle doit l'invention et le développement de ses méthodes, de ses pratiques, comme de ses institutions propres (revues, sociétés savantes…), aux efforts tenaces et à l'énergie créatrice de ceux qui la servent.

D'autres faits s'imposent d'évidence à l'observateur : la circulation des modèles juridiques et, partant, la réception du droit français en Afrique au sud du Sahara. Pour ne prendre que l'exemple du Sénégal, la réception de méthodes de l'enseignement telles qu'elles sont exposées par quelques « passeurs de relais » se laisse observer y compris dans le domaine du droit dont les programmes officiels de l'Université de Dakar sont tributaires. S'il est remarquable de constater que l'orientation exclusivement hexagonale de ces programmes s'impose tout au long des années 1950-1960, parallèlement, se font sentir les nécessités d'une rupture avec le passé.

Les années 1970 et 1980 marquent à cet égard un tournant. C'est au cours de ces périodes que se développe un mouvement critique dans le sens d'une opposition aux certitudes de la représentation classique du social par le droit. Ce contexte critique est propre à créer un climat favorable à l'adaptation du contenu de l'enseignement du droit aux réalités africaines.

C'est un résultat auquel le professeur Bernard Durand a largement contribué, mais, il a fallu, pour en arriver là, vaincre bien des résistances dont celles, tenaces et non moins incompréhensibles, des membres du corps professoral. Opposés à la convergence des disciplines, ces derniers excluaient toute ouverture pouvant se traduire par la création d'un département d'histoire du droit et des institutions à l'Université de Dakar. Pour surmonter de telles contradictions, l'appel à l'onction des autorités académiques paraissait être une soupape de sécurité. Monsieur Seydou Madani Sy, alors doyen de la Faculté des sciences juridiques et économiques de Dakar, intervint alors dans le débat. Pétri d'une double formation de droit public et de chartiste, le bientôt recteur de l'Université de Dakar en 1972 était à même de comprendre, mieux que beaucoup, pourquoi l'histoire des institutions devait être conservée dans les études des juristes africains, produits de plusieurs cultures. Convaincu que dans le concert des études juridiques et historiques, il était important d'accorder une place entière à cette discipline, il fit approuver, par le conseil de faculté, la création d'une structure pédagogique pouvant en assurer l'ancrage institutionnel. Cette consécration que fut, à l'arraché administratif, l'ouverture de cette section demeura essentielle, tant au regard de l'analyse de la recherche en science juridique qu'au regard de la réflexion sur l'enseignement dans les facultés de droit.

De fait, les années de Dakar furent, pour Bernard Durand, des années d'intense activité universitaire : les cours, les séminaires, des disciples. Dans ses cours, il choisit, aux côtés des royaumes, revalorisés par une pensée encore tributaire de comparaisons avec l'Europe, de faire découvrir aux étudiants africains les fondements de leur civilisation (société, droit et institutions de l'Égypte pharaonique, l'accent étant mis sur l'organisation pharaonique à partir du roi Narmer Ménès, une monarchie divine), d'évoquer le droit et les institutions des entités politiques locales. De la sorte, il imprime à l'histoire des institutions, une orientation plus adaptée à leurs attentes. Mais il ne perd pas de vue la nécessité de faire des incursions dans l'étude des institutions du monde méditerranéen ou de l'empire arabo-musulman. Avec lui, l'enseignement de l'histoire du droit des obligations figure en bonne place dans les *curricula* de l'université de Dakar, tout comme l'histoire économique de l'Afrique, l'anthropologie politique et sociale, etc.

Assesseur du doyen de la Faculté des sciences juridiques et économiques de Dakar de 1975 à 1978, il œuvre au renforcement de la coopération franco-sénégalaise dans le domaine de l'enseignement supérieur. Prenant part, dans les années 1980, à la création d'une section histoire des institutions du concours d'agrégation CAMES, il en devient, à plusieurs reprises, le président de jury, contribuant de la sorte à l'avancement dans la carrière universitaire de nombreuses générations d'historiens du droit. Dès son retour dans l'hexagone, il bénéficie de la confiance de ses pairs et exerce de prestigieuses fonctions, à la fois comme doyen de la Faculté de droit de l'Université de Montpellier 1, et comme vice-président, chargé des relations internationales de la même Université. Ce fut aussi pour lui l'occasion de diriger de nombreux travaux et de susciter bien des vocations d'enseignants chercheurs. Auprès d'un maître attentif, ils ont appris la précision dans le travail et le goût de l'érudition scientifique. Dans ses directions d'étude, le professeur Durand n'épargnait ni sa peine ni son temps et savait, à l'occasion, se transformer en garçon de bibliothèque au service de jeunes doctorants qu'émerveillaient tant de science et de disponibilité.

Dans le domaine de la recherche, il a, au cours de sa longue carrière universitaire, défriché des sentiers, exploré bien des domaines de l'histoire du droit et des institutions : l'histoire du droit public, l'histoire du droit privé, l'histoire comparative des institutions, l'histoire du droit administratif. Mais ses thèmes de recherche couvrent un spectre très large, l'histoire du droit pénal lui tenant particulièrement à cœur. Ses intuitions savoureuses à propos du droit musulman, en font un des grands spécialistes. Certes, dans ce domaine, il est loin d'être un pionnier[11], mais la richesse de ses travaux éclaire d'un jour nouveau la connaissance que nous avons d'une matière aussi ardue qu'est le droit islamique des successions.

Homme d'ouverture, pétri du sens de l'Autre et de la diversité des cultures juridiques, le doyen Durand est également un homme de science, rejetant dans sa démarche l'esprit de système, les « poncifs », les *a priori,* la passion. C'est un universitaire dont les qualités d'éminent juriste sont reconnues. Esprit curieux, il s'est attaqué à l'étude des institutions et du droit des colonies, à une époque où, dans le monde francophone, une telle recherche n'intéresse presque plus

[11] La science européenne du droit musulman a longtemps été scandée par la profusion de travaux, d'écrits « dont les monuments sont nombreux et de qualité. Certains portent des noms de savants connus, aussi bien en France qu'en Angleterre, en Hollande, en Allemagne, en Russie et même, depuis une période plus récente, en Italie et en Espagne ». Cf. L. MILLIOT, « La science européenne du droit musulman », in *Revue juridique et politique de l'Union française,* janv.-mars 1947, p. 195-206.

personne. Comment ne pas évoquer dans cet hommage ses qualités de « passeur », celles qui font de lui une figure intellectuelle dont s'honore d'avoir l'École d'histoire du droit et des institutions de Dakar : l'enracinement de celle-ci dans un environnement alors peu favorable tient au talent, à l'action vigoureuse et aux conditions intellectuelles et matérielles d'une implantation solide que son fondateur et ses premiers membres ont su créer, des conditions propres à assurer un rayonnement scientifique dans la durée. Pour nous qui avons été ses étudiants, puis ses disciples et ses amis, il nous aura appris que l'histoire juridique ne peut se limiter à une approche purement institutionnelle, par trop desséchante ; il aura façonné notre parcours, par sa rigueur et l'objectivité de son jugement, jusqu'au titre le plus convoité de l'enseignement supérieur.

Le dédicataire de ces *Mélanges* aura, par ses enseignements, par sa capacité légendaire de travail, sa personnalité attachante, son comportement exemplaire, par son élégance morale, marqué pour toujours ses anciens étudiants, ses collègues, ses amis. Les contributions rassemblées dans cet ouvrage, dues à l'amitié et à l'admiration qu'il inspire, émanent d'horizons divers. Mais elles renvoient presque toutes à un thème cher au doyen Bernard Durand : la mer. Voie de communication, la mer est propre à créer les conditions du « passage de frontière » dont l'effet immédiat est le contact entre les peuples, les cultures, les civilisations. Enjeu des relations internationales, elle nourrit des passions et suscite, en raison des ressources qu'elle recèle, bien des convoitises. Mais elle irrigue des itinéraires et, dans le domaine qui nous intéresse, favorise les échanges. De la sorte, elle permet aux « passeurs » de se mouvoir dans des univers culturels différents. La mer attire les chercheurs d'une toison d'or et les entraîne, animés qu'ils sont par une volonté inexpugnable, à faire des plongées dans les eaux profondes...

TÉMOIGNAGES

LE SENS D'UN BAIL...

Seydou Madani SY
Recteur honoraire de l'UCAD

Lorsque le doyen Mamadou Badji m'a appris que des *Mélanges* étaient envisagés pour honorer le doyen Bernard Durand, j'ai immédiatement exprimé mon accord pour apporter une contribution à ce projet. En effet si j'en juge par le parcours de l'enseignant émérite et de chercheur reconnu par ses pairs, cette initiative de consacrer des *Mélanges* au doyen Durand est amplement méritée.

Sans doute insisterai-je surtout sur la partie de sa carrière effectuée au Sénégal, dont j'ai été un des témoins privilégiés. Dès l'année universitaire 1970-1971, il a pris le risque d'aborder nos plages pour faire une mission d'enseignement à la Faculté de droit de Dakar. J'étais à l'époque doyen de cette Faculté, il était maître de conférences.

De 1972 à 1985 le voilà professeur à la même Faculté. Ce fut un bail : treize ans. Je suivais sa carrière du rectorat où je me trouvais depuis septembre 1971. Il a contribué à créer le département d'histoire du droit. Son enseignement fut riche et varié. Je cite : « Droit coutumier africain, Anthropologie culturelle et sociale, Droit musulman, Histoire comparative des institutions de l'Europe, de l'Arabie et de l'Afrique. »

En africaniste convaincu, il n'a pas hésité à porter son enseignement dans d'autres pays africains, en particulier au Gabon et au Tchad. Ce qui ne l'empêchait pas de faire des incursions à sa Faculté d'origine pour ne pas se faire oublier de 1982 à 1985. Et puis il a apporté son appui à l'effort du CAMES pour mettre en place le concours d'agrégation de droit. En 1983, il fallait avoir une conviction de pionnier pour accepter de faire partie d'un jury d'agrégation pour nos Universités africaines.

Membre du jury d'agrégation d'histoire du droit, pendant que je présidais le jury de droit public. À l'époque beaucoup de gens étaient sceptiques sur la valeur et la longévité de ces concours africains. Après moi le doyen Durand a continué à participer à ces concours. À ce titre il mérite la reconnaissance du CAMES.

En 1986, j'ai quitté l'Université de Dakar pour rejoindre le gouvernement de la République alors qu'il a choisi de rentrer à Montpellier après avoir publié en 1983 un manuel intitulé *Histoire comparative des Institutions -Afrique, Monde arabe, Europe* au CREDILA., qui est devenu un classique. Cet ouvrage est le témoignage de sa foi en l'enseignement de l'histoire du droit dans nos Facultés africaines. En effet cet enseignement n'a pas droit de cité dans toutes les Universités d'Afrique. Dans le cadre du CAMES certains n'y croyaient pas.

Pour moi c'était une hérésie que d'ignorer l'histoire des institutions dans le cursus de formation des juristes africains. Il est vrai que je faisais partie d'une

Pour moi c'était une hérésie que d'ignorer l'histoire des institutions dans le cursus de formation des juristes africains. Il est vrai que je faisais partie d'une minorité qui croyait à cet enseignement. Sans doute n'avais-je aucun mérite à cela, car l'ancien élève de l'École nationale de chartes de Paris qui sommeillait en moi se souvenait de sa thèse d'École consacrée à « l'histoire du parage dans les coutumes de Normandie et de Bretagne aux XIe et XIIe siècles ».

Grâce au doyen Durand l'histoire du droit est définitivement installée dans nos Facultés de droit, en tout cas à Dakar. Car il a contribué à former des étudiants et, mieux, des enseignants dont feu Dominique Sarr était un des fleurons, trop tôt disparu.

Je m'arrête là, même si je sais que son *curriculum vitae* pourrait justifier un plus long développement, tant ses activités sont multiples et passionnantes à évoquer.

LE CÔTÉ CLAIR DE LA FORCE

Christian LE STANC,
Professeur des Universités,
avocat au barreau de Montpellier

Il est d'usage dans ce métier de faire état -dans un *liber amicorum*, dans des études offertes, dans des mélanges en l'honneur-, de l'affection et/ou du respect qu'on porte à tel dédicataire en produisant un article un peu fouillé, en lien plus ou moins lointain avec les préoccupations universitaires du susdit. Le soussigné n'est pas historien du droit. Il ne dispose pas dans ce domaine de permis d'écrire. Il n'est que privatiste et se gardera d'ennuyer la galerie par de communs aperçus de droit civil positif, de droit des affaires ou de propriété intellectuelle. Il voudrait en revanche exprimer en peu de mots tout le bien qu'il pense -et l'estime qu'il nourrit- du doyen Bernard Durand qui est son ami depuis plusieurs décennies, en évoquant rapidement quelques jalons de menus souvenirs, parmi des milliers d'autres.

1969. Au retour de Ouargla, après sa thèse, Bernard Durand était chargé de cours d'histoire du droit à la Faculté de Montpellier où je fus son étudiant. Il éclairait, si ma mémoire est fidèle, le despotisme en troisième année de licence. Les auditeur. e. s étaient conquis. e. s. Il proposait à qui voulait de rédiger un travail sur divers sujets. Nous sympathisâmes à cette occasion. Un repas familial sur une grande terrasse rue François Périer ; plus petite à Prades-le Lez. Barbecues, réfection du monde – qui en avait déjà besoin-, curiosité de tous sujets, palabres jusque souvent bien tard. Il préparait par ailleurs l'agrégation et Phinée (fils d'Agénor) aurait évidemment deviné que mérite, savoir et talent, seraient récompensés. Ils le furent.

Paris, le bel appartement fantômatique du Quartier latin. Leçon au bout de la nuit. Tel Jason (avec l'aide de Médée), et malgré Eétès, le candidat emportait la toison d'or. 1970. Bernard prit le poste libre au Centre universitaire de Perpignan. Commençait alors une carrière scientifique particulièrement dense en parallèle d'activités athlétiques et sportives comme les concours de vitesse de kart à pédales emprunté aux enfants, autour de la table de la salle à manger et dans les pièces de l'appartement de Perpignan, au dam des voisins du dessous, sous l'œil réprobateur d'Annie, mais sous le regard indifférent de l'énorme chat propriétaire des lieux.

Vacances à Super Bolquère en 1971 où nous avions en famille loué un joli chalet. Expériences académiques de fabrication *ex nihilo*, un jour d'oisiveté, de profiteroles au chocolat. Interminables parties de badminton à l'issue desquelles le perdant, qui n'était pas toujours le même, faisait la tête pendant un certain temps, arguant toujours de la robuste mauvaise foi de l'adversaire. Il fallait monter des cours. Débats animés sur le thème de la torture qui intéressait fort Bernard. Sans rapport d'ailleurs avec la bévue de l'un ou l'une d'entre nous qui, au petit déjeuner, avait posé par terre, pour désencombrer la table, une casserole de lait brûlant dans laquelle l'enfant cadet Durand, Denis, qui marchait à peine, avait mis le pied nu par inadvertance. On en parle encore.

Vacances à nouveau l'année suivante vers l'Écosse. Traversée de l'Angleterre. Haltes dans des caravanes, faute d'hôtel. Puis nous trouvions à louer pour quinze jours une maisonnette au toit de chaume dans la campagne d'Inverness. Les préoccupations universitaires n'étaient pas absentes de nos sorties mycologiques de ramassage de kilos de girolles et de cèpes de Bordeaux que les indigènes ne consommaient pas. Comme de nos parties de pêche à la ligne aux saumons où le plus gros que nous attrapâmes fut une imprudente petite truite. De retour du lieu de pêche, sur la route étroite et sinueuse, un automobiliste du cru, surpris par notre présence sur la voie, habituellement déserte, quitta la chaussée pour éviter la collision et se retrouva dans un champ en contrebas en vociférant force injures vulgaires et vernaculaires dont, heureusement, notre insuffisante connaissance de la langue nous dispensa de percevoir l'exacte signification. Le soir était souvent consacré à des parties de belote endiablées où la concentration était à son comble, où le bruit du grignotage des pommes chips n'était pas toléré, et où l'honnêteté du jeu pouvait être discutée à s'en fendre le cœur.

L'Afrique. La famille Durand est à Dakar et y restera longtemps. Souvenirs de leur avoir rendu visite un lendemain de pêche sous-marine du professeur – cette fois miraculeuse- d'un nombre incalculable de langoustes et de cigales de mer. Mets dont on finit par se lasser, même sous tous les accommodements possibles. Chasse, par bonheur infructueuse, au phacochère au troisième marigot. Balades à Joal Fadiouth, au Sine Saloum. Ses amis de là-bas. Les Guinchard et bien d'autres. Le temps qui passe.

1986, Retour à Montpellier. Des cours, des missions, des voyages. Doyen en 1999. Excellent café dans le bureau décanal, du moins lorsque le doyen était là, selon la plaisanterie qui voulait que ce dernier fût souvent absent pour continuer de parcourir le monde. Excellent café également à partir de 2004, dans son petit bureau de la faculté, qu'il percolait lors de la pause du samedi matin 10h30 où nous étions seuls à faire cours. Les enfants ont entre-temps grandi, sont établis, et ont fait à leur tour des enfants.

Depuis des lustres, en rituel, les 31 décembre et ses agapes permettent les retrouvailles, l'évocation du passé et les projets d'avenir. Toujours disponible à la famille, aux proches, aux amis, sous l'apparente oisiveté de voyages et vacances, le dédicataire travaille diaboliquement : une quarantaine d'ouvrages, scientifiques (ou parfois un peu moins), des articles et rapports à foison ; des enseignements dans tous les pays. Comment trouve-t-il le temps ?

Il m'importait, même succinctement, de témoigner par ces lignes de l'attachement de ses amis les plus anciens à la présence bienveillante, à la gentillesse, la force et l'enthousiasme du professeur Bernard Durand.

1970-2020 : L'HISTOIRE D'UN CHEF

Jean-Pierre ROYER
Doyen honoraire de la Faculté de droit de Lille

Le mi-temps d'un siècle, oui, c'est toute la période que nous avons passée ensemble, mon cher Bernard, mais toi, tu as été, pour user d'une métaphore musicale, le chef du *tempo*, celui qui donne l'impulsion, le rythme à tous ceux qui sont entrés dans « l'orchestre » que tu as formé au cours de ces années, élèves, anciens élèves, collègues, un candidat du concours d'agrégation de 1970 qui ne t'a plus lâché depuis, des historiens du droit et de la justice, juristes positifs, de France et d'ailleurs, d'Afrique beaucoup, d'Amérique et du monde... Chef d'orchestre (imaginaire) qui distribue les partitions, chef de troupe qui rameute son équipe, chef de famille, tout à la fois époux, père, grand-père et nourricier, chef de sa vie, finalement. Ce sont les facettes de ce personnage complexe que je voudrais regrouper ici, pour en faire un portrait, un portrait fait de petites touches, d'impressions, de souvenirs, d'anecdotes, de brèves, qui flairent bon le récit d'anciens combattants avec, inévitable, une part d'autobiographie Le tout réparti en trois mouvements, France, Indochine, Afrique, des bouts de continents entourés de mer, de cette eau où beigne ton portrait qui s'achève dans ton costume de chef de famille.

FRANCE

De ton immense production scientifique que rassemble un CV qu'il faut au moins une journée pour le lire en entier (prévoir vivres), j'extrais un premier exemple qui illustre bien ta façon de mettre en mouvement tous les volontaires que tu as rassemblés, tiré de l'ouvrage collectif publié sous ta direction et avec la collaboration de Maïté Lesné-Ferret *Justice pénale et Droit des Clercs en Europe XVIe-XVIIIe siècles* (CHJ éditeur, Lille 2004) dont le thème t'avait été suggéré par le silence qui depuis longtemps, selon toi, éteignait ce sujet dans la littérature savante.

Voici comment l'affaire fut faite. Un jour, comme souvent, tu m'as téléphoné, m'as rappelé comme un appel d'offres ma propre thèse de doctorat imprimée à la LGDJ en 1969 sur *l'Église et le Royaume de France au XIVe siècle,* en insistant sur les chapitres consacrés à la rivalité des justices ecclésiastiques et laïques à cette époque et dans lesquels je traite effectivement des clercs déviants, bigames, mariés, concubins ou apostats, voire criminels. L'offre était tentante, ma culture médiévale m'avait fait bon connaisseur en clercs hors normes, ce que l'actualité n'a d'ailleurs pas démenti. L'on fait accord et je suis embauché pour participer à cette recherche collective. L'équipe est constituée et chacun de ses membres reçoit une *note méthodologique.* Très important ce document, car il nous fixait le sens et les limites données par le chef, contraignant sans doute, mais aussi rassurant, car, complet et très bien rédigé, on savait ainsi où l'on devait aller ! De belles journées d'étude vont s'en suivre, que je suis chargé de conclure dans l'ouvrage imprimé. Mon propos n'est pas ici d'en reprendre les acquis, mais de renvoyer le lecteur dans la mesure du possible à ces procès qui illustrent la lutte féroce en cette fin du Moyen Âge à laquelle se livrent ces deux justices pour savoir de quelle juridiction le clerc poursuivi relèvera, si le privilège du for lui sera reconnu, si son habit de clerc et sa tonsure sont bien réels, s'il sait le latin et autres signes distinctifs qui pourraient le faire échapper aux justices laïques estimées plus cruelles et comparaître devant les officialités pensées plus clémentes, une lutte qui aboutira au souhait d'un changement d'ensemble du système judiciaire.

Nous étions tous très heureux de ces moments de science et de belle confraternité passés comme déjà et souvent avec notre Chef au bord de la mer. Je fus même remercié pour mon « appui ». Un vrai Chef ne complimente pas, son absence de critique vaut compliment…

INDOCHINE

À la fin des années 1980, tu me proposas de partir à l'autre bout de notre monde colonial, à *Hanoi,* pour y retrouver les traces de la présence française dans cette partie de l'Indochine et, plus précisément, contribuer à l'étude des codifications coloniales dans un des articles que tu as rassemblés avec deux autres auteurs dans une *Histoire de la codification juridique au Vietnam,* Montpellier 2001, consacré à *Le Code civil du Tonkin à l'usage des juridictions indigènes promulgué le 30 mars 1931.* Une recherche neuve, sur le thème passionnant de la rencontre des cultures -un goût que nous avons en commun- menée dans les Archives nationales du Vietnam et accompagnée d'une immersion locale durant trois semaines dans un milieu tout à fait inconnu pour moi. Un séjour studieux, à la découverte de ce long travail d'élaboration, peut-être plus intéressant que le résultat d'ailleurs, une vingtaine d'années consacrées à des collectes d'informations sur les coutumes locales, aussi bien par des magistrats français comme le président Morché, son artisan principal au point que l'on dira de ce volumineux ensemble qu'il est le « Code Morché », que par des administrateurs civils, agents de la colonisation sur le terrain, bons à toutes les tâches, comme celui-ci qui s'improvise professeur de droit en rizière et parcourt sa province la Code Napoléon à la main pour tenter d'en faire comprendre les avantages à la population ! Mais au total une codification mesurée, à mi-chemin des deux glossaires de règles, respectueuses des institutions fondamentales de la société annamite, où, selon la très belle phrase du gouverneur général Pasquier « Ne détruisons rien du vieil édifice asiatique… Faisons œuvre d'adaptateurs et non de démolisseurs » et, où, en définitive l'influence du Code civil français aura dépendu de la force des coutumes. Ainsi, pour ne prendre qu'un seul exemple dans le droit des personnes, le mari pouvait-il prendre, avec l'autorisation de son « épouse de premier rang », et pour diverses raisons, une ou plusieurs femmes dites de « deuxième rang ». Ici, le Code de 1931 avait reproduit purement et simplement la coutume en usage dans le pays !

Vie studieuse et parfois ascétique, mais aussi recherche d'une approche avec les Tonkinois par des repas pris en commun selon les us traditionnels, une cure de riz au milieu des gens du cru, une chambre d'hôtel plutôt monacale, des jours et des nuits sobres… jusqu'à ce que, devenu touriste, je découvre une merveille, la *baie d'Ha Long,* ses mystères, son histoire et ses jonques. Moi aussi, je pouvais avoir « ma » mer, la mer de Chine, et garder avec toi le lien de l'eau, je louai pour 24 heures un de ces bateaux à fond plat, avec mâts et voiles de natte, certes pour gens de passage, mais que l'on voit peu dans ma mer du Nord, en tout cas propices à l'évasion. Et d'ailleurs, la nuit je me pris à rêver, dans ces moments qui permettent toutes les transpositions, je me retrouvai dans l'Indochine des années 1930 que décrit Régis Wargnier dans son film du nom éponyme, je rejouai son mélo, je ressentais l'empire colonial s'écrouler, la guerre qui s'annonçait, je doublai Vincent Pérez en Jean-Baptiste et Catherine Deneuve-Eliane dans la scène du taxi, j'étais devant la porte 208 de l'hôtel où l'actrice était hébergée, je me voyais dans la peau de Jean Yanne, l'extraordinaire commissaire de police à la poursuite de Camille la rebelle par amour de sa mère, mes archives tonkinoises se mêlaient à toutes ces magnifiques images jusqu'à ce qu'un pêcheur jailli des flots avec un coquillage (que j'ai toujours) me réveille… J'étais à Sète, là où tu es né, toujours au bord de la mer, mais pas la même, à l'autre bout du monde ! Brassens, natif du même port, m'aida à redescendre sur terre.

AFRIQUE SUB-SAHARIENNE

Et toujours courir après toi, car, à la suite d'un premier poste d'agrégé à Perpignan, il te fallut partir, respirer, prendre le large, donner à ta stature, à ta carcasse, de plus larges horizons, pouvoir faire entendre ta voix au loin, ce timbre fort, cet accent méditerranéen, que tu diffuseras plus tard dans les innombrables conférences que tes fonctions de responsable des relations internationales dans ton Université te feront donner comme une contrepartie partout où tu la représenteras, dans le monde, du Nord au Sud, d'est en ouest, des États-Unis à la Russie.

Mais n'anticipons pas, allons maintenant avec toi au Sénégal, à Dakar, au bord de la mer, ta vraie dimension. Nous nous y sommes rencontrés, mais dans d'autres circonstances, car j'étais envoyé par le CNRS à la recherche du magistrat colonial français, et de l'administrateur civil, dans les dépôts d'archives de l'Afrique francophone sub-saharienne, de Dakar jusqu'à Yaoundé en passant par Conakry, Abidjan, Lomé, Libreville. J'y étais devenu mon propre chef et quelques souvenirs toujours vivaces me reviennent à l'esprit de notre rencontre outre-mer et de ce séjour qui contribuent à alimenter notre histoire, de mon arrivée rocambolesque depuis l'aéroport par le Lac Rose à bord d'un vieux taxi tout branlant qui ne roulait plus que par habitude et dont le chauffeur voulut me soutirer le double du prix convenu. Le gardien de ta maison le ramena à la raison avec cette question inoubliable, qu'il lui posa : « Sais-tu quand Dieu te rappellera à lui ? » « Non », répondit le chauffeur interloqué. « Alors, à quoi bon vouloir amasser des fortunes ! »… Et ce jury du concours d'agrégation Camès où nous avions été photographiés dans le jardin de l'Université en robe académique, les historiens du droit en robe noire et rouge et Jean Poirier, littéraire, dans un costume noir et jaune. L'ensemble ne pouvait que susciter la curiosité du public et, m'étant quelque peu éloigné des autres, je me souviens de cette Africaine qui m'approcha, trouvant que mon attirail était un « bien joli boubou » et m'en demandait le prix. Je pris un air faussement indigné en lui répliquant qu'il s'agissait d'un vêtement universitaire qui n'était pas à vendre !

J'étais heureux surtout de t'avoir retrouvé après t'avoir simplement aperçu après notre concours d'agrégation en 1970 où tu remportas la palme. C'est à Dakar que se développa notre relation amicale pour ne cesser de croître et de s'enrichir jusqu'à aujourd'hui. C'est à Dakar que j'ai pu faire la connaissance de l'univers que tu t'y étais créé, un autre aspect de ta nature de chef, entouré d'un petit monde à la fois familial et amical, animateur et « g.o. » d'un club de compatriotes et d'autochtones, à juste titre dénommé, si je ne me trompe, « l'Abreuvoir ». C'est au cours de ce séjour que je t'ai découvert en plongeur sous-marin, je t'ai vu disparaître dans les flots à la pêche au thiof, en ressortir tout ruisselant d'eau de mer pour garnir avec tes poissons la joyeuse tablée qui s'annonçait pour le soir. Une impression saisissante à jamais dans ma rétine de petit métropolitain, voyageur certes, mais plutôt limité à notre basse terre, celle, ici, dont je puis faire le tour en longeant le fleuve Sénégal jusqu'à Bakel dans la voiture prêtée par l'ami « Jo », avec, comme toujours, le souci d'une immersion dans ces pays, à la rencontre des Africains, et pour m'imaginer le mode de vie de nos magistrats français et de nos administrateurs civils sur place et me faire saluer un jour d'un flatteur « Bonjour, mon commandant ». Les uns et les autres, je les ai aimés à travers les récits de leurs vies et carrières retrouvés dans les dépouillements d'archives qui ont ensuite nourri nombre de nos publications. Je me sentais bien et heureux dans cette partie de l'Afrique, j'y fus bien accueilli et garde le meilleur souvenir des rencontres que j'ai pu faire.

Tout cela, c'est ton côté pile, mais ton côté face, c'est celui du professeur d'histoire du droit que tu vas exercer de 1975 à 1985 à la Faculté de droit de Dakar, du chef d'école que tu vas devenir en créant le département d'histoire du droit africain, et plus largement le maître de l'histoire du droit dans l'Afrique francophone. Commencent alors ces années fructueuses où le chef « recrute » de très nombreux thésards qu'il « affecte » à tel ou tel sujet suivant leur inspiration, la tienne ou l'état de la connaissance.

LE RETOUR EN MÉTROPOLE … ET AILLEURS

S'ensuit inévitablement le retour en métropole, mais pas seulement, car vers d'autres horizons tes yeux regardent, ton goût du travail t'attire, tu te fais en quelque sort le Christophe Colomb de l'histoire du droit, à la découverte de l'Amérique, Berkeley devient ton jardin ou plutôt ta cave-bibliothèque où tu aimes à passer des heures, des journées, sinon plus, pour nourrir ta passion de l'écrit, et donner du grain à moudre à une « addiction sténographique » qui te transfigure. Ce qui m'arrive aussi quand les mots ne s'arrêtent plus devant la machine à écrire, qu'il vous semble qu'ils viennent de l'intérieur ou d'ailleurs et que ce n'est peut-être pas vous qui écrivez ! Alors Lille devient ton annexe, que tu visites souvent, où l'on t'aime et où l'on t'admire. Tu recrutes et rassemble spécialistes et proches pour inscrire dans le temps cette « recherche au long cours » qui aboutira, sous ta direction et celle de Martine Fabre aux volumes édités au CHJ à l'aide de plusieurs contributions qui aboutira à la somme intitulée *Le Juge et l'Outre-mer,* l'histoire d'une justice où se conjuguent valeurs républicaines et contraintes coloniales. C'est à Lille aussi où de chef principal tu vas devenir un *chef invité*, un chef accueilli, mais à l'étroit selon ton goût dans le format limité par les PUF des 4e et 5e éditions de nos *Histoire de la Justice en France du XVIIIe siècle à nos jours* (2010 et 2016). Tu as peut-être souffert dans cet étroit corset de soixante à quatre-vingts pages où tu t'es trouvé avec nous (chacun des auteurs voulait plus de place), mais tu as tout de même réussi à faire connaître à la masse des lecteurs une part de cet immense monde colonial. Pour ma part et celle de nos co-auteurs j'étais heureux de t'avoir à mon tour recruté et grâce à toi de faire sur la justice coloniale sous la IIIe République nombre de découvertes sur les spécificités de cette lointaine justice, la mise en place de deux justices, l'omniprésence du pouvoir métropolitain, mais aussi le rôle d'expérimentation pour le continent que cette justice a pu jouer. Tu nous as aidés à comprendre la nécessité de renoncer à une approche nationale et aussi à sourire à côté de ces indigènes qui se réjouissaient que des contrebandiers puissent satisfaire leur goût neuf, mais croissant de l'absinthe et du Pernod, rhum et bitter !

Pendant ces années surtout s'élevaient tes trois pyramides personnelles dont deux sont déjà construites et que je ne peux que mentionner dans les limites de cet article, *l'Introduction historique au droit colonial* (565 p. Economica, 2015), et *Les justices en monde colonial XVIe-XXe siècles* (776 p Université de Montpellier, 2016), avec la collaboration de ton fidèle Pascal Vielfaure, illustré par une magnifique photographie que tu as prise sur place, à partir de la pancarte interdisant l'accès à l'île du diable. Une île marquée à jamais dans l'histoire de la justice pour y avoir fait vivre Alfred Dreyfus le martyr de cinq années que tout le monde connaît ou devrait connaître et rappelé à l'attention du public par le beau film de Roman Polanski « J'accuse » (13 nov. 2019).

CHEF DE FAMILLE

Voilà peut-être le plus humain de ces Bernard dont nous avons fait la connaissance jusqu'ici. Un intime qui se donne à voir autrement. Avec cet air un peu dégagé sinon lointain, ses accents bougons, il y a parfois chez lui du Marlon Brando version le *Parrain,* qui cachent au contraire une vraie attention et une proximité profonde avec épouse, enfants et petits enfants qui le lui rendent bien d'ailleurs quand, le soir venu, lors du dîner chacun demande à l'autre quelle a été sa journée, avec un intérêt réel, sans filtre, une scène qui m'a toujours impressionné et ému.

Une famille qui s'élargira quand des invités auront été conviés pour une circonstance précise ou sans raison, à s'asseoir autour de la table pour ce qui va devenir rapidement une grande fête. Bernard devient alors *chef Bernard,* un chef cuisinier, une espèce plutôt rare dans nos professions, un dîner à préparer pour vingt personnes ne lui fait pas peur avec toutes ses gamelles, ses calamars ou autres spécialités de son cru. Annie est là en premier commis, par moments rabrouée, mais préparant imperturbable sa fameuse soupe d'avocats. Tout est réuni pour une assemblée des plus gaies, avec famille, vedettes, visages connus et inconnus, whisky, champagne et vins locaux ou autres auront aidé à une conversation amusante, les traits d'humour alternent avec grosses blagues et anecdotes que Bernard, désormais chef conteur, ressort de son passé chargé en tous genres et qui ravissent même ceux qui les connaissent déjà. La politique n'est que peu abordée, sauf pour entendre dire que rien ne va plus, qu'on est gouverné par des incapables, des corrompus et des ignorants (surtout de nos livres), tout le monde s'en fout d'ailleurs, c'est le barnum Durand, Annie a placé sa soupe, Bernard son plat du soir, le repas et ses suites s'achèvent dans la joie la bonne humeur, et si l'un des convives ou plusieurs le souhaitent, ils peuvent aller se détendre dans la salle de gymnastique toute proche, conçue et aménagée par le chef, un lieu essentiel à voir pour comprendre sa structure mentale et mieux juger du bel athlète qu'il est resté. Ils pourraient aussi, en été surtout, aller plonger dans la piscine du jardin. L'eau, toujours l'eau, qui n'est jamais bien loin avec Bernard…

Cette collection de souvenirs, cette galerie de petits portraits successifs m'ont permis de te rendre moi aussi hommage dans ce volume qui t'es consacré, inutile sans doute d'y ajouter ce qui fait ton armure, tes titres, tes grades et tes médailles, car tout le monde les connaît ici et aussi loin que tu aies pu laisser ta trace.

Au revoir, mon ami planétaire.

Jean-Pierre

EN MODESTE TÉMOIGNAGE D'UNE PROFONDE AMITIÉ

Babacar KANTÉ
Doyen honoraire de l'UFR des sciences juridiques et politiques de l'Université Gaston Berger de Saint-Louis (Sénégal)

ET POURTANT, TOUT A FAILLI MAL COMMENCER

L'histoire de ma relation avec le professeur Bernard Durand est vieille d'un peu moins d'une cinquante d'années. Elle s'est d'abord construite autour d'une admiration de l'étudiant que j'étais pour un professeur, avant de revêtir, plus tard, la forme d'une profonde amitié pour le collègue.

Tout a commencé alors que j'étais inscrit en première année de licence de ce qui s'appelait alors la Faculté de droit de l'Université de Dakar. La politique des autorités facultaires de l'époque consistait, pour pallier le manque d'enseignants africains, à nous faire bénéficier de l'expérience de professeurs français qui avaient terminé leur mission au Sénégal, mais acceptaient de revenir pour de courts séjours et de dispenser des enseignements dans leurs spécialités respectives. En ces temps-là, malgré l'intervention de ces « turbo professeurs », les emplois du temps étaient aérés et fluides et nous ne sentions pas le poids de l'enchaînement des cours. Au contraire, nous avions trouvé dans cette diversité un enchantement et une source intarissable d'enrichissement.

C'est ainsi que nous avons eu la chance d'avoir entre autres, en droit constitutionnel, les professeurs Claude Emeri et Jean-Claude Gautron, en histoire des institutions, les professeurs Jean Bruyas et Lafont. Dans cette dernière discipline, c'est le professeur Bernard Durand qui devait nous faire passer l'examen. Loin de trouver dans cette décision de la Faculté une source d'inquiétude, mes camarades et moi y avions vu, dans notre candeur d'étudiant tendant à faire de nos vœux une réalité, une aubaine : du fait que le professeur n'avait pas dispensé le cours, nous pensions bêtement pouvoir nous permettre quelque liberté dans nos réponses.

L'examen était une épreuve orale. Mais, comme beaucoup de mes camarades, ayant appris ce que je croyais être une bonne nouvelle, j'avais laissé mes forces dans la préparation des épreuves écrites, en négligeant l'histoire des institutions. La stratégie de notre groupe d'amis avait en effet consisté à sélectionner, selon des procédés forcément aléatoires, des chapitres du cours sur lesquels nous allions mettre l'accent et, pour les autres, prendre le risque de les survoler. En réalité, le « bleu » que j'étais avait subi l'influence de certains camarades « redoublants ». Ainsi, pour nous, le professeur chargé de nous interroger n'ayant pas assuré l'enseignement ne serait pas en mesure de savoir ce qui a été traité par le titulaire du cours. J'étais loin de me douter des conséquences, pourtant prévisibles, de notre naïveté.

Arriva alors mon tour. Jusqu'au moment d'entrer dans la salle (il s'agissait de la salle 3, située à l'aile gauche de la Faculté), dans ma petite tête, cette épreuve ne devrait être qu'une simple formalité. Je persistais à croire que l'examinateur ne pouvait pas me « coller ». C'est donc sans inquiétude particulière, et même avec une certaine confiance en mes connaissances en histoire, qui n'étaient pourtant pas très solides, que j'abordais l'épreuve. Devant le professeur Durand, que je voyais pour la première fois, j'ai donc essayé de faire bonne figure en dégageant une certaine assurance, malgré mes limites liées aux « impasses ».

Je pense avoir tout de même bien commencé. Mais au fur et à mesure que le temps passe (l'interrogation me semblait anormalement longue parce que le professeur me baladait dans le cours), j'ai eu le sentiment d'avoir perdu pied. Les questions du professeur Durand devenaient de plus en plus précises, surtout lorsqu'il s'agissait des dates et de la périodicité historique de certains événements, alors que mes réponses étaient de plus en plus évasives et approximatives. J'ai tenté de m'en sortir par des développements alambiqués en oubliant la seule chose que je rappelle souvent aux étudiants : le professeur a aussi été étudiant, avant moi.

Agacé par mes tentatives de le « rouler dans la farine », le professeur Durand finit par me demander, à la suite de chaque question : vous connaissez la réponse oui ou non ? Si c'est oui, donnez-la-moi, et si c'est non, dites-le-moi ; ainsi nous irons plus vite. C'était à mon tour d'être agacé par ce professeur qui venait de me rappeler que nous étions dans une faculté des sciences. Je dois cependant à l'honnêteté d'avouer que j'ai été impressionné par l'autorité avec laquelle il a freiné mes velléités de vouloir le « bluffer ». C'est d'ailleurs une leçon que j'ai retenue et que j'ai souvent appliquée pour recadrer les candidats qui ne cessent de tourner autour du pot à l'occasion des épreuves orales. Je crois pouvoir dire, sans avoir à révéler ma note, que je me suis bien sorti, malgré tout, de cette interrogation bien encadrée et menée tambour battant. Disons, pour en finir non seulement avec l'histoire des institutions, mais aussi avec cette histoire, que j'ai réussi à passer en deuxième année. C'était l'essentiel.

Après cette première rencontre, j'ai perdu de vue le professeur Durand, n'ayant plus eu la chance de suivre ses enseignements pendant le reste de mon cursus universitaire. Mais mes jeunes camarades me vantaient régulièrement les mérites de ce professeur en pleine possession de son sujet, excellent passeur d'idées. Il avait, selon leurs dires, largement confirmés, un talent hors-norme de conteur d'histoires. Il arrivait à mettre l'histoire, la grande, à la portée de son auditoire. Ce faisant, il faisait aimer le droit aux jeunes bacheliers qui abordaient, pour la première fois, cet enseignement de rupture. Avec le recul, je considère qu'un des plus grands défis de l'enseignement des sciences juridiques est de ne pas créer chez les étudiants un sentiment de rejet ou de répulsion pour cette discipline ésotérique, au premier contact. D'ailleurs, je me rendrai compte personnellement, plus tard, de ses talents d'orateur.

MAIS LA SUITE A ÉTÉ PLUS RASSURANTE

Je retrouve le professeur Durand après mon recrutement comme assistant à la Faculté. Cette deuxième rencontre aussi aurait pu se terminer en catastrophe pour moi. Chargé de proposer des sujets d'examen, j'ai fait l'objet d'un rapport du responsable de mon équipe pédagogique, au motif que les sujets étaient hors programme, du fait qu'ils n'avaient pas été traités en cours. En sa qualité d'assesseur de la Faculté, chargé des questions pédagogiques, le professeur Durand me fit convoquer dans son bureau. Je dois confesser que, bien qu'étant sûr de mon fait, je n'étais pas rassuré. Je gardais encore le souvenir de notre premier entretien et me demandais à quelle sauce j'allais être mangé cette fois.

Après m'avoir invité à m'asseoir, il me fit lire le rapport, tout en restant debout derrière son bureau face la fenêtre qui donne sur la cour de la Faculté. Il me demanda ensuite ma version des faits. À la fin de mon exposé, que je n'avais pas préparé pour la simple raison que je n'étais pas informé de la crise que mes sujets avaient provoquée, il me pria de lui communiquer ma réponse par écrit. Mais au moment de prendre congé de lui, alors que je pensais déjà que son courroux allait s'abattre encore une fois sur moi (mais cette fois sans échappatoire), tant son visage était fermé pendant tout notre entretien, il me dit : « Vous comprenez, je ne peux pas ne pas vous demander de répondre par écrit. Mais si votre responsable d'équipe pédagogique continue à me… avec ces bêtises… ».

En entrant dans le bureau de l'assesseur, je me demandais si je ne m'étais pas trompé de métier. J'avais du mal à comprendre qu'après avoir beaucoup réfléchi aux sujets à proposer, en partant de l'expérience, encore maigre certes, mais acquise à bonne école auprès de mes maîtres les doyens Ibrahima Fall et Alain Bockel, il me soit reproché d'être sorti du cours. Je me suis finalement rendu compte que je ne me faisais pas la même idée de l'Université que mon responsable pédagogique. J'ai toujours pensé que, par respect pour l'étudiant, il n'était pas convenable de lui demander de réciter un passage du cours qu'il est censé avoir retenu. L'essentiel, cependant, est que je retiens de ce deuxième face à face avec le professeur Durand, un réconfort : le sentiment d'être couvert par mon supérieur. Je suis sorti plus soulagé de ce deuxième entretien, non pas tant parce que le professeur DURAND a été de mon côté dans cette affaire, mais parce que j'avais senti qu'il était porteur des valeurs qui, à mes yeux, symbolisaient l'Université. Cette impression n'a jamais été démentie.

Je me suis senti soutenu et encouragé ; ce qui va me rapprocher affectivement du professeur Durand. J'ai, en effet, considéré qu'en retour, je devais m'imposer le devoir de ne pas décevoir cette confiance qui m'a beaucoup touché. J'ai alors appris à le découvrir. C'est ainsi que j'ai trouvé un professeur à la capacité de travail exceptionnelle, avec un spectre de connaissances en droit rare du fait de ses compétences dans toutes les disciplines juridiques, même si, par modestie, il se considère seulement comme un historien. Mais à cette épaisseur scientifique, s'ajoute une exceptionnelle intelligence des relations humaines. Dans notre corps de métier, nous sommes nombreux à avoir l'une ou l'autre de ces deux qualités, mais très peu à réunir les deux. Sa capacité à se mettre au niveau de ses jeunes collègues pour partager leurs préoccupations et identifier leurs lacunes afin de mieux les propulser vers le haut est certainement une de ses plus grandes qualités. Il a largement contribué à la promotion d'un bon nombre de jeunes collègues. C'est la marque des grands professeurs et ces *Mélanges* qui lui sont dédiés en sont une illustration.

C'est donc naturellement que j'ai pensé à lui quand j'ai décidé de me présenter au concours d'agrégation. Il m'a prodigué de précieux conseils qui m'ont été particulièrement utiles et que je n'ai pas hésité à partager par la suite avec mes jeunes collègues pour leur préparation. De retour à Dakar après ma réussite, j'ai tenu à lui rendre une visite de courtoise pour lui exprimer mes sentiments de gratitude. Je lui vouais déjà des sentiments d'amitié révérencieuse jusqu'au jour où il me dit, dans ce style direct qui le caractérise : « Tu sais, on peut se tutoyer, nous sommes des collègues ». Il est vrai que nos chemins se sont, une fois de plus, croisés ; cette fois non pas pour un face à face, Dieu soit loué, mais pour être côte à côte. Nous nous sommes en effet retrouvés au concours d'agrégation, alors que je dirigeais le jury de droit public et lui, celui d'histoire du droit. J'étais fier et honoré de siéger avec un professeur qui m'a inspiré au cours de ma carrière. Il était plus ancien que moi dans cette fonction et je ne suis pas privé de profiter de son immense expérience en la matière. Mais je savais d'avance pouvoir compter sur son soutien qui ne m'a jamais fait défaut.

Je ne pouvais donc pas manquer le pot organisé par la Faculté à l'occasion de son départ du Sénégal au terme de sa mission. Ce soir-là, il a prononcé un discours époustouflant dont, j'en suis sûr, les invités se souviennent encore. Il avait en effet commencé son intervention improvisée (mais l'était-elle vraiment ?) pour nous remercier du cadeau que nous avions décidé de lui offrir, par une attaque sur une histoire… d'hippopotame. Il fallait le faire ! Les invités dont il n'était pas dans le champ de vision ont dû certainement attraper un torticolis à force se tourner dans tous les sens pour le voir : personne ne voulait rater la chute de son histoire. Je ne m'en souviens d'ailleurs pas. Je sais seulement qu'il a quand même fini par nous remercier.

Mais, à l'occasion de ses différents séjours à Dakar, j'ai encore abusé de sa disponibilité en l'associant à l'élaboration du projet pédagogique de l'UER des sciences juridiques de l'Université de Saint-Louis, quand j'ai été nommé à sa tête. Très peu de gens le savent parce qu'il n'en parle jamais. Je me demande même s'il se le rappelle.

CEPENDANT, LE MEILLEUR RESTAIT À VENIR

Après son départ de Dakar, je pensais que, comme cela arrive souvent, nos relations allaient se distendre du fait de l'éloignement. Mais, curieusement, nous avons su les entretenir et même les vivifier alors qu'on ne connaissait pas encore l'explosion des technologies de la communication. À chacune de ses missions d'enseignement à Dakar, c'est avec un immense plaisir que nous nous retrouvons, avec d'autres amis, autour d'un repas devenu un rituel.

Mais une de mes plus grandes surprises a été l'invitation qu'il m'a adressée à participer à un colloque organisé par la Faculté de droit de Montpellier, dont il était devenu le doyen. J'ai pu ainsi avoir l'occasion de mesurer l'étendue de son réseau de relations surtout dans le monde anglophone. Je me suis aussi rendu compte qu'il produisait plus que quand il était officiellement en activité, dans les domaines les plus insoupçonnés. Il est vrai qu'il abhorre le terme de retraite. C'est, à mon avis, un exemple à suivre.

Cette invitation à Montpellier, je le réaliserai plus tard, n'était pas un événement isolé. C'était l'expression d'un attachement profond à mon égard et d'une grande complicité intellectuelle, dont je tire une grande fierté. Il l'a confirmé à l'occasion de la publication des *Mélanges* qui m'ont été offerts à l'initiative des professeurs Ismaïla Madior Fall et Alioune Sall de l'Université Cheikh Anta Diop de Dakar. Sa contribution a non seulement été une des premières à arriver, mais, en outre, de l'avis des initiateurs, est une des plus originales : elle portait en effet sur… l'eau !

Pour toutes ces raisons, et bien d'autres, que le cadre de ce modeste témoignage ne me permet pas d'évoquer dans les détails, je nourris une grande admiration et une profonde amitié à l'égard du professeur Durand. Il le sait. Mais je tenais à le lui redire publiquement au moment où ses anciens étudiants, ses collègues et amis dont je fais partie lui rendent un hommage tant mérité.

ÉTUDES

- I -

HABILLER LA HUNE

L'HISTOIRE COMME UN ROMAN : FERDINAND DURANTON

Sylvain SANKALE
Docteur en histoire du droit et des faits économiques et sociaux

La difficulté de la tradition orale est bien connue des ethnologues. Quelle que soit la précision des notes qu'ils prennent sur leurs carnets pendant leur séjour sur le terrain, ils n'arrivent jamais à restituer « l'émotion tapie au cœur des mythes » évoquée par Claude Levi-Strauss avec une grande nostalgie. Les ethnologues franchissent rarement le pas, de la forme analytique à la forme romancée. Ils s'approchent en revanche du récit au plus près de ce qu'ils ont entendu.

Pour la rédaction de ma thèse consacrée à Saint-Louis du Sénégal au tournant des XVIIIe-XIXe siècles[1], le doyen Bernard Durand que les chemins de traverse attirent, m'a suggéré d'assumer entièrement le poids de la tradition orale et, pour restituer à ce morceau de société disparue le contexte dans lequel s'inscrivaient ces originalités sociales, économiques politiques et surtout juridiques, d'emprunter aux formes narratives leurs capacités de suggestion. J'avais conscience, ce faisant, de me situer dans un genre « ... qui n'a de nom dans aucune langue », pour reprendre l'expression de Bossuet, ni roman, ni histoire, ni même histoire du droit, ni sociologie, ni ethnologie, ni psychologie, mais le tout à la fois, à travers un récit.

Je ne prétends toujours pas à la pluridisciplinarité pour autant. Seul le pouvoir de ce que Sigmund Freud appelle « ... le roman familial » m'a contraint à m'appuyer sur ma propre histoire pour mieux transmettre des coutumes sombrées dans l'oubli. Y avait-il d'autre forme propre à susciter et solliciter tout à la fois l'imaginaire et frapper les opinions plus que celle du récit vivant, foisonnant d'anecdotes du passé. Elles seules sont capables de faire revivre une époque non seulement révolue, mais par surcroît soigneusement enfouie dans l'inconscient collectif d'une société en voie de disparition.

Dépositaire à plusieurs titres d'une tradition orale, de mémoires inédits, de souvenirs contés d'une voix chevrotante par quelque vieille dame centenaire, plus ou moins familier des quelques descendants en ligne directe de beaucoup de ceux que je citais dans ce travail, il m'a semblé ainsi, bravant les canons de l'orthodoxie universitaire, qu'il pouvait être intéressant de restituer cette mémoire collective dans la forme qui avait toujours été la sienne, à savoir le récit.

---

[1] Sylvain SANKALÉ, *A la mode du pays... Chroniques saint-louisiennes d'Antoine François Feuiltaine - Saint-Louis du Sénégal 1788-1835,* thèse pour le doctorat en histoire du droit et des faits économiques et sociaux, Faculté de droit de Montpellier, 1998, 750 p.

Et parce qu'il n'y a pas d'"histoire", parce qu'il n'y a pas de "droit" et pas d'"histoire du droit" sans hommes, la confrontation de mes multiples exigences, un souci de scrupuleuse vérité historique jusque dans les moindres détails, une période particulièrement intéressante tant pour l'historien que pour le juriste, et mon ambition de rendre vivante cette tranche du passé m'ont tout naturellement conduit à rechercher s'il existait un personnage dont la réalité historique avérée me permettrait de retracer, à travers son histoire personnelle, ce que fut plus globalement l'histoire de Saint-Louis.

Un faisceau d'indices, au hasard de mes percées dans les archives et les documents publiés, me fit m'intéresser progressivement à la personnalité d'Antoine Feuiltaine, et, rassemblant un à un tous les éléments de ce puzzle géant, prendre le parti d'en brosser ce portrait à la première personne.

Dix ans après ma soutenance, et comme l'avait souhaité le doyen Durand, ma thèse paraissait sous une forme raccourcie et à peine modifiée, comme roman historique[2].

Mais la quête de la reconstitution de l'existence de mon personnage principal m'a amené à en croiser d'autres dont la vie, absolument invraisemblable, méritait un récit épique. Mais le plus intéressant, parce que le plus original d'entre eux à mes yeux, reste Ferdinand Duranton. Au-delà de son parcours personnel à tout le moins peu banal, il incarne un tournant majeur dans la politique coloniale de la France dans cette région.

*

Ferdinand Stanislas Sébastien Duranton était né à Jérémie (Saint-Domingue) le 31 octobre 1787 de Joseph Ferdinand commissaire de la marine et des colonies et de Marie Françoise Catherine Buchey, une créole, née à Saint-Domingue. Fille d'un chirurgien poitevin, implanté aux Antilles, elle avait d'abord épousé Pierre Etienne Bourgougnon du Verger, écuyer, garde du corps du roi, capitaine des dragons au bataillon des milices de Jérémie, dont elle avait eu quatre enfants.

Devenue veuve elle épousa alors Joseph Duranton, dont elle eut cet unique fils. Celui-ci servit dix ans dans l'armée, occupant le poste enviable de lieutenant porte-drapeau au 2e régiment d'infanterie de la garde, jouissant en cette qualité de la solde d'un capitaine de ligne. Sur un coup de tête, il avait démissionné en 1816 après la débâcle napoléonienne. Au mois d'août 1817, il s'embarqua sur le brick *la jeune Sophie*, du Havre, pour une destination qui nous est inconnue. Le 6 août 1817, un incendie se déclara à bord à cause d'une cargaison de vitriol, ce qui, déjà, ne manquait pas d'originalité !

Le navire fut échoué dans la baie nord-ouest de l'île de la Trinité dans les Caraïbes, le 10 août. Les naufragés ne furent secourus que le 21 septembre par le *Mary Elisa*, de Salem (Massachusetts), qui se rendait à Sumatra. Pour déposer les

[2] Sylvain SANKALÉ, *A la mode du pays. Chroniques saint-louisiennes,* roman, préface de Jean-Christophe RUFIN de l'Académie française, Riveneuve éditions, Paris 2007, 381 p.

naufragés, le capitaine du navire, Joseph Beadle, accepta de dévier sa course vers le cap de Bonne-Espérance, et le 16 octobre, il mouillait dans la baie de la Table. Les naufragés furent ramenés en France par la flûte du Roi *La Normande*, qui entra en rade de l'île d'Aix le 20 décembre 1817[3].

Dès lors il sollicita à plusieurs reprises le ministre de la Marine en vue d'obtenir un emploi civil ou militaire aux Antilles ou dans l'Inde, voire un simple passage pour Cuba ; puis apprenant la reprise du Sénégal, effective en janvier 1817 après le tragique épisode de *La Méduse*, y demanda un emploi, et c'est en définitive le baron Portal qui signa sa nomination en qualité de commis auxiliaire pour le Sénégal où il arriva en juillet 1819.

Chargé dans un premier temps du détail de l'hôpital de Saint-Louis, le colonel Schmaltz, peut être sensible à ses désirs d'épopée, lui confia en définitive le service administratif à Dagana. Schmaltz était convaincu de ce que Dagana devait devenir la capitale de la colonie du Sénégal, et s'employait, non sans mal, à y édifier un poste militaire.

Le Coupé succédant à Schmaltz reprocha à ce subordonné un indescriptible désordre dans ses comptes et après maintes menaces et mises en demeure obtint que sa comptabilité fût examinée en Conseil privé. De malversations, il n'en fut pas découvert, mais les accusations de désordre étaient tout à fait fondées, même si Duranton bénéficiait de circonstances atténuantes. Le Coupé le muta à un autre poste, refusa de l'inscrire au tableau d'avancement. Il n'en fallut pas plus pour que Duranton démissionne, encore une fois, en avril 1821.

Il se lança alors, dans toutes sortes d'affaires qui se soldèrent par un état de déconfiture complet et il finit par se faire embaucher en 1822 par la Société de Galam, constituée pour faire le commerce dans le haut Sénégal. Il résida pour l'essentiel dans les environs de Bakel, mais il avait la bougeotte et entreprit, sous un costume maure, d'explorer le Bambouk et le Boundou et atteint même les chutes du Félou en 1823.

Il réapparut à Bakel, au début du mois d'avril 1824, porteur d'un long rapport de voyage en date du 2 avril, adressé au négociant européen Claude Potin, au nom de "Messieurs les Membres de la Société de Galam". Ce rapport décrivait, en un style assez plaisant, et relativement précis pour un non scientifique, son périple de Didimacka au Boundou, du Boundou, dont la famille régnante était celle des Savané, au Bambouk, où il visita les mines d'or de Sayola, et fit la connaissance du roi Hawa Demba Diallo, du Khasso, dont il écrit « C'est un des hommes les plus fins et les plus adroits que j'aie jamais vus ; je n'en excepterai pas même les Européens. »

Visitant Caignou où avait été établi autrefois un fortin français, il en conseilla le rétablissement ; il atteignit la cataracte de Félou le 28 janvier 1824 et nous en a laissé une description très humoristique, évoquant la pierre sur laquelle le prophète Mahomet aurait fait sa dernière prière avant de quitter cette terre et qui

[3] D'après les informations sur le site *Marines*, par Alain CLOUET et les *Annales Maritimes et Coloniales*, année 1818, 2ème partie, p. 1 à 11.

aurait conservé les traces de sa sueur, le cheval de pierre qui se ranimerait au jugement dernier pour servir à l'ange Gabriel, etc. ; puis il décrit enfin le pays de Logo.

Son succès confirma la supériorité des "moyens simples, économiques et modestes" sur les expéditions à grand apparat et allait tout à fait dans le sens des vues du baron Roger. Ce dernier, qui l'avait sûrement connu lorsqu'en 1820 il gérait l'Habitation de Koïlel, avant d'être nommé gouverneur, tomba sous son charme. Il est vrai que Roger, original lui-même, aimait les fortes personnalités, celles qui sortaient de l'ordinaire et Duranton lui semblait vraiment "l'homme qui convenait", comme il l'écrivit dans une de ses dépêches.

D'une exceptionnelle résistance physique, il s'annonçait "entreprenant, courageux" ; s'il était peu préparé à des explorations à caractère scientifique, il était remarquablement outillé pour le genre d'entreprises qui plaisait au baron Roger. Celui-ci précisait à son ministre que depuis près de deux ans Duranton s'était habitué "au costume et à la manière de vivre du pays" ; il était "acclimaté, endurci à la fatigue ; il parlait un peu les principales langues de la Sénégambie" ; il réunissait "beaucoup de qualités rares qui font les grands voyageurs".

Roger put écrire à Duranton que ce premier voyage était un coup de maître qui donnait au gouverneur les plus grandes espérances et présageait pour l'explorateur de beaux succès dans la carrière des voyageurs en Afrique.

Le projet d'un nouveau voyage pour le Karta avorta à cause du refus de Pierre Valantin, premier gérant de la société d'accepter le montant exigé par Duranton à titre de présent pour Modiba, le roi des Bambaras. Duranton en conçut un vif dépit et resta à Bakel où il vit arriver le 1er juin 1824, Grout de Beaufort en piteux équipage venu de Saint-Louis en passant par la Gambie au terme d'un voyage on ne peut plus difficile.

Le chevalier Ernest Grout de Beaufort était arrivé au Sénégal le 30 juillet 1819 à bord de la flûte du Roi *la Normande* qui, le hasard faisant bien les choses, transportait également Duranton. Le but ultime du voyage de Beaufort restait Tombouctou, en direction de laquelle la société de Galam songeait de plus en plus à envoyer, elle aussi, une mission d'exploration. Le sergent de Montesquieu, qui accompagnait Beaufort, souffrant de plaies aux jambes, demanda son rapatriement, le baron Roger y vit aussitôt une occasion pour le faire remplacer par Duranton, dont les projets d'exploration recevaient ainsi une consécration officielle.

Mais Duranton n'entendait pas rester sous les ordres de Beaufort, et il se précipita aussitôt à Saint-Louis pour y négocier avec Roger, et son futur intérimaire Hugon, la possibilité d'un convoi isolé bénéficiant tout de même d'une partie des marchandises de traite attribuées à Beaufort. Duranton quitta donc Saint-Louis à la mi-septembre pour gagner Bakel par la voie fluviale et y découvrit non sans dépit que Beaufort était déjà parti.

Hugon refusa de lui octroyer quelque aide supplémentaire que ce soit, et, s'étonnant de le voir perdre un peu plus de temps chaque jour, le somma de quitter Bakel. Duranton quitta donc Bakel le 31 décembre 1824 et l'on fut plusieurs mois sans nouvelles ni de lui, ni de Beaufort d'ailleurs. Ernest Grout de Beaufort, épuisé par les privations et les fatigues revint mourir à Bakel le 3 septembre 1825.

Un beau jour de février 1826, Duranton réapparut à Saint-Louis, pillé, malade, dans un état affreux de misère. Le baron Roger le recueillit, le soigna, lui paya ses droits, mais ne put cacher son dépit. Certes Duranton lui exposa de nouveaux projets de voyage, mais ils furent jugés impraticables. Il ramenait un long mémoire intitulé : *Examen de la situation présente du Gouvernement français au Sénégal, de l'influence politique qu'il pourrait acquérir et des moyens à employer pour donner aux affaires de ce pays la tournure la plus favorable à la puissance de la métropole comme à ses relations agricoles et commerciales.*

Ce texte traitait tour à tour du Karta et des Bambaras, du Bambouk, du pays de Galam et des Bacqueris, du Boundou, du Fouta-Toro, du pays de Walo, des différentes tribus maures, mais point de Tombouctou que Duranton n'avait même pas approché.

Roger le fit rapatrier sur la France pour se refaire une santé, et de Richard-Toll où il s'était rendu, exhala son amertume auprès de son ministre reprochant à Duranton de s'être arrêté près d'une année, sans nécessité et sans motif raisonnable, dans le haut du fleuve, au pays de Khasso, celui avec lequel il pouvait le moins ouvrir de relations utiles au commerce français. Roger affirma qu'il n'y était resté si longtemps que par suite de l'union qu'il y avait contractée avec une des filles du roi de ce pays, Sadioba Diallo, fille du roi Hawa Demba Diallo, assurant que, quelque considération politique par laquelle Duranton cherchait à motiver cette alliance, il était bien présumable que les séductions d'une femme noire l'avaient arrêté dans l'exécution de ses projets...

Dans cette même correspondance, après avoir fait grief à Duranton de n'avoir donné aucun signe de souvenir, quoiqu'il pût avoir souvent des communications avec le poste de Bakel, dont il était à moins de quatre-vingts lieues et avoir conclu que ce voyage était sans aucun résultat utile tant pour le commerce que pour le progrès des connaissances, le baron Roger, paradoxal comme à son habitude, regardant plus l'exploit de l'homme que ses motivations réelles ou ses résultats, affirmait toutefois que Duranton était un personnage tout à fait remarquable dans son genre qui méritait d'exciter l'intérêt du ministre et justifiait sa chaude recommandation !

« M. Duranton est un homme tout à fait remarquable dans son genre et il mérite d'exciter l'intérêt de Votre Excellence. Un voyageur qui, pendant plus de trois années, s'est condamné à porter le costume des Maures de cette partie de l'Afrique, costume qui ne couvre pas la moitié du corps ; un voyageur qui a vécu tout ce temps-là dans des cases de paille ou sous des tentes, ne buvant que de l'eau, ne mangeant que des aliments grossiers du pays, qui est parvenu à marcher nu-pieds, nu-tête, dans les sables et l'ardeur du soleil ; un homme de tant de résolution, de tant de persévérance, capable de souffrir tant de privations, d'exercer un si grand empire sur lui-même, n'est pas de ceux qui passent sans être aperçus, que l'on abandonne aux destinées communes et qui ne méritent pas quelques marques particulières d'attention, de bienveillance, de distinction. [...]

Avec plus de jugement, plus de docilité pour les conseils, plus de cet esprit d'ordre et de conduite si nécessaire dans toutes les situations de la vie, il aurait eu en lui de quoi suppléer aux connaissances scientifiques, dont il était d'ailleurs dépourvu ; il aurait pu, dans la carrière qu'il s'était ouverte acquérir une gloire qui aurait rejailli jusque sur la France, assez heureuse alors pour devancer, dans le champ des découvertes de l'intérieur de l'Afrique, l'Angleterre si ardente, si persévérante dans ses entreprises.

« Je crois devoir recommander M. Duranton aux bontés de Votre Excellence »

Fort de cette recommandation, et manifestement enflé d'importance, Duranton soumit aussitôt au ministre Chabrol un projet on ne peut plus dispendieux d'exploration qui, cette fois-ci, devait enfin ouvrir les portes de Tombouctou. Duranton terminait son mémoire en des termes grandiloquents : « Dans tous les cas, M. Duranton ose espérer de la justice de Son Excellence que les efforts qu'il a faits pendant cinq années pour se mettre dans la position d'être utile à son pays ne seront pas infructueux et qu'il obtiendra une distinction honorifique qui puisse lui servir de récompense et de stimulant, en excitant également l'émulation de ceux qui se destinent à la même carrière ».

Mais ses prétentions n'étaient pas seulement honorifiques puisqu'elles étaient tarifées à des niveaux jamais atteints, par exemple une récompense de 200 000 francs au cas où il atteindrait Tombouctou, et ce sous des conditions et exigences inacceptables quant à l'organisation de l'expédition, et qui ne furent pas acceptées.

Deux ans après, en juin 1828, le ministre baron Hyde de Neuville qui avait succédé au comte Chabrol acceptait un projet bien plus modeste que lui soumettait Duranton, de conduire dans le Bambouk un mineur habile, de lui procurer les moyens de connaître le degré de richesse des mines, d'essayer de jeter en ce pays « les premiers germes de la civilisation », d'instruire les naturels des moyens de rendre facile une exploitation dont, par ses moyens d'échange, le commerce du Sénégal retirerait tous les fruits.

Il mettait à la disposition du voyageur une somme de 20 000 francs pour les dépenses de matériel de la première année, et une somme de 15 000 francs pour chacune des deux autres années, en supposant à l'expédition une durée de trois ans ; il lui assurait une solde coloniale de 8 000 francs et lui adjoignait deux agents techniques : Mouttet, ancien officier, qui paraissait posséder quelques connaissances en minéralogie et en histoire naturelle, et Tourette, ex-élève de l'École des mines de Saint-Etienne, que son amour pour la science et les découvertes avait déterminé à se rendre au Sénégal avec des avantages pécuniaires inférieurs, même, à ceux dont il jouissait en France. Une exploration vraiment féconde s'annonçait : Duranton était l'homme du jour.

Duranton et ses deux adjoints débarquèrent à Saint-Louis le 31 juillet 1828. Tout de suite, Duranton se débarrassa de Mouttet ; dès avant son départ de Paris, il avait représenté au ministre que l'envoi simultané de plusieurs agents pourrait éveiller la défiance des locaux et compromettre le succès de l'opération, et le ministre avait laissé au gouverneur Jubelin le soin de s'entendre sur ce point avec le chef de l'expédition. Du reste, Mouttet tomba malade à son arrivée au Sénégal et il fut décidé que le gouverneur l'emploierait à des recherches géologiques à Gorée et dans le Waalo.

Ainsi réduite, la mission remonta le fleuve sans tarder, et, dès le 5 octobre 1828, elle était arrivée à Bakel. De là, elle se dirigea sur le Khasso, mais contre le gré des autorités locales, et notamment du gérant de la Société commerciale de Galam, Gérardin, ancien interprète de langue arabe du gouvernement, qui, lui aussi, songeait à tenter un jour le voyage de Tombouctou et pour qui le gouverneur avait une estime particulière.

Pour étendre les relations commerciales dans le haut fleuve, Gérardin, d'accord avec le gouverneur, s'efforçait de louvoyer entre le roi du Khasso, Hawa Demba Diallo, qui jusque-là avait manifesté à l'égard des Français d'excellentes dispositions, et le chef du Kaarta, Modiba, qui, sans être ouvertement hostile, gênait fréquemment les entreprises des Français, fermait le passage à des caravanes venant de Ségou, se tenait en relation avec les Anglais de Gambie et tentait, en somme, de les intimider pour obtenir le paiement d'une forte « coutume »[4]. Or Hawa Demba Diallo et Modiba -Khassonké et Bambaras- étaient en lutte constante, et Gérardin prétendait que l'arrivée de Duranton dans le Khasso, auprès de Hawa Demba Diallo, avec une quantité considérable de marchandises, avait porté ombrage à Modiba et risquait de l'indisposer contre la France.

Le gouverneur, saisi de l'incident, écrivit à Duranton et à Gérardin, qu'il comptait sur leur prudence et sur leur bon esprit pour dissiper les craintes et écarter les inconvénients ; il leur rappela qu'il était de leur devoir de combiner leurs démarches et de réunir leurs efforts pour arriver au but auquel ils devaient tendre tous, qui était de procurer la plus grande extension possible au commerce de la France dans l'intérieur. Mais les deux adversaires, dont l'un représentait une puissante compagnie privilégiée et dont l'autre semblait décidé à se faire l'apôtre de la liberté commerciale et d'une politique plus large, plus audacieuse, étaient restés sur leurs positions : Duranton, dès le 8 octobre 1828, continuait sa route et fut le premier français à atteindre Médine avant la fin de cette année-là.

En février 1829, Duranton se débarrassait de son second adjoint, Tourette, l'ingénieur des mines ; il le renvoyait à Bakel et Tourette demandait à rentrer en France sous prétexte que l'état des choses dans le pays de Khasso et sa position à l'égard de M. Duranton, ne lui laissaient pas l'espoir de remplir convenablement sa mission. Dès lors Duranton se trouva complètement livré à lui-même et s'installa à sa guise dans le Khasso. Le gouverneur ne s'inquiéta pas trop de ces marques d'indépendance ; il crut percevoir quelques exagérations dans les avis de Gérardin et la lettre amère de Tourette et persista à voir en Duranton un homme prudent et capable, attendant les rapports fournis par l'explorateur lui-même pour porter un jugement sur le fonds des choses.

[4] Coutume : terme employé pour qualifier les redevances annuelles versées par les autorités coloniales aux souverains et chefs locaux.

Le gouverneur Brou, qui avait remplacé le gouverneur Jubelin le 11 mai 1829, découvrit l'existence du personnage au cours de sa première séance du Conseil de gouvernement et d'administration. Il ne s'agissait encore que de l'approbation d'un cahier de charges pour l'adjudication d'une fourniture de plusieurs masses de verroterie de diverses qualités pour celui que tous persistaient à gratifier du titre d'explorateur ; le cahier des charges fut approuvé, la soumission fixée au 15 juin et adjugée au commerçant européen Briqueler qui était seul à avoir soumissionné.

En revanche, la séance du Conseil du 5 octobre suivant fut presque exclusivement consacrée à Duranton et à sa mission d'exploration. Il ressort des procès-verbaux que le gouverneur donna lecture d'une lettre qu'il avait adressée au directeur de la Compagnie justifiant l'utilité de la mission Duranton et les répercussions de la guerre entre le roi Hawa Demba Diallo et les peuples du Logo. Les participants ont ensuite entendu le procès-verbal de la dernière séance du conseil d'administration de la Compagnie de Galam et de Oualo. L'opinion de Calvé fut confortée par celle d'Alsace, de Zéler et de Feuiltaine, sur la base d'un rapport écrit d'Aussenac, Valantin, ancien représentant de la Compagnie dans le haut fleuve. Ce rapport était accablant pour Duranton qui était, non sans fondement, accusé d'être à l'origine de cette inextricable situation qui ne pouvait que léser à court terme les intérêts de la compagnie, et donc de toute la colonie.

Les autres membres du Conseil, suivant l'avis de Lombard et de Pesnel, estimèrent ne pas avoir assez d'éléments d'appréciation pour émettre une opinion. Feuiltaine suggéra de rappeler Duranton à Saint-Louis pour s'expliquer devant le Conseil, opinion qui fut finalement adoptée par le gouverneur. Mais Duranton ne vint pas. Au contraire de tant de voyageurs qui écrivent trop, Duranton se taisait obstinément. On lui adressait lettre sur lettre ; il ne répondait pas. On le convoquait ; il ne venait pas. On savait qu'il vivait encore, on entendait parler de lui ; les gouverneurs qui à cette époque se succédaient fréquemment hésitaient à prendre des mesures contre lui, parce qu'ils ne le connaissaient pas autrement que par sa gageure de silence ; il était devenu légendaire ; il était depuis plus de cinq ans, pour le gouverneur du Sénégal, comme un cauchemar.

Une fois encore, son cas fut évoqué en séance du Conseil du 5 juillet 1830, à la suite d'une lettre qu'il avait adressé le 1er mai au gouverneur et dans laquelle il proposait de procéder à l'édification d'un établissement à Médine où il se trouvait, insistant sur son désintéressement et son dévouement au bien public.

« Médina, 1er mai 1830

« J'ai l'honneur de vous informer que je me trouve en position de remplir l'engagement que j'avais pris de créer un établissement sur ce point.

« Bien que la nature des relations qui existent entre nous aujourd'hui soit loin d'être telle que je le désirerais, je crois néanmoins que l'intérêt public vous fera sentir comme moi l'urgence de profiter d'une occasion et de circonstances qui peuvent ne pas se représenter. Je viens donc vous proposer de faire fournir à l'amiable par un des négociants de Saint-Louis cent barriques de chaux, deux cents planches doubles et six mille carreaux durs.

Ces objets que j'évalue à 1200 francs environ seraient payés par moi en une traite sur France, un des bâtiments de Sa Majesté faisant partie de l'expédition annuelle s'en chargerait au moins jusqu'à Bakel et l'établissement une fois formé le Ministère pourrait décider si j'ai lieu ou non d'être réintégré dans mes débours.

Je crois Monsieur le gouverneur, que les motifs de mécontentement personnel que vous pouvez avoir ne vous empêcheront point de profiter de l'offre désintéressée que j'ai l'honneur de vous faire.

Recevez, je vous prie, l'assurance du profond respect avec lequel j'ai l'honneur d'être, Monsieur le gouverneur, etc. signé Duranton."

Après la lecture de cette lettre, le gouverneur ajouta que Duranton avait pensé avec raison qu'aucun motif de mécontentement particulier ne saurait l'empêcher d'accueillir avec empressement toute ouverture dont l'objet serait d'étendre les relations de la France dans l'intérieur de l'Afrique. Le gouverneur ajouta que la proposition ainsi faite lui paraissant intéresser le commerce du Sénégal et plus particulièrement les opérations de la compagnie, il mettait d'autant plus d'empressement à donner communication de cette lettre au conseil d'administration de cette société et à demander son opinion que ce conseil était composé de personnes qui, toutes, connaissaient plus particulièrement Duranton et avaient été plus longtemps à même d'apprécier le résultat des services antérieurs de cet explorateur qu'il ne connaissait lui-même que par la correspondance de ses prédécesseurs et par des actes qui devaient lui inspirer la plus grande circonspection.

En conséquence de l'invitation du gouverneur, le Conseil de la Compagnie de Galam et Oualo s'était réuni le 2 juillet 1830 à l'effet de donner son avis sur la proposition de Duranton. La délibération écrite du Conseil d'administration de la Compagnie exposait que, s'il était exact que depuis longtemps le gouvernement et la Compagnie avaient désiré voir fonder un établissement permanent dans le Khasso, notamment à Caignou ou à Médina, le Conseil pensait que le plan de cet établissement devait être dressé par les ordres du gouvernement, qu'il devait être assez fortifié pour être à l'abri d'un coup de main, que l'enceinte devait être suffisante pour renfermer les forces militaires et quelques magasins pour la Compagnie. La Compagnie était formelle, cet établissement ne pouvait pas être fait par Duranton, ni pour lui, mais bien par le gouvernement et pour le gouvernement qui devrait y maintenir un agent éclairé et quelques forces. Non sans bon sens, les membres du Conseil posèrent comme préalable que l'on s'assurât des dispositions de Hawa Demba Diallo, soit par le commandant du poste de Bakel, soit par l'un des principaux agents de la compagnie et qu'on n'y procède « qu'après avoir passé avec ce prince, un traité en bonne forme où la compagnie devrait être appelée pour la discussion de ses intérêts, que le gouvernement s'y réserve la faculté de détruire l'établissement lorsqu'il le jugera convenable, et que quelles que soient les promesses d'Awa Dimba on ne s'y fie qu'autant qu'il aura fourni des otages, ainsi que le chef le plus influent du pays et que ces otages soient désignés au gouvernement par ses agents ou par ceux de la compagnie. »

Le gouverneur exprima le désir de connaître également l'opinion du Conseil de gouvernement et d'administration, sur la proposition de Duranton et annonça qu'il avait appelé extraordinairement à la séance Messieurs Calvé, directeur de la Compagnie de Galam & Oualo, Chenaux, capitaine au 16e léger, Alin, maire, et Aussenac Valantin, négociant, pour s'aider des conseils et des lumières que pouvaient donner sur cette question l'habitude de relations fréquentes ou un long séjour dans le haut pays.

Aussenac Valantin, le plus jeune des participants, donna son avis en premier en exprimant qu'il était effectivement avantageux pour le commerce d'avoir un établissement à Médine ; il ajouta que le roi Hawa Demba Diallo s'y était opposé jusque-là dans la crainte de voir les Européens s'emparer de son pays, mais que le danger actuel d'une guerre avec ses voisins l'avait mené, déjà en 1829, à ne pas être éloigné d'accepter toutes ces conditions. Toutefois, ajoutait-il, le gouvernement devait arrêter lui-même l'emplacement du comptoir et fixer les conditions d'un traité avec Hawa Demba Diallo, seul, sans l'intervention de Duranton et après avoir reçu les otages prévus.

D'un avis conforme, le maire, Alin, estimait qu'il n'était pas question de charger Duranton de l'exécution de ce plan. Chenaux était du même avis ; Calvé s'en rapportait bien évidemment à la délibération du Conseil de la Compagnie de Galam et Oualo. Vene, pour sa part, donna son approbation au projet d'établissement, mais exigea la sûreté et la protection des hommes et des marchandises, le projet de Duranton, simple case en brique, lui faisait craindre ou qu'il n'ait pas compris l'importance d'une construction convenable, ou, dans le cas contraire, que ses demandes ne se bornent pas à celles de ce jour. Il concluait que, dans l'une ou l'autre supposition, il partageait l'avis unanime qu'il convenait de ne rien envoyer à Duranton. Leblanc, directeur des ponts et chaussées, Geoffroy, sous commissaire faisant fonction d'ordonnateur, Gentilhomme, directeur de l'artillerie et Feuiltaine votèrent dans le même sens.

Après avoir résumé ces diverses opinions, le gouverneur Brou, d'un naturel fort prudent, dit qu'il verrait aussi avec une vive satisfaction les relations commerciales s'étendre à Médine, lorsqu'elles pourraient y trouver une protection convenable ; il ajouta qu'il avait toujours pensé que le moyen le plus efficace de hâter les progrès de la France dans le champ de spéculations et de découvertes nouvelles, était d'avancer pas à pas, et en se faisant précéder d'échantillons peu importants des produits français ; et qu'il convenait de se préparer d'abord l'accès de ces routes, jusqu'à présent si périlleuses, et dont le retour deviendrait facile par les sentiments d'estime que les Français auraient déjà inspiré à leur premier passage, après avoir exprimé le regret que la fausse position dans laquelle s'était placé Duranton ne permettait pas à la dignité du gouvernement d'user de ses services ni de leur accorder la confiance nécessaire dans la circonstance.

Le gouverneur ajouta que bien encore qu'il ne fonde pas de grandes espérances sur cette ouverture, pourtant pour ne négliger aucune chance d'étendre les relations commerciales et de s'établir un peu dignement partout où il y aurait possibilité, pour profiter d'un moment que cet explorateur indiquait comme favorable à l'établissement d'un comptoir dans le Khasso, son intention était de faire offrir immédiatement à Hawa Demba Diallo de passer un traité qui, autorisant les Français à élever sur son territoire un établissement fortifié construit sur les plans et aux frais du gouvernement, donnerait pour garantie les otages désignés par eux et choisis dans les familles les plus influentes du pays.

Il précisa que le gérant en premier de la Compagnie de Galam serait chargé de négocier cette transaction délicate au succès de laquelle il travaillerait conjointement avec le commandant du poste de Bakel. Le gouverneur était persuadé que le roi Hawa Demba Diallo n'ayant aucune raison de douter de la bonne foi de ses intentions, cet agent devrait avant tout se convaincre de la franchise des siennes et lorsqu'il le verrait disposé à accueillir la proposition d'établir un comptoir, soit à Caignou, soit à Médine, il ferait ressortir les avantages immédiats qu'aurait pour lui cet établissement qui, pour la France, occasionnerait d'abord des frais que le gouvernement n'était disposé à faire qu'avec l'assurance de n'être pas troublé dans sa possession et de trouver au contraire dans Hawa Demba Diallo un allié fidèle et dévoué aux intérêts de la France. Ces points principaux une fois arrêtés, cet agent serait autorisé, aussitôt après la réception des otages choisis par lui, et après désignation de l'emplacement convenable au projet de construction, à passer un traité signé de Hawa Demba Diallo, des principaux chefs du pays, et de tous les agents français présents sur les lieux, avec la réserve toutefois de ne le rendre exécutoire que lorsqu'il aurait été revêtu de l'approbation du gouverneur.

Après avis du Conseil, et du conseil d'administration de la Compagnie de Galam, Brou envoya sans tarder ce même mois de juillet 1830, le négociant Valantin, gérant de la Compagnie, pour examiner l'opportunité d'édifier un poste français à Médine. Sur le rapport favorable de Valantin, qui y avait bien évidemment vu les bénéfices que la Compagnie pourrait en tirer, Brou préconisa par courrier du 10 novembre 1830, l'établissement de ce poste et en reçut un avis favorable de son ministre en date du 31 mars suivant.

L'attitude de Duranton n'était pas faite pour lui attirer la faveur publique. La puissante Compagnie de Galam lui faisait grief d'avoir tellement monté les uns contre les autres les différents souverains et chefs de ces régions que tous les circuits commerciaux s'en trouvaient bouleversés. D'autre part, en répandant à profusion les marchandises si généreusement mises à sa disposition par le gouvernement, Duranton avait créé un état de saturation du marché. Français, se prétendant représentant du gouvernement français, le fait qu'il prenne tour à tour parti pour l'un ou l'autre ne faisait qu'exaspérer les attitudes hostiles à la France. Il fut même accusé d'avoir, le premier, détourné les caravanes qui desservaient le Sénégal en direction de la Gambie.

Il était insaisissable et incompréhensible. Il fut suspecté de vouloir briguer la succession, à la tête du Khasso, de son beau-père le roi Hawa Demba Diallo, dont il avait épousé la fille Sadioba ; il rêvait d'un vaste empire métis dont le Khasso serait l'épicentre. Mais ce dessein se heurtait aux règles dynastiques qui gouvernaient la dévolution du trône chez les Khassonké. Il fut également accusé de vouloir concentrer entre ses seules mains tout le commerce de la région dont il serait devenu l'unique intermédiaire obligé. Toutes ces rumeurs les plus folles, accompagnées de descriptions de son cadre de vie "à la sauvage", étaient alimentées à satiété par la Compagnie de Galam qui voyait en lui un obstacle majeur à sa politique à courte vue de gains immédiats.

Il semble bien que Duranton ait eu une vision à long terme de la politique à mener dans ces régions, point avancé et on ne peut plus incertain de l'influence française, et la France lui doit la construction du fort de Médine. Mais ses alliés, sur lesquels il avait fondé tant d'espoirs, étaient trop faibles et désorganisés. En 1834, fuyant les carnages des Bambaras et de leurs alliés qui avaient détruit Médine, Duranton ne dut son salut qu'au secours qu'il put trouver au fort de Bakel. L'opinion publique se lassa de son attitude ; ses revirements s'apparentant de plus en plus à de la traîtrise vis-à-vis de la France dont il se prétendait toujours l'agent officiel, alors qu'il n'en avait plus aucun mandat.

Il fut même arrêté en juillet 1837 puis, faute de preuves, remis en liberté.

Au cours des dernières années de sa vie, Duranton ne revint pas à Saint-Louis ; mal jugé tant par les autorités que par les traitants, associé aux luttes contre Samba Koumba, roi du Galam et contre les Bambara, il finit par venir mourir au fort de Médine le 3 septembre 1838 à l'âge de 41 ans.

*

Peu de temps après son arrivée au Sénégal, Duranton s'était mis en ménage avec Hélène Wallis, fille aînée de la signare Catherine Miller, et avec laquelle il eut un fils, Charles, né à Saint-Louis le 10 novembre 1821.

Par la suite, nous l'avons vu, il eut de la princesse Sadioba Diallo, que l'explorateur Anne Raffenel nous décrit en 1843 comme une femme "de traits réguliers et distingués, d'une physionomie douce et bienveillante, mince et bien faite, extrêmement gracieuse", trois enfants un fils, Claude, né le 12 janvier 1832 à Médine, et deux filles, Julie Emma née à Bakel en 1834 et décédée le 19 janvier 1842[5] à Saint-Louis, à l'âge de huit ans et Marie, née à peu près au moment du décès de son père et morte à Médine le 17 juillet 1857 à moins de dix-huit ans[6].

Jean Ferdinand Claude, surnommé « Almanzor », très certainement une déformation d'Al Mansour, le victorieux, fut envoyé en France par les autorités françaises, pour recevoir une instruction dans les grandes écoles : en mai 1840, il partait à bord de la frégate « La Pénélope », commandé par Bouët-Wilaumez, pour continuer ses études au collège de Lorient. Sorti de la promotion 1852-1854 de Saint-Cyr (promotion *de l'Empire*), il entra dans l'école de l'État-Major, où il demandait, en 1864, les états de services de son père au ministre de la Marine. Il devint capitaine, « mais on hésita à l'affecter au Sénégal, où il aurait porté ombrage à son oncle maternel, le roi Sambala : n'avait-il pas en 1860, sollicité de

---

[5] ANOM, Saint-Louis A n° 15 du 19 janvier 1842 vue n° 7.
[6] ANOM Médine A n°3 du 17 juillet 1857 vue n° 2.

l'empereur le titre de prince de Khasso et le droit d'arborer des armoiries ? » malgré une chaleureuse recommandation du ministre de la Guerre Jacques Louis Randon, en 1865, au ministre de la Marine et des Colonies, Prosper de Chasseloup-Laubat.

Claude Duranton avait effectué une demande de reconnaissance de noblesse le 28 janvier 1860,[7] mais « le refus à peine courtois qu'on lui opposa et la médiocrité de sa vie en France [le] conduisirent au suicide *(...)* ». Il mourut le 2 septembre 1868 à l'hôpital militaire de Lille, à l'âge de 36 ans. Il avait été, dès 1865, membre de la Société de géographie, et habitait alors au n° 2, rue Vivienne, à Paris[8]. Son décès y fut annoncé brièvement[9].

Quant à Marie Duranton, elle ne connut pas un sort moins tragique. Élevée à Saint-Louis par le maire de la ville, probablement Nicolas d'Erneville, elle fut séduite et abandonnée par le fils de celui-ci, enceinte d'un enfant qui ne survécut guère. Sévèrement éprouvée, elle décida en 1857 de rentrer au Khasso auprès de sa mère et fut immobilisée à Médine pendant le siège d'El Hadj Omar Tall. Malgré les soins de Paul Holle, elle mourut la veille de la délivrance du fort, au lieu même où son propre père était mort et enterré. Sa tombe est toujours visible dans la cour du fort de Médine.

La princesse Sadioba Diallo survécut longtemps à ces drames. Les Archives nationales du Sénégal conservent un dossier avec un modèle de procuration qui lui était destiné afin qu'elle puisse recueillir la succession de son fils. Par la suite, elle reçut à intervalle régulier jusqu'à la fin de ses jours, la pension de réversion lui revenant du chef de son fils et qui mettait des mois à lui parvenir, passant de poste en poste, d'administrateur à commandant, avec toute la paperasserie administrative en usage, dont copie est également précieusement conservée ![10]

*

Que reste-t-il de Duranton et de son épopée.

Il ne publia rien d'autre que ses rapports administratifs et n'a donc pas laissé de mémoires ou récits de ses actions et de sa vie.

Une rue du 15e arrondissement de Paris et un square qui lui est attenant en conservent le souvenir et prouvent que l'histoire officielle a fini par lui reconnaître un rôle non négligeable.

Comme l'avait fait Monsieur Tierno Monenembo, avec sa biographie romancée d'Aimé Victor Olivier, dit Olivier de Sanderval, *Le roi de Kahel*, prix Renaudot en 2008[11], l'historienne malienne, Madame Adame Ba Konare s'est

---

[7] *Annuaire de la noblesse de France et des Maisons souveraines de l'Europe*, 1861, volume 18, p. 312.

[8] *Bulletin de la Société de géographie*, 5ème série, tome XII, 1866, p. 7.

[9] *Bulletin de la Société de géographie*, 5ème série, tome XVII, 1869, p. 198.

[10] ANS SÉRIE M : Tribunaux judiciaires 1819/1956 - M11 - Succession du Capitaine Duranton 1874.

[11] Tierno MONENEMBO, *Le roi de Kahel*, Prix Renaudot 2008, Seuil, Paris 2008, 262 p.

emparée de l'histoire de Duranton, par le biais de la tradition orale, justement, pour en faire un récit paru à la fin de l'année 2018 chez Présence Africaine à Paris sous le titre « Le griot m'a raconté… Ferdinand Duranton, le prince français du Khasso »[12].

Au cours d'échanges que nous avons eus sur ce sujet, et comme elle l'a rapporté depuis, au-delà de l'anecdote d'une existence peu banale, Duranton est, à ses yeux, le concepteur de l'interventionnisme militaire colonial et postcolonial français.

La position officielle de l'administration française de l'époque était de ne surtout pas intervenir dans les querelles intestines africaines, tant que le commerce pouvait fonctionner. À l'époque, il s'agissait du commerce de la gomme arabique sur fond de rivalités entre l'Angleterre et la France.

La position de Duranton était beaucoup plus interventionniste et partait du postulat qu'il fallait prendre parti et assister ceux des chefs qui étaient plus intéressants ou plus malléables pour le commerce et le rayonnement de la France. C'est le devoir d'ingérence et tous ses avatars contemporains, c'est la politique du « diviser pour régner », pierre angulaire de la politique coloniale française ultérieure.

BIBLIOGRAPHIE

-BROC Numa, *"Dictionnaire illustré des explorateurs français du XIXe siècle (Afrique),* Éditions du Comité des Travaux Historiques et Scientifiques (CTHS), Paris 1988, 346 p., p. 126-127

-FAURE Claude, « Le premier séjour de Duranton au Sénégal (1819-1826) » in *Revue de l'Histoire des Colonies Françaises*, Paris 2e semestre 1921, p. 189 à 263

-FROIDEVAUX H., « Le gouverneur Roger, la Société de Géographie et Duranton », in *Revue de l'Histoire des Colonies Françaises*, Paris 2e semestre 1921, p. 264 à 268

-HARDY Georges, « Un épisode de l'exploration du Soudan - L'affaire Duranton (1828-1838) », in *Annuaire et Mémoires du Comité d'Études Historiques et Scientifiques de l'Afrique Occidentale Française*, Paris 1917, p. 413-436

-SAINT-MARTIN Yves-Jean, *Le Sénégal sous le second Empire : naissance d'un empire colonial (1850-1871),* Karthala, Paris 1989, 671 p.

WEBOGRAPHIE

http://quandsavignevousseraconte.blogspot.com/2014/05/jean-buchey-maitre-chirurgien-saint.html (consulté le 06/03/2019)

---

[12] Adame BA KONARE, *Le griot m'a raconté… Ferdinand Duranton, le prince français du Khasso,* récit, Présence Africaine, Paris 2018.

LE POOL MALEBO DE L'HISTOIRE DU DROIT D'OUTRE-MER[1]

Samba THIAM
Professeur titulaire
Université Cheikh Anta Diop de Dakar

Dans le cadre du *Liber amicorum* pour le professeur Bernard Durand, notre étude traduit le témoignage d'un benjamin[2], orphelin, qu'il a récupéré de la Faculté des sciences juridiques et économiques pour le hisser, en cotutelle avec le professeur Samba Traoré, au rang de docteur des Universités de Montpellier 1 et de Gaston Berger de Saint-Louis, puis d'agrégé d'histoire du droit et des institutions, avant de l'installer comme enseignant-chercheur à l'université Cheikh Anta Diop de Dakar, avec la grande complicité du doyen Mamadou Badji[3].

Relativement à sa qualité de fondateur du département d'histoire du droit de Dakar, nous renvoyons à notre article[4] dans les *Mélanges Dominique Sarr*, le premier agrégé d'histoire, « l'aîné » du professeur Durand.

Bien évidemment, le professeur Bernard Durand nous a rigoureusement légué la méthodologie de la thèse de doctorat, en nous donnant le goût des archives et élevant nos esprits pour rendre possibles l'agrégation et l'aboutissement de la carrière universitaire. En effet, ses entretiens pour discuter de l'avancement de la thèse, leçons d'agrégations, réunions, séminaires et colloques internationaux sont très riches d'enseignements, de réflexes, d'art et de technique, de pédagogie pour une parfaite carrière universitaire du monde académique.

Notre maître Durand nous a permis de découvrir l'histoire du droit d'outre-mer, plus précisément le droit colonial, comme le corroborent nos différents travaux[5], et ce, pour nous amener, en tant qu'africains, à jeter notre regard dans

---

[1] Nous empruntons le nom du lac Stanley Pool formé sur le cours inférieur du fleuve Congo pour indiquer que nous procédions à un aperçu sur l'histoire d'outre-mer.

[2] Le cadet du groupe, le dernier qui l'a rejoint à Montpellier, c'est Monsieur Yamar Samb, enseignant-chercheur à l'Université Gaston Berger de Saint-Louis, qui vient d'être promu maître assistant par le CAMES.

[3] En effet, Monsieur le professeur Mamadou Badji a beaucoup contribué à mon retour, en dissimulant subtilement l'aspect financier du statut de l'enseignant-chercheur.

[4] La place de l'histoire dans l'enseignement du droit.

[5] « Pratiques et Institutions de crédit au Sénégal », *Indigènes paysans entre Maisons de commerce et Administration coloniale*, Presses universitaires d'Aix-Marseille III, 2007 ; *Introduction Historique au Droit en Afrique,* Harmattan et Credila, septembre 2011 ; *Le Juge et l'Outre-Mer, Histoire de la justice*, Tome 7, UMR 5815, Montpellier, 2014 ; « La mise en place de l'enseignement du droit en Afrique », *Le Juge et l'Outre-Mer*, Tome 7, UMR 5815 – Montpellier, 2014, page 245 ; « Les bords de mer des colonies entre rigueur des principes et force de l'usage », *Le Juge et l'Outre-mer*, UMR

notre rétroviseur, à observer la vie africaine, ainsi qu'à préserver la place de la tradition africaine dans la construction du droit africain dit droit du développement.

Effectivement, il a invité les chercheurs africains, à travers plusieurs de ses écrits, notamment l'histoire comparée des institutions[6], le droit musulman[7] et son admirable étude sur l'introduction historique au droit colonial (564 pages)[8], à développer une approche historique permettant d'identifier les fondements du droit dans un contexte social pouvant éclairer le présent sur l'empreinte coloniale ou idées coloniales et les conséquences sur les réalités africaines, essentiellement dans le domaine du droit et de la justice[9].

Sa vivacité d'esprit s'explique par ce que disait, un des maîtres de la pensée contemporaine, Ernest Renan : « la solidité d'une construction est en raison de la

5815, Tome 7, 2014, page 307 ; « Les conseils du contentieux administratif depuis la Seconde Guerre Mondiale », *Le Juge et l'Outre-Mer*, UMR 5815, Tome 7, 2014, p. 203 ; *La notion d'autochtonie en Afrique*, Campus social, Rouen, juillet 2011 ; « La procédure d'appel indigène au civil », in *Le Juge et l'Outre-mer : une justice « sans prétention »*, t. 5, 2010 ; « L'activité juridictionnelle de l'Ordre des Médecins du Sénégal », à paraître, *Revue Générale de Droit Médical* (*RGDM*), Groupe LEH, Bordeaux ; « La santé et la discrimination au Sénégal », *Revue du centre de droit de la santé d'Aix Marseille III* (Publication des Actes du colloque du 27 novembre 2009) ; « Le Code de la famille et l'Histoire », *Revue de droit sénégalais*, n° 7, p. 119 à 154 ; « L'autorité coloniale en miniature : le commandant de cercle (1895-1946) », in *Revue Droit Sénégalais*, Numéro en cours – 2007, UT1 – sciences sociales Toulouse ; « La déontologie médicale et la tradition africaine », in *Revue du centre de droit de la santé d'Aix-Marseille III* (publication des actes du colloque des 1er et 2 décembre 2006 en cours) ; « Histoire de la procédure civile au Sénégal », in *Droit Sénégalais*, n° 5 – novembre 2006, UT1 – sciences sociales Toulouse, p. 133 ; « La problématique de l'eau dans le bassin du fleuve Sénégal, dans le cadre d'un projet de recherches interdisciplinaire parrainé », publication assurée par la Robbins Collection et de l'Institut pour les défis mondiaux de Berkeley School of law ; « Les conflits du travail à l'époque coloniale », *Revue de droit sénégalais*, septembre 2005, Presses de l'université des sciences sociales de Toulouse ; colloque sur les archives judiciaires du 15 décembre 2003, Archives nationales du Sénégal ; *Les indigènes paysans entre Maisons de commerce et Administration coloniale. Pratiques et Institutions de crédit au Sénégal*, Thèse de doctorat en droit, soutenue le 12 novembre 2001 à l'Université de Montpellier I, avec la mention très honorable et les félicitations du jury, paru en 2007 aux Presses universitaires d'Aix-Marseille III ; *Stratégie coloniale : étude quantitative des textes de lois portant sur l'organisation judiciaire sous la 3ème République*, UMR 5815, Faculté de droit de Montpellier, CNRS et ministère de la Justice ; « Les conseils de contentieux administratif sous la 3ème République », in *La Justice et le Droit, Instruments d'une stratégie coloniale,* vol. 1, UMR 5815 "Dynamiques du Droit", Montpellier I, septembre 2001, p. 237.

6 Bernard DURAND, *Histoire comparée des institutions : Afrique, monde arabe, Europe*, N.E.A., 1983, 402 p.

7 Bernard DURAND, *Droit musulman – Droit successoral (Algérie – Maroc – Tunisie – Sénégal),* Litec, 1991, 400 p.

8 Bernard DURAND, *Introduction historique au droit colonial, « un ordre au gré des vents »,* Economica, janvier 2015.

9 « Les fondements du droit en Afrique de l'Egypte antique à l'Etat contemporain : Esquisse d'une histoire de la pensée juridique », est une belle réflexion tentée par le professeur Blaise Alfred NGANDO (agrégé d'histoire du droit Faculté des sciences juridiques et politique Université de Yaoundé 2 – Soa) pour sa contribution aux *Mélanges Durand.*

somme de vertu, c'est-à-dire de sacrifices, qu'on a déposée en ses fondements »[10]. Cela dit, le mot « d'Outre-Mer » est préféré au mot colonial, puisqu'il incline à absoudre de ce péché de colonialisme la colonisation par « dilatation » des frontières métropolitaines (que ce soit en Europe, en Afrique ou en Asie), et à s'interdire pratiquement d'en parler même si elle revêt les formes de l'impérialisme le plus totalitaire »[11]. Dès lors, pouvons-nous, comme André Soucadaux, dire que nous préférons « Histoire du droit d'Outre-mer » à l'expression « Droit colonial » ?

En effet, la colonisation est accusée d'avoir entraîné une désacralisation du pouvoir, qui vient heurter les considérations de classe, de parenté, ainsi que la conception religieuse. Elle s'est traduite par l'introduction des nouvelles valeurs occidentales, par la remise en cause également de l'organisation politique, y compris les domaines législatif, militaire et judiciaire, par, notamment, l'égalité dans la citoyenneté, grâce à l'école française qui s'appuie sur la mission chrétienne, le principe du respect des coutumes, des institutions, des mœurs indigènes important peu.

Dès lors, une étude du droit d'outre-mer repose sur la conception du pouvoir, l'organisation administrative et le droit colonial, en partant de l'époque de Jules Ferry à l'installation juridique de l'État colonial jusqu'aux indépendances, en considérant le territoire colonial, comme un prolongement métropolitain, donc les colonies comme des collectivités publiques.

Comment le pouvoir colonial organisait le processus de désacralisation du pouvoir politique en Afrique noire ? Quelle était la stratégie du colonisateur français face aux traditions africaines persistantes ? Il est certain qu'à ce sujet, soulignait le professeur Durand, la diversité des sociétés politiques africaines s'oppose à toute étude générale et systématique. Il semble d'ailleurs que les sociétés peu attachées à la terre aient connu une plus rapide dégradation dans leur système d'autorité que les populations sédentarisées de longue date.

De façon générale, les croyances locales, la religion fétichiste s'imposent, avant et pendant la colonisation, et même après, en se manifestant par des offrandes et des sacrifices aux génies. Par exemple, évoquant les rites de la religion fétichiste en Guinée française, André Arcin dit des mânes des ancêtres qu'ils sont invoqués pour calmer leur colère ou pour atténuer leur bienveillance attention sur la famille suppliante[12].

Aussi, durant la période de la République, il importe de reposer le problème de l'organisation judiciaire à l'époque coloniale, pour contribuer à la formation de futurs juristes, notamment magistrats, avocats, greffiers, huissiers, notaires, conseils juridiques, administrateurs et diplomates. Mais, bien entendu, pour

---

[10] « Ernest Renan, Marc-Aurèle et la fin du monde antique », *Le Mois colonial et maritime*, supplément n° 9, janvier 1908, Armand Cathy, BIB AOM 21095.

[11] André SOUCADAUX, intervention lors de la séance du 19 janvier 1973 de l'Académie des sciences d'Outre-mer, Archives nationales du Sénégal (ANS), Tome XXXIII-2-1973, p. 135.

[12] *Revue coloniale*, 7e année, janvier – décembre 1907, ANOM, côte 21576/1907, p. 337.

comprendre l'histoire de la justice coloniale et l'organisation de la justice depuis l'indépendance, il faut rappeler l'organisation de la justice à l'époque précoloniale, la justice coutumière ou justice traditionnelle.

Pour tenir compte de toutes ces situations, une démarche chronologique s'impose, allant du XVIe siècle aux indépendances, en passant par l'époque coloniale, de 1850 à Jules Ferry et jusqu'à la fin du XIXe siècle (1885-1895 : époque des ensembles régionaux coloniaux, notamment AOF et AEF) (1re partie), puis de la fin du XIXe siècle jusqu'à la période républicaine, plus précisément la Seconde Guerre mondiale, qui correspond à l'apogée du système colonial ou à l'expansion coloniale (2e partie) et, enfin, de 1946 au temps des indépendances, voire au-delà, pour poursuivre la remise en cause du système colonial et la survivance de ce système et la résistance traditionnelle (3e partie)[13].

Cependant, pour ces mélanges dédiés à notre grand maître, nous nous en limiterons aux deux premières parties, la plupart des thèses de doctorat qu'il a encadrées ont pu élucider le concours du droit français et du droit traditionnel africain depuis la période coloniale à nos jours. Cela étant, la période de l'Ancien Régime à Jule Ferry **(I)**, suffira pour démontrer l'installation juridique effective de l'État colonial au début du 20e siècle par une politique d'association des indigènes dans l'administration des colonies **(II)**.

I. Du XVIe siècle à Jules Ferry

L'histoire du droit d'Outre-mer se subdivise en plusieurs cadres d'évolution de l'histoire coloniale. En effet, l'histoire coloniale nous enseigne qu'en 1364, des Dieppois, sous la conduite de Jehan, le Rouennais, ont fondé sur la Côte d'Ivoire et la Côte d'Or des comptoirs commerciaux, en occupant Gorée et Saint-Louis. Effectivement, du XIVe au XVIIe siècle, la France a connu deux concurrents, hardis et tenaces, les portugais et les hollandais[14]. Par conséquent, la traite atlantique et les aventures expansionnistes ont favorisé le grand commerce colonial ou concessions royales, dont la protection nécessite une pacification de l'espace occupé. Toutefois, nous allons évoquer plus largement la période de l'Ancien Régime jusqu'en 1789, avant élucider la période de Jules Ferry à la fin du XIXe siècle.

A. De l'Ancien Régime à la Révolution

L'étude de l'histoire d'Outre-mer se situe essentiellement à l'Ancien Régime et à la Révolution[15]. Des idées coloniales de l'Ancien Régime[16], c'est, en réalité,

---

[13] Cette vision historique demeure une préoccupation fondamentale du professeur Antoine LECA, coauteur de l'Introduction histoire au droit, aux côtés du professeur DURAND et Christian CHENE, Montchrestien, 2004.

[14] *Le Mois colonial*, n° 9, janvier 1908, *op. cit.*, p. 3.

[15] Effectivement à la Révolution de 1789 , il faut ajouter celle de 1830, après l'abolition de l'esclavage en Angleterre.

[16] Pour parler comme Louis VIGNON, *Un programme de politique coloniale. Les questions indigènes.*

le système des concessions royales, qu'il convient de protéger par la pratique des protectorats, l'étape de la pacification et les gouverneurs du roi.

C'est Thomas Lombard, premier directeur de la Compagnie normande, qui va créer Saint-Louis vers 1626, à l'instigation de Richelieu. C'est dire que le roi encourage les compagnies, qu'il leur donne des privilèges et les aides à s'établir[17]. Pour une étude plus approfondie de la pratique du protectorat, il faut étudier le livre III de Louis Vignon sur un programme de politique coloniale et les questions indigènes[18].

L'autorité métropolitaine se mue en Conseil général pour une administration de protectorat qui, en fait, est un système d'administration, puisque l'autorité française domine dans l'exécution de la convention, qu'elle peut modifier ou annuler dans l'intérêt de la France et au détriment de l'Afrique tropicale[19]. C'est essentiellement la France des Bruë, Faidherbes et Ballay, qui ont beaucoup travaillé et souffert pour étendre l'influence française.

En 1700, André Bruë a exploré le Cayor, le Haut-Sénégal, la Falémé, la Gambie et les rivières du Sud. Ainsi il a pu nouer des relations avec les indigènes, en signant des traités avec les chefs indigènes. En application d'un arrêt du Conseil d'État, rendu le 10 janvier 1719[20], le gouvernement de Louis XV, aux mains du régent Philippe d'Orléans, décida de lui accorder le privilège perpétuel du commerce, les concessions, les établissements et les forts en Afrique occidentale.

Quand le Sénégal fut restitué aux Français, en application du traité de Paris en 1763 qui découlait de la guerre de Sept Ans, il devint désormais une colonie royale administrée par des gouverneurs nommés par le roi[21]. Soumis à deux modes d'administration placés sous la tutelle du ministre des colonies[22], « pays d'administration directe » (les communes, Dakar, Rufisque, Gorée et Saint-Louis) et « pays de protectorat », le Sénégal deviendra par décret du 4 décembre 1920[23], un centre administratif et politique de l'A.O.F.[24].

Librairie Plon, 1919, ANS, In 8°-746, bi I 8° 2144, chapitre IV, p. 74.

[17] Cf Lucien HUBERT, carton 170, dossier 3, CAOM, COL, 1AFF-POL, 170, p. 4 : qui cite l'exemple du Dahomey où un fort a été construit en 1642, plus précisément à Ouidah.

[18] Louis VIGNON, *Un programme de politique coloniale. Les questions indigènes*, Librairie Plon, 1919, ANS, In 8°-746 bi I 8° 2144.

[19] ANOM, 61 COL 170, p. 19.

[20] Comme cela résulte de l'histoire coloniale consignée dans le carton 170, dossier 3, ANOM, *op. cit.*, p. 4.

[21] Carton 170, idem : ce fut le tour du compte de Repentigny de signer des traités avec les chefs nègres du Fouta, du Sine et du Saloum.

[22] Décret du 13 février 1904, voir le rapport du ministre des Colonies, Sarraut, sous décret du 4 décembre 1920, *Dareste* 1921, 1, 405.

[23] *Dareste* 1921, 1, 405 ; *Penant* 1921, 3, 78.

[24] L'Afrique occidentale française comprenait les territoires suivants : Côte d'Ivoire, Dahomey, Guinée, Haute-Volta, Mauritanie, Niger, Sénégal, Soudan et le TOGO (ancienne colonie allemande). Ces différentes colonies ont été considérées comme des prolongements ou des rejetons de la vieille colonie du Sénégal. Sur ce plan, voir O. ROLAND et A. ANTHONY, *L'Afrique depuis 1800*, PUF, 1970, p. 146.

Nous avons pu montrer que le gouverneur Faidherbe[25], envoyé par Louis-Philippe, succédant le gouverneur Protêt[26], par le ministre Théodore Ducos, après avis du ministre de la Guerre, et semble-t-il, sur demande des notables de Saint-Louis[27] ou des négociants bordelais[28], qui, de 1854 à 1865, marquera les esprits de son génie colonisateur au Sénégal[29], mais aussi sur toute l'Afrique occidentale, surtout Côte d'Ivoire et Dahomey.

En effet, nous avons fait connaître l'œuvre de Louis-Léon-César Faidherbe dans une étude spéciale sur « Faidherbe (1852 – 1865), « une ardeur trop bouillante » ! lors d'un colloque organisé les 13 et 14 octobre 2011 par la Faculté de droit d'Aix-Marseille sur les constances et volatilités des positions de politique coloniale au regard de quelques carrières[30].

---

[25] Il est né, comme De Gaulle, dans le vieux Lille le 03 mars 1818 et mort à Paris, le 28 septembre 1889. Cinquième fils d'un ancien volontaire, bonnetier, il fut un officier de l'artillerie et un administrateur colonial, principalement en Afrique. Fils de Louis-César-Joseph Faidherbe et de Sophie Monnier, voir Georges HARDY, *op. cit.*, p. 9.

[26] Protet a, semble-t-il, été blâmé pour inertie et remplacé en septembre 1854 par Faidherbe, cf. Boubacar BARRY, *Le royaume du Walo. Le Sénégal avant la conquête*, François Maspero, 1972, p. 302. Toutefois, soulignait Robert Delavignette, le succès de la pétition des commerçants saint-louisiens doit à l'abnégation de Protêt et à l'amitié qui unissait le capitaine de vaisseau à l'officier du génie, *op. cit.*, p. 78. Voir aussi Georges HARDY, *op. cit.*, p. 31 et 33.

[27] Henri DE ROLLAND, *op. cit.*, p. 190 et 191.

[28] Comme l'atteste ce banquet offert par le commerce au gouverneur Faidherbe le 11 novembre 1855, ANSOM, série géo, SEN/I/41 ; les quarante-quatre principaux commerçants de Saint-Louis, voir Robert DELAVIGNETTE, *op. cit.*, p. 76 ; Roger PASQUIER, *op. cit.*, p. 272. Ce dernier estime que Marc Maurel a bien pesé d'un poids non négligeable dans la nomination de Faidherbe. Il explicite le contenu de la lettre de Marc Maurel, un des chefs de la puissante maison Maurel et Prom, qui écrivait au directeur des Colonies, le 20 janvier 1854, A.N., S.O.M., Sénégal IV, 17d. Robert Delavignette précité se demande si Faidherbe n'a pas influencé les grands commerçants. En tout cas ils attendent de la nomination de Faidherbe qu'il tienne le fleuve, en le libérant des Maures. Voir également Henri WALLON, *op. cit.*, p. 448 : les colons souhaitaient surtout un gouverneur qui ne fût pas dans la colonie en passant, qui pût suivre un plan conçu en vue de la protection et de l'extension de nos rapports avec les indigènes.

[29] Il n'est pas un Sénégalais qui ignore le nom de Faidherbe. La forte personnalité de Faidherbe n'explique pas tout : sa formation, l'expérience antérieure à son arrivée au Sénégal, la méthode employée apportèrent à ses dons naturels un appoint dont sa réussite n'aurait pu se passer, cf. *Bulletin d'information et de renseignements*, n° 204, p. 131, ANS, Po II 4° 48.

[30] « Cette dépêche serait de nature à m'arrêter court sur la voie où j'ai commencé à m'engager, si je n'étais pas persuadé qu'on vous a présenté l'état du pays tout autre qu'il est réellement. Je crois qu'il est nécessaire de poser la question sans ménagements et sans détours… *Le plan d'action* ? ». C'est nous qui avons souligné. Il s'agit d'un extrait de la lettre que Faidherbe a adressée au ministre le 8 décembre 1854. Réponse du ministre : « Je vous renouvelle l'expression de ma confiance dans la vigueur de votre attitude et l'intelligence de votre conduite au milieu des circonstances difficiles qui marquent les débuts de votre administration. Je n'ai pas besoin de vous recommander de ne pas vous laisser entraîner au-delà du but, par une ardeur trop bouillante (…) ». Nous avons relevé ces propos de Faidherbe et du ministre dans l'étude d'Henri DE ROLLAND, « Le créateur du Sénégal : Faidherbe 1818-1889 », in : *Revue de défense nationale*, février 1953, p. 191 ; aussi, dans Georges HARDY, *Faidherbe*, Collection Les grands coloniaux, Encyclopédie de l'Empire français, p. 45. De même, Roger PASQUIER (« L'influence de l'expérience algérienne sur la politique de la France au Sénégal (1842-1869) », in : *Mélanges offerts à Hubert Deschamps*, Publications de la Sorbonne, Perspectives nouvelles sur le passé de l'Afrique Noire et de Madagascar, 1974, p. 272) apporte le témoignage de

À l'occasion d'une grande cérémonie commémorative en son honneur, le gouverneur des colonies, Henri Cor dit : « Cet homme, qui avait honoré son pays, sauva le Sénégal de la barbarie. Son souvenir est perpétuellement attaché à tous les progrès réalisés au Sénégal (...) »[31].

Faidherbe a l'avantage de la durée, puisqu'il est resté gouverneur du Sénégal de novembre 1854 à octobre 1861[32], puis de juillet 1863 à juillet 1865[33]. Certes Faidherbe a des précurseurs, comme Bouët, Baudin et Protet, qui se sont référés à l'expérience algérienne[34]. Mais, de façon constante, il a été reconnu que c'est Faidherbe qui a fondé la colonie du Sénégal[35]. En réalité, c'est lui qui a fixé les bases de l'État colonial en AOF et d'une administration moderne[36].

Faidherbe sera remplacé en 1865 par Pinet-Laprade qui réussit à établir des postes militaires à la Guinée qui, en réalité, demeure l'œuvre de Ballay[37], et le protectorat au Dahomey avec Glé-glé, le lion des lions et père de Béhanzin.

Bien entendu, il y a une forte résistance qui s'est organisée de façon armée, comme le confirme, cette déclaration du gouverneur Faidherbe : « Il faut... employer la force si on peut rien obtenir par la persuasion ». C'est ainsi qu'en dehors des révoltes villageoises, comme ce fut le cas avec les Diola à Ziguinchor

---

cette activité débordante de Faidherbe dans une lettre du gouverneur par intérim Véran au ministre : « Arrivé dans la colonie depuis cinq ou six mois, il touche peut-être prématurément dans l'ensemble de ses projets à trop de questions à la fois », A.N., S.O.M., Sénégal I, 38d. Aussi, André Demaison a noté ceci à propos de Faidherbe : « Excédé de niaiseries locales en discussion continuelle avec les bureaux du ministre, il avait appris que dans l'entourage de l'Empereur on avait médit plaisamment de son goût pour la guerre », Paris, Plon, 1932.

31 Discours de M. Henri Cor, gouverneur des colonies, lieutenant-gouverneur du Sénégal, lors de la fête commémorative en l'honneur du général Faidherbe, anniversaire de la bataille de BAPAUME (2-3 janvier 1871), compte-rendu de la cérémonie patriotique du 3 janvier 1913, à Saint-Louis, Saint-Louis, Imprimerie du Gouvernement, 1913, p. 2, IFAN, UOZ.R//BRO//v. Voir également Dossier 3 carton 170, *op. cit.,* p. 5 : qui indique qu'à son arrivée, le Sénégal était à la merci de Maures brigands et pillards, de Toucouleurs fanatiques et sanguinaires et d'une série de barbares (sérères et wolofs), rendant inefficace toute action civilisatrice et impossible. C'est lui qui a permis la signature du traité de paix le 18 juin 1858 avec le roi maure Mohamed-El-Habib

32 Pour cause de maladie, il sollicite son retour en métropole.

33 En 1861, il est remplacé par le capitaine de vaisseau Jauréguiberry jusqu'à son retour au Sénégal le 23 mai 1863, date à laquelle il a été promu général de division et de son retour définitif en France.

34 En effet, Faidherbe a d'abord servi en Algérie de 1842 à 1847, à la Guadeloupe de 1848 à 1849 et de nouveau en Algérie de 1849 à 1852. Le moment important de l'abolition de l'esclavage par Schœlcher, sanctionnée par la Constitution du 4 novembre 1848, cf. Henri DE ROLLAND, *op. cit.,* p. 189 ; Robert DELAVIGNETTE, *op. cit*., p. 79 ; Henri WALLON, *op. cit.,* p. 445.

35 Robert et Marianne CORNEVIN, *Histoire de l'Afrique, des origines à la deuxième guerre mondiale*, 3e éd., 1970, p. 283. Robert Cornevin a mené une carrière d'administrateur en Afrique, au Maroc et en Algérie. Marianne Cornevin est a suivi (4e couverture) son mari depuis 1942 dans tous ses postes outre-mer. Son originalité, ajoute Georges Hardy, c'est d'avoir procédé durant deux ans à des enquêtes, comme directeur du génie, pour connaître les réalités du milieu, *op. cit*., p. 45.

36 Nonobstant l'héroïque défense du général Blanchot, le Sénégal retomba le 14 juillet 1809 entre les mains des anglais.

37 Décédé à Saint-Louis du Sénégal lors de la fièvre jaune de 1900, cf. Dossier 3, carton 170, ANOM, p. 7.

(Aliin Citoye Diatta- Claudèle)[38], et d'autres particulière situations, notamment celle, dans une certaine mesure, de Cheikh Ahmadou Bamba, fondateur du mouridisme, on peut ajouter des organisations politiques plus ou moins étatiques, Elhadji Oumar Tall, Ahmadou fils dont Ségou était le centre de l'empire, Mamadou Lamine Drame, Samory Touré, Behanzin (royaume d'Abomey) de 1890 à 1893, Lat-Dior Ngoné Latyr Diop (chemin de fer)[39].

Faut-il rappeler que le système des traités pratiqué par des gouverneurs du roi, favorisa la pacification, et la mise en valeur commence ? Néanmoins le dossier 3 du carton 170 des Archives nationales d'outre-mer présente la période qui s'étend de la Révolution qui a aboli l'esclavage, à l'Empire comme étant une période d'inquiétude, de tâtonnements et de surprises désagréables[40].

Raoul Girardet relève que c'est au lendemain de la guerre de 1870 qu'a commencé à se définir une doctrine cohérente de l'impérialisme colonial français et qu'a commencé à s'affirmer une volonté systématique et raisonnée de l'expansion d'outre-mer[41]. Là réside la politique d'expansion coloniale de Ferry.

B. La politique d'expansion coloniale de Ferry

Que faut-il réellement retenir de la période Ferry des années 1883-1885 ? Quel est le mode de gouvernement ou le système d'administration adopté dans les possessions françaises de l'Afrique occidentale de Jule Ferry à 1895 ? Quels sont les moyens d'action ? En clair, quelle est la politique d'expansion coloniale de Ferry ? La politique d'expansion coloniale de Ferry s'appuyait sur un facteur d'influence de la civilisation française, à savoir l'enseignement qui demeure, donc, un élément préalable de stratégie coloniale.

Du compte rendu de la séance du 19 janvier 1973, Jules Ferry dévoile les trois impératifs de son grand ministère pour une politique d'expansion coloniale : impératif de grandeur nationale, impératif d'ordre économique et impératif d'ordre moral et humanitaire[42]. Il en résulte que la politique d'expansion coloniale de Ferry repose sur une stratégie de protection d'un impératif économique et une impérative mise en valeur des territoires pacifiés.

Gambetta et Jules Ferry arriveront pour donner une impulsion forte à la politique coloniale de la France. Ainsi Gabriel Charmes pourra écrire que le salut

---

[38] On peut effectivement citer celui des Holli du Sud-Est du Bapenda au Congo en 1932 pour le colonisateur belge.

[39] Du côté des Anglais, les Ghanéens, il y a lieu de souligner, par exemple, le cas d'Osei Tutu, alors que les Rwa au nord de la Tanzanie imposaient leur tradition au colonisateur allemand.

[40] CAOM, COL, 1AFF-POL 170, p. 5.

[41] Comptes rendus bimestriels des séances de l'Académie des sciences d'Outre-mer, Archives nationales du Sénégal (ANS), Tome XXXIII-2-1973, plus précisément compte rendu de la séance du 19 janvier 1973, p. 114.

[42] Raoul GIRARDET, « Le problème colonial face à l'opinion publique française de 1870 à nos jours », in : *Comptes rendus bimestriels des séances de l'Académie des sciences d'outre-mer*, ANS, Tome XXXIII-2-1973, p. 129.

de la France est dans la politique coloniale[43]. Jules Ferry a soutenu cette politique d'assimilation en disant que la France doit porter où elle le peut sa langue, ses mœurs, son drapeau, ses armes, son génie[44]. Dans toutes les écoles coloniales, l'enseignement du français[45] perpétue la tradition française.

Justement, les années 1885 à 1890 avaient vu l'institution de l'école coloniale pour la formation des administrateurs, des commissaires des colonies, puis des magistrats destinés aux services extérieurs et, aussi la naissance du comité de l'Afrique française[46].

Rappelons que Jean Dard fut le premier instituteur au Sénégal. Le créateur de l'école arrivait à Gorée le 9 octobre 1816[47]. C'est, précisément, le 5 août 1816 que le ministre de la Marine et des Colonies désigne l'instituteur Jean Dard pour ouvrir une école française à Saint-Louis du Sénégal. Il débarque le 9 octobre et le 7 mars 1817, fait la première rentrée scolaire pour… sept élèves[48].

L'histoire de l'enseignement indique que la plupart des écoles tenues avant 1904, par des congréganistes, le sont entièrement depuis par des laïques[49]. On peut ainsi citer, par exemple, les écoles congréganistes de garçons à Saint-Louis, Gorée et Dakar, de filles à Saint-Louis et à Gorée et des écoles laïques de garçons et de filles à Saint-Louis et à Rufisque[50]. Aussi, une école fut ouverte à Saint-Louis en

---

[43] Gabriel CHARMES, « La politique coloniale », in *Revue des Deux-Mondes*, 1883, cité dans le dossier 3, carton 170, *op. cit.*, p. 6.

[44] Cité par Jean-Marc ELA, *op. cit.*, p. 10 ; Gallieni préconisait « une œuvre de l'éducation bien comprise, en augmentant le bien être, en élevant le niveau intellectuel, moral, social, des indigènes, en créant des besoins, en dirigeant leurs efforts, en faisant d'eux des clients de la métropole, peut contribuer pour une grande part à la propriété d'une colonie (circulaire du 25 mars 1901, *L'école franco-indigène*, avril 1901, p. 143). Le gouverneur William Ponty disait « (…) nos écoles ne sont utiles qu'à la condition de s'enraciner dans la région et de vivre avec et pour le pays (…) », cité par Pierre ERNY, *L'enseignement dans les pays pauvres, modèles et propositions*, Paris, Harmattan, 1977 (212 pages), ANS Bi I 8° 5080, p. 63.

[45] Comme de l'anglais, cf Jean-Marc ELA, *op. cit.*, p. 9.

[46] Raoul GIRARDET, « Le problème colonial face à l'opinion publique française de 1870 à nos jours », in : *Comptes rendus bimestriels des séances de l'Académie des sciences d'outre-mer*, ANS, Tome XXXIII-2-1973, p. 115.

[47] Joseph GAUTHER, *Les débuts de l'enseignement en Afrique francophone. Jean Dard et l'école mutuelle de Saint-Louis du Sénégal*, éd. Le livre africain, IFAN 8° 3855, Paris 6e, 1968 ; Denise BOUCHE, *L'enseignement dans les territoires français de l'Afrique occidentale de 1817 à 1920 – Mission civilisatrice ou formation d'une élite ?*, tome I et II, thèse présentée devant l'Université de Paris, le 8 juin 1974, ANS Bi I 8° 4638. On doit à Jean Dard, qui revient en 1833 à Saint-Louis pour y mourir, un mémoire sur le rôle de l'enseignement dans l'œuvre civilisatrice de la France un dictionnaire français-wolof et wolof-français. Dominique Daspres fut le deuxième instituteur au Sénégal, un homme jeune maître de vingt ans, qui deviendra le directeur de l'école mutuelle le 11 août 1820 en même temps que le baron Lecoupé prenait effectivement ses fonctions de commandant et administrateur pour le roi du Sénégal, en remplacement du colonel Schmaltz

[48] Robert CORNEVIN, « Enseignement primaire dans les pays d'Afrique noire où le français est la langue officielle ou langue de culture » par: Période des tâtonnements (1817-1857), in *Afrique contemporaine*, n° 67, mai - juin 1973, numéro spécial l'enseignement en Afrique. Documents d'Afrique Noire et de Madagascar, Archives Nationales du Sénégal (ANS), bi II 4°139, p. 4.

[49] Dossier 3, carton, 170, ANOM, p. 13.

[50] ANOM 61 COL 170, p. 11.

1822 par les Sœurs de l'ordre de Saint-Joseph de Cluny. D'après Maurice Kamto, les premiers missionnaires catholiques qui arrivent au Gabon, fondent la première école Montfort en 1844. À Douala, la mission est portée en 1845 par Alfred Saker.

À bien des reprises différentes, le fait a été signalé pour l'Indochine, et dès la fin de 1904, le lieutenant-gouverneur du Sénégal, Camille Guy écrivait que « les populations sénégalaises manifestent… depuis quelque temps un désir évident de s'instruire »[51].

Au fond c'est la présence chrétienne en Afrique qui a favorisé la mise en place des écoles coloniales, une action favorable des missionnaires français. Parmi les possibles interprètes de la doctrine coloniale, Raoul Girardet, professeur à l'Institut d'études politiques de Paris, indique l'idéal d'évangélisation[52].

Le premier contact du christianisme peut se situer vers le IVe siècle (Éthiopie), son influence est semble-t-il, plus sociale que juridique[53]. Effectivement le christianisme tendait à modifier la manière de voir les choses, de concevoir la situation de la femme.

Même si l'on reconnaît que l'Église n'est pas un élément de stratégie coloniale, elle a cependant constitué, en bannissant l'esprit païen ou fétichiste, un soutien de marque à la mission civilisatrice. Or, comme le message délivré par la colonisation, la vision chrétienne remet en cause dans une certaine mesure le fondement sacré du pouvoir politique, donc le caractère exceptionnel du roi.

En définitive, l'Église qui avait amené sa Bible et nous a laissé la terre, a pris notre terre pour nous laisser sa bible. Si l'Europe a été civilisée par la christianisation, dit Cornevin, c'est également par la religion que l'Afrique sortira de la barbarie païenne[54].

Il résulte de ce qui précède que la présence chrétienne contribue à détruire le mythe africain. Et cela a conduit dans une certaine mesure à faciliter la mise en place d'une autorité coloniale qui prétend fonder toutes ses actions sur la rationalité. Effectivement, la civilisation chrétienne est diffusée grâce à l'école. Dans ces conditions, la politique d'expansion coloniale de Ferry reste envisageable.

Il résulte de ce qui précède que Jule Ferry va jeter les bases d'une étape décisive qui va s'ouvrir en 1895, l'étape de la création d'un gouvernement général, qui fera du XIXe siècle un siècle de la colonisation. Effectivement, après la pacification, c'est l'ère de la mise en valeur qui s'ouvre le 16 juin 1895, avec la création d'un gouvernement général, devenu une réalité, l'Afrique-Occidentale

---

[51] Circulaire du 12 décembre 1904, *Journal Officiel du Sénégal et dépendance* du 7 janvier 1906, p. 6, cité par Henri FROIDEVEAUX, « L'enseignement indigène dans les colonies françaises (valeur, nature, méthode) », ANS, bi I 8° 4268 ., p. 459.

[52] Raoul GIRARDET, « Le problème colonial face à l'opinion publique française de 1870 à nos jours », in *Comptes rendus bimestriels des séances de l'Académie des sciences d'Outre-mer*, séance du 19 janvier 1973, Archives nationales du Sénégal (ANS), Tome XXXIII-2-1973, p. 114.

[53] Kéba M'BAYE, *Le droit africain…, op. cit.*, p. 12.

[54] R. CORNEVIN, *Histoire de l'Afrique des origines à la Deuxième guerre mondiale*, Paris, Payot, 1964, p. 326, cité par Maurice Kamto.

française[55]. Sur la base des rapports adressés par les autorités locales qui ont réussi maintenant à maîtriser l'espace africain, l'autorité centrale se manifesta par plusieurs décrets en 1896 et en 1899.

Mais c'est le décret de 1902 qui établit un gouvernement général, ayant un budget propre, par conséquent distinct de celui du gouvernement du Sénégal et ceux des autres colonies, la Guinée française, la Côte d'Ivoire, le Dahomey, le Haut-Sénégal (ancien Soudan) et le Moyen-Niger. Le Sénégal[56] constituait la base de l'AOF. Avant l'installation définitive de l'État colonial au XIXe siècle, le Sénégal était formé de simples établissements ou de comptoirs de commerce (Saint-Louis, Gorée et les escales du fleuve, Richard-Toll, Podor et Bakel)[57].

En même temps, l'installation de l'État colonial se matérialise par l'organisation d'un domaine (décret du 23 octobre 1904) et d'un régime de la propriété française en Afrique-Occidentale française (décret du 24 juillet 1906)[58]. Doumer avait donné un furieux coup de barre dans le sens de l'administration directe[59]. Ainsi, pour éviter la volonté unitaire monarchique qui domine l'impérialisme colonial français, Jules Ferry prône pour une politique d'association favorable à une installation juridique effective de l'État colonial, et non une assimilation pure et simple[60].

II. De la politique d'association au début du XXe siècle

La nouvelle politique de la France soutenue par Ferry est la nécessaire collaboration avec les chefs indigènes, mais il faut définir le rôle du gouverneur général pour rendre effectif le respect des coutumes indigènes.

A. La nécessaire collaboration avec les chefs indigènes

La position du problème de la collaboration implique la détermination du statut des chefs indigènes.

1. La position du problème de la collaboration avec les chefs indigènes

---

[55] Le lendemain, à savoir le 17 juin de la même année un décret vient apporter des restrictions très graves à l'émigration hors de la colonie des travailleurs indigènes du Sénégal, cf. Albert DUCHÊNE, ANOM, 61 COL 170, p. 26.

[56] Le mot Sénégal est considéré comme étant une déformation de Sounougal, qui signifie en wolof : notre bateau, cf. *Le Mois colonial*, n° 9, janvier 1908, *op. cit.*, p. 3.

[57] Ch. FALCIMAIGNE, « Introduction historique », Tables générales, *Dareste* 1898-1910 ; Robert DOUCET, *Commentaires sur la colonisation*, Larose, Paris, 1926, p. 76 et s.

[58] Archives françaises, ANOM, 6 1 COL 170, FM, zone cote 1 AFF POL / 170 et la circulaire du GG de l'AOF ; pour plus de détail sur le domaine, lire *Dareste*, chapitre 12, « Traité de droit colonial », T. 1, Paris 1931, p. 231.

[59] Lire Louis VIGNON, *Un programme de politique coloniale. Les questions indigènes*, *op. cit.*, p. 148.

[60] Les idées coloniales de Jules Ferry ont fait l'objet d'une thèse de doctorat soutenue par Martin Aldao à Paris le 5 décembre 1933, édition Domat-Montchrestien, ANS, bi I 8^c^ 741.

La collaboration avec les chefferies traditionnelles avait divisé les administrateurs. Si pour certains, il n'y a pas de colonisation, ni de commandement territorial, sans chefs indigènes qui servent de rouages entre l'autorité coloniale et la population, pour d'autres, comme Angoulvant, la seule forme d'administration qui vaille la peine d'être pratiquée, est l'administration directe, plus conforme au génie de la France, ajoute François Amon d'Aby.

Toutefois, la plus séduisante position est celle de Van Vollenhoven, de Brévié et d'Eboué, notamment, qui préfèrent l'utilisation d'une administration d'intermédiation et soucieuse de justice sociale, entre le peuple noir et la puissance française. Avec François Fournier, la vraie politique du colonisateur français est résumée : « … s'il nous est trop acquis, il risque de perdre la confiance des siens ; s'il reste attaché à l'excès à un traditionalisme désuet, nous le rejetterons comme inapte ».

C'est dire qu'une bonne administration suppose un chef traditionnel écouté. C'est pourquoi Van Vollenhoven propose trois méthodes : choix dans les familles appelées traditionnellement à cet honneur ; désignation parmi les notables influents et susceptibles d'être de bons intermédiaires et, enfin, l'élévation des interprètes, des anciens gardes ou anciens tirailleurs dévoués au rang de chefs.

Dans tous les cas, il est reconnu qu'une réelle autorité est nécessaire. Effectivement, l'idée de faire participer les indigènes à l'administration de leur propre pays a été appliquée, comme en Afrique du Nord et en Indochine (dans les assemblées provinciales) et à Madagascar (dans les foukouloun)[61].

Mais dans la nouvelle organisation politique, le commandant de cercle, autorité coloniale en miniature, est le Dieu de la brousse[62]. Or, le commandant s'appuyait sur les chefs indigènes, constitués par les chefs de cantons et les chefs de provinces, qui vont abuser de leurs positions et profiter de l'ignorance de la masse des populations pour détourner l'impôt de capitation.

Pour s'en convaincre, il suffit de lire la lettre du gouverneur général Wiliam Ponty adressée au lieutenant-gouverneur du Sénégal, et qui rappelle la longue expérience française, de l'ancienne époque aux colonies, en passant par les pays de protectorat[63]. Ainsi, l'organisation administrative coloniale change pour gagner en efficacité et le rôle des chefs indigènes est relégué au second plan.

2. La détermination du statut des chefs indigènes

Quel est le statut des chefs indigènes ? Quel est le rôle dévolu aux chefs indigènes ? Sont-ils des auxiliaires ou des fonctionnaires coloniaux ? Dans sa lettre du 27 août 1913, le gouverneur Ponty dénonçait l'importance exagérée accordée aux chefs indigènes. Les chefs indigènes avaient une autorité sur les populations, telle qu'on se demandait s'ils étaient des fonctionnaires, donc de véritables administrateurs.

---

[61] Voir dépêche coloniale du 3 avril 1918, ANOM, 6 1 COL 170, 1 AFF POL/170.

[62] L'expression est de J. KI-ZERBO, *Histoire de l'Afrique Noire*, Paris, Hartier, 1978, p. 429-430.

[63] Lettre du 27 août 1913, carton 170, dossier 3, FR CAOM, COL 1AFF, POL/170.

En effet, il faut utiliser les critères de la fonction publique, rémunération, avantages, carrière, obligations et attributions, notamment, pour déterminer la place des auxiliaires, comme les chefs de canton, dans l'administration coloniale. Et cette question doit être abordée, il nous semble, vers la fin de la période coloniale dans la seconde partie de cette étude, et être poursuivie dans sa dernière partie.

À ce stade d'évolution de la situation coloniale, les chefs indigènes sont considérés comme des auxiliaires de l'administration coloniale, c'est-à-dire utilisés comme moyens d'action ou intermédiaires pour permettre à celle-ci d'être constamment en contact direct avec les populations indigènes, « de façon à faire évoluer, sans heurt et selon les affinités de son propre milieu, dans le sens des traditions généreuses de la France »[64]. Il en résulte que le rôle qui leur est dévolu est secondaire.

Néanmoins, il faut reconnaître que l'autorité coloniale s'est appuyée sur ces auxiliaires pour désannexer les territoires français et en constituer des pays de protectorat pour en faire de véritables colonies, ce qui a conduit à une nouvelle figure de la royauté ou de la chefferie traditionnelle africaine. Cela est confirmé par le message du chef traditionnel, le Moro Naba, adressé au président du Conseil de gouvernement de Haute-Volta. Dès lors, devant les Mossi, le Moro Naba est devenu un simple citoyen[65]. C'est dire donc que la royauté mossi, en tant que courroie de transmission, voit son image discréditée.

Puisque les autorités traditionnelles maintenues deviendront de simples agents du gouverneur directement lié à la métropole dans une perspective de dissolution des anciennes structures sociopolitiques[66], il faut donc bien concevoir politiquement l'institution du gouverneur général.

B. Une conception politique du gouverneur général

Une conception politique du gouverneur général consiste à déterminer le rôle du gouverneur général et à affirmer le respect des coutumes indigènes.

1. Le rôle du gouverneur général

Jules Ferry considère que le gouverneur général est la seule force organisée qui puisse maintenir entre elles (la race européenne et indigène) un juste équilibre. Il s'inspire de la politique coloniale des Anglais, en ces termes, « Nos voisins ont, en effet, tiré de leurs longues et nombreuses expériences coloniales, la conclusion

---

[64] L'expression est du gouverneur Wiliam Ponty, *op. cit.,* carton 170.

[65] A. Balima-Salifo, *Note sur l'organisation de l'Empire Mossi,* Mem. ENFOM, cité par M. Kamto, *op. cit.,* p. 239-240.

[66] Pour une étude de l'aristocratie wolof dans le cadre du système colonial français au Sénégal, Mbaye Thiam, *La chefferie traditionnelle face à la colonisation Les exemples du Jolof et du Kajoor 1900-1945,* thèse soutenue à la Faculté des lettres et sciences humaines, Histoire, année universitaire 1985-1986.

qu'il faut laisser beaucoup d'indépendance aux pouvoirs locaux. À ceux-ci la libre initiative, au pouvoir métropolitain le contrôle »[67].

Quel doit être le statut du gouverneur général ? A-t-il rang de ministre de la métropole ? Disposant d'un pouvoir propre est-il directement responsable, comme le secrétaire d'État en Angleterre ? Le gouverneur général n'avait pas le rang de ministre[68]. Par conséquent, il n'est pas responsable devant les chambres et ne bénéficie pas de la solidarité ministérielle. C'est alors le ministre de l'Intérieur qui répondra politiquement du gouverneur général devant les chambres métropolitaines, comme en Angleterre où c'est le secrétaire d'État qui assume devant le Parlement toutes les responsabilités de son subordonné[69]. Mais il avait un pouvoir de commandement propre. À ce titre, il demeure le véritable législateur, quand bien même le régime colonial est un régime de décrets. Mais il rendait des arrêtés, donc il avait une situation semblable à celle d'un ministre.

De toute manière, responsable de la paix publique, gardien de l'ordre et de la justice, le gouverneur général est « le défenseur naturel du peuple indigène contre les convoitises ardentes, autant que naïves qui l'entourent et qui l'assiègent », dit Jules Ferry[70]. Finalement le système du gouvernement général a été pratiqué dans les possessions françaises, et le gouverneur général demeura la cheville ouvrière de l'administration coloniale française, chargée de faire respecter les coutumes indigènes.

2. Le principe du respect des coutumes indigènes

L'autorité métropolitaine a fini par comprendre que pour pouvoir se rapprocher de la masse de la population, il faut doter des moyens d'action, en leur accordant une autonomie budgétaire, les autorités locales, si l'on veut mener une action active et immédiate. Dès lors, la situation coloniale française pourra évoluer d'une politique d'assimilation à une politique d'association. Mais la politique d'expansion coloniale de Ferry vise à faire respecter la chefferie, le droit et la justice africains.

Le pouvoir traditionnel était fondé essentiellement sur la sacralité. En Afrique, il va d'abord subir au XVIe siècle l'islamisation, avec l'intrusion du Coran, ensuite, au XVIIIe siècle, arrivent les guerres menées par des conquérants, notamment El Hadj Oumar Tall et Samory Touré qui prônent l'unicité de Dieu[71]. Du point de vue du pouvoir, des études historiques ont montré de grandes organisations politiques et étatiques. Ils ont souligné également la variété des sociétés politiques africaines, des royautés ou chefferies africaines[72].

---

67 Cité par Louis VIGNON, *op. cit.*, p. 82.

68 Comme ce fut le cas à l'époque de l'Empire libéral, cf. Louis VIGNON, *op. cit.*, p. 82.

69 Ce sont les idées coloniales de Jules Ferry, cf. Louis VIGNON, *op. cit.*, p. 81.

70 Cité par Louis VIGNON, *op. cit.*, p. 87.

71 Cf. Oumar KONARÉ, « La notion de pouvoir dans l'Afrique traditionnelle et l'aire culturelle manden en particulier, in : *Le concept de pouvoir en Afrique*, Unesco, 1981, p. 161.

72 Maurice KAMTO, *Pouvoir et Droit en Afrique Noire. Essai sur les fondements du constitutionnalisme dans les Etats d'Afrique noire francophone*, LGDJ, 1987 ; Christian BADER,

Effectivement, le roi africain est la source de vitalité, d'où la permanence de la puissance royale, et par conséquent le dynamisme de la société. Le roi, dit Cheikh Anta Diop, joue le rôle d'intermédiaire avec les forces ontologiques[73], et dans ces conditions, exerce un pouvoir absolu, sauf que c'est le maître de la terre qui attribue le droit d'usage.

Ce sont les empires soudanais qui sont considérés comme de grandes sociétés politiques, du VIIIe au XVIe siècle, avec le Ghana[74], le Mali[75], le Songhaï (Gao)[76], voire même Oualo, Cayor dont le dernier roi fut le Damel, Lat Dior Diop[77], les Guélowar et les Peuls (Tekrour[78], puis Koli Tenguella et les Denianké)[79]. L'hégémonie de ces empires a été renforcée par l'islam (intrusion du Coran et les guerres menées par El Hadj Oumar et Samory Touré)[80], outre la magie, le paganisme (culte des ancêtres) et l'économie, le commerce de l'or, du sel, l'emploi d'esclaves[81], qui en constitueront en même temps les causes du déclin des empires soudanais[82].

Que dire du droit ancestral et de l'organisation de la justice africaine ?

Dans les sociétés traditionnelles, les individus sont soumis à l'autorité du groupe et au respect des coutumes ancestrales, et ce, dans tous les domaines, notamment la gestion de la terre. Ainsi, pour comprendre le droit africain, il faut mettre en évidence la prééminence de la communauté.

Mais, en ce qui concerne la vie privée, on a noté, vers 1883, que les droits de l'homme, pour les indigènes de l'Afrique, ne sont pas mieux sauvegardés en pays

---

Mythes et légendes de la corne de l'Afrique, Paris, Karthala 2000 ; Kéba M'BAYE, *Le droit africain et ses vertus,* ASERS, 1970 ; Jean BRUYAS, « La royauté en Afrique noire », *Annales africaines* de 1966.

[73] Cheikh Anta DIOP, *L'Afrique noire précoloniale*, Paris, Présence africaine, 1960, p. 49.

[74] Dont la capitale est Ghana ou Koumbi, à trois cent kilomètres au Nord de Ségou.

[75] Apogée au XIVe siècle sous le règne de Kankan Moussa.

[76] Dont Gao et Tombouctou furent les capitales : la dynastie des Askia.

[77] Le pays wolof comprend les anciens royaumes du Waalo, du Jolof, du Kajoor et du Bawol, cf Mbaye THIAM, *La chefferie traditionnelle Wolof face à la colonisation. Les exemples du Jolof et du Kajoor 1900 – 1945,* Thèse soutenue à la faculté des Lettres de Dakar, année universitaire 1985 – 1986, p. 14.

[78] Toucouleurs, semble-t-il vient de la déformation du mot Tekrour.

[79] Ayant subi la révolte des toucouleurs musulmans, d'où le régime des Almamys. Pour plus de détail, voir Jean BRUYAS, *op. cit.*, p. 9.

[80] Les auteurs relèvent que l'islam s'est propagé dans la région soudanaise vers la fin du XIe siècle, en citant les Almoravides porteurs de la guerre sainte. Au fond, l'islam se mêle au paganisme, d'où la dualité tradition et islam dans les empires soudanais. Ainsi El Bekri, l'originaire d'Andalousie, note que dans la ville du souverain il y a une mosquée où les musulmans viennent remplir des missions auprès du prince, mais elle est, aussi, entourée de huttes, de massifs d'arbres, de bocages, qui servent de demeures aux magiciens de la nation.

[81] Il convient toutefois de distinguer les captifs de traite des captifs de case, les employés de maison ou soldats.

[82] IBN KHALDOUN, *Histoire des Berbères et des dynasties musulmanes de l'Afrique septentrionale*, T. II, p. 114-116, cité par Sékéné-Mody CISSOKO, *op. cit.,* p. 46, raconte les dires d'un cadi au Mali vers la fin du XIVe siècle : « le sultan Djata avait ruiné l'empire, épuisé le trésor royal, (…), vendit la célèbre pièce d'or regardée comme un de leurs trésors les plus rares ».

musulman, avec les complications de la polygamie et la déchéance de la femme[83]. Pour ce qui est de la justice traditionnelle, elle était rendue par le chef de famille et le chef de village[84]. C'est aussi et surtout le roi-juge qui se présente sous le signe d'un juge d'appel[85]. Dans le cadre d'une unité familiale ou d'un ensemble de groupes de famille, c'est le chef de famille qui exprime la justice[86]. En outre, avant la période coloniale, ce sont des juges religieux qui tranchaient les différends entre musulmans chez les populations profondément islamisées[87]. Paul Marty reconnaît que certains almamys du Fouta Toro confiaient à un cadi le soin de connaître des affaires civiles suivant le rite malékite[88]. La justice est déléguée à un homme savant et puissant, le cadi. Mais au Sonhoï, à côté du juge musulman se trouvait un juge traditionnel, l'Anfara-Kuma[89].

Le grand cadi[90] a jugé que le second mariage est valable et que le jugement prononcé contre elle par le cadi de Tivaoune est dénué de tout fondement légal[91]. Dès lors la peine pécuniaire en guise de « Tazir » n'est pas justifiée en vertu de l'Ijma. En conséquence, Bounama Sall a été condamné à restituer tous les biens de la plaignante et à lui rembourser ses frais de déplacement à l'aller comme au retour. Dans cette affaire, le grand cadi, en se référant à Imam Malek, a considéré que l'amende prononcée ne correspondait pas à l'orthodoxie musulmane. Néanmoins le cadi de Tivaoune n'a pas accepté le jugement du grand cadi parce

---

83 ANOM 61 COL 170, p. 10.

84 Le village constitue un ensemble de quartiers soumis à l'autorité d'un chef. C'est le chef de village qui prononce, entouré de ses conseillers, chefs de famille ou notables du village, les jugements, aussi bien en manière civile que dans le domaine pénal.

85 « Comme la conception africaine de la justice était dominée par le principe d'équité et l'esprit de conciliation, elle n'avait pas besoin, pour être rendue, d'organisation particulière, puisque n'importe quel sage, auquel les parties soumettent leur différend d'un commun accord, pouvait le trancher. Ce rôle appartenait bien entendu en dernier ressort au roi (ou à ses représentants), qui ne le dissociait pas de l'exercice de ses autres attributions », Mamadou DIARRA, *op. cit.,* p. 30.

86 Gerti HESSLING, *Histoire du Sénégal*, Karthala, 1985 : Si la plupart des litiges étaient jugés au niveau du village par le chef de village, le roi demeurait toutefois le juge suprême.

87 Pierre LAMPUÉ, *op. cit*., p. 4 ; Mbaye GUÈYE, « Justice indigène et assimilation », in : *AOF : réalités et héritages. Sociétés ouest-africaines et ordre colonial,* Direction des Archives du Sénégal, Dakar – 1997, p. 153 : une justice africaine précoloniale, le reflet de l'organisation sociale marquée par la prépondérance du groupe sur l'individu.

88 Paul MARTY, *Etudes sur l'islam au Sénégal*, 1917, tome II, p. 203, cité par Pierre LAMPUÉ, *ibid.*

89 Kéba M'BAYE, *Le droit africain..., op. cit.,* p. 20.

90 En présence de la plaignante, du chef coutumier Bounama Sall, du premier mari et du cadi de Tivaoune, Baba Diakhoumpa.

91 Le 30 janvier 1890, le cadi Ndiaye Sarr avait été chargé réexaminer l'affaire de la dame Hamari. Elle a été condamnée par le cadi Baba Diakhoumpa à une peine de hadd pour crime de Zina. Et en application de cette décision, Bounama Sall, chef coutumier du Cayor, a confisqué les biens de la dame Hamari. Le cadi de Tivaoune fonde sa sentence sur le fait que la femme avait contacté un nouveau mariage alors que sa première union n'avait pas été dissoute. Mais la dame Hamari estime devant le grand cadi Ndiaye Sarr que son premier mari l'avait répudiée et qu'elle avait observé sa retraite légale (le délai de viduité) avant de se remarier. Or, le premier mari a reconnu l'avoir répudiée.

qu'il assimilait le remariage de cette femme, surtout avec consommation, à un crime de zina, à une fornication[92].

Mais, l'autorité coloniale suspectait la justice qu'un indigène rend, avec le titre de cadi ou d'imam, au nom du Coran. Elle voyait dans la justice répressive un arbitraire dangereux. Effectivement, on appliquait l'indigénat au Sénégal depuis 1887, avant que ce système ne soit étendu aux autres possessions françaises et qu'un décret du 21 novembre 1904 ne vienne en atténuer la rigueur en établissant certaines voies de recours[93].

C'est ainsi que pour pallier ces juridictions indigènes imparfaites, des tribunaux français vont être institués, déjà en 1883, des tribunaux de 1re instance à Saint-Louis et à Dakar, ainsi qu'une Cour d'appel et une Cour d'assises[94]. Il faut ajouter que depuis 1857, existe un tribunal musulman, relevant de l'autorité française, avec faculté d'appel devant un conseil spécial[95]. Toutefois, il faut bien admettre avec le premier président de la Cour suprême que : « Pour l'Africain généralement, la justice est avant tout non pas contentieuse, mais *conciliatrice*. Nous avons recours à la justice pour régler des conflits à l'amiable, mais nous sommes rarement en conflit au sens contentieux du terme »[96].

Voici comment l'homme d'Etat, Jules Ferry, appréciait la procédure et la justice française en Algérie, mais valable en Afrique tout entière : « Nous n'avons su donner au peuple conquis ni la justice rapide, ni la justice à bon marché ; notre procédure est plus formaliste, partant plus lente et plus coûteuse. Nos juges de paix et suppléants pour la plupart tombant de France sans rien savoir ni des lois qu'ils doivent appliquer ni de la langue de leurs justiciables, livrés à l'intervention équivoque des interprètes indigènes, en sont venus à faire regretter aux Arabes, race pauvre et processive, la juridiction décriée, mais très expéditive de leurs cadis »[97].

En définitive, le colonisateur français demeura le titulaire de la souveraineté jusqu'à l'adoption de la Constitution française du 27 octobre 1946 dont l'esprit fut fortifié par la loi Defferre, encore appelée loi-cadre du 23 juin 1956. Mais, en rompant avec l'esprit développé dans la conférence de Brazzaville de 1944, et après la communauté de 1958, c'est le mouvement des indépendances, en 1960.

---

[92] D'où une « Munadhara » (polémique courtoise) avec le grand cadi de la capitale, cf. Seydou DIOUF, *Les droits de la femme dans le mariage en droit musulman d'après la jurisprudence musulmane sénégalaise aux XIXe et XXe siècles*, thèse soutenue le 2 décembre 2000, Faculté des sciences juridiques et politiques de Dakar, p. 263 et s. L'auteur de cette thèse précise que la loi musulmane définit le zina comme le coït avec une femme d'autrui ou mouharem (illicite). Il ajoute que l'amende pécuniaire, une pratique dite de « alamane » permettait aux chefs traditionnels et aux cadis de s'enrichir.

[93] ANOM, 61 COL 170, p. 23.

[94] Au Gabon, il a été également institué un Tribunal de 1re instance à Libreville.

[95] ANOM, 61 COL 170, *op. cit.*, p. 11.

[96] C'est le discours de notre regretté Kéba M'BAYE, lors de la conférence sur l'accès à la justice, sous la présidence d'Alain PEYREFITTE, Garde des sceaux, in : *Penant* n° 772, avril-mai-juin 1981, p. 61.

[97] Louis VIGNON, *op. cit.*, p. 87 qui expose les principales constatations de la commission sénatoriale dont Jules Ferry a été le rapporteur.

Ainsi, le pouvoir politique colonial fut transféré aux nouvelles élites africaines, les détachées, à l'instar de Balandier, parce qu'ayant été formé à l'école française.

Dans ces conditions, l'autorité africaine traditionnelle est remplacée par le pouvoir étatique, né de la colonisation. Et, grâce au processus de transfert des compétences de la métropole aux colonies, l'État indépendant va être largement influencé par un appareil colonial. Là réside le principe de la représentation de la technique constitutionnelle française au moment de l'accession des pays africains à l'indépendance.

Face à cette « situation coloniale »[98], Maurice Kamto précise que « la période coloniale dure en moyenne un demi-siècle. Elle transforme le milieu, ébranle la culture indigène, bouleverse les mentalités, sans toutefois parvenir à faire de l'Afrique une nouvelle Europe, ni de l'Africain un Européen noir »[99].

Effectivement, la politique coloniale est le fruit d'une grande évolution, d'une longue expérience, au cours de laquelle elle mit en place des structures administratives, avec, au début, une importance exagérée accordée aux chefs indigènes, les chefs de canton et les chefs de provinces sous l'autorité du commandant de cercle[100].

L'histoire de la France en Afrique occidentale est considérée comme étant durant cinq siècles, de toutes les colonies qui forment le domaine d'outre-mer, le berceau, la plus vivante et plus solide colonie, en raison de sa position stratégique et de sa situation géographique, qui la rendent plus propice aux transactions coloniales.[101]

À la veille des indépendances en 1960 lorsque le véritable procès du système juridique colonial commença, l'on se demanda si le droit occidental est nécessaire au développement des pays africains. Or, ce développement n'est pas envisageable si on ignore la réalité du droit coutumier en Afrique noire francophone.

Qu'est-ce qui reste de l'empreinte coloniale ? Comment se poursuit la résistance traditionnelle ?

Il nous semble que là gît l'objet de toute recherche en droit colonial, ce qui semble constituer le souhait le plus ardent du grand Maître DURAND.

---

98 G. Balandier, *Sociologie de l'Afrique noire*, Paris, P.U.F., 1955, cité par Jacques LOMBARD, *Autorités traditionnelles et pouvoirs européens en Afrique noire,* Armand Collin, 1957, p. 11.

99 Maurice KAMTO, *Pouvoir et Droit en Afrique Noire. Essai sur les fondements du constitutionnalisme dans les Etats d'Afrique noire francophone*, L.G.D.J., 1987, p. 64.

100 Samba THIAM, « Le commandant de cercle, autorité coloniale en miniature », in *Revue de droit sénégalais*, n° 5.

101 Pour plus de détail, voir *Le Mois colonial*, n° 9, janvier 1908, *op. cit.*

GUY ADJETE KOUASSIGAN, JURISTE TOULOUSAIN (1934-1981), L'UN DES FONDATEURS DE L'ÉTUDE DU DROIT FONCIER AFRICAIN

André CABANIS
Professeur émérite de l'Université Toulouse 1 Capitole CTHDIP

Le titre de notre contribution au *Liber Amicorum. Études offertes à Bernard Durand* est ambigu. Il pourrait être interprété comme une tentative d'appropriation par la Faculté de droit de Toulouse, d'un juriste togolais de grand talent : né à Lomé en 1934, dans une famille aisée, avec un père dentiste, Kouassigan est venu à Toulouse et y suit des études supérieures de 1955 à 1962. Il est ensuite rentré au pays, s'est inscrit au barreau avant de devoir s'exiler à cause de différends avec le pouvoir en place, exerçant des fonctions de professeur dans diverses Universités africaines et européennes, avant de mourir à 47 ans, en 1981. L'on concèdera que, dans cette brève biographie, la place de la Faculté de droit de Toulouse est modeste, représentant sept années[1] d'un destin par ailleurs exemplaire, au service de la liberté d'expression, du pluralisme politique et des droits de la défense devant les tribunaux.

Si nous avons adopté cet intitulé un peu provocateur, c'est moins par la volonté de récupérer à notre profit une personnalité de grand talent que pour marquer à quel point nos établissements d'enseignement supérieur français sont fondés à légitimement s'enorgueillir d'avoir accueilli, formé et diplômé des étudiants étrangers d'une telle qualité. Dans la liste des *alumni*[2] dont une institution universitaire comme celle de Toulouse peut, depuis 1229, se targuer figurent notamment plusieurs papes et nombre de chanceliers d'Ancien Régime, un président de la République et d'innombrables ministres, mais l'on ne garde guère le souvenir des étrangers, partis trop vite, ayant souvent accédé aux plus hautes responsabilités après qu'on les ait perdus de vue, ayant parfois conduit des combats courageux pour la démocratie et les droits de l'homme, pour les plus brillants ayant laissé une œuvre intellectuelle durable, notamment dans le domaine du droit, de l'économie et de la science politique.

À la fin du XXe siècle, a été conduite une recherche sur les personnalités étrangères ayant effectué leurs études supérieures à Toulouse[3]. Au-delà d'une satisfaction d'amour

---

[1] Il est inscrit à la Faculté de droit de 1956 à 1962, année de sa soutenance de thèse.

[2] Il y a là la récupération anglo-saxonne d'un terme latin imparfaitement traduit. Le terme latin signifie « élève ». Son utilisation par les établissements anglo-saxons l'a fait évoluer pour désigner les anciens élèves. L'on sait l'importance des associations qui les regroupent pour le prestige de l'institution, pour son rayonnement, pour le réseau qu'elle est capable de mobiliser et, surtout, pour son financement. Le terme est maintenant utilisé en France dans le sens que lui ont donné les Anglo-Saxons.

[3] Cette recherche conduite dans le cadre du Pôle européen par Brigitte LEMASSON-VALDIGUIÉ a débouché sur la publication d'un annuaire.

propre consistant à constater que nos étudiants savent tracer leur chemin et réussir de belles carrières, il s'agissait de repérer des décideurs de haut niveau, susceptibles de constituer des partenaires efficaces et bienveillants dans les secteurs de l'économie, de la politique et de l'administration, et susceptibles de représenter des modèles pour les générations à venir[4]. L'initiative était heureuse et se situait dans cette logique anglo-saxonne consistant à créer des réseaux fondés sur des fidélités juvéniles dans une logique d'entraide les uns à l'égard des autres, à construire des groupes de pression orientés vers les autorités politiques, administratives, économiques, voire religieuses, et à organiser des manifestations sous diverses formes en faveur de l'institution qui est à l'origine de ces solidarités. Nos institutions universitaires françaises tentent de mettre en place des systèmes de ce genre bien que ce ne soit pas dans leurs traditions[5].

Notre propos se situe ici dans une autre logique même si l'objectif avoué est de contribuer à la réputation de la Faculté de droit de Toulouse. Le professeur Kouassigan appartient donc à la longue liste des étudiants étrangers que nous avons eu l'honneur d'accueillir. C'est dans le même esprit qu'il faut interpréter le fait que le premier docteur en droit sénégalais -John Valantin- ait soutenu sa thèse à Toulouse en août 1860 : à l'époque l'impétrant et sa famille ont dû puiser une légitime fierté dans l'obtention de ce titre de docteur en droit ; maintenant c'est la Faculté de droit de Toulouse qui s'enorgueillit d'avoir, la première, ouvert la voie à des milliers d'étudiants qui ont par la suite soutenu leur thèse à Dakar, à Saint-Louis, parfois encore à Toulouse, partout dans le monde.

Pour autant que l'on adopte le parti pris de la chronologie longue, depuis le Moyen Âge, l'on constate que c'est en moyenne de l'ordre d'un dixième des étudiants inscrits à la Faculté de droit de Toulouse qui sont d'origine étrangère avec d'assez fortes variations selon les époques et surtout avec des origines géographiques qui ont beaucoup évolué : l'Espagne avant le XVe siècle, les colonies françaises d'Amérique du XVIe au XVIIIe siècle, l'Europe continentale et notamment la Russie jusqu'à la veille de la Première Guerre mondiale, les pays d'Europe centrale nés du traité de Versailles ainsi que la Turquie et l'Égypte dans l'entre-deux-guerres, la Tunisie et l'Indochine au lendemain de la seconde Guerre mondiale, ouvrant la voie à l'ensemble des pays du Maghreb central et d'Afrique francophone subsaharienne de succession coloniale française[6]. C'est à ce dernier ensemble qu'appartient le professeur Kouassigan, étudiant exemplaire de la Faculté de droit de Toulouse (**I**), ayant jeté les bases d'une étude scientifique et synthétique du droit foncier africain (**II**), enfin défenseur d'idées dominantes au lendemain des indépendances (**III**).

---

4 Mme KOUASSIGAN a souhaité que soit ajouté ce dernier membre de phrase.

5 Pour autant il existe une solidarité des étudiants étrangers originaires d'une même Université française mais ces relations se développent souvent sans rapports officiels avec l'institution qui est à l'origine de ces liens. Si l'on nous permet de nous citer, nous extrairons une phrase d'un article publié il y a plus de trente ans dans les *Annales* de notre Université : « Rien ne peut être comparé, par l'intensité des sentiments suscités, au surplus d'influence imputable au fait d'avoir accueilli, dans nos plus grandes villes et pendant des années, d'avoir formé, à l'âge sans doute le plus décisif de la vie, à l'âge des plus grands enthousiasmes et des plus vives découvertes, dans un climat de camaraderie et d'amitié, plusieurs dizaines de milliers de jeunes gens venant des cinq continents » (« Les étudiants étrangers en France : notes préliminaires sur leur démographie, 1880-1980) », *Annales de l'Université des sciences sociales de Toulouse* , t. 32 – 1984, p. 227).

6 A. CABANIS, « Les flux d'étudiants étrangers et les aléas de la politique internationale de la France », *Etudiants de l'exil. Migrations internationales et universités refuges (XVIe-XXe s.),* Toulouse 2009, p. 177 à 190).

I. UN ÉTUDIANT TOULOUSAIN EXEMPLAIRE

Vouloir évoquer Guy Adjété Isidore Kouassigan à Toulouse conduit à constater la difficulté de donner une image complète et fidèle d'une personnalité qui nous a pourtant quittés il y a moins de quarante ans, donc à certains égards notre contemporain ; ceci traduit la discrétion de l'homme. Ses condisciples sont de moins en moins nombreux et leurs souvenirs s'estompent. Ils sont parfois contradictoires et l'on serait bien démuni s'il fallait appliquer la règle « testis unus, testis nullus ». *A fortiori*, si l'on entend se conformer à l'injonction de Fustel de Coulange : « Avez-vous un texte ? » En outre les impressions, les détails l'emportent sur les considérations les plus importantes, notamment concernant ses rapports avec le président Olympio puisqu'à l'époque, chaque étudiant étranger dans une Université française est une promesse pour le pays et, d'une certaine façon, une menace pour le pouvoir en place. Nous avons trop souvent traité avec commisération ces biographes amateurs en mal de documentation et qui multiplient les hypothèses hasardeuses, pour ne pas craindre d'encourir les mêmes critiques[7].

Du moins et pour ce qui est de l'impression générale, les portraits convergent. Les témoins directs que nous avons pu interroger[8] et d'abord son épouse, actuellement retirée à Rueil-Malmaison, le décrivent de haute taille, raffiné et élégant, laissant une image distinguée. Les photos conservées confirment cette impression : en cravate, beau, souriant sur la fiche conservée à l'Institut d'études politiques. Il est vrai que la cravate était la règle à cette époque[9]. Il est apparemment soucieux de mettre en avant son meilleur profil sur une photo de groupe devant la grille du jardin de ce que l'on n'appelle pas encore la vieille Faculté. Il est au second rang d'une volée de moins de soixante-dix étudiants qui semblent constituer une promotion complète, avec une dizaine de jeunes filles et trois garçons d'origine africaine comme lui. Au premier rang, sept professeurs forment plus du tiers des membres du corps enseignant de la Faculté : de gauche à droite Roger Merle, Roger Pallard, Max Cluseau, Jean Dauvillier, Georges Létinier, Jacques Martin de la Moutte et Jehan de Malafosse.

Il y a quelques souvenirs moins formels. Parti de Lomé, il est d'abord arrivé à Albi, interne où il passe son baccalauréat avant de « monter à Toulouse » où l'attire la réputation de la Faculté de droit. Il y rencontre son épouse Irène, venue du Mali, alors étudiante en lettres. Ses camarades de l'époque s'accordent à le présenter comme très différent de ce qu'une notice nécrologique imprudente affirme, le présentant comme « la coqueluche de ces dames »[10]. Il donne au contraire l'impression d'une personnalité sérieuse et attachée à son couple. Il est catholique. Parfois cependant la façade de rigueur affectée craque un peu

[7] Voir le portrait qu'en trace le professeur OURLIAC dans la préface à la version imprimée de sa thèse : « M. Kouassigan s'est imposé par une distinction d'esprit, une autorité, une réserve, un goût du travail qui attiraient la sympathie de tous, maîtres et étudiants. Sa culture était remarquable : helléniste, excellent latiniste, il parlait en outre fort bien l'allemand et l'anglais. Il triomphait aux examens, recueillait, chaque année, les mentions et les prix. Il accumulait les diplômes. Curieux de toutes choses, il devait même faire au Palais un stage remarqué » (Guy Adjété KOUASSIGAN, *L'homme et la terre*, Paris 1966, p. 4).

[8] Personnalités interrogées : Jacques POUMARÈDE (alors président de l'Amicale des étudiants de l'Institut d'études politiques) et surtout Jacques et Christiane DUPEYRON (alors étudiants en droit).

[9] Certains professeurs n'hésitaient pas à expulser de l'amphithéâtre ceux qui ne venaient pas en veste et cravate, les sommant d'aller *se rhabiller*.

[10] Article d'Ekoué SATCHIVI daté du 16 septembre 2009 mis en ligne sur le site de l'Union des forces du changement, mouvement créé en 1992 au Togo par le regroupement de huit formations politiques.

et des témoins se souviennent de cette soirée, lors d'une fête populaire dans la région de Toulouse, où il émerveille par une démonstration de danse africaine, un auditoire de villageois qui n'y sont guère habitués. Il aime la musique, il est gai de nature et, dans ces circonstances, il aime donc danser[11].

L'on s'expose vite aux risques de l'hagiographie. Il ne fait pas de doute que c'est un étudiant brillant, mais faut-il ajouter foi à l'anecdote le peignant, interrogé en latin, en grec et en araméen, par le professeur Dauvillier, ce dernier désireux comme à l'accoutumée d'étaler ses connaissances linguistiques, et auquel il répond dans les mêmes langues[12] ? De ce point de vue, l'on dispose du moins d'un document incontestable. L'on a perdu les notes obtenues à l'Institut d'études politiques dont il est diplômé en 1959[13]. En revanche, les efforts de conservation déployés par la mission archives de l'Université permettent de consulter sa fiche d'étudiant en droit[14]. Ici, nul besoin de souvenirs bienveillants pour constater un étudiant exceptionnellement brillant. Il a obtenu le baccalauréat français avec la mention assez bien. Il confirme cette impression favorable avec des mentions à chacune de ses années de licence, et en croissance : *assez bien* en première et deuxième années, *bien* en troisième et quatrième années. Il ne connaît qu'une défaillance : dans le cadre d'un diplôme d'études supérieures d'histoire et du droit et des faits sociaux et après un très bon 17/20 au mémoire, il échoue à l'écrit de la session d'octobre 1961 avec 4/20, mais se rattrape au mois de mars suivant avec 13/20[15] et obtient finalement la mention assez bien. Pour ce qui est du détail de ses notes, elles témoignent d'un goût équitablement réparti pour le droit privé et l'histoire du droit. Il serait évidemment vain d'aller plus loin dans la recherche des prémices d'une spécialisation juridique sauf à constater que les meilleures notes sont en droit civil en première et deuxième années, mais à l'inverse que c'est en procédure pénale que le brillant avocat pénaliste qu'il sera, obtient sa note la plus basse de licence : 10/20.

Il est un domaine où il est difficile de démêler le vrai de l'approximatif, avec éventuellement des phénomènes de contagion venant des problèmes rencontrés plus tard avec les autorités de son pays. En tous cas, il s'affirme à l'époque en coquetterie avec Sylvanus Olympio, premier président du Togo, qui aurait voulu l'envoyer à Genève pour

---

[11] L'article nécrologique d'Ekoué SATCHIVI confirme ce goût, le présentant comme un « superbe danseur » passant « ses soirées de noctambule à la 'Maquiona loca' » à Lomé. En revanche, Mme Kouassigan ne se souvient pas de cette épisode tout en nous autorisant à en faire état.

[12] Pour suspecte qu'elle paraisse, cette anecdote est cependant rendu vraisemblable par une note de 19/20 obtenue en droit romain en 4e année de licence. Il y a également le témoignage du professeur OURLIAC sur sa connaissance du grec et du latin : cf. *supra*.

[13] Les étapes de son passage à l'Institut d'études politiques constituent une énigme. Sur la fiche comportant sa photo –le seul témoignage de sa présence conservée par l'IEP- figurent des mentions un peu difficiles à interpréter : « redouble », « a réclamé son dossier par lettre du 27 janvier 1955 » et « Abandon le 13-1-56 ? ». Outre que ce dernier point d'interrogation ne laisse pas supposer une affirmation bien assurée, Kouassigan figure dans l'*Annuaire des diplômés* comme ayant obtenu son diplôme de science po en 1959 ce que l'on peut interpréter comme laissant supposer une inscription à l'IEP immédiatement après le baccalauréat, en 1955-1956, un échec peut-être lié à la difficulté de s'adapter à l'enseignement supérieur français, une inscription en Faculté de droit en 1956-1957 jusqu'à l'obtention de la licence brillamment en 1960 et, entretemps, une réinscription à l'IEP pour obtenir le diplôme, à l'époque en trois ans, en 1959.

[14] Nous remercions le professeur DELVIT et madame Anne FERNANDEZ, responsable de la mission archives pour leur disponibilité et leur compétence.

[15] A l'époque la première session de licence a lieu en juin et début juillet et la seconde à l'automne. En troisième cycle, la première session est à l'automne et la seconde au printemps.

pouvoir lui confier des responsabilités dans la diplomatie alors qu'il est décidé à s'engager dans le barreau. L'opposition du président Olympio serait notamment venue de ce qu'il y a déjà quatre avocats à Lomé ce qui doit lui paraître amplement suffisant. En tous cas, quoique boursier, mais à cause de l'insuffisance ou du versement irrégulier de sa bourse, voire de son interruption[16], il aurait des difficultés financières et devrait même, un temps, se faire embaucher pour nettoyer les wagons de la SNCF[17].

En fait, il va trouver des aides efficaces dans le milieu juridique toulousain. Il est recruté par maître Henry Dupeyron, avocat à la Cour, comme de nombreux étudiants étrangers, dont André Guillabert, promis à un bel avenir au Sénégal[18]. Après son passage dans l'étude Dupeyron, Kouassigan est employé par Raymond de Lamy, agréé au tribunal de commerce. C'est dans ces conditions qu'il peut préparer sa thèse, soutenue en 1962, devant un jury composé des professeurs Paul Ourliac, Jehan de Malafosse et Roger Saint-Alary. Son travail portant sur *L'homme et la terre. Contribution à l'étude des droits fonciers coutumiers et leur transformation en droit de propriété en Afrique occidentale* lui vaut la mention très bien et les éloges, la plus haute appréciation possible. Il obtient également le grand prix de thèse de la Faculté de droit de Toulouse.

La suite de ce destin commencée sous d'aussi heureux auspices est inséparable de l'histoire du Togo. Un article nécrologique signé d'Ekoué Satchivi en donne le détail. De retour au Togo, à la veille de l'assassinat, le 13 janvier 1963, du président Olympio, il est nommé secrétaire général du ministère des Affaires étrangères, mais y reste peu et choisit la profession d'avocat. Il va s'illustrer dans quelques affaires célèbres, prenant par exemple la défense de Maurice Yaméogo, ex-chef de l'État voltaïque, démissionnaire à la suite de manifestations populaires en 1966. Il intervient en faveur des présumés auteurs du complot du 8 août 1970 et s'associe à la position des avocats togolais qui refusent de plaider en signe de protestation contre la non-libération de prévenus ayant fait l'objet d'un non-lieu du juge d'instruction. À partir de là, il est suspect. Quelque temps interdit de sortie du territoire, il finit par quitter son pays et se consacre à l'enseignement notamment à Cotonou, à Dakar et, finalement, à l'Institut universitaire d'études du développement de Genève[19] jusqu'en 1981, date de sa disparition d'un cancer du poumon. L'article nécrologique parle d'un « grand passionné du droit et amoureux de la justice ».

Ces quelques indications biographiques sur les années de formation d'un étudiant africain brillant ne susciteraient guère d'attention si, au-delà des mérites de ce jeune

---

[16] Sa fiche d'étudiant à la Faculté de droit le présente comme bénéficiant d'une « bourse FOM » de 1955 à 1963, donc jusqu'à sa soutenance.

[17] Mme KOUASSIGAN conteste ce récit : « Guy a toujours soutenu Olympio (la preuve est qu'il a représenté les étudiants togolais au moment de la déclaration d'indépendance à Lomé). Par ailleurs, en dehors de son rôle de surveillant au lycée d'Albi, je n'ai pas souvenir qu'il ait dû exercer un emploi à la SNCF pour payer ses études ».

[18] André Guillabert (1918-2010) appartient à une famille créole de Saint-Louis. Il est successivement membre de l'Assemblée de l'Union française en 1957, puis sénateur en France (1958-1959). Pour le Sénégal indépendant, il exerce les fonctions d'ambassadeur en France, brièvement de ministre des Affaires étrangères, de vice-président de l'Assemblée nationale et de maire de Saint-Louis.

[19] En outre, il fut co-responsable de la coordination des activités du secrétariat de l'UNICEF pour l'année internationale de l'enfant (1979) puis chargé de créer un service d'information technique au sein de l'UNICEF. Il était en plus membre de l'Académie royale belge des sciences d'outre-mer et de l'Académie française des sciences d'outre-mer, directeur de la rédaction du volume V de l'*Encyclopédie juridique de l'Afrique* traitant du droit des biens et enfin un des coordinateurs du groupe de recherche de l'IUED sur l'histoire de l'Afrique (renseignements communiqués par Mme KOUASSIGAN).

homme, il ne correspondait à une forme de type social caractéristique de cette époque. Si nous avons intitulé ce développement en présentant Kouassigan comme un *étudiant exemplaire*, c'est moins pour insister sur la réussite de son parcours universitaire que pour profiter du récit de cette vie pour évoquer la situation des étudiants africains en France ces deux premiers tiers du XXe siècle. Ils sont relativement peu nombreux : un peu plus de 8 000 à la fin des années 1950 dans les Universités françaises[20] tandis que leurs homologues africaines sont encore rares et peu peuplées[21]. Ils sont très conscients de constituer les futures élites de leurs pays, désireux de prendre leur destin en main, promis aux postes les plus élevés qui vont se libérer avec le départ des Français. Ils parlent un français très châtié, appris dans les meilleurs établissements coloniaux, si recherché qu'il étonne parfois leurs condisciples de métropole par une sophistication un peu désuète, mais toujours élégante. Cette élégance est présente jusque dans leur tenue, soignée et classique. Les photos comme celle que nous avons décrite à propos de Kouassigan témoignent de cette mise recherchée, même si elle n'était pas exceptionnelle à l'époque. En essayant de ne pas tomber dans la caricature, nous ajouterons qu'ils affirment avoir en général été fort bien accueillis par des Français bienveillant et curieux, du moins si l'on excepte des tracasseries policières liées à leur appartenance à des mouvements indépendantistes ce qui ne pose plus problème à partir des années 1960. D'une façon générale, ils conserveront un bien meilleur souvenir de l'accueil que leur ont réservé nos compatriotes que les étudiants africains de la fin du XXe et du début du XXIe siècle. En même temps, leurs pays devenus indépendants ne tiendront pas toujours, à leurs yeux toutes les promesses que paraît impliquer l'enthousiasme des premiers temps. Pour leurs populations non plus, sans doute.

II. LES BASES D'UNE ÉTUDE SCIENTIFIQUE ET SYNTHÉTIQUE DU DROIT FONCIER AFRICAIN

Soutenue en 1962, la thèse de Guy Kouassigan est publiée en 1966 aux éditions Berger-Levrault et c'est cette version dont nous disposons dans la mesure où le texte original n'a pas été conservé par la Faculté[22]. Lorsqu'il choisit de traiter le régime des terres, la connaissance de cette branche si importante du droit coutumier africain est encore fort dispersée. Sa bibliographie en témoigne avec de nombreuses entrées portant sur une

[20] Nombre d'étudiants africains dans les Universités françaises : 2 842 en 1950, 6 013 en 1956 lorsque Kouassigan s'inscrit en droit, 8 333 en 1960 (A. CABANIS, « Les flux d'étudiants étrangers et les aléas de la politique internationale de la France », art. cité, p 187)

[21] A Dakar, lors de l'ouverture de la première année de droit en 1949, les étudiants y sont seulement 65 (Mamadou BADJI, « La création de la Faculté de droit de Dakar (1950-1960) », dans *L'enseignement du droit en Afrique francophone, Droit sénégalais*, n° 12 – 2014, p. 23). En 1956, lorsque Kouassigan s'inscrit à Toulouse, l'Ecole de droit de Dakar (qui deviendra Faculté l'année suivante) compte 284 étudiants (André BAILLEUL, *L'Université de Dakar : institutions et fonctionnement 1950-1984*, thèse Droit Dakar 1984, annexe I-4).

[22] Normalement, le nouveau docteur devait remettre des exemplaires de sa thèse destinés aux bibliothèques universitaires, en nombre variable selon qu'il avait obtenu ou non une subvention pour son impression. S'il annonçait son intention de réaliser une version publiée, l'administration attendait que l'impression soit réalisée pour recevoir les exemplaires imprimés. Deux couvertures différentes étaient confectionnées : l'une –officielle- pour le dépôt à l'Université, l'autre –plus commerciale- pour la vente. Sur les sites d'Amazone et de Google figure la thèse de Kouassigan avec la couverture officielle. L'exemplaire de l'édition commerciale conservée par la bibliothèque de l'Institut d'études politiques de Toulouse comporte une couverture ornée d'une photo aérienne de champs.

ethnie ou un territoire : le Fouta sénégalais, les Toucouleur, la Côte d'Ivoire, le Dahomey, les Fon Dovinou de Savalou, l'ancien royaume de Porto Novo, les Bamiléké, le Sud Nigeria, le groupe dit Pahouin, la Guinée française… pour ne citer que les dix premières. Au surplus, les études sur les coutumiers africains se sont longtemps fondées sur des enquêtes conduites à la fin du XIXe ou au début du XXe siècle sur la base de questionnaires élaborés par les fonctionnaires coloniaux et qui s'appuient sur les catégories du droit occidental, sur la distinction entre meuble et immeuble, sur les notions d'usufruit ou de servitudes… Ces concepts sont mal adaptés pour décrire les formes collectives d'appropriation du sol en honneur en Afrique. Lorsque les enquêteurs français tentent de reconstituer l'histoire de l'Afrique subsaharienne et de décrire les rapports de pouvoir par lesquels sont passées ces populations, ils utilisent des schémas empruntés à l'histoire européenne, notamment en imaginant des formes de domination proches de la féodalité médiévale, ce qui ne rend compte que très imparfaitement du système des chefferies traditionnelles[23].

Comme l'indique le professeur Ourliac dans sa préface de la version imprimée de la thèse, « C'est le grand mérite de M. Kouassigan d'user parfaitement de notre syntaxe juridique sans pour autant en accepter la valeur sémantique »[24]. Ce jeune Africain se positionne délibérément dans cette tradition de clarté et de limpidité que l'école de droit de Toulouse considérait à l'époque comme sa principale caractéristique et sa première qualité. Son style élégant et fluide contraste avec la logomachie compliquée utilisée par une partie de la doctrine actuelle, mobilisant des termes inutilement sophistiqués, mêlant l'utilisation de la science du droit avec des appels à la sociologie, à l'ethnologie, à l'économie politique, voire à la psychanalyse, avec des complications telles que l'on a l'impression que l'écriture sert à dissimuler la pensée plus qu'à la faire partager. Le plan répond aux canons de la recherche académique la plus classique, avec un grand souci de symétrie : deux parties et deux titres. Sur les points controversés, les diverses positions de la doctrine sont présentées avec soin et nuances. Ainsi à propos de la question de la reconnaissance de la personnalité morale aux collectivités négro-africaines, il reproduit les thèses opposées de Guy Malengreau, professeur belge qui répond plutôt négativement, et de Roger Decottignies, premier doyen de la Faculté de droit de Dakar, qui y est plutôt favorable sans être sûr que la jurisprudence le suive en ce domaine. Kouassigan conclut, fort subtilement, que « les collectivités titulaires de droits fonciers ont une aptitude à la vie juridique, aptitude qui se concrétisera si l'ordre juridique le permet »[25]. On apprécie ce futur conditionnel.

Dans le titre premier de son ouvrage qui est annoncé comme présentant l'origine, les caractères et la nature des droits fonciers traditionnels, il dépasse cet intitulé un peu énumératif en allant à l'essentiel. Que l'acquisition des droits fonciers se fasse par une dépossession brutale comme au profit des Sarakollé, des Mandingues, des Sonrhay et des Ashanti ou par l'écoulement du temps comme pour les Mossi ou les Bambara, les droits sur la terre appartiennent et demeurent à ceux qui sont considérés comme les premiers occupants et comme leurs descendants. C'est à ce groupe qu'appartient le chef de terre qui se tient aux côtés du chef de village et qui attribue les biens fonds, aux membres de son ethnie, bien sûr, ainsi qu'à ceux de l'ethnie conquérante, toujours à titre temporaire et

---

[23] André CABANIS, « La métaphore coloniale dans l'interprétation par le colonisateur du régime foncier traditionnel », *Le foncier au Bénin, Droit béninois*, n° 3 – 2014, p. 73 à 83.

[24] Guy Adjété KOUASSIGAN, *L'homme et la terre*, Paris 1966, p. 2.

[25] *Id.*, p. 103

révocable[26]. C'est la plus marquante des spécificités du droit foncier africain et le colonisateur a de la peine à en mesurer la portée. Kouassigan rapporte une anecdote racontée par Robert Delavignette, administrateur colonial, qui met en scène l'un de ses homologues ayant demandé un terrain « au sultan, le seul chef qu'il connût ». Il décrit avec complaisance ce « beau seigneur, à cheveux bouclés, bien vêtu d'un boubou fin et brodé, coiffé d'un turban mousseux, chaussé de bottes filigranées, l'épée au côté, en selle sur un étalon couvert de cuir et de cotonnades, suivi de sonneurs de trompes et d'un nombreux équipage ». Ce personnage spectaculaire conduit le Français à un homme « ignoré de l'administration, un bonhomme sans prestige et sans arme ». Et de conclure : « C'était le descendant des premiers occupants du sol. C'était le maître de la terre ; *lui seul avait le pouvoir d'en prêter un morceau* »[27]. C'est Kouassigan qui souligne ce dernier membre de phrase.

Les trois autres caractéristiques des droits fonciers sont liées à cette spécificité originelle. Première de ces caractéristiques : des droits collectifs à la fois dans le cadre de la famille et dans celui du village. Il s'agit toujours d'une famille étendue et qui peut être fondée sur la filiation matrilinéaire ou patrilinéaire, sans oublier la « parenté à plaisanterie » qui est d'une autre nature. De toute façon, chaque ménage dispose de sa portion de terre même lorsqu'elle ne procure qu'un complément de ressource. Quant à la collectivisation dans le cadre du village, elle fournit l'occasion de présenter la différence entre collectivités homogène ou hétérogène, avec des solidarités plurielles fondées par exemple sur l'âge. Dans l'économie agraire traditionnelle, chacun doit recevoir ce dont il a besoin. L'idée d'ancêtre commun plus ou moins imaginaire légitime une appropriation fondée sur le principe de la première occupation. À l'époque, la terre est abondante. Le couple qui vient de se marier en accord avec les deux familles et selon les rites ancestraux reçoit les superficies qui lui sont nécessaires pour fonder une cellule familiale. Il n'est jusqu'à l'étranger, le nouveau venu, qui, pour autant qu'il se plie aux coutumes et aux autorités du village, peut espérer se voir affecter un champ lui permettant de s'installer et de vivre. Son intégration à la communauté accroît la puissance du village.

L'inaliénabilité des droits sur la terre constitue une seconde caractéristique. Elle paraît évidente à l'égard des individus et des familles : il ne saurait évidemment pas y avoir de vente. Pas de mise en gage susceptible de déboucher sur quelque chose qui ressemblerait à une éviction définitive, mais la perte de certains droits sur les fruits tant que la dette n'est pas réglée. Pas de testament non plus pour favoriser un parent par rapport à un autre même si, dans le cadre d'une famille où les générations se succèdent, l'on ne saurait les priver de leurs terres. Une telle éviction ne peut avoir lieu que si une famille renonce aux espaces qui lui ont été affectés ou les abandonne, c'est-à-dire ne les cultive plus pendant un certain temps. Ces dernières considérations conduisent à s'interroger sur les pouvoirs des chefs traditionnels. Kouassigan cite pour les combattre les analyses d'auteurs qui prétendent que ces derniers ont la pleine disposition des territoires qu'eux-mêmes ou leurs prédécesseurs ont conquis. Il est vrai que certains d'entre eux essaient de le faire croire, pour contrôler les populations qui leur sont soumises. Le schéma est clair de ce point de vue : les premiers occupants n'ont transmis les terres à leurs descendants que sous réserve qu'ils les fassent

---

[26] *Id.*, p. 50 : « la souveraineté politique et les droits sur la terre ne se confondent pas, en ce sens que le peuple conquérant respecte toujours les droits du premier occupant. Ceux-ci sont d'autant plus respectés qu'ils résultent d'un pacte passé entre les premiers occupants et les esprits du sol ».

[27] J.J. VILLANDRE, *Les chefferies traditionnelles*, thèse Paris 1950, cité par G. A. KOUASSIGAN, ouvr. cité, p. 127.

passer à leur tour à leurs propres descendants, en respectant les coutumes et sans déposséder personne sans justification. Kouassigan cite l'affirmation d'un chef ashanti : « La terre appartient aux ancêtres et ils me demanderont des comptes quand je les rejoindrai »[28].

Troisième caractéristique : la terre est un bien sacré. Comme chaque fois qu'un nouveau thème est présenté, l'occasion est utilisée dans la thèse pour proposer quelques considérations générales, en l'occurrence sur les croyances traditionnelles en Afrique occidentale. Une série d'auteurs sont convoqués, spécialistes obscurs de telle ou telle ethnie ou penseurs parmi les plus notoires comme Durkheim, Lévy-Brühl ou Senghor. Ne sont pas dissimulées les analyses réduisant le sentiment religieux sur le continent à quelques vagues superstitions à base de déification des forces de la nature, des animaux et des plantes. Kouassigan s'élève hautement contre des affirmations si dévalorisantes : « Nous ne saurions acquiescer à l'idée que la pensée des Nègres de l'Afrique occidentale n'est pas arrivée au degré d'abstraction qui permet la conception d'un Dieu-idée, d'un grand Dieu »[29]. À partir de là, il décrit les liens particuliers qui unissent les hommes à la terre par l'intermédiaire de rites qui accompagnent le processus de prise de possession de nouveaux espaces, à base de sacrifices expiatoires et de culte des ancêtres qui y seront enterrés, marquant la prise de contrôle. Les liens sont si forts que, s'il faut quitter les territoires occupés parfois pendant plusieurs siècles, il convient de vérifier que les dieux agréent cet abandon, que les ancêtres l'acceptent, quitte à revenir plus tard, régulièrement, pour manifester une allégeance et témoigner qu'ils n'ont pas été oubliés. On retrouve ici les pouvoirs du chef de terre qui est partie au pacte avec les dieux. C'est grâce à lui que les récoltes seront au rendez-vous. Les paysans attachés à la tradition ne sauraient cultiver un champ qui ne leur a pas été affecté par un chef de terre en communication avec le divin : hors de ces rites et de ces parrainages, la terre risque de se révéler stérile.

Quoique manifestant une étonnante prescience et un vigoureux esprit de synthèse, Kouassigan n'en reste pas moins marqué par les idées dominantes lors des indépendances.

III. DÉFENSEUR DES IDÉES DOMINANTES AU LENDEMAIN DES INDÉPENDANCES

La thèse est publiée en 1966 et le titre a imperceptiblement changé. L'intitulé principal *L'homme et la terre* ne varie pas. En revanche, le sous-titre *Contribution à l'étude des droits fonciers coutumiers et leur transformation en droit de propriété en Afrique occidentale* s'est transformé en *Droits fonciers coutumiers et droit de propriété en Afrique occidentale.* Cette réécriture simplificatrice est révélatrice d'une évolution. Lorsque la thèse est soutenue au début de la décennie 1960, il est à peu près généralement admis que les pays d'Afrique ayant accédé à la pleine souveraineté doivent engager un grand effort pour se moderniser, tant du point de vue des équipements collectifs et de l'économie que des structures de pensée. Des dirigeants formés dans les Universités européennes, notamment françaises, ou dans les séminaires mis en place par les grandes Églises monothéistes, catholiques ou protestantes, se sont convaincus du bien-fondé des valeurs

[28] KOASSIGAN, ouvr. cité, p. 92. Il se fonde sur un ouvrage portant sur les *Droits fonciers des Susu* pour souligner le lien entre appropriation primordiale et inaliénabilité : « le véritable propriétaire, ce n'est pas (sic) les générations présentes, mais le premier occupant. En conséquence, le véritable propriétaire n'existant plus, la terre est inaliénable » (*id.*).

[29] *Id.*, p. 114.

occidentales d'autant qu'ils se sont appuyés sur elles – l'égalité, l'enseignement pour tous, le droit des peuples à disposer d'eux-mêmes…- pour obtenir leur indépendance. De retour dans leur pays, ils ont souffert de ce qu'ils considèrent comme une situation d'abaissement et de primitivité[30]. Ils veulent en libérer leurs compatriotes au risque de susciter des incompréhensions, des phénomènes de rejet, en tous cas le reproche d'aller trop vite. À l'époque, l'une des accusations que l'on adresse à la colonisation c'est d'avoir trop préservé les pratiques traditionnelles au lieu de les combattre pour promouvoir les réformes nécessaires en vue de favoriser une modernisation économique et sociale. La métropole est explicitement accusée d'avoir maintenu les populations sous sa domination pour les empêcher de prendre en main leur destin, de se libérer et d'être à même de gérer elles-mêmes leurs affaires. Actuellement, ce serait plutôt le réquisitoire inverse : avoir traumatisé des peuples heureux en leur imposant des normes, des valeurs et des schémas de pensée étrangers à leurs traditions séculaires[31].

En 1966, Kouassigan semble donc commencer son *aggiornamento* en renonçant dans le titre de sa thèse à présenter le droit foncier coutumier comme nécessairement voué à évoluer vers la reconnaissance du droit de propriété. En fait il n'a pas poussé sa réflexion jusqu'au bout et il a conservé l'idée de « transformation des droits fonciers traditionnels en droit de propriété » qui constitue le titre de sa seconde partie. Comme d'habitude, il démarre par des considérations générales sur la société africaine, en l'occurrence sur la famille. Il en sait les spécificités et répète son opposition à toute assimilation aux *gens* romaine, non qu'elle ne regroupe, comme dans l'Italie ancienne, des personnes n'ayant aucune parenté par le sang, mais parce qu'il y a une forte différence entre le *pater familias* et le chef de famille africaine. Ce dernier est le gérant du patrimoine familial sans en être le titulaire. Il incarne l'unité de la famille plus qu'il ne la domine. Et de tenter une comparaison inattendue avec la *zadruga* serbe. Cette évocation irénique de la famille africaine va de pair avec la description du processus d'affirmation de l'individu, présentée comme une évolution logique et sans qu'il paraisse en ressentir de nostalgie. On assiste à une substitution progressive du géniteur au père de famille au sens africain[32]. Les frères se distinguent des cousins alors qu'ils appartenaient à une vaste communauté qui puisait sa force dans le nombre. Beaucoup tendent à se libérer des contraintes collectives pour suivre leur propre voie. Kouassigan les décrit : « La préférence de soi l'emportant sur l'amour des autres, l'individu abandonne de plus en plus facilement les siens pour aller s'installer

---

[30] Nous avons eu l'occasion d'évoquer cet état d'esprit chez un autre de ces juristes qui ont contribué à fonder les Etats-nations des années 1960 : le président Kéba Mbaye, longtemps président de la Cour suprême du Sénégal (« La place du juge dans les Constitutions de l'Afrique francophone et le rôle pionnier du président Kéba Mbaye », *Mélanges en l'honneur du juge Kéba Mbaye. Administrer la justice, transcender les frontières du droit,* Toulouse 2018, not. p. 333).

[31] Dans « Pour une méthode scientifique de recherche d'identification et d'interprétation du droit coutumier négroafricain », dans *Revue de l'Association sénégalaise de droit pénal* 2010, p. 116, Fatou Kiné CAMARA dénonce le *rouleau compresseur* occidental mais aussi islamique qui a méthodiquement *broyé* le droit traditionnel.

[32] Cette prophétie sur la disparition programmée de la famille africaine traditionnelle est à l'époque assez classique. Elle trouve sa forme la plus éclatante sous la plume du premier doyen de la Faculté de droit de Dakar : Remi DECOTTIGNIES, « Requiem pour la famille africaine », *Annales africaines*, 1965. Il affirme que « l'indépendance avait seulement deux ans à peine lorsque sonnait le glas de la famille africaine ». Il ajoute que cette *condamnation à mort* « semble irréversible » (p. 55). Il est difficile de plus se tromper.

ailleurs, voire s'expatrier. Et quand il revient dans son terroir d'origine, il tend à vivre en marge de son cadre traditionnel, il a du mal à se réadapter à ce cadre trop rigide »[33].

Il n'oublie pas son sujet : tout cela a des conséquences dans le domaine du droit des biens. Il constate l'affaiblissement de l'esprit communautaire et la disparition du patrimoine appartenant au groupe. L'autorité des chefs est contestée or ils étaient garants du caractère collectif et inaliénable des droits sur la terre, notamment en procédant à la récupération des terres abandonnées et en décidant des redistributions. L'individualisme s'affirme. Celui qui occupe une parcelle est de plus en plus porté à s'en considérer comme le propriétaire et à la faire entrer dans son patrimoine propre. Il veut pouvoir l'utiliser comme garantie pour ses emprunts, ne fût-ce que pour se doter de matériels et procéder à des aménagements nécessaires à l'amélioration des conditions de culture. Les enfants avaient vocation à conserver les terres de leur père décédé parce qu'ils étaient membres de la communauté. Désormais, ils considèrent que c'est en vertu d'une sorte de droit d'héritage. On assiste à un phénomène que Kouassigan présente comme des « attributions préférentielles » qui mettent en péril le principe de l'unité du groupe, à moins qu'il n'en constate la disparition. Les techniques collectives de culture qui consistent à mobiliser la famille élargie pour les travaux les plus importants, parfois la communauté tout entière, sont remplacées par l'appel au salariat. Dans le système traditionnel, la propriété ne s'applique qu'au produit de la culture. Désormais cette propriété tend à s'étendre à la terre elle-même avec, chez le détenteur, le sentiment de détenir un droit d'autant plus exclusif qu'il y a effectué des travaux de valorisation, notamment par des plantations d'arbres. Naturellement cette évolution ne se fait pas sans conflit. Les tenants de la tradition s'indignent des prétentions de ceux qui entendent se comporter en propriétaires. Des tensions se font jour au sein de communautés en déliquescence sans que des chefs déconsidérés soient à même de les régler.

On ne sait trop si Kouassigan se réjouit de cette évolution. En tous cas, il paraît la considérer comme inévitable. En revanche, il prend clairement position contre la tendance du colonisateur à s'approprier les terres collectives. Il est sans illusion quand il dénonce la volonté des colons de s'emparer de vastes espaces dans les pays conquis. Il s'élève contre la législation française par laquelle l'État colonial se prétend légitime propriétaire les terres « vacantes et sans maître ». Il rappelle que, s'il y a des espaces provisoirement vacants en Afrique, ils ne sont pas pour autant sans maître[34] : ce sont les biens collectifs des communautés. Il conteste la notion de *propriété éminente* appartenant à l'État français[35]. Il constate la tendance des administrateurs coloniaux à choisir et à nommer les chefs de villages et de circonscription parmi les personnages paraissant dociles, des *chefs de paille*[36] que la population méprise et dont l'autorité médiocre contribue à l'affaiblissement des communautés traditionnelles, donc participe de la contestation des terres collectives. Ces analyses nourrissent jusqu'à nos jours le procès de la colonisation. Là où Kouassigan fait preuve de plus d'imagination, sans que l'on soit obligé d'adhérer à ses explications, c'est pour soutenir que l'ébranlement du droit foncier traditionnel a débuté avant la domination française qui n'a fait que l'encourager et l'accélérer : « la colonisation n'intervient dans

---

[33] *Id.*, p. 193.

[34] *Id.*, p. 235.

[35] *Id.* p. 234 : « Cette thèse qui attribue la propriété des terres à l'Etat français est surtout insoutenable du point de vue du droit africain. En effet les rapports entre les souverains locaux et leurs sujets n'étaient pas de nature féodale ».

[36] *Id.*, p. 248.

certains domaines que pour précipiter une transformation déjà amorcée »[37]. Les « attributions préférentielles et l'occupation prolongée des mêmes terres, innovations dans l'ordre coutumier traditionnel » ont préparé l'apparition d'une appropriation individuelle des terres que vont instaurer les Français[38]. Ils ouvrent, avec la procédure de l'immatriculation la possibilité d'accéder à la propriété privée des terres. Découvrir à cette dernière des origines antérieures à la colonisation, c'est, d'une certaine façon, la légitimer en lui fournissant une forme d'authenticité. À ce stade, Kouassigan semble constater la « transformation des droits fonciers coutumiers en droit de propriété » plus que la contester comme une mutation déclenchée par le colonisateur.

*

* *

Sans doute, à sa sortie, cette thèse a-t-elle été accueillie comme la description d'un droit voué à disparaître, fondé sur une appropriation collective et inaliénable des terres, ces biens que les vivants ont reçu des ancêtres et à l'égard desquels ils sont comptables. À certains égards les causes de cette disparition paraissent à l'époque aussi intéressantes que la description des coutumes anciennes. Au moment des indépendances, la doctrine dominante consiste à soutenir que la pleine libération des pays autrefois colonisés n'implique pas seulement l'éviction des administrateurs étrangers qui ont trop longtemps tenu le pays sous leur domination, mais qu'il convient aussi de se débarrasser des chefs traditionnels qui se sont d'ailleurs soumis aux envahisseurs et qui ont collaboré avec eux. Ils sont accusés de maintenir les populations dans un état d'arriération qui conforte leur pouvoir. Les croyances fondées sur des cultes rendus aux ancêtres et à la nature paraissent également suspectes. Le droit de la famille et celui applicable aux biens fonciers font figure d'archaïsme. Pour ce qui est du caractère collectif et inaliénable des terres et aux motifs énumérés par Kouassigan pour expliquer sa disparition, tels la montée de l'individualisme, la disparition des autorités traditionnelles, le délitement des structures sociales ancestrales, la volonté du colonisateur… s'ajoutent des considérations liées à l'efficacité économique : depuis le XVIIIe siècle et dans la ligne des physiocrates, les économistes libéraux soutiennent que la libération de l'initiative privée constitue une condition préalable au développement économique. Les modes collectifs d'exploitation de la terre sont présentés comme un obstacle à la modernisation, à l'innovation, aux expérimentations, à la mise en valeur des terres…

C'est un argument que les autorités coloniales utilisent volontiers pour favoriser les demandes des colons qui souhaitent se voir affecter de vastes territoires pour doter le pays dominé d'une agriculture moderne orientée vers les débouchés extérieurs. Kouassigan constate cette évolution plus qu'il ne l'approuve. Dans la conclusion, il montre que ce sont les populations qui se sont tournées vers les produits d'exportation qui sont les plus avancées sur la voie de l'appropriation privée des terres. Et de citer les Ouolofs du Sénégal, les Baoulé et les Agni de Côte d'Ivoire, les Ashanti et les Fanti du Ghana ainsi que les Yorouba du Nigeria. Il souligne qu'entre deux populations voisines comme, au Togo, les Ewé et les Ouatchi, les premières s'orientent vers la propriété individuelle avec la culture

[37] *Id.*, p. 224.

[38] *Id.* p. 225 : « Le phénomène colonial ne viendra pas seulement précipiter cette évolution, il lui accordera son appui. De là on peut dire que des facteurs internes créent les tendances au changement dans certains cas ».

du café et du cacao tandis que les secondes restent dans un système de droit collectif avec leur agriculture vivrière. Si l'on s'en tenait là, on pourrait imaginer qu'il adhère aux valeurs de l'économie libérale. Ce n'est pas le cas et sa conclusion montre qu'il se situe dans une logique un peu différente qui reflète les idées dominantes à l'époque. Le dernier paragraphe de sa conclusion appelle « à trouver un terrain d'entente entre le légitime désir de réussite personnelle et la sauvegarde des droits supérieurs de la collectivité »[39]. Il se rend bien compte que ses propos dépassent la question des droits fonciers, mais implique une réflexion globale sur la compatibilité d'un droit dit « moderne » avec les valeurs africaines et notamment avec cette solidarité exigeante qui imprègne tous les rapports sociaux. « L'individuel et le collectif ne sont pas antinomiques ». Et la thèse se termine sur une invocation du « socialisme africain ».

Si l'étude de Kouassigan marque une étape dans l'étude des droits fonciers traditionnels, elle ne clôt ni son œuvre scientifique[40], ni d'une façon générale, les recherches sur le droit africain avant et pendant la colonisation. C'est un vaste chantier auquel Bernard Durand, à qui sont dédiées ces quelques pages, a apporté une contribution décisive. Elle s'est déployée grâce à un long séjour de treize années à la Faculté de droit de Dakar qui, à travers ses élèves et ses disciples, reste marquée par son passage. Elle s'est exprimée dans une œuvre scientifique d'une exceptionnelle ampleur qu'est en train de couronner une volumineuse somme sur le droit colonial africain, un travail monumental qui fait le synthèse des colonisations française, anglaise, espagnole, portugaise, italienne…[41] Elle s'est prolongée après son retour en France à travers l'un des centres de recherche de l'Université de Montpellier et de nombreuses thèses sur le droit colonial, préparant la relève en France. Grâce à son action au sein du Conseil africain et malgache pour l'enseignement supérieur, il a bien mérité de l'histoire du droit africain, désormais et grâce à lui solidement implantée dans les Universités francophones, au service de l'histoire de ce continent, de la connaissance de ses origines et de la préservation de ses valeurs

---

[39] *Id.* p. 265.

[40] Il publie notamment *Quelle est ma loi ? Tradition et modernisme dans le droit privé de la famille en Afrique noire francophone,* Paris 1974. Il dénonce, dans le domaine du droit de la famille la « politique d'assimilation outrancière » du colonisateur (p. 25 et s.). L'ouvrage s'ouvre sur la dédicace suivante : « A la mémoire de mon père, A ma mère, à mon épouse et à mes enfants, victimes silencieuses de mes tribulations pour le droit ».

[41] Bernard DURAND, *Introduction historique au droit colonial,* Paris 2015, 564 pages ; *Les justices en monde colonial XVIe-XXe siècles*, Montpellier 2016, 776 pages.

SOURCES ET ARBITRAGES DES CONFLITS EN ÉGYPTE PHARAONIQUE*

Boubacar DIOP
Professeur titulaire,
Université Cheikh Anta Diop de Dakar (Sénégal)

Pendant la trentaine d'années durant lesquelles nous avons enseigné à nos étudiants les civilisations de l'Antiquité, nous avons toujours fait figurer dans la bibliographie l'ouvrage du professeur B. Durand intitulé : *Histoire comparative des institutions (Dakar -Abidjan – Lomé)*, NEA, 1983. L'option que j'ai prise d'insister sur l'Égypte pharaonique, la Grèce et la Rome antiques explique ce choix. Pour les *Mélanges* offerts à notre collègue Michel Bertrand, j'ai choisi un thème qui permet d'utiliser les sources internes (égyptiennes) et externes (grecques).

Quand nous avons décidé de réfléchir sur ce sujet, trois types de problèmes se sont posés à nous.

Le premier, comme vous le devinez, c'est l'éternel problème des sources ; cette difficulté, bien que réelle, n'est pourtant pas insurmontable, ce qui rend la tâche ardue, c'est moins le fait qu'il manque des sources que leur éparpillement ; en effet, nous en avons qui sont internes, donc égyptiennes, et externes, grecques principalement : mais elles sont souvent enfouies dans des genres littéraires très divers, surtout pour ce qui est des sources égyptiennes.

Le second problème auquel nous nous sommes heurtés est connu de tous les historiens' qui pratiquent la longue durée. L'histoire de l'Égypte pharaonique s'est étalée sur trois mille ans à peu près : et il n'est pas facile de rendre compte des constantes et des changements, lorsque les sources ne sont pas suffisantes, quand elles ne sont pas toujours référables à une périodisation rigoureuse, et quand donc celles dont on dispose ne peuvent couvrir toutes les époques et toutes les périodes.

Enfin la dernière difficulté est liée à l'orientation même de mon sujet. Il est évident qu'en parlant d'arbitrage des conflits, nous avons à l'esprit l'étude des institutions, or il se trouve que tous les conflits ne sont pas toujours résolus à travers des institutions, Engels a donné des indications précieuses sur les différentes modalités de l'évolution des peuples dans l'*Anti-Dühing*[1], Des conflits peuvent entraîner des arbitrages ponctuels ; dans certaines circonstances, ces arbitrages finissent par être institutionnalisés, mais ce n'est pas toujours le cas.

---

* Texte publié dans la *Revue sénégalaise de philosophie*, n° 7-8. janvier-février 1985.

[1] Deuxième partie : Économie politique, chapitre deuxième, troisième et quatrième, intitulée théorie de la violence.

C'est pour cette raison qu'il n'est pas toujours aisé dans notre étude de démêler ce qui est solution de droit d'avec ce qui est loi.

Malgré toutes ces difficultés, nous croyons qu'il est tout de même possible de donner une idée de la morale, du droit en Égypte ancienne en rapport avec l'économie et la politique dans ce pays. L'Égypte pharaonique est un État, et comme tout État, son souci premier est d'assurer un certain ordre économique, moral, politique et social et de le maintenir ; et cet État souhaite pareillement qu'un certain ordre cosmique règne sur son territoire. La justice, le droit, la religion doivent contribuer au maintien des équilibres, toute cette philosophie est bien rendue par l'ambivalence du terme Maât qui signifie à la fois l'ordre et la justice.

Maât est divinisé, il est « norme de vérité et de justice » qui s'affirme lorsque Rê triomphe de son ennemi et qui doit s'imposer, pour le bonheur des hommes, dans le fonctionnement des institutions comme dans les comportements individuels, « Rê vit de Maât ». Thot dieu des savants, comptable de Rê, juge entre les dieux, est heureux par Maât[2]. Tout État défend les intérêts d'une classe ou d'une coalition de classes déterminées. « Selon Marx, l'État est un organisme de domination de classe, un organisme d'oppression d'une classe par une autre, c'est la création d'un « ordre» qui légalise et affermit le conflit des classes... »[3].

Bien souvent les États se défendent d'être des États de classe et veulent se présenter comme l'État du peuple tout entier. Cette dissimulation est favorisée par certains facteurs. En effet bien qu'il soit né de la société, il se place au-dessus d'elle et lui devient de plus en plus étranger ; mieux il se présente exceptionnellement « des périodes où les classes en lutte sont si près de s'équilibrer que le pouvoir de l'État, comme pseudo-médiateur, garde pour un temps une certaine indépendance de l'une et de l'autre »[4]

Cette dissimulation est fort ancienne ; déjà dans l'Égypte ancienne, l'État proclamait la neutralité de ses institutions, Écoutons pour s'en convaincre, les instructions que le pharaon Thoutmosis III (1490-1436 av. JC) donne au vizir Rekhmaré : « Un vizir, lui dit-il, ne doit pas avoir de parti pris ni pour les uns, ni pour les autres, Il doit considérer celui qu'il connaît comme celui qu'il ne connaît pas, écouter tous les plaignants, n'éconduire personne sans l'avoir écouté, et s'il doit éconduire quelqu'un, lui en donner le motif. Un vizir ne doit pas se mettre en colère, mais se faire craindre sans pour cela qu'on puisse le taxer de violence, car tout homme attend la justice de la manière d'être du vizir »[5].

État de classe, mais aussi État médiateur, deux aspects essentiels de l'État qui expliquent la complexité des institutions. Cette complexité est plus ou moins grande suivant la texture sociale. C'est pourquoi avant de présenter les

---

[2] 1. YOYOTTE, « Égypte pharaonique, société, économie et culture », in Unesco, *Histoire générale de l'Afrique*.

[3] LÉNINE, *L'État et la Révolution*, éd. en langues étrangères, Pékin. 1970 p. 8.

[4] ENGELS, *L'origine de la famille, de la propriété privée et de l'État,* éd. 1974 p. 180.

[5] Cité par Madeleine *Della Monica*, *La classe ouvrière sous les pharaons*, Librairie d'Amérique et Orient. Maisonneuve-Paris, 1975, p. 75.

institutions, il nous semble indiqué de donner au préalable une idée de la stratification sociale.

I. LA SOCIÉTÉ ÉGYPTIENNE

Voici comme l'historien Diodore décrit la société égyptienne : « Toute l'Égypte est divisée en plusieurs parties dont chacune (appelée nome en grec) est gouvernée par un nomarque, chargé de tous les soins de l'administration. Tout le sol est partagé en trois portions. La première et plus considérable appartient au collège des prêtres qui jouissent du plus grand crédit auprès des indigènes, tant à cause de leurs fonctions religieuses que parce qu'ils ont reçu l'éducation et l'instruction la plus complète. Leurs revenus sont employés à la défense des sacrifices, à l'entretien de leurs subordonnés et à leurs propres besoins ; car les Égyptiens pensent qu'il ne faut toujours pas changer les cérémonies religieuses, qu'elles doivent toujours et de la même façon être accomplies par les mêmes ministres, et que les conseillers souverains doivent être à l'abri du besoin. En effet, les prêtres sont les premiers conseillers du roi ; ils l'aident par leurs travaux, par leurs avis et leurs connaissances ; au moyen de l'astrologie et de l'inspection des victimes, ils président l'avenir et ils tirent des livres sacrés le récit des actions les plus utiles. Il n'en est pas ici comme chez les Grecs où un seul homme ou une seule femme est chargé du sacerdoce. Chez les Égyptiens, ils sont nombreux ceux qui s'occupent des sacrifices et du culte des dieux, et ils transmettent leur profession à leurs descendants. Ils sont exemptés de l'impôt, et ils viennent immédiatement après le roi, quant à la considération et à leurs privilèges. La seconde partie du sol appartient aux rois ; ils en tirent les impôts employés aux dépenses de la guerre et à l'entretien de leur cour. Les rois récompensent de leurs propres revenus les hommes de mérite, sans faire appel à la bourse des particuliers.

La dernière portion du sol est affectée aux guerriers et à tous ceux qui sont sous les ordres des chefs de la milice. Très attachés à leur patrie à cause des biens qu'ils y possèdent, ils affrontent, pour la défendre, tous les dangers de la guerre. Il est en effet fier d'assurer « le salut de tous à des hommes qui n'ont aucun lien qui les attache au bien commun ; et ce qu'il y a surtout de remarquable, c'est que les guerriers, vivant ainsi dans l'aisance, augmentent la population par leur progéniture au point que l'État peut se passer du secours des troupes étrangères. C'est ainsi que les enfants, encouragés par l'exemple de leurs pères, sont jaloux de s'exercer aux œuvres militaires, et se rendent invincibles par leur audace et leur expérience »[6].

On peut penser que ce passage trahit une théorisation des « politicographes » grecs[7]. Savoir jusqu'à quel point le modèle est fidèle à la réalité est un exercice

[6] DIODORE, l, LXXIII par F. HOEFER, 3e éd., 1912, p. 85-86.
[7] Cf. la tripartition fonctionnelle dans la République de Platon et dans le *Busiris* d'Isocrate.

difficile, Chr. Froidefond s'y est exercé[8]. Il y a plusieurs points sur lesquels les faits contredisent les propos de Diodore, nous savons par exemple qu'à certains moments des pharaons ont dû faire appel à des mercenaires comme ce fut le cas sous la XXVIe dynastie. Toutefois plusieurs observations nous interdisent d'accuser Diodore de faire du placage.

En effet, il y a d'abord que d'autres sources permettent s'appuyer certaines assertions de l'auteur : en effet dans la Bible[9], il est possible de repérer les rapports entre le pharaon et le clergé d'une part, et du pharaon et de la masse des ruraux d'autre part ; ensuite un papyrus datant du règne de Ramsès III (XIIIe et XIIe siècles) donne une idée de la puissance du clergé égyptien. Voici le tableau des richesses des trois grands clergés établi par feu le professeur Sauneron sur la base des indications fournies par cette source[10].

	Thèbes	Heliopolis	Memphis
Hommes	81 322	12963	3 079
Bestiaux	421 362	45 544	10 0 47
Jardins	433	64	5
Champs	2393 Km^2	441 Km^2	28 Km^2
Bateaux	83	3	2
Chantiers	46	5	-- -
Bourgades	65	103	1

Une autre série d'observations nous renforce dans notre conviction que le schéma de Diodore n'est pas celui d'une cité idéale. Chez Platon, les trois classes, celle des gouvernants, des guerriers et des producteurs correspondent aux trois notions du noûs (l'intelligence), du rhumas (le courage) et des épitumiai (les appétits). On peut admettre que les gouverneurs de la cité de Platon (philosophes, magistrats) relèvent de la catégorie du noûs, comme les prêtres et les rois dans le texte de Diodore. Mais on constate que chez ce dernier, les gouvernants sont des propriétaires fonciers, mieux la deuxième catégorie (les guerriers) possède des terres, cumule une activité productrice et guerrière, ce qui est impensable dans le système platonien[11].

Il reste qu'il y a des similitudes frappantes entre Platon et Diodore. Tous les deux cherchent à camper deux niveaux, celui des gouvernants et des gouvernés, Platon le fait explicitement dans la *République* IV, 43 d. et s. Mais à notre avis le système de Diodore est plus proche de la réalité égyptienne. À chaque niveau, Diodore distingue une triade. Nous avons déjà évoqué la première, celle des prêtres, des rois et des guerriers ; la seconde concerne tous ceux qui ne participent

[8] Cf. *Le mirage égyptien dans la littérature grecque*, Ophrys, 1971, p. 303 et s.
[9] *Genèse* 47, v. 13 à 31
[10] Voir S. SAUNERON, *Les prêtres de l'ancienne Égypte*, éd. du Seuil, 1957, p. 53.
[11] *République*, IV,419 a. et s.

pas directement au pouvoir.

Certes ce n'est pas encore l'analyse de la classe au sens marxiste de terme, les marxistes prennent en considération la priorité des moyens de production, la position dans la sphère de production et le type de revenus. Mais l'analyse en termes de classe permet-elle à elle seule de saisir toutes les sources de conflit dans une société ? Nous ne le pensons pas ; il y a d'autres réalités en plus des classes. Nous trouvons donc d'un grand intérêt toute tentative de donner un tableau d'ensemble de la société. À ce titre, l'exposé de la seconde triade, celle des gouvernés, mérite une attention particulière.

« Il existe encore dans l'État, poursuit Diodore, trois ordres de citoyens : les pasteurs, les agriculteurs et les artisans. Les agriculteurs passent leur vie à cultiver les terres qui leur sont, à un prix modéré, affermées par le roi, par les prêtres et les guerriers. »

« Élevés dès leur enfance au milieu des travaux rustiques, ils ont en ce genre d'occupations plus d'expérience que l'agriculteur d'aucun autre peuple. Ils connaissent parfaitement la nature du sol, l'art d'arroser, les époques de la semaille, de la moisson et de la récolte de tous les autres fruits ; ils tiennent ces connaissances en partie de leurs ancêtres, en partie de leur propre expérience. La même observation peut s'appliquer aux pasteurs ; ayant en quelque sorte hérité de leurs pères la charge de soigner les troupeaux, ils passent toute leur vie à l'élevage des bestiaux. Aux connaissances héritées de leurs pères, ils ajoutent les moyens de faire fortune ; les uns se livrent à l'agriculture, les autres au commerce, d'autres encore exercent deux ou trois métiers à la fois, et dans les états démocratiques, la plupart courent aux assemblées populaires et répandent le désordre en vendant leurs suffrages, tandis qu'un artisan, qui, chez les Égyptiens, prendrait part aux affaires publiques ou qui exercerait plusieurs métiers à la fois, encourrait une forte amende. Telles sont la division sociale et la constitution politique que les anciens ajoutent eux-mêmes de nouveaux perfectionnements. Les nourrisseurs de poulets et d'oies méritent sous ce rapport toute notre admiration, car au lieu de se servir du moyen ordinaire pour la propagation de ces oiseaux, ils sont parvenus à les multiplier prodigieusement par un artifice qui leur est propre ».

Au lieu de faire couver les œufs, ils les font éclore, contre toute attente, par une manœuvre artificielle et ingénieuse. Il faut aussi considérer que les arts ont pris un grand développement chez les Égyptiens et ont atteint un haut degré de perfection. C'est le seul pays où il ne soit pas permis à un ouvrier de remplir une fonction publique ou d'exercer un autre état que celui qui leur est assigné par les lois ou qu'il a reçu de ses parents ; par cette restriction, l'ouvrier n'est détourné de ses travaux ni par la jalousie du maître, ni par les occupations politiques. Chez les autres nations au contraire, on voit les artisans presque uniquement occupés de l'idée Égyptiens se transmettaient intactes de père en fils[12].

Cette longue description nous permet d'avoir un tableau de la ronde des métiers, mais en plus elle annonce le jeu des institutions dans la régulation de la société

[12] DIODORE, 1. LXXIV.

égyptienne. Le souci analogique, clairement exprimé par Diodore ici, nous incite une fois de plus à la prudence dans l'utilisation des sources grecques. Là encore prudence ne doit pas signifier méfiance, encore moins défiance. D'autres témoignages nous permettent d'accepter pour l'essentiel les informations de Diodore. Deux voies s'offrent à nous pour compléter les indications livrées par Diodore : nous pouvons non seulement apporter des précisions sur certaines catégories socio-professionnelles déjà signalées, mais encore compléter la liste des métiers et statuts sociaux. En suivant le premier axe, il est possible de préciser que, quand Diodore parle « de la cour du roi » et des hommes de mérite de la cour, on peut entendre par là, en plus du personnel des services intérieurs, tous les conseillers et les fonctionnaires de l'administration centrale et locale : cet entourage était fortement hiérarchisé, et c'est parmi les proches du roi que recrutaient les notables (sarou).

Concernant les paysans, il convient de distinguer déjà sous l'Ancien Empire, les petits propriétaires libres des tenanciers (meritou) qui sont attachés au domaine du roi ou à celui des grands personnages de l'État ou du clergé. Les tenures furent pendant longtemps héréditaires, mais plus tard l'hérédité fit place à un système plus proche du fermage révocable, comme ce fut le cas à l'époque saïte, par exemple sous le règne d'Amasis (568-526). Le même distinguo est à faire entre les artisans et les manœuvres libres travaillant pour leur propre compte et ceux qui servaient dans les entreprises d'État (mines d'or, de cuivre, carrière de pierre, ateliers royaux) ou dans les entreprises du clergé.

Maintenant si nous nous engageons sur le second axe, nous pouvons allonger la liste des métiers et statuts en Égypte : il y avait en plus des catégories mentionnées, des médecins, des embaumeurs, des pêcheurs, des chasseurs, des ramasseurs de miel, des barbiers, des lingers, des cordonniers, des portiers, des porteurs d'eau. Il y avait des serviteurs libres (les chemsou, mot à mot « ceux qui suivent ») ; ils étaient en quelque sorte des domestiques, ils suivaient le maître dans ses déplacements, lui portant des sandales ou lui essuyant ses pieds quand il fallait.

En face de ces métiers d'hommes libres, il y avait le statut des esclaves : dès l'Ancien Empire, des prisonniers de guerre exécutaient des corvées au bénéfice de l'État, en même temps que des hommes libres égyptiens. Ces esclaves (hemou ou bekou) étaient distribués aux rois et aux soldats, ils pouvaient être achetés ou loués. Il pouvait avoir des affranchissements et sous le Nouvel Empire d'anciens affranchis, je veux nommer la catégorie qu'on appelait « les écuyers tranchants », pouvaient occuper des postes importants dans l'État. L'esclavage pour dettes apparut plus tard : Bocchoris (VIIIe siècle) puis Amasis (VIe siècle) vont supprimer la contrainte par corps et l'obligation de la personne, au grand soulagement des hommes libres endettés. Dès lors le créancier ne pouvait se faire payer que sur les biens de son débiteur. L'incident avait néanmoins laissé des traces : il eut un moment en Égypte la catégorie des propriétaires libérés (les nemhou).

Quand on a à l'esprit tout ce tableau social, il est aisé de deviner que les sources de tension et de conflit pouvaient être multiples en Égypte pharaonique : l'État pouvait être opposé au clergé, et les masses populaires ou des catégories socio-professionnelles pouvaient être en lutte contre ces deux appareils dominants, les conflits pouvaient opposer des éléments des masses entre eux, des catégories socio-professionnelles entre elles, et il faut ajouter à cela des différends de famille ; des enfants se plaignant de leurs parents, des épouses de leurs maris, des maris de leurs femmes ; il y eut des adultères, des divorces...[13]. Tous ces niveaux sont à prendre en compte et les sources nous informent sur les différents cas de figure.

D'abord au niveau des ordres dominants, les conflits entre l'État et le clergé ne pouvaient manquer. Le professeur Sauneron a bien décrit le caractère contradictoire de cette cohabitation. « Le roi enrichit le dieu dans ses biens terrestres, et en échange le dieu assiste le roi dans ses entreprises militaires : la faveur des dieux, leur richesse matérielle, seront liées au succès politique des rois.

En revanche, on conçoit que l'accroissement illimité de la richesse d'un dieu puisse, à la longue, constituer une menace pour l'autorité royale. Il fut des périodes, au cours du Nouvel Empire, où le clergé d'Amon était plus riche et plus puissant que ne l'était le roi lui-même »[14].

Le moment le plus houleux de cette crise fut la révolution d'Amenophis IV qui voulut mettre fin au polythéisme et par là supprimer les privilèges des clergés locaux et particulièrement celui du dieu Amon de Thèbes. Le roi changea de nom, il devient Akhenaton par référence à Aton le disque solaire, présenté dès lors comme le Dieu unique. Il construisit une nouvelle capitale, Akhenaton. Mais cette révolution fut de courte durée. Le successeur d'Akhetaton, le jeune Toutâkhamon comme le suggère son nom, se réconcilie avec le clergé d'Amon.

La troisième composante de l'ordre des dominants, l'armée a eu également à intervenir en cas de crise des institutions. L'Égypte a été également le terrain d'expérimentation des coups d'État militaires : Herihor, un soldat réussit à prendre le pouvoir, au moment où la dynastie ramesside était en déclin et à fonder la XXIe dynastie : il s'appuie alors sur l'armée et le clergé.

Les luttes entre les ordres dominants et les ordres dominés furent également constantes : les protestations populaires pouvaient prendre la forme de lutte violente, d'émeutes, de pillage de temples ou de désobéissance civile comme lors des grèves fréquentes au Nouvel Empire. Un sage Ipàou-our décrit en ces termes la situation chaotique de l'Égypte au cours de la première période intermédiaire (2200- 2100). « Tout n'est que ruine. Un homme frappe son frère, le fils de sa mère, la peste sévit sur tout le pays. Le sang coule partout. Quelques individus sans foi ni loi n'ont pas hésité à piller les terres royales. Une tribu étrangère a envahi l'Égypte. Les nomades des déserts sont partout devenus égyptiens. Éléphantine et Thinis dominent la Haute-Égypte, sans payer de taxes, en raison

[13] Madeleine DELLA MONICA, *op. cit.*, p. 143.
[14] S. SAUNERON, *op. cit.*, p. 172-173.

de la guerre civile (...). Les consumés par le feu (...). Les hommes naviguent plus vers (Byblos) au nord. Qu'allons-nous faire pour les cèdres ? L'or fait défaut (...). Celui qui n'a jamais rien possédé est maintenant un homme prospère. Les pauvres du pays sont devenus riches, et celui qui possédait est maintenant celui qui n'a rien... »[15]

À propos des grèves, signalons celle qui fut déclenchée sous le règne de Ramsès III à la fin de la XIXe dynastie. « Les ouvriers qui n'avaient plus rien à manger ni à louer et qui étaient sans vêtement avaient adressé une plainte au pharaon, à la suite de quoi une enquête fut ouverte qui confirma le bien-fondé des revendications. N'obtenant pas satisfaction, les ouvriers armés de leurs instruments de travail firent une démonstration de force devant un bâtiment de la nécropole. La police dut intervenir et installa les ouvriers et leurs familles dans le temple de Seti Ier où une distribution de vivres leur fut faite ; celle-ci ayant été jugée insuffisante, les choses s'aggravèrent. L'ouvrier Mesou un meneur, refusa de travailler et jura par Amon et par le roi. Les ouvriers forcèrent alors l'enceinte de temple et se répandirent dans la ville en criant qu'ils ne voulaient pas mourir de faim et qu'ils étaient tous solidaires des uns des autres.

« L'émeute prenant des proportions inquiétantes, on appela la milice de Madjaïou chargée de la surveillance de la nécropole. Le général lui-même s'adressa aux ouvriers pour les calmer ; il déclina toute responsabilité dans la régularité de l'approvisionnement, mais il ne cita pas le nom de l'administrateur négligeant ou prévaricateur et pour finir, il fit ouvrir les greniers et autorisa à prendre ce qu'on y trouverait.

« Mais le scribe Hora, présent aux discussions, présida aux distributions, dont il réduisit l'allocation de moitié. Cette nouvelle distribution ayant encore été jugée insuffisante par les ouvriers, les troubles reprirent quelques jours plus tard »[16]

Toujours à l'intérieur des chantiers, des conflits pouvaient opposer les chefs des travaux et les chefs d'équipes, le contrôleur des travaux et les manœuvres les manœuvres entre eux[17]. S'il existait un journal dans l'Égypte pharaonique, la rubrique des faits divers aurait été particulièrement fournie. C'est par jalousie que l'ouvrier Mesto s'installa avant même qu'elle ne fût terminée, dans la maison de Kenna et refusa de la libérer. Il fallut que le plaignant s'adressât au roi pour obtenir la restitution de son bien. C'est par envie que Nakhoumaout pénétra dans la maison d'un collègue pour lui dérober des pains, de la pâtisserie, des grains et aussi des parures féminines, de plus, dans un esprit de malice, il répandit l'huile qu'il ne pouvait emporter. C'est par concupiscence que l'ouvrier Panebi poursuivit de ses assiduités la femme d'un camarade et que, la rencontrant seule

---

[15] D'après un papyrus du musée de Leyde cité d'après A. ABU BAKR, « L'Egypte pharaonique », in Unesco, *Histoire générale de l'Afrique*, vol. II. p. 88-89.
[16] Texte extrait du papyrus de Turin cité par Madeleine DELLA MONICA, *op. cit.*, p. 97.
[17] Cf. *ibidem*, p. 91 et 92.

auprès d'un tombeau, il la viola malgré ses cris... Autre plainte pour un emprunt d'âne qui, cette fois, se termina par la mort de la pauvre bête[18].

Les règlements des différends entre créanciers et débiteurs a longtemps préoccupé les législateurs égyptiens[19]. La complexité du tableau social égyptien et son corollaire, la multiplicité des problèmes à résoudre, des conflits à arbitrer, vont entraîner la codification des lois et règlements, bref la systématisation dont Diodore rend compte dans un chapitre sur la législation en Égypte pharaonique.

II. LES LOIS

Puisque nous parlons de la législation, nous ne croyons pas nous éloigner de notre sujet en faisant connaître les lois remarquables d'Égypte par leur antiquité, ainsi que celles qui ont été modifiées, enfin en présentant au lecteur attentif tout ce qui peut être utile.

« D'abord le parjure était puni ce mort comme étant la réunion des deux plus grands crimes qu'on puisse commettre, l'un contre les dieux, l'autre contre les hommes. Celui qui voyait sur son chemin un homme aux prises avec un assassin, ou subissant quelque violence, et ne le secourait pas lorsqu'il le pouvait, était condamné à mort. S'il était réellement dans l'impossibilité de porter du secours, il devait dénoncer les brigands et les traduire devant les tribunaux , s'il ne le faisait pas, il était condamné à recevoir un nombre déterminé de coups de verges, et à la privatisation de toute nourriture pendant trois jours.

« Ceux qui faisaient des accusations mensongères subissaient, lorsqu'ils étaient découverts, la peine infligée au calomniateur.

« Il était ordonné à tout Égyptien de déposer chez le magistrat un écrit indiquant ses moyens de subsistance ; celui qui faisait une déclaration fausse ou qui gagnait sa vie par des moyens illicites, était condamné à mort. On prétend que cette loi fut apportée à Athènes par Solon qui avait voyagé en Égypte. Celui qui avait tué volontairement soit un homme libre ou un esclave, était puni à mort ; car les lois voulaient frapper, non d'après les différences l'intention du malfaiteur ; en même temps, par les ménagements dont on usait envers les esclaves, on les engageait à ne jamais offenser un homme libre. Les parents qui ont tué leurs enfants ne subissaient point la peine capitale, mais ils devaient, pendant trois jours et trois nuits, demeurer auprès du cadavre et le tenir embrassé, sous la surveillance d'une garde publique. Car il ne paraissait pas juste d'ôter la vie à ceux qui l'avaient donnée aux enfants ; et on croyait leur causer, par ce châtiment, assez de chagrin et de repentir pour les détourner de semblables crimes.

« Quant aux enfants qui avaient tué leurs parents, on leur infligeait un châtiment tout particulier : on faisait avec des joncs aigus, des incisions aux mains

[18] Madeleine DELLA MONICA, *op. cit.*, p. 143-144.

[19] Voir l'article de Bernadette MENU, « Le prêt en droit égyptien - Nouvel Empire el Basse Époque », *Études sur l'Egypte et le Soudan ancien,* Université de Lille III, éd. universitaire, p. 59-132.

des coupables, et on les brûlait vifs sur épines. Car le parricide était regardé comme le plus grand crime qui puisse se commettre parmi les hommes.

« Une femme enceinte, condamnée à mort, ne subissait sa peine qu'après avoir accouché. Cette loi a été adoptée dans plusieurs États grecs ; parce qu'on avait pensé qu'il serait souverainement injuste de faire extirper par la vie de deux personnes, le crime commis par une seule ; que de plus, le crime étant l'acte d'une volonté dépravée, on ne peut accuser un être qui n'a pas encore d'intelligence. Mais la considération qui l'emportait sur tout, c'est qu'en punissant une femme grosse pour son crime qui lui était propre, il était absolument illégal de faire périr un enfant qui appartient également au père et à la mère ; et les juges qui feraient mourir un innocent seraient aussi coupables que s'ils avaient acquitté un meurtrier. » Telles étaient chez les Égyptiens les lois criminelles qui paraissent d'accord avec la raison.

« Parmi les lois qui concernent les soldats, il y avait une qui infligeait, non pas la mort, mais l'infamie à celui qui avait déserté les rangs ou qui n'avait point exécuté l'ordre de ses chefs. Si plus tard, il effaçait sa honte par des actions de bravoure, il était rétabli dans son poste. Ainsi, le législateur faisait du déshonneur une punition plus terrible que la mort, pour habituer les guerriers à considérer l'infamie comme le plus grand de tous les malheurs ; en même temps, ceux qui étaient punis de cette façon pouvaient rendre de grands services pour recouvrer la confiance première, tandis que s'ils avaient été condamnés à mort, ils n'auraient plus été d'aucune utilité à l'État.

« Les faux-monnayeurs, ceux qui altéraient les poids et les mesures ou contrefaisaient les sceaux, pareillement ceux qui rédigeaient de écritures fausses ou qui altéraient des actes publics, étaient condamnés à avoir les deux mains coupées. De cette manière, chacun, pour la punition de la partie du corps avec laquelle le crime avait été commis, portait, jusqu'à la mort, une marque indélébile qui, par l'avertissement de ce châtiment, devait empêcher les autres d'agir contre la loi.

« Les lois concernant les femmes étaient très sévères. Celui qui était convaincu d'avoir violé une femme libre devait avoir les parties génitales coupées, car on considérait que ce crime comprenait en lui-même trois maux très grands, l'insulte, la corruption des mœurs et la confusion des enfants. Pour l'adultère commis sans violence, l'homme était condamné à recevoir mille coups de verges et la femme à avoir le nez coupé : le législateur voulant qu'elle fût privée de ses attraits qu'elle n'avait employés que pour la séduction.

« Les lois relatives aux transactions privées sont, dit-on, l'ouvrage de Bocchoris. Elles ordonnent que ceux qui ont emprunté de l'argent sans un contrat écrit, soient acquittés, s'ils affirment par un serment qu'ils ne doivent rien, car les Égyptiens ont les serments en grand respect. Puis, il est évident, que celui qui emploie souvent le serment finit par perdre tout crédit ; et afin de ne pas se priver de cet avantage, tout le monde est intéressé à ne pas abuser du serment. Ensuite, le législateur a pensé qu'en plaçant toute confiance dans la probité, tous les hommes tâcheraient, par leurs mœurs, de ne pas être diffamés comme indignes de foi. Enfin il a jugé qu'il était injuste de se refuser à croire sur serment, dans une transaction commerciale, lorsqu'on avait accordé du crédit sans exiger le serment. Il était défendu à ceux qui prêtent sur contrat de porter, par l'accumulation des intérêts, le capital au-delà du double ; les créanciers qui demandaient le remboursement ne pouvaient d'adresser qu'aux biens du débiteur, la contrainte par corps n'étant en aucun cas admise. Car le législateur avait considéré que les biens appartiennent à ceux qui ont acquis, soit par leurs travaux, soit par transmission ou par dons ; mais que la personne du citoyen appartient à l'État, qui, à tout moment, peut la réclamer pour son service, dans la guerre comme la paix. Il serait en effet absurde qu'un guerrier pût, au moment de combattre pour la partie, être emmené par un créancier, et que le salut de tous fût compromis par la cupidité d'un particulier.

« Il paraît que Solon avait également apporté cette loi à Athènes, à laquelle il donne le nom de « sisachtchia » et qu'il remit à tous les citoyens les dettes qui avaient été contractées sous la condition de la perte de la liberté individuelle. Quelques-uns blâment, non sans raison, la plupart des législateurs grecs d'avoir interdit la saisie des armes, de la charrue, et d'autres instruments nécessaires, comme gages des dettes contractées, et d'avoir, au contraire, permis de priver la liberté ceux qui se servaient de ces instruments.

« Il existait aussi chez les Égyptiens une loi très singulière concernant les voleurs. Elle ordonnait que ceux qui voulaient se livrer à cette industrie se fassent inscrire chez le chef des voleurs et qu'ils rapportassent immédiatement les objets qu'ils auraient dérobés. Les personnes, au préjudice desquelles le vol avait été commis, devaient à leur tour faire inscrire chez ce chef chacun des objets volés avec l'indication du lieu, du jour et de l'heure où ces objets avaient été soustraits. De cette façon, on retrouvait aussitôt toutes les choses volées, à la condition de payer le quart de leur valeur pour les reprendre. Dans l'impossibilité d'empêcher tout le monde de voler, le législateur a trouvé un moyen de faire restituer, par une modique rançon, tout ce qui a été dérobé. » Puis Diodore continue, « chez les Égyptiens, les prêtres n'épousent qu'une femme, mais les autres citoyens peuvent en choisir autant qu'ils veulent. Les parents sont obligés de nourrir tous leurs enfants, afin d'augmenter la population, qui est regardée comme contribuant à la prospérité de l'État. Aucun enfant n'est réputé illégitime, même lorsqu'il est né d'une mère esclave, car selon la croyance commune, le père est l'auteur de la naissance de l'enfant, auquel la mère n'a fourni que la nourriture et la demeure ... »[20]

Nous avons tenu à faire cette longue citation parce que toutes les informations livrées ici par Diodore sont d'un grand intérêt. Ainsi nous constatons que des catégories sociales (les esclaves par exemple) qui avaient été omises dans le chapitre précédent[21] sont mentionnées ici dans l'exposé sur la législation. Nous avons également d'autres informations sur la vie économique (existence de la

---

[20] DIODORE, I, LXXVII-LXXXI.
[21] Cf. *supra*.

monnaie). À notre avis, ce qui rend la recherche encore plus difficile, c'est que nos auteurs anciens ne font pas toujours la distinction entre les lois et les coutumes, entre solutions de droit et législation codifiée. Hérodote bien avant Diodore signalait le respect dû aux vieillards. « En Égypte, dit-il quand des jeunes rencontrent des hommes âgés, ils leur cèdent le pas et se détournent de leur route, et à l'arrivée d'hommes âgés ils se lèvent de leurs sièges »[22]. Dans un autre passage, il rapporte une autre coutume concernant les esclaves : « il y avait sur le rivage (du Nil), un sanctuaire d'Héraclès (1) si un esclave, appartenant à n'importe qui s'y réfugie et fait imprimer sur sa personne des stigmates sacrés en se donnant au dieu, il n'est pas permis de l'appréhender ; cette coutume continue à exister, telle jusqu'à mon temps qu'elle a existé dès l'origine »[23].

Hérodote dans différents passages (II, 79-80 et Il, 113) utilise le terme « nomos » pour parler des coutumes. Diodore en parlant des lois utilise lui aussi le terme « nomos » (1,75, 77, 79, 80). On pouvait penser que la distinction n'est pas importante. Ce sur quoi nos informateurs insistent en revanche, c'est sur l'évolution, les étapes de l'évolution de la législation, ils signalent les innovations. Bien avant Diodore, Hérodote avait évoqué la loi d'Amasis sur les déclarations de revenus[24], Diodore attribue la suppression de la peine de mort à Shabaka, roi Kushite de la XXV' dynastie égyptienne[25].

Cette évolution est tellement complexe qu'il aurait fallu utiliser davantage de sources pour en rendre compte de manière plus fouillée. J. Gaudemet constate à propos du régime matrimonial par exemple, « un papyrus de Turin de la XXe dynastie ne reconnaît pas la validité d'un mariage entre un Égyptien et une étrangère. Le même texte fait état de la rédaction d'un écrit à l'occasion du mariage fixant les rapports pécuniaires des époux. À la même époque, en cas de remariage, les enfants du premier lit se voient attribuer les deux tiers du patrimoine du père, celui-ci n'apportant que le tiers restant à son nouveau foyer. Divers actes attestent une communauté de biens entre époux ou la donation de biens par le mari à sa femme... »[26]

C'est peut-être cette évolution dans le temps et la persistance d'usages locaux, qui expliquent la contradiction qui semble émaner de la confrontation de certaines sources ; ainsi lorsque Diodore semble réserver la monogamie aux seuls prêtres[27], Hérodote en fait une pratique courante en Égypte[28]. En tout état de cause, il se dégage du traitement des sources plusieurs types d'informations.

En Égypte, en plus des coutumes qui avaient force de loi, existaient des lois codifiées ; certaines de ces lois ou coutumes étaient archaïques (châtiments corporels, mutilations), d'autres étaient en revanche très évoluées (assistance à

---

22 HÉRODOTE, Il,80.
23 HÉRODOTE, Il. Il 3.
24 HÉRODOTE, 11,177.
25 Cf. DIODORE, LXV.
26 J. GAUMEMET, *Institutions de l'Antiquité*, Sirey. 1967, p. 71.
27 DIODORE, I, LXXX.
28 HÉRODOTE.

une personne en danger, déclaration des revues). Le respect de ces lois était garanti par l'existence de magistrats signalés par Diodore dans l'exposé sur la législation égyptienne ; dans d'autres passages, il insiste sur le fonctionnement des institutions.

En fait nous avons suivi un ordre différent de celui de Diodore, il avait préféré parler des organes avant les lois. Qu'à cela ne tienne ! Examinons ce qu'il rapporte sur les institutions.

III. LES TRIBUNAUX

« Les Égyptiens, dit-il, ont porté une grande attention à l'exercice du pouvoir judiciaire, persuadés que les actes des tribunaux ont, sous un double rapport, beaucoup d'influence sur la vie sociale. Il est en effet évident que la punition des coupables et la protection des offensés sont le meilleur moyen de réprimer les crimes. Ils savaient que si la crainte qu'inspire la justice pouvait être effacée par l'argent et la corruption, la société serait près de sa ruine. Ils choisissaient donc les juges parmi les premiers habitants des villes les plus célèbres ; Héliopolis, Thèbes et Memphis : chacune de ces villes en fournissait dix. Les juges composaient le tribunal qui pouvait être comparé à l'Aréopage d'Athènes ou Sénat de Lacédémone. Ces trente juges se réunissaient pour nommer entre eux le président ; la ville à laquelle ce dernier appartenait envoyait un autre juge pour le remplacer. Ces juges étaient entretenus aux frais du roi ; et les appointements du président étaient très considérables. Celui-ci portait autour du cou une chaîne d'or à laquelle était suspendue une petite figure en pierres précieuses, représentant la vérité. Les plaidoyers commençaient au moment où le président se revêtait de cet emblème. Toutes les lois étaient rédigées en huit volumes, lesquels étaient placés devant le juge... »[29]

Ce passage confirme, s'il était besoin, le contrôle de la justice par l'État et le caractère de classe de cette justice : les juges étaient choisis au sein de la « High Society ». Mais le texte a d'autres centres d'intérêt : nous constatons le souci d'un subtil dosage entre les représentants des trois grandes villes de l'Égypte pharaonique et c'est dans ces trois villes que se trouvaient les trois clergés les plus puissants ; on peut donc penser que l'État et le clergé contrôlaient la justice. Sur un autre plan, Diodore met en relation l'institution judiciaire avec la législation écrite : les juges avaient devant eux des Codes. Une autre remarque a trait au choix du président du tribunal. Le fait qu'il soit élu par ses pairs ne confère-t-il pas à l'institution judiciaire une relative autonomie ? Comme pour les autres questions que nous avons déjà soulevées, il faut tenir compte là encore de l'évolution.

En effet, à l'époque saïte par exemple « ce sont les gouverneurs dans les nomes, le «maître des bateaux» en Haute-Égypte qui président au nom du roi les tribunaux locaux »[30]. Madeleine Della Monica a tenté de son côté de tracer

---

29 DIODORE, I. LXXV.

30 J. GAUDEMET, *op. cit.*, p. 74.

l'évolution des tribunaux égyptiens. « Sous l'ancien empire existaient des tribunaux permanents à la tête desquels se trouvait le vizir juge suprême et dont la fonction devint héréditaire à partir de la Ve dynastie. Au-dessous de cette juridiction supérieure se trouvaient six Cours de justice appelées Cours de la Basse-Égypte.

À côté de ces collèges judiciaires, il y avait des juges indépendants (non-fonctionnaires) qui servaient d'adjoints au juge suprême. Avec lui, ils procédaient aux auditions et représentaient le roi. Au Moyen Empire, il n'y eut que des juges indépendants appelés « juges de bouche de la ville de Kekhen ». La fonction du juge suprême était exercée par le vizir. Au Nouvel Empire, les anciennes Cours de justice n'existaient plus. Alors que la « grande maison » formait un collège permanent de hauts fonctionnaires, les nouvelles Cours de justice où « Kenbet » étaient de composition variable. Tous ceux qui exerçaient un gouvernement quelconque étaient investis de fonctions de juge. Fait intéressant, le kenbet de Deir El Médineh était uniquement composé d'ouvriers. La justice se rendait dans les temples ou aux portes des temples[31].

À la lumière de ces informations, comme on se rend bien compte, Diodore ne donne qu'une photographie instantanée de l'appareil judiciaire, la réalité a été plus complexe comme l'a si bien montré Madeleine Della Monica. Quand on compare les exposés sur le déroulement des procès en Égypte, on constate la même complexité.

IV. LES PROCÈS EN ÉGYPTE

Suivant Diodore, voici comment se déroulait un procès : « le plaignant devait écrire en détail le sujet de sa plainte, raconter comment le fait s'était passé, indiquer le défenseur prenant conscience de la demande de la partie adverse, répliquait également par écrit à chaque chef d'accusation ; il niait le fait, ou l'avouant, il ne le considérait pas comme un délit ou si c'était un délit il s'efforçait d'en diminuer la peine ; ensuite, selon l'usage, le plaignant répondait et le défenseur répliquait à son tour. Après avoir ainsi reçu deux fois l'accusation et la défense écrite, les trente juges devaient délibérer et rendre un arrêt qui était signifié par le président, imposant l'image de la vérité sur l'une des parties mises en présence.

---

[31] Dans un autre ouvrage, l'auteur apporte des informations supplémentaires : « Les ouvriers de la nécropole jouissaient d'un privilège considérable, car dans certains cas du moins relevant du droit pénal et civil, ils constituaient leurs tribunaux Le kenbet de Deir El Médineh, ou Cours de justice, était composé d'ouvriers choisis dans les deux équipes de travailleurs. Le nombre d'ouvriers-juges variait suivant les cas, il pouvait comprendre un nombre égal d'ouvriers de chaque équipe ; le président étant pris indifféremment dans la partie de droite ou dans la partie de gauche. Pour les cas sérieux, tous les chefs de la troupe entière des ouvriers formaient le tribunal. Mais les affaires importantes, tant civiles que pénales, étaient jugées par la Cour de la ville. Elle résidait dans un temple de la rive droite, en général le temple d'Amon et de Karnak et était composée du vizir, du prêtre du grand temple d'aman et de hauts personnages » (Madeleine DELLA MONICA, *op. cit.*, p. 92).

Aussi croyaient-ils pouvoir mieux juger une cause en la faisant mettre par écrit et en la dépouillant des charmes de la parole. De cette manière, les esprits prompts n'ont aucun avantage sur ceux qui ont l'intelligence plus lente, les hommes expérimentés ne l'emportent pas sur les ignorants, ni les menteurs et les effrontés sur ceux qui aiment la vérité et qui sont modestes. Tous jouissent de droits égaux.

On accorde un temps suffisant aux plaignants pour exposer leurs griefs, aux accusés pour se défendre, et aux juges pour se former une opinion[32]. Nous n'insisterons pas outre mesure sur la spécificité de la procédure judiciaire égyptienne. Diodore fait un bon commentaire. Deux traits essentiels sont à retenir : l'importance accordée à l'écrit et le souci d'éviter une démarche expéditive. Cette insistance mise sur l'écrit nous laisse imaginer le rôle particulier des scribes ou d'écrivains publics ou privés, car il n'était pas donné à tous les citoyens la possibilité de lire et d'écrire. Et on peut se demander si Diodore ne fétichise pas trop ici l'écrit. Madeleine Della Monica pense que ce rôle des scribes était important, mais met l'accent sur la procédure orale. « Dans un procès civil, le demandeur commençait par exposer sa requête debout. Le tribunal, qui était assis, après audition du demandeur, invitait le défenseur à répondre. Lorsque celui-ci avait exposé son point de vue, le tribunal prononçait le jugement. Un scribe permanent de la juridiction tenait le procès-verbal d'audience qui était le document décisif de l'affaire, car toute la procédure était conduite oralement ? La plupart des procès se tranchaient sans appel. Seules les causes les plus graves donnaient lieu à une instruction et à des débats plus prolongés.

« Lorsque celui-ci avait exposé son point de vue, le tribunal prononçait le jugement. Un scribe permanent de la juridiction tenait le procès-verbal d'audience qui était le document décisif de l'affaire, car toute la procédure était conduite oralement ? La plupart des procès se tranchaient sans appel. Seules les causes les plus graves donnèrent lieu à une instruction et à des débats plus prolongés. Celui qui avait obtenu gain de cause se tournait vers la partie adverse et demandait réparation du dommage, alors que la partie perdante déclarait qu'elle se soumettait à la décision du Tribunal.

« En matière pénale, la plainte était adressée au vizir qui assumait le rôle d'accusateur. Mais la décision du tribunal ne mettait pas fin au procès, car le dossier était transmis au roi qui fixait les peines. Celles-ci variaient beaucoup, la plus légère et la plus courante était la bastonnade, venaient ensuite l'immersion, l'amende, des jours de corvées supplémentaires et enfin la prison. Pour les délits les plus graves, les coupables pouvaient être envoyés dans les mines d'Éthiopie, subir la mutilation du nez et des oreilles, enfin être condamnés à mort par strangulation, décollation ou par le pal, etc. »[33]

Gaudemet pense trouver une articulation entre les deux procédés. Pour lui c'est l'instruction qui était écrite et les débats oraux[34]. Il insiste sur la place

[32] Diodore, I, LXXV et LXXVI
[33] Madeleine DELLA MONICA, *op. cit.*, p. 75.
[34] Cf. J. GAUDEMET, *op. cit.*, p. 64.

répondante du clergé en matière judiciaire surtout au Nouvel Empire. « On a déjà vu le rôle décisif du grand prêtre dans le choix du souverain surtout sous le Nouvel Empire. Il est également l'interprète du dieu en matière judiciaire et sous le N. E., la carence des juges réguliers, et parfois du pharaon, accroît l'importance de cette fonction. La décision judiciaire du grand prêtre n'a en effet de valeur que par l'approbation divine. Elle est donc soumise à l'oracle par le grand prêtre qui doit interpréter la réponse »[35].

Une anecdote relevée par le professeur Sauneron montre bien cette autre facette, irrationnelle celle-là, dans la procédure judiciaire égyptienne. « Aussi la coutume du recours aux oracles prend-elle au Nouvel Empire, un développement considérable ; porte-parole de la divinité, interprète de sa volonté, les prêtres ont dès lors un rôle social de tout premier plan à jouer.

« À dire vrai, il n'était pas toujours facile d'interroger le dieu, mais plusieurs techniques étaient utilisables. L'une des plus courantes consistait à solliciter l'avis de la divinité lors de ses sorties. Nous avons évoqué déjà les jours de fête et ceux où le dieu quittait son sanctuaire pour rendre visite aux dieux de ses collègues. »

*

* *

Comme nous l'avions déjà annoncé[36], le niveau d'exploitation des sources et l'orientation de la recherche donnent l'impression que les Africains ont eu des rapports privilégiés avec les populations du Proche et Moyen-Orient et avec celles de l'Europe méditerranéenne. Disons tout de suite qu'ils ont également tissé des liens avec celles du Sud-Est asiatique[37] ; quant aux relations avec l'Amérique précolombienne, avouons que le niveau de la recherche ne permet pas pour le moment d'aboutir à des conclusions ni dans un sens positif ni dans un sens négatif[38]. Nous avons préféré mener cette étude en deux temps, dans un premier moment, nous étudierons des rapports éclatés dans plusieurs foyers (Égypte et axe du Nil, Afrique du Nord, Sahara, Afrique occidentale). Durant cette phase qui va des temps protohistoriques au 1er siècle après J.C, la liste des interlocuteurs va se

35 *Id.*, p. 65.

36 Voir *Jonction* n° 4, p. 2-17.

37 L'Unesco a organisé, à Port Maurice, du 15 au 19 juillet 1974, une réunion d'experts sur les contacts historiques entre l'Afrique de l'Est et Madagascar d'une part et l'Asie du Sud-Est d'autre part, par les voies de l'Océan indien. Cf. doc. S.H.e. 74. 610/10 Paris nov. 1974.

38 La possibilité que des Africains aient pu se rendre en Amérique est de plus en plus évoquée avec ou sans effort de démonstration : rappelons la déclaration de Khadafi à propos de l'origine libyenne des Amérindiens. Des études plus sérieuses, partant de faits troublants (présence de Noirs dans ce continent) ont essayé de poser correctement le problème (cf. l'article de F. MARI, « Y avait-il des Noirs en Amérique avant Christophe Colomb ? » dans *Afrique Histoire*, n° 1, p. 37-42.
Rappelons enfin que les tentatives d'exploration d'un souverain malien ont fait couler beaucoup d'encre : vers 1310 le roi Abu Bakari II après avoir envoyé sur l'Atlantique deux expéditions dont une seule revînt, décida lui-même de conduire une troisième avec 2000 embarcations : on n'eut plus de ses nouvelles : d'aucuns pensent qu'il aurait atteint le continent qui sera plus tard appelé Amérique.

rétrécir de plus en plus. Rome restera parmi les Méditerranéens le principal interlocuteur des Africains : « De reposoir en reposoir, au milieu d'un grand concours de foule, la barque qui portait la statue divine se déplaçait sur les épaules des porteurs, acclamée par les fidèles ; c'était alors l'occasion la plus propice pour interroger le dieu : fendant la cohue, les plaignants tentaient d'approcher de la barque ; et tandis que le silence, progressivement s'établissait autour d'eux, et qu'un frisson d'appréhension les pénétrait, ils s'adressaient discrètement à la divinité, « mon bon seigneur, est-il exact que j'ai volé tel ou tel objet à un tel » ? Un moment d'angoisse suivait, plus ou moins prolongé, selon le temps que Dieu mettait à examiner en lui-même la question. Et brusquement, les porteurs se sentaient pénétrés de la volonté divine. »

« Selon le cas, ceux de l'avant sentaient leur fardeau s'appesantir, devenir insoutenable et devaient s'incliner sous le poids devenu de plomb : si le dieu penchait ainsi, c'est qu'il approuvait, en d'autres circonstances, les porteurs se voyaient poussés en avant ou brusquement, contraints de reculer, toujours à l'instigation du dieu présent dans la barque : s'il voulait avancer, la réponse était positive ; dans le cas contraire, c'est que le dieu disait non.

« Quand l'un des pétitionnaires avait été approuvé par l'oracle, son rival pouvait « contre-interroger », pour essayer de reprendre l'avantage' ; mais même si le dieu annonçait son échec par une nouvelle affirmation, le plaignant ne se tenait pas forcément pour battu. Il pouvait renouveler ses questions auprès d'un autre dieu en promenade, ou devant un autre reposoir ; les prêtres de clergés différents ne représentant pas toujours la même tendance, le pétitionnaire pouvait espérer voir quelque dieu se montrer plus conciliant... »[39]

Ces anecdotes[40] montrent bien que le droit, la justice en Égypte étaient surdéterminés par les forces sociales et qu'ils suivaient J'évolution des rapports de force au plan socio-politique. Mais notre étude nous a également édifié sur J'existence de certaines constantes en matière de droit et de morale dans une société une fois arrivée à un certain stade de son développement ; ces constantes sont l'existence d'institutions administratives, judiciaires, de magistrats, etc. Ces institutions ont pu être très raffinées à certains moments, cette évolution vers une meilleure rationalité et vers une harmonisation n'est pas irréversible, nous avons noté des distorsions et des possibilités de régression en matière de droit et de morale, comme ce fut le cas lors des périodes de prépondérance théocratique. Puisse l'avenir nous préserver de pareilles régressions !

---

[39] Serge SAUNERON, *op. cit.*, p. 93-94.

[40] Cheikh Anta Diop signale la survivance de superstitions analogues au Sénégal « Où le mort qu'on transporte au cimetière sur une civière est censé doué du même pouvoir, non pour rendre un oracle quelconque, mais pour exprimer une dernière volonté, un refus de quelque chose en général ; le terme consacré, en wafaf, est sîsou (le mort) = refuse d'avancer ! » Cheikh Anta Diop, *Civilisation ou Barbarie*, Paris, Présence Africaine, 1981, p. 423.

LES RÈGLEMENTS POUR LE MAINTIEN DE LA SALUBRITÉ : LES SERVICES DE VOIRIES ET DE PLACES PUBLIQUES EN GRÈCE ANCIENNE.

Pierre Mbid Hamoudi DIOUF
Enseignant-chercheur à l'UCAD /FLSH,
chercheur associé à HiSoMA (Histoire et Sources des Mondes Anciens) UMR 5189

Cet article fait état d'un axe fort important pour les politiques publiques des villes grecques de l'Antiquité : la propreté des voiries et des places publiques. En effet, les enjeux pour l'amélioration du cadre de vie étaient tels qu'on en appelait à la responsabilité de tout citoyen ou non citoyen, homme libre ou esclave, propriétaire ou locataire, résident ou étranger. Ainsi bon nombre de règlements instaurés par les institutions et par les municipalités contribuaient à rendre ces localités publiques plus propres au quotidien.

Mots-clés : Propreté urbaine, civisme, droit, voirie, places publiques.

En Grèce ancienne, la clé de l'amélioration de la propreté de voiries et places publiques était une question cruciale et vitale pour bon nombre de citoyens. Loin d'être des dépotoirs d'immondices, la plupart des rues des cités antiques grecques méritaient d'être célébrées du point de vue de leur entretien. Et les femmes, maîtresses de maison, y jouaient un rôle très important, à l'image de nos sociétés contemporaines africaines. Le nettoyage des rues, l'évacuation des déchets, par exemple à Athènes, faisaient partie intégrante de la vie quotidienne. Les esclaves n'étaient pas en reste : l'attestation d'esclaves ou de domestiques vidangeurs κοπρολόγοι (*koprologoi*, terme dont le composé *kopros* renvoie directement aux excréments humains ou animaliers, voire fumiers, ou tout simplement tout déchet pourrissant) nous est livrée par Aristophane au vers 9 de sa pièce comique *Paix*[1]. Ce témoignage nous laisse deviner le souci de salubrité réglementaire que l'on pouvait observer à la fin des marchés ou même après avoir cuisiné chez soi.

Aux sources littéraires que nous étudierons, s'ajouteront intrinsèquement des documents épigraphiques, témoins authentiques faisant état de l'entretien des rues, des maisons et places publiques par décret.

---

[1] ARISTOPHANE, *Paix*, v. 9-10 : « Second esclave. Vidangeurs, au nom des dieux, venez à mon aide, si vous ne voulez pas me voir suffoquer. »
(Οἰκέτης B) ἄνδρες κοπρολόγοι προσλάβεσθε πρὸς θεῶν, εἰ μή με βούλεσθ' ἀποπνιγέντα περιιδεῖν.

Comment s'organisait l'entretien d'une agglomération urbaine en Grèce

Nous sommes tentés de dire qu'il y avait une organisation fort sérieuse aussi bien dans le maintien de l'ordre que dans celui de la propreté. Selon les sources, la municipalité faisait appel à des balayeurs ou vidangeurs formés très souvent d'esclaves publics pour le nettoyage des voiries et places publiques sous la responsabilité des *épistates*, et à défaut d'esclaves, c'était aux *épistates* eux-mêmes de s'en occuper (voir *infra*). À l'intérieur des maisons, c'était à la maîtresse d'en assurer la salubrité, elle qui avait sous sa surveillance des domestiques et esclaves chargés des *koproi* de la cour, de la cuisine, des latrines et du jardin (s'il y en avait). Les ordures étaient probablement posées devant les maisons attendant le passage des *koprologues* qui les ramassaient et acheminaient en dehors de la zone urbaine. Il faut croire que ce métier de *koprologues* n'était pas chose aisée dans la mesure où il n'est pas facilité par les sans-abri, ou voyageurs de fortune, ou d'individus qui, pris d'un besoin urgent, seraient tentés de se soulager dans la rue, en plein air. Ces cas fréquents, que l'on peut constater encore de nos jours dans nos rues avec les graffitis tels que « Défense d'uriner ou de faire vos besoins », nous sont relatés de manière amusante par Aristophane dans *L'Assemblée des Femmes*, v. 320-323, par la bouche de son personnage Blépyros : « Mais où trouverait-on bien un endroit propre pour se soulager le ventre ? La nuit, tous les endroits sont bons. À l'heure qu'il est, personne ne me verra » Ἀλλ´ ἐν καθαρῷ ποῦ τις ἂν χέσας τύχοι; ἢ πανταχοῦ τοι νυκτός ἐστιν ἐν καλῷ; οὐ γάρ με νῦν χέζοντά γ´ οὐδεὶς ὄψεται.

Toujours dans la littérature grecque, nous pouvons également citer un certain Apulée de Naucratis, du IIe siècle de notre ère, qui, dans son ouvrage *Les Deipnosophistes*, livre X, 417d-e, présente un passage cocasse sur les Thébains qui installaient des latrines spéciales devant leur porte chaque nuit, qu'ils remplissaient et ne s'en inquiétaient point, contrairement aux Athéniens qui, dit-on, étaient tenus de respecter la propreté des rues sous peine d'amendes infligées par les *agoranomes* (magistrats chargés des affaires publiques qui jouent à la police) : « (417d) On lit dans les *Cercopès* d'Eubule : "Après cela, je passai à Thèbes où l'on mange nuit et jour. Chacun a un privé devant sa porte, où celui qui est plein d'aliments va chercher à grands pas le souverain bien, en s'y soulageant. Il y a réellement de quoi rire à voir ces gens se mordre les lèvres (en poussant les selles) après avoir mangé copieusement". Le même, dans ses Mysiens, fait ainsi parler un acteur à Hercule : "Tu quittes, me dis-tu, le pays des Thébains (417e) ces gens qui mangent du fromage tout le jour, et qui sont toujours près des privés[2]. »

---

[2] APULÉE, *Les Deipnosophistes*, X, 417d-e : [417d] Ἐν δὲ Κέρκωψι· Μετὰ ταῦτα Θήβας ἦλθον, οὗ τὴν νύχθ´ ὅλην τήν θ´ ἡμέραν δειπνοῦσι καὶ κοπρῶν´ ἔχει ἐπὶ ταῖς θύραις ἕκαστος, οὗ πλήρει βροτῷ οὐκ ἔστι μεῖζον ἀγαθόν· ὡς χεζητιῶν μακρὰν βαδίζων, πολλὰ δ´ ἐσθίων ἀνήρ, δάκνων τὰ χείλη παγγέλοιός ἐστ´ ἰδεῖν. » Ἐν δὲ τοῖς Μυσοῖς πρὸς τὸν Ἡρακλέα ποιεῖ τινα τάδε λέγοντα· « Σὺ μὲν τὸ Θήβης, ὡς λέγεις, πέδον λιπών, [417e] ἀνδρῶν ἀρίστων ἐσθίειν δι´ ἡμέρας ὅλης τραχήλους καὶ κοπρῶνας πλησίον ...

À côté de ces sources littéraires tout à fait remarquables, nous trouvons des décrets réglementaires. Voir page suivante.

Parmi ces décrets, l'un, entre autres, en provenance de l'île de Thasos, au nord de la Grèce, daté vers 460 *a. C.* (stèle découverte au Port de Thasos, inscriptions en *Boustophédon*) nous présente toute une série d'interdits relatifs à la propreté des rues, à l'accessibilité des lieux et aux amendes à infliger, en temps normal ou en période de fêtes, notamment lors des processions (cf. H. van Effenterre & Fr. Ruzé, *Nomima* II, p. 333-337, n° 95) :

Lignes 19 à 40	
Τὴν ὁδὸν καθαρὴν παρεχέτω : ὁ ἐνοικέων κατὰ τõ ἑαυτõ ἕκαστοϲ : ἂν δὲ μηδὲϲ ἐνοι- κῆι, ὃ ἂν ἦ τοἴκημα : καὶ ἐ[πιστά]τ[αι] καθαι- ρόντων : αὐτοὶ ἑκάστο μηνόϲ : καὶ ἄν τι πέϲ- ηι, ποιόντων τῆϲ [-]ΑΡΑ++[.]μμένηϲ : ἀπὸ δὲ τõ Ἡρακλέ[οϲ] ἱρõ μέχριϲ θαλάσσηϲ τὴν ὁδὸν ταύτην ἐπιστάται καθαιρόντων : αἱρέτω δὲ τὰ ἐκ τῶν κα[τοικι]ῶν κα[ὶ] τὰ ἐπὶ τῆϲ ὁδõ ἐπὰν οἱ ἀρχοὶ κελεύωσινῶ· ὃϲ [ἄν] τι [τ]ούτων μὴ ποιῆι : [κ]- ατὰ τὰ γεγραμμένα : ἕκτην ἑκάστηϲ ἡμέρηϲ ὀφελέτω τῆι πόλι : πρησ[σ]όντων ἐπιστάται κα- ὶ τὤμυσυ αὐτοὶ ἰσχόντων : ἐπὶ τõ τέγεοϲ τῶν κατοικιῶν τῶν δημοσίων τῶν ἐν τῆι ὁδῶι τ- αύτηι : θῆϲ ἕνεκεν μηδὲϲ ἀναβαινέτω : μηδ- ὲ γυνὴ δ'ἐ[κ] τῶν θυρίδων θήσθω· ὅ τι ἂν τούτ- ων ποιῆι : στατῆρα κατ' ἕκαστον ὁ ἐνοικέων ὀφελέτω τῆι πόλι : πρη[σ]σόντων ἐπιστάται κα- ὶ τὤμυσυ αὐτοὶ ἰσχόντων : ἐκ τõ προφ[ρ]άγμ- ατο[ϲ] τõ προέχοντοϲ : ἐϲ τὴν ὁδὸν ταύτην ὑδραρροίην μὴ ποιέτω : ἂν δὲ ποιῆι, ἡμίεκτ- ον ἑκάστηϲ ἡμέρηϲ ὀφελέτω : τὤμυσυ τῆι πό- λι τὸ δὲ ἥμυσυ ἐπιστάτηισιν...	[…] Que l'habitant assure la propriété de la rue, chacun devant chez lui ; si personne n'habite, que cela revienne au propriétaire du bâtiment. Et que les épistates nettoient eux-mêmes chaque mois, et si quelque chose tombe, qu'ils fassent […] Depuis le sanctuaire d'Héraclès jusqu'à la mer, que les épistates nettoient cette rue ; que soient enlevés ce qui est hors des immeubles et ce qui est sur la rue, chaque fois que les « magistrats » l'ordonneront. Que celui qui n'agit pas en quelque point conformément aux prescriptions paie à la cité une *hecté* par jour. Que les épistates perçoivent cette somme qu'ils en gardent la moitié. Que personne ne monte sur les toits des immeubles publics pour regarder et qu'aucune femme ne regarde par les fenêtres. Pour toute infraction, que l'habitant paie chaque fois un statère à la cité. Que les épistates perçoivent cette somme et en gardent eux-mêmes la moitié. Depuis l'avancée du perron, que personne ne fasse couler de l'eau vers cette rue ; en cas d'infraction, que l'on paie une demi-*hecté* par jour, pour moitié à la cité, pour moitié aux épistates […]

Une autre inscription de la fin du IVe siècle *a. C.* qui nous vient de l'Attique, à la fois, réglemente le dépôt d'ordures et pose l'interdiction de souiller toute voie publique ainsi que l'injonction d'amende en cas d'infraction (cf. *IG* II^{2} 380, lignes 25 à 43) :

[…][…] ἐπαναγκαζόντων
δὲ καὶ τοὺς τὸν [χ]οῦν
κατα[βε]βληκότας ε-
ἰς τὰς ὁδ[ο]ὺς ταύτας [ἀ]ναι[ρ]εῖν
τ[ρ]όπωι ὅ-
τωι ἂν ἐπίστων[τα]ι. ἐπε[ιδὰ]ν δ’
ἐπισκευα-
σθεῖ το[ῦ] ἀγορανομ[ί]ο[υ ἃ
ἐνδε]ῖται καὶ τ-
ῆς ἀγο[ρ]ᾶς καὶ τῶν ὁδῶν [δι’ ὧν] ἡ
πομπὴ τῶι
τε Δι[ὶ] τῶι [Σ]ωτῆρι καὶ
τῶι [Διον]ύσωι πέμ-
πεται, τὰ λο[ι] πὰ χρήμ[ατα
κατ]α[βά]λλειν α-
ὐτοὺς πρὸς [το]ὺς [ἀθ]λοθ[έτας
κατὰ τ]ὸν νό-
μον. ὅπως δ’ ἂν καὶ εἰς
τὸ[ν] λο[ιπὸ]ν χρόνον
ὡς
βέλτισ[τα] ἧι [κα]τ[εσκευασμ]έ[ν]α
τά τ’ ἐν
τῆι ἀγο[ρ]ᾶι τῆι ἐμ Π[ε]ι[ραεῖ] καὶ
τὰ [ἐ]ν ταῖ-
ς ὁδοῖς, μὴ ἐξεῖναι [μηδενὶ
μήτε] χοῦν κα-
[ταβά]λλειν μήτε ἄλλ[ο μηδὲν
μήτε] κοπρῶ-
[να …. ἐ]ν τῆι ἀγορᾶι [μήτ’ ἐν τα]ῖ[ς
ὁ]δοῖς
[μηδαμοῦ· ἐὰν δέ τις] τ[ο]ύτων τι π
[ο]εῖ, ἐὰμ μ-
[ὲν δοῦλος ἧι ἢ μέτοικος
λ]αμ[βαν]έτω □ πλ-
[ηγὰς …….16…….
ἐὰν] δ’ [ἐλε]ύθερ-

[ος ………20………]#[7]ΣΛΥΤΩΙΕ.

Il faut comprendre par ce décret qu'à Athènes, il y avait un ramassage périodique des poubelles par les *koprologues*, avec probablement l'existence de plusieurs dépôts d'ordures pour faciliter ce ramassage. Aucune allusion n'est faite sur le statut juridique ou social de ces *koprologues* ; mais on est tenté d'affirmer qu'il s'agissait soit d'esclaves, soit de gens d'extraction modeste qui constituaient le service de voiries et de places publiques dépendant de la municipalité. Cette organisation est tout à fait perceptible encore dans nos localités. Les rues athéniennes devaient bien rester salubres, et cela devait être le cas dans les autres cités, avec des services gérés peut-être différemment. Par exemple, à Pergame, c'est un autre dispositif qui est appliqué. Il incombait aux propriétaires de maisons de se charger du nettoyage la rue d'en face : l'appel à de particuliers entrepreneurs spécialisés dans le ramassage d'ordures, moyennant petites rétributions, était également possible. Cet extrait de décret des *astynomoi* à l'endroit des particuliers, daté de 133 *A.C.* en provenance de Pergame, nous en donne une belle illustration (cf. *MDAI(A) Mitteilungen des deutschen archäologischen Instituts,* 27 (1902) 47, 71, ligne 90 à 98 ; *SEG* 13.521) :

[…] ἐάν τινες μὴ ἀποδιδῶσιν τῶν κοινῆ ἀνακαθαρθ<έ>ν- των ἀμφόδων τὸ γεινόμενον μέρος τῆς ἐκδόσεως τῶν κοπρίων ἢ τῶν ἐπιτίμων, λαμβανέτωσαν αὐτῶν οἱ ἀμφοδάρχαι ἐνέχυρα καὶ τιθέσθωσαν ἐνεχυρασίαν πρὸς τοὺς ἀστυνόμους αὐθημερὸν ἢ τῆι ὑ- στεραίαι καί, ἐὰν μηθεὶς ἐξομόσηται τὰ ἐ- νεχυρασθέντα ἐν ἡμέραις πέντε, […]	[…] Si certains ne rendent pas à l'entreprise de ceux qui nettoient les rues avec les maisons qui les bordent, la somme taxée à partir de l'exposition de leurs ordures et Des feuilles/tiges coupées, que les *amphodarques* (chefs de quartier) se saisissent de leurs biens à titre de gage et y mettent hypothèque auprès des *astynomes* immédiatement ou le lendemain ; et si personne ne paie en échange des choses hypothéquées dans les cinq jours suivants… (Notre traduction)

Enfin à côté de ces inscriptions, il en existe d'autres qui présentent des mesures assez sévères à l'endroit du coupable ; par exemple, une inscription découverte à Thasos datant du IVe siècle *a. C.*, un bail interdisant à tout public de jeter des ordures dans un terrain octroyé à un particulier, et autorisant à fouetter l'individu, s'il s'agit d'un esclave (cf. Fr. SALVIAT, « Bail thasien pour un terrain planté », *BCH*, 96 (1972), 1, p. 370 ; *IG* XII, 8. 265, Lignes 1 à 8) :

Ἐπὶ Λυσιστράτου [τοῦ Α]ἴσχρωνος ἄρχο[ντος· τύχηι ἀγαθῆι]· ἐπὶ τοῖσδε ἐκδέδοται [ὁ κῆπος ὁ] Ἡρακλέος ὁ πρὸς [τῆι πύληι. ὁ ἀναι]- ραιρημένος τὸν κῆ[πον τὸ χωρ]ίον καθαρὸν παρέξει [τὸ περὶ τὰς] πύλας, ὅπου ἡ κόπρος [ἐξεβάλλ]ετο. ἢν δέ τις ἐγβάλλη[ι κόπρον ἐς] τὸ χωρίον, εἶναι τὸ ἄγγος τοῦ ἀναιρερημένου τὸν κῆπο[ν, τὸν δὲ] δοῦλον μαστιγώσαντα ἀθῶϊον εἶναι. ὅπως δὲ τὸ χωρίον καθ[αρὸν] παρέχηι, […]	Sous l'archontat de Lisistrate fils d'Aeskhron. À la Bonne Fortune. Le jardin d'Héraclès à proximité de la porte de la ville a été attribué à ceux-là. Que le vidangeur (*l'énairairéménos*) se charge de rendre l'intérieur du jardin propre ainsi qu'autour des portes où les ordures sont exposées. Et si quelqu'un jette des ordures dans ce lieu, il existe la corbeille de celui qui se charge du nettoiement du jardin, et que s'il s'agit d'un esclave impuni qu'il soit fouetté de sorte qu'il laisse ensuite l'endroit propre… (Notre traduction)

*
* *

On peut donc affirmer que dans les cités antiques grecques, la propreté des voiries et places publiques n'était simplement l'affaire des vidangeurs et balayeurs employés par la municipalité, elle engageait la responsabilité de tout citoyen et non citoyen, ainsi que tout propriétaire de maison. Les différents services techniques (*Koprologues*, *Epistates*) et administratifs (*Agoranomes…*) mis en place pour en assurer le respect, laissent imaginer le degré de civisme auquel était appelé tout habitant de la ville. Et les sanctions, des moindres aux plus sévères, en cas d'infractions, demeuraient gravées non seulement dans l'esprit des gens, mais aussi dans des stèles au vu et au su de tous.

BIBLIOGRAPHIE

- APULÉE DE NAUCRATIS, *Deipnosophistes*, livre X, 417d-e, (Œuvre numérisée Hodoi Elektronikai http://mercure.fltr.ucl.ac.be/Hodoi/concordances/athenee_deip_10/lecture/7.htm
- ARISTOPHANE, *L'Assemblée des Femmes*, v. 320-323, Tome V, texte établi par Victor COULON, et traduit par Hilaire VAN DAELE, Paris, les Belles Lettres, 1930 (Œuvre numérisée http://remacle.org/bloodwolf/comediens/Aristophane/femmes.htm
- ARISTOPHANE, *Paix*, v. 9-10, texte établi et traduit par Victor COULON et traduit Par VAN DAELE Hilaire, Paris, les Belles Lettres, 1964.
- Fr. SALVIAT, « Bail thasien pour un terrain planté », in *Bulletin de Correspondance Hellénique*, 96 (1972), 1, p. 370.
- H. VAN EFFENTERRE & Fr. RUZÉ, *Nomima* II, p. 333-337, n° 95.
- *Inscriptiones Graecae* II^2, 380.
- *Inscriptiones Graecae* XII, 8. 265.
- *MDAI(A) Mitteilungen des deutschen archäologischen Instituts,* 27 (1902) 47,71, ligne 90-98.
- *SEG Supplementum Epigraphicum Graecum* 13.521.

LA PENSÉE JURIDIQUE EN AFRIQUE : ESQUISSE D'UNE HISTOIRE DE L'ÉGYPTE ANTIQUE À L'ÉTAT CONTEMPORAIN

Blaise Alfred NGANDO
Agrégé d'histoire du droit, Faculté des sciences juridiques et politique
Université de Yaoundé 2 – Soa

« Chacun appelle barbarie ce qui n'est pas de son usage »[1] écrivait Montaigne, pour signifier que toute société a toujours une appréciation positive d'elle-même, de ses pratiques, de ses coutumes et de ses institutions. Toute civilisation trouve en effet « normal » ce qu'elle fait et « bizarre » ce que fait la voisine[2]. Ainsi pour l'Occidental, « l'autre » a successivement été au cours de l'histoire le « barbare », l'« infidèle », le « sauvage » ou le « primitif »[3]. Avec le développement des doctrines sur l'« inégalité » des races humaines[4], les cultures orales « non

[1] Cité dans « Comprendre l'autre. Les textes fondamentaux », *Le point* mai-juin 2011, p. 28-29.

[2] C'est ce que traduit bien Astérix lorsqu'il répète : « Ils sont fous ces Romains !». *Ibid.*

[3] Déjà, dès l'Antiquité, Grecs et Romains appellent « barbares » ceux qui ne parlent pas leur langue. Au Moyen âge européen, ceux (Arabes, Turcs, etc.) qui ne sont pas « dans la vraie foi » (chrétienne) sont qualifiés d'« infidèles ». Entre le XVIIe et le XVIIIe siècle, on parle de « sauvages » pour opposer l'animalité à l'humanité. Au XIXe siècle, le terme « primitifs » est consacré. Le discours sur l'altérité a sans cesse eu recours à la métaphore zoologique, déployant la longue litanie de l'absence : « sans morale, sans religion, sans loi, sans écriture, sans Etat, sans conscience, sans raison, sans but, sans art, sans passé, sans avenir ». Cf. François LAPLANTINE, *L'anthropologie*, Paris, Editions Payot et rivages, p. 36.

[4] Catherine COQUERY-VIDROVITCH, « Le postulat de la supériorité et de l'infériorité noire », dans *Le livre noir du Colonialisme* (sous la direction de Marc FERRO), Paris, Robert Laffont, 2003. Le philosophe VOLTAIRE note que « la race des nègres est une espèce d'hommes différente [des Blancs], comme la race des épagneuls l'est des lévriers » (dans l'*Essai sur les mœurs* (1756), cité par Arlette JOUANNA, « Race », dans *Dictionnaire de l'Ancien Régime* (sous la direction de Lucien BÉLY), Paris, PUF, 2003, p. 1047). Il souligne sans états d'âme la prééminence des Blancs, « hommes qui [lui] paraissent supérieurs aux nègres, comme ces nègres le sont aux singes et comme les singes le sont aux huîtres » (L. POLIAKOV, *Histoire de l'antisémitisme, Tome 2,* Paris, Calmann-Lévy, coll. Points, 1991, p. 55). Dans le même esprit, le philosophe Emmanuel KANT (*Observations sur le sentiment du beau et du sublime*, 1764, 2e édition, Paris, J. Vrin, 1980) établit une hiérarchie de la perception du beau et du sublime : « les Germains se trouveraient au sommet de la pyramide devant les Anglais et les Français, tandis que les Noirs se situent en queue de classement ». En 1802, il écrit que si tous les hommes sont issus d' « une seule et même souche » force est de constater que « l'humanité atteint sa plus grande perfection avec la race des Blancs... Les Indiens ont déjà moins de talent... les Nègres

occidentales »[5] -notamment d'Afrique noire- ont longtemps été disqualifiées du champ de la civilisation et du droit[6]. En 1940, l'ethnologue britannique Evans-Pritchard publie son ouvrage *The Nuer*[7] et soutient que ces populations africaines du Sud-Soudan[8] « n'ont pas de lois au sens rigoureux du mot »[9]. « S'il existe,

---

sont situés bien plus bas » (Emmanuel KANT, *Physische geographie* (géographie physique), édition bilingue, Paris, Aubier, 1999). L'*Encyclopédie* de DIDEROT (1751-1772) note que « Les Nègres de Guinée sont pour la plupart enclins au libertinage, à la vengeance, au vol et au mensonge ». HEGEL soutient quant à lui, dans son ouvrage *La raison dans l'histoire* (1830), que « ce que nous comprenons en somme sous le nom Afrique, c'est un monde anhistorique non développé, entièrement prisonnier de l'esprit naturel et dont la place se trouve encore au seuil de l'histoire universelle ». Cette hiérarchisation se perpétue dans l'*Essai sur l'inégalité des races humaines* » (1854) de Gobineau qui voit dans la « race jaune » une populace et une petite bourgeoisie » tandis que les « Blancs, « race de princes », agissent pour l'honneur (Arthur GOBINEAU, *Essai sur l'inégalité des Races humaines,* 1854, Chap. XVI, 1. 1). Alors que les monogénistes clament qu'il n'y a qu'une seule espèce humaine, les polygénistes soutiennent qu'il existe plusieurs espèces humaines invariables, chacune pourvue dès l'origine d'une substance germinative différente qui véhicule les propriétés raciales spécifiques, aussi bien biologiques que mentales et culturelles. Avec la théorie darwinienne (1859) de l'évolutionnisme, les « races inférieures » sont « scientifiquement » considérées comme « moins évoluées » (Charles DARWIN, *The Origin of Species by Means of Natural Selection ; or the preservation of favoured races in the struggle for life and the descent of man and selection in relation to sex,* Londres, Murray, 1859 (éd. moderne : *La Filiation de l'homme et la sélection liée au sexe*, Paris, ICDI, Syllepse, 2000).

5 Wanda CAPELLER & Takanori KITAMURA, *Une introduction aux cultures juridiques non occidentales* – Autour de Masaji Chiba, Bruxelles, Bruylant, 1998.

6 « Bien des gens, note Norbert ROULAND (*Aux Confins du droit*, Paris, Editions Odile Jacob, 1991, p. 33) posent l'équation droit=civilisation et ne l'associent qu'à certaines occurrences historiques : les droits antiques (Babylone, la Grèce, le droit romain surtout), le droit occidental moderne, les droits hindou et musulman, pour se limiter aux principales. Ils ont en commun le recours à l'écrit, critère aussi clair que trompeur. D'abord parce que la forme écrite du droit n'est nullement le gage de sa diffusion. (…). De plus, il n'est toujours pas suffisant de lire pour comprendre. Contrairement au préjugé répandu, les civilisations de l'écrit ne sont pas nécessairement les plus juridiques. L'écriture permet une mémorisation supérieure à l'oralité (…). Mais plus nombreuses, ces connaissances sont moins accessibles. Leur maîtrise exige une technicité accrue : elles deviennent plus qu'avant des enjeux de pouvoir. (...). L'écriture modifie donc le droit. Mais elle ne le crée pas ».

7 E.E. EVANS-PRITCHARD, *Les Nuer – Description des modes de vie et des institutions politiques d'un peuple nilote*, Paris, Gallimard, 1994. Cet ouvrage est devenu un classique de l'anthropologie pour son analyse du système segmentaire et pour l'influence qu'il a exercée sur l'étude des systèmes politiques africains. Son auteur, Edward Evan Evans-Pritchard (1902-1973) occupe une place importante dans l'histoire de l'ethnologie africaniste et dans celle de l'anthropologie politique. Son nom est étroitement lié à l'ethnologie des Nuer, chez lesquels il est arrivé en 1930. Successeur de Radcliffe-Brown à la chaire d'anthropologie sociale à Oxford, il est connu comme étant le fondateur de l'anthropologie structurale britannique, le théoricien des systèmes de pouvoir dans les sociétés sans Etat et l'inventeur d'un modèle d'analyse comparative associant la théorie des groupes d'unification à celle des groupes territoriaux. Cf. *Dictionnaire de l'ethnologie et de l'anthropologie* (sous la direction de Pierre BONTE et Michel IZARD), Paris, Quadrige/PUF, 2013, p. 267-269.

8 Cette population africaine du Sud-Soudan est composée de clans patrilinéaires très lâches. Leur société est fondée sur la possession du bétail, élément essentiel du paiement de la dot et objet d'offrandes rituelles. Cf. Bernard NANTET, *Dictionnaire d'Histoire et civilisations africaines*, Paris, Larousse, 1999, p. 196.

9 E.E. EVANS-PRITCHARD, *Les Nuer – Description des modes de vie et des institutions politiques d'un peuple nilote*, *op. cit.*, p. 190.

poursuit-il, des compensations convenues pour les dégâts, l'adultère, la perte d'un membre, etc., il n'est point d'autorité qui ait pouvoir de prononcer sur ces questions ou de faire appliquer un verdict. Au pays Nuer, aucune personne, aucun conseil n'est investi des fonctions législative, judiciaire et exécutive »[10]. C'est que l'Occidental a longtemps eu du mal à se persuader que les mécanismes destinés à régler un conflit vont bien au-delà de la présence de l'État[11]. Il a été conditionné par l'idée qu'il ne peut exister de droit sans autorité politique souveraine, que sans législateur et sans lois, la société ne pourrait s'inspirer d'aucune norme pour résoudre ses conflits[12]. Il feint d'ignorer que cette idée d'un pouvoir législatif « indispensable » existe « depuis peu, dans un nombre limité de sociétés »[13]. Ne

---

[10] *Ibid.* Le même regard a été porté sur les sociétés Inuit d'Amérique, comme le rapporte Norbert ROULAND (« La coutume et la pensée juridique sauvage : l'apport des sociétés Inuit », dans *La coutume*, Recueils de la Société Jean Bodin pour l'histoire comparative des institutions, De Boeck Université, 1990, p. 310) : « (...) Jusqu'à une date récente, plusieurs auteurs –juristes ou anthropologues– ont vu dans les Inuit des sociétés sans droit. Les Inuit, nommément désignés, ne se distingueraient guère des sociétés animales les plus évoluées, et le primitif serait incapable de saisir des notions telles que l'intérêt collectif, pas plus qu'il ne percevrait la nécessité d'obéir à une règle ou de se soumettre à une contrainte. Dans ces conditions, le droit serait totalement inexistant dans les sociétés anarchiques des Inuit. G. Van den Steenhoven, à la suite de séjours sur le terrain de l'Arctique canadien, précise que les sanctions sociales y sont dépourvues de la régularité minimale nécessaire au phénomène juridique : toute infraction n'est pas sanctionnée, des infractions identiques ne reçoivent pas nécessairement la même sanction. Il n'y a donc pas de droit chez les Inuit ».

[11] Cf. Laurent COHEN-TANUGI, *Le droit sans l'Etat*, Paris, 2e édition « Quadrige », 2007 ; Antonio GAMBARO, Rodolfo SACCO & Louis VOGEL, *Le droit de l'occident et d'ailleurs*, Paris, LGDJ, 2011 ; Christoph EBERHARD, *Le droit au miroir des cultures. Pour une autre mondialisation*, Paris, L.G.D.J., 2010 ; Jean-Louis HALPÉRIN, *Profils des mondialisations du droit*, Paris, Dalloz, 2009.

[12] « La majeure partie de l'humanité, soutient Norbert ROULAND (*Aux Confins du droit*, *op. cit.*, p. 33) ne partage pas la vision occidentale du droit et de la sanction. Le recours aux avocats et aux juges pour régler un conflit est aussi naturel pour un Américain qu'il paraît incongru à un Chinois. Le musulman accole le droit à la religion avec autant de résolution que l'Occidental l'en a écarté ». Dans le même sens, Rodolfo SACCO (*Le droit africain – anthropologie et droit positif*, Paris, Dalloz, 2009, p. 15) observe : « La télévision met à la portée de chacun de nous, occasionnellement, des documentaires où l'on voit, des hommes « primitifs », dotés d'une culture moins complexe que la nôtre, qui ignorent l'écriture et qui vivent de chasse et récolte. Parmi eux, il n'y a ni juge, professionnel ou non, ni porteurs d'armes à temps pleins (policier ou soldat, ni personne qui décrète ou lève l'impôt ; de même, on ne trouve pas une vraie division du travail. Dans ces sociétés un conflit peut éclater et celles-ci, aussi simples soient-elles, disposent de moyens pour le régler ». Lire aussi à ce sujet, Raymond VERDIER, Nathalie KALNOKY & Soazick KERNEIS, *Les justices de l'invisible*, Paris, L'Harmattan, 2013.

[13] Rodolfo SACCO, *Anthropologie juridique - Apport à une macro-histoire du droit*, Paris, Dalloz, 2008, p. 67. En effet, les hommes ont longtemps rejeté l'idée d'un législateur. En Occident même, avant 1800, « le législateur est un personnage dont la fonction ne va pas au-delà du travail de compilation et de rationalisation ou d'un travail intermittent et occasionnel » note SACCO (*Ibid.*, chapitre 5, « Les grandes *époques* du droit », p. 67-97) qui développe à ce sujet : « Le pouvoir législatif total n'existait pas dans la Rome antique. Les Romains offraient comme exemple d'œuvre législative importante, la rédaction des « XII tables ». Mais les douze tables, si elles résolvaient des problèmes particuliers, ne touchaient pas au grand corps des règles non sculptées et non écrites, connues et intouchables bien que mémorisées. De temps en temps, les Romains faisaient une loi. A l'intérieur de ces mêmes limites, tous les systèmes juridiques de sociétés ayant un pouvoir centralisé (y compris les systèmes islamiques) connaissent le « pouvoir législatif » destiné à amender, intégrer,

sait-il pas que toutes les sociétés humaines n'attribuent pas le même rôle au droit[14], que ce rôle tient davantage à leur rapport au monde[15], et que même dans beaucoup de langues, il n'existe pas d'équivalent exact du terme « droit »[16] ? Peut-il imaginer « jusqu'à quel point l'homme a utilisé le langage gestuel pour les exigences du droit ou encore, combien de temps il s'est écoulé entre la naissance du langage articulé et son utilisation à des fins juridiques » ?[17] Pendant longtemps, l'Occidental n'a pas ressenti le besoin de fusionner avec toute l'histoire et la préhistoire du droit. Il connaît et admire le droit romain[18]. Il réfléchit

---

pourvoir, aider, rationnaliser. Les Romains n'avaient pas un pouvoir législatif global et absolu. La situation resta inchangée sous Justinien qui prit soin de souligner que, avec son *Corpus iuris*, il avait voulu recueillir les interprétations les plus respectées et les lois en vigueur et, le cas échéant, il les avait amendées et rationalisées.(…). Au Moyen Age (…), la norme sacrée et la norme spontanée sont incompatibles, l'une et l'autre, avec l'idée d'un législateur impératif et étatique de type jacobin. La méfiance envers le législateur est une donnée constante dans l'histoire du droit anglais (…). Le législateur est considéré comme un organe de pouvoir capable d'actes imprévisibles et arbitraires, apte à nuire. Il est donc préférable qu'il reste inopérant. (…). En Chine, là aussi (…), jusqu'aux révolutions du XXe siècle, la loi n'est pas admirée. On conseille à l'Empereur de ne pas légiférer. La loi est considérée comme une indication qui s'adresse au Mandarin. La situation dans le Japon traditionnel n'est pas différente ». Lire aussi Jean GAUDEMET, *Les naissances du droit*, 3e édition, Paris, Montchrestien, 2001. Renaud DENOIX DE SAINT MARC, *Histoire de la loi*, Paris, Editions Privat, 2008.

14 « On peut mettre dans une trop grande besace des phénomènes que nous qualifions sans difficulté de juridiques parce qu'ils correspondent à notre idée du droit (obligation de réparer un préjudice quelconque, paiement d'une pension alimentaire, action en recherche de paternité), et d'autres qu'il nous paraît exclure, alors que bien des sociétés les y incorporent (obligation de rendre un culte aux ancêtres, de recourir à la vengeance sanglante, etc.) ». Cf. Norbert ROULAND, *Aux Confins du droit*, *op. cit.*, p. 36.

15 « (…) S'il y a un traits commun entre toutes les sociétés, c'est bien que chacune construit son propre univers mental, porteurs de modèles fondamentaux et dispensateur de sens, que révèlent à la fois la vision du monde visible et invisible de chacun de ses membres, sa vision des peuples, de sa société, des groupes auxquels il appartient ou avec lesquels il est en rapport et sa vision de lui-même. Chaque vision partielle renvoie aux autres et les éclaire. Mais celle qu'une société a du monde et d'elle-même explique plus particulièrement les comportements juridiques individuels et fondamentalement les limites de la juridicité ». Cf. Michel ALLIOT, « Anthropologie et juristique, sur les condition de l'élaboration d'une science du droit », *Bulletin de liaison du Laboratoire d'anthropologie juridique de Paris*, n° 6, p. 83-117, 1983. Republié en 2003 dans *Le droit et le service public au miroir de l'anthropologie*, textes choisis et édités par Camille Kuyu (Paris, Karthala). Cité par Edwige RUDE-ANTOINE & Geneviève CHRÉTIEN-VERNICOS, *Anthropologies et Droits - Etat des savoirs et orientations contemporaines*, Paris, Dalloz, 2009, p. 114.

16 Norbert ROULAND, *Introduction historique au droit*, Paris., PUF, 1998, p. 20. « De nombreuses langues vernaculaires (qu'on appelle dialectes) n'ont pas de vrai lexique juridique. L'occitan, le franco-provençal, le corse disposent de termes appropriés pour indiquer certains concepts juridiques présents dans la vie quotidienne (père, fils, mort) mais n'ont aucun terme pour exprimer les idées d'imputabilité, constitut, possessoire, supplétif, extradition, titre à ordre et ainsi de suite ». Cf. Rodolfo Sacco, *Anthropologie juridique - Apport à une macro-histoire du droit*, *op. cit.*, p. 74.

17 Rodolfo SACCO, *Le droit africain – anthropologie et droit positif*, Paris, Dalloz, 2009, p. 30. « Le langage articulé a peut-être été précédé par un développement croissant et par un enrichissement surprenant du langage gestuel qui partout –et de façon marquée chez certains peuples– complètent encore aujourd'hui le langage phonétique » (*Ibid.*).

18 « Parfois, l'admiration, pour le droit romain amène les juristes à surestimer la perfection de ses

épisodiquement, sur le droit des cités grecques[19], et dans une certaine mesure, fait des recherches sur les grands Empires d'Égypte et de Mésopotamie[20]. Mais il fait rarement d'effort pour tenter de « comprendre l'alternance et la complexité des structures du droit à travers les différentes expériences qui se sont succédé dans le temps ou qui ont été concomitantes »[21]. Sa conception du droit n'est édifiée qu'en fonction de quelques-uns seulement des ordres juridiques passés ou présents, considérés comme étant les plus évolués, à l'instar du droit romain[22]. Tous les autres systèmes juridiques sont tenus pour des ébauches grossières dont les traits spécifiques sont négligés, mis de côté, comme des éléments en quelque sorte « préjuridiques »[23]. Pourtant, la connaissance d'expériences juridiques différentes du modèle occidental est absolument nécessaire pour qui veut opérer un « décentrement » épistémologique, en vue de se rapprocher intellectuellement des mondes d'ailleurs, et plus particulièrement du monde africain. Si, d'après l'adage romain, « toute société connaît le droit » (*Ubi societas, ibi ius*), c'est l'anthropologue[24] qui viendra établir l'existence du droit en Afrique depuis

---

solutions. Mais le plus grand mérite des Romains ne réside pas dans les solutions juridiques qu'ils ont élaborées, il réside dans l'édification d'un appareil conceptuel, c'est-à-dire d'une science, d'un vocabulaire, d'un système d'argumentations juridiques qui peut être passé au crible de la critique, le tout étant confié à des spécialistes disposés à exercer une profession juridique et à transmettre par le biais de l'enseignement leur propre savoir ». Cf. Rodolfo SACCO, *Anthropologie juridique - Apport à une macro-histoire du droit*, *op. cit.*, p. 74.

[19] Cf. Jean GAUDEMET, *Les institutions de l'Antiquité*, Paris, Montchrestien, 7e édition, 2002. Du même auteur, *Les naissances du droit*, *op. cit.*

[20] *Ibid.*

[21] Rodolfo SACCO, *Le droit africain – anthropologie et droit positif*, *op. cit.*, p. 4. A ce sujet, Sacco note la parution en 1959 dans *Mélanges Henry Lévy-Bruhl* (Sirey, 1959, p. 351 et s.) d'une contribution de J. DAUVILLIER intitulée « Problèmes juridiques de l'époque paléothique ». Il signale sa propre contribution, « Le droit muet » (*Rev. Trim. Dr. civ.* 1995. 795 et s.). Lire aussi, l'ouvrage du doyen Bernard DURAND (*Histoire comparative des institutions*, 1983) qui croise l'histoire des institutions de l'Afrique, du monde arabe et de l'Europe.

[22] C'est à Rome, dans l'antiquité occidentale, que le travail d'ordonnancement fut très tôt réservé, et de façon rigoureuse, à un groupe de spécialistes, puis se transforma en une technologie sociale au statut fort, qui pour la première fois et pour toujours, allait isoler la fonction juridique et ses experts, les « juristes », la détachant de toute autre production culturelle ou centre institutionnel pour en permettre une identification autonome, nette et définitive. Ainsi, dans la culture européenne, Rome a inventé le droit ! En effet, le droit romain constitue un élément dont l'importance n'a jamais été mise en doute en Occident. Redécouvert au XIIe siècle avec l'Ecole de Bologne, commenté et interprété ensuite par les glossateurs du Moyen âge, repris au moment de la Renaissance avec de nouvelles méthodes, il s'est fait modèle ou objet de savoir et a imprimé sa marque sur le droit médiéval comme sur les droits contemporains. De cet héritage, le droit se présente comme un objet à part et se reconnaît au déploiement de dispositifs dotés d'une rationalité spécifique et puissante. Cf. Michèle DUCOS, *Rome et le droit*, Paris, Librairie Générale Française, 1996. Aldo SCHIAVONE, *IUS L'invention du droit en Occident*, Paris, Belin, 2005. Mario BRETONE, *Histoire du droit romain*, Paris, Editions Delga, 2016. SAVIGNY, *Traité de droit romain*, Paris, Editions, Panthéon-Assas, 2002.

[23] Michel VIRALLY, *La pensée juridique*, Paris, Editions Panthéon Assas, LGDJ, 2010, p. XXXIII.

[24] *La quête anthropologique du droit, autour de la démarche d'Etienne Le Roy* (sous la direction de Christophe EBERHARD et Geneviève VERNICOS), Paris, Karthala, 2006 ; Alain SUPIOT, *Homos juridicus - Essai sur la fonction anthropologique du droit,* Paris, éditions du seuil, 2005 ; Jacques VANDERLINDEN, *Anthropologie juridique*, Paris, Dalloz, 1996 ; Norbert ROULAND, *L'anthropologie*

l'origine, permettant ainsi de croiser les visions du monde sur les mêmes matériaux (pouvoir, famille, propriété, héritage, contrat, délit, juge, procédure, etc.) avec lesquels est construit le phénomène juridique à toutes les époques, dans toutes les latitudes et dans toutes les sociétés humaines[25]. Devant la pertinence du discours anthropologique pour comprendre l'altérité et les autres cultures juridiques, l'idée du droit en Afrique est de moins en moins contestée dans la doctrine juridique[26].

Or, envisager l'existence du droit en Afrique, c'est reconnaître que des mécanismes de « juridicité »[27] ont toujours existé pour réguler la vie des communautés dans ce continent depuis que l'homme y est apparu il y a plusieurs millions d'années[28]. Comme partout ailleurs dans le monde, l'Afrique a une histoire

---

juridique, Paris, PUF, Collection que sais-je ?, 1990 ; Christoph EBERHARD, *Le droit au miroir des cultures. Pour une autre mondialisation*, *op. cit.*

[25] Blaise Alfred NGANDO, « L'anthropologie juridique serait-elle la vraie science universelle du droit ? », dans *Le droit au pluriel – Mélanges en hommage au Doyen Stanislas Meloné*, sous la direction de Jeanne Claire MEBU NCHIMI, Yaoundé, Presses Universitaires d'Afrique, 2018, p. 231-248.

[26] « Il y a peu de temps, on les qualifiait de ''primitives''. Bien de juristes sont encore réticents à y reconnaître l'existence du droit, tant ils continuent à serrer le nœud entre droit et écriture. L'anthropologie juridique fait heureusement justice de ces préjugés. Il est aujourd'hui amplement démontré que les sociétés traditionnelles peuvent, sans être nullement, gênés par l'oralité, construire des systèmes juridiques tout aussi achevés que ceux des civilisations de l'écriture ». Cf. Norbert ROULAND, *Aux Confins du droit*, *op. cit.*, p. 35.

[27] C'est le terme par lequel Michel Alliot, et plus systématiquement Etienne Leroy, son successeur au Laboratoire d'anthropologie juridique de Paris, désignent « l'englobant des ensembles des normes, lois, représentations, valeurs et pratiques que chaque société considère comme nécessaires pour assurer sa cohésion ». Cf. Michel ALLIOT, *Provocation : prêts ? Partez !*, dans *La quête anthropologique du droit, autour de la démarche d'Etienne Le Roy*, (sous la direction de Christophe EBERHARD et Geneviève VERNICOS), *op. cit.*, p. 504. « Le choix du terme ''juridicité'' a l'avantage immédiat, d'être, si ce n'est vierge de toute représentation, à tout le moins dégagé de présupposés ethnocentriques où le droit est réduit à la version occidentale du phénomène juridique (…). Par cette remise en question du statut des savoirs, Etienne Leroy permet de se soustraire d'une représentation qui se limite à la transcription, d'un système et enferme dans un mode unique de pensée sans pouvoirs saisir d'autres façons de concevoir le droit. Cependant, plus encore qu'une critique de la conception dominante du ''droit'', la juridicité propose de retracer les principes d'organisation du monde qui guident les montages du pouvoir instituant la vie ». Cf. Nawel GAFSIA, Haoua LAMINE & O. SARA LIWERANT, *Trois voix sur la juridicité*, dans *La quête anthropologique du droit, autour de la démarche d'Etienne Le Roy* (sous la direction de Christophe EBERHARD et Geneviève VERNICOS), *Ibid.*, p. 547-559.

[28] L'image de l'Afrique a été longtemps affecté par la biologie du XIXe siècle, notamment celle de Charles DARWIN (*op. cit.*) qui a contribué à la dégradation de ce continent considérée comme originellement habitée par des espèces inférieures à l'humanité. Mais l'archéologie viendra démontrer dès le début du XXe siècle que la première apparition de l'homme est localisée en Afrique. « Homininés », c'est ainsi que l'on appelle les premiers membres de la lignée humaine postérieurs à la divergence entre hommes et chimpanzés. En 2001, a été découvert au Tchad, en Afrique Centrale, dans le désert du Djourah, le crâne de « Toumaï » considéré à ce jour comme le plus ancien préhumain qui aurait vécu il y a 7 millions d'années. Cette découverte est venue bouleverser celle de « Lucy » découverte en Ethiopie, en Afrique de l'est, en 1974 et qui fait partie de la famille des Australopithèques qui aurait vécu il y a 4 à 2 millions d'années. Toujours est-il que les spécialistes s'accordent à dire que c'est en Afrique que l'être humain balbutia puis prit forme. « L'être appelé à devenir humain, écrit Catherine COQUERY-VIDROVITCH (*Petite histoire de l'Afrique*, Paris, Edition

juridique propre que l'historiographie remonte à l'Égypte antique depuis que les travaux de Cheikh Anta Diop[29] ont essayé de démontrer la profonde unité anthropologique et culturelle entre la civilisation égyptienne et l'Afrique noire[30].

La Découverte, 2001, p. 27) apprit d'abord à descendre des arbres pour se mettre sur ses pieds, se transformant progressivement en *Homo habilis* (habile de ses membres antérieurs), *Homo erectus (l'homme* débout, dégageant ainsi définitivement l'usage de ses mains), *Homo faber* (artisan) puis *Homo ergaster* (grand et taillé pour la course, donc capable de quitter l'Afrique). Il passa ensuite, par étapes, au stade d'*Homo sapiens*, et enfin à celui d'*Homo sapiens sapiens*, rameau remontant à quelque 200 000 ans (il en a été trouvé un spécimen en Ethiopie daté de 195 000 ans), dont nous restons à ce jour les représentants) ». Lire aussi, Camille ARAMBOURG, *La genèse de l'humanité*, Paris, PUF, collection Que sais-je ?, 6e édition, 1961 ; Hadembes YEBETIT, « L'Afrique Berceau de l'humanité », dans *Pour une histoire de l'Afrique* (sous la direction de Maria R. TURANO et Paul VANDEPITTE), Lecce/Italia, ARGO, 2003 ; G. MOKHTAR, *Afrique Ancienne*, t. II, *Histoire générale de l'Afrique*, Présence Africaine/Edicef/Unesco, 1987 ; Joseph KI-ZERBO, *Histoire de l'Afrique*, Paris, Hatier, 1972 ; Robert CORNEVIN, *Histoire de l'Afrique*, t. I, *Des origines au XVIe siècle*, Paris, Payot , 1967 ; *Histoire générale de l'Afrique noire* (sous la direction d'Hubert DESCHAMPS), Paris, Presses universitaires de France, 1970 ; Marianne CORNEVIN, *Secrets du continent noir révélés par l'archéologie*, Paris, Maisonneuve & Larose, 1998 ; H. ALIMEN, *Préhistoire de l'Afrique*, Paris, Editions N. BOUBEE et Cie, 1955.

29 Né en 1923, Cheikh Anta Diop est un savant sénégalais qui a consacré sa vie à la réhabilitation de l'histoire africaine. En 1966, au premier Festival mondial des arts nègres de Dakar, il a reçu le prix de « l'auteur africain qui a exercé le plus d'influence sur le XXe siècle ». Après sa mort survenue en 1986, les autorités sénégalaises décident de donner son nom à l'Université de Dakar.

30 Pour la majorité des premiers égyptologues occidentaux dont Champollion et Maspero (lire Serge SAUNERON, *L'Egyptologie*, Paris, PUF, Collection Que sais-je ?, 1968), les anciens Egyptiens ne pouvaient être des Africains et *a fortiori* des Noirs. Face à la « falsification » de l'histoire africaine, l'historien et égyptologue sénégalais Cheikh Anta Diop décide de consacrer ses thèses aux sujets suivants : *L'avenir culturel de la pensée africaine* (1949), *Qu'étaient les Egyptiens prédynastiques ?* (1951). Devant le refus de l'Université de la Sorbonne d'examiner ses travaux, sa thèse est devenue un livre qu'il publie en 1954 sous le titre de *Nations nègres et culture* (Paris, Présence Africaine). Il prend ensuite deux nouveaux sujets : *Les domaines du patriarcat et du matriarcat dans l'antiquité* (1956) et *Etude comparée des systèmes politiques et sociaux de l'Europe et de l'Afrique, de l'Antiquité à la formation des Etats modernes* (1957). L'Université de la Sorbonne finira par examiner et sanctionner positivement ses travaux qu'il publiera sous les titres suivants : *L'unité culturelle de l'Afrique noire* (Paris, Présence Africaine, 1959) et *L'Afrique noire précoloniale* (Paris, Présence africaine, 1960). D'autres ouvrages suivront dont : *Les fondements économiques et culturels d'un état Etat fédéral d'Afrique Noire* (Paris, Présence Africaine, 1960. Edition revue et corrigée en 1974) ; *Antériorité des civilisations nègres : Mythe ou vérité historique ?* (Paris, Présence africaine, 1967) ; *Parenté génétique de l'égyptien pharaonique et des langues négro-africaines* (Dakar, IFAN-NEA, 1977) ; *Civilisation ou Barbarie* (Paris, Présence africaine, 1981). Dans ses travaux qu'il approfondit en utilisant toutes les disciplines (archéologie, datation au carbone 14, études chimiques sur la pigmentation des momies, études linguistiques, comparative, étude de la culture égyptienne, etc.), Cheikh Anta Diop essaie de démontrer la parenté génétique entre les populations primitives de l'Egypte antique et celle d'Afrique noire. Il soutient que les Africains ont vécu dans la vallée du Nil jusqu'à la chute du pouvoir pharaonique avant de se disperser à travers le continent. Les travaux de Cheikh Anta Diop ont été particulièrement contestés dans les milieux universitaires français sur les plans linguistique et ethnologiques. Mais, d'après Lilyan KESTELOOT (*Anthologie négro-africaine*, Paris, EDICEF, 1997, p. 441-443), « il faut remarquer que les égyptologues français ne connaissent ni les langues ni les civilisations noires, et que les ethnologues et linguistes africanistes ne connaissent pas grand chose à l'égyptologie et ne savent pas lire les hiéroglyphes. C'est donc un dialogue de sourds, Cheikh Anta ne trouvant pas d'interlocuteurs valables, les gens ne connaissent qu'une face

C'est en effet en Haute-Egypte, territoire proche de la Nubie des Éthiopiens anciens qui étaient des Africains noirs, que prit forme vers 3100 avant J.-C.[31], sous le contrôle d'un roi unique, Pharaon[32], une splendide civilisation[33], parsemée de périodes stables politiquement, entrecoupées de « périodes intermédiaires »[34] dominées par des systèmes politiques de type féodal, mais qui dura jusqu'en l'an 30 avant J.-C au moment où l'Empire romain conquit l'Égypte pour en faire une province[35]. Entre temps, au nord de Khartoum dans l'actuel Soudan, le royaume de Méroé[36] (270 avant J.-C. - 350 après J.-C.) avait déjà succédé au royaume de

---

du problème, alors que lui connaît les deux ; il lit couramment les hiéroglyphes et connaît parfaitement le wolof, sa langue maternelle. Il n'y a qu'un linguiste ethnologue qui puisse témoigner pour la validité des travaux de Cheikh Anta, avec la compétence nécessaire. C'est Luc Bouquiaux, maître de recherches au CNRS ; il a d'abord fait des études sur la langue égyptienne. Ensuite il a travaillé au Nigeria sur le haoussa. Il a été frappé par les ressemblances structurelles entre les deux langues, et en conséquence les théories de Cheikh Anta lui paraissent parfaitement fondées ». Du côté africain, Cheikh Anta Diop n'a cessé de fasciner l'élite intellectuelle. Sa pensée s'est imposée auprès de ses lecteurs d'origine africaine comme la preuve de la capacité des Nègres à créer une grande civilisation, donnant ainsi naissance à une nouvelle fierté mais aussi à une manière différente de traiter l'histoire africaine.

[31] « La date de 3100 av. J.-C., pour le début de la période historique en Egypte, même confirmée par les méthodes récentes, ne doit pas faire illusion ; elle est approximative et artificielle, elle marque seulement un début, non pas même celui de l'écriture, mais celui, plus précisément, des premiers monuments écrits que nous connaissons. En fait, la civilisation en Egypte est antérieure à cette date, et ce n'est pas parce que nous n'avons pas retrouvé les documents écrits antérieurs à 3100 que nous pouvons dire que l'Egypte n'était pas civilisée avant cette date. Civilisation et écriture sont deux notions différentes, nous serions même tenté de dire que les siècles vraiment importants pour l'histoire de la civilisation dans la vallée du Nil se sont écoulés entre le Ve millénaire l'an 2780 qui marque le début de l'Ancien Empire. C'est en effet entre ces dates que ce sont formées : la langue, l'écriture, la religion, les institutions et enfin l'unité du pays ». Cf. Jean VERCOUTTER, *L'Egypte ancienne*, Paris, PUF, Collection Que sais-je ?, 1982, p. 39.

[32] Le mot pharaon signifie « grande maison », et l'une des missions des premiers pharaons fut d'asseoir leur suprématie spirituelle sur toutes les autres maisons influentes du pays.

[33] A. ERMAN & H. RANKE, *La civilisation égyptienne*, Paris, Payot, 1982.

[34] « On appelle périodes intermédiaires les périodes qui voient cette unité rompu, soit par une occupation partielle du territoire, soit par la multiplication des pouvoirs à l'intérieur du pays. Le phénomène se produit à trois reprises : la Basse Epoque, commence, selon les spécialistes, avec la conquête de la Haute (750) puis de la Basse Egypte (715) par la XXVe dynastie koushite ou avec l'annexion de la Haute Egypte par Psammétique 1er, sous la XXVIe dynastie saïte. Mais la Basse Epoque comprend surtout une alternance de périodes d'occupation étrangères et de restaurations indigènes avec la XXVIIe dynastie perse, la XXVIIIe dynastie saïte, XXIXe dynastie mendésienne et la XXXe dynastie sébennytique. La seconde domination perse est interrompue par la conquête d'Alexandre (330) auquel succèdent les rois lagides (323-30), puis les empereurs romains ». Cf. Béatrix MIDANT-REYNES & Dominique VALBELLE, « Egypte», dans *Dictionnaire de l'Antiquité* (sous la direction de Jean LECLANT), Paris, PUF, 2005, p. 765.

[35] « C'est la fermeture des temples païens décrétée par Byzance qui sonne définitivement le glas de l'histoire de l'Egypte pharaonique ». Cf. Béatrix MIDANT-REYNES & Dominique VALBELLE, « Egypte», dans *Dictionnaire de l'Antiquité* (sous la direction de Jean LECLANT), *Ibid.*

[36] « Dans la Nubie du IXe siècle avant J.-C., un pouvoir indigène surgit de la désagrégation du Nouvel Empire égyptien, avec Napata pour centre, peu après la quatrième cataracte, vers l'aval. La jeune puissance de Koush (comme l'appelaient les Egyptiens) grandit au point de prendre la succession intégrale des pharaons (XXVe dynastie, fin du VIIIe siècle - première moitié du VIIe siècle avant J.-

Kerma, qui se développa de 2450 à 1500 avant J.-C., et à celui de Napata qui régna du VIIIe au IVe siècle avant notre ère[37]. La brillante civilisation de Méroé[38] fut détruite par Axoum[39], royaume chrétien d'Éthiopie (Ier-VIIIe siècle)[40]. Dans cette région orientale d'Afrique, le christianisme[41] avait déjà commencé à prendre pied dès le Ier siècle, mais c'est l'islam, parti d'Arabie au VIIe siècle qui, en conquérant l'Égypte puis toute l'Afrique du Nord, bouleversa les équilibres en place, ouvrant de nouvelles routes transsahariennes et permettant aux musulmans de s'approvisionner en or et en esclaves[42]. La rencontre entre l'Afrique subsaharienne et le monde arabo-musulman dynamisa le continent tout au long du Moyen âge européen, favorisant l'émergence de grands Empires, notamment au Soudan occidental[43] : Ghana (VIIe - XIe siècle), Mali (XIIIe - XVe siècle), Songhaï (XVe - XVIe siècle). À partir du XIVe siècle, les Européens, principalement ceux de la

---

C.), mais elle ne conserva bientôt que ses terres soudanaises. A une date incertaine du VIe ou du Ve siècle avant J.-C., elle transféra sa capitale à Méroé, beaucoup plus au sud, entre les cinquième et sixième cataractes. De là, ses rois - ou ses reines, *les candaces*, dirigèrent un empire puissant et prospère jusque vers l'an 200 après J.-C. ». (Cf. *Dictionnaire des civilisations africaines*, Paris, Fernand Hazan Editeur, 1968, p. 271). Méroé qui offre une étonnante synthèse entre l'Egypte des premières dynasties et les civilisations noires asservi d'argument à Cheikh Anta Diop pour affirmer l'antériorité des Noirs dans la civilisation égyptienne. (Cf. Bernard NANTET, *Dictionnaire d'Histoire et civilisations africaines*, *op. cit.*, p. 184).

37 La notoriété de ces royaumes nubiens a pâti de la gloire de l'Egypte pharaonique, la grande voisine du nord, qui subit toutefois la domination des pharaons noirs, issus de Napata, au VIIIe siècle, et se trouvait sous domination grecque lorsque Méroé comptait parmi les grandes puissances.

38 Le royaume de Méroé a beaucoup emprunté aux royaumes de Napata et de Kerma, ainsi qu'à la civilisation pharaonique. « Du panthéon de Napata, Méroé hérite par exemple du culte omniprésent du dieu Amon issu directement du cortège divin des Egyptiens. Dans les nécropoles, on retrouve à Napata comme à Méroé des pyramides hautes d'environ 30 mètres qui servent de sépultures pour les rois et les reines, directement inspirés des pyramides des pharaons. Malgré l'ampleur de cet héritage, Méroé développe une civilisation autonome. Le témoignage le plus frappant est sans doute l'invention d'une «écriture propre ». Cf. Guillemette ANDREU-LANOË (*L'Histoire* n° 352), cité dans « Atlas des Afriques » (*L'Histoire*, août 2016, p. 15). « Le Royaume de Méroé se développe à partir du VIe siècle avant J.-C et perdurera jusqu'au IVe siècle après J.-C. ». Cf. *Atlas du Cameroun*, Paris, Editions Jeune Afrique, 2010, p. 22.

39 « Plus au sud, dans le massif éthiopien, des populations sémites originaires d'Arabie étaient venus s'ajouter, vers la fin du IIe millénaire avant J.-C., aux populations déjà en place. Des petits royaumes voient le jour, parmi lesquels émerge, au 1er siècle après J.-C., celui d'Axoum, gagné au christianisme trois siècles plus tard ». Cf. *Atlas du Cameroun*, Paris, Editions Jeune Afrique, 2010, p. 22-23.

40 Lorsqu'ils se lancèrent en campagne contre Méroé, les rois d'Axoum étaient déjà christianisés et les relations commerciales entre leur région, l'Egypte romaine et l'océan indien leur avaient apporté une relative prospérité. Le royaume d'Axoum, précurseur du royaume d'Ethiopie, s'est perpétué jusqu'au VIIIe siècle. Cf. *Atlas historique de l'Afrique,* Paris, Editions du Jaguar, 1992, p. 44.

41 « Au cours de la période de déclin de la culture méroïtique (IVe–Ve siècles) et d'épanouissement de celle d'Axoum, le christianisme pénétra au Soudan. Vers l'an 600, les souverains et une bonne partie de leurs sujets étaient devenus chrétiens ». Cf. *Atlas historique de l'Afrique,* Ibid. Lire aussi John ILIFFE, *Les Africains Histoire d'un continent*, chapitre IV « Le christianisme et l'islam », Paris, Flammarion, 2009.

42 John ILIFFE, *Les Africains Histoire d'un continent, Ibid.*

43 Djibril TAMSIR NIANE, *Le soudan occidental au temps des grands empires XIe - XVIe siècle*, Paris, Présence Africaine, 1975.

péninsule ibérique, ouvrirent avec succès des voies directes d'échanges avec l'Afrique atlantique[44]. Le commerce des esclaves connut alors une ampleur sans précédent[45]. Les Africains furent exportés en Amérique comme force de travail dans les plantations[46]. Aucune région de l'Afrique située sur ou près des côtes n'échappa à cette gigantesque déportation[47]. Ce « commerce » fit subir à la société africaine de profonds changements, la vida d'une partie de sa population dynamique et bouleversa certaines de ses institutions[48], sans pour autant faire disparaître ses coutumes multiséculaires. Après l'horreur des traites négrières, les puissances occidentales qui n'avaient fréquenté jusqu'au XVIIIe siècle que les côtes, commencèrent à explorer l'intérieur du continent[49] et à se partager les territoires[50]. Dès la fin du XIXe siècle, des systèmes coloniaux[51] se mirent en place jusqu'à la proclamation des Indépendances africaines dans les années 1950-1960[52].

En 2018, l'Afrique compte 54 États[53] reconnus par l'Organisation des Nations unies, chacun étant théoriquement souverain dans sa production normative. Dans ces pays, des éléments venant des cultures traditionnelles vivent en opposition, voire

---

[44] Marc FERRO, *Histoire des colonisations des conquêtes aux indépendances XIIIe – XXe siècle*, Paris, Editions du Seuil, 1994 ; *Le livre noir du colonialisme* (sous la direction de Marc FERRO), Paris, Robert Laffont, 2003.

[45] *Ibid.*

[46] François RENAULT et Serge DAGET, *Les traites négrières en Afrique*, Paris, Karthala, 1985 ; *La traite négrière du XVe au XIXe siècle,* Documents de travail et compte rendu de la Réunion d'experts organisée par l'Unesco à Port-au-Prince, Haïti, 31 janvier – 4 février 1978, Unesco, 1985 ; *De la Traite à l'esclavage*, actes du colloque international sur la traite des Noirs, Nantes 1985, Tome I (V^e – XVIIIe siècles) & Tome II (XVIIIe – XIXe siècles), édités par Serge DAGET, Société de Recherche sur l'Histoire du Monde Atlantique et la Société Française d'Histoire d'Outre-Mer, 1988.

[47] *Ibid.*

[48] Bernard DURAND, *Histoire comparative des institutions*, *op. cit.*

[49] Marc FERRO, *Histoire des colonisations des conquêtes aux indépendances XIIIe – XXe siècle*, *op. cit. ; Le livre noir du colonialisme* (sous la direction de Marc FERRO), *op. cit.*

[50] Henri BRUNSCHWIG, *Le partage de l'Afrique Noire*, Paris, Flammarion, 1971.

[51] Jacques FRÉMEAUX, *Les empires coloniaux dans le processus de mondialisation*, Paris, Maisonneuve et Larose, 2002 ; *Les Administrations coloniales XIXe – XXe siècles Esquisse d'une histoire comparée* (sous la direction de Samia EL MECHAT), Presses universitaires de Rennes, 2009 ; Pierre GUILLAUME, *Le monde colonial, XIXe – XXe siècle*, Paris, Armand Colin, 1974 et 1999.

[52] « 1960 fut (sauf pour Djibouti indépendant seulement en 1977) la date des indépendances francophones de l'Afrique de l'Afrique noire. Mais 1958 (indépendance de la Guinée) a une charge symbolique. 1956 fut le point de départ des décolonisations en Afrique, avec celle du Soudan et de la Tunisie et la loi-cadre française, 1957, et l'indépendance du Ghana, est un signe fort ». Cf. *Petit précis de remise à niveau sur l'histoire africaine à l'usage du président Sarkozy* (sous la direction d'Adama Ba KONARÉ), Paris, Editions La Découverte, 2009. Odile GOERG, Jean-Luc MARTINEAU et Didier NATIVEL, *Les Indépendances en Afrique – L'évènement et ses Mémoires 1957/1960-2010* (sous la direction de), Presses Universitaires de Rennes, 2013.

[53] Afrique du Sud, Algérie, Angola, Bénin, Botswana, Burkina Faso, Burundi, Cameroun, Cap-Vert Centrafrique, Comores, Congo-Brazzaville, Côte d'Ivoire, Djibouti, Egypte, Erythrée, Ethiopie, Gabon, Gambie, Ghana, Guinée Bissau, Guinée Conakry, Guinée Equatoriale, Kenya, Lesotho, Liberia, Libye, Madagascar, Malawi, Mali, Maroc, Ile Maurice, Mauritanie, Mozambique, Namibie, Niger, Nigeria, Ouganda, République démocratique du Congo, Rwanda, Sao Tomé et Principe, Sénégal, Seychelles, Sierra Leone, Somalie, Soudan, Soudan du sud, Swaziland, Tanzanie, Tchad, Togo, Tunisie, Zambie, Zimbabwe. (Cf. http://www.un.org/fr/member-states/)

s'entremêlent à des apports lointains venant de l'Égypte pharaonique, de l'islam, du christianisme et de l'État de droit occidental[54]. Or, quoique désormais émancipée de la discrimination dont il a fait l'objet dans l'histoire, l'Afrique est toujours « absente » dans les travaux de philosophie du droit[55] qui se multiplient pourtant de manière exponentielle[56]. C'est que l'Occident aime toujours à voir dans sa civilisation l'exclusivité du droit et de la philosophie[57]. S'assigner un tel privilège

---

[54] Rodolfo SACCO, *Le droit africain – anthropologie et droit positif, op. cit.* ; P.-F. GONIDEC, *Les droits africains Evolution et sources*, T. 1, 2e édition Paris, LGDJ, 1976 ; Kéba MBAYE, « Sources et évolution du droit africain », dans *L'Etat moderne : horizon 2000 Aspects internes et externes, Mélanges offerts à P.-F. Gonidec*, Paris, LGDL, 1985, p. 341-357 ; *De l'esprit du droit africain, Mélanges en l'honneur de Paul Gérard Pougoué*, Paris, Wolters Kluwer & CREDIJ, 2014 ; Elias T. OLAWALE, *La nature du droit coutumier africain*, Paris, Présence africaine, 1961 ; Guy A. KOUASSIGAN, *Quelle est ma loi ? Tradition et modernisme dans le droit privé de la famille en Afrique noire francophone*, Paris, Editions Pedone, 1974.

[55] Dans un article intitulé *Discours philosophiques africains : où en est le problème du droit ?* (dans *Droit et Cultures*, n° 40, 2000/2, p. 165-186), Jean-Godefroy BIDIMA explique pourquoi il y a cette absence. A cet effet, il procède à une démarche généalogique qui, d'une part, met en lumière le cheminement de la philosophie africaine à travers les querelles de statuts et l'affirmation des positions et, d'autre part, tente une explication sur l'impasse qui a été faite sur le droit et dont la conséquence est l'omniprésence des thèmes de la philosophie politique. « La philosophie africaine (…), conclut-il, a été prisonnière jusqu'à une époque récente des problématiques coloniales. Son ambition de promouvoir l'émancipation de l'Afrique s'est heurtée à un obstacle relatif à ses *a priori*. Cette philosophie, même quand elle empruntait les méthodologies de la phénoménologie ou du marxisme, restait rivée aux problèmes de l'identité de l'Africain. Vis-à-vis de son insertion dans la temporalité, cette philosophie opérait deux fuites. D'abord, elle regardait le passé africain pour y découvrir une essence africaine. Et ceux qui ont critiqué cette tendance restaient eux-aussi, bornés par le désir de définir ce qu'est une véritable philosophie… africaine. Cette ambition de ''prouver'' à tout prix dérive du fameux complexe du colonisé. Ensuite, ceux qui ne prenaient pas le passé comme alibi faisaient une fuite en avant dans des utopies abstraites. Le grand thème de l'unité des Noirs basée sur un argument racial a nourri des options comme le panafricanisme. Là aussi, la soi-disant unité primitive est hypostasiée et poussée dans le futur. Entre ces problèmes de provenance, d'origine, et ceux des buts futurs, entre l'ambition de la fondation d'une existence sur les origines et la poursuite de la finalité, il y a l'entre-deux ; le moment de l'instauration du présent. Et c'est dans ce présent qu'il faut aujourd'hui ancrer une réflexion véritable sur la philosophie du droit. La constitution de l'espace public de discussion où le sujet assume dans l'incertitude sa condition reste aujourd'hui l'un des problèmes majeurs de l'Afrique ».

[56] *Dictionnaire des grandes œuvres juridiques* (sous la direction de Olivier CAYLA & Jean-Louis HALPERIN), Paris, Dalloz, 2010 ; Philippe MALAURIE, *Anthologie de la pensée juridique*, 2ème édition, Paris, 2001, Editions Cujas ; Bruno OPPETIT, *Philosophie du droit*, 1ère édition, Paris, Dalloz, 1999 ; Michel VILLEY, *La formation de la pensée juridique moderne*, Paris, PUF, 2003 ; Jean-Cassien BILLIER & Aglaé MARYOLI, *Histoire de la philosophie du droit*, Paris, Armand Colin, 2001 ; Guido FASSO, *Histoire de la philosophie du droit XIXème et XXème siècles*, Paris, LGDJ, 1976 ; Henri BATIFFOL, *La philosophie du droit*, Paris, PUF, que sais-je ?, 1960.

[57] « Dès lors, et aussitôt qu'on sort du contexte des cultures et de pensée occidentales, la question qui se pose est de savoir si le concept de philosophie est transposable aux autres cultures et à quelles conditions. En d'autres termes, la philosophie est-elle un genre dont différentes espèces peuvent être produites ailleurs ou au contraire est-elle une espèce dont tous les individus appartiennent et ne peuvent appartenir qu'à une aire culturelle donnée, à l'exclusion de toutes les autres ? Plus fondamentalement encore, le mot philosophie a-t-il des équivalents dans d'autres langues, et en particulier dans les langues africaines ? ». Cf. Issiaka-Prosper L. LALÈYÊ, *20 questions sur la philosophie africaine*, Paris, L'Harmattan, 2010, p. 31.

ne peut procéder que par une éviction du reste du monde, c'est-à-dire le refus de reconnaitre l'existence d'une « pensée » qui plus est « juridique », notamment chez les peuples dits « primitifs » ou « sauvages »[58]. Pourtant, comme l'observe le Père Placide Tempels[59], « celui qui prétend que les primitifs ne possèdent point de système de pensée, les rejette d'office de la classe des hommes (...). Affirmer *a priori* que les primitifs n'ont pas d'idées au sujet des êtres, qu'ils n'ont pas d'ontologie et que toute logique leur fait défaut, c'est tourner le dos à la réalité (...). En effet, si les primitifs ont une conception particulière de l'être et de l'univers, cette ''ontologie'' propre donnera un caractère spécial, une couleur locale, à leurs croyances et pratiques religieuses, à leurs mœurs, à leur droit, à leurs institutions et coutumes, à leurs réactions psychologiques et plus généralement à tout leur comportement ». Michel Virally abonde dans le même sens : « Tous les systèmes juridiques ont été pensés par les hommes qui les créaient et par ceux qui y étaient soumis. C'est là un point commun à tous. Ceux qui paraissent aujourd'hui les plus absurdes, voire les plus monstrueux, ont été reçus par des esprits humains. Et si nous les reconnaissons encore comme juridiques, au moins par certains aspects, c'est qu'ils étaient construits à partir de représentations qui sont encore les nôtres »[60]. C'est dire que si Rome et la Grèce antique furent juridiquement et philosophiquement des mondes prodigieux, elles ne furent pas « le Monde »[61]. À

---

[58] « Autrement dit, il y aurait soit inexistence de la pensée juridique dans ces sociétés traditionnelles ; soit la pensée juridique des sauvages serait une ébauche de la ''véritable'' pensée juridique, dans le sens où ceux-ci balbutieraient le droit que nous prononçons avec le Verbe de la Loi, en tout cas, il n' y aurait pas de pensée juridique sauvage dans le sens d'un système conceptuel achevé et autonome ». Cf. Norbert ROULAND, « La coutume et la pensée juridique sauvage : l'apport des sociétés Inuit », dans *La coutume*, Recueils de la Société Jean Bodin pour l'histoire comparative des institutions, *op. cit.*, p. 311.

[59] Placide TEMPELS, *La philosophie Bantoue*, Paris, Présence Africaine, 1949, p. 15-16.

[60] Michel VIRALLY, *La pensée juridique*, Paris, LGDJ, 1960, p. XXXIV.

[61] Car, de l'autre côté de la Terre, les autres civilisations n'ont que faire d'une « fondation » occidentale du droit et de la raison philosophique. En effet, « la philosophie suppose la préexistence de la religion et de l'organisation sociale que sous-tend cette religion. Elle suppose aussi l'existence des mythes, des légendes, des cosmologies et cosmogonies dans les mailles desquelles les groupes humains ont coutume de s'insérer dans le but d'assurer leur pérennité et de garantir l'efficacité de leurs actions par rapport à la nature et autres groupes humains. Or, toutes ces réalités humaines qui préexistent à la philosophie portent l'empreinte de l'esprit humain, de sa logique, de ses émotions, de sa foi, de ses craintes, de ses espoirs et de sa raison. La vie humaine individuelle et collective s'organise ainsi autour de ces différentes finalités qu'on a tendance à prendre pour autant de logiques distinctes ; en s'imaginant qu'il y aurait une logique de la religion, une logique de la science, une logique de la politique et une logique de la philosophie. Ce faisant, on confond les finalités de ces quatre activités humaines avec la logique de l'esprit humain qui demeure la même que quelle que soit la variété des activités dans lesquelles cet esprit s'investit (...). La nature rationnelle de la rigueur philosophique ne signifie pas qu'une pensée qui traite de Dieu ne puisse pas être philosophique. Elle signifie simplement que parmi les différentes manières dont la pensée peut aborder le thème de Dieu, cératines peuvent être qualifiées de philosophiques et d'autres pas. Et celles que l'on peut dire philosophiques sont justement celles qui se limitent rigoureusement à ce que l'être humain peut percevoir par lui-même et à ce que son intelligence –par ailleurs limitée– peut permettre de comprendre et d'expliquer, sans que l'on puisse dire du contenu de la foi et de la révélation qu'il est irrationnel ou étranger à l'homme ». Cf. Issiaka-Prosper L. LALÈYÊ), *20 questions sur la philosophie*

travers les âges et les pays, la pensée juridique a toujours été diverse selon la représentation que les sociétés ont de la vie[62]. Elle a toujours été dans l'histoire « une dialectique effervescente, un champ de bataille sur la justice, l'utile, le bien, le mal : les grands enjeux de la vie »[63] qui donnent sens à l'itinérance humaine[64]. « Toute société, écrit Pierre Legendre, est amenée à construire l'univers fictionnel de sa Référence, sur laquelle puisse se fonder une indestructibilité, non pas matérielle ni physique, mais symbolique [...] la vie et la reproduction de la vie sont liées à la constitution, par la société, d'un discours de légitimité qui fonde la vie et la reproduction de la vie »[65]. On ne peut donc objectivement admettre l'existence du droit en Afrique et ignorer son fondement[66] théorique ou philosophique, c'est-à-dire l'épistémologie ou l'essence de sa production. Il s'agit dès lors d'ausculter l'histoire des institutions pour identifier les finalités par rapport auxquelles, de l'Égypte antique à la période contemporaine, le droit se définit et se fonde en Afrique. Nous verrons comment le droit qui était originellement ancré à un fondement magico-religieux (**I**) a d'abord muté à partir du XVe siècle dans une perspective chrétienne avant sa laïcisation, pour finalement se reposer sur le dogme étatique importé d'Occident dès l'aube de la colonisation du XIXe siècle (**II**).

---

africaine, *op. cit.*

[62] Ainsi, « la société traditionnelle refuse le productivisme et la capitalisation de surplus parce qu'ils contiennent en germe l'inégalité socio-économique ; s'efforce de contrôler ses leaders pour éviter que la société ne se divise en dominants et dominés ; voile le droit en le maintenant sous forme orale et en le reliant à la religion et à la nature ; atténue l'officialisation des conflits, dans son obsession de prévenir la division et, à l'extrême, la déstructuration de la société ». Cf. Norbert ROULAND, « La coutume et la pensée juridique sauvage : l'apport des sociétés Inuit », *op. cit.*, p. 313.

[63] Philippe MALAURIE, *Anthologie de la pensée juridique, op. cit.* (avant-propos). « Toute la pensée juridique, poursuit l'auteur (*Ibid.*), s'est toujours élevée contre l'injustice et la carence du droit à défendre les pauvres, les humbles et les petits contre les puissants ; elle a toujours voulu que le droit devînt libérateur et cessât d'être oppresseur. Mais c'est une œuvre sans fin : un tonneau des Danaïdes. Ce sont presque tout le temps les mêmes questions qui sont récurrentes : la justification, la critique ou l'exaltation de la justice et du pouvoir ; leurs rapports avec la force, le fait, l'idéal, la foi, la nature, la raison, la logique, la dialectique, l'histoire, l'expérience, l'empirisme, la lutte, la liberté, la recherche du pouvoir, l'intérêt, la volonté, l'utilité, le marché, le progrès, la décadence, la vie ».

[64] « L'œuvre juridique répond au besoin, vital pour toute société, de partager un même devoir-être qui la prémunisse de la guerre civile ». Cf. Alain SUPIOT, *Homos juridicus - Essai sur la fonction anthropologique du droit,* Paris, éditions du Seuil, 2005, p. 24.

[65] Pierre LEGENDRE, « Ce que nous appelons le droit. Entretien avec Pierre Legendre », *Le Débat*, 1993/2 (n° 74), p. 98-111. DOI : 10.3917/deba.074.0098. URL : https://www.cairn.info/revue-le-debat-1993-2-page-98.htm. Cité, Bernadette MENU, *Recherches sur l'histoire juridique, économique et sociale de l'ancienne Egypte,* p. 85.

[66] « Valeur, référence de base (souvent associée à d'autres) sur laquelle repose une règle, une institution, un système juridique et qui en éclaire l'esprit ». Cf. Gérard CORNU, *Vocabulaire juridique*, Paris, Quadrige/PUF, 9e édition, 2011, p. 464. Lire aussi Simone GOYARD-FABRE, *Les fondements de l'ordre juridique*, Paris, PUF, 1992.

I. L'ANCRAGE ORIGINEL DU DROIT EN AFRIQUE À UN FONDEMENT MAGICO-RELIGIEUX : LA TENDANCE SUBSTANTIELLE AU JUSNATURALISME ET AU PLURALISME JURIDIQUE AVANT L'ÈRE COLONIALE OCCIDENTALE

De par l'ancienneté des objets et des squelettes humains qui y ont été trouvés, l'Afrique apparaît aux yeux des savants comme le berceau de l'humanité[67]. En effet, c'est dans ce continent que le premier type d'homme d'où est issue notre espèce a vécu. En l'absence de trace écrite ou de témoin, l'on ne sait exactement quelle idée de droits de l'homme a pu exister durant ces époques préhistoriques. Mais à partir de l'interprétation des vestiges archéologiques[68], l'on estime qu'à partir de l'*Homo sapiens* (il y a environ 100 000 ans), l'homme a pu recourir au droit pour inventer les nouvelles règles nécessaires à sa vie sociale et économique[69], et ainsi perfectionner, par un langage articulé, les innovations juridiques accomplies antérieurement : l'organisation de la famille autour des rapports de parenté, la prohibition de l'inceste, la régulation de la fécondité, la domestication du feu, la division sexuelle du travail, les sépultures collectives et la linguistique sont autant d'indices de la préhistoire du droit depuis l'époque paléolithique[70]. Dès l'origine, le rapport de l'homme au droit, et plus sûrement à la religion, l'a distingué de l'animal par l'ampleur de ce qu'il a construit à partir de la nature. Son inquiétude métaphysique[71] a constitué une étape importante dans son processus juridique de socialisation. Ce soubassement religieux est demeuré depuis au moins l'époque néolithique une constance fondatrice du droit[72]. Pas

---

[67] Camille ARAMBOURG, *La genèse de l'humanité*, *op. cit.* ; Hadembes YEBETIT, « L'Afrique Berceau de l'humanité », dans *Pour une histoire de l'Afrique* (sous la direction de Maria R. TURANO et Paul VANDEPITTE), *op. cit.* ; G. MOKHTAR, *Afrique Ancienne*, t. II, *Histoire générale de l'Afrique*, *op. cit.* ; Joseph KI-ZERBO, *Histoire de l'Afrique*, *op. cit.* ; Robert CORNEVIN, *Histoire de l'Afrique*, *op. cit. ; Histoire générale de l'Afrique noire* (sous la direction d'Hubert DESCHAMPS), *op. cit.* ; Marianne CORNEVIN, *Secrets du continent noir révélés par l'archéologie*, *op. cit.* ; Catherine COQUERY-VIDROVITCH *Petite histoire de l'Afrique*, *op. cit.* ; H. ALIMEN, *Préhistoire de l'Afrique*, Paris, Editions N. Boubée et Cie, 1955.

[68] Marianne CORNEVIN, *Secrets du continent noir révélés par l'archéologie*, *op. cit.* ; H. ALIMEN, *Préhistoire de l'Afrique*, *op. cit.*

[69] « D'une part, quand il quitta l'Afrique, et ensuite lorsque les glaces et le gibier reculèrent sur les terres où il s'était installé ». Cf. Norbert ROULAND, *Aux Confins du droit*, *op. cit.*, p. 38.

[70] Cf. Norbert ROULAND, *Aux Confins du droit*, *Ibid.* ; Rodolfo SACCO, *Anthropologie juridique - Apport à une macro-histoire du droit*, *op. cit.*

[71] « L'inhumation des morts dans les sépultures (souvent en position de fœtus) et le dépôt d'offrandes à leurs côtés constituent un des signes » qui en attestent. Cf. Norbert ROULAND, *Aux Confins du droit*, *Ibid.*

[72] « Nous ne pouvons pas comprendre le droit antérieur à l'Etat si nous ignorons qu'en ces temps-là toute la vie de l'homme est envahie par le sacré et que la vie du droit n'échappe à cette constance (…). Il n'y a pas lieu ici de dater le surnaturel qu'il faudra bien lier au culte des morts (à partir de 300 000 av. J.-C.) et peut être aux arts figuratifs (à partir de 35 000 av. J.-C.). Il convient, au contraire, ici de souligner combien la présence du sacré peut bouleverser toute la vie du droit. Le droit doit déterminer les lignes de conduite à suivre, établir les faits et trouver les remèdes. Le surnaturel offre une coopération admirable pour toutes ces tâches. On entre en communication avec le surnaturel et

étonnant alors que les premières grandes civilisations africaines, qu'il s'agisse de l'Égypte pharaonique ou des Empires du Soudan occidental, aient bâti leurs systèmes juridiques sur un fondement magico-religieux, révélateur de leur vision du droit et de leur attachement à l'idée de justice. Autrement dit, il n'est pas possible de traiter des institutions égyptiennes sans référence à la Maât (*A*), ou encore des institutions soudanaises en faisant abstraction au caractère sacré - ancestral ou islamique- qui est reconnu au droit africain traditionnel (***B***).

A. LA MAÂT, RÉFÉRENT ÉTHIQUE DU DROIT ET DE LA JUSTICE DANS L'ÉGYPTE ANTIQUE

L'Égypte est la seule région de l'Afrique à être entrée très tôt dans l'histoire[73]. C'est le premier des pays de l'Antiquité à être unifié sous un seul gouvernement, à une période où ses voisins n'étaient encore que de petites cités, au mieux des cités États[74]. Sa région habitée se limitait alors à la vallée du Nil[75] et à son Delta. Les témoignages archéologiques y ont décelé des traces humaines depuis l'époque paléolithique[76], mais l'histoire proprement dite de l'Égypte commence vers 3100 avant J.-C.[77], avec deux royaumes ayant leur berceau à Bouto dans le Delta et à Nekhen en Haute Égypte. Ménès, chef de la Haute-Egypte, par ses victoires militaires et ses intrigues politiques, aurait étendu sa domination à la

---

on reçoit l'indication voulue : la règle à adopter. (...). Les anthropologues ont recueilli une documentation impressionnante et admirable sur le sacré et sur la magie comme instruments qui peuvent conférer un ordre dans la vie sociale ». Cf. Rodolfo SACCO, *Le droit africain, Le droit africain – anthropologie et droit positif, op. cit.* p. 26-28.

[73] A. ERMAN & H. RANKE, *La civilisation égyptienne*, *op. cit.*

[74] Jean GAUDEMET, *Les institutions de l'Antiquité*, *op. cit.*

[75] « Ce fleuve unique en son genre, sujet à une crue annuelle laissant des limons fertiles (source d'une autosuffisance agricole exceptionnelle), constituait une voie navigable reliant les divers établissements nés sur ses bords – sorte de long corridor d'implantation humaine bordé, de part et d'autre, par le désert ». Cf. *Atlas historique de l'Afrique, op. cit.*, p. 40. « La naissance de l'Etat pharaonique résulte pour une bonne part d'un phénomène de changement climatique. (...) après un épisode humide, la sécheresse contraint les hommes à abandonner les zones limitrophes du Nil, jusque-là favorables au pastoralisme, pour se concentrer sur la vallée du fleuve et s'y sédentariser. Avec l'abandon de l'élevage au profit de l'agriculture, notamment les céréales, LA création d'importants surplus alimentaires favorise l'émergence d'un pouvoir centralisé fort ». Cf. *Atlas du Cameroun*, Paris, Editions Jeune Afrique, 2010, p. 22.

[76] « Les premières traces d'humanité remontent à plus de 300. 000 ans et l'on peut suivre, au gré des fluctuations climatiques, le développement des cultures paléolithiques jusqu'aux derniers épipaléolithiques attestés, vers 6000 ans av. J.-C. L'origine du Néolithique demeure obscure en raison du faible nombre de sites caractérisant cette époque : el-Omari, Mérimdé Beni-Salamé et le Fayoum, tous localisés dans la partie nord de l'Egypte ». Cf. Béatrix MIDANT-REYNES & Dominique VALBELLE, « Egypte», dans *Dictionnaire de l'Antiquité* (sous la direction de Jean LECLANT), *op. cit.*, p. 763.

[77] « En combinant les dates obtenues par l'astronomie et les dates fournies par les listes royales (celles de Manéthon et celles des documents égyptiens) les généalogies, les synchronismes avec l'histoire des peuples voisins de l'Egypte, on est arrivé à fixer le début de l'histoire en Egypte au début du XXXe siècle avant notre ère ». Cf. Jean VERCOUTTER, *L'Egypte ancienne*, Paris, PUF, Que Sais-je ?, 10e édition, 1982, p. 38.

Basse Égypte, fondant à la pointe du Delta, à la jonction des deux anciens royaumes, une nouvelle résidence royale, le « Mur Blanc », qui deviendra « Memphis », première capitale de l'Égypte unifiée. C'est durant les périodes prédynastiques (3500-2950) et « thinite » (2950-2635) que les principautés antérieures à l'unification se sont structurées et ont lutté pour la suprématie. À la période thinite, succède la période classique marquée de manière discontinue par trois grands Empires au cours desquelles l'unité de la Haute et de la Basse-Egypte se consolide puissamment dans l'État : l'Ancien Empire (2635 à 2140 avant J.-C.), le Moyen Empire (2020 à 1720 avant J.-C.), le Nouvel Empire (1539-1069)[78].

Tout au long de son histoire impériale, l'Égypte, régie par une énorme machine administrative, est divisée en provinces, les « sepat », qu'on désigne sous la dénomination grecque de « nomes »[79]. La forme pyramidale de cette administration reflète le principe organisateur de la société égyptienne. En dépit du développement de l'État qui l'oblige à déléguer ses prérogatives à un certain nombre de serviteurs[80] dont le vizir, son homme de main, le pharaon demeure le seul détenteur du pouvoir, l'unique dispensateur de la justice[81], et en l'absence de tout corpus de lois codifiées ou coutumières, sa parole a force de loi[82]. Fils de « Rê »[83], il tire ses pouvoirs du créateur lui-même et est par conséquent

---

[78] Cf. Béatrix MIDANT-REYNES & Dominique VALBELLE, « Egypte», dans *Dictionnaire de l'Antiquité* (sous la direction de Jean LECLANT), *op. cit.*, p. 765. Les dates de ces périodes impériales sont approximatives d'un auteur à une autre : pour Jean VERCOUTTER (*L'Egypte ancienne, op. cit.*,), l'Ancien Empire se situe de 2780 à 2400 environ avant J.-C., le Moyen Empire de 2065 à 1785 avant J.-C., le Nouvel Empire de 1580 à 1200 avant J.-C. Pour ERMAN et RANKE, (*La civilisation égyptienne*, op. cit.), l'Ancien Empire se situe de 2900 environ à 2550 avant J.-C., le Moyen Empire de 2160 environ à 1780 avant J.-C., le Nouvel Empire de 1580 à 1100 avant J.-C. L'ancien Empire est celui des grandes pyramides et des tombeaux. Le Moyen Empire se distingue par ses temples et ses écoles de scribes. Sous le Nouvel Empire, l'Egypte étend son emprise au Proche-Orient et en Nubie, où le Pharaon Ramsès II fait ériger le temple d'Abou Simbel.

[79] Le territoire égyptien est en effet découpé en régions administratives, appelées *nomes*, qui sont chacune régie par un *nomarque*, responsable devant le vizir de sa compétence. Cf. Nathalie FAVRY, « Nome », dans *Dictionnaire de l'Antiquité* (sous la direction de Jean LECLANT), *op. cit.*, p. 1534-1535.

[80] « Dans son entourage immédiat, les serviteurs ont, dès l'ancien empire, des fonctions nettement différenciées. D'un côté ceux qui possèdent des titres honorifiques sans fonctions aucune, ceux dont les fonctions sont purement domestiques (perruquiers, médecins, blanchisseurs) ou cultuelles (prêtres ; d'autre part ceux qui ont des fonctions gouvernementales, mais ne sont en théorie que de grands commis que les textes désignent sous les termes de ''bouche'', ''langue'', ''yeux'' et ''oreilles'' du Pharaon. Le visir (Tati) se trouve à la tête de tous les services, à la fois gardien des archives royales, ministre de la guerre, chef de la justice, du trésor, et de l'agriculture. On peut dire sans exagérer qu'il gouvernait l'Egypte pour le roi, dominant de nombreux services dirigés chacun par un chancelier et peuplés de scribes hiérarchisés dont les fonctions sont très recherchées et qui s'attribuent le titre de ''chef des secrets'' (…) ». Cf. Bernard DURAND, *Histoire comparative des institutions*, *op. cit.*, p. 33-34.

[81] *Ibid.*

[82] *Ibid.*

[83] Nom du « Dieu solaire », « Dieu suprême », créateur de tout ce qui est. Cf. Dominique VALBELLE, « Rê», dans *Dictionnaire de l'Antiquité* (sous la direction de Jean LECLANT), *op. cit.*, p. 1869 ; François DAUMAS, *Les Dieux de l'Egypte*, Paris, PUF, collection Que sais-je ?, 1977 ; Grégoire

propriétaire du monde que Dieu lui a confié[84]. Le régime politique est une monarchique théocratique[85] et les pouvoirs (exécutif, législatif, judiciaire)[86] sont concentrés entre les mains du pharaon qui détient un pouvoir absolu[87] sur tous les Égyptiens. Le pharaon est à la fois l'administrateur principal, le chef des armées, le premier magistrat et le prêtre suprême de l'Égypte[88]. Son couronnement est accompagné d'une série de rites symboliques qui l'érige en dieu[89], de sorte que ses actes dans la gestion de l'État sont une transposition, une réplique de l'ordre divin symbolisé par la Maât[90].

BIYOGO, *Dictionnaire des connaissances philosophiques de l'Egypte antique*, Imhotep, octobre 2017, p. 241.

[84] *Ibid.*

[85] Cf. Bernard DURAND, *Histoire comparative des institutions*, *op. cit.*

[86] *Ibid.*

[87] « La justification d'une autorité unique, absolue et extra-temporelle consiste en une série de constats : seul un pouvoir fort est capable de garantir l'intégrité du territoire et l'unité d'un pays géographiquement double ; le détenteur de ce pouvoir est inséré dans l'ordre universel, créé par le démiurge, qu'il a pour mission de maintenir ; sa fonction est duelle ; son existence est manifeste avant la naissance et au-delà de la mort, de telle sorte qu'il participe à l'éternité solaire et institue la vie ». Cf. Bernadette MENU, *Maât l'ordre juste du monde*, Paris, Editions Michalon, Collection « le bien commun », 2005, p. 9.

[88] Cf. Bernard DURAND, *Histoire comparative des institutions*, *op. cit.*

[89] « Dans l'Ancien Empire, écrit MENU *(Maât l'ordre juste du monde, op. cit.*, p. 8*)* le roi tout-puissant domine les entités surnaturelles, il infléchit leur volonté par ses actes ; sous le Moyen Empire, le roi se présente comme l'égal des « dieux », tandis que le pharaon du Nouvel Empire leur est entièrement redevable du résultat de ses actions, tant guerrières que gouvernementales ».

[90] « A l'origine du concept, Maât a été très tôt incarnée sous les traits d'une gracieuse jeune femme à la chevelure ornée d'une plume d'autruche. Assise à même le sol ou sur une corbeille – neb (signe hiéroglyphique désignant ''la totalité''), elle serre dans ses mains le ânkh, hiéroglyphe signifiant « vie » ; lorsqu'elle est figurée debout ou assise sur un trône, elle tient d'une main le ankh et de l'autre, s'appuie sur le sceptre – ouas, symbole de puissance et de domination attribué au roi et à certaines entités divines. Le nom de Maât peut être écrit à l'aide de deux hiéroglyphes : le socle, utilisé aussi comme base de trône royal ou divin, image de stabilité, et la plume d'autruche, symbole aérien, lumineux et ordonné. C'est encore une effigie de Maât qui, placée sur un des plateaux de la balance, sert de contrepoids au cœur du défunt pour en évaluer les actes lors du jugement divin. Maât est devenue, particulièrement à partir de la XVIIIe dynastie (XVIe - XIIIe siècles avant notre ère) une divinité à laquelle le culte était rendu. Plusieurs temples de Maât sont attestés, notamment à Thèbes, capitale du Nouvel Empire. Deux temples y étaient construits, l'un sur la rive droite du Nil, siège des instances politiques, où était vénérée la maât universelle et l'autre, à l'ouest, sur la rive des nécropoles où l'on se souvenait de la maât sociale, particulière, et de son expression judiciaire. Un clergé était voué à la déesse ; le titre de '' serviteur consacré'' ou ''divin'' (hem netjer) de Maât fait partie, dès les hautes époques, de la titulature des juges. La maât est une entité duelle et la double Maât, représentée par deux jeunes femmes identiques, coiffées de la plume, qui assistent le défunt devant le tribunal divin, exprime cette dualité. La maât est dédoublée en deux personnes distinctes (interprétées aussi comme les deux yeux de Rê, soleil et lune) mais de même essence, comme deux sœurs jumelles : la Maât céleste, totale, fille du dieu Rê, associée à la royauté et à ses idéologies que le défunt est censé avoir respectées, et la Maât terrestre, expression sociale et juridique de l'ordre établi, tel qu'il est garanti par le roi et susceptible d'être appliqué par les juges au cours d'une vie humaine ». Cf. Bernadette MENU, *Maât l'ordre juste du monde*, *Ibid.*, p. 10-11.

Ce principe normatif traduit « l'ordre juste du monde »[91] et s'impose au pharaon qui, en retour, se trouve en harmonie avec le cosmos[92]. La Maât est intimement liée à la nature même du régime pharaonique. « La mécanique pharaonique est mue par un double engrenage (divinité-maât-roi/roi-maât-humanité) dont la pièce centrale est le pharaon parce qu'il rend tangible le lien qui l'unit à la Maât et, à travers elle, au Créateur, son père »[93]. Le principe pharaonique exige que le roi amène la Maât (ordre) au pays et repousse l'isfet (chaos)[94]. Il est garant de l'ordre dynamique, de la « production de la vie »[95], et il assume cette tâche en conjurant le désordre en toutes circonstances. Les lois, émanation du *Ka*[96], sont édictées non seulement pour gérer, mais aussi pour protéger et faire prospérer. Tous les dignitaires (magistrats, prêtres, vizirs, scribes, etc.) qui agissent au nom du pharaon dans l'élaboration et l'application des lois sont astreints à l'obligation de se conformer à la Maât, c'est-à-dire qu'ils doivent éditer des actes justes, non arbitraires, sous peine de subir le « jugement des morts »[97]. En matière judiciaire, la composition collégiale des tribunaux participe de la quête de la vérité absolue au nom de la Maât : plus il y a de juges, moins il est possible de commettre des erreurs judiciaires. Cette recherche permanente de la vérité[98] dans un souci d'équité rend délicat ou complexe le prononcé de tout

---

91 Il symbolise l'ordre juste en ce sens qu' « il définit l'ordonnancement du monde selon l'exigence des aptitudes logiques (vérité) des aptitudes juridiques (justice) et des aptitudes de la mesure et de l'équilibre (pondération du jugement, harmonie des parties) ». Cf. Grégoire BIYOGO, *Dictionnaire des connaissances philosophiques de l'Egypte antique*, *op. cit.*, p. 169.

92 Henri DECOEUR, « Maât, entre cosmologie et mythe : le principe constitutionnel d'un Etat chtonienne en ancienne Egypte », *Revue juridique Thémis*, 45-2 (2012-01-01).

93 Cf. Bernadette MENU, *Maât l'ordre juste du monde*, *op. cit.*, p. 8.

94 « Si maât est l'ordre source de vie dont les hommes ont besoin pour exister et dont les forces surnaturelles se nourrissent afin de perpétuer leur action, l'isfet est son antonyme exact. Ordre, vie, équilibre cosmique, vital et social, paix par la victoire, prospérité, justice, équité, vérité, maât représente toute cela ; l'isfet désigne le désordre, le chaos mortifère, la misère, les ennemis, l'iniquité, l'injustice, la désintégration sociale dont le détonateur est le mensonge ». Cf. Bernadette MENU, *Maât l'ordre juste du monde*, *Ibid.*, p. 10.

95 MBOG BASSONG, *La théorie du droit en Afrique, concept, objet, méthode et portée*, MeduNeter, 2016, p. 77.

96 Principe divin qui inspire le roi dans sa fonction législative.

97 En effet, les anciens Egyptiens croient en un Au-delà. Ils craignent qu'un tribunal y décide de leur sort non pas en tenant compte de leur statut social ou de leur richesse mais en fonction du respect, au cours de leur vie, de règles incarnées par la Maât. « Indubitablement, écrit Henri Decoeur, l'une des scènes les plus connues de l'iconographie égyptienne est celle de la psychostasie – le jugement des morts, où les actes du défunt sont évalués sous le regard d'un tribunal divin (…). Avant que l'âme du défunt ne soit confrontée à la maât, nomos de l'au-delà, celui-ci déclame une déclaration d'innocence qui nous renseigne en négatif sur ce que prescrit la maât. On y trouve une longue série de fautes que le défunt affirme n'avoir pas commises. Si la déclaration d'innocence prend la forme d'un code de préceptes relativement concrets, la tare qui sert à mesurer la rectitude des actions du défunt est unique et invariante. Maât constitue donc une référence – un canon éthique, c'est-à-dire un principe normatif, universel et absolu ». Cf. Henri DECOEUR, *Maât, entre cosmologie et mythe : le principe constitutionnel d'un Etat chtonienne en ancienne Egypte*, *op. cit.*, p. 351-352.

98 « L'instruction d'une affaire est effectuée soigneusement. Les magistrats réunissent les indices et les preuves des faits allégués, privilégiant les témoignages et la production d'actes authentiques, en

verdict : la Maât est la source du droit généralement invoquée par les juges. La sanction judiciaire a pour but outre de punir, mais aussi de « réparer » la faute commise et de rétablir l'ordre[99].

Référent éthique de vérité et de justice dans l'Égypte pharaonique, la Maât « est à la fois la norme, la mécanique et l'incarnation d'un ordre cosmologique dont l'immutabilité garantit le fonctionnement harmonieux du monde »[100]. Fondée sur la recherche de la prospérité dans l'intérêt de tous, sur le partage des responsabilités à tous les niveaux de la hiérarchie sociale, et sur le principe de la résolution des conflits selon les règles de l'équité[101], elle est source d'un droit naturel[102] qui inspire la justice individuelle en restituant à chacun son dû[103]. Clé de voûte idéologique et institutionnelle de l'Égypte pharaonique, la Maât est une valeur transcendante de justice, révélatrice des vérités cosmiques dont le droit n'est qu'une fidèle transcription éthique pour garantir en permanence la vie. Cette valeur jusnaturaliste a permis la survie du régime pharaonique égyptien durant

---

ordonnant au besoin enquêtes et perquisitions. Le serment solennel peut être déféré à l'une ou l'autre partie, en cas de doute, au cours et ou à l'issue du travail d'instruction, mais, en principe, il n'est pas décisoire et la sanction du parjure relève uniquement de la sphère de croyances. L'aveu lui-même n'est pas une preuve absolue ; le procès des vols dans les temples et les tombes de la région thébaine, à la fin de l'époque ramesside, montre un cas de rétractation, l'aveu ayant été délivré par crainte. On ne recourt pas habituellement à la torture judiciaire pour obtenir l'aveu : les tourments sont utilisés de manière tout à fait exceptionnelle dans les affaires très graves afin de lever les ultimes doutes des juges. (...). La sentence est prononcée lorsque les faits sont établis et que les juges ont forgé leur intime conviction. Les magistrats jugent selon l'équité ; d'une manière générale, ce n'est pas une règle de droit qui est invoquée lors du règlement d'un conflit mais la mise en évidence, grâce au travail d'investigation des juges, d'une situation de fait qui sera considérée comme conforme ou non à l'ordre en vigueur, manifestation de la maât. Dans le dispositif du jugement, les juges vont confirmer l'une des prétentions, rejeter l'autre, s'il ya lieu prononcer une peine, et, dans les cas graves, envoyer l'affaire devant une juridiction supérieure. La partie qui a gagné le procès est dite maâty, et celle qui l'a perdu, âdja. Ces termes techniques n'ont aucune connotation morale. Maâty signifie « conforme à la maât » et adja, ''dans la mauvaise voie'', ''en opposition'', et non ''coupable'' ». Cf. Bernadette MENU, *Maât l'ordre juste du monde*, *op. cit.*, p. 104-105.

[99] *Ibid.*

[100] Cf. Henri DECOEUR, *Maât, entre cosmologie et mythe : le principe constitutionnel d'un Etat chtonienne en ancienne Egypte.*, op. cit., p. 351.

[101] « Au sein du corps social, l'évitement est la règle. Il s'agit d'assurer le triomphe de la maât. Si le conflit surgit malgré tout c'est selon l'équité qu'il sera résolu, et le règlement du conflit va créer le droit, puisque dans l'idéal on ne va solliciter la justice que si l'on a une prétention défendable. Le conflit, qu'il soit politique, social, judiciaire, n'est utile que s'il a des résultats positifs, que s'il réalise une victoire de l'organisation sur l'incréé ». Cf. Bernadette MENU, *Egypte pharaonique. Nouvelles recherches sur l'histoire juridique, économique et sociale de l'ancienne Egypte*, Paris, L'Harmattan, 2004, p. 34. Cité, MBOG BASSONG, *La théorie du droit en Afrique, concept, objet, méthode et portée*, *op. cit.*, p. 75.

[102] Alain SÉRIAUX, *Le droit naturel*, Paris, PUF, Collection Que sais-je ?, 2e édition corrigée, 1999.

[103] « L'hypothèse selon laquelle Aristote (précepteur d'Alexandre le Grand qui fut un grand admirateur de la civilisation pharaonique) reçu probablement, par l'intermédiaire des philosophes grecs qui le précédèrent, l'héritage de la pensée politique et sacerdotale de l'Egypte antique dont les temples lagides et la ville d'Alexandrie furent plus tard les conservatoires et les relais, acquiert ainsi un caractère entièrement plausible ». Cf. Bernadette MENU, *Maât l'ordre juste du monde*, *op. cit.*, p. 107-108.

près de trois mille ans, et sa substance philosophique a continué d'irriguer sous la forme des mythes ancestraux[104] l'ordre juridique africain traditionnel en dépit de la pénétration de l'islam.

B. L'IMPACT RELATIF DE L'ISLAM SUR LE FONDEMENT ANIMISTE DU DROIT ORIGINEL AFRICAIN (VIIE-XVIE SIÈCLES)

Dès la fin du Nouvel Empire, l'Égypte amorce sa décadence[105]. Elle devient la proie des Empires voisins de l'Assyrie, des Perses, des Grecs et des Romains[106]. Mais une partie de son héritage se diffuse vers le Sud, dans la Nubie ancienne. L'assèchement du Sahara entraîne un reflux des populations noires sédentaires vers les zones soudanaises et certaines oasis[107]. À la fin de l'ère préchrétienne, les trois grands groupes de nomades peuplant le Sahara sont déjà en place : les Berbères, les Touareg et les Toubou. Ces nomades donnent une nouvelle vie au désert grâce au chameau, un dromadaire à une bosse capable de résister au manque d'eau pendant une dizaine de jours de marche d'oasis en oasis. Les siècles suivants sont obscurs et ne permettent pas d'établir avec exactitude les migrations de peuples sahariens vers les régions plus arrosées du Sud, celles notamment des Bantou[108] à travers la forêt et les savanes méridionales[109]. Ce qui est certain, à l'est de l'Afrique, est né dès la fin du VIIe siècle, le royaume de Nubie de la fusion des royaumes de Makuria et d'Alodia, deux des trois Etats qui ont succédé à Méroé.

---

104 « La pensée africaine traditionnelle recèle une philosophie que l'on pourrait qualifier de fossile. Cette pensée est faite des séquences de rationalité contenues dans les mythes, les contes, les légendes, proverbes, adages, etc. ». Cf. Issiaka-Prosper L. LALÈYÊ, *20 questions sur la philosophie africaine*, *op. cit.*, p. 42.

105 Cf. Jean VERCOUTTER, *L'Egypte ancienne*, *op. cit.*, p. 73-74. Avec l'arrivée en masse des Indo-Européens en Libye, en Méditerranée et en Asie vers 1200, l'Egypte ne retrouvera plus jamais son éclat.

106 En 525 avant J.-C., l'Egypte succombe devant l'invasion des Perses, avant de passer, deux siècles plus tard sous la coupe des Grecs d'Alexandre le Grand. En 30 avant J.-C., elle est annexée par les empereurs romains. Cf. *Atlas du Cameroun*, Paris, Editions Jeune Afrique, 2010, p. 22.

107 Au 1er millénaire avant J.-C., « le desséchement continue de pousser les Négroïdes au sud du Sahara, où ils sont remplacés par des Caucasoïdes (Libyco-Berbères). Les Négroïdes Proto-Bantou peuplent la forêt et les savanes immédiatement au sud, refoulant les Capoïdes (Khoisan) peu à peu vers l'Afrique méridionale. Des routes de caravanes (chars) permettent le franchissement du Sahara par des itinéraires riches en points d'eau. Les archipels au large des côtes (sauf les canaries) et Madagascar sont encore inhabités ». Cf. G. MOKHTAR, *Afrique Ancienne*, t. II, *Histoire générale de l'Afrique*, *op. cit.*, p. 46.

108 *Les peuples Bantu Migrations, expansion et identité culturelle*, Tome I & II, (sous la direction de Théophile OBENGA), Paris, L'Harmattan, 1989.

109 « L'évolution de l'Afrique subsaharienne à l'époque antique est beaucoup moins connue. Le phénomène marquant est celui de la lente et *régulière* migration des peuples noirs vers le cœur puis le sud du continent. La mise en place du peuplement bantou se fera ainsi depuis le début de l'ère chrétienne jusqu'à la fin de XVe siècle. Partis de la région du lac Tchad, des groupes parviennent en Afrique congolaise et rhodésienne où ils s'organisent en confédérations et en Etats ». Cf. *Atlas du Cameroun*, Paris, Editions Jeune Afrique, 2010, p. 23.

En Éthiopie, la progression de l'islam a fait tomber Axoum la chrétienne. Par la suite, le pays sera unifié par les Zagwé (1130-1270) que remplaceront les Salomonides. Cette région australe d'Afrique connaîtra plus tard l'émergence du Royaume bantou du Zimbabwe. À l'ouest de l'Afrique, le Ghana, fondé au IVe siècle, est le premier État sahélien à profiter d'une position stratégique sur les nouvelles routes. Au XIe siècle, il entre en déclin au profit de l'Empire du Mali qui lui-même, miné par les problèmes financiers et les querelles de succession, perd progressivement le contrôle du commerce transsaharien en faveur de l'Empire Songhaï. Pendant ce temps, au nord du Tchad, le Kanem musulman étend son influence de plus en plus loin vers le Nord. En pays Yorouba, au sud du Nigeria actuel, commence au XIIIe siècle, l'édification du Royaume du Bénin. C'est dire qu'entre le VIIe et le XVIe siècle, l'Afrique noire qui était pratiquement coupée du monde extérieur a vu fleurir des royaumes et de grands Empires[110].

C'est pendant cette période que l'islam pénètre le continent africain. Son expansion avait débuté par la conquête de l'Égypte et atteint aux environs de 650 l'actuelle Tunisie. De l'est à l'ouest du continent, sa progression se fait de manière différente. Au fur et à mesure que s'implante l'islam, se diffuse son droit, lequel gouverne tous ceux qui s'y convertissent, notamment de petits cercles restreints autour des souverains ainsi que les élites marchandes africaines. Partout en Afrique où l'islam s'impose, son « pouvoir est pluraliste et n'a d'ambition d'imposer le droit musulman qu'à ceux des nouveaux sujets qui embrassent la religion du conquérant »[111]. Dans les Empires du Soudan occidental où elle s'est particulièrement étendue, « la religion islamique véhicule avec elle des formes de gouvernement, une culture, un ensemble juridique susceptibles d'imprégner profondément les peuples qui l'adoptent »[112]. La loi islamique se confond avec la volonté de Dieu révélée aux hommes dans le Coran, manifestée par l'exemple du Prophète Mahomet et de ses compagnons (*Sunna*), ou le consentement unanime des docteurs (*Idjma*). D'origine divine, elle est sacrée et s'impose par conséquent à tous les détenteurs du pouvoir, à commencer par le Calife, vicaire de Dieu sur terre. Mais loin d'être une religion exclusive en Afrique, l'islam cohabite fort bien avec les cultes locaux.

Ces religions animistes africaines, au-delà de leurs variétés d'un point à un autre du continent, reposent sur la « force vitale »[113]. Elles se présentent comme une ordination de puissances avec au sommet l'être suprême qui est très souvent un dieu inaccessible, avec en conséquence très peu de rapports directs avec le monde et les hommes[114]. De nombreux mythes africains relatent comment ce

---

[110] Djibril TAMSIR NIANE, *Le soudan occidental au temps des grands empires XIe-XVIe siècle*, *op. cit.*

[111] Jacques VANDERLINDEN, *Les systèmes juridiques africains*, Paris, PUF, 1983. p. 67.

[112] Bernard DURAND, *Histoire comparative des institutions*, *op. cit.*, p. 218. Lire aussi Samba THIAM, *Introduction historique au droit en Afrique*, Paris, l'Harmattan, 2011.

[113] Cf. Placide TEMPELS, *La philosophie Bantoue*, *op. cit.*

[114] « Dieu est trop loin des hommes... Il est trop puisant... Nous ne pouvons l'atteindre » pensent les Africains. Cf. Thomas LOUIS-VINCENT et René LUNEAU, *Les religions d'Afrique noire*, Paris, Stock, 1995, p. 15.

Dieu, après avoir vécu, à l'origine, parmi les hommes, s'est éloigné d'eux à la suite d'une rupture d'interdits, et devenu infiniment lointain et transcendant, n'est plus accessible directement, ce qui explique que relativement peu de prières et de sacrifices lui soient adressés[115]. Le sentiment religieux africain apparaît ainsi comme « un système de relations entre le monde visible des hommes et le monde de l'invisible régi par un créateur et des puissances qui sous des noms divers et tout en étant des manifestations de ce Dieu unique, sont spécialisées dans des fonctions de toutes sortes »[116]. C'est dire l'importance des divinités secondaires plus ou moins immanentes et la pluralité des génies locaux créés par Dieu pour servir d'intermédiaires entre lui et les hommes et qui finissent dans l'imagination populaire, par se substituer à dieu lui-même[117]. Ces divinités interviennent dans les affaires terrestres, s'informent et « agissent comme la police invisible des familles et des communautés »[118]. Le monde pour l'Africain est un tout, un système formé de forces visibles et invisibles. C'est le résultat transitoire d'une création par différenciation[119]. L'univers est toujours en péril et l'homme est

---

[115] ZAHAN (*Religion, spiritualité et pensées africaines*, Paris, Payot, 1970. Cité, Anne STAMM, *Les religions africaines*, Que sais-je ? PUF, p. 5) assure à cet égard que « ce n'est pas pour plaire à Dieu, ou par amour pour lui que l'Africain prie, implore ou accomplit des sacrifices mais pour devenir soi-même et pour réaliser l'ordre dans lequel il est impliqué ». « Dieu a tout ce qu'il lui faut : il n'a que faire de nos prières (…). Dieu nous a donné ses fétiches, ses génies, pour nous aider et nous servir, cela nous suffit ».

[116] Thomas LOUIS-VINCENT et René LUNEAU, *Les religions d'Afrique noire*, *op. cit.*, p. 11.

[117] « Considéré comme puissance religieuse, écrivent Louis-Vincent Thomas et René Luneau (*Ibid.*, p. 19-20), le génie reste avant tout le délégué de Dieu auprès des hommes et l'intercesseur des hommes auprès de Dieu. En tant que délégué, il est l'interprète de la volonté de Dieu, le gardien du rite liturgique, l'auteur de la déontologie. En tant qu'intercesseur, il rend possible et efficace le sacrifice. Ontologiquement, le génie procède de la nature divine, mais axiologiquement, il s'en sépare pour deux raisons : d'abord, parce qu'il se trouve dans la situation de dépendance propre à un être créé vis-à-vis de son créateur, ensuite parce que son énergie est plus faible, plus ''détendue'' et toujours dérivée (il n'a d'autre puissance que celle octroyée par Dieu). Et s'il peut contempler l'Etre suprême, entrer en relation avec lui, il demeure aussi près des hommes ; élément mobile par excellence de l'ontologie, il occupe topologiquement une place à mi-chemin entre l'homme et Dieu ».

[118] Cf. Bernard DURAND, dans *Introduction historique au droit*, Paris, Montchrestien, 2004, p. 377. Chez les *Bassa* au Cameroun (Julien PERONO, « Les Bassa », dans *Bulletin de la Société d'études camerounaises*, novembre 1943, 2e édition, IFAN, Centre local Cameroun, Douala, p. 103.), les ancêtres et parents défunts prolongent leur vie dans le monde des esprits (« bakuki ») d'où ils continuent à porter intérêt et envie aux choses de la terre, veillent à la fidèle observation des traditions, protègent le clan familial. Chacun après sa mort devient un bon ou mauvais « nkuki » (esprit) selon qu'il a conformé sa vie à la morale. Il faut donc s'attirer les faveurs des bons « bakuki », maintenir avec eux les meilleures relations de façon à s'en faire aider et écarter la malveillance des mauvais esprits. Le moyen d'y parvenir est le recours aux détenteurs des forces secrètes, intermédiaires et représentants des « bakuki ».

[119] Norbert ROULAND l'explique dans son ouvrage *Aux confins du droit* (*op. cit.*, p. 65) : « Avant la création, était le chaos, qui ne se confondait pas avec le néant. Il contenait en puissance la création et le créateur. Car le dieu primordial existe bien, même s'il se soucie peu des hommes : de lui se différencient progressivement d'autres divinités, qui sont moins des entités indépendantes que des couples complémentaires manifestant les virtualités dont est riche le dieu primordial. Les puissances supérieures tirent du chaos le monde visible et l'humanité, très souvent au prix de plusieurs tentatives

essentiel à son maintien en équilibre. Les génies, les ancêtres et les hommes doivent faire en sorte que les forces de l'ordre l'emportent sur les forces du désordre. Le droit africain traditionnel est fortement marqué par la dimension sacrée, cette interdépendance qui pèse sur les hommes et par le sentiment de très grandes responsabilités qui en découlent et dont ne les décharge vraiment aucun système de règle préétabli. Il en résulte que ce sont les différences qui unissent et sont à la base de la cohésion de la société. La société animiste africaine tire sa cohésion de ses différences et obéit donc à une logique plurale. Les cosmogonies africaines considèrent que les différences rendent solidaires, qu'elles vont de pair avec la création, que la division sociale est conçue en termes de complémentarité, et qu'en définitive, la création par différenciation entraine la reconnaissance officielle de la pluralité du droit. Paysanne et stratifiée (hiérarchie des sexes, des âges, des castes, etc.), la société traditionnelle africaine est organisée selon le modèle communautariste, et son droit originel de type oral est un modèle juridique « négocié »[120] fondé sur la sacralité, l'ancestralité, c'est-à-dire la perpétuelle immanence du monde invisible sur les vivants en vue du maintien permanent de la justice et de la paix sociale. D'où l'importance de « la flexibilité des normes juridiques »[121] et de « la primauté de la conciliation »[122] au moyen de la « palabre »[123].

Ainsi en dépit de la pénétration du l'islam, le fond animiste traditionnel est resté vivace en Afrique et a su absorber, voire transformer les influences extérieures. Au temps des grands Empires du Soudan occidental, l'aristocratie adopte l'islam, mais l'animisme demeure la pratique populaire. Dans ces pays, on assiste à un véritable syncrétisme animisme–islam. Que ce soit l'une ou l'autre religion qui domine, les souverains soudanais sont des hommes à part et le caractère sacré de leur pouvoir est fortement accentué[124]. La cohabitation entre

---

infructueuses. Une résurrection est même parfois nécessaire, comme celle de Nommo chez les Dogons ou d'Osiris en Egypte. Chaque homme porte en lui les principes qui animent les dieux et le monde : l'ordre et le désordre, le bien et le mal, le juste et l'injuste. Rien n'est gagné ni promis par avance, tout est possible, y compris l'effondrement de cet univers fragile où des forces contraires interagissent constamment ».

[120] Et comme le note Camille KUYU (*Les institutions de la démocratie et de l'Etat de droit. Point de vue anthropologique*, Symposium international de Bamako, 2000), « dans le souci constant de maintenir la cohésion du groupe, il importe d'apporter à chacun, lors de la résolution des conflits un minimum de satisfaction. Cette volonté procède de la nécessité de renforcer les liens qui rattachent entre eux des individus au sein du groupe et en l'absence d'un principe de cohésion extérieur et supérieur, qui dans les sociétés judéo-chrétiennes fut Dieu puis l'Etat ».

[121] Jacques VANDERLINDEN, *Les systèmes juridiques africains, op. cit.*

[122] *Ibid.*

[123] Jean Godefroy BIDIMA, *La palabre une juridiction de la parole*, Paris, Michalon, 1997.

[124] Dans l'Empire du Ghana, le roi (*tounka*) est assimilé à Dieu en tant que premier prêtre de la religion. Il est au sommet de la pyramide et le clan dont il est issu forme l'aristocratie qui porte le nom de Tounkara. Autour de ce premier noyau d'ordonne plusieurs clans et tribus privilégiés. Il s'agit d'un royaume esclavagiste très structuré avec au sommet une aristocratie militaire bien étoffée et une société où la division du travail est très poussée puisque composée de clans de forgerons, de tisserands, de cordonniers et de teinturiers. Dans l'Empire du Mali, Soundiata est présenté par les

animisme et islam inspire divers domaines du droit[125], mais aussi l'organisation de la justice[126]. Alors que l'enseignement du droit islamique se développe dans diverses écoles des grandes villes et que les empereurs musulmans essaient de placer un peu partout des cadis[127], la justice coutumière règnent en maître dans les campagnes et certaines villes. Il n'est donc pas étonnant qu'au moment de l'arrivée des Européens en Afrique à l'orée du XVIe siècle, ceux-ci aient trouvé un fond juridique originellement africain qui avait survécu à plusieurs siècles de présence islamique.

II. L'INFLEXION DU DROIT EN AFRIQUE VERS UN FONDEMENT CHRÉTIEN ET ÉTATIQUE : LA TENDANCE FORMELLE AU POSITIVISME ET AU MONISME JURIDIQUE DÈS L'AUBE DE LA COLONISATION OCCIDENTALE

À partir du XVe siècle, la décadence du monde islamique est déjà ressentie en Afrique. Mais, les civilisations africaines suivent encore une progression croissante. Le royaume Hafçide de Tunis et celui de Songhaï reprennent le flambeau de la décadence du Mali. L'Éthiopie renaît sous le règne de l'empereur Zara Yacob (1434-1468). Affaiblie depuis plusieurs siècles, la civilisation islamique doit faire face à la progression du christianisme en Méditerranée. En janvier 1492, la prise de Grenade par les chrétiens espagnols enlève définitivement à l'islam africain tout espoir d'expansion vers l'Europe. Au mois d'octobre de la même année, la découverte des Indes occidentales (Amérique) par

---

historiens musulmans comme un roi musulman et par les traditionalistes malinkés comme un « roi sorcier consultant à l'occasion les entrailles d'un koba, et héritant ses fétiches de son père et de sa mère, la femme buffle ». Comme au Ghana, l'empereur du Mali tire son pouvoir de la force de la tradition. L'aspect de la cour est toutefois modifié avec l'installation en plus grand nombre de lettrés et de marchands arabes.

125 Sur le plan juridique, cela s'est traduit par un « pluralisme radical » en ce qui concerne le statut personnel des peuples soumis. Cf. Jacques VANDERLINDEN, *Les pluralismes juridiques*, Bxuxelles, Brylant, p. 176.

126 « Dans les empires traditionnels la justice était inséparable de la religion. C'était une sanction compensatrice rituellement administrée à un contrevenant à l'ordre social. Avec l'islamisation, la situation devint plus complexe ; on tendit vers sa laïcisation, sans que sa base cessât d'être religieuse, dans la mesure où le Coran fut adopté partout comme Code civil : Ghana, Mali, songhaï. Cependant, à toutes les époques, il y eut toujours deux justices : la justice royale et la justice du cadi ». Cf. Cheikh Anta DIOP, *L'Afrique noire précoloniale*, *op. cit.*, p. 119.

127 « Le cadi est le juge musulman nommé par le roi ; il s'occupe essentiellement des délits de droit commun, des différends entre citoyens, entre citoyens étrangers Tels étaient les cas qui étaient du ressort du cadi de Ghana ou de Tombouctou. Un tribunal était construit pour rendre la justice. A Ghana, les procédés employés pour faire avouer les inculpés étaient assez rudimentaires ; dans les cas de meurtre, ou autres crimes, de dette, le prévôt employait l'épreuve de l'eau ; on était amené devant lui, et non devant le roi. L'épreuve de l'eau consistait à faire infuser un morceau de bois spécial dans un quantité variable d'eau qu'on donnait ensuite à boire à l'inculpé : s'il vomissait cette infusion amère, il était innocent ». Cf. Cheikh Anta DIOP, *L'Afrique noire précoloniale*, *Ibid.*, p. 119. Lire aussi Samba THIAM, *Introduction historique au droit en Afrique*, *op. cit.*

Christophe Colomb change brutalement le sens de l'histoire : au moment où l'Afrique décline, l'Europe amorce sa « renaissance » et la conquête du monde. Le 4 mai 1493, le pape Alexandre VI accorde à l'Espagne les « terres fermes et îles découvertes ou à découvrir vers l'Inde, à cent lieues à l'ouest de la dernière des Açores ». À la suite des protestations portugaises, le traité de Tordesillas du 7 juin 1494 repousse vers l'ouest la ligne de démarcation des terres espagnoles et portugaises.

En 1501, devant les difficultés approuvées pour faire travailler les Indiens à Hispaniola, les rois catholiques autorisent une première importation de nègres africains. En 1510, le gouverneur portugais de Sao Tomé reçoit l'ordre de recruter des esclaves pour les Caraïbes. Ainsi est mis en place la traite des esclaves qui, du XVe au XIXe siècle, bouleverse les sociétés côtières africaines ainsi que les terres plus reculées en contact avec les côtes. Premiers à y établir des comptoirs, les Portugais sont remplacés en Afrique de l'Ouest par les Hollandais qui industrialisent la traite transatlantique, avant d'être concurrencés par les Anglais et les Français. Malgré son interdiction en 1815 au congrès de Vienne, la traite se poursuit, entrainant ça et là des résistances[128] et une reconfiguration politique de l'Afrique. Mais la marche de l'histoire est favorable aux Européens qui se partagent le continent africain à l'issue de la conférence de Berlin (1884-1885). Celle-ci prend acte de l'expansion coloniale et entérine l'idée d'ouvrir l'Afrique à la « civilisation occidentale ». Cette perspective viendra consolider l'expansion en Afrique du christianisme qui, depuis les débuts de la traite transatlantique au XVe siècle, propage les valeurs juridiques occidentales (*A*) avant l'étatisation du droit en Afrique dès la fin du XIXe siècle (***B***).

A. LE CHRISTIANISME, VECTEUR DES VALEURS DU DROIT OCCIDENTAL EN AFRIQUE DÈS LE XVE SIÈCLE

Avec la découverte de l'Amérique et l'installation des comptoirs négriers sur les côtes africaines, l'Europe découvre une autre partie de l'humanité qui ne connaissait pas la révélation chrétienne[129]. Certes, dès le Ier siècle, sous la figure

---

[128] Des peuls musulmans créent un Etat théocratique dans le Fouta Djalon. Les royaumes de Ségou et du Kaarta sont fondés par des guerriers animistes d'origine Mandé. Les Asante s'imposent en même temps que se développe le royaume du Dahomey. En Ethiopie, le royaume des Funj décline alors que se développe le sultanat du Darfour. L'imam peul Usman dan Fodio lance en 1804 une guerre sainte qui enrôle des Peuls et Hausas et entraîne au nord du Nigeria actuel, la création de l'empire théocratique de Sokoto. En 1810, un royaume théocratique est fondé dans le Macina. En 1816, Chaka fonde la nation zouloue en vue de la guerre permanente. Dans les années 1820, l'Egypte s'empare de la Nubie et du royaume Funj.

[129] « C'est la grande gloire et l'honneur de nos rois et des Espagnols, écrit Gomara dans son *Histoire générale des Indiens*, d'avoir fait accepter aux indiens un seul Dieu, une seule foi et un seul baptême et leur avoir enlevé l'idolâtrie, les sacrifices humains, le cannibalisme, la sodomie et encore d'autres grands et méchants péchés, que notre bon Dieu déteste et qu'il punit. De même on leur a enlevé la polygamie, vieille coutume et plaisir de tous ces hommes sensuels ; on leur a montré l'alphabet sans lequel les hommes sont des animaux et l'emploi de fer qui est tellement nécessaire à l'homme. On leur a également montré plusieurs bonnes habitudes, arts, mœurs policées pour pouvoir mieux vivre.

tutélaire de l'évangéliste Marc, des communautés chrétiennes avaient déjà été fondées en Afrique du Nord et la « Bonne Nouvelle » s'était répandue en Égypte à travers des judéo-chrétiens, des esclaves et des marins. Du IIe au IVe siècle, le grand nombre de saints et martyrs ainsi que la notoriété des immenses théologiens africains (Origène, Athanase, Cyrille, Tertullien, Cyprien, Augustin…) attestait l'intense activité apostolique dans ces régions. D'Égypte -où le monachisme chrétien naît au IVe siècle avec Antoine et Pacôme-, le christianisme descendit en Nubie et en Éthiopie. Mais après la conquête vandale (Ve siècle) puis l'expansion de l'islam dans toute l'Afrique du Nord (VIIe siècle), le christianisme s'effondra. Aux XVe-XVIe siècles, les explorateurs portugais procèdent à une évangélisation le long des côtes atlantiques (Cap-Vert, Principe, São Tomé, Angola, etc.), puis d'autres missionnaires occidentaux entrent dans les régions du Bénin, Congo, Mozambique, Madagascar, etc. Écoles et hôpitaux catholiques commencent à s'implanter. Le XVIIIe siècle voit cependant s'éteindre la quasi-totalité des missions au sud du Sahara. Au XIXe siècle, des congrégations missionnaires, parfois en concurrence entre elles (Pères Blancs, spiritains et de très nombreuses religieuses), ainsi que des missionnaires protestants de toutes confessions, pénètrent plus avant dans les terres et s'établissent durablement[130]. Dans l'élan du colonialisme et grâce à d'importants financements occidentaux, institutions et infrastructures ecclésiales se mettent en place : préfectures ou vicariats apostoliques, puis évêchés. À la fin du à la fin du XIXe siècle, seul 1 % des chrétiens sont africains. À partir du XXe siècle, un nouvel essor du christianisme apparaît en Afrique[131], surtout dans la partie subsaharienne où foisonnent de

---

Tout cela –et même chacune de ces choses– vaut plus que des plumes, les perles, l'or qu'on leur a pris, d'autant qu'ils ne se servaient pas de ces métaux comme monnaie ». A la même époque, Oviedo écrit en 1555 dans son *Histoire des Indes* : « les gens de ce pays, de leur naturel, sont si oiseux, vicieux, de peu de travail, mélancoliques, couards, sales, de mauvaise condition, menteurs, de molle constance et fermeté. (…) Notre Seigneur a permis, pour les grands, abominables péchés de ces gens sauvages, rustiques et bestiaux, qu'ils fussent jetés et bannis de la surface de la terre ». Des avis de ce genre sont innombrables sur les Indiens, et Cornélius de Pauw ajoutera sa couche dans son ouvrage publié en 1774 : « L'insensibilité est en eux un vice de leur constitution altérée ; ils sont d'une paresse impardonnable, n'inventent rien, n'entreprennent rien, et n'entendent point la sphère de leur conception au-delà de ce qu'ils voient : pusillanimes, poltrons, énervés, sans noblesse dans l'esprit, le découragement et le défaut absolu de ce qui constitue l'animal raisonnable, les rendent inutiles à eux-mêmes et à la société ». Cité, François LAPLANTINE, *L'anthropologie*, Paris, Editions Payot et rivages, p. 37-39.

[130] Parfois, des convertis paient le baptême de leur vie, tel Charles Lwanga et ses compagnons en Ouganda : ces 22 premiers martyrs d'Afrique noire en 1886 seront béatifiés en 1920 et canonisés en 1964.

[131] Philippe LABURTHE-TOLRA (« Christianisme et ouverture au monde. Le cas du Cameroun (1815-1915), dans *Revue française d'Histoire d'outre-mer*, Tome LXXV, n° 279, 2e trimestre 1988, p. 207-221) démontre comment l'irruption du christianisme a contribué au processus d' « ouverture au monde » des sociétés traditionnelles du Cameroun. Il poursuit la réflexion dans un ouvrage (*Vers la lumière ou le désir d'Ariel. Sociologie de la conversion, op. cit.*) dans lequel il propose une « sociologie de la conversion » chez les populations beti du Cameroun. Passés de zéro catholique en 1900 à quatre cent mille en 1943, les Beti constituent un « cas de conversion religieuse rapide »… un « *miracle* » dont les « moyens », les « motifs » et les « effets » sont des « jalons permettant

multiples confessions. De plus en plus, c'est par les catéchistes et le clergé autochtone que l'Évangile sera annoncé à l'Afrique. L'essor du christianisme sera aussi dû au prosélytisme des protestants évangéliques, ainsi qu'à l'émergence de prophètes créant de nouvelles Églises. Au début du XXIe siècle, l'Afrique est le continent où le nombre de chrétiens augmente le plus vite. En 2010, environ 23 % des chrétiens du monde se trouvent en Afrique. Aujourd'hui, le christianisme est la religion la plus pratiquée en Afrique subsaharienne (63 %), devant l'islam (30 %) ou les religions traditionnelles. Près du quart des chrétiens vivent désormais en Afrique, essentiellement en Éthiopie, au Nigeria et en République démocratique du Congo.

Dans son développement, le christianisme a eu une sérieuse influence dans l'histoire du droit en Afrique, en ce sens qu'il a fortement contribué à façonner idéologiquement le monde africain comme il avait déjà fait en Occident[132]. Religion monothéiste, le christianisme se situe en partie dans le prolongement du judaïsme dont il reprend et avalise l'idée d'une nature bonne à l'origine, puis corrompue par le pêcher racheté par le sacrifice du Christ[133]. Aux mythologies naturalistes du paganisme se substitue une métaphysique judaïque puis chrétienne qui situe Dieu en dehors de la nature visible et au-dessus d'elle. Fondée sur l'idée de la transcendance divine, la révélation chrétienne implique que Dieu a fait l'homme à son image, que tous les hommes sont frères et qu'ils sont tous destinés à la vie éternelle. L'égalité dans la dignité suppose donc la liberté[134]. On retrouve là l'idée du personnalisme chère au stoïcisme[135]. L'acte et la profession de foi sont par définition personnels, fruit de la responsabilité, assumée par chacun devant

---

l'esquisse d'une théorie du changement idéologique ». Lire aussi, Wenceslas MVOGO, *La mission de l'Eglise au Cameroun en général et les Béti en particulier de 1890 à 1961*, thèse 3e cycle, Faculté de théologie de Strasbourg, 1979.

132 Lire à ce sujet, Antoine LECA, *La genèse du droit (Essai d'introduction historique au droit)*, Presses universitaires d'Aix-Marseille, 1998.

133 C'est à ce sujet que le christianisme s'écarte du judaïsme dans la mesure où le sacrifice du Christ a racheté tous les hommes.

134 « Le missionnaire, écrit Maurice Leenhardt en 1902, est loin de songer aux conséquences politiques de son rôle social. Mais il est incontestable qu'en élevant les Noirs à la dignité d'homme, il fait d'eux des êtres libres, qui voudront se suffire à eux-mêmes, et assumer leurs intérêts sociaux et politiques, en devenant citoyens du pays dont ils relèvent. Et si ce pays dominateur ne reconnaît pas leurs droits, ils travailleront à former un parti instruit et respectable, afin de conquérir plus tard la plus grande indépendance possible ». Cité, Philippe LABURTHE-TOLRA, *Vers la lumière ? ou le désir d'Ariel : A propos des Beti du Cameroun, Sociologie de la conversion*, Paris, Karthala, 1999, p. 410.

135 « On retrouve son personnalisme, repris et amplifié, ce sens que la révélation évangélique affirme l'autonomie de la vie spirituelle de chaque être humain et proclame le caractère strictement individuel du salut éternel. D'où l'idée que chaque homme, image de Dieu, trouve en lui sa fin, possède une valeur absolue et qu'aucun ne peut, sous quelque prétexte que ce soit, être réduit au rôle de simple instrument de la communauté politique. On voit reparaître en lui l'idée stoïcienne de la primauté de la loi naturelle, universelle, gravée dans le cœur de l'homme, sur les lois positives, particulières à chaque peuple. Et par voie de conséquence, on retrouve enfin la liberté et l'égalité naturelles : elles survivent à l'état de nature, perdu à la suite du péché, et elles continuent de s'imposer, comme des valeurs supérieurs à tout ordre social conforme à la justice ». Cf. Antoine LECA, *La genèse du droit (Essai d'introduction historique au droit)*, *op. cit.*, p. 147-148.

Dieu, de s'avouer en vérité dans sa double condition de créature et de pécheur. Le christianisme a donc pour mission d'éduquer les fidèles à la liberté puisque l'acte de foi n'a de sens pour chaque homme que s'il se pose en toute sincérité. Autrement dit, la prise de conscience individuelle est la condition du salut et de la bénédiction divine. À chaque fidèle revient la responsabilité de recevoir la bonne nouvelle du message divin en s'ouvrant aux aspirations de l'Esprit par la lecture des « Saintes Écritures ». Ainsi, tout en infléchissant un certain nombre de notions qu'il a puisées dans son double héritage juif et stoïcien, le christianisme a introduit dans la sphère sociale, outre la liberté individuelle, l'idée d'égalité qui ne concernait *a priori* que le « royaume de Dieu ».

Conformément à l'idéologie libérale et individualiste qu'il véhicule, le christianisme s'est dès le XVe siècle élevé en Afrique contre l'esclavage et la traite négrière. Contre ces fléaux, l'action de l'Église catholique s'est avérée particulièrement décisive[136]. Tout comme, la progression du christianisme va favoriser, non seulement la revendication des droits politiques en faveur des autochtones, mais aussi la promotion des individus à l'intérieur des familles, à

---

[136] Cf. L. Conti, « L'Eglise catholique et la traite négrière », dans *La traite négrière du XVe au XIXe siècle*, Documents de travail et compte rendu de la réunion d'experts organisée par l'Unesco à Port-au-Prince, Haïti, 31 janvier–4 février 1978, Unesco, 1985, p. 273-276. Ainsi, d'après cette étude, le 7 octobre 1462, le pape Pie II s'élève en faveur des nègres réduits en esclavage, dénonce la traite comme étant un grand crime et ordonne aux évêques de frapper de sanctions ecclésiastiques ceux qui la pratiquent. Au début de juin 1557, Paul III, par la bulle *Veritas ipsa* adressée à toute la chrétienté, condamne l'esclavage et annule, avec valeur rétroactive, tout contrat en la matière, de sorte que les esclaves ont le droit de se libérer de leur état de servitude. Urbain VIII (1623-1644) dans une lettre du 22 avril 1639 adressée au représentant du Saint-Siège au Portugal, condamne l'esclavage et menace d'excommunication tous ceux qui la pratiquent. Les missionnaires, dans leurs lettres à la Sacrée Congrégation de *Propaganda Fide* (fondée le 6 janvier 1622), ne cessent d'exposer les funestes conséquences de l'esclavage pour leur apostolat d'évangélisation, en insistant que l'esclavage soit à nouveau condamné, ce qui sera fait par le Saint-Office le 20 mars 1686. En 1707, la Sacrée Congrégation de *Propaganda Fide* conjure les nonces de Lisbonne et de Madrid d'agir contre la suppression de l'esclavage. La même Congrégation, dans une instruction qu'elle adresse à Vincenco Bichi, elle exige que l'on donne congé aux esclaves non seulement le dimanche et les jours de fêtes, mais encore le samedi. Lors de leurs réunions du 15 décembre 1738 et du 28 novembre 1741, les cardinaux de la Sacrée Congrégation de *Propaganda Fide* traitent encore longuement de la question de l'esclavage. Le 22 décembre 1741, par la constitution apostolique *Immensa*, le pape Benoît XIV (1740-1758) condamne à son tour l'esclavage. Bien que concernant directement l'esclavage des Indiens d'Amérique, une copie de cette constitution est envoyée au préfet des capucins au Congo. Dans une lettre du 20 septembre 1814 au roi de France, Pie VII condamne l'esclavage et interdit « à tout ecclésiastique ou laïque d'oser soutenir comme permis, sous quelque prétexte que ce soit, ce commerce des Noirs ». Le souverain pontife écrit dans le même sens aux gouvernements d'Espagne, du Portugal et du Brésil. En 1823, il écrit au roi portugais en insistant sur la nécessité d'abolir l'esclavage dans son empire colonial. Il joue un rôle déterminant au congrès de Vienne (1814-1815) au cours duquel il obtient l'abolition de l'esclavage. Le 3 décembre 1837, Grégoire XVI condamne sévèrement les dispositions prises par ses prédécesseurs à l'égard des esclaves. En 1851, Pie IX s'élève contre l'esclavage lors de la béatification de Pierre Claver (1580-1654), jésuite missionnaire connu sous le nom d' « apôtre des Nègres ». Dans une lettre adressée aux évêques du Brésil, Léon XIII félicite vivement ce qu'ils ont fait en faveur de l'abolition de l'esclavage et rappelle la doctrine et l'œuvre de l'Eglise dans ce domaine.

l'instar des femmes. Au Cameroun par exemple, les Missions catholiques, à l'avant-garde du combat, rêvent « d'une société chrétienne à l'occidentale, dont la famille monogamique constituerait le noyau »[137]. Elles utilisent divers moyens pour obliger les indigènes à renoncer à la polygamie[138]. Pour être admises à la Mission (baptême), les Missions exigent des indigènes polygames de répudier leurs épouses et de n'en garder qu'une seule[139]. Si ceux-ci résistent, une action inlassable est entreprise auprès de leurs épouses jusqu'à ce qu'elles l'abandonnent pour contracter un nouveau mariage avec un époux chrétien. Pour parvenir à la constitution de familles chrétiennes, les Missions catholiques créent une organisation des « œuvres des fiancées », sorte d'internat féminin appelé « sixas »

---

[137] Louis NGONGO, *Histoire des forces religieuses au Cameroun de la première guerre mondiale à l'indépendance*, Paris, Karthala, 1982, p. 120.

[138] Un article de Joseph FOLLIET (« La polygamie au Cameroun et ses conséquences sociales », 25 septembre 1933) résume les observations des missionnaires français du Cameroun : « Au Cameroun, écrit-il, la structure familiale est absolument polygamique. La coutume indigène exige que la femme ne soit libre à aucun moment de sa vie, qu'elle reste une perpétuelle mineure. Elle a toujours un propriétaire, qui a tout droit sur elle. Tant que sa dot n'est pas payée, elle appartient au père de famille ou au tuteur ; après versement de la dot, à son époux, qu'il soit monogame ou polygame (…). Comme d'après les coutumes, la femme travaille pour l'homme, plus l'homme aura de femmes, plus il sera heureux. Le nombre de femmes qu'il peut se procurer dépend et de son ambition, et de sa richesse et du nombre des filles disponibles ; il y a des polygames qui possèdent 15, 50, 100, quelquefois 500 femmes. Le polygame achète parfois des femmes à ses fils : aux petits garçons, des petites filles ; aux grands jeunes gens, des jeunes filles. Le père « essaiera » les fiancées destinées à ses enfants ; de même que le frère aîné pour la fiancée de son cadet. Généralement, un polygame ne considère que deux ou trois femmes comme ses épouses proprement dites : les autres ne sont que des servantes (…) ». Les missions proposent en vain l'idée de création d'un impôt qui frapperait les polygames : « On a songé à créer un impôt progressif sur les femmes de polygames avec détaxe proportionnelle au nombre d'enfants. Mais la situation embryonnaire de l'état civil indigène n'a pas permis de suivre de façon satisfaisante les mutations ». Cf. Fernand HASSER, « La polygamie tend à décroitre au Cameroun », dans *Le Courrier colonial* du 11 juillet 1924, cité Aggée Célestin LOMO MYAZHION, *Mariages et domination française en Afrique Noire (1916-1958)*, *op. cit.*, p. 65.

[139] « On a vu nombre de Bamiléké, dans les années 1930 à 1940, se séparer de cinq ou six femmes pour se faire baptiser » témoigne KWAYEB (*Les institutions de droit public du pays Bamiléké (Cameroun). Evolution et régime actuel*, *op. cit.*, p. 122). Lire aussi, A. TETOUOM, *La polygamie et le Christianisme au pays Bamiléké*, Faculté de théologie protestante, Montpellier, 1966.

(ou « sisters »)[140]. Les « Missions protestantes promeuvent aussi la monogamie[141] : pour aider les jeunes indigènes à se préparer au mariage chrétien, la « Société des Missions évangéliques de Paris » (SMEP) leur distribue des ouvrages[142] indiquant les rôles et obligations respectifs des futurs mariés, les inconvénients de la polygamie[143]. Les protestants souhaitent une dissolution progressive des mariages

---

[140] Dans une lettre adressée à l'administration, Mgr VOGT, alors préfet apostolique, défend le bien-fondé de ces « œuvres » : pour lui, « ces œuvres ont pour but unique la préparation au mariage chrétien » : dans la mesure où l'Eglise catholique défend les mariages entre catholiques et païens, « elle exige des chrétiens une préparation convenable pour la réception du sacrement du mariage ». Trois fois par jour, les filles et les femmes reçoivent l'instruction religieuse, s'habituent petit à petit aux usages de la vie chrétienne. Le règlement des « œuvres » prévoit aussi, pour chaque jour, en moyenne, cinq heures d'occupations manuelles, car « il serait impossible et immoral de laisser ces filles et femmes désœuvrées ». Pour Mgr Vogt, la durée du stage des fiancées à la Mission varie habituellement de un à six mois, mais dépend, avant tout de leur bonne volonté : il y a des fiancées qui restent plus longtemps, soit parce qu'elles n'ont pas l'âge requis, soit parce qu'il y a opposition au mariage de la part des parents. La lettre de Mgr Vogt intervient en réaction au compte rendu (15 février 1930) du chef de la circonscription de Yaoundé au commissaire de la République suite à un grave accident survenu à la Mission de Mvolyé : une femme indigène a été tuée et une autre grièvement blessée par un éboulement survenu pendant qu'elles étaient employées à des transports de terre à brique. Ces femmes faisaient partie d'une équipe de « sisters » ou « sixas » organisation sur laquelle il sera revenu ultérieurement. Le chef de circonscription note dans sa lettre : « Je saisis cette occasion pour vous signaler que les femmes inscrites à l'œuvre des fiancées « sixas » sont plusieurs centaines, pour ne pas dire plusieurs milliers. Elles se livrent aux plus durs travaux -fabrication de briques, transports les plus divers- sans recevoir aucun salaire et ne sont même pas nourries par les missions, leurs familles étant chargées de ce soin durant le temps souvent fort long que dure l'initiation des chrétiennes ». Cf. Fr/ C.A.O.M./ Fonds ministériel / Agence des colonies/ Cameroun (FM 85)/ Carton 355- dossier 170 bis- Missions- cultes- généralités.

[141] La Société des Missions évangéliques de Paris l'exprime en ces termes : « La femme chrétienne découvre qu'elle a droit, elle aussi, d'avoir une âme ; elle n'appartient plus à un homme dont elle est la chose, mais elle appartient à Dieu comme cet homme appartient à Dieu. Elle n'appartient plus au clan qui la tient asservie, mais elle entre dans la communauté chrétienne où elle a une existence personnelle. Cette force de la coutume qui la maintenait passive, lui enlevant même bien souvent toute possibilité de penser, de vouloir, l'Evangile l'en a délivrée, et son âme, sa personnalité s'épanouissent parfois alors d'une façon merveilleuse (…) La femme chrétienne, épouse d'un chrétien, c'est l'exemple et le rayonnement d'un foyer chrétien. C'est la condamnation de la polygamie, car autant la polygamie est logique tant que la femme n'est pas source de richesse pour l'homme, autant elle devient impossible dès que le mariage réalise cette union non seulement des corps mais aussi des âmes qu'est le mariage chrétien ». (Cf. « Commission Missionnaires des Jeunes, Rôle de la femme indigène chrétienne » (9 décembre 1938, p. 2-4). Cité, Aggée Célestin LOMO MYAZHION, *Mariages et domination française en Afrique Noire (1916-1958)*, Paris, l'Harmattan, 2001, p. 43-44). Le pasteur Maurice Farelly (*Chronique du pays Banen*, Société des Missions évangéliques de Paris, 102, bd Arago, 1948, p. 131) ne dit pas autre chose : « La discipline de l'Eglise est stricte ; elle interdit aux jeunes filles qui ont été enseignées par la mission d'aller en mariage chez un polygame. Ecolières, catéchumènes et chrétiennes sont donc tenues d'observer cette règle, par laquelle s'organise toute une vie sociale nouvelle, pour la prochaine génération, fondée sur la famille chrétienne ».

[142] Cf. H.L., *Le Mariage monogame aux jeunes mariés africains,* Imprimerie Moullia Frères, 1957. cité, Aggée Célestin LOMO MYAZHION, *Mariages et domination française en Afrique Noire (1916-1958*), *op. cit.,* p. 45.

[143] « Au point de vue social (…), note Joseph FOLLIET (*La polygamie au Cameroun et ses conséquences sociales, op. cit.*), la polygamie offre de très nombreux et très graves désavantages. D'abord le célibat

coutumiers (distinction entre mariages fétichistes et musulmans) au profit de l'état civil obligatoire, en regrettant que les actes de mariage ne comportent pas de mention interdisant de contracter d'autres unions avant la dissolution de la première[144].

En posant le dualisme de Dieu et de César, la révélation chrétienne a également rompu avec le monisme païen, juif ou islamique[145] qui ne conçoit pas la séparation de l'Église et de l'État. « En conséquence de quoi, Jésus a fait en sorte de ne pas être proclamé roi, s'est abstenu d'édicter des règles de droit et s'est refusé à se comporter en juge en tranchant des conflits comme il était sollicité à le faire »[146]. De manière subtile, le christianisme a théorisé[147] l'origine du pouvoir en

---

obligatoire pour les jeunes gens trop pauvres. Voici quelques chiffres, d'après les observations d'un médecin, portant sur plusieurs villages. Dans l'un, 104 hommes et 115 femmes, lesquelles appartiennent à 53 hommes ; 39 hommes de 20 à 40 ans et 2 de 50 ans vivent dans le célibat obligatoire. Pour un autre village, 26 hommes possèdent 59 femmes, 20 autres hommes, de 18 à 40 ans, demeurent célibataires. Dans une autre agglomération, 236 femmes sont la propriété de 120 hommes ; le chef possède 49 femmes dont il a 52 enfants ; 96 hommes sont contraints au célibat (…) On présume que ce célibat invite les jeunes hommes à recourir aux prostituées, voire à tomber dans les vices contre nature, comme tombent, dans ces mêmes vices, les femmes artificiellement rassemblées pour la polygamie. Par ailleurs, la polygamie et la prostitution qui en résulte favorisent la propagation de la blennorragie et de la syphilis. Si le mari de plusieurs femmes est contaminé, il les contaminera presque toutes et, à leur tour, elles infecteront des jeunes hommes. Si une femme est atteinte, le mari le sera aussi et répandra l'affection vénérienne. Donc, beaucoup d'enfants seront hérédosyphilitiques, débiles et mal venus. Enfin, la promiscuité des foyers nombreux permet le développement du pian, du paludisme, sans parler des épidémies et des affections cutanées. Aussi la polygamie déçoit-elle les espoirs de certains coloniaux à courte vue, qui attendent d'elle un progrès démographique. L'expérience montre que, chez un polygame, il y a toujours plus de femmes que d'enfants ; on pourrait presque dire que plus il y a de femmes, moins il y a d'enfants. La proportion des femmes stériles ou sans enfants atteint jusqu'aux quatre cinquièmes d'un grand harem. Tel fameux chef, avec cinq cents épouses, n'a que cent enfants. En effet, les femmes sont souvent la propriété d'hommes âgés -et la polygamie épuise vite- alors que les jeunes indigènes, riches de santé et pauvres de biens, ne peuvent procréer. Les maladies vénériennes provoquent la stérilité, la mortinatalité et la mortalité infantile. En dépit des préjugés, la monogamie est plus féconde que la polygamie ».

[144] Le 15 mars 1945, Charles Boury, alors vice-président du conseil protestant du Cameroun et de l'AEF est reçu en audience par le commissaire de la République du Cameroun français. C'est l'occasion pour lui de rappeler les positions des protestants concernant les mariages indigènes : « Les missions protestantes exigent que l'union de nos chrétiens soit consacrée par un mariage béni à l'Eglise, mais nous tenons essentiellement, et nous en faisons une obligation à nos pasteurs, à ce que le mariage soit d'abord constaté par un acte d'état civil. Cette exigence est, d'une part conforme à l'usage des Eglises Protestantes Françaises et nettement stipulée par les lois en vigueur en France et dans la plupart des Territoires coloniaux. D'autre part, il nous paraît indispensable que les mariages que nous bénissons ne puissent pas, par la suite, être contestés au nom des lois en vigueur ». Cf. note du 15 mars 1945, présentée au commissaire de la République du Cameroun au nom du conseil protestant du Cameroun et de l'AEF, au cours de l'audience accordée à Charles Boury (Cité Aggée Célestin LOMO MYAZHION, *Mariages et domination française en Afrique Noire (1916-1958)*, *op. cit.*, p. 46).

[145] Jean-Louis HAROUEL, « islam et déficit de légitimité de l'Etat », dans *Mélanges en l'honneur du Professeur Michel Ganzin*, contributions réunies par Eric GASPARINI et François QUASTANA, Paris, Editions La Mémoire du Droit, 2016, p. 1025-1036.

[146] Jean-Louis HAROUEL, « islam et déficit de légitimité de l'Etat », dans *Mélanges en l'honneur du Professeur Michel Ganzin, Ibid.*, p. 1026.

[147] Depuis saint Augustin mais surtout saint Thomas D'Aquin.

admettant qu'il vienne de Dieu, mais que ce sont les hommes qui se choisissent leurs lois et leurs chefs[148]. Dès la fin du XIXe siècle, les gouvernements occidentaux soutenus par les missionnaires[149] posent les jalons d'un nouvel ordre politique en Afrique, l'État étant devenu l'épicentre de la production normative. Le modèle juridique occidental inspiré par les valeurs du christianisme accorde la primauté à la personne humaine. Si c'est à l'État qu'il revient de poser les règles de la vie en société, la légitimité de ces règles repose sur le respect des droits fondamentaux de l'individu. Et ce respect doit inspirer le droit public et le droit privé.

B. L'ÉTAT, RÉFÉRENT DE LA PRODUCTION DU DROIT EN AFRIQUE DEPUIS LA FIN DU XIXE SIÈCLE

Comme ailleurs dans les traditions hébraïques et islamiques, le droit occidental s'est longtemps appuyé sur la loi divine. La séparation du spirituel et du temporel a eu pour conséquence en Occident l'accaparement exclusif de la production du droit par l'État. Après la disparition du sacré de sa scène juridique, l'État occidental « s'approprie le modèle du Dieu unique et tout puissant », gouvernant le monde par des normes imposées de l'extérieur par sa puissance créatrice qu'elle formalise par la voie législative ou jurisprudentielle. Ici, le droit est dit « positif », c'est-à-dire « *unique (*il n'y en a qu'un dans le ressort qui est le sien), *étatique* (ce ressort est celui de l'État, seul producteur de droit), formé de règles *abstraites* (elles sont souvent formulées au départ de concepts construits dans le cerveau des juristes) tendant à l'*objectivité* (ce qui découle en partie du caractère précédent) dans une *hiérarchie* (dont le respect est garanti par divers mécanismes de contrôle) dominée par la loi (à l'origine elle seule est source du droit et si un rôle est reconnu à la coutume il est quantitativement et qualitativement réduit) dont les *procédés déductifs* (on part du général au pour aller au particulier) permettent de dégager la manière de résoudre les cas concrets »[150]. Il s'agit donc d'un

---

[148] D'où l'apparition naturelle de la démocratie dans les pays de tradition chrétienne, « car il y a des cultures religieuses qui sont incompatibles avec cette forme de gouvernement ». Cf. Antoine LECA, *La genèse du droit (Essai d'introduction historique au droit)*, *op. cit.*, p. 147-148.

[149] Les gouvernements européens s'appuient sur les missionnaires dans leur œuvre d'expansion coloniale, tandis que les missions s'accommodent de la colonisation pour assurer leur propre développement. Victor T. LE VINE (*Le Cameroun du mandat à l'indépendance*, Paris, Présence africaine, 1984, p. 101) observe à juste titre que « les sociétés missionnaires ne [viennent] pas seulement pour convertir les populations, mais aussi pour créer le contexte de civilisation au sein duquel les diverses valeurs du christianisme (telles qu'elles étaient interprétées par chaque église) pouvaient être propagées avec le maximum d'efficacité. « L'effort missionnaire, poursuit-il, [est] (…) voué à encourager les gens à agir en chrétiens, et à vivre en chrétiens, une orientation qui implique un nouvel ensemble de comportements allant du port de vêtements à l'assistance aux services religieux ». Qui plus est, les chrétiens acceptent « l'idée d'une distribution des tâches entre les Européens et les Africains, les premiers ayant la tâche d'assurer la programmation et la garantie de l'ordre et les seconds ayant le devoir de se soumettre à l'ordre européen ». Cf. Rodolfo SACCO, *Le droit africain – anthropologie et droit positif*, *op. cit.*, p. 131.

[150] Cf. Jacques VANDERLINDEN, « Les droits africains entre positivisme et pluralisme », dans *Bulletin*

droit « impératif », « sanctionné », « imposé » par le commandement du souverain qui détient le monopole de la violence légitime en cas d'irrespect des normes édictées[151].

En Afrique, le processus d'occidentalisation du droit avait déjà commencé[152] bien avant que les éléments constitutifs de l'État[153] moderne occidental y soient progressivement importés[154]. À la suite de la *conférence de Berlin*[155] (15 novembre 1884 – 26 février 1885), les puissances coloniales occidentales procèdent au façonnement territorial du continent africain qu'elles morcèlent en fixant de nouvelles frontières dans la perspective des États-nations. Les territoires

---

des séances de l'Académie royale des sciences d'outre-mer, 2000, pp. 279-292. Texte repris et publié par le même auteur, dans « Les pluralismes juridiques », Bruxelles, Editions Bruylant, 2013, p. 173-190.

[151] A cet égard, John Austin, dans sa théorie analytique du droit, définit le droit comme « une règle énoncée par un être intelligent à l'intention d'un être intelligent sur lequel il exerce son autorité ». Dans le contexte anglais, il intègre la *Common law*, bien que d'origine judiciaire, dans le droit positif, au motif qu'elle émane directement de l'autorité souveraine qui a délégué son pouvoir créateur aux juges.

[152] Au Cameroun, par exemple, après les périodes portugaise (1472-1590) et hollandaise (1590-1800), la domination anglaise sur la côte camerounaise dès le début du XIXᵉ siècle s'est accompagnée d'une tendance à la codification des rapports entre puissances occidentales et indigènes. Ceci en vue de garantir la paix, de lutter efficacement contre la traite esclavagiste, et de sécuriser les échanges commerciaux. A cet égard, le plus ancien traité connu entre les rois Dwala (Akwa et Bell) et le gouvernement anglais a été signé à Douala le 10 juin 1840. Suivront d'autres traités (Cf. J. R. BRUTSCH, « Les Traités Camerounais », dans *Etudes Camerounaises*, n° 43-44, mars-juin 1955, p. 9-42) dont celui créant en janvier 1856 la « Cour d'Equité », un tribunal de commerce destiné à juger les conflits entre Africains et Européens. Ainsi, vers la fin du XIXᵉ siècle, la signature des « traités » marque une transition symbolique dans la conception indigène du droit: le passage d'une civilisation de droit oral à une civilisation de droit écrit l'oralité comme garantie pour l'application des lois et règlements. La *Cour d'Equité*, mise en place par les Anglais a quasiment remplacé le *Ngondo* (l'Assemblée traditionnelle *Dwala*) dans l'arbitrage des conflits. Même si sa force exécutoire est restée relative en ce sens que la *Cour d'Equité* n'a pas longtemps fonctionné, il n'en demeure pas moins que le « pouvoir judiciaire » des agents occidentaux sur la côte camerounaise augure déjà le régime colonial et une nouvelle conception de la justice. C'est sur ces prémices que s'amorce la colonisation allemande du Cameroun en 1884.

[153] Dans son célèbre ouvrage de droit public, rédigé entre 1920 et 1922, intitulé *Contribution à la théorie générale de l'Etat*, l'éminent juriste français Raymond Carré de Malberg indique que l'Etat est nécessairement constitué d'un territoire, d'une communauté humaine et d'une puissance publique. La jurisprudence internationale abonde dans le même sens avec un avis du 29 novembre 1991 de la Commission d'arbitrage pour la paix en Yougoslavie, qui définit l'Etat « comme une collectivité qui se compose d'un territoire et d'une population soumis à un pouvoir politique organisé ». Ces trois éléments constitutifs font de l'Etat une personne juridique bénéficiant de l'attribut de souveraineté en vertu duquel il légifère, exécute les lois et assure la fonction de juger.

[154] Bernard BADIE, *L'Etat importé - Essai sur l'occidentalisation de l'ordre poitique*, Paris, Fayard, 1992.

[155] Henri BRUNSCHWIG, *Le partage de l'Afrique noire*, Paris, Flammarion, 1971. L'acte final, qui n'autorise aucun partage, le déclenche dans les faits. Il proclame la liberté de navigation sur les grands fleuves africains, le Niger et le Congo. Il permet aux Etats européens déjà présents sur le littoral africain d'annexer l'arrière-pays correspondant. « Compétions, conflits et ententes entre grandes puissances ; multiplications de traités avec les chefs africains ». Elikia M'BOKOLO, *Afrique noire histoire et civilisations*, tome II, Paris, Hatier-Aupelf, 1994, p. 281.

nouvellement formés impliquent le dépassement des logiques sociales communautaires (tribu, clan, ethnie, etc.) pour devenir des regroupements politiques où les individus fondent leur identité sur un rapport d'allégeance à un centre qui monopolise l'autorité. À partir de la fin du XIXe siècle, l'État occidental s'enracine en Afrique, et devient idéologiquement le vecteur de l'unification nationale par le droit qui se professionnalise. Désormais, le juriste formé dans les Facultés de droit des Universités devient un agent de l'État, indispensable à la régulation de l'activité juridique et judiciaire. Il entreprend de substituer la coutume, l'ancienne source privilégiée de droit populaire, par le sien qui est soit doctrinal, jurisprudentiel ou législatif. Un pseudo pluralisme juridique est mis en place : les coutumes locales sont reconnues à la condition qu'elles soient conformes à la « civilisation », c'est-à-dire à l'ordre juridique colonial. Celui-ci « exige que le dernier mot lui appartienne en cas d'application qu'il estimerait non pertinente de l'un ou l'autre mécanisme juridique inclus dans les ordres juridiques précoloniaux dont il a confirmé le maintien en vigueur »[156]. Mais l'État postcolonial fera disparaître ce pseudo pluralisme « en élaborant des législations unificatrices » qui ne laissent même plus aux droits précoloniaux « un espace de semi-autonomie »[157].

Sacralisée dans les systèmes juridiques africains post coloniaux[158], l'hégémonie des valeurs occidentales prolonge, par conséquent, le processus d'acculturation juridique amorcé dès le XVe siècle, mais de manière plus décisive depuis la colonisation de la fin du XIXe siècle. Malgré des résistances coutumières, notamment en matière familiale et foncière, la présence occidentale a provoqué une série de mutations dans la conception africaine du droit. Les caractères « paysan », « collectiviste », « inégalitaire », « sacré » et « oral » du droit traditionnel se sont altérés[159] au contact des « piliers » du droit occidental que sont « le libéralisme », « l'individualisme », « le rationalisme », la « laïcité » et la « démocratie ». Dans toute l'Afrique postcoloniale, les nouveaux États sont restés assez largement défavorables au droit traditionnel considéré comme un obstacle au progrès. Dans les pays d'Afrique francophone par exemple, le Code civil français introduit pendant la colonisation a gardé une place de choix dans les entreprises de législation de droit privé qu'il s'agisse du droit des personnes, du

---

[156] Edwige RUDE-ANTOINE & Geneviève CHRÉTIEN-VERNICOS, *Anthropologies et Droits - Etat des savoirs et orientations contemporaines*, *op. cit.*, p. 27.

[157] Cf. Jacques VANDERLINDEN, « Production pluraliste du droit et reconstruction de l'Etat africain », dans *Afrique contemporaine*, 2001, (211), p. 78-84 Texte repris et publié par le même auteur, dans « Les pluralismes juridiques », Bruxelles, Editions Bruylant, 2013, p. 191-199.

[158] Cf. P.-F. GONIDEC, *Les droits africains Evolution et sources*, *op. cit.*

[159] En vertu du principe de l'égalité devant la loi, les femmes participent au suffrage universel au même titre que les hommes, les chefs coutumiers répondent des infractions qu'ils commettent à l'encontre de leurs sujets. La laïcité a désacralisé les institutions coutumières en affirmant la liberté de conscience, en distinguant le spirituel du temporel, en opposant, aux notables traditionnels, des élites imprégnées d'idées républicaines. La « communion avec les ancêtres » a cédé au christianisme et à la rationalité de l'Occident. Les limites de l'oralité ont obligé le droit paysan à s'adapter aux formes contractuelles des sociétés modernes.

droit des biens, du droit des contrats ou de la responsabilité. Sans atteindre le prestige du Code civil, le droit administratif français exerce également dans ces pays une influence indéniable. En droit constitutionnel[160], l'idée de gouvernance démocratique et d'État de droit, que ce soit par conviction idéologique ou par volonté de paraître partager le système des valeurs dominant dans le monde, a entraîné en Afrique subsaharienne l'extension des droits de la citoyenneté et la limitation formelle des pouvoirs selon les canons empruntés en Occident. Certes, ce processus d'acculturation juridique a permis de décloisonner les sociétés traditionnelles en les ouvrant aux valeurs occidentales, mais a rendu les Africains étrangers à eux-mêmes en occultant la richesse de leur altérité, en modifiant leurs modes de pensée et de production, en déconnectant le droit des réalités locales[161].

Dans un environnement où le droit est tantôt mal compris, tantôt inadapté à son contexte, le droit positif africain hérité du modèle occidental de l'État ne peut prétendre être l'unique source de régulation des rapports sociaux. De sa « pyramide », il doit accepter de s'insérer dans un « réseau »[162] refondateur d'un ordre nouveau auquel les Africains adhèrent parce qu'ils y trouvent un intérêt. D'ailleurs, devant l'incapacité États postcoloniaux africains de matérialiser leur prétention au monopole de la production réaliste du droit, l'on assiste ces dernières années au développement de toutes sortes d'ordre juridique dits informels, parallèles ou non officiels, tout comme se manifestent des velléités de résurrection des modes de production coutumier[163]. D'où l'intérêt pour les sociétés africaines de réinventer leur propre voie juridique pour ainsi redevenir souverain de leur destin dans l'histoire universelle[164]. Et ceci n'est possible qu'avec une nouvelle génération de juristes formés non plus exclusivement à la technique[165] positiviste, mais qui doivent s'ouvrir aux autres champs de

---

160 André CABANIS et Michel Louis MARTIN, *Le constitutionalisme de la troisième vague en Afrique francophone*, Collection Publications de l'Institut universitaire André Rycmans, n° 4, Bruylant–Académia, 2010.

161 En marge de l'Etat, se perpétuent en effet des structures sociales héritées de la période précoloniale (famille, clan, tribu, ethnie, royaume) qui rendent difficile l'édification de l'Etat-Nation occidental en Afrique. Alors que se développe théoriquement l'idéologie de l'Etat et de la loi, le corps social africain se trouve disloqué entre diverses traditions endogènes qui font encore autorité. Il en résulte une fracture entre le droit et la société, notamment l'importante frange de la population demeurée rurale.

162 François OST et M. VAN DE KERCHOVE, *De la pyramide au réseau ? Pour une théorie dialectique du droit*, Fr. OST et M., Bruxelles, Publications des Facultés universitaires Saint-Louis, 2002.

163 Comme le souligne Wanda CAPELER, « la modernisation des pays non occidentaux a été réalisée sur les gravats des cultures juridiques non occidentales, japonaise, africaines, islamique, chinoise, bouddhique, océaniques (…). Ces cultures juridiques rescapées donnent lieu à des dépouilles parfois étonnantes de droits non officiels, informels, contaminés et *contaminant des droits imposés* ». Cf. Wanda CAPELLLER, « Droits infligés et ''chantiers de survivances'' : De quel lieu parle-t-on ? », dans *Une introduction aux cultures juridiques non occidentales* – Autour de MASAJI CHIBA (sous la direction de Wanda CAPELLER / Takanori KITAMURA), OP. CIT., p. 17.

164 PRINCE KUM'A NDUMBE III, « *L'Afrique s'annonce au Rendez-vous, la tête haute* », Editions Africavenir, 2012.

165 « La technocratie est un nouvel idéalisme juridique. Le gouvernement des techniciens remplace celui des juristes, qui avaient supplanté celui des théologiens. Après le règne de l'Eglise, celui du

connaissance de la réalité sociale[166], en vue de construire un droit africain réaliste[167], « vivant »[168], porteur de justice et d'équité. Car, le phénomène de la violence, la recherche de la paix, le sentiment d'injustice, le travail de mémoire par rapport au passé, celui de promesse pour renouer l'avenir, sont des questionnements qui interpellent l'Afrique contemporaine et qui ramènent le droit à ses fondements.

Droit ; après celui du Droit, celui de la technique. Non qu'il faille en revenir *au jus, ars boni et aequi,* qui est une autre forme d'idéalisme, une autre manière d'appréhender la réalité non en elle-même, mais la représentation que s'en font les juristes. Mais il faut néanmoins reconnaître que l'avènement de l'ère des technocrates coïncide avec la disparition du face à face des juristes et de la société ; les protagonistes sont d'une part ceux qui détiennent les techniques, et d'autre part ceux qui les servent. Les seuls besoins pris en considération sont ceux des premiers ; le rôle des autres est réduit à celui des pions que les tenants du pouvoir manœuvreraient à leur gré s'il ne tenait qu'à eux. La plus précieuse et prometteuse réaction contre cet ordre est constituée par le développement d'une nouvelle structure mentale ». Cf. André-Jean ARNAUD, *Les juristes face à la société du XIXe siècle à nos jours*, Paris, Presses Universitaires de France, 1975, p. 204-205.

166 Il devient de plus en plus inéluctable pour le juriste de « reconnaître que le droit ne se suffit pas à lui-même et qu'il participe de la relation sociale, en tant que cadre d'action socialement construit en même temps que producteur des relations sociales ». Le juriste doit s'ouvrir aux différents champs de connaissance de ce social que le droit encadre et contribue à construire. La complexification de cette réalité, l'enchevêtrement et la porosité des différentes normativités qui l'enserre, rend encore plus incontournable ce constat et plus impérieux le besoin d'interdisciplinarité ». Cf. *Droit, arts, sciences humaines et sociales : (dé) passer les frontières disciplinaires,* p. 11.

167 Mbombog Nkoth BISSECK notait à cet égard que « tout projet de démocratisation des structures politiques africaines qui tend à nier, à marginaliser, à s'aliéner ou à faire disparaître la réalité que constitue le pouvoir traditionnel africain conspire contre l'intégrité socioculturelle, la paix, la perspective de développement harmonieux et d'intérgration positive de ces peuples dans la modernité et l'universalité ». Cf. Mbombog Nkoth BISSECK, « Démocratie et structures politiques traditionnelles au Cameroun », dans *Vous avez dit Démocratie ? Le processus de démocratisation au Cameroun : Défis et perspectives, sous la direction de Kum'a Ndumbe III,* Editions AfricAvenir/Exchange &Dialogue, 2008, p. 25-85.

168 Le juriste autrichien Eugen Ehrlich déclarait en 1913 (*Grundlegung der Soziologie des Rechts*) que « le centre de gravité du droit ne réside point, même à notre époque, comme en tout temps, dans la législation ni dans la science juridique ni dans la jurisprudence des tribunaux, mais plutôt dans la société elle-même ». C'est ce qu'il appelait « le droit vivant ». C'est dans le même esprit que Jacques CHEVALLIER (« Pour une sociologie du droit constitutionnel » *dans Mélanges en l'honneur de Michel Troper, L'architecture du droit*, Paris, Economica, 2006, p. 283) affirme que la science du droit ne saurait être cantonnée, dans la perspective qui est celle de Hans Kelsen, à la seule étude des normes posées. « Les juristes ne peuvent se désintéresser des processus sociaux et politiques de production et d'application du droit, sauf à sombrer dans un formalisme desséchant, ignorant tout des enjeux dont la norme juridique est porteuse ; pas plus d'ailleurs qu'ils ne peuvent se désintéresser des valeurs sous-jacentes à l'ordre juridique et qui déterminent la légitimité de la norme juridique »

LA CIRCULATION DES MODÈLES POLITIQUES ET JURIDIQUES. L'EXEMPLE DE LA RÉCEPTION DES DOCTRINES VÉHICULÉES PAR L'ISLAM AU SOUDAN OCCIDENTAL À L'ÉPOQUE DES GRANDS EMPIRES

Mamadou BADJI
Professeur, doyen honoraire de la Faculté des sciences juridiques et politiques, Université Cheikh Anta Diop de Dakar (Sénégal)

S'il n'est que justice de rendre un éclatant hommage au doyen Bernard Durand, pour ses nombreuses activités universitaires et en raison de ce qu'il représente et incarne aux yeux de ses disciples, il est plus difficile de trouver le sujet le plus approprié à un hommage académique, mettant en lumière une belle unité dans des champs intellectuels aussi différents de l'histoire du droit public jusqu'à l'histoire du droit colonial. Pour autant, il est un sujet qui nous rapproche de la démarche scientifique du dédicataire de ces pages qui, au cours de sa carrière universitaire, a défriché de nombreux sentiers et exploré bien des domaines de notre discipline, un sujet se rapportant à l'histoire des institutions.

J'ai choisi, dans le cadre de ces *Mélanges* qui lui sont dédiés, d'étudier l'« impact » de l'islam sur les foyers de vie collective organisée[1] des régions situées entre le sud du Sahara et la grande forêt, en axant mon propos sur le cas du Soudan occidental. Un tel sujet, inspiré des intuitions savoureuses du professeur Bernard Durand, a pour objet de montrer que l'islam dont la civilisation[2], la culture[3] et le *corpus juris* imprègnent profondément les peuples qui adoptent sa religion, a joué un rôle de « stimulant cyclique »[4] des sociétés de cette aire de civilisation où il a favorisé la combinaison de deux modèles, de deux cultures politiques.

Avant de pousser plus loin, il n'est pas inutile de souligner que ces foyers de vie collective organisée avaient conservé, du VIIIe au XIVe siècle, des structures dont l'organisation évoque, sous certains aspects, les précédents carolingiens. À

---

[1] Il faut entendre par là, toute unité sociale traditionnelle ayant une organisation politique indépendante -qu'elle soit un royaume, une chefferie ou même parfois une communauté humaine plus réduite comme un village et son terroir- et donc un territoire, dotée d'un ordre juridique propre. L'Afrique au sud du Sahara se caractérisait par une extrême variété de formules et d'organisations politiques.

[2] A. SANKHOURY, *Le califat*, Paris, 1926, p. 15.

[3] *Ibid.*, p. 5.

[4] I.-B. KAKE, « L'islam et les sociétés africaines au Moyen Age », in : *Histoire générale de l'Afrique. L'ère des grands empires*, Présence africaine, 1988, p. 85 et s.

partir du milieu du XVe siècle, ils se sont trouvés aux prises avec des besoins nouveaux nés de l'évolution amorcée quelques décennies plus tôt : contact avec le monde arabe, transformations des structures politiques de « forme monarchique du pouvoir »[5] sous l'effet de l'« impact » de l'islam, intensification du commerce transsaharien, « impact » occidental, etc.

Toutes ces tendances n'ont pas été sans se refléter à partir du XVIIe siècle – et souvent bien antérieurement – sur le triple plan de la politique, de l'économie et des institutions.

- sur le *plan politique*, il y a eu apparition d'idées nouvelles, prenant la forme d'une inversion sociale[6], notamment en Sénégambie, avec contestation, plus ou moins poussée, des modes d'organisation traditionnels de la société ;

- sur le *plan économique*, nous observons une évolution qui fait apparaître de nouveaux besoins liés aux activités de traite sur la côte atlantique et de nouveaux types d'organisation ;

- sur le *plan institutionnel*, la poussée de l'islam de la Sénégambie à l'Adamaoua, en passant par Madagascar et Zanzibar, sur la côte orientale de l'Afrique, crée des conditions propres à favoriser ici ou là, un « métissage juridique ». Des tensions sont inévitables entre les traditions locales et l'ordre juridique véhiculé par cette religion. Ces tensions ne sont pas résolues partout de la même manière. Par exemple, au Soudan occidental, les souverains adoptent, en marge des pratiques traditionnelles maintenues dans les cours royales (jet de poussière sur le corps face aux souverains, recueil du crachat royal par un courtisan, sortie des tambours ancestraux lors des intronisations, etc. »)[7], les formes de gouvernement apportées par l'islam.

La rencontre des deux systèmes devient alors inévitable.

En scrutant les tentatives constitutionnelles du Ghana, du Mali, du Kanem et du Songhay, il est facile de constater que la mise en ordre de la cité s'y déroule sur la base d'un métissage juridique. « Pour la frange non islamisée de la population, écrit M. Kamto, le Pouvoir continue de trouver son fondement sacré dans la cosmogonie du groupe. En revanche, pour ceux qui sont convertis à la religion de Mahomet, le fondement du Pouvoir change de terrain : il ne se trouve plus exclusivement dans les croyances traditionnelles, ni dans l'islam « pur » de l'Orient arabe, mais dans cet islam syncrétique, pétri de pratiques religieuses locales et de certaines valeurs de la culture négro-africaine. Le Pouvoir reste sacré

[5] Cf. J. POIRIER, « Les formes monarchiques du pouvoir dans l'Afrique noire précoloniale », in *Rec. Jean Bodin*, t. 21, p. 117-205.

[6] L'expression « inversion sociale » est très usitée en anthropologie politique pour renvoyer aux formes et pratiques ritualisées de contestation du pouvoir politique. Mais l'inversion sociale n'est pas une rébellion révolutionnaire, elle n'aboutit pas à un changement de système ; elle permet tout simplement « aux tensions engendrées par la hiérarchie sociale existante de trouver un exutoire, sans dommage aucun pour la société ». Pour aller dans le même sens, voir C.-H. PERET, « Be dimurna : un rituel d'inversion sociale dans le royaume Agni », *CEA*, vol. 7, n°27, pp.434-443. L'ordre et le désordre social sont liés à une situation d'équilibre du pouvoir politique.

[7] *Ibid.*

parce que dans son essence, il est perçu comme quelque chose de sacré »[8]. Ainsi, une ligne de fracture se crée entre sociétés marquées ou influencées par l'islam[9] et sociétés hors d'influence de l'islam. On est en présence de systèmes politiques hybrides, l'influence de l'islam étant cependant des plus remarquées.

La poussée de l'islam se traduit par l'installation d'une aristocratie étrangère, dominant une population de cultivateurs profondément animiste, notamment en pays sénoufo, de Koutiala à Kong, encore que les Sénoufo eussent conservé leur aristocratie propre. Sans être très profonde ni immédiate à l'origine, la « greffe » islamique a finalement pris.

L'islam prédominait en gros au nord du treizième parallèle, avec deux pointes méridionales au Fouta Djallon et au Nigeria. Présent dans « la politique, dans les mœurs et dans la religion », il figure également dans les programmes officiels des diverses écoles des grandes villes, particulièrement Djenné et Tombouctou qui prévoient l'enseignement du droit musulman. Là, l'islam a, par ses « savants, ses théologiens, ses dévots », véhiculé auprès des souverains et autour des mosquées, « les ouvrages de droit malékite[10] qui deviendront la référence obligée de bien des juges du XIXe et du XXe siècle »[11]. Ainsi, l'auteur des Tarikh se plait à rappeler la richesse des ouvrages, les études et les commentaires portant sur la Moudawana de Sahnoun, le Tehdib d'El Beredi, le Mokhtasar de Khalil, la Tohfat d'Ibn Acem, la Risala d'El Quairawani et Es Sadi ne manque pas de signaler qu'il a suivi pendant plus de dix ans les cours d'un jurisconsulte, lisant plus de huit fois le Mokhtasar en entier, avec les diverses interprétations que les docteurs en donnaient[12].

Quant au droit, il était dit par les chefs religieux, les chefs militaires et les cadis. Le système du juge unique était la règle, mais très souvent les chefs religieux, et plus encore les chefs militaires, s'entouraient de conseillers juridiques.

Nomination et attributions coïncident avec les règles qui président à la dévolution des pouvoirs des cadis arabes ; pour la première, il est de bon ton que le cadi pressenti refuse la charge et l'honneur qui lui est fait[13]. Quant aux

---

[8] M. KAMTO, *Pouvoir et Droit en Afrique noire. Essai sur les fondements du constitutionnalisme dans les Etats d'Afrique noire francophone*, Paris, LGDJ, 1987, p. 109. Souligné dans le texte.

[9] Cf. I.-B. KAKE, « L'islam et les sociétés africaines au Moyen Age », in *Histoire générale de l'Afrique. L'ère des grands empires*, Présence africaine, 1988, p. 85 et s.

[10] Le rite malikite qui est rigoriste, insiste beaucoup plus sur les rapports entre le pouvoir politique et l'autorité religieuse. Sa présence au Soudan est signalée par les auteurs des Tarikh qui se plaisent à avancer que ce rite est celui de la monarchie autoritaire à tendance théocratique dont rêvait l'Askya Mohammed 1er.

[11] B. DURAND, « Droit musulman et jurisprudence des cours suprêmes d'Afrique noire », in *Les Cours suprêmes en Afrique* (sous la direction de G. CONAC), t. 4, Paris, Economica, 1990, p. 123.

[12] *Tarikh Es-Soudan*, trad. HOUDAS, Paris, éd. Maisonneuve, 1981 ; *Tarikh El-Fettch*, trad. HOUDAS et DELAFOSSE, Paris, éd. Maisonneuve, 1981.

[13] Sous le règne de l'Askia Daoud, un cadi pressenti se réfugie à la mosquée pendant plusieurs jours pour échapper à la nomination forcée ; il faudra de fortes pressions et la menace de nommer un ignorant pour qu'en 1583 le jurisconsulte Abou Hafs accepte de l'Askia, et en pleurant, les fonctions de cadi de Tombouctou restées sans titulaire pendant un an.

fonctions, elles sont en tous points semblables à celles reconnues aux cadis abbassides : enregistrement des actes juridiques, justice civile et criminelle, possibilité de nommer eux-mêmes des subdélégués, etc.

Les cadis s'installent dans les grandes villes et y répandent les principes du rite malikite[14], sauf à préciser qu'au Songhay « il n'est pas prouvé que le droit malikite ait pénétré les mœurs gouvernementales des Askyas, au point d'inspirer quelque peu leur pratique politique, tant à l'intérieur qu'à l'extérieur de leur empire »[15].

Cette expansion de l'islam en terre africaine est donc propre à provoquer l'adaptation de ses conceptions du pouvoir et de l'ordre légal au Soudan occidental. Mais il faut en saisir le sens.

I. LES CONCEPTIONS DU POUVOIR ET DE L'ORDRE LÉGAL DANS L'ISLAM

Religion monothéiste à vocation universelle, l'islam n'a pas au premier chef une mission à proprement parler politique. Cependant lorsqu'elle devient « la religion officielle d'un territoire donné, la vision de l'homme, de sa relation avec Dieu a des incidences politiques, ne serait-ce qu'en raison des obligations des hommes qui exercent le pouvoir par rapport à Dieu, ce qui conduit à construire une théorie du pouvoir et du droit »[16]. C'est que l'islam véhicule avec lui une appréhension globale et immédiate de l'homme et de l'univers, des formes de gouvernement.

Mais le concept de pouvoir dans la pensée islamique n'est pas aussi simple qu'une interprétation de la pensée politique judéo-chrétienne a bien voulu la présenter. C'est que ce concept de pouvoir politique renvoie, dans l'histoire des idées politiques du monde musulman, à la notion de *Khalifa* qui renferme ce que la théorie occidentale du pouvoir sépare en pouvoir exécutif et en pouvoir judiciaire. Nous y reviendrons.

Pour l'heure, il n'est pas inutile de préciser que la fluidité alléguée de la nature du pouvoir par certains courants de l'islam ne résiste pas à l'analyse : une doctrine majoritaire affirme l'origine divine du pouvoir ou, à tout le moins, son rapport, fût-il éloigné, avec Dieu[17]. Dès lors, même si la délimitation théorique de cette notion se heurte à la pluralité des conceptions tenant au pouvoir politique (aux « salafistes » s'opposent les philosophes et les docteurs de l'islam), les auteurs avancent que le calife est le lieutenant de Dieu sur terre.

---

[14] J.-C. FROELICH, « Droit musulman et droit coutumier », in *Etudes de droit africain et de droit malgache*, Paris, éd. Cujas, 1965, p. 361-389.

[15] Z. DRAMANI-ISSOUFOU, *L'Afrique noire dans les relations internationales au 16e siècle*, Paris, Karthala, 1982, p. 123.

[16] D. et A. CABANIS, *Introduction à l'histoire des idées politiques*, Paris, éd. Publisud, 1989, p. 23.

[17] Cf. L. MILLIOT, « La conception de l'Etat et de l'ordre légal dans l'islam », in R.C.A.D.I., Vol. 75, 1949, II, Chap. II, Le Califat, notamment pp. 616-621.

A. LES CONCEPTIONS DU POUVOIR

Trois doctrines opposées se sont exprimées sur le concept de pouvoir[18] en islam et, plus généralement, sur le rapport du musulman au pouvoir.

La première, considérée comme « extrémiste », contient deux thèses opposées : l'une prône la laïcité totale du califat et donc une séparation radicale entre pouvoir et religion ; l'autre accorde au calife des pouvoirs spirituels, ce qui est contesté par tous les docteurs de l'islam. Cette doctrine extrémiste est minoritaire dans l'histoire politique de l'islam, même si l'on ne doit pas négliger totalement son importance.

La deuxième tendance est dite « volontariste » et elle a eu l'adhésion de la plupart des philosophes « ascharites »[19] et des docteurs « sunnites »[20]. Selon elle, le pouvoir vient de la volonté divine et le calife est un simple instrument entre les mains de Dieu.

La troisième thèse dite « rationaliste » ne nie pas l'origine divine du pouvoir ; mais plutôt que de l'imputer à la volonté de Dieu, elle la cherche dans la *raison* de Dieu.

Ces manières différentes d'aborder la nature du pouvoir posent en fait le problème du rapport entre le pouvoir et la religion et, par suite, celui du lien entre le pouvoir et le sacré dans l'islam.

1. Selon la thèse dite « extrémiste », il n'y aurait aucun rapport entre le sacré et le pouvoir dans l'islam. Cette thèse est centrée sur la distinction entre le spirituel et le temporel, et s'efforce de démontrer que le califat ne se trouve ni dans la loi religieuse, ni dans la raison, mais dans la force armée et la violence. L'argument du cheikh Ali Abdi Al Razik – l'initiateur de cette thèse formulée à partir de 1925 – est de dire que l'islam n'est rien d'autre qu'une religion, et que le prophète n'a jamais entendu fonder un État. Le pouvoir royal ne s'est organisé à Médine qu'après sa mort, et ne fut pas un pouvoir prophétique, mais temporel.

Cette thèse est cependant battue en brèche par les chiites qui croient en un imam suprême.

Se proclamant « légitimistes de l'islam », les chiites avancent l'idée que « le prophète avait fondé à côté d'une religion et d'un État, une dynastie ». Par conséquent, l'imam suprême doit être, de toute évidence, un descendant d'Ali Abid Taleb, neveu et gendre du Prophète Muhammad. Ce titre de l'imam suprême est reconnu au calife en raison de ses qualités personnelles et non par suite d'une élection populaire : « Il sera de par le droit divin, le reflet et la manifestation même

[18] M. EL SHAKANKIRI, « Sacralité, pouvoir et droit dans l'histoire juridique de l'islam », Contribution au Colloque du LAJ de Paris, janv. 1980, doc. ronéotypé, p. 4-10.

[19] Les philosophes « Asharites » constituent une tendance « littéraliste » de la pensée islamique qui donne lieu au « commentaire par tradition » et considèrent le Coran comme un attribut de Dieu incréé.

[20] La sunna est dans une certaine mesure la loi de la tradition orale se superposant à la loi écrite. Elle est essentielle parce que de bonne heure on considéra que le Coran ne pouvait se passer d'elle, d'où le nom de sunnites (gens de la sunna) donné aux musulmans orthodoxes.

de Dieu sur terre, tout puissant, détenteur d'un pouvoir absolu, doué de la « Isma », c'est-à-dire de l'impeccabilité. Fusion du spirituel et du temporel, théocratie absolue dont l'Imam est l'incarnation, infaillible et impeccable »[21].

En vérité, les chiites reconnaissaient qu'ils ne disposaient pas d'un tel imam. Pour palier théoriquement cette absence, ils avaient alors inventé l'idée de l'« indivisibilité apparente » : l'imam est toujours présent, seulement il est caché et les fidèles ne cessent d'attendre son retour qui fera vraiment de la terre de l'islam la terre de justice.

2. Avec le courant volontariste, on entre dans l'orthodoxie de l'islam. Cette tendance, représentée par les Asharites, se réclame du philosophe Abu'l Hussan Al-Ashari qui a vécu à Bosra au IXe siècle de l'ère chrétienne (873-935 apr. J.-C.). Ce dernier reprend à son compte la pensée chrétienne selon laquelle : « Tout pouvoir vient de Dieu » (*omnis potestas a Deo)*[22].

C'est l'Être suprême qui est la source du pouvoir et c'est parce qu'il en est ainsi que se trouve justifié l'appel à l'obéissance à Dieu[23]. L'obéissance à l'autorité a dès lors un fondement scripturaire. Elle est clairement exprimée dans les Hadith du Prophète : « Tu seras fidèle à la communauté musulmane et à son Imam ».

La plupart des auteurs musulmans classiques soutiennent d'ailleurs que l'obéissance est un droit du souverain et un devoir impérial du sujet. Ghazali, par exemple, explique que l'obéissance est un devoir à observer même à l'égard d'un prince « ignorant et injuste »[24].

Les volontaristes évoquent surtout le « consensus » qui s'est réalisé après la mort du Prophète quand ses compagnons soulignèrent la nécessité pour la communauté musulmane de se choisir un chef, un guide : le calife.

Ainsi, les partisans de cette thèse font du choix du calife une obligation religieuse. Partant, ils dépassent l'*omnia potestas a Deo* des chrétiens, en faisant de la foi « une valeur d'ordre politique ». Cependant, les tenants de la thèse volontariste dépassent la pensée chrétienne au niveau de la notion théologique fondamentale du « gouvernement divin » qui s'exprime à travers la théorie de la « délégation de l'autorité » : Non seulement Dieu est la source de toute autorité, mais il n'est « d'autres autorités que celle de Dieu »[25].

3. La troisième tendance que l'on a qualifiée de « rationaliste » ou mutazilite, n'a pas beaucoup d'audience auprès des juristes de l'islam. Elle n'admet pas l'argument scripturaire pour expliquer l'origine du pouvoir et pour justifier

---

21 M. EL SHAKANKIRI, « Sacralité, pouvoir et droit dans l'histoire juridique de l'islam », Contribution citée.
22 *Ibid.*, p. 7.
23 Verset 4, Sourate 59.
24 Voir dans le même sens Y. BEN ACHOUR, « Religion, politique et droit dans l'histoire juridique de l'islam », Contribution au Colloque du L.A.J. de Paris, janv. 1980, document ronéotypé, p. 16.
25 M. EL SHAKANKIRI, contribution citée, p. 8.

l'obéissance des sujets. Elle soutient, au contraire, que le pouvoir est un phénomène aussi bien naturel que rationnel. Pour les « rationalistes », le fondement de l'autorité et de l'obéissance reposerait sur une justice immanente, une justice certes créée par Dieu puisqu'il est le créateur de toute chose, mais l'autorité se dégage de l'observation des lois naturelles qui ne sont que la manifestation extérieure des lois que Dieu a établies dans son organisation du monde.

On voit bien que les partisans de cette thèse essaient, non sans difficulté d'ailleurs, de dégager le pouvoir de sa source divine. En admettant que tout est manifestation de Dieu et du principe divin ils admettent, de manière implicite, que même si le pouvoir est un phénomène naturel, il est avant tout manifestation de Dieu, puisque Dieu est le créateur de toute chose et que les rapports des hommes entre eux et avec les choses ne sont que la manifestation des lois divines.

Au fond, les rationalistes refusent simplement de fonder le pouvoir sur l'autorité directe de Dieu, de le raccrocher directement à cette « transcendance inaccessible » que nous évoquions plus haut. Ils admettent la transcendance du pouvoir tout en lui enlevant tout fondement sacré. Or, le pouvoir dans la cité musulmane est intimement lié au sacré, le sacré transcendantal qui n'a pas besoin d'intermédiaire et qui, par conséquent, ne s'exprime pas à travers le calife. Celui-ci est seulement l'« instrument » humain dont le Tout- Puissant a bien voulu se servir sur terre.

À ces conceptions du pouvoir, les auteurs ajoutent une conception particulière de l'ordre légal qu'il convient à présent d'examiner.

B. LA CONCEPTION DE L'ORDRE LÉGAL

Les juristes de l'islam se sont attachés à la construction d'une théorie de l'État musulman. On tient pour fondamental le rôle joué à cet égard par Al-Mawardi, un des plus illustres d'entre eux. Il écrivit au cours du XIe siècle de l'ère chrétienne, un traité de droit constitutionnel intitulé « Al Ahkam Al Soultaniyah » dans lequel il mentionne tous les éléments du pouvoir. À la tête de ce dernier se trouve « un calife ou commandeur des croyants ». Son règne se désigne par le terme de califat que Al-Mawardi[26] définit comme « l'autorité dont est investie la personne qui remplace le Prophète dans la double mission de défendre la foi et de gouverner le monde ».

La fonction du calife n'est valide et légale qu'à certaines conditions : « la conclusion du contrat » de califat peut s'opérer (en effet) de deux façons : 1) en vertu d'une élection faite par les personnes ayant le pouvoir de « lier et de délier » ou 2) en vertu d'une « disposition émanant du calife précédent »[27].

[26] Al MAWARDI, *Al Ahkam Al Soultaniyah*, Le Caire, 1909, trad. française, Paris, éd. Sommaire, 1925, p. 91-92.
[27] *Ibid.*

Il n'est pas inutile de préciser qu'à la différence des monarques européens de l'époque médiévale, le calife, détenteur des pouvoirs exécutif et judiciaire, n'assure pas le pouvoir législatif.

Les sources originelles du droit positif musulman sont le Coran[28] et la Sunna du Prophète Muhammad : « il est dès lors naturel que l'ordre légal dans l'islam repose sur le Coran, qui est une révélation » et sur la Sunna du Prophète, « le commentaire de la révélation »[29].

La loi de l'État musulman est donc révélée, et le calife est choisi, en raison de sa foi en Dieu et de sa fidélité au Prophète pour veiller à son respect dans la cité. Parlant au nom de Dieu, il doit gouverner conformément à sa Parole. Il n'est pas prêtre d'abord et magistrat ensuite : « le prêtre est, en même temps, le magistrat »[30].

Mais le calife n'est que le lieutenant de Dieu sur terre. Comme tel, il est à la fois l'imam qui dirige la prière et à l'invitation duquel les croyants prient à la mosquée, et le chef temporel chargé de faire respecter la loi coranique[31]. Si l'on admet que l'imam est le héraut de Dieu auprès des hommes, l'on peut penser que son rôle religieux rejaillit en pratique sur son autorité politique pour en faire un pouvoir sacré.

De fait, là où les conquérants musulmans ont établi leur autorité après avoir soumis les « infidèles », le fondement de leur pouvoir se trouvait dans l'islam au nom duquel ils ont gouverné. Le pouvoir était regardé comme sacré parce qu'il était symbolisé par l'Imam qui l'avait conquis au nom de Dieu.

Comment ces idées sont-elles accueillies hors d'Arabie, et plus particulièrement au Soudan occidental ?

II. L'EXPORTATION DES IDÉES POLITIQUES VÉHICULÉES PAR L'ISLAM

Hors d'Arabie, la poussée de l'islam s'est manifestée par la guerre sainte ou Djihad, que certains juristes considèrent comme le sixième pilier de l'islam. Ce phénomène n'a pas épargné le Soudan occidental. Toutefois, il n'est pas vain de préciser qu'ici, l'islam a d'abord connu une phase d'expansion pacifique (sauf rares exceptions), favorisée en grande partie par le développement du commerce -la « méridionalisation des flux économiques par leur expansion de la vallée du

---

[28] Le Coran contient des prescriptions d'ordre politique et juridique.

[29] L. MILLIOT, « La conception de l'Etat et de l'ordre légal dans l'islam », *R.C.A.D.I.,* vol. 75, 1949, II, p. 628.

[30] *Ibid.*

[31] L. GARDET, *La Cité musulmane. Vie sociale et politique*, 3e éd., Paris, Libr. Philos. J. Vrin, 1969, p. 32.

Sénégal à la boucle du Niger »[32]-, avant de devenir un excellent prétexte des grands empires pour une entreprise de conquête[33].

Ajoutons quel qu'a été son mode de diffusion, l'islam n'a pas gardé son aspect originel au Soudan occidental. Il s'est enrichi des pratiques religieuses des sociétés qu'il a pu influencer : il s'est développé en marge du pouvoir politique, avant de fusionner avec les croyances religieuses locales pour donner au pouvoir un fondement nouveau, hybride, mais toujours sacré. Il est alors remarquable de noter que l'islam déclenchât des réactions en chaîne, imprégna les mœurs, les structures de la société et les coutumes[34]. Bâtie sur la conversion des princes, des commerçants, dioulas et hausas (en particulier dans les villes du sud) et des lettrés, son expansion au Moyen âge n'en est pas moins portée par la séduction des conceptions du pouvoir qu'elle exerce *in situ.*

A. LA SÉDUCTION DES CONCEPTIONS ISLAMIQUES DU POUVOIR

S'il appert que l'islam a joué un rôle de « stimulant cyclique » des sociétés soudanaises, il n'est pas inutile d'ajouter que les principes et les formes de gouvernement qu'il véhicule ont largement influencé les institutions des foyers de vie collective organisée qui l'adoptent. Toutefois, les fondements du pouvoir vont varier suivant qu'il s'agit d'une société à l'islamisation pacifique ou, au contraire, d'une société à l'islamisation violente.

Dans le premier cas, l'« impact » islamique correspond tout au plus à une inflexion dans le sens d'une « acculturation ». Le Mali[35] et le Songhay[36] peuvent être cités à cet égard : le chef prend le titre de calife musulman dont il revendique les attributs et les insignes du pouvoir. Par exemple, l'empereur du Mali détient le parasol, les étendards et les tambours qui ne sont rien d'autre que les attributs caractéristiques de la souveraineté des mamelouks d'Égypte. Chez les Songhay, l'empereur reçoit le jour de son intronisation un sceau, une épée et un Coran, du moins dans la dynastie des Askia[37]. À l'image des califes abbassides, ils siègent dans la salle du trône dans une sorte de cage, cachés par un voile.

Mais les rapprochements dépassent de très loin le domaine du cérémonial pour la dynastie des Askia, au moins sur un plan : celui de la légitimation de leur

---

[32] M. Fall, *Les terroirs de la Sénégambie entre l'épée et le croissant : Xe–XXe siècles*, Dakar, Ed. L'Harmattan Sénégal, 2016, p. 108.

[33] Cf. en ce sens T. PUJOLLE, *L'Afrique noire*, Ed. Flammarion, Coll. Dominos, 1994, p. 41-42.

[34] J.-C. FROELICH, *op. cit., ibid.* C'est à partir du 11e siècle que le mouvement de conversion prit de l'ampleur, atteignant le Kanem, le Songhay, le Tekrour, les grands empires centraux (Mali et Songhay), plus tard les royaumes tchadiens (Baguirmi, Ouadaï, Darfour), enfin les peuls.

[35] Empire qui englobait aux XIIIe et XIVe siècles, le Sénégal-Oriental, tout le Soudan et la partie septentrionale de la Guinée. Les groupements humains composant cette société furent successivement et diversement placés sous l'autorité d'un chef en général islamisé.

[36] C'est un vassal qui se libère de son joug, s'affranchit de la tutelle des empereurs du Mali et domina durant les deux siècles suivants, les populations du Soudan occidental.

[37] I.-B. KAKE, « L'islam et les sociétés africaines au Moyen Age », *op. cit.*, p. 85 et s.

autorité, de l'idéologie officielle qui la soutient. L'Askia Mohammed a usurpé le pouvoir de la dynastie des Sonni. Il lui faut donc légitimer son autorité par l'argument de la volonté divine et de la guerre sainte, voulue par Dieu contre la dynastie païenne. Habile, Sonni Ali osait se mettre à couvert de toute attaque pour tyrannie en consultant régulièrement les jurisconsultes à sa dévotion, masquant ainsi « le vrai avec le faux ». Par réaction et pour faire bonne mesure, l'Askia fera le pèlerinage en Terre sainte, d'où il reviendra avec le titre de calife du Soudan et les insignes du nouveau pouvoir.

Dans le cas d'une islamisation violente, des mutations profondes se produisent : la « guerre sainte » et la naissance de théocraties monocratiques annoncent une plus forte emprise de l'islam sur les institutions, subvertissant de la sorte les conceptions et les pratiques traditionnelles du pouvoir.

Pour assurer l'emprise de l'islam sur les sociétés, les chefs musulmans qui mènent la guerre sainte s'efforcent d'asseoir leur autorité sur la légitimité religieuse : les nouvelles théocraties islamiques s'organisent autour d'un pouvoir sacré dont le détenteur, l'imam, n'est plus considéré comme un simple instrument ; en lui se réalise désormais l'État musulman, le cadre du rassemblement de la communauté de croyants qui se proclament serviteurs ou esclaves d'Allah. La guerre sainte fonde donc un nouveau type de pouvoir qui gouverne au nom de l'islam et dont le caractère sacré est plus affirmé[38].

Au Fouta Tooro, l'avènement de l'Almania entre le XVIIIe et le XIXe siècle marque le début de la structuration d'une monarchie dans laquelle l'islam est érigé en religion officielle. L'Almamy est non seulement le chef du gouvernement, mais il est aussi le commandeur des croyants, le successeur du Prophète (PSL), le guide des âmes et des consciences. Il est le lieutenant de Dieu sur terre, le chef de l'armée musulmane. Seul, il détient l'autorité sur toutes les provinces Dényanke. Même si, en tant que chef temporel des Foutan Kobe, du Tooro, Dimar, Lao, Yir La Bé, Bossea, Ngenar et Damga, il est élu, son pouvoir n'en conserve pas moins un caractère sacré tiré de l'islam et sans doute de ses pouvoirs mystiques : le candidat au poste d'Almamy doit être un musulman ; en outre il doit avoir entre autres des qualités de piété (faculté de dévotion mystique et de divination)[39].

Cela étant, il n'est pas inutile de souligner que l'islamisation des sociétés africaines n'entraîne pas, *ipso facto,* l'islamisation du pouvoir. En vérité, si l'attraction des conceptions véhiculées par l'islam saute aux yeux, les contraintes d'une adaptation des institutions aux réalités locales sont au demeurant loin d'être négligeables.

B. Les contraintes de l'adaptation

[38] A cet égard, on peut noter qu'il y eut dans le courant du siècle, quatre « guerres saintes » de grande envergure (Othman Dan Fodio en pays haoussa, en 1804 ; Cheikhou Amadou au Macina en 1818 ; El Hadj Omar domina tout le Moyen Niger).

[39] Cf. M. WANE, « Pouvoir politique et islam : l'Almamya du Fouta Tooro (Sénégal-Mauritanie) », Contribution au colloque du L.A.J. de Paris, janvier 1980, doc. ronéotypé, p. 3.

La poussée de l'islam au Soudan occidental est un fait incontestable, mais son influence sur les institutions politiques des foyers de vie collective organisée fait l'objet d'appréciations des plus diverses. Certains auteurs considèrent que dans bien des cas, le pouvoir politique n'est pas fondé sur l'islam. Il en est ainsi dans les sociétés dont le pouvoir, influencé par l'islam, s'est constitué sur la base d'une sacralité nouvelle fondée sur le syncrétisme, des sociétés où l'islamisation de la population s'est faite de manière pacifique.

Cependant, « là où la conversion du roi et de son peuple à l'islam s'est faite sans pression des « combattants de la foi », là où ils se sont convertis d'eux-mêmes à cette religion, le roi n'exerce plus une fonction religieuse et sa personne tend à une profanation progressive. On ne voit plus en lui qu'un simple chef temporel gouvernant le pays »[40]. Ici, la religion musulmane fusionne avec les croyances religieuses traditionnelles, pour donner au pouvoir un fondement nouveau, hybride, mais toujours sacré. Dans le Borgou, par exemple, la cérémonie d'intronisation du roi et la manière dont elle se déroulait, « expliquent clairement la collusion qu'il pouvait y avoir entre un chef politique et les détenteurs du pouvoir religieux. Pour asseoir son pouvoir, le nouveau chef musulman allait puiser à la source de la sacralité religieuse, exactement comme le chef « animiste » qui passait dans le plus grand secret pendant plusieurs jours, le rite sacré de l'intronisation »[41].

En pays songhay, les traditions royales subsistent en dépit de remarquables emprunts aux règles d'organisation politique, sociale et juridique de l'islam[42]. Ainsi, au cours de ses audiences quotidiennes, le prince accueillait une foule de gens qui se couvrait la tête de poussière, témoignant de la sorte son allégeance et l'honneur qu'elle fait à l'empereur. C'est dire que « … l'islam était loin d'être triomphant au 16e siècle dans l'empire de Gao »[43].

Dans bien des cas, l'islamisation des sociétés se heurte à l'ostracisme du chef. Mais il est des situations où l'expansion de cette religion favorise la conversion théorique du chef, à l'instar de Sonni Ali (1464). En pays hausa, l'islam connut, après une timide implantation à partir du milieu du XIVe siècle, une « intensification continuelle »[44], grâce à des marchands, des Peuls musulmans et des ulémas wangarawa, cette expansion étant du reste scandée par le développement des routes du commerce à travers le Sahara, reliant le pays hausa à l'Égypte par l'Afrique du Nord (Cyrénaïque).

---

[40] M. KAMTO, *Pouvoir et Droit en Afrique noire, op. cit.*, p. 108.

[41] *Ibid.*

[42] Ainsi, l'entourage du prince (Les généraux, les soldats du rang et les dignitaires religieux) et la population tout entière devaient prêter un serment de fidélité et d'obéissance au nouveau roi, sur le Coran.

[43] Z. DRAMANI-ISSOUFOU, *L'Afrique noire dans les relations internationales au 16e siècle, op. cit.*, p.169.

[44] T. FILLITZ, «'Uthman dan Fodio et la question du pouvoir en pays haoussa», *Revue des mondes musulmans et de la Méditerranée*, juillet 2000, p. 209- 220.

Cette poussée de l'islam « qui favorisa le commerce de longue distance avec les grands centres de Katsina et Kano et les grandes migrations »[45], permit la conversion des rois Muhammad Korau de Katsina, Muhammad Rabbo de Zazzau (Zaria) et Muhammad Rumfa de Kano, dans la seconde moitié du XVe siècle. Son influence dans l'État de Gobir, qui domina la région jusqu'au XVIIIe siècle, fut considérable entre la fin du XVe et le milieu du XVIe siècle.

Elle met au jour des bouleversements politiques, sociaux et culturels importants qu'il nous paraît possible d'ordonner à partir de deux faits : d'une part, la montée en puissance des ulémas, « devenant conseillers auprès des cours (*sarauta*) et éduquant la population dans la religion, le comportement musulman, l'écriture et la lecture arabe »[46]. D'autre part, la croissance de l'activité économique, assurée grâce « à l'émergence de nouveaux métiers », au développement du grand négoce et du petit commerce, « tous deux aux mains des Haoussas »[47], mais aussi grâce à l'introduction d'impôts et à l'édiction de mesures règlementaires basées sur la Sharia et la *Sunna* du Prophète.

Toutefois, l'implantation de l'islam en pays hausa, réelle dans les villes, « ne l'est que superficiellement dans les campagnes peuplées de paysans libres, d'esclaves et de nomades peuls, éleveurs de bétail »[48]. Il s'épanouit donc un « islam mixte », empruntant ses références aux conceptions et aux institutions de l'islam, partiellement reformulées : « le roi lui-même (*sarki*) est considéré comme musulman, mais il doit coexister avec des conceptions locales non musulmanes »[49].

Par ailleurs, les traditions royales subsistent, « en dépit de quelques emprunts à l'islam, tel qu'il avait été professé par les savants de Gao introduits auprès du Gobir »[50] et prônant « le retour à un gouvernement de justice ». Nul doute que l'existence de « coutumes conservées » nourrit des pratiques surannées, elles-mêmes justifiées par la perpétuation d'un ordre ancien dont le *sarkin* Gobir Younfa, par exemple, se fait le défenseur. Sa démarche, explique-t-on, s'appuie sur la théorie « contrapuntal paramountry », chère à Goody[51] selon laquelle, à l'origine, le pouvoir repose sur une relation contractuelle entre « gens du pouvoir » et « gens de la terre » : le pouvoir politique est entre les mains d'un groupe conquérant, tandis que les premiers habitants du territoire -les « gens de la terre »-, s'occupent quant à eux du « maintien de la relation rituelle avec les divinités liées à ce territoire »[52].

---

[45] T. FILLITZ, «'Uthman dan Fodio et la question du pouvoir en pays haoussa », *op. cit.*, p. 209.
[46] *Ibid.*
[47] *Id.*
[48] *Ibid.*
[49] *Id.*
[50] B. HAMA, *Histoire du Gobir et de Sokoto*, Paris, Présence Africaine, 1967, p. 50.
[51] J. GOODY (dir.), *Succession to High Office*, Londres, 1966, p. 5.
[52] G. NICOLAS, *Dynamique sociale et appréhension du monde dans une société hausa*, Paris, Institut d'ethnologie, Musée de l'Homme, 1975, p. 57 ; 159 ; 362.

Ce système fut attaqué par ‘Uthman dan Fodio[53] dont la théorie des fondements du gouvernement juste- lequel devrait remplacer l’ordre social dynastique -, se concrétisa dans la mise en place du califat de Sokoto. C’est dire que le pays hausa a finalement absorbé l’expansion islamique.

[53] M. HISKETT, “Materials relating to the state of learning among the Fulani before their jihad”, *Bulletin of the School of Oriental and African Studies,* 1957, 19 part 3, p. 550-578.

LA JUDICATURE SACERDOTALE D'UNE VILLE MONDE : TOUMBOUTOU[1] DE 1895 À AUJOURD'HUI

Dr Ibrahim TOURÉ
Enseignant-chercheur à l'Université des sciences juridiques et politiques de Bamako (USJPB)

> *« Si le sel vient du Nord, l'or du Sud et l'argent des pays où vivent les Blancs, la parole de Dieu, les choses sacrées et savantes, les histoires et les beaux contes ne se trouvent qu'à Tombouctou. »*[2]

Résumé : La quête du mieux-être, qui préoccupe tant nos contemporains se trouve hélas ! contrebalancée par un quotidien bruissant de notre société malade. Dans ce sauve-qui-peut, nous avons trouvé d'opportunité que de nécessité, de regarder dans le rétroviseur. Et comme moisson, nous y avions récolté la science et la pratique de nos illustres oulémas, en l'espèce, les cadis de la cité icône : Tombouctou. Certainement, leur probité, loyauté, sagesse érudite et surtout audace pourront guider nos professionnels, que tout le monde souhaite plus honnêtes ; avec des justiciables moins méchants (car cultivés, et par ricochet pieux) au grand bonheur d'une République pacifiée, aimée, assurément debout.

Mots clés : Tombouctou, fonction cadiale, exemplarité des personnages, Soudan.

---

[1] Nous avons bien volontiers choisi *Toumboutou*, au lieu de la variante officielle usitée Tombouctou, ou Tinbuktu, qu'on utilise dans les ouvrages. Cette dernière essaye de légitimer l'appartenance de la ville ou du moins la primeur de son *habitance* à une vieille touareg du nom de Buktu, gardienne de puits… Alors que le peuple soninké fut la 1ère communauté noire à s'y installer. Il donna logiquement à la ville ses 1ers éléments toponymiques. La ville sera dominée par les Songhaï au VIIe siècle. Leur langue devint la langue administrative sous Sonni Ali le Grand en 1468, puis s'étendra sur toute la région. Notre thèse a été épousée par l'un des plus fins connaisseurs de notre terre et éloquent restituteur de son histoire, notre collègue Sane Alpha Saloum Cissé, non moindre petit fils du cadi A.B.B.A. Que la ville soit le pré-carré des Touaregs, répondait-il « Même si ce n'est pas étonnant, cela est intriguant ». Nous le remercions pour ses révélations fouillées et croustillantes.

[2] En l'honneur de l'intrépide, l'infatigable et l'incontournable professeur Bernard Durand, qui a donné à l'Afrique, plus que de l'or : ce qu'il sait de son Subir, Avoir, Savoir *(savoir être, faire et faire-faire, enfoui, trouvé, restitué)* et Pouvoir. Lequel savoir, a été et demeure le 1er cadeau que Dieu (SBH), a accordé à son illustre prophète Mohammad (PSL) à travers la sourate IKRA. *Albarka Moualim* de Montpellier, de Dakar et de partout dans le même sillage que le grand Ahmed Baba al Soudani, dont émanait, semble-t-il cette affirmation.

Abstract : World wide town of Muslim court house : Timbuctu from 1893 to nowaday
Contemporaries is a so counter-flucctuated by a daily buzz of our invalid society. In this self-save, we have found more opportunity than rear viewing. As harvest we have collected in it the knowledge and the practice of our celebrated oulemas particularly the cadis of the icon tribe: Timbuctu. Indeed thein honesty faith fullness and real wisdom especially audacious guide our professionals towhom everyone expect to be honest with some judges less foul (because refined in believe effect) to a great happiness of a peace ful commonwealth and liked and really stand!

Key words : Timbuctu, cadial function, exemplary person, Soudan.

À un moment crucial de notre histoire contemporaine, où la justice des humains et de l'Etat bat terriblement de l'aile, qui de surcroît victimise[3] tout sur son passage, le Mali (ex. Soudan Occidental) se trouve à la croisée des chemins. Nonobstant, la République clamée et tant vivifiée par les continuateurs postcoloniaux, nos concitoyens déchantés se sentent blasés et *mortiférés* par les avatars de cette justice sous férule européenne[4]. Très sommaire, intéressée et téléguidée, qui n'était guère plus éclairée ; bien au contraire officielle tordue ou injuste et inopportune. Le professeur Paul N'Gom signalait justement, que le Sénégal a été doté de tribunaux musulmans institués par le décret du 20 mai 1857 dans la foulée du décret du novembre 1903, organisant la justice indigène en A.O.F. La procédure criminelle était organisée par l'ordonnance du 14 février 1833… Les bases juridiques exécutives et législatives confondues (pleins pouvoirs) de ce premier avatar de justice en vertu du sénatus-consulte du 03 mai 1854, réservant les questions de mariage, filiation, donation, testament entre musulmans à l'empire du Coran et de la Sunna concernait le Fouta-Djalon où l'islamisation semblait pourtant bien plus avancée… En vérité, sans le dire, les juges indigènes ont mis en avant leurs titres de cadis pour trancher… Il eut un monde ! Monde qui, dans l'espace colonial séparait citoyens et sujets de même que les institutions articulées pour eux. Maintes bavures : l'arbitraire le plus total a côtoyé la violence la plus sanglante, beaucoup d'atrocités et d'abus de pouvoir, notamment judiciaires, celles-ci ayant été ensuite drapées du manteau de la justice. La tournure « judiciaire » de l'affaire Fougoumba que révélait P. N'Gom, confirme abondamment, une justice coloniale expéditive dans son fonctionnement et très excessive dans ses décisions.

---

[3] I. Touré (I), « La sécurité juridico-judiciaire comme agrégat du Développement, le Mali au-devant d'une CEDEAO post-Baule », *Mélanges offerts au professeur Samba Traore*, p. 1 à 34, Cahiers du LERDEEL 2018.

[4] Paul N'Gom, « Les avatars de justice en Guinée française au début du 20ème siècle » *Le juge et l'Outre-Mer,* Tome 6 (dir. B. Durand, M. Fabre, M. Badji), UMR 5815, Montpelier, *Histoire de la justice*, p. 199-248.

Haut et fort, nos concitoyens ne cachent plus leur désir, à brûle-pourpoint de saisir toute main tendue, pour sortir de là. Ce n'est donc guère étonnant, qu'ils s'affichent avec *les avocats de Dieu*, que de continuer à ployer, crémer et baver les yeux hagards et rougis sous le joug des magistrats indigènes et ceux modernes. Tous les coups semblent être permis ici, quand on voit et attend ceux qu'on croyait être les plus puritains, voire fétichistes des républicains, *dicteurs* de conduite *pré* et *post*-conférence de Berlin, Brazzaville, Baule[5] se confier au Divin.

En l'occurrence le président Sarkozy affirma qu'« Un instructeur est différent d'un curé à cause de la radicalité de leurs sacrifices[6] ». Plus récemment E. Macron disait de ne point oublier que « La sève du catholicisme coule dans les veines de la République… La tradition juive est sa base ; que l'Etat ne doit pas occulter l'Eglise… pas de négationnisme des religions[7]… » Yaya Djame (déchu ou pas), I. B.K (en exercice ou en *candi-danse)*, A.B. Diallo & consorts, ici et ailleurs, n'ont aucunement tort de piocher et puiser dans « la caverne électorale » pour gagner ; car la fin justifie les moyens. Dès lors, on doit s'attendre à ce que le phénomène religieux assaille tous les champs, et qu'il soit un sujet de préoccupation pour nos guides scientifiques. Dans cette perspective, des auteurs récents se soucient de notre quiétude[8] sereine dans une insécurité, telle un *tonneau des danaïdes*. Face à « cette jungle universitaire » où la tête de proue, s'appelle l'A.E.E.M., ce *dieu chronos*, plus royaliste que le roi, tempérée dans ces velléités de nuisance par la L.I.E.E.MA.[9], le Groupe biblique universitaire, la communauté estudiantine catholique pour combler le vide idéologique et spirituelle ; aux fins de trouver repères et paix… Selon un groupe d'intellectuels africains, Afro baromètre, 56 % des Maliens interrogés réclament une République islamique. Un récent sondage confirme aisément ce qui n'est plus un *Agenda caché* : l'invite d'Allah, premier Législateur et dernier Juge aux fins d'apprécier, de gérer et de tirer les conséquences qui s'imposent. Il a publié[10] le lundi 4 juin 2018, une enquête qu'il a menée au Mali sur « le rôle et l'impact de l'islam » dans le pays.

Plus de la moitié des personnes interrogées aimeraient voir l'islam devenir la religion officielle du pays, dont 33 % qui soutiennent « fortement » un tel changement. Toutefois, 43 % des sondés sont fermement opposés à cette idée, rapporte Studio Tamani, cité par ledit groupe.

Cette enquête de l'Afro baromètre montre qu'une majorité de 55 % de Maliens disent que l'islam devrait être la religion officielle du pays. Et près de la moitié,

---

[5] . Comme nous l'évoquions, *idem*.

[6] Mot, qu'il tenait en 2004, en recevant son titre honorifique de consécration au Vatican…

[7] Lors de sa consécration par le pape « Le chamois d'honneur » au Vatican, le 24/6/2018. A cela, il n'a jamais été dérogé, même si les président F. Mitterrand et Hollande l'ont moins extériorisé, il reste que l'emblème de l'UE invoque le Christ dans toute sa magnificence, voire la symbolisation occidentale…

[8] M.L. DEMBÉLÉ, B. CAMARA et M. BALLO, « L'activisme religieux dans les universités maliennes : De l'ombre à la lumière ? » Cahiers du LERDEEL, 2018, p. 5 et s. « L'université est leur Jérusalem » cf. Mathieu.

[9] Ligue des élèves et étudiants musulmans du Mali et Association des élèves et étudiants du Mali.

[10] *L'Indépendant,* n° 4497 du vendredi 8 juin 2018, p. 2.

soit 45 %, pensent que le Mali devrait appliquer la charia. Contrairement à d'autres plus âgées ou ayant un certain niveau d'étude. Selon le rapport, un certain nombre de facteurs expliquent cette préférence majoritaire pour faire de l'islam la religion officielle du pays. Il s'agit notamment du fait que le pays est à 94 % musulman, mais aussi la confiance de plus en plus élevée des citoyens aux leaders musulmans. 79 % leur font confiance plus qu'au président de la République, l'Assemblée nationale (49 %). Par ailleurs, une majorité aussi forte (72 %) des personnes sondées pensent que les politiciens utilisent l'islam pour gouverner. Alors que seulement 24 % estiment que l'islam prêche la violence contre les non-musulmans. Il ressort également de l'enquête que moins d'une personne sur trois considère l'islam comme « incompatible avec le progrès économique et social ». Dans le même dessein des « jihadistes » emprisonnés confirment que cette justice est décriée aux mains d'un État totalement défaillant, mais provocant, donc à combattre à tout.

Ils ont réitéré leur ras bol lors d'une récente vidéo postée au cou du juge de Niono, Soungalo Koné enlevé le 16 novembre 2017, et toujours en otage entre leurs mains. Le professeur Aliou Nouhoum Diallo[11] affirmait très récemment que : « Si j'avais 16 ou 17 ans aujourd'hui, je prendrais les armes » pour montrer aux *Kel Tamasheks* et autres irrédentistes qu'ils ne sont pas seuls à savoir tirer sur la gâchette… Il révélait : « *Amadou Kouffa* (de l'ex. MUJAO en alliance avec AQMI & filiales, toujours et davantage actif) veut que tout le Mali soit une République islamique… C'est une *katiba* qu'il veut diriger, rien d'autre ».

Un chercheur français de l'international *Crisis Group* m'a confié que les militaires des *Saints-Cyriens* disaient que le plus grand danger qui guettait l'Afrique de l'Ouest dans les années à venir était le djihadisme peul. Les Peuls ne peuvent nier que les États qu'ils ont construits étaient islamiques (à l'image de l'empire peul du Macina). Le chargé de la division politique de la MINUSMA[12] m'a suggéré… et s'étonnent que les Peuls ne fassent rien, alors que les *Ifoga*s se battent au moyen du M.N.L.A, les Arabes du M.A.A, les Imagads aussi s'agitent… »

Nous avions compris la gravité des projets qu'on nourrissait pour le Mali, vouloir coûte que coûte que les Peuls aient une armée, un groupe politique… Les membres de famille se font enlever par l'armée. C'est une tragédie que l'État enlève ses propres fils et demande des rançons pour libération… Les Peuls sont

[11] *Journal du Mali* n° 164 du 31 mai au 6 juin 2018, p. 6 à 9, in « Tribune A.N. Diallo ». Il fut président de l'Assemblée nationale de 1992.2002 et concomitamment président du parlement de la CEDEAO et demeure un acteur politique incontournable du Mali, un charismatique et inépuisable leader peulh.

[12] Mission internationale des Nations unies au Mali, qui s'y trouve depuis la crise multidimensionnelle de 2012 et qui est hélas ! la plus meurtrière du monde, ayant connue à ce jour environ 160 casques bleus tués et un nombre indéchiffrable de civils morts et enlevés, d'édifices et autres biens… Selon toutes vraisemblances, dont la présence à côté des forces françaises des Barkhanes empire le terrorisme (précédemment au nord et englouti aujourd'hui le centre, voire quasiment tout le pays avec les attentats fréquents dans la capitale). Les plus spectaculaires et sophistiqués sont ceux de l'aéroport de Tbctu et le QG des forces G5 à Sévaré fin juin.

les faibles d'aujourd'hui, pour avoir refusé hier l'école, l'enrôlement dans l'armée et même l'administration. Ils ont suivi leurs bêtes et ils sont devenus des bêtes... » Comme solution, l'éminent visionnaire prônait le dialogue.

Il rappelait : « La conférence d'entente nationale (dans ses résolutions, que nous avons prises... et de s'étonner de la position du président IBK, qui feigne de les nier) a estimé négocier avec tous ceux qui pouvaient arrêter les effusions de sang des Maliens... Quand j'ai appris sur RFI, qu'il estimait que j'étais leur seul interlocuteur potentiel, j'ai souhaité prendre langue avec Amadou Kouffa, il a rétorqué que si c'était pour des questions de doctrine, il souhaitait qu'on lui envoie les imams Mouhamoud Dicko et Cheick Omar Dia. Pour des problèmes politiques, de toucher Iyad Agaly (son chef) et ses sous-filtres... Concluait-il par mettre sur la place publique sa peur, en notant que dans le contexte actuel, avec tous ces chroniqueurs qui sont devenus des hommes politiques avec des religieux et les militaires qui sont politisés, l'atmosphère fait redouter des crises majeures... »

Des pratiques politiques et sociales originales qui puisent massivement dans la ressource religieuse, cherchant ainsi à pallier la faillite morale, politique et économique des États, signalait Giles Holder[13]. Nous convergeons totalement avec la belle analyse de cet anthropologue du CNRS, que nous résumons, aux fins de faire appréhender des intérêts du sujet : « La croyance au rapport de cause à effet est la superstition » : la question de l'émergence d'un nouveau type de rapports entre l'Etat et la société, que l'on peut qualifier d'« espace public religieux ». Pour une lecture contemporaine des enjeux politiques de l'islam en Afrique : le monde musulman, qui couvre un milliard d'individus et comprend des dizaines de pays doit produire la littérature scientifique au sens le plus trivial, que la doxa commune malmenée (avec tous les clichés) par l'extension des cultes des saints locaux et la densification de ses « fous de la foi » ; pour redéfinir une continentalité africaine, sans logique « mélanique d'un continent noir » de la « Négritie » au Bilad al-Sûdan ». Une sorte de *continuum* civilisationnel... réhabiliter la « contemporanéité[14] » contre un subalternisme, victime de sa propre (sur) modernité : « modernité post coloniale. Cette finalité historique dans un mouvement de « renchantement » du monde, selon Jean-Jacques Rousseau, un *homo religiosus*, « sphère publique réligieuse » contre la doxa libérale... la praxis des discours apologétiques naïfs, la préséance normative en vigueur, des agendas médiatiques et gouvernementaux. Tout se joue alors dans la confrontation avec ce qu'Achille Mbembe[15] conçoit comme « le vivre au monde concret » horizon de questionnement, qui doit offrir de nouvelles prises à la théorie sociale en Afrique ou appliquée à l'Afrique[16].

---

[13] G. HOLDER, *Les terrains du siècle, L'islam, nouvel espace public en Afrique*, éd Karthala, 2009.
[14] FABRAN, 2006.
[15] A. MBEMBE, 2000: 34.
[16] G. HOLDER, *idem*, p. 302.

L'espace publique oscille entre autonomie et encastrement dans une sorte de différenciation intégrative, qui brouille les clivages classiques entre tradition et modernité… La promesse démocratique de la modernité, paraît empreinte au total, d'autres parcours de possibilité et de crédibilité. La démocratie se révèle être une fois encore, une simple ressource… parmi d'autres (invention de civilités qui maintiennent le lien social et symbolique »… sous forme de démarches antinomiques…

Après que Tombouctou, comme d'ailleurs tout le reste de la Boucle du Niger, ait été intégrée aux terres de la couronne des Sharif du Maroc, plus tolérants à l'égard des Juifs, la cité a été marocaine jusqu'en 1833 (capitale du Pashalick Arma). Elle a ainsi eu des pachas berbères et espagnols, ses caïds turcs, ses agents fiscaux… Et les historiens disent que le XVIIIe siècle à Tombouctou a été celui des Cohen[17]. La conquête coloniale (l'Européenne cette fois-ci) a basculé l'histoire sur les berges du fleuve Sénégal mettant en évidence les Peul et les Bambara. La marche des Français vers le Niger commença en 1855 avec la prise de Médine, ils prendront successivement Sabuciré, Bafulabé et Kita (devenu la capitale chrétienne en 1881) et à la prise de Bamako en 1882. Et deux ans avant la prise de Hamdallaye par les Français, en 1860, Tombouctou accueillit un rabbin voyageur du nom de Mordokhaï Aby Serour. Il s'y établit pour faire le commerce. Pris entre l'inimitié des autres négociants nord-africains et le rejet des orthodoxes peuls, annexée entre 1893 et 1894 par les canons des colons[18]. En décembre 1893, le lieutenant Boiteux entre à Kabara et atteint Tombouctou, si le gouverneur par intérim, le colonel Bonnier fût massacré, le commandant Joffre dirigea l'expédition. C'est donc exactement le 1er mars 1895, date à laquelle ils ont nommé cadi Ahmed Baba Aboul Abbas Al Hassani, que nous avons retenu pour restituer la vie *cadiale*, sur deux axes à l'effet d'inspirer notre justice actuelle (ses tenanciers et ses justiciables) pour le bonheur des populations en paix et l'honneur de l'État, qui a *empiré* avec une autorité de plus en plus érodée ; ou même pas d'autorité.

Quels subsides la communauté scientifique, *lato sensu*, pourra tirer de l'universalité de notre ville bénite, qui a été un asile sûr pour tous (personnes anonymes comme personnages talentueux) et continue de l'être[19], sous le feuillage de son hospitalité inouïe[20] ? Que pouvons et devrons-nous (théoriciens macro et praticiens) retenir de la majesté, de la sainteté (d'esprit et de lettre), de la moralité de ces cadis à la noblesse de bon aloi connus et reconnus ? N'est-il pas à cause de leur dextérité, intégrité et exemplarité, que leurs justiciables leur sont inféodés sans aucune retenue et que leurs sentences sont incontestées sans la moindre réserve ; comme c'est le contraire aujourd'hui ?

---

[17] *Magazine Donko*, déc. 2006, p. 21 et s., *op. cit.*

[18] B. SANANKOUA, « Un empire Peul au XIX è siècle, la Diina de Maasina », *idem*.

[19] Exceptionnellement, il arrive qu'on méconnaisse l'esclave *(tam) à* l'étage (*soro*) en lieu et place du maître des lieux, dont il se confond en patronyme et inséparable (en droits et obligations) : *le tam-soro-bortjin galanga.*

[20] Il est de règle de chasser son enfant au profit de celui des autres : *le* four-*nidjé*-ka *kanba idjé-wani.*

D'emblée, nous avons précisé que, dans cette étude, nous n'aurons pas le temps de nous appesantir sur des avis (*fatwas*), encore moins jugements (*al fikh*) ou arrêts donnés et rendus par nos très Augustes Juges de notre période retenue. Aspects, que nous traiterions dans l'article sur les Jurisprudents de partout, que nous avons prévu aux fins de démontrer la relation fusionnelle, congénitale, voire indissoluble avec leurs jumeaux siamois doctrinaires.

Dans ce parcours, en premier lieu nous susciterons l'envie de visiter ou de retourner à Tombouctou (**I**) et dans un second, de toucher du doigt, ou du moins de sentir cette judicature[21] (**II**).

I. DE LA DÉCOUVERTE, À LA RECONSTITUTION DU *CHEMIN DE L'ENCRE*

La renommée de Tombouctou la surpasse et dépasse les seules frontières du Mali (***A***), ses habitants sont d'autant plus particuliers, qu'ils se glorifient d'être captifs d'Illalâh hou (***B***).

A. LA CITÉ À LA RENOMMÉE PLANÉTAIRE

Tombouctou[22], sa mosquée construite au XIVe… est un centre commercial, la ville devient au XVème–XVIème siècle un important centre religieux et intellectuel. Elle fut visitée par l'explorateur français René Caillé en 1828… subit des exactions des groupes salafistes en 2012… Sa monumentalité, qui l'a caractérisée comme vestige du passé à un degré extrême, la caractérisant toujours et encore dans le patrimoine mondial de l'humanité ; a fondé et justifié notre dénomination laudative *Ville monde*[23].

Il n'est point permis d'oublier des pans entiers pluriséculaires de la métropole islamique.

En vérité, le cri de cœur d'Alain Foka[24] : « Nul n'a le droit d'effacer les pages de l'Histoire d'une nation, car un peuple sans histoire est un monde sans âme »

---

[21] Du latin, *judicatum, judicatura*, cette fonction de « juger ». En histoire des religions, le concept envoie à la dignité du juge chez les hébreux (selon le *Grand Robert de la langue française*).

[22] *Le petit Larousse illustré*, 2014, p. 1912.

[23] Monde : du latin *mundus* ; monder : *mundare* ; monumental ; ville : *villa*, ville ouverte. *Idem*, p. 746-1200.

[24] Journaliste d'origine camerounaise, animant tous les samedis matin (reprise la nuit) les émissions

demeure sans commune mesure ; et partout un devoir de perpétuation du passé. Celle de la cité coqueluche[25] de notre pays, qui fût candidate au vote pour les sept merveilles du monde, doit être comptée à toutes les générations. Ces vestiges sont de mystères aussi profonds les uns que les autres ; tant elle renferme des secrets de la vie sociale aussi révélateurs les uns que les autres de la richesse de notre patrimoine historique et culturel ; tant elle regorge de produits culturels et artistiques aussi attrayants les uns que les autres.

Parler de Tombouctou révèle, de ce point de vue, d'un travail intellectuel titanesque qui va consister à raconter une histoire à trois dimensions, celle qui :

-Commence dans les premiers siècles de notre ère avec une cité universitaire, grenier du savoir et de manuscrits inédits ;

-Se poursuit dans les temps médiévaux avec une cité économique, carrefour des rendez-vous autour du sel ;

-Se prolonge dans les temps modernes avec une cité authentiquement africaine embellissant poèmes, recherches et rêve d'ulémas et exerçant un pouvoir magique sur les visiteurs de tous bords.

Présenter des sites culturels :

- Ceux qui sont les plus représentatifs de la densité et de la richesse de notre culture et dont certains pour leur caractère original sont classés au patrimoine mondial.

Exhiber un catalogue fabuleux de manuscrits, symboles de l'existence depuis l'antiquité de classes intellectuelles au Soudan, devenu le Mali

Tombouctou, ville chargée d'histoire, patrimoine mondial de l'humanité, carrefour de civilisations. Belle et convoitée, Tombouctou l'est. Belle et attractive, elle le demeure : de Mexico à Chicago, de Soweto à Tokyo, Tombouctou l'est. Chaque habitant sur notre planète terre rêve d'y être un jour. Ceci lui vaut l'attention toute particulière de l'Afrique du Sud et surtout de son président, Thabo M'Beki, qui s'engage personnellement à doter la ville d'un grand institut pour abriter les manuscrits de l'Institut Ahmed Baba parce que convaincu que la renaissance africaine est à Tombouctou. Ceci lui vaut d'être citée dans les conversations et proverbes à travers le monde ; de demeurer un centre d'intérêt privilégié pour les touristes étrangers ; de figurer sur la liste très convoitée des sept nouvelles merveilles du monde ; d'être désignée capitale de la culture islamique pour la région Afrique en 2006 ; d'être au cœur des activités du ministère de la Culture et de faire l'objet d'un magazine de *Donko.*

À titre de rappel, la rédaction notait que c'était *Philon,* cet ingénieur byzantin au IIIe siècle av. J.-C. qui fût le premier à donner dans un manuscrit grec intitulé

« Archives d'Afrique » et le « Débat africain » des dimanches matin (reprise nuit) à la place de Madeleine Mukama-Bano.

[25] Magasine du ministère de la Culture Donko, *in «* L'appel du Ministre Cheick Oumar Sissoko » p. 2 et 3.

Peri tôn hepta thematôn, la liste des réalisations (sept merveilles) à travers le monde, celles qui méritaient une attention particulière. Avec l'aide des Anciens, sept œuvres d'art ont été choisies avant l'époque romaine et classés comme les créations les plus remarquables de l'heure : le phare d'Alexandrie, les jardins suspendus de Babylone, la statue de Zeus à Olympe, le colosse de Rhodes, le temple d'Artémis à Éphèse, le mausolée d'Halicarnasse et les pyramides de Gizeh. Cette classification est l'un des derniers témoignages de l'unité du monde antique avant l'époque romaine. Tombouctou, la Mystérieuse. Tombouctou, cerveau du rayonnement culturel du Soudan. Tombouctou, capitale de la culture islamique pour la région Afrique en 2006. Tombouctou, creuset du brassage, entre le Nord et le Sud, entre l'Afrique Noire, le Maghreb, le Moyen-Orient voire l'Europe, l'Espagne notamment.

La Cité des 333 saints se retrouve ainsi en compétition avec vingt autres sites pour un choix définitif de sept monuments répertoriés à travers le monde. On le sait, Tombouctou ne manque ni d'atouts pour figurer sur la liste des candidats ni d'admirateurs dans le monde pour soutenir sa candidature. C'est le plus bel hommage… pour inscrire cette perle religieuse, vitrine culturelle du Sahara, cité bénie du désert, carrefour de civilisations « en lettres d'Or son Nom dans le Panthéon très fermé des Merveilles du Monde ».

L'industrie du manuscrit constitue l'expression de la grandeur littéraire du Soudan

L'évolution de la cité de Tombouctou peut être étudiée sous le double angle économique et intellectuel : l'expansion économique s'est accompagnée d'un rayonnement intellectuel centré autour des mosquées de Sankoré, Djingareyberre et Sidi Yahia qui furent à la fois les premiers centres universitaires de Tombouctou et les lieux de prédilection de son intelligentsia. C'est vers la fin du XVe siècle que Tombouctou, métropole du Soudan et cité du savoir, connut un développement prodigieux. Le développement intellectuel de la ville se consolida grâce à l'effort combiné de la création de centres urbains, la prolifération d'écoles coraniques, de bibliothèques privées, et l'émergence de l'Université de Sankoré.

Au XVIe siècle, Tombouctou, foyer intellectuel et universitaire, était citée comme référence de la grandeur littéraire et scientifique du Soudan. En particulier, plusieurs quartiers universitaires[26] se développèrent autour de la mosquée de Djingareyberre (abritant ce qui pouvait être comparé à un « collège sacerdotal », dont le cursus et les diplômes reconnus dans le reste du monde). Ces quartiers étaient animés par des écrivains, des conseillers politiques, des érudits et des jurisconsultes de grande notoriété tels qu'Ahmed Baba et Mouhammed Bagayogho, Ahmed Al-Bekkay Al-Kounty autour desquels s'activaient quelque 25 000 étudiants répartis entre 180 écoles coraniques et la mosquée-Université de Sankoré. Ses Universités constituent le levier moral et intellectuel du Soudan. Selon de nombreux témoignages, le concept tombouctien de l'Université est

[26] *Idem*, p. 6.

comparable à celui de l'Église chrétienne du Moyen Âge européen. Celui-ci définissait l'Université comme « une institution ecclésiastique jouissant de privilèges royaux et pontificaux et chargée de l'enseignement ». La particularité des Soudanais, c'est qu'ils étaient parvenus à transcender les dimensions spatiales et temporelles de l'université[27]. À la fin du XVIe siècle, période de son apogée, elle fournit au monde des Tarikh. Ces racines de son patrimoine sont des références pour l'histoire du Soudan et du Sahel médiéval : le Tarikh Es-Soudan de Aderramane Es-Saadi, le Tarikh El-Fettach de Mahmoud Kati et Ibn Al-Muktar et le Tedzikirat Al- Nisyan recélant encore d'importantes collections de documents écrits en langue arabe par les natifs de la ville. Le plus célèbre d'entre eux est certes le *Nay Al-Ibntihaj* du grand Ahmed Baba qui vécut entre 1556 et 1627 ; c'est un dictionnaire biographique rédigé en 1596 et qui traite de l'histoire culturelle du Soudan, du mouvement intellectuel au Soudan sahélien au cours des XVe et XVIe siècles.

Les merveilles des merveilles[28] : le bercail des 333 saints, capitale de l'intelligentsia

Si Toumboutou prise dans son ensemble mérite de figurer sur la liste des sept nouvelles merveilles du monde, elle doit cette haute distinction à certains sites qui constituent ses propres merveilles. La ville compte une quinzaine de mosquées entre différents quartiers.

Mamadou Lamine Dembele[29] et autres nous apprennent, que mosquée vient des termes italien « moschea », espagnol « mezquita », dérivés du vocable arabe « masjid ». Ils signifient respectivement centre ou lieu de culte, de prosternation. Selon Smith, qu'ils citent, « c'est là que le Prophète Mohamed (PSL) planifia ses victoires et qu'il recevait les représentants diplomatiques des tribus vaincues et contraintes, et qu'il prononçait des décrets. Elle est le centre de diffusion du message islamique ». Perdersen notait « … Le monde qui évoluait au sein des mosquées se propageait à l'extérieur de celles-ci et laissait sa marque partout dans les cercles d'influence… ». Trois de ces mosquées (témoins de l'histoire) inscrites au registre de l'Unesco depuis 1988 font figure de super merveille particulièrement suivies et entretenues par L'État et la communauté de Tombouctou : la mosquée de Djingareyberre, unique lieu de culte hebdomadaire du vendredi, celle de Sankoré qui abrita aux alentours du XIXe siècle la célèbre Université de Toumboutou et celle de Sidi Yaya au pied de laquelle repose le saint patron du même nom. Entièrement localisées dans la Médina ou tissu ancien de la vieille ville, ces mosquées présentent les caractéristiques d'une véritable architecture soudanaise. Celle-ci se distingue par des piliers massifs, une cour

---

[27] Pour en savoir davantage, lire Raymond MAUNY ; l'auteur béninois Z. D. ISSIFOU, notre grand-frère Abdourahamane Hassèye TOURE (*Revue culturelle Tapama*, n° 1, éd. Donniya, Bko, déc.1996 ; etc.

[28] Magasine d*okon, idem,* p. 1et s.

[29] M.L. DEMBELE, B. CAMARA et M. BALLO, *op. cit.*, p. 28 et s.

intérieure et un minaret de forme pyramidale. Premiers centres universitaires de Toumboutou, ces biens culturels affichent des spécificités liées à leur emplacement, à leur fonction, mais aussi au type d'entretien dont elles bénéficient.

-La mosquée de Djingareyberre est située à l'extrême ouest de la vieille ville dans le quartier auquel elle a donné son nom, cette mosquée date de 1325. Elle a été financée par l'empereur du Mali, Kankou Moussa, qui a remis pour sa construction 40000 mithqals d'or à l'architecte andalou Ibrahim Abu Ishaq Es-Sahel Attouwaijine. La mosquée est limitée au nord et à l'est par diverses habitations, à l'ouest par le cimetière Cheikh Sidi Ben Amar Arragadi et l'école Es-Sayouti et au sud par le foret Cheikh Sidi Al-Bekkay (d'à peu près 100 m x 50 m).

-La mosquée de Sankoré est située au nord-est de la ville dans le quartier du même nom sur une dune de sable. Beaucoup moins grande que la mosquée de Djingareyberre (à peine 50 mètres de long sur 25 mètres de large), elle a un passé prestigieux à cause de l'Université qu'elle abrita jusqu'au XVIIIe siècle et qui comptait vingt-cinq mille étudiants.

-La mosquée de Sidi Yaya est située au centre de l'ancienne ville dans le quartier Badjindé. Elle est limitée au sud par le musée municipal, à l'est par une série d'habitations et à l'ouest par une des artères principales de la ville. Cette mosquée qui apparaît comme la mieux entretenue est sise dans le secteur de Ouangara Kounda, milieu bourgeois issu des descendants Wangara, jadis commerçants de l'empire du Ghana. En plus d'une cour intérieure réservée aux prières d'hiver, l'on dénombre une cour extrême située à l'est pour les prières d'été et une autre au sud qui fut entièrement transformée en cimetière.

Elle est construite en banco au XVe siècle et entièrement reprise en pierre calcaire en 1922, avec une valse des explorateurs qui témoignent de la curiosité qu'elle suscite au monde (chercheurs, journalistes, touristes et simples visiteurs) dont les premiers furent :

-La Mystérieuse est évoquée dans la cartographie médiévale en 1375 par un juif de Palma de Majorque, Abraham Cresque (sur une vignette figurant sur atlas catalan… une ville, *Tenbuch*, décrite par Ibn Battuta. Une ville de réputation mondiale bâtie autour de l'or) ;

-Ibn Battuta (1304-1378) : ce Marocain, qui reste un des plus grands voyageurs de tous les temps, après avoir visité la capitale de l'empire du Mali (1352-1353), passa par Tombouctou et Gao pour rejoindre le Maroc, où il mourut en1377 ;

-El Hassan Ben Mohammed Alwazzan Ez- Zayyati : plus connu sous le nom de Léon l'Africain, Arabe né à Grenade, en Espagne, vers 1493-1494, il quitta l'Andalousie en 1500, fit plusieurs voyages dont deux séjours à Tombouctou, dont le premier vers 1510. Après sa capture, il fût baptisé à Rome sous le nom de son protecteur Johannes Léo de Médicis… ;

-Félix du Bois : auteur du livre *Tombouctou, la mystérieuse*, qu'il visita en 1876, il donne les détails importants sur la vie économique de la ville : « Le commerce annuel de Tombouctou pouvant s'élever à une vingtaine de millions de francs », soit le double du chiffre d'affaires constaté en 1893 pour toute la colonie du Congo français (Gabon, Congo, Centrafrique, Tchad). Constat savant hyper pathétique, qui corrobore à satiété le refrain du président IBK, quand il martèle chaque jour que Dieu fait « que nous fûmes, avant que les autres ne soient » ;

-Mansa Kankou Moussa : il est passé par Tombouctou pour son pèlerinage mémorable à la Mecque en 1324-1325 avec une suite de douze à quinze mille personnes : grands de l'empire, érudits, soldats, esclaves, femmes dont la favorite du Mansa, Inarou Konte. Après la victoire marocaine à la bataille de Tondibi en 1591 et pendant l'occupation marocaine, Tombouctou devient la capitale du royaume chérifien, la résidence du gouverneur des 154 pachas de 1591 à 1780 et le centre des 23 600 soldats envoyés entre 1591 et 1605 par le du Maroc au Soudan ;

-M. Jackson[30] : qui y effectua un voyage vers 1787… qu'il décrivît avec ces trois portes ;

-Mungo Park (1795-1797) qui y a séjourné entre 1805-1806 ;

-Gordon Laing : ce major anglais y arriva le 18 aout 1826 ;

-René Caille : y entra le 20 avril 1828 (après avoir son voyage de Guinée au Maroc 9 avril 1827, 7 septembre 1828 ;

-Dr Henrich Barth : cet Allemand y séjourna entre 1853 et 1854 ;

-Dr Oscar Lenz : cet Autrichien y séjourna du 1er au 7 juillet 1880 ;

- Le professeur Bakary Kamian[31], peut être logiquement compté parmi les grands explorateurs suite à sa mission recommandée par le 1er président Modibo Keïta.

B. DES JUSTICIABLES CAPTIFS DE DIEU

Puisque l'homme devient méchant par ignorance pour paraphraser Platon, et quand on est dans l'ignorance, c'est la voie à toutes les dérives. Pour cette raison, Dieu, maître des mondes, nous demande de le connaître avant de l'aimer. C'est à cette seule aune, que nos parents[32] se distinguent bien. Nous sommes fiers d'être des humains craintifs d'Allah (SBH) *yerkoy bagna*[33], car il est effectivement le premier recours et le dernier refuge, qui n'est guère complaisant, encore moins versatile dans ses recommandations et arrêts. « Celui qui s'attache fortement à Dieu, sera dirigé sur la voie Droite. Attachez-vous fortement au pacte de Dieu, ne

---

30 V. Le Tedzikirat Al-Nisyan : ces 3 portes dont Bab Sahara au nord, Bab Nil au sud et Bab El-Kibbla à l'est…

31 Le pr. B. Kamian (décédé en 2017) est historien (par vocation) et géographe de formation épate, qui n'importe quel observateur par sa mémoire insondable… *Ibidem*, *Magasine Donko*, N° 6 – septembre 2006, p. 19.

32 Nous ferons le *distinguo* dans les pages qui suivront entre *toumboutou boro* : habitant de la ville et *toumboutou idjé* : natif de cette cité célébrissime (comme nous-même) dont il est obsessionnellement imbu.

33 Croyants fidèles inconditionnels, pieux désintéressés qui sont à l'opposé des ennemis de Dieu (yerkoy *iberé*).

vous divisez pas[34] ». Ce sont les qualités propres des justiciables. Ceux-ci sont des croyants donc soumis à la volonté divine c'est-à-dire qu'ils se font un devoir de dire la vérité en toute circonstance, indépendamment des intérêts en jeu. La société songhaï a toujours été réputée pour la rareté des crimes et des délits grâce à la croyance innée (sans aucune réserve à Dieu, Illalâh et son noble prophète, Mohamed Ben Abdoulaye (S.A.W.) et à la bonne application de la charia). À ce foyer tous les Soudanais du sud, qui s'y établirent, virent se consumer leurs traditions et croyances animistes. L'invasion marocaine *(iSgi)*, en faisant passer la ville et l'empire songaï sous la domination chérifienne et en provoquant un va et vient de pèlerinages, de visites et de voyages de commerce, accentua le mouvement islamique, soulignait Paul Marty[35]. Pendant cette période, Tombouctou constitue une petite République démocratique, d'abord indépendante, tant que l'autorité marocaine resta forte, puis soumise à l'hégémonie des Touareg voisins. Mais en tout temps la ville s'administra intérieurement par sa Djemaa. Le souci des affaires politiques était plus qu'un droit pour les gens jouissant d'une certaine influence ; c'était un devoir. « Notable, sépare-toi de 'je m'en moque' », dit la maxime songaï à Tombouctou. Mosquées, qui faisaient la gloire de Tombouctou, mais où la piété des fidèles se dispersait et tournait à la coterie de chapelles. Aujourd'hui et grâce à l'islam, il est certain que la vie intellectuelle et morale des gens de Tombouctou est bien supérieure à celle des autres Soudanais, et particulièrement des fétichistes. En dégageant l'esprit de ses adeptes de beaucoup des superstitions qui accablent l'animiste, en lui enseignant avec l'unité, la spiritualité et l'omnipotence d'Allah, les hautes notions, quelque imparfaites qu'elles soient, de sa bonté, de sa justice et de son amour, l'islam a relevé considérablement les conceptions religieuses des Noirs de la boucle, a substitué dans leur âme un peu d'amour et un plus juste sentiment de l'adoration et du respect à beaucoup de crainte et même de haine, sentiments qu'étaient seuls capables d'inspirer les fétiches et leurs prêtres, et remplacé les mille petits contrats rituels et sacrifices par une noble et auguste prière, a fait en un mot largement progresser ses fidèles dans la vie morale. Nous affirmons qu'avant les religions monothéistes, l'Afrique avait son fond de religiosité et nous sommes d'accord avec le sage de Bandiagara[36], qui soulignait à juste titre « Les religions animistes préparèrent le Mali, comme d'ailleurs tous les pays africains au sud du Sahara, à l'idée du sacrés et d'une force mystérieuse, créatrice de l'univers. Les religions révélées, et notamment le christianisme et l'islam, y trouvèrent un terrain propice à leur propagation ». Cela, nous l'avons dit dans

---

[34] HASSAN II, *Le défi*, éd. Albin Michel, Paris, 1976, 287 pages. Il nous rappelle sans cesse le Coran.
[35] P. MARTY, Collection de la Revue du Monde musulman : *Etudes sur l'islam et les Tribus du Soudan*, Tome II, *Région de Tombouctou (islam Songaï), Région de Djenne et le Macina (islam peul)* Paris, éd. Ernest Le Roux, 1920, s. la dir. A. LE CHATELIER, p. 2 à 6.
[36] A.H. BA, *Aspects de la civilisation africaine*, Paris, Présence Africaine, 1972, p. 137.

notre thèse[37]. Mieux, cet *auteur archive*[38] confessait : « on aimerait pouvoir dire que d'une part ce progrès ne s'arrêtera pas là et que, par ailleurs, l'autorité française n'aura pas à souffrir de ce que l'islam ajoute à sa théologie de haineux, de méprisant et d'irréductible contre la Chrétienté, dont les personnalités les plus marquantes de la ville : le cadi Ahmed Baba, l'imam Soyouthi, etc. Ces deux Cheikhs sont aujourd'hui les moqaddem Tidianïa peuvent seuls en conférer l'affiliation. L'imam Soyouthi toutefois se défend d'avoir ce titre, que lui accorde la voix populaire. Quant aux Qadrïa, ils n'ont pas de moqaddem pour l'instant, à Tombouctou même, et c'est, au dire du cadi, ce qui est en grande partie la cause de la diminution de leur influence. Aujourd'hui, ces deux voies paraissent s'équilibrer en ville. Tombouctou, la chose doit être soulignée fortement, a toujours fait preuve, depuis notre occupation et malgré sa vive empreinte islamique, d'un parfait loyalisme. L'état d'esprit y est excellent, de beaucoup supérieur à celui des villages environnants, aussi bien en amont jusqu'au *Débo* qu'en aval jusqu'à Ansongo, où les *Koiraboro* nous sont jusqu'à un certain point hostiles et jusqu'en *igiy* nous en ont donné les preuves.

Cette situation a diverses causes : d'abord la lassitude des citadins devant les perpétuelles et extraordinaires exactions des nomades voisins : Kounta et surtout Touareg, et le soulagement qu'on ressent à vivre sous une domination aussi peu exigeante que celle de la France ; ensuite, ce rapprochement intime, qui date du jour même de l'occupation et qui est né fortuitement de ce que les dirigeants politiques de la ville, les Arma, ayant pris la fuite, ce furent les Alfa qui durent s'entremettre, discuter la paix et purent ainsi nous connaître et se faire connaître, ce qui amena très vite des sympathies réciproques. Il faut reconnaître d'ailleurs que le caractère noir, et spécialement le caractère du Songaï, est peu enclin au fanatisme. Il faut se féliciter de ces heureuses dispositions de Tombouctou, car l'influence qu'elle exerce est très grande sur les nomades, encore que ceux-ci ne veuillent pas l'avouer et se reconnaître sous une certaine dépendance morale des citadins ». La chose existe pourtant. C'est ici que les nomades viennent faire leurs échanges, apporter leurs produits, en acheter d'autres, recueillir toutes les nouvelles du Soudan, de l'Afrique, et du monde. On constatera avec plaisir que l'opinion publique de Tombouctou n'a jamais été tendancieuse à notre égard, et que cette impression a dû fortement agir sur les nomades, surtout touareg, moins capables de vivre sur eux-mêmes que les Maures. C'est sans doute cette heureuse situation qui a incité longtemps l'autorité supérieure à interner à Tombouctou les personnages gênants ou dangereux du Soudan. On y a vu Mountaqa Tal, fils d'Ahmadou Chékou Oumarou, et Lamba Tal, neveu d'Al-Hadj Omar, devenu chef des bandes de Samory. On y a vu Amadou et Fo Taraoré, fils de Tiéba, et leurs suivants. On y a vu les fils de Samory : Mokhtar Touré, Macé Amara, Morî;

---

[37] Quand, nous avions exalté la spiritualité viscérale de l'Africain et y trouvé par néologisme, cette *magnifience* (notion, pour laquelle notre rapporteur A.A. Diop, a été regardant) de Dieu (ou théocentrisme, 2016, *op. cit.*

[38] *Idem*, p. 4.

ses grands sofa : Sékoba et Moussa Konaté ; son gendre. Amadou Touré, roi d'Odienné. Ces derniers, les Touré, se retrouvaient là d'ailleurs en pays de cousinage, car ils prétendent descendre des Arma maroco-songaï, et portent le même diamou qu'eux. Parmi eux, plusieurs sont morts à Tombouctou. Avec l'apaisement, les autres ont été graciés et sont rentrés chez eux. Enfin, la société soudanaise a été qualifiée de société de clémence, de tolérance et de solidarité. Une vertu soudanaise, comme tous les habitants des pays musulmans, c'est leur sollicitude vis-à-vis des nécessiteux. Les Alfa, ou corps des lettrés de Tombouctou, constituent la classe aristocratique la plus nombreuse et peut-être la plus influente de la ville, surtout quand on y comprend les Chorfa, qui s'y rattachent naturellement.

Ils jouent ici exactement le même rôle et tiennent la même place que les oulémas à Fez ou à Stamboul. On les dit « alfa », par abréviation d'Al-Fahim « le sagace », ou d'Al-Faqih « le jurisconsulte », à moins que Alfa ne soit plus simplement une corruption du mandingue Arfan, Alfan, Alfa, qui signifie chef, maître et même Cheikh ; avouait-il[39].

Pour tout ce qui précède, et qui a obnubilé par exception *la Tour du Jupiter*[40], nous en sortons ragaillardi. Le doyen Bakary Camara[41] s'en réjouit aussi, pour avoir signalé que : « l'opinion française n'était, ni rigoureusement informée de la valeur de l'A.O.F., ni par conséquent, éprise d'une idée d'expansion dans ces régions… » citant François M.G, rédacteur principal au ministère des Colonies, au lendemain des désastres de la guerre de 1870-1871…

Force est de noter que les contentieux judiciaires sont faibles en volume et en nature. Ainsi, au fil des ans, ayant subis l'influence des civilisations (matérielles et immatérielles arabes, moyen-orientales, voire universelles les ayant digérées et se les étant appropriées, les Tombouctiens adoptèrent une philosophie de vie basée sur l'instruction, le commerce et l'artisanat. L'enfant est éduqué entre trois lieux emblématiques : la famille, la double école, l'atelier. Si la fortune peut s'envoler, le métier suit toujours l'homme et dit-on « Aides-toi, le Ciel aidera ».

En tout lieu et tout temps, il faut éviter les tentations, qui humilient et exposent forcément à la justiciabilité : se sacrifier pour l'honneur et la grandeur de toute la communauté. Au XIVe siècle, le témoignage d'Ali Omari sur le *Mali* est semblable à celui d'El-Bekri sur le Ghana : l'armée du Mali compte « 100 000 hommes » dont « 10 000 cavaliers » et ses souverains « font constamment la guerre sainte et sont en expéditions continuelles contre les nègres païens[42]. Selon le Tarikh es Soudan[43] « le roi de *Melli* conquiert le Sonxai, *Timbuctku, Zagha,*

---

[39] *Ibidem*, p. 6.

[40] Ceux qui regardent l'Afrique, de là-haut (comme barbare, dans l'enfance ou sans histoire, voire inculte ou mécréante) et le plus souvent avec mépris, dédain (extériorisé), au pire en intériorisant le venin, Hélas !

[41] B. CAMARA, « Le transport maritime, fluvial et ferroviaire au Haut Sénégal Niger : 1882-1930 », *RASPOS-UGB*, n° 10/2016, p. 239.

[42] AL-OMARI, p. 66 à 67 et 81.

[43] TES ; 20.

Mima, Baghena et les environs de cette contrée jusqu'à l'océan ». La civilisation islamo-sahélienne gagne ainsi la savane et fait pénétrer les populations dans un tissu social et politique de plus en plus complexe vers le XIVe et 1500 malgré l'occupation marocaine en 1590[44]. Des cités marchandes aux aristocraties musulmanes, les villes sahariennes, sahéliennes commerçantes idéologiquement sont protégées par l'islam. À Timbucktu, les marchands constituent eux-mêmes leurs unités de défense, des *Jonbugu*, composés d'esclaves armés. L'aristocratie des Arma régnait sur la ville au XIVe siècle. Sonni Ali ber a régné sur Timbuktu pendant sept ans sept mois et sept jours. Il y laissa une sorte de consul, mais préserva les structures politiques.

En 1591, avec les Marocains, il avait un gouvernement de jurisconsultes sans autre pouvoir que judiciaire. « Cette ville de Timbuktu, en ce temps-là, n'avait pas de chef, ou plutôt c'était le cadi qui était le chef de la ville, et qui seul possédait le droit de grâce et de châtiment[45] ». L'habitant ne porte « ni lance, ni sabre, ni couteau, ni autre rien autre chose que son bâton ». En ce temps-là, Tombouctou n'avait pas sa pareille jusqu'aux extrêmes limites de la région du Magreb, par la solidité des institutions, les libertés politiques, la pureté des mœurs, la sécurité des personnes et des biens, la clémence et la compassion envers les pauvres et les étrangers, la courtoisie à l'égard des étudiants et des hommes de science et l'assistance prêtée à ces derniers[46]. En revanche, la classe marchande ne semble pas préoccupée par la protection militaire de la ville. Ils préfèrent la négociation où la corruption pour parvenir à la composition plutôt qu'en venir aux solutions armées[47]. Moment où « Les Touaregs sont trop français, écrit Daumas[48] pour cultiver la terre comme des esclaves » et Saliou Balde[49] rapporte une attitude semblable de la part du Peul du Fuuta Jallo. « État marchand » réticulaire, pas de schisme. Une économie individualiste introduit avec sagacité par l'islam s'attaque aux griots panégyristes qui encouragent les aristocrates à dépenser leurs biens pour la renommée, tandis que le puritanisme islamique cherche à les orienter vers l'épargne. Comme l'a recommandé, l'iman Mohamed Baghayogo[50].

Néanmoins, le poste de cadi a résisté à certaines léthargies et demeure en dépit de tout.

---

[44] C. MEILLASSOUX, *Anthropologie de l'esclavage : le ventre, le fer et l'argent*, PUF, Paris, Maspero, 1986-1975, p. 318 à 449.
[45] TEF ; 315.
[46] *Idem*, 313.
[47] R. CAILLE, II, 313.
[48] DAUMAS, 1857, 143.
[49] S. BALDE, 1975.
[50] T.EF ; 227.

II. LE CADI DE TOUMBOUTOU ENTRE PERMANENCES ET MISES EN OMBRES

Cette judicature musulmane existe depuis 1857 en AOF (*A*), celle tombouctienne semble se singulariser (***B***).

A. GÉNÉRALITÉS SUR L'OFFICE CADIAL

La justice (… la protection des droits et des biens…) est des piliers essentiels de l'État, car un État sans justice est un État d'anarchie et de tyrannie.

C'est après la mort du noble Prophète (PSL), en 632, que commença la formation des règles de la judicature et l'organisation dont il fut le premier magistrat, le premier organisateur. Il était le législateur et le seul responsable de la judicature, qu'il exerça sous le contrôle de la révélation. Tous les pouvoirs (politique, législatif, judiciaire et religieux) étaient confondus et se trouvaient entre les mains du prophète Muhammad, qui avait ses représentants dans les régions et avec l'existence d'un système de recours juridictionnel… Qâdî idéal, sur lequel devront prendre exemple les juges et Qâdî des âges futurs.

La désignation d'un palais pour la judicature fut l'œuvre du calife « Uthman b. Affan », la fixation de traitement des juges, la séparation de la justice et celle des auxiliaires (*Hisba ; Mazhalimm)*, le pouvoir de révision des décisions, l'apparition des avocats, ont été finalisés avec les autres problèmes. Parmi, eux Oumar *Al. Kâtab é*tait le juriste, Al Farouk *Moumine*, dont la gouvernance de proximité, Ansâar mérite aujourd'hui *de faire tâche d'huile*, pour nous tous.

La commission scientifique islamique a codifié la Majalla[51] les conditions d'aptitude à la magistrature (*al-Adâla*). Elle qualifie de *Jâhil*, un Qâdi ignorant… dans notre période où selon l'imam Alghazâli et Abû Yahya Zakariyya Al Ansâri nous manquons de personnes possédant véritablement de science juridique (*al Alim* ou *Mujtahid*), voire surtout de vertus d'impartialité et de patience (car un Qâdi ne doit pas juger une affaire pendant qu'il est en colère). L'instance est une arme aux mains du juge et des justiciables (pour qu'on ne condamne pas par défaut) prévoyant des témoins, l'écrit en soi est sans valeur parce qu'il peut faire l'objet d'un faux. Les juges sont de trois sortes, dont deux à l'enfer et un au ciel (instruit et de bonne foi)… L'islam condamne l'extrémisme religieux, interdit l'excès et veut remédier aux divers sectarismes intervenus dans les religions antérieures, l'absence de mesure et à l'autocritique… Le savant « al Alim[52] » a cette stabilité intellectuelle (s'opposant d'une certaine manière à l'instabilité politique). Le jurisconsulte, en droit, est un titre décerné à quelques rares juristes en raison de l'éminente autorité de leurs opinions dans l'interprétation de la législation. Dans le *Fiqh*, c'est une personne

---

[51] Dans son article 1794.

[52] M.I. TOURE, *Jurisconsultes Musulmans et émergence d'un droit international : Méthodes de règlement des conflits hégémoniques dans la Boucle du Niger aux XVIII*ème *et XIX*ème *siècles*, éd. universitaires européennes, Montpellier 1 (dir. B. DURAND), 2006, p. 24 à 34.

douée de cette science (docte) ayant la maîtrise d'élaborer les règles juridiques[53] (*Ijtihâd), fuqahâ* (les ulémas de Hadith) et le Mujtahid (ceux des lumières) possédant les dons moraux et intellectuels…

Ils étaient Qâdi (*al hakim, al houkoum djoum di koy* : applicateur de la loi), imam, conseillers juridiques, religieux, médiateurs et hommes politiques.

Ainsi, Abdul-rahman al-S'a-di, l'auteur de Tarikh Al Soudan, fût *kâtib* ou secrétaire du gouvernement du Pachalik et médiateur entre les autorités marocaines et les populations marka et peul du Macina. À Djenné, il occupait les fonctions de notaire et d'imam, assurant la judicature. Ils étaient aussi des souverains pontifes, les communautés trouvaient en eux des chefs justes et pleins de mansuétude. Il employait des méthodes pacifiques (dans son rôle d'arbitre, *Hakaam)*, la justice-l'équité (surarbitre dans les conflits familiaux et politiques) exigeant la piété, la sincérité, l'honorabilité et la droiture *(al'-adala*) aux fins d'assurer la paix et la sécurité sur terre, qui sont des finalités de la *sharï'a* ; la préservation de l'ordre public[54] et à défaut l'usage de la force, pour des belligérants qui sollicitaient l'application du droit musulman ou qui s'engageaient à l'appliquer celui-ci pour la résolution des crises[55].

Ne faut-il pas se rappeler d'Alpha Nuhu Tahirru, Alfa Umar (sa grande érudition faisait de lui un docteur remarquable) qui était *Alhaq*' Umar (jurisconsulte et calife) 1820-1838 sous les auspices du Grand conseil du Macina ou Batu maw', organe directeur de la Dina….

Dieu rappelle[56] la vérité à ceux qui la connaissent déjà et qui ont le devoir de la retrouver. En second lieu, l'islam invite à méditer l'histoire et à en tirer la leçon… par l'éducation. Le Prophète qui est pour nous l'exemple de la perfection et de l'excellence morale, illustrait l'idéal pratique de l'homme par sa patience, par son sens de la justice et par son ouverture au dialogue, pour éviter toute sévérité extrême, que ce soit à l'égard des autres ou de soi-même.

C'est grâce à la religion (fournissant la base inébranlable des droits et devoirs fondamentaux), que nous croyons à quelque chose « au-delà » du bricolage de la vie et des aléas de la matière. « Nous avons fait de vous une communauté médiane, une communauté mutuelle et réciproque, donné à la civilisation au visage humaine, une communauté médiatrice ». Le Coran reconnait tantôt la sobriété, tantôt la tempérance, d'autre fois la générosité ou la douceur de ton et même de la démarche. Partout, la même règle universelle s'impose comme une sagesse non dépourvue d'idéal : « Allez-donc droit, dit le Prophète, vers ce qui est juste », « Approchez tous le plus possible, et espérez ». Dans l'islam, même la guerre est vue *sub specie civilitas*, au contraire des idéologies qui mettent la force au-dessus du droit, les

53 Aspects qui feront l'objet de nos prochaines études aux fins d'attester que doctrine et jurisprudence sont quasiment inséparables, contrairement à l'affichage isolé qu'en fait le droit romano-germanique en vigueur ici.

54 *Idem*, p. 238 et s.

55 *Idem*, v. Manuscrits n°940 ; 3844 ; Nawâzal de Shaykh Bay ; Nawâzal AL Takrur… IHER. ABT.

56 HASSAN II, entretiens avec Éric LAURENT, préface de MOHAMED VI, *« Le Génie de la Modération » Réflexion sur les vérités de l'islam*, éd. Plon, 1993, p. 10 à 14 ; 19 à 31.

particularismes au-dessus de l'universel ou la guerre au-dessus de la paix. Elle n'est pas une aventure épique…

Un bellicisme de principe serait un crime contre la paix et la sécurité. L'écoute et l'équité restent le seul moyen d'échapper à l'égocentrisme. Al-Bukhari a atteste le hadith suivant : « Les esprits sont une armée de soldats mobilisés. Ceux qui se reconnaissent s'entendent… » Il faut toujours endiguer l'inimitié par l'amitié et dominer l'excès par les perspectives les plus prometteuses de la mesure. L'amalgame, la violence gratuite sont une impression avilissante. Que l'histoire soit écrite en termes qui ne permettent pas d'ambiguïtés faciles. Comme disait Confucius, il faut commencer par ajuster les dominations… des actes de *desperados* (des actes ultimes). L'islam est donc ouvert à l'universalité et à la mondialité (l'esprit de la loi), notait Sa Majesté : « Nous avons assigné à chacun de vous un code et une voie »[57] La vérité a un sens pratique, consistant à séparer le bon grain de l'ivraie. La victoire est celle de l'esprit et de la conviction pour former le jugement et le goût ; non celle des moyens. La science des normes est celle des actes obligés, ordres et prohibitions, règles logiquement valides et juridiquement significatives. Dès lors, légiférer c'est prévoir, avoir le savoir, pour bien appliquer (*mujahid* **:** novateur et créateur doté de la science qui mène à *l'Itijihad* dans les cas d'espèce et par les principes généraux de la législation canonique. Il conseillait : l'intelligence, qui n'est pas l'intellectualité, le savant est toujours requis d'éclairer sur la manière de préserver sur la voie de Dieu. C'est à lui d'oser poser les questions qu'il faut pour savoir comment résoudre les problèmes dans l'esprit. La continuité de l'interprétation vivante est garantie par le savant. Il dégage le contenu et la portée du texte révélé… pour les subsumer sous la norme juridique ainsi transforméee en règle pratique du droit, puisque la loi répugne à tout prévoir. Le souci éthique rend le droit musulman défavorable à la notion de prescription par la longue possession. Les *fuquks* marocains se sont efforcés de réduire la distance entre l'idéal et la possession des faits. Les cadis et les savants tels que *Sujilmassi, Tsouli* et d'autres ont développé là-dessus une réflexion jurisprudentielle, qui impressionne des experts étrangers comme Louis Milliot dans les volumes de jurisprudence chérifienne publiés entre 1920 et 1952. Le droit (musulman comme tous les autres) ne régit pas toute la société, il donne plutôt sens à tout. Nous y puisons le goût de la recherche qui hisse nos élites au niveau de la science industrieuse et créatrice d'aujourd'hui… *mondialisateurs, universalisateurs*, créateurs de culture, chercheurs de routes et de savoirs, diffuseurs d'œuvres et de civilisations, intercesseurs intellectuels, dilatateurs d'espaces économiques, ils ont été des interpellateurs du monde civilisé.

Persévérant du savoir Al- Biruni, la théologie rationnelle, le Kalam…. Ce qui est originellement licite n'a certes pas besoin d'être justifié par les sources du droit. Mais l'ingrédient non juridique apporte au droit proprement dit un souci qui lui permet d'agir sur les mœurs, sans se départir de son objectif qui est de qualifier les actes et les comportements et de les soumettre à la norme légale applicable…).

---

[57] Coran 5/48.

La sunna couvre un domaine scripturaire plus vaste que le texte expliqué, elle complète le Coran. L'imam Malik, notre guide principal en matière de droit est un traditionnaliste critique et méticuleux qui n'admet comme hadith que celui qui est bien établi par les sept grands savants de Médine, tous fils de compagnons du Prophète Mohamad (PSL).

Pour l'islam, le droit n'est pas un système formel, mais un ensemble de principes faits pour éclairer des hommes et préserver la vie sociale. Par le droit, toute innovation qui ne heurte pas directement l'usage et la raison peut être authentiquement appropriée et assimilée. En ce sens, l'islam est une Loi, une Voie, un Pacte qui engage envers Dieu. Il protège les hommes d'une seule et unique chose : le non-droit, le désordre, la voie sans issue et le chaos. D'après un philosophe de l'Antiquité, à l'origine, tout était chaos, puis vint l'intelligence qui mit tout ordre. Cette intelligence est l'esprit. Et l'esprit est, pour l'islam la Loi qui éclaire et qui montre le chemin, qui régule tout ce qu'offre la nature ou l'Histoire. Il inspirera la *via moderna*... et de conclure ainsi : « C'est la contagion patente ou latente de l'irréligion accompagnant les attitudes *laïcisantes* qui a aidé, sinon suscité le fanatisme. »

D'abord, parce qu'une société religieuse amène à ne plus vivre sa conviction religieuse et découvre le vertige du vide culturel. En islam, le culturel et le cultuel puisent à la même source. Une population « déculturée » est une proie facile pour toute idéologie extrémiste.

Le dénominateur peut être l'existence des minorités confessionnelles ou une situation sociale critique. Le fanatisme apparaît aussi comme un paganisme de la lettre et la lettre tue l'esprit de la religion. L'islam véritable, calme comme un fond de mer immaculé, ne se reconnaît pas dans les excès qui troublent par moment sa surface. Ainsi, Dieu sépare-t-il le faux du vrai ; l'écume disparaissant en déchets alors que ce qui est utile aux hommes se dépose sur le fond... L'urgence s'impose d'elle-même... L'illusion de la *tabula rasa* n'est favorable qu'aux hommes sans scrupules. L'idée de la « rupture » avec la société effective rompt et corrompt le lien social que la foi des hommes est censée renforcer. L'islam ne prône ni la collectivisation ni la nationalisation de la pensée. Une société libre n'a pas d'accord sur un code éthique complet, mais elle ne peut se passer de consensus sur les principes de base tels que la reconnaissance et le respect qui fondent l'État de droit.

On sait que quand les Berbères sont arrivés sur les rives du Sénégal, et du Niger au IXe siècle, ils laissèrent des colonies islamisées avec des centres culturels importants tels que Gao, Tombouctou, Djenné et Boutilimit. Ces pôles musulmans furent les bases de l'expression des Empires, qui du XIIe au XVIe siècle étendirent leur domination sur le Soudan Occidental (Ghana, Mali, Songhoï). Il en résulte que toute leur vie (sociale, économique, organisationnelle et fonctionnement des institutions politiques et sociales) en a été fortement influencée. Au compte des caractéristiques du droit musulman[58], signalait Mahmadou Aroualo, le législateur

[58] M. AROUALO, « Vitrine de la justice du XIIe et XVIIIe siècle », *Saisie et impression Yébé*, Bamako, 2013 (83 pages), p. I-II, 3 à 4.

est Dieu lui-même (omnipotent et omniscient) dont les lois sont parfaites dans l'espace et le temps.

Me Louis-Auguste Traore, avocat, appréciait à sa juste valeur ces lignes à la pratique judiciaire naguère en vigueur dans les empires précoloniaux dont le Mali d'aujourd'hui se réclame, dans la perspective d'élaboration d'un droit positif modèle. Quatre raisons fondamentales fondent le choix du qualificatif de « Vitrine de la justice » attribuée au Mali (empire). C'est d'abord le fondement tiré des caractéristiques du droit musulman, source du droit malien. C'est ensuite l'influence de l'islam sur l'histoire du Mali. C'est également l'influence de l'islam sur les tenants du pouvoir politique et judiciaire de l'époque. C'est enfin l'influence de l'islam sur l'administration judiciaire de l'époque.

Les juges musulmans qui sont les cadis, représentant Dieu sur terre, sont croyants, convaincus et imprégnés de l'amour divin. Désintéressés, ils n'exécutent leur office que pour la grâce de Dieu, guidés par la lumière du Coran.

S'adressant aux croyants : « Oh vous qui avez vu (ayez foi en Dieu), pratiquez constamment la justice et soyez témoins pour Dieu, même contre-vous ou contre vos deux géniteurs et vos proches parents… entre tous (riche ou pauvre…). Dieu est parfaitement au courant de ce que vous faites. La tâche de cadis dans l'accomplissement de leur noble mission pour laquelle ils ont droit de vie ou de mort sur leurs prochains. Cette volonté spontanée découle des versets suivants : Dieu dit ceci : Non ? Par ton seigneur, ils n'auront pas vu (auront pas foi en Dieu) jusqu'à ce qu'ils te prennent pour juge dans leur objet de dispute, puisqu'ils ne ressentent en eux-mêmes, aucune contrariété du fait de la sentence et qu'ils s'y plient en complète soumission… Cette mission noble était à l'origine confiée aux Prophètes et aux envoyés, ensuite aux savants qui sont devenus leurs successeurs. »

Le père de l'humanité et le dernier est le Prophète Mohamed (PSL) : Dieu commanda à tous l'exactitude et la droiture dans l'application de la justice sociale en disant « Je m'interdis l'injustice et je l'interdis aussi aux hommes dans leurs rapports réciproques ». Le droit musulman, lui, est appelé à mettre en relief notre personnalité culturelle à l'instar des autres théories sociales, universelles et accessoirement à combler les lacunes, de notre droit positif. L'attachement des souverains et des cadis à l'exercice d'une justice de haut niveau et à la charia et à son le rayonnement a garanti les droits des populations et favorisé le développement social. La cour du roi Tounkara en est l'illustration. Il fut un prince, qui passe pour être le plus juste[59] des hommes. Il a d'abord simplifié la justice, son cadi de couleur blanche, Abdoul Abbas (dit Abdoul *Caly,* natif de Douccala). Un autre souverain épris de justice, fut Mansa Souleymane, qui destitua un gouverneur[60], pour avoir enlevé un objet d'une valeur de six cents ducats à un marchand, en même temps étranger et de surcroit étudiant. Parmi leurs qualités, la droiture des cadis doit être leur valeur cardinale dans leur travail (l'application de la justice), en plus de leur dévouement à l'islam, à l'application des obligations dictées par le saint Coran et

[59] *Idem.*
[60] Citant IBN BATOUTA.

les *Hadis*. Ce qui leur valut respect et amour du peuple et du souverain. Il est un savant choisi pour sa foi en Dieu, pour son dévouement, pour son application, pour sa connaissance profonde des textes en sciences juridique et sociale et pour sa dignité, pour son exemplarité. Saadi et Ahmed Baba nous apportèrent que maintes fois, le roi recourut à leurs conseils. Pour le mode de nomination, en principe en islam, le cadi ne convoite jamais le poste et d'ailleurs, il ne l'accepte qu'après une forte pression de la part du roi et une forte insistance de la part du public. Cela, pour éviter la lourde tâche de rendre justice avec rigueur et équité.

Pour preuve, le cas de Mahamoudou Bagayoko, nommé cadi à Djenné est très éloquent : « Il pleura comme un enfant, présenté au public et on fit venir un cheval, le forçant à accepter. Arrivé à son domicile, sa femme l'accueille et lui demande « pourquoi as-tu accepté ce poste ? » De même, que celui d'Ousmane Drame, cadi de Tindrama. Oumar Abdoul Aziz a recommandé à ses cadis d'adapter les lois aux circonstances et aux époques. Selon le Prophète Mohamed, « Celui qui a minutieusement recherché la vérité pour le bon jugement et l'a retrouvée, a deux récompenses auprès de Dieu. Mais celui, qui recherche la vérité pour le bon jugement, mais ne l'a pas retrouvée à une seule récompense ».

Le courage de Mahamoudou Bagayogo, qui du reste fut très salutaire pour son souverain, qu'il n'a pas craint de rappeler à la retenue et à l'humilité ; et avec témérité[61] : « C'est toi, roi, le père et la cause de toutes les injustices commises ici, parce que personne ne peut brimer quelqu'un sans ton ordre, sans ta force. Si tu veux tuer un homme injuste, commence par te tuer… D'où vient ta richesse, que tu affiches… ? » Quand le Souverain entendit ces vérités, il soupira fort et resta muet, puis pleura… Les gens eurent pitié de lui et en voulurent au cadi Bakayoko pour son audace et franchise.

Le second exemple, émanait du courage du cadi Mahmoud Ben Oumar (dit Sidi Mouhamoud) de Tombouctou : le taux de l'impôt était devenu si exorbitant, face aux revenus et au pouvoir d'achat des habitants de Tombouctou, qu'il les dispensait son acquittement. Quand le souverain (généralement avec ses mille oreilles) avait appris que c'est le cadi qui a incité à la rébellion ses justiciables, il le convoqua pour qu'il s'en explique. Voici la conversation qui s'engage : « Pourquoi tu as animé cette grogne (amener mes administrés à refuser de s'acquitter de leurs obligations fiscales) ? Tu as même frappé mes envoyés (gardes). Tu leur interdis l'accès à la ville. De quel droit le fais-tu et pour quelle raison ? » Le cadi lui a rappelé les nombres de fois, où il est passé chez lui « afin de lui confier son âme, de la mettre à l'abri de la colère de Dieu (de l'enfer)… Entretien par lequel tu avais conclu pour me dire que tu te mets entre mes mains. Voilà, en effet, les raisons pour lesquelles, j'ai refoulé tes envoyés, à l'effet de les empêcher d'exécuter tes ordres. Ordres, que je trouve injustes eu égard à la conjoncture… »

[61] Suite à une consultation, le roi lui demanda de lui révéler les maux de la société, mais aussi les causes. Il lui a demandé si toutefois, il était prêt à écouter et accepter toutes les vérités et même les plus crues…

Quand le souverain, Askia entendit tout cela, il pleura et dit : « j'ai oublié cela au nom de Dieu… Que Dieu te protège du mal et te récompense du bien, que tu demeures un rempart entre moi et la colère de Dieu et celle de mon peuple. Je suis toujours en dépôt, je viens toujours solliciter (en tenant le bout de ton habit), reste à ta place. Que Dieu, tout puissant accepte que tu sois mon intercesseur (protecteur)… » *No comment !*

Il est clair que ce sont les cadis (jaloux de Seydina Oumar Ben Kâtab, *Farûk*), qui ont imposé leur respect et ces deux cas illustrent à suffisance qu'ils furent d'une éthique et déontologie. S'agissant de la gouvernance de proximité, on constate aussi le souci du roi à se conformer aux conseils du cadi. Le roi d'Agadez en est l'image, lorsqu'il demanda des conseils à son cadi, Abrahamane Ben Aboubacar Sayouti.

Ce cadi lui, envoya une lettre dont voici le contenu : « Je vous conseille la piété, car elle est la capitale et le sommet de toute bonne chose. Tout souverain qui l'a conservé sera le gagnant d'ici et dans l'au-delà… Il doit être capable de diriger son peuple avec impartialité, sincérité et droiture dans le cadre de la charia islamique… Ne vous laissez pas aveugler par le pouvoir et le prestige que Dieu vous accorde pour quelques jours, de même que par le bien matériel d'ici-bas. Cette vie est un sommeil dont on se réveillera sans doute… » Tout le monde est égal devant Dieu (nulle discrimination entre riches et pauvres, nobles, savants, etc.). Selon le Prophète Mohamed « Nous sommes tous fils d'Adam, et Adam de la terre… Tranchez suivant la vérité divine, sous peine d'un châtiment exemplaire »[62].

Système d'administration judiciaire : dans la société musulmane, la bonne marche de la justice est l'affaire de tous (roi, cadi, même simple citoyen) qui doivent collaborer pour empêcher le mal de proliférer et pour faire revenir dans le droit chemin les malfaiteurs. À ce chapitre, notre interlocuteur[63] Sidi Allimam Maiga a attiré notre attention sur le litige mal tranché par le cadi Abdourahame, cadi de Djénné, rappelé à l'ordre par Mahmoud Bakayoko (dans le sens de le corriger) sans que celui-ci obtempère. L'affaire a connu un tel retentissement qu'elle fût portée à la connaissance du roi Askia Mohamed. Immédiatement, le roi dépêcha un envoyé afin de destituer le cadi Abourahame (victime de cette erreur, devenue faute judiciaire) et de confier le poste au cadi Mahmoud. Voilà une seconde preuve de la vigilance du souverain concernant la justice ; bien que les cadis soient très indépendants dans leur fonction. À cette époque, il y avait dans chaque ville un cadi, mais le grand et le plus considéré était celui de la ville de Tombouctou. En réalité, il s'agissait du cadi suprême.

Les cadis ne sont saisis que dans le cadre des droits (pour les affaires entre personnes relatives au droit foncier, au statut personnel, aux héritages, aux dettes, aux crédits commerciaux…).

---

[62] *Ibidem*, p. 15 à 19.

[63] Sidi Allimam MAÏGA, chercheur à l'IEHRI et étudiant en littérature en arabe dont l'apport était capital pour notre étude. Nous en profitons pour le remercier avec ses chefs et collègues (MAIGA, CISSE, TRAORE, ALKADY).

En plus de sa fonction officielle de juge, le cadi s'occupe de la surveillance des affaires civiles (les mariages et les divorces, les bonnes mœurs, la tutelle des orphelins mineurs, le séquestre des biens des étrangers décédés jusqu'au partage de la succession). Mais les fonctions les plus importantes demeurent la surveillance de l'éducation de base et la construction et la réparation des mosquées. L'éducation de base était considérée comme le fondement de la société. Sa Majesté était persuadée lorsqu'il signait que : « La première éducation, la plus solide, la plus durable, commence dans la famille, et non pas sur les bancs d'une école… » et de souligner en rouge que « L'Ecole est une des sismographes des sociétés humaines ». Originellement, le Prophète Mohamed (PSL) en était sans réserve convaincu : « Cherchez la science, du berceau au tombeau » au grand soulagement de nos maîtres qui ont choisi ce sacerdoce s'attachant à ce devoir difficile, ingrat, d'où dépendait, pour une grande par l'avenir des nations. Le cadi nommait le personnel enseignant des régions. Il s'occupait des recensements des élèves et des étudiants. Il allouait des aides à ceux qui étaient dans le besoin.

Afin d'exécuter ces projets fondamentaux, il effectuait des prélèvements sur les fonds des « Houbouss », qui étaient à sa disposition. Il recevait aussi l'appui des contributions volontaires et d'aides du roi, des fidèles bienfaiteurs. Les gens s'adressent aux cadis pour toutes les affaires sauf les causes que le cadi lui-même juge nécessaire de renvoyer devant le roi.

Quant aux affaires pénales ou opposant l'individu au pouvoir, notamment en matière d'ordre public (ou de sécurité de l'Etat), c'est le roi, lui-même, qui s'en charge avec l'aide de son conseiller juridique. En revanche, les peines que les cadis prononcent s'analysent en coups de fouets ou en emprisonnement. Il existait alors trois offices « cadiaux » pour les principales villes du royaume songhaï : celui de Tombouctou, de Gao et celui de Djenné.

En conséquence, il convient de noter l'exceptionnelle popularité des cadis à cette époque, notamment leur proximité[64] avec leurs populations. En plus d'être magistrats, ils étaient notaires, conciliateurs, médiateurs/arbitres. Leur audience, au sein de la population était telle que l'influence des cadis a provoqué le soulèvement populaire contre l'occupation marocaine à Tombouctou. Certains de ces illustres juges ont marqué de leurs empreintes ce magistère.

---

[64] Précisions qui nous ont été données par notre collègue Idrissa TRAORE de l'IHER, que nous remercions bcp.

B. EMPREINTES INDÉLÉBILES

« Si la mort peut dévorer la chair et les os, elle ne peut rien pour le nom ou la renommée ». Il importe de préciser qu'avec chaque génération, le nouveau prince, au gré de ses intérêts fait ou défait le cadi. Histoire d'attester aux yeux de nos maîtres[65], que pour gouverner, il faut toucher les populations dans leur dernier retranchement et surtout dans ce qui leur est viscéralement très cher. Pour preuve : au temps d'Askia Mohamed, le cadi général était Sidi Mouhamoud, qui nommait les imams et proposait des cadis pour l'empereur, comme ce fut le cas de Djénné. C'est ainsi, que Mohamed Ben Mohamed Ben Ousmane *Al Haliu* dit Sane Chirfi et ses descendants ont occupé le poste au temps de l'empire peul du Macina[66].

Le traité de protectorat était balisé et signé par les Kounta, notamment Cheickh Sidi Med Ben Cheick Sidi Al Moctar El Kounty et ses fils Cheick Sidi El Moctar Al Seyguir et Ahmed El Bakaye, qui fut l'hôte d'Enrich Barth en 1853, qui y a séjourné pendant six mois. Le paroxysme de cette collusion avec l'autorité politique réside dans le fait que ce cadi assurait la triple ou quadruple fonction de wali (gouverneur), de grand imam, à côté de celle de Qâdi et occasionnellement de chef d'état-major. C'est dans ce cadre, que le cadi Med Ben Med Ben Ousmane dit Sane Chirfi a été tué dans la bataille de Mani-Mani (à côté de Konna) en 1863. Au cours de la même expédition, Ahmed Bakaye a été tué à Saradina (à côté de Téninkou) vers 1863-1865. Tous les Qâdîs, quasiment ont été emportés par la même vague pendant la période d'Elhadj Omar Tall, tué dans les grottes de Bandiagara par Ballobo et ses hommes. Amadou Amadou, en voulant se retirer de Tombouctou, a été tué vers Dire. Notre interlocuteur nous expliquait que l'arrivée des colons a trouvé sur place les germes latents d'une rivalité, *fitina,* ce qu'il déplorait comme un gâchis (donnant au margouillat de pénétrer par le trou percé dans le mur) pour tout le Soudan. Il s'agissait du sectarisme qui opposait le Toucouleur E.O.Tall, tidiane et les peuls et les maitres spirituels, Kounta, qui étaient kadri.

Ahmed Baba[67] ses enfants et petits-enfants ont été les figures marquantes (aux noms intarissables d'éloges) de cet exaltant et redoutable magistère. Il est chargé, au surplus de déférences et de crédits, ce qui obligent leurs héritiers (bien que la charge est plus fondée sur le mérite qu'héréditaire) à chausser les mêmes bottes, voire davantage !

La personnalité chérif la plus remarquable de Tombouctou est de beaucoup le cadi Ahmed Baba[68]. Son père, Sidi Abou-1-Abbas ben Amor ben Zian, était une

---

[65] B. CAMARA, M.L.D : tous les autres d'ici et d'ailleurs, que de tous les temps et sur tous les cieux, la Politique a toujours phagocyté ou essaye de coopter les religieux pour ratisser large. Et avec Dieu, il n'y a pas match !

[66] Passages, que devons à notre collègue et jeune frère, Sidi Allimam MAÏGA de l'IHER, le lundi 11/5/2018.

[67] Au patronyme, duquel, nous allons joindre *Al Hassany*, pour faire le distinguo avec le grand Ahmed Baba (du milieu du16ème, qui fut déporté à Marrakech…), à qui on ajoutera *Al Soudani (ou bien de Tombouctou).*

[68] P. MARTY, Collection de la *Revue du Monde musulman : Etudes sur l'islam et les Tribus de la Région de Tombouctou (islam Songhaï) et la Région de Djenné et le Macina (islam Peul)*, 1920, *op.*

des personnalités les plus estimées de la ville, tant par le prestige de sa famille, qui s'était installée depuis plusieurs siècles dans la haute classe, que par ses qualités personnelles de science et de piété. Il fut longtemps cadi de Tombouctou. Sa mère, Nana Bankana, fille d'Alfa Lamine, est aussi d'une très bonne famille, signalait notre auteur. On a cru jusqu'à ce jour, à cause de l'homonymie, qu'Ahmed Baba descendait du fameux cadi Ahmed Baba, qui a joué un rôle important au Soudan, à la fin du XVIe et au début du XVIIe siècle. Les divers Tarikh et le *Fateh ech-Chakour* célèbrent longuement sa science, son intelligence, ses qualités de professeur réputé, sa vertu, les épreuves qu'il traversa. « Conduit comme otage au Maroc à la suite d'une petite révolte qui éclata, à Tombouctou, il resta deux ans en captivité à Merrakech et força l'admiration de ses gardiens. Seul des soixante-dix otages, il survécut à cette dure épreuve et put rentrer à Tombouctou où il exerça pendant vingt ans, c'est-à-dire jusqu'à sa mort, les fonctions de cadi. Il était de la famille *Aqi*t, qui avait fourni nombre de juristes, de professeurs et de cadis de Tombouctou. Ahmed Baba, le cadi actuel, se rattache, ainsi que l'établit le tableau généalogique, donné en annexe et établi par lui-même, au chérif Moulay Ahmed Seqli, dont il a été parlé plus haut. Il est né vers 1860, a fait d'excellentes études à l'Université de Sankoré ; il était suppléant du cadi, Daouna Koï Almadane, à notre arrivée à Tombouctou ».

Parmi les premiers, il se rangea à la solution pacifique et fit partie de la députation envoyée au lieutenant de vaisseau Boiteux. Dans nos recherches, nous avons retenu qu'il fût nommé dans cette fonction cadiale[69], le 1er mars 1895. En 1896, il est nommé cadi supérieur de la ville, en remplacement de Daouna Koï, dont il a hérité de l'influence. Intelligent, esprit très ouvert, magistrat intègre et savant, franchement rallié à notre cause, le cadi Ahmed Baba est l'un des meilleurs artisans de notre occupation et la personnalité la plus aimée et la plus écoutée des indigènes. Ses jugements sont admis sans contestation et immédiatement exécutés, sous la seule pression de sa haute autorité morale. Il nous a rendu, depuis vingt ans, les services les plus divers et les plus précieux, et plus d'une fois, grâce à ses relations avec tous les chefs maures et touareg et à la considération dont il est l'objet de leur part, a pu être utilisée comme agent de liaison. Sa réputation s'étend jusqu'au Sahel. Il est membre de fondation du comité consultatif des affaires musulmanes pour l'Afrique occidentale, et membre du conseil de perfectionnement de la médersa de Tombouctou. Ahmed Baba a été affilié à la Voie *tidianïa* de Fez par un cheikh de Dienné, de passage à Tombouctou, Ahmed Zerrouq, qu'on verra plus loin. Ahmed Baba serait, paraît-il, le seul *Moqaddem tidiani* de Tombouctou. On trouvera en annexe un cachet du cadi Ahmed Baba, ainsi qu'un spécimen de son écriture.

Après Ahmed Baba, il convient de citer sans tenir compte de la chronologie des successions :

-Mohammed San Cherif, né vers 1855. Son père cumula, au milieu du XIXe siècle, les fonctions de chef de la ville et de cadi de Tombouctou. Lui-même avait

cit., p.13 et s.

[69] Document n°10972 IHER-ABT.

été cadi peu avant notre arrivée, et fut maintenu par nous dans les fonctions de cadi de quartier. Intelligent et ouvert, mais sujet à caution à notre égard, il ne paraît pas en outre jouir d'une considération particulière auprès des Tombouctiens. On le déclare très partial, et à la suite de nombreuses plaintes, il a fallu lui retirer toute fonction officielle, même celle d'assesseur au tribunal de cercle. Il continue d'ailleurs subrepticement à s'occuper d'intrigues judiciaires ; il fait aussi quelque peu de commerce. Mohammed est affilié au *Tidianisme* local.

-Mahamoud Mouhamoud Oud Cheick Al Arawani était le cadi d'Araouane[70]. Il était disciple de Cheickna Boulker. Aux premières heures de l'indépendance, ce cadi controversé et cet homme perturbateur, qui plaidait devant le prétoire officiel, indépendantiste d'une République chimérique, *Azamak* (qu'il n'a pas hésité à brandir lors de la visite du président sénégalais L.S. Senghor en 1960 et récidivé lors de celui du président nigérian, Yacub Gowonn à Tombouctou vers 1970). Il fut emprisonné par le président Modibo Keïta, gardé à Kolondiéba, puis déporté à Kayes, où il a été libéré par le C.M.L.N du président Moussa Traoré. Comme Ahmed Baba, il importe de signaler que quasiment tous les cadis percevaient un pécule, voire un traitement symbolique et cela de tout temps.

Voilà la liste des cadis qui ont succédé à son éminence Ahmed Baba, nommé cadi supérieur en 1896 par les Français de concert avec les oulémas de la boucle du Niger : Mohamed Lamine Ahmed Baba de 1930 à 1943, Oumar Chirfi A.B dit (Al Farouk) de 1943 à 1975, Zouber A.B de 1975 à 1994, Sandy Sormoye de 1994 à 2000, Sidi Mahamoud II dit Baba Sidi Baba de 2000 à 2016, enfin Mohamed Lamine II dit Chirfi Moulaye A.B intronisé le 25 décembre 2016. Nous remarquons que les trois premiers sont des fils d'Ahmed Baba et les trois autres, ses petits-fils.

Dans un office, il y a le greffier qui rédige, les témoins et les représentants des notabilités. Nous y notons surtout des conseillers du cadi, comme cela a été fortement constaté au temps de notre feu père, Sidi Mahamoud II dit Baba Sidi Baba assisté des esprits brillantissimes ; comme ceux de feu notre père Hassèye Mahamoud Wangara[71] et autres... Nous retenons ici quelques points du discours lu par son grand frère aine, Sékou Moulaye Haïdara[72] : « Sous les lampions de la fête de Maouloud (Rassoul), en présence de nos autorités politiques, administratives et de nos partenaires (MINUSMA et autres) au nom de la célébrité de notre cité bénie, nous allons tout de suite grâce à Allah procéder à l'investiture de son Eminence Med L.II, fils de Moulaye Ahmed Baba. Faut-il rappeler qu'il est ingénieur des télécoms, ex. D.G.A de la SOTELMA... Pour sa fonction, le cadi a besoin d'avoir

---

[70] Banlieue tombouctienne, qui devenue région de Taoudénit en 2012, du temps de la colonisation, simple garnison, prisé pour son sel gemme et son bagne.

[71] Le défunt H.M. Wangagra (père de notre amie et promotionnaire de Mme Cissé, Lalaïssa Baba, épouse de notre collègue savant Sane Chirfi), était trilingue (arabe, français et anglais), grand islamologue, très ouvert et impliqué dans la société civile aussi bien que l'administration. Il est décédé en mission à Diré en 2013.

[72] Cassette vidéo par laquelle nous essayons d'éterniser l'image de l'installation du cadi sur l'esplanade de la mosquée de Sankoré avec quelques autres photos ; cf. notre bibliographie. M. S. M. Haïdara est par ailleurs notre président à Bamako (des ressortissants tombouctiens).

la patience, la persévérance pour préserver la tradition islamique : notre raison de vivre. Nous devons réapprendre à croire à nos autorités traditionnelles, qui les ont de tout temps respectés et honorés… Nous prions Allah de l'aider à supporter la charge aux fins d'*utiliser la même calebasse (hanfi) et louche*, que nos illustres prédécesseurs pour la gloire, la sécurité et la concorde de la Oumma islamique *au risque d'utiliser le tesson.* »

La réaction de notre collègue Sane A.S. Cisssé[73] est tout aussi instructive et d'actualité : « Le cadi, après sa fonction religieuse, joue un rôle primordial dans les méthodes alternatives de règlement des litiges (MARL[74]) et cette intronisation doit s'apprécier au-delà de son aspect festif, comme étant un événement culturel de premier rôle. Le quartier ou *farandi* en langue vernaculaire, voudrait dire se fatiguer, se supporter ». Autrement dit, les malentendus, même les crises ou conflits sont inhérents à notre quotidien.

Quant à la fonction, notre penseur attitré précise qu'elle n'est pas héréditaire. Il faut quelqu'un pour supporter ladite charge dans la famille du défunt ou des alliés directs. En revanche, à titre d'illustration voici un avis (on ne peut plus pédagogique) donné par le grand Ahmed Baba El Soudani[75]. Un conseiller d'origine algérienne, Abdul Karim Al Maguili[76] qui officiait au côté d'Askia, l'avait sollicité suite à l'assassinat de son fils par les Juifs en Algérie. Dans un état d'un esprit vindicatif, il demanda à l'empereur, fort de sa position, d'exterminer tous les Juifs vivant dans l'empire. Le cadi général Sidi Mahamoud lui rétorqua que ce ne sont pas ses Juifs vivant avec nous ici, qui ont commis ce crime. Sur la base de notre droit moderne, selon laquelle, la faute est personnelle, notre vénéré cadi n'a pas fait d'amalgame ou de raccourci simpliste, au risque de répondre par le crime au crime, voire moins (le délit).

Sane A.S. Cissé nous a rapporté[77] l'avis donné, voire le jugement rendu (pathétique et plein d'enseignement) par feu son grand-père, le cadi supérieur A. Baba, dont nous offrons le verdict : comme décision, il apprit au mari, reconnu fautif dont l'épouse était en abandon du domicile conjugal, de danser avant d'arriver chez celle-ci aux fins de demander pardon. Surpris et gêné à la limite, il a été décrispé et décontracté par la posture élégante du cadi, l'aidant à banaliser ce qui peut apparaître comme une faiblesse, voire une honte. Et sur place, il a improvisé une mélodie spontanée, avec les mots sur sa gêne et commença à se défouler en amorçant des petits pas. Chanter pour pouvoir danser ! « Gani ka ta ni wondé, ay ta si gani woye

---

[73] Réponses à l'interview de notre ami, Yéhia H. TANDINA de l'ORTM.

[74] V. Le développement desdits aspects (avec même des jurisprudences *cadiales*, notamment celle de Rharous et même du Niger) dans notre thèse *L'émergence d'un droit africain de la famille : essai socio-anthropologique à la lumière sahélienne* s. la direction de B. CAMARA, 2016, p.250, 300 et s.

[75] Il est souvent joint à son Soudani ou Tombouctou, pour mieux le distinguer de ses homonymes… Il est né en 1555(56) et décédé en 1627 (Tombouctou), disciple de Med Bagayogo ; après avoir été déporté à Marrakech.

[76] Pour plus d'infos sur ce savant, conseiller d'Askia, v. La thèse du Dr. Mahmoud A. ZOUBER, *Ahmed Bâbâ de Tombouctou : sa vie et son œuvre*, avant-propos de Charles Pellat, GP. Maisonneuve et Larose, Paris, 1977.

[77] Emanant de feu, son exaltée maman, Nanamoye Ahmed Baba décédée en 2002.

sé … Ay ga ma gani wossé » traduction : « Danser pour retrouver âme sœur, je ne peux pas… Moi danser pour une femme ». Mélodie, puis pas et finalement résignation, accomplissement et bel aboutissement !

Cette sentence nous amène à penser et à conclure que ce qui sort de la bouche, n'est pas forcément ce que l'on rumine et digère. Assurément, c'est pourquoi Dieu qui nous connaît plus que quiconque nous juge et nous condamne sur nos intentions, plus que sur nos gestes. Il dit : *dine koum walley dine.* Dans notre droit écrit dit officiel, on parle de l'élément intentionnel (ou psychologique, voire morale) de la faute à côté de celle légale et celle matérielle. Le mari dont il est question dans cette affaire, se gêne ou ne veut pas danser pour une femme (pour ne pas être la risée du public), alors qu'il est prêt à tous les sacrifices à cause de son amour fou et sans frein pour sa dulcinée.

Notre propre maman Oumou Ousmane Baber[78], nous a confié que la force du cadi réside dans le fait qu'il tranche les affaires en se référant à la charia et sa crainte d'Allah. C'est surtout sa crédibilité, son impartialité et son équité qui font que les justiciables s'orientent spontanément vers lui. Elle nous a révélés, en outre ; de façon inédite ce qui suit.

Le cadi Oumar Chirfi était conseiller de Samber Moulaye Al Bachir, Hassane Alpha Sane et Albadja Wangara, période pendant laquelle, c'était Hadji Sankaré qui était le commandant de cercle, sous l'autorité de Bakara Diallo vers les années 1960. Mon père, feu Ousmane Baber Abdou (défendeur) a été convoqué chez lui par Kangay Télé (demandeur). C'était au sujet du divorce de ma petite mère, Niamoye Alpha, dont mon père était le tuteur.

La deuxième affaire dont je me souviens était la convocation de ma propre mère, Niaber Alpha chez le cadi Oumar Chirfi, au sujet de la maison paternelle. Laquelle a été donnée en prêt par mon grand-père Baber Abdou (paternel) à mon autre grand-père, maternel Alpha Nasssour. Finalement, au bénéfice de la longue occupation[79], l'emprunteur A.N a demandé au préteur de la lui vendre. Et un beau jour, le cousin germain de mon père, Mahamane Oumar Baba dit Wagani a voulu mettre en cause cette apparente « occupation sans titre ou illicite » et faire déguerpir les héritiers de feu A.N, que nous mamans et oncles étions.

Après des investigations fouillées et objectives de la part du cadi, il n'a guère pas à la malice de l'accusateur et est arrivé à reconnaître et prendre comme preuve pour notre cause, l'acte de vente établi entre les *de cujus* par son feu père, l'auguste cadi, Ahmed Baba Al Hassany Zeidane, selon des papiers que j'avais retrouvés au fond d'agrégats, quand j'avais quatorze ans.

Sur cet *instrumentum* (fait d'encre à base de gomme arabique) qui fondera notre propriété et mettra fin au contentieux, le cadi A.B. avait comme témoins Sékou

[78] Oumou Ousmane Baber Maiga est née en octobre 1947 et vit avec nous à Bamako, entretien du 14/6/2018.

[79] Notamment la possession de bonne foi, qui peut occasionner en droit positif l'usucapion ou l'appropriation…

Ahmed Baba, Sékou Baba Santao (témoin de mon grand-père) et établi un mois de ti*ékono, un talata* (ou mardi).

La description de ladite parcelle, au moment des faits était r*ahaba seydou, o*u nu-terrain, dont la porte fait face au Sahel, et l'arrière fait face au fleuve issa, le côté droit est situé vers *tjiwla ou l'al-kaba,* le sud fait face à *woney* kaghé. La porte du Sahel fait face au domicile de feu Aybaber Samber. Ainsi, notre jaloux agresseur, mon père (qui a été mal influencé et mal conseillé par des voisins égoïstes) s'est retrouvé dans le hikma, bouche-bé. Le cadi l'a instruit pour leur imposer la paix. Il concluait, comme il y a cinquante ans, le tribunal officiel, en l'espèce la j.p. c. e.[80] de Tombouctou avec la présence de Moulaye Diawara, feue Kongho Larab (épouse Aybaber Samber) qui a triomphé contre M'Bouna Abba Sékou et complices au sujet d'une maison longtemps occupée. La motivation dudit juge était que : « une maison même non payée, après dix ans d'occupation permanente et constante, vous revient ».

Le jugement[81] du 21 mars 1923 entre l'accusée Dédéou Ba Samba et Oumou Baba Hamadou, Badji Badou et Tjiré Fatouma, est rendu par le cadi A. Baba à l'époque coloniale. Mahamane Moulaye Aly[82] nous a confié un avis donné par le cadi, Zouber A.B., qui fut le dernier fils du cadi supérieur. Il nous apprend qu'il était conseillé par Alpha Youssouf Wangara, imam de la mosquée Sidi Yehia et son neveu, Alpha Houmal, imam de Djingareyberre. Lors à la discussion relative à notre succession, en 2004, pendant que le cadi Sidi Mahamoud II dit Baba Sidi Baba officiait, et conseillé par Mahamoud Baba Alpha Oumar dit Hassèye Mahamoud, imam de Sidi Yehia, Abdrahamane Ben Assayouti, imam de Djingareyberre et Sidi Lamine Adjawiyakoy (Al kounti) dit Sidda.

Suite à une mésintelligence latente entre nous (héritiers), Sidi Lamine Adjawiyakoy a rappelé à l'assemblée que si les gens (protagonistes) n'arrivent pas à se comprendre, le cadi, Zouber A.B avait suggéré de leur donner trois jours aux fins de prendre du recul. Ainsi, avec raison froide et grâce à Dieu, ils trouveront le chemin de la solution. Effectivement, de retour de ces trois jours sabbatiques, nous nous sommes retrouvés et le partage de la masse successorale s'est fait sans anicroches. Moi, l'aîné, j'ai exceptionnellement accordé le bénéfice optionnel à mes cadets (féminins et masculins) quant aux maisons. Si l'autre nom de Dieu, s'appelle le Temps, c'est le moment pour nous de confirmer ou non la barre que nous avions placée haut, au-delà des hypothèses classiques.

*

* *

---

[80] Justice de paix à compétence étendue, à laquelle ont succédé les T.P.I. et les T.G.I.

[81] Manuscrits n°79-49 IHER-ABT.

[82] Petit fils du cadi Zouber A.B (que nous avons bien connu et fréquenté par le truchement de notre camarade de classe Salihi Moulaye Aly Haïdara, ainsi que tous ses conseillers) agent de SAVAMA, Entretien du 25/6/2018 Nous le remercions, en plus de ses directeurs les dr Abdel K. Haidara, Zoumana Traore et autres.

Au sujet de notre dénomination apologique, *Ville monde*, il s'est avéré que cette cité mystérieuse cache sous les ailes de son gardien mythique, Al Farouk[83] d'autres secrets supra-humains et des galons divins. En effet, la dénomination timboutou, voulant dire régénérescence, existe dans le Coran, précisément dans les sourates Yassin et autres, nous faisait savoir Sane A.S. Cissé[84].

Amadou Hampaté Ba[85] révélait que sur le plan culturel que : « Les nations forment un seul rang et Tombouctou était à la tête du rang. Mais un jour, Dieu, a dit demi-tour et Tombouctou s'est retrouvé à la queue du rang. Peut-être un autre jour, Dieu dira encore, demi-tour et elle retrouvera sa place ». Entre 1992 et 2002, un touriste allemand a dit qu'un Juif avait prédit que la renaissance culturelle mondiale partirait de Tombouctou. Le professeur Baba Akim Haïdara[86] a confirmé en outre que le président Abdou Diouf avait affirmé que « s'il avait une ville comme Tombouctou au Sénégal, il n'aurait besoin ni de pétrole ou d'or pour développer son pays ».

Quant à notre épithète, *habitants captifs de Dieu*, voici l'avis d'un érudit. L'auteur du Tarik El Soudan, Darahamme Al Saadi estimait que ces concitoyens « tombouctiens sont les musulmans que seuls les compagnons du Prophète Mohamed dépassent en vertu ». Il soulignait : « Tombouctou n'a jamais connu l'idolâtrie, à la différence de la Mecque, où seulement dans la Kâba, il y avait 360 idoles ». Et de conclure en affirmant qu'être tombouctien (état d'esprit et comportement) est pire qu'être esclave[87].

Aujourd'hui, tout mérite de se relativiser. Notre posture scientifique nous y oblige, surtout avec les conséquences de cette mondialisation dépravatrice des mœurs, voire même des consciences.

Du reste, l'islam n'est plus fondé sur l'ancêtre classique, mais sur un dieu commun[88], non plus sur l'ancestralité, mais sur la piété et les vertus individuelles… L'Etat pour l'Etat n'existe pas Donc, le droit musulman n'est pas un droit figé, mais adaptable à toute société et en tout lieu. Ce qui existe, c'est l'État au service de finalités sociales et politiques fondamentales pour l'islam. Nous n'avons le romantisme ni de l'État ni de l'anti-État, plutôt de la cité et selon le prophète « Ne vivez pas sur un territoire qui n'est soumis à une autorité »[89].

---

[83] Al Farouk, l'ange gardien sur son cheval, dont le monument se trouve à la place de l'Indépendance.

[84] Notre collègue, dont nous avons toujours besoin des immenses services est diplômé de littérature de l'ENSUP.

[85] C'était lors de l'inauguration du Centre Ahmed Baba (devenu IHER).

[86] Ancien fonctionnaire de l'Unesco résident au Sénégal (qui a beaucoup côtoyé ledit président) et actuellement médiateur de la République du Mali, dont Sane A.S. Cissé est représentant régional à Tombouctou.

[87] Textuellement *toumboutou boro téré gaw n'da tam téré* : il lui est formellement interdit (*Almouhal*) 3 choses : 1° Vendre la maison paternelle ; 2° Trainer quelqu'un en justice (fut-il un voisin) ; 3° Divorcer de la femme avec qui on a des enfants. Pour la justice, Sane nous donné l'exemple de notre mère, Mme Djittey, Hawoye Halima, qui a rechigné la confection de sa pièce d'identité au motif qu'elle se faisait à la police.

[88] C. AUBIN, p. 241, cité par sa Majesté, *op. cit.*

[89] C. MEILLASSOUX, p. 116, *op. cit.*

L'imam Al-Ghazali soutenait que la politique est un art qui exige la connaissance des sciences religieuses et des sciences profanes… D'après le grand mystique et moraliste Al-Junaid, la rectitude consiste à sortir des sentiers battus (à tourner le dos à la routine et à la sclérose) et à s'écarter du formalisme (par l'effort vers la perfection, par la capacité de se dépasser et à se surpasser). L'islam et l'autre : ni troubles par ta langue ni par ta main.

Les valeurs abrahamiques ont été conçues pour nous éclairer sur les problèmes devenus mondiaux. « Le fidèle, dit le Prophète est un miroir pour son frère ». Le racisme est une question anachronique par rapport à Ahmed Baba (mort en 1617). C'est un principe non pas de précaution, mais d'audace et d'imagination.

Notre prestigieuse métropole gagnerait à demeurer éternelle en vendant sa réputation-destination. C'est à cette fin que les manuscrits de Tombouctou se sont retrouvés tout récemment dans une exposition en Inde[90]. Le Mali à travers la vile des 333 saints est à l'honneur du 24 mai au 6 juin 2018 en Inde, à New Delhi et au Taj Mahal, dans le cadre de la revalorisation des richesses détruites lors de l'occupation de la ville autrefois centre intellectuel du monde musulman, en 2012-2013. « Taj Mahal meets Timbuktu » est un thème évocateur.

Ces documents seront exposés au Musée national de New Delhi et du Taj Mahal. Ce n'est pas étonnant, car les deux destinations sont inscrites au patrimoine mondial de l'UNESCO, le *Taj Maha*l était le monument le plus célèbre de l'Inde, mais aussi le mausolée le plus parfait de l'architecture arabo-indienne. Le conseiller du ministère de la Culture, Moulaye Coulibaly a expliqué le désastre subi par la région. « L'IHER, qui détient environ 40 000 manuscrits sur les quelques 300 000 que compte la région de Tombouctou, en a vu 4 203 brûlés et 10 000 déplacés, ayant servi de siège au groupe djihadiste ». Certains détenteurs ont également vendu leur héritage au plus offrant pour subvenir à leurs besoins. Les mausolées classés au patrimoine mondial de l'humanité détruits, ont coûté à Ahmad al Faqi al Mahdi neuf ans de prison (par la C.P.I.) pour avoir « dirigé intentionnellement des attaques » contres ces monuments et à verser 2,7 millions d'euros à la ville. D'où l'organisation par le gouvernement indien de cette exposition, pour mettre en valeur le patrimoine culturel du Mali. L'exposition de ces manuscrits, au-delà de la célébration de l'amitié Inde-Mali, sera l'occasion de ressusciter les connaissances du passé et sera agrémentée par l'audition de la voix nostalgique du terroir, Kharyra Arby.

« Les plus longs voyages sont intérieurs », disait N. Rouland[91]. À l'heure de la rencontre mondialisée des cultures, l'anthropologie est évidemment au premier rang pour faire accéder la conscience juridique à une optique comparative et pluri-culturelle grâce à « son regard distant, éclairé » dit, pour résumer, Gérard Courtois,

---

[90] *Journal du Mali* n° 164 du 31 mai au 6 juin 2018, p. 27 *op. cit.*

[91] J. Houreau-Dalineau, in « Regard sur l'anthropologie du droit : Réflexion sur l'Homme et son destin appliqué plus particulièrement aux phénomènes juridiques », *Cahiers d'Anthropologie du droit, Droits Cultures – Anthropologie et Droit, Intersections et confrontations*, Universités Paris I (Sorbonne) et Paris X (Nanterre), Karthala, 2004, p. 179-184 et 90 à 110.

en confrontant valeurs et normes. Des concepts ajustés à la réalité… un équilibre, un partage, une anticipation morale (morale par provision, d'une vue prospective de la vie contre la doctrine de la *terra nullius*, de la dualité ou duplicité : celle de la diarrhée législative, qui caractérise notre époque selon les mots très justes de Jean-Claude Bonnan. L'affirmation que le droit est le reflet des réalités historiques et sociales et non une théorie abstraite et désincarnée. Il s'agit, « sachant que le système occidental est en faillite, d'inviter à modifier le sens et la perspective d'une coopération à l'effet de donner lieu à l'émergence d'un véritable droit africain, original et moderne (dans l'altérité) ; dont nous pouvons tirer les enseignements pour nos propres systèmes ». Cela nécessite des réticences institutionnelles, des résistances de la part d'universitaires africains. Lesquels doivent être armés dans leur formation et de leur pratique, complétées de vertus impératives inter-normatives pour évoquer le problème d'une « pluralité » de justices et de sa possible (nécessaire) intégration dans le système judiciaire étatique.

Les historiens du droit, sans doute plus que d'autres, ont pris l'habitude de sortir du cadre étroit des droits dogmatiques pour mesurer leurs intuitions, les soumettre à des sources diverses, telles que des documents judiciaires et juridiques. Sans tomber dans le piège d'imaginer que l'histoire a un sens unique, continu et linéaire, ni que l'évolution de l'humanité est reproductible, dans l'espace et dans le temps dans toutes les sociétés humaines. Elle n'a pas un sens homogène et cohérent, mais plutôt se trouve dans le pragmatisme du groupe social qui cherche à apporter la meilleure réponse au problème posé.

L'un des intérêts majeurs de l'anthropologie historique du droit (dont le « fonds de commerce » est la « science de la coutume » dans la continuité de l'ethnologie juridique) est sans doute de constater qu'un certain nombre de questionnements sont récurrents, de s'interroger sur cette permanence et peut-être à partir de ces conclusions de fournir au législateur des éléments d'informations propres à orienter son activité. En cela, elle pourra rejoindre la prospective juridique[92] pour le bonheur du genre *iuris anthropologicus*, produit de métissages[93] dessinant une nouvelle « carte du tendre ».

Ces cadis *hoûs*[94] méritent d'être pérennisés légitimement, sur tous nos territoires malmenés et *mal barrés*. Pour être mondiales ou contemporaines de notre siècle, les autorités instituées doivent les « réchauffer au micro-onde » au nom du vrai pouvoir, au service du peuple réel, en vue de *recoller les morceaux* et de ré-allumer les flammes de notre Histoire rendue anachroniquement[95] laide,

---

[92] J. HOUREAU-DALINEAU, in *Etude de l'histoire du droit pénal*, Institut d'Anthropologie Juridique (I.A.J) de Limoges n° 2, 1998, p. 133 à 140.

[93] *Idem*, p. 9 à 11.

[94] Comme, nous l'avons préconisé dans notre étude conjointe « La sécurité juridico-judiciaire comme agrégat de Développement dans une CEDEAO post-Baule » (*Mélanges offerts à Samba Traore*), *op. cit.* p. 29 et s.

[95] V. notre article « Droit de Vivre ou droit d'exister ? De l'évolution du statut du migrant de 1930 à nos jours », *RASPOS-UGB*, n° 15 oct.2017, p. 70 à 99.

fade jusqu'au funeste à cause de la soif du pouvoir et de la boulimie de privilèges. Le tout reste entouré de nébuleuses néocoloniastes, entachées d'injustices gratuites… Hélas ! Avec toutes les limites du ministère du culte, dont les reproches d'hier et d'aujourd'hui[96] faits au cadi, pour avoir aidé le colon *à gagner du terrain* (comme l'avait bien reconnus, P. Marty), la non- sédentarité du cadi actuel, Son éminence Ahmed Baba II dit Chirfi Moulaye Haidara[97] et les nôtres propres, ce que nous reconnaissons humblement. Néanmoins, force a été de mettre au goût du jour nos trésors sur lesquels, *nous avons mis nos propres pieds*. C'est à cette fin, qu'il a été écrit noir sur blanc et souhaité vivement, que les pouvoirs du cadi sont étendus dans les accords pour la paix issus du processus d'Alger signés avec les groupes, les mouvements rebelles et d'auto-défense de 2015 et en cours d'application, affirmait B. Gakou. Mieux, comme les autres autorités traditionnelles, il était prévu que ces légitimités spirituelles composent le Sénat, qui était en toile de fond dans le projet de révision constitutionnelle, « obligé au sursis ». Sans nous dédouaner, devant nos exigeants maîtres (sous la vétérance du très distingué B. Durand), nous n'avons comme seule *cola*, cette pensée d'un musulman peu connu, mais citoyen du monde et par ailleurs célèbre lauréat Nobel de littérature 2016 : « Si tu n'as pas tout ce que tu veux, réjouis-toi de ne pas avoir ce que tu ne veux pas » ; cité par Amadou Cissé[98]. En cessant de mimer les autres, sans doute le principe selon lequel « Nul n'est prophète chez-soi », serait démenti.

---

[96] Récriminations, que le politologue Dr Bandiougou GAKOU a rendues plus publiques le 26/7/2018 TV5 20h 45.

[97] Le cadi actuel de Toumboutou est ingénieur des télécoms, en retraire vivant à Bamako, comme ce fût le cas de son prédécesseur, Sidi Mahmoud II dit Baba Sidi Baba, ex. hôtelier vivant entre Gao et Bko.

[98] A CISSÉ, in « Le Mali se met l'albatros des élections autour du cou », *Le Républicain* n° 5848 du 13/7/2018…

BIBLIOGRAPHIE

1° OUVRAGES ET ARTICLES

-AROUALO (M.), *Vitrine de la justice du XIIe et XVIIIe siècle, Saisie et impression Yébé*, Bamako, 2013, 83 pages
-CAMARA (B.), « Le transport maritime, fluvial et ferroviaire au Haut Sénégal Niger : 1882-1930 », *RASPOS-UGB*, n° 10/2016
-CISSE (A.), « Le Mali se met l'albatros des élections autour du cou », *Le Républicain* n° 5848 du 13/7/2018
-DEMBELE (M.L.), CAMAMARA (B.) et BALLO (M.), « L'activisme religieux dans les universités maliennes : De l'ombre à la lumière ? » *Cahiers du LERDEEL*, 2018
-FOKA (A.), Journaliste d'origine camerounaise, animant tous les samedis matin (reprise la nuit) les émissions « Archives d'Afrique » et le « débat africain » des dimanches matin (reprise nuit) à la place de Madeleine MUKAMA-BOILEAU
-HASSAN II, *Le défi*, éd. Albin Michel, Paris, 1976, 287 p.
-HASSAN II, entretiens avec Éric LAURENT, Préface de S.M. MOHAMED VI, *« Le Génie de la Modération » Réflexion sur les vérités de l'islam,* éd. Plon
-*L'Indépendant*, n° 4497 du vendredi 8 juin 2018
-*Journal du Mali* n° 164 du 31 mai au 6 juin 2018, p. 6 à 9, « Tribune A.N. Diallo »
-HOLDER (G.), *Les terrains du siècle, L'islam, nouvel espace public en Afrique*, éd. Karthala, 2009
-*Journal du Mali* n° 164 du 31 mai au 6 juin 2018, p. 27 *op. cit.*
-HOUREAU-DALINEAU (J.), « Regard sur l'anthropologie du droit : Réflexion sur l'Homme et son destin appliqué plus particulièrement aux phénomènes juridiques », *Cahiers d'Anthropologie du droit, Droits Cultures – Anthropologie et Droit, Intersections et confrontations*, Universités Paris I (Sorbonne) et Paris X (Nanterre), Karthala, 2004
-Magazine du Ministère de la Culture D*ONKO,* « L'appel du Ministre Cheick Oumar SISSOKO » Bamako, 2006
-MARTY (P.), Collection de la Revue du Monde musulman : *Études sur l'islam et les Tribus du Soudan*, Tome II, Région de Tombouctou (islam Songaï), Région de Djenne et le Macina (islam peul) Paris, éd. Ernest Le Roux, 1920, s. la dir. A. Le CHATELIER
-MEILLASSOUX (C.), *Anthropologie de l'esclavage : le ventre, le fer et l'argent*, PUF, Paris, Masperos, 1986-1975
-N'GOM (Paul), « Les avatars de justice en Guinée française au début du 20e siècle », *Le juge et l'Outre-Mer,* Tome 6 (s. la dir. B. DURAND, Martine FABRE, M. BADJI), UMR 5815, Montpelier, Histoire de la justice
-SANANKOUA (B.), *Un empire Peul au XIXe siècle, la Diina de Maasina*, Paris, Khartala, 1990

-TOURE (A.H.), *Revue Culturelle TAPAMA*, n° 1, éd. Donniya, Bko, déc. 1996

-TOURE (I.), « L'émergence d'un droit africain de la famille : essai socio-anthropologique à la lumière sahélienne », s. la dir. CAMARA B., ISFRA, Bamako, 2016

-TOURE (I.), « Droit de Vivre ou droit d'exister ? De l'évolution du statut des migrants, de 1930 à nos jours », *RASPOS-UGB*, n° 15 oct. 2017

-TOURE (I.), « Le mariage comme élément de désordre dans les sociétés contemporaines ouest-africaines francophones (1939-2011) », *RASPOS-UGB*, n° 16 janv. 2018

-TOURE (I.), « La sécurité juridico-judiciaire comme agrégat du Développement, le Mali au-devant d'une CEDEAO post-Baule », *Mélanges offerts au professeur Samba Traore*, 2018

-TOURE (M.I.), *Jurisconsultes Musulmans et émergence d'un droit international : Méthodes de règlement des conflits hégémoniques dans la Boucle du Niger aux XVIIIe et XIXe siècles*, Thèse, éd. universitaires européennes, Montpellier 1, s. la dir. B. DURAND, 2006

-ZOUBER (M.A.), *Ahmed Bâbâ de Tombouctou : sa vie et son œuvre*, Avant-propos de Charles PELLAT, Thèse, GP. Maisonneuve et Larose, Paris, 1977

2° TÉMOIGNAGES ORAUX ET AUTRES SOURCES

Documents imprimés et manuscrits

-Manuscrits n° 940 ; 3844 ; *Nawâzal de Shaykh Bay ; Nawâzal AL Takrur*…IHERI. ABT

-Manuscrits n° 79-49 IHER-ABT

-Son Eminence M. Ahmed Baba II dit Chirfi Moulaye Haïdara, cadi de Tombouctou

-CISSE (S.A.S.) dir. OMATHO et représentant du Médiateur de la République (Tombouctou)

-TRAORE (I.) ; MAIGA (S.A.) de l'IHER-ABT

-HAIDARA (A.K.) ; HAIDARA (M.M.), TRAORE (Z.) de l'ONG-SAVAMA

-MAIGA (O.O.) : notre propre mère ; Nb : Tous ont été rencontrés de mai à juillet 2018

-Cassette vidéo de l'intronisation du cadi actuel, Ahmed Baba II dit Chirfi Moulaye ; Radios et Télés ; photos ; chansons, contes et légendes, etc.

CROIRE À LA LOI : FOI, RELIGION ET DROIT AU MOYEN-ÂGE

Laurent Mayali
Berkeley Law, Université de Californie à Berkeley
Sciences religieuses, École pratique des hautes études, Paris

Savoir dépasser les frontières artificielles des droits nationaux et celles, plus subtiles, mais tout aussi rigides, du découpage institutionnel des diverses disciplines regroupées sous le terme de sciences sociales est l'une des leçons essentielles que nous donne Bernard Durand dans toute son œuvre scientifique, de l'histoire du droit pénal à celles du droit colonial, du droit musulman et des droits coutumiers. Sa connaissance éclairée du pluralisme juridique africain et de sa richesse normative lui a permis de remettre en cause nombre de poncifs sur les systèmes juridiques africains et de réhabiliter le rôle du droit et des institutions juridiques dans les expériences coloniales et postcoloniales de nombreux pays. Bien que je n'aie pas eu l'occasion, comme plusieurs auteurs de ce volume, de bénéficier de son enseignement, nos conversations amicales sur ces thèmes, complétées par la lecture de ses travaux, ont très souvent éclairé mes propres recherches sur les traditions juridiques du Moyen Âge occidental comme souhaitent en témoigner les lignes qui suivent.

Pour les juristes médiévaux, canonistes et civilistes, la foi est la clé de voûte de l'édifice normatif. La polysémie du terme, maintes fois soulignée, illustre à leurs yeux la diversité des multiples actions humaines juridiquement sanctionnées par le recours à son autorité.[1] Dans le commentaire aux décrétales tiré de son enseignement parisien, Henri de Suse, futur cardinal d'Ostie, en dénombre onze emplois.[2] Ils signifient aussi bien le sacrement du baptême, la fidélité et pureté de cœur des époux (*castitas thori*) et les articles de la foi trinitaire que les promesses, les pactes, les gages, et autres formes de créances qui reposent sur le respect de la bonne foi et assurent la stabilité des transactions juridiques.[3] À la fois conscience

---

[1] Par exemple, Simon de Bisignano, *Summa decretorum Causa* 28 q, 1 *omne quod non est id est quicquid fit contra fidem, id est contra conscientiam edificat ad gehennam. Sic fides hic accipitur. Dicitur enim fides humanorum placitorum et Christiane religionis.* Edité par Pier Aimone, *Summa in Decretum Simonis Bisinianensis*, Monumenta Iuris canonici vol. 8. Series A, Corpus glossatorum, Città del Vaticano, 2014, p. 424.

[2] Henri de Suze, Hostiensis, *Summa Aurea*, Lyon, 1556, fol. 5 ra-rb. *Quot modis accipiatur fides.* ; Voir aussi Jean d'Andrea, *In quinque decretalium libros novella commentaria* Venise 1581, réimp. Turin, 1963, fol. 6A n. 14: « Item dicitur fides legalitas contraria dolo, item probabilis ignorantia.Item probabilis credulitas. Item bona simplicitas unde iste est donae fidei id est simplex non duplex. »

[3] Pour un exemple plus recent de l'influence du droit canonique et le concept de bonne foi, voir Carlos Salinas Araneda, « Un influjo frustrado del Derecho Canónico en el Código Civil de Chile:

(*conscientia*) et croyance (*credulitas*), la foi notifie la substance des actions individuelles. Cette typologie définit le champ du droit canonique qui, souligne Henri, comprend aussi bien la théologie que les droits public et privé.[4] Cette « science des sciences » qui réunit dans un même système normatif salut de l'âme et gouvernement de la société chrétienne, emprunte ses méthodes d'interprétation à la scolastique, mais bénéficie aussi de l'autorité de la raison juridique[5] comme expression d'un nouveau savoir.[6] C'est pourquoi les divers usages d'un concept qui mêle le spirituel et le temporel dans une seule norme n'ont rien d'étonnant dans l'espace normatif médiéval où l'on ignore les rigides distinctions imposées par le positivisme juridique contemporain.[7]

La foi se décline juridiquement de multiples façons et cette diversité n'affaiblit pas la cohérence de l'ordre normatif. Elle illustre, en revanche, l'omni présence du droit dans tous les aspects privés et publics de la vie des fidèles. [8] Le souci des juristes n'est donc pas de limiter l'usage du terme, mais d'en recenser ses multiples applications selon une casuistique dont Pierre Legendre a mis en lumière les ressorts et qui permet au juriste-interprète d'assigner à chacun de ces emplois sa fonction dans l'ordonnancement social.[9] Ce montage doctrinal[10] répond donc à une double exigence. D'une part, assurer la cohésion spirituelle de la communauté des fidèles par la mise en ordre de la foi dans un triple rapport à

"mala fides superveniens nocet" », *Revista de Estudios Historico juridico*, 24 (2004) 445-468.

4 Cette assertion demeure inchangée jusqu'à la fin du Moyen Age, voir par exemple JEAN D'ANDREA, *In quinque decretalium libros commentaria, op. cit.*, fol. 8a n. 43-44-45 : « Theologia consistens nutrit animam et regit religiosos in contemplatione nitentes. Civili vero reguntur advocati fideles et iudices seculares, ducentes vitam activam. Seculares vero clerici scientia indigebant qua spiritualia et temporalia regerentur et sic ex praedictis duabus divina et civili canonica ex composita fuit. »

5 Voir par exemple, SICARD DE CRÉMONE, *Summa decretorum*, Amiens, Bibliothèque municipale, MS. 32 fol. 1v : « Huius ergo canonici iuris scientiam exquisituri recia lacius expandamus et que sit omnium de iure tractantium. »

6 Herbert KALB, « Juristischer und theologischer Diskurs und die Entstehung der Kanonistik als Rechts Wissenschaft », *Österreichisches Archiv für Recht und Religion*, vol. 47, 2000, p. 1-33. Antonio PADOA SCHIOPPA, « Il diritto canonico come scienza nella prospettiva storica : alcune rifflessioni », *Proceedings of the Ninth International Congress of Medieval Canon Law, Munich*, 13-18 juillet 1992, éd. Peter LANDAU et Joers MUELLER, Vatican, Biblioteca apostolica vaticana (Monumenta iuris canonici, series C, subsidia, 10), 1997, p. 419-444.

7 Knut Wolfgang NÖRR, « Institutional Foundations of the New Jurisprudence », in *Renaissance and Renewal in the Twelfth century*, edited by Robert L. BENSON and Giles CONSTABLE with Carol LANHAM, Cambridge (Mass.), Harvard University Press, 1982, p. 324-338.

8 Ennio CORTESE, « Lex, aequitas, utrumque ius nella prima civilistica », dans *"Lex et Iustitia" nell'utrumque ius : radici antiche e prospettive attuali*, Vatican, « Utrumque Ius » Collectio Pontificiae Universitatis Lateranensis (20), 1989, p. 95-119.

9 Pierre LEGENDRE, *Les enfants du texte. Etude sur la fonction parentale des Etats*. Paris, 1992, p. 237- 282.

10 Stephan KUTTNER, « Harmony from dissonance. An interpretation of Medieval Canon Law », *Wimmer Lectures*, Latrobe (Pennsylvania), 1960, 64 p. ; maintenant dans *The History of Ideas and Doctrines of Canon Law in the Middle Ages*, Londres, Variorum, 1980, chap. I.

Dieu, à l'Église et à l'ordre social.[11] D'autre part, mettre en place un système de règles dont le respect ressort de l'intérêt de la *res publica.*[12]

Ce qui était à l'origine un rapport exclusif entre l'homme et Dieu, régit aussi les liens mutuels des fidèles ainsi que leur rapport à l'Église. Avoir la foi ce n'est plus seulement « plaire à Dieu » comme l'avait souligné Augustin, c'est surtout, réitère Jean d'Andrea vers le milieu du quatorzième siècle, « croire ce qui doit être cru et honorer ses engagements. »[13] Cette définition de la foi comme croyance obligatoire privilégie le lien essentiel qui attache le sujet à l'institution. Pour ce faire, les juristes réitèrent, dans un contexte différent, la critique de la définition paulienne qui associait la foi à l'espérance alors que la force normative de la foi réside, selon eux, dans son intemporalité. Comme la règle de droit, elle conserve le passé, fixe le présent et définit le futur.[14] En plaçant la question de la foi dans le champ juridique qui leur est familier, les juristes médiévaux promeuvent l'autonomisation du droit comme savoir universel et science de gouvernement. Que tout ce qu'il est nécessaire de savoir soit compris dans les compilations qui composent le corps du droit (*corpus iuris*) et que le juriste-interprète, comme l'écrit Accurse dans la glose ordinaire au Digeste[15], puisse prétendre à un savoir universel qui comprenne aussi la théologie, était une évidence.[16] Le texte romain sur lequel s'appuie notre glossateur, était emprunté à une opinion attribuée à Ulpien et insérée au Digeste, où ce dernier définit le savoir juridique (*iurisprudentia*) comme la connaissance (*scientia*) des affaires non seulement humaines et, mais aussi divines. Pour étonnante qu'elle soit, la revendication accursienne ne fait que confirmer le mouvement intellectuel qui dès la première moitié du douzième siècle contribue à définir les modes de représentation des

---

[11] Francesco MIGLIORINO, « Grammatica dei desideri e docilità dei corpi. Itinerari medievali sulla censura ecclesiastica », dans *Ins Wasser geworfen und Ozeane durchquert. Festschrift für Knut Wolfgang Nörr*, Cologne, Böhlau Verlag, 2003, p. 567-580.

[12] Glose au *Décret de Gratien*, C.1.q.1.c.44, *quorum utilitatem*, cité par Gaines POST dans « Ratio publicae utilitatis, ratio status and reason of state », *op. cit.*, p. n. 50.

[13] JEAN D'ANDREA, *Super Sextum decretalium libros commentaria,* Venise, 1581, réimp Turin 1966, VI. 1.1.1.fol. 4 n. 1 « Credens credenda et servans promissa dicitur fidelis »

[14] HENRI DE SUZA, *Summa Aurea, op. cit. ibidem* : "Prout hic accipitur describit Paulus in epistola ad Hebreos xi c. dicens est substantia sperandarum rerum, argumentum non apparentium. Sperandarum dicit quod sperare debemus...unde videtur inferendum quod fides est spes quod falsum est, praeterea haec diffinitio videtur loqui de futuris tantum tamen fides habet se a praesentia... item ad praeterita..." ; JEAN D'ANDREA, *In quinque decretalium libros commentaria*, Venise, 1981, réimp. Turin, 1963, fol. 6A col.b ; ABBAS PANORMITANUS, *Lectura in quinque decretalium libros*, Lyon, 1521, fol. 10va.

[15] « Dig. 1,1,1, *iurisprudentia* : Sed numquid secundum hoc oportet quod quicumque vult iurisprudens vel iurisconsultus esse, debeat theologiam legere ? Respondeo non, nam omnia in corpore iuris inveniuntur. »

[16] Bruno PARADISI, « Le glose come espressione del pensiero giuridico medievale », *Fonti medievali e problematica storiografica. Atti del congresso internazionale tenuto in occasione del 90° Anniversario della fondazione dell'Istituto storico italiano (1883-1973). (Roma 22-27 ottobre 1973)*, I, Relazioni, Rome, Istituto Storico per il Medio Evo, 1976, p. 191-252 (ici p. 192-93), maintenant dans *Studi sul medioevo giuridico*, Rome, Istituto Storico italiano per il Medio Evo, 1987, t. II, p. 711-73.

pouvoirs spirituel et temporels.[17] Dans ce système normatif fondé sur la loi comme expression de la raison et détentrice de la vérité[18], le pouvoir, souligne Gratien, est le corollaire indispensable du savoir qu'il met en valeur par les emplois qu'il en fait. Associé au dogme de la foi, le binôme savoir/pouvoir (*scientia/potestas*) détermine les modalités d'exercice de la *jurisdictio* comme expression de la *plena potestas*. Pour Gratien et ses exégètes, il confirme la légitimité du pouvoir pontifical dans le gouvernement de l'Église[19] et fixe, ce faisant, le nouveau *status ecclesiae* dans un système de légalité fondé sur l'autorité des décrétales.[20]

Dans ce nouveau modèle normatif, la foi, sous sa forme juridique, est le point de contact privilégié entre les deux modes de gouvernement du genre humain que Gratien identifie, en exergue au *Décret*, comme le droit naturel et les mœurs.[21] Elle fixe l'assise d'une hiérarchie des sources de droit construite à partir des multiples représentations du droit divin[22] jusqu'aux expressions législatives et coutumières des droits humains. Les mœurs mis en lumière par Gratien désignent le droit coutumier, écrit ou oral né de la répétition d'actes et de pratiques sociales dont l'origine se perd dans la mémoire collective.[23] Si, toujours selon ce dernier, l'autorité de la coutume « raisonnable » en accord avec le droit canonique est incontestable[24], sa force obligatoire dépend de sa conformité à la loi, à la raison,

---

[17] Pierre LEGENDRE, « Artiste de la raison. Remarques sur la fonction structurale du juriste », dans *Sur la question dogmatique en Occident*, Paris, Fayard, 1999.

[18] GRATIEN, *Decretum*, dist. 3 c. 4 :"Veritati et rationi consuetudo est postponenda" ; *ibidem* JOHANNES TEUTONNICUS, *Glossa ordinaria*, *veritati*.

[19] Jean GAUDEMET, « La primauté pontificale dans le Décret de Gratien », dans *Studia in honorem eminentissimi cardinalis Alphonsi M. Stickler*, sous la direction de Rosalio Joseph Cardinal CASTILLO-LARA, Libraria ateneo salesiana, Rome, 1992, p. 138-156.

[20] GRATIEN, *Decretum*, dict ante Dist. 20 : « Negotiis diffiniendis non solum est necessaria scientia, sed etiam potestas. » SICARD DE CREMONE, *Summa* op. cit. fol. 7rb: « In expositionum vero sanctarum scriptuarum preponuntur quia ibi scientia sine otestas requiritur, exceptis articulis fidei in quibus maior et apostolici quam in causis diffiniendis ibi enim non tantum scientia set et potestas necessaria. »

[21] GRATIEN, *Decretum, Prooemium* : "Le genre humain est gouverné de deux façons à savoir par le droit naturel et par les mœurs." voir aussi Dist. 1. C. 1 ou Gratien introduit puis commente un texte emprunté aux *Ethymologies* d'ISIDORE DE SEVILLE : « Les lois divines sont établies par la nature, les humaines par les mœurs ». « Toutes les lois sont soit divines ou humaines : les divines sont constituées par la nature, les humaines par les mœurs. Ainsi ces dernières varient dans la mesure où différentes choses plaisent à différentes personnes. Le fas est la loi divine, le ius est la loi humaine. Traverser le champ d'autrui est du fas mais non du droit. » (ISIDORE) « Des mots de cette autorité on comprend clairement comment la loi divine diffère de la loi humaine puisque tout ce qui est fas est compris sous dans le terme loi divine ou naturelle alors que sous le terme loi humaine nous comprenons les mœurs mis par écrit et présentés comme droit (Gratien) ».

[22] SICARD DE CRÉMONE, *Somme au Décret* (vers 1180), *op. cit.* fol. "Et nota quod ius divinum dicitur deo insitum ut ius naturale, deo conditum ut ius mosaycum, deo editum ut ius evangelicum, deo constitutum ut ius canonicum."

[23] JEAN LE TEUTONNIQUE ET BARTHÉLÉMY DE BRESCIA, *Glose ordinaire au Decret* : *"naturel: c'est-à-dire divin"; "*mœurs : c'est-à-dire le droit coutumier qui est le droit humain qu'il soit écrit ou non écrit*"*.

[24] GRATIEN, Dist. 11 c. 2 et c. 4.

mais aussi à la foi. Citant une décrétale de Pie Ier, Gratien souligne que toute coutume qui ne s'oppose pas à la foi est louable. Cette opinion est confortée par trois autres références prises chez Jérome, Grégoire et Augustin où ces derniers recommandaient le respect des diverses coutumes et traditions ecclésiastiques qui « n'offensaient pas » la foi.[25] Par suite, l'exégèse de ces textes étend leur portée à toutes les coutumes et usages en vigueur. Ainsi comprise, la foi figure l'un des principes fondamentaux qui, avec la raison et le droit naturel, forme les bases constitutives de l'ordre juridique médiéval. Mais la foi dont il s'agit ici, fait-on remarquer, est d'une autre nature. Elle correspond aux « bonnes mœurs » qui unissent les fidèles dans leur respect du droit. Ainsi l'entend maître Honorius lorsque résumant les opinions de ses prédécesseurs dans sa *Somme au Décret* (1180-1190)[26], il déclare que « comme par foi nous comprenons les bonnes mœurs, agir contre la foi ce n'est pas simplement ignorer la doctrine trinitaire, c'est aussi offenser les mœurs. » C'est-à-dire le droit humain.[27] Sous la plume d'Honorius, l'expression « Offenser les mœurs » construite avec le verbe *deshonestare* ne désigne pas ici une quelconque violation de la morale sociale. L'expression renvoie implicitement à l'un des trois principes qui, en droit romain, définissent l'ordre juridique et la justice.[28]

Au tournant du siècle, la doctrine canonique se fixe. Huguccio dans sa *Somme au Décret* puis Jean le teutonique dans la glose ordinaire rédigée vers 1216, confirment cette interprétation[29]. Les conséquences de l'équivalence entre la foi et les bonnes mœurs n'y sont pas limitées au maintien de la cohérence normative de l'ordre juridique et à la distinction entre bonnes et mauvaises coutumes. Elles emportent aussi un jugement sur le comportement légalement acceptable des fidèles ; elles contribuent ainsi à renforcer l'identité collective de la société médiévale autour de règles coutumières qui sont conformes à la vérité et à la raison.[30] La référence aux bonnes mœurs comme source de droit fondée sur les usages constants et répétés étend la force obligatoire de la foi aux diverses pratiques de la vie quotidienne. Elle répond aussi, chez les canonistes, au besoin de séparer la question délicate de la compréhension de la doctrine trinitaire de l'obligation plus générale d'observer les préceptes religieux. La foi et les mœurs

---

[25] Dist. 11 c. 6, Dist. 12 c. 2 et c. 4.

[26] Peter LANDAU, Waltraud KOZUR *et al.* (ed.), *Magistri Honorii Summa »De iure canonico tractaturus*, t. 3, Città del Vaticano (Biblioteca Apostolica Vaticana) 2010, XIV–336 p. (Monumenta iuris canonici. Series A: Corpus Glossatorum, 5). Dist. 11 c. 6 , *contra fidem.*

[27] MAGISTER HONORIUS, *Summa, op. cit.* Dist. 11 c. 6, *contra fidem*: "Set nec aliquis interveniat quo magis sit resecanda vel sub fide continentur honesti mores. Unde dupliciter dicitur quid contra fidem facere: vel circa articulos errand vel moribus deshonestando".

[28] *Digeste* 1.1.10: "Iuris praecepta sunt haec: honeste vivere, alterum non laedere, suum cuique tribuere"

[29] *Glose ordinaire au Décret,* Dist. 11 c. 6 , *contra fidem* « id est contra bonos mores. Et quod ita sic exponendum debes de consecratione Dist 4.

[30] Dist. 8 c. 6 dict. ante: "Veritate revelata, consuetudinem sibi cedere oportet", et c. 7 "Hoc plane verum est , quia ratio et veritas consuetudini preponenda est. Sed si consuetudini veritas suffragatur, nihil oportet firmius retineri."

tirent leur valeur normative de la même croyance en leur force obligatoire. Si la coutume est objectivement définie par un usage répété, son respect repose, comme pour la foi, sur le sentiment subjectif de sa nécessité.

L'expression populaire de la foi va ainsi de pair avec le respect des règles coutumières. L'une et l'autre ne requièrent des fidèles ni une connaissance approfondie des questions théologiques ni une conscience juridique avertie. De même que le respect de la loi et des coutumes n'est pas incompatible avec un certain degré d'ignorance chez les gouvernés, l'expression populaire de la foi peut s'accommoder d'erreurs permissibles chez les fidèles à la différence des clercs et des prélats dont on attend de meilleures connaissances théologiques. Bien que l'ignorance ne soit pas une excuse valide pour se soustraire aux obligations imposées par le droit[31], l'application de ce principe autorise, chez les canonistes comme chez les civilistes, certaines exceptions qui ne sont pas uniquement motivées par l'ignorance des faits. À vrai dire, dans l'un et l'autre cas, l'interdit ne ressort pas de l'ignorance, mais du doute et de l'insoumission. Cette distinction définit les limites de la transgression acceptable ainsi que les statuts respectifs de l'« erraticus » et de l'« hereticus ». Les décrétistes placent ainsi l'accent plus sur la forme que sur le fond. L'important est d'affirmer la force obligatoire de ces références dans le montage normatif qui unit les diverses sources du droit. La force de la foi et l'autorité de la loi participent donc de la même croyance d'où procèdent aussi en négatif la déviance et la transgression.

Au début du treizième siècle, la papauté et les pères conciliaires prennent appui sur une tradition normative actualisée par l'émergence de la science canonique issue de l'exégèse du décret de Gratien. En 1215, le quatrième concile de Latran se réunit à l'initiative du pape Innocent III. Pour l'Église romaine, le moment est délicat.[32] Les premières années du siècle sont le théâtre d'événements qui éprouvent son autorité et menacent son unité. L'hérésie cathare, la désastreuse croisade de 1204 suivie des défaites de 1212, les prétentions des princes séculiers et les revendications impériales s'ajoutent aux craintes du relâchement de la pastorale et du déclin de la spiritualité qui menacent l'unité de la chrétienté. Le concile s'efforce donc de fixer plusieurs règles de gouvernement tout en cimentant l'orthodoxie des pratiques religieuses. Pour ce faire, il adopte un large éventail de mesures destinées à enrayer les velléités de contestation au sein du clergé, raffermir la discipline spirituelle des fidèles et doter le gouvernement de l'Église d'une structure juridique qui lui permette d'assurer le maintien de la paix dans l'harmonie de la société chrétienne.[33] Pour Innocent III, il faut « extirper les

---

[31] Stephan KUTTNER, *Kanonistische Schuldlehre von Gratian bis auf die Dekretalen Gregors IX : systematisch auf grund der handschriftlichen quellen dargestellt,* Biblioteca apostolica vaticana. Studi e Testi, 64, Citta del Vaticano, 1935, 429 p., p 133-184.

[32] *Pope Innocent III and his world*, edited by John C. MOORE, Brookfield (Vt.), Ashgate, 1999, XX-389 p.

[33] *Constitutiones Concilii quarti Lateranensis una cum Commentariis glossatorum*, éd. A. GARCIA y GARCIA, vol. 2, Vatican, Biblioteca apostolica vaticana (Monumenta Iuris Canonici, Series A. Corpus Glossatorum), 1981, p. 41-118. Pour une traduction en français des canons du concile, voir

vices et planter les vertus, corriger les abus et réformer les mœurs, supprimer les hérésies et fortifier la foi, apaiser les discordes et affermir la paix, réprimer l'oppression et favoriser la liberté, pour induire les peuples chrétiens à secourir et soutenir la Terre Sainte avec l'aide des clercs comme des laïcs. »[34] La papauté, sensible au modèle impérial romain du prince législateur, s'émancipe des contraintes de la pastorale sans pour autant en négliger les devoirs spirituels au moment où l'autorité de l'évêque de Rome franchit les limites de l'ancienne capitale impériale. Pour ce faire, les prélats conciliaires jettent les bases d'un modèle de gouvernement qui repose sur l'extension du domaine de la foi aux matières relevant de l'ordre public. Ce légalisme institutionnel confirme l'intégration de la foi dans un ordre juridique. Il s'accompagne d'une nouvelle définition du fidèle comme sujet de droit. Dans cette optique, la justice ecclésiastique, fait observer Raphaël Eckert, se place stratégiquement à la confluence du péché et du crime.[35] Le confesseur s'adjoint le juge.[36] Les catégories du péché s'ouvrent à celles du crime alors que les pénitences s'effacent au profit des peines. Le criminel prend la place du pénitent comme image de la transgression. Sa faute n'est plus simplement d'offenser Dieu, mais aussi d'enfreindre les lois de l'Église et de menacer l'ordre public. À la charge du soin des âmes sanctionnées par la pratique obligatoire de la confession s'ajoute la mise en place d'institutions destinées à assurer la pérennité de la mission spirituelle et temporelle de l'Église romaine.[37] Le for interne participe plus ouvertement du maintien de l'ordre public et de la paix sociale. Quant au for externe, il trouve, dans cette nouvelle législation, l'occasion de s'imposer comme le champ privilégié du développement des institutions ecclésiastiques qui président à la définition d'un nouveau rapport entre l'Église et les fidèles. Le nouvel appareil judiciaire bénéficie de l'afflux de juristes compétents. Ils imposent un modèle efficace de résolution des conflits qui n'est pas limité au droit pénal, mais s'étend aussi à de nombreux secteurs du droit privé. En l'espace de quelques décennies, la procédure judiciaire romano-canonique, dont l'origine est idéalement située par nos juristes au jugement divin qui sanctionne la faute originelle, transforme le

---

Raymonde FOREVILLE, « Latran I, II, III et Latran IV », dans *Histoire des conciles œcuméniques* publiée sous la direction de Gérard DUMEIGE S.J., Paris, Éditions de l'Orante, 1965, p. 342-386.

[34] INNOCENT III, *Bulle d'indiction du concile*, 10 avril 1213, trad. par Gérard DUMEIGE et Raymonde FOREVILLE, *op. cit. supra*, p. 327-329.

[35] Nous renvoyons ici à l'étude de Raphaël ECKERT dans son mémoire du diplôme de l'École pratique des hautes études (*La peine en droit canonique du* Décret *de Gratien (vers 1140) au IV*^e^ *concile de Latran (1215)*, 2007, non publié), consacré à la peine en droit canonique médiéval – voir notamment, dans la seconde partie, *Les caractères immanents de la peine canonique : approche par la notion d'intérêt public*.

[36] Comme le souligne l'auteur anonyme (BERTRAND DE METZ ?), au début de la *Summa Coloniensis*, vers 1190 : « Elegantius in iure divino continet enim tripartitum genus documenti : morale, iudiciale, sacramentale ». *Summa 'Elegantius in iure divino'*, éd. S. G. KUTTNER et G. FRANSEN, 4 vols., Vatican, Biblioteca apostolica vaticana (Monumenta Iuris canonici), 1969-1990.

[37] Pietro COSTA, *Iurisdictio. Semantica del potere politico nella pubblicistica medievale (1100-1433)*, Milan, Giuffrè, 1969, 400 p.

déroulement de l'instance, redéfinit le rôle du juge et le statut des parties, fixe les nouveaux modes de preuve et confirme l'autorité du jugement.

L'amorce de la reprise en main institutionnelle annoncée par Innocent III se manifeste par le renouvellement d'une profession de foi univoque qui ne tolère aucune exception. C'est dans cet esprit que le premier canon du concile affirme le dogme de l'unité de la foi sur lequel repose aussi l'unité de l'Église. « Nous croyons fermement et nous affirmons simplement », déclare le concile, « qu'il n'y a qu'un seul vrai Dieu, éternel et immense, tout-puissant, immuable, incompréhensible et ineffable, Père et fils et Saint-Esprit ; trois personnes, mais une essence, une substance ou nature absolument simple. [...] Il y a une seule Église universelle des fidèles, hors de laquelle absolument personne n'est sauvé, et dans laquelle le Christ lui-même est à la fois le prêtre et la victime. » Cette déclaration inaugurale, inscrite en exergue aux autres canons conciliaires, établit certes la prééminence de la foi, mais elle contribue aussi, en retour, à parer la foi de la force juridique du canon au moment où, à la différence des siècles précédents, la légalité des institutions ecclésiastiques supplée efficacement aux insuffisances de leur légitimité traditionnelle. Telle est la mission du concile dont l'action est ainsi résumée par l'un des participants : « Deinde leguntur constitutiones domini pape ».[38] Les constitutions pontificales, à l'instar des constitutions impériales compilées plusieurs siècles auparavant à l'initiative de Justinien, fixent les règles et le sens de l'agir et du croire. Ce faisant, le droit canonique redéfinit la valeur normative de la foi et de la croyance dans un espace religieux clairement délimité par sa représentation institutionnelle. L'une des conséquences immédiates de ce dualisme normatif de la foi et la loi est d'inscrire le rapport hiérarchique du spirituel et du temporel dans une vision légaliste du pouvoir pontifical et des institutions de l'Église.[39]

La force juridique de cette profession de foi est confirmée par son insertion, en 1234 en tête de la collection de décrétales, connue sous le nom de *Liber Extra*, promulguée par Grégoire IX. Première collection authentique et officielle du droit pontifical, le *Liber Extra* signale une étape essentielle dans le développement du droit et des institutions ecclésiastiques dont il assied définitivement l'autorité. À l'harmonie des canons discordants succède l'unité d'un législateur fermement établi. Le processus d'harmonisation des normes amorcée au douzième siècle s'efface devant l'unification du droit voulue et promue par la papauté. Grégoire IX impose l'usage exclusif de sa compilation *in iudiciis et in scholis* ; il interdit tout recours à d'autres sources juridiques sans l'accord exprès du siège apostolique. Les contrevenants seront traités comme des faussaires. L'authentification de la compilation pontificale devient donc source de vérité. Tout dans le ton et dans la forme de cette Bulle rappelle les constitutions impériales édictées par Justinien,

---

[38] Stephan KUTTNER et Antonio Garcia y Garcia, "A new eyewitness account of the fourth Lateran Council", *Traditio* 20(1964) 115-178.

[39] Michele MACCARONE, *Vicarius Christi: storia del titulo papale,* Rome, 1952, 318 p.

sept siècles auparavant, à l'occasion de la promulgation des compilations de droit romain produites à sa demande.

Mais cette inspiration nettement romanisante ne signifie pas pour autant que le renouveau du droit romain dans le Moyen Âge latin se solde, comme on l'a souvent à tort souligné, par la romanisation pure et simple du droit canonique. L'intérêt des canonistes n'est pas de doter l'Église d'un système juridique calqué sur le modèle romain ni de présenter le pape comme un nouvel empereur quand, d'une part, la Rome pontificale s'émancipe rapidement de la Rome impériale et redéfinit l'idée de romanité dans la chrétienté Latine médiévale et, d'autre part, au moment où l'orthodoxie byzantine incarne le modèle d'une Église étroitement associée aux destinées d'un empire romain d'Orient récemment ébranlé par les saccages de la croisade de 1204. En revanche, purgés d'une romanité problématique tant au regard de Byzance que du Saint-Empire romain germanique, les principes et règles du droit romain, sciemment exploités par les canonistes, bénéficient de l'autorité des canons et du rayonnement d'une Église romaine dont la vocation universelle conforte la légitimité des institutions. Avec le *Liber Extra*, le pape ne prétend donc pas ajouter un nouveau Codex à la liste de ceux dont l'histoire romaine a conservé la mémoire. Ses objectifs sont autrement plus ambitieux puisqu'il s'agit ni de restaurer l'ancien droit ni de ranimer une foi défaillante, mais de définir les fondements juridiques d'un nouvel ordre chrétien sous la double égide de la foi et de la loi. Ainsi comprise la foi n'est pas seulement le lien de l'homme à Dieu, mais aussi la soumission du fidèle à l'Église. À peine dix ans après Grégoire IX, Sinibaldo de Fieschi, ancien professeur de droit est élu pape sous le nom d'Innocent IV. Son commentaire au *Liber Extra*, issu de son enseignement et rédigé sous son pontificat, est largement diffusé. Dans son interprétation du canon « Firmiter credimus » Innocent souligne qu'« Avoir la foi, c'est croire implicitement que ce que croit l'église catholique est la vérité »[40]. Au siècle suivant, Jean d'Andrea souligne que le fidèle est celui qui croit ce qu'il faut croire et qui honore ses promesses ».[41] Avec cette définition, le fidèle est pleinement un sujet de droit qui se distingue de l'infidèle

La comparaison avec le Code de Justinien s'impose pour une autre raison, celle de la place accordée à cette profession de foi dans les deux législations. Conçu au XVIe siècle, dans un empire christianisé, le Code s'ouvrait également par un titre consacré à la sainte trinité et à la foi catholique. Nous y trouvons, comme première constitution, l'édit de Thessalonique promulgué par Théodose, Valentinien et Gratien le 28 février 380. Faisant suite au concile de Nicée et la condamnation de l'arianisme, les empereurs ordonnaient à tous leurs sujets d'adopter la foi de l'apôtre Pierre telle qu'elle avait été transmise au pape Damase

---

[40] INNOCENT IV (Sinibaldus Fliscus), *Commentaria. Apparatus in V Libros Decretalium*, Francfort, 1570, réimpr. Francfort, 1968, X.1.1.1, *Firmiter*.

[41] JEAN D'ANDREA, *In quinque decretalium libros*, *op. cit.*, fol 4rb : « Credens credenda et servans promissa dicitur fidelis ».

et à Pierre évêque d'Alexandrie.[42] Cette proclamation ne souffrait aucune exception ; elle imposait des peines sévères, à la fois divines et impériales, sur ceux qui, « fous et insensés », n'obéiraient pas à la volonté impériale.[43] Avec cet édit, l'existence de la foi et sa pratique étaient pensées dans un double rapport aux pouvoirs divin et impérial. Rejeter cette foi ce n'était pas seulement offenser Dieu, mais c'était aussi s'opposer à l'empereur. C'est ainsi que le comprennent les juristes médiévaux qui voient dans ce texte l'expression d'un pouvoir souverain[44], confortant ainsi l'idée que la foi est aussi une question d'ordre public. Plaire à Dieu ou plaire au prince, quelle est la différence à partir du moment ou la récompense et la sanction se confondent ?

La foi promue par l'empereur bénéficiait de l'autorité de la loi en vertu du principe, déjà formulé par le jurisconsulte Ulpien, sous la dynastie des Sévères (193-235), que « ce qui plait au prince a force de loi ».[45] Avoir la foi n'est donc pas simplement vouloir plaire à Dieu, mais c'est aussi reconnaître l'autorité du prince et se soumettre à sa loi[46]. La vraie folie, dénoncée par Théodose, était donc de se placer hors la loi. Nous ne pouvons ici éviter de mesurer la portée de cette double exclusion du fou furieux dont la mémoire populaire a conservé l'usage dans l'expression « sans foi ni loi » pour désigner les criminels de la pire espèce. La synthèse entre la foi et la loi permet aussi aux juristes de requalifier toute déviance ou remise en cause des dogmes chrétiens comme crime. C'est ainsi, notamment, que l'hérétique (hereticus), distingué de l'erratique (*erraticus*) devient un criminel. C'est dans cette logique légaliste, que, s'inspirant d'un autre principe énoncé par le droit romain[47], Innocent III avait dans les Décrétales *In Auditum et Ut Famae* (X. 5.39.35) souligné à deux reprises qu'« il en va de l'intérêt de la *publica utilitas* que les crimes ne demeurent pas impunis ».[48]

---

[42] Sur cet édit : Jean GAUDEMET, *L'Église dans l'Empire romain (IVe-Ve siècles)*, Paris, Sirey, 1958, éd. mise à jour 1990, p. 13 ss.

[43] Cod. 1.1.1 : « Cunctos populos quos clementie nostrae regit temperamentum in tali volumus religione versari quam divinum Petrum apostolum tradidisse Romanis religio usque ad nunc ab ipso insinuata declarat quamque pontificem Damasum sequi claret et Petrum Alexandriae episcopum virum apostolicae sanctitatis, hoc est ut secudum apostolicam disciplinam evangelicamque doctrinam patris et filii et spiritus sancti unam deitatem sub pari maiestate et sub pia trinitate credamus. »

[44] Glose préaccursienne sur Cunctos « Haec lex est in imperando », Londres, BM Harleian 5117. fol. 1 ra.

[45] « Dig.1.4.1pr. Ulpianus 1 inst. Quod principi placuit, legis habet vigorem: utpote cum lege regia, quae de imperio eius lata est, populus ei et in eum omne suum imperium et potestatem conferat. »

[46] Cod.1.1.1, *ibidem* : « Hanc legem sequentes Christianorum catholicorum nomen iubemus amplecti, reliques vero dementes vesanosque iudicante haeretici dogmatis infamiam sustinere, divina primum vindicta, post etiam motus nostri, quem ex caelesti arbitrio sumpserimus, ultione plectendos. »

[47] Digeste 9.2.51.4: "cum neque impunita maleficia esse oporteat nec facile constitui possit, uter potius lege teneatur, multa enim iure civili contra rationem disputandi pro utilitate communi recepta esse innumerabilius rebus probari potest."

[48] Sur cette déclaration pontificale voir notamment Richard FRAHER, "The theoretical justification for the criminal law of the high Middle Ages : Rei publicae interest, e crimina remaneant impunita". *University of Illinois Law Review* 3 (1984) 577-595, et la mise au point de Kenneth PENNINGTON,

Au début du XIIIe siècle, quelques années après le concile, Accurse, dans la glose ordinaire au Code, prend soin de préciser la portée de la loi en observant que si la législation impériale n'est pas sans limites, elle s'applique indiscutablement en matière de foi. Pour ce faire, aucune distinction n'est faite par notre glossateur entre foi et religion dans l'interprétation de la volonté impériale.[49] Son opinion définit la position de la doctrine pour les siècles suivants. Jacques de Butrio dans ses leçons sur le Code rappelle à ses étudiants les trois apports de l'édit impérial. À la question « Qu'a fait (*fecit*) cette loi ? Il avance d'une part « elle nous donne la foi que nous devons servir », ensuite « elle récompense ceux qui la servent » puis « elle punit ceux qui ne la servent pas ». C'est donc la loi (*lex*) qui définit la foi et impose son respect. « Je me demande » ajoute Jacques « de quelle foi s'agit-il ? » La réponse se trouve, toujours selon lui, dans ce que dit l'empereur.[50] C'est ce dualisme romain de la foi religieuse et de la croyance politique que nous observons déjà dans les déclarations du concile et dans l'attitude de la papauté qui dès cette époque n'hésite pas à se parer des attributs du pouvoir impérial. Sur ce point, la bulle de promulgation du *Liber Extra* ne laisse aucun doute sur les intentions de Grégoire IX. Innocent III ne prétend pas être Théodose, Grégoire IX n'est pas Justinien et le canon *Firmiter* n'est pas un nouvel édit, mais il en réaffirme le sens juridique profond.

En effet, « croire fermement » explique Baldo degli Ubaldi un siècle plus tard, « n'est autre qu'être dans le vrai surtout quand il en est ainsi statué. »[51] Baldo n'ignore pas, lui non plus, l'Édit de Théodose dont il offre par ailleurs un commentaire exhaustif. Il en retient notamment que les hérétiques sont « infâmes, insensés et fous » et qu'ils doivent être punis non seulement par Dieu, mais aussi par son ministre qui tient lui-même son pouvoir de Dieu.[52] Avec les commentaires médiévaux sur l'Édit de Théodose, la condamnation des déviances acquiert une dimension juridique qui criminalise l'hérésie et fait de l'hérétique un hors-la-loi. Ce n'est donc pas une pure coïncidence, si le canon « Firmiter credimus » figure en tête de la collection de décrétales destinée par Grégoire IX à refonder le droit et les institutions de l'Église. Ce canon contribue à l'inscription de la foi et du sacré dans l'ordre de la loi. Il donne ainsi un sens nouveau à la dichotomie traditionnelle du for interne et du for externe en unifiant les fonctions

"Innocent III and the Ius commune", *Grundlagen des Rechts : Festschrift für Peter Landau zum 65.* Geburstag, ed. Richard Helmholz, Paul Mikat, Jörg Müller et Michael Stolleis, Paderborn 2000, 349-366 ; Günter JEROUSCHECK, « Ne crimina remaneant impunita : Auf das Verbrechen nicht ungestraft bleiben : Uberlegungen zur Begründung öffenlicher Strafverfolgung. ZSSR Kan. Abt. 89 (2003) 323-337 ??.

49 ACCURSE, *Glose ordinaire au Code*, Cod. 1.1.1 *religio* : id est fides.

50 JACOBUS BUTRIGARIUSM Lectura super Codice, Cunctos populos,, fol. 4va : « Hec lex tria fecit qui a primo tradit nobis fidem quam servare debemus.Secundo praemit servantes. Tertio punit non servantes. »

51 BALDUS DE UBALDIS, *Ad tres priores libros decretalium commentaria*, Lyon 1585, réimpr. Aalen, 1970, X.1.1.1. *Firmiter*, fol. 6va.

52 BALDUS DE UBALDIS, *Opera Omnia*, Venise, 1599, réimp. Goldbach, 2004, *Ad librum primum codicis commentaria*, l. Cunctos populos, fol. 3ra.

complémentaires du pasteur et du juge dans un système de gouvernement qui forme la première ébauche d'un état de droit. Dans cette vision légaliste, avancée par les canonistes, la dimension personnelle et subjective de la foi acquiert une valeur objective qui définit le rapport des sujets à l'institution et au pouvoir qui la représente. La question de leur salut s'inscrit, dès lors, dans le cadre juridique d'une raison politique qui deviendra en quelques siècles raison d'État.

LE DROIT ANIMALIER À LA LUMIÈRE DE L'HISTOIRE

Soazick KERNEIS
Université Paris-Nanterre

Résumé : La contribution reprend le débat sur la cause animale en l'envisageant dans une perspective historique. Si le droit romain avait consacré la division du droit romain -personnes et choses-, les sociétés coutumières de l'ancienne Europe du Nord et de l'Est envisageaient différemment les relations entre les existants et font voir des attitudes mentales en rupture avec la discontinuité entre l'homme et la nature affirmée par la civilisation gréco-latine. Y prédomine une forme de totémisme où les hommes et les animaux participent d'une même analogie. Il s'agit donc, à travers le cas des animaux, de restituer un héritage culturel vaste qui englobe non seulement le legs gréco-romain, mais aussi celui de l'Europe nordique, du monde des tribus qui gravitaient à côté de l'Empire romain. Dès lors, comment interpréter le combat des défenseurs d'un droit animalier ? S'agit-il de renouer avec un passé qui ne distinguerait pas l'homme de l'animal, de rompre avec l'anthropocentrisme en situant plus modestement l'humain dans la chaîne du vivant ?

C'est sans doute un des traits de notre époque que de remettre en question des distinctions longtemps considérées comme intangibles et héritées d'une très ancienne antiquité passée en mémoire collective[1]. Dans la tradition continentale, le discours juridique privilégie un raisonnement binaire et les catégories qu'il pose organisent volontiers des couples de contraires. Ce mode de pensée est aujourd'hui remis en question, notamment par la théorie du genre qui incite à relativiser la différence des sexes. La division entre les personnes et les animaux qui passe pour un des éléments marqueurs de notre civilisation occidentale est également fragilisée[2]. Jusqu'à récemment il paraissait bien établi, qu'appliquée à la sphère juridique, elle recouvrait la distinction entre le domaine du droit et celui du pouvoir. Quand les hommes et les femmes sont sujets de droit, des personnes, les animaux sont objets de pouvoir, des biens. Mais aujourd'hui nombreux sont

---

[1] A. SUPIOT A. 2005, Homo juridicus. *Essai sur la fonction anthropologique du droit*, Paris, 2005, p. 59.

[2] J.-P. MARGUÉNAUD, dans la préface à *Ranger l'animal. L'impact environnemental de la norme en milieu contraint II. Exemples de droit colonial et analogies contemporaines*, dir. E. de MARI & D. TAURISSON-MOURET, Paris, éd. Victoires, 2014, p. 5 évoque le « dérangement du rangement traditionnel des animaux qui est au cœur de l'actualité juridique ».

ceux qui invitent à dépasser la bipartition de ces catégories, plaidant pour un droit capable d'envisager des réalités complexes et plurielles.

À la fin du XIXe siècle, le *Dictionnaire général alphabétique de droit français* tentait une définition de l'animal : « On entend par animaux dans le langage du droit, tous les êtres animés autres que l'homme ». Définition pour le moins elliptique qui laisse en suspens celle qui concerne la séparation des espèces[3]. Quel critère retenir pour distinguer l'homme de l'animal ? Où commence l'humanité ? Où s'arrête l'animalité ? La question est ancienne, bien connue des philosophes, elle embarrasse toujours les juristes[4]. Ces dernières années, la matière a beaucoup évolué en droit français. Depuis une loi du 16 février 2015, l'article 515-14 du Code civil dispose que « les animaux sont des êtres vivants doués de sensibilité ». La doctrine salue le progrès réalisé par le législateur en matière civile dans la reconnaissance de la cause animale depuis l'ancienne classification de droit civil qui rangeait froidement l'animal dans la catégorie des biens[5]. Une autre avancée récente est celle opérée par l'article L 214-1 du Code rural qui prévoit que « tout animal étant un être sensible doit être placé par son propriétaire dans des conditions compatibles avec les impératifs biologiques de son espèce ».

Pour autant, les difficultés demeurent et tiennent notamment à la contradiction qui traverse les dispositions relatives aux animaux[6]. Comme l'exprime la philosophe Florence Burgat : « Nous avons d'un côté une loi qui prévoit des peines très élevées contre la maltraitance animale, et de l'autre tout un ensemble de règles qui permettent la mise à mort des animaux pour la boucherie, la fourrure, la chasse ou l'expérimentation, grâce à la saignée, l'électrocution ou encore le gazage »[7]. La condition animale varie selon les champs du droit concerné, et pour faciliter la tâche des praticiens, un ouvrage, paru en mars 2018 compile les différentes mesures concernant les animaux telles qu'elles sont données dans sept codes officiels. Par delà son intérêt utilitaire, dans l'esprit d'un de ses auteurs, Jean-Pierre Marguénaud, ce « code privé » est la première pierre à la construction d'un véritable droit animalier qui devrait consacrer la reconnaissance d'une

---

[3] J.-P. MARGUÉNAUD, « Animal », dans D. ALLAND & S. RIALS (éds.), *Dictionnaire de la culture juridique*, Paris, 2003, p. 59.

[4] P.-J. DELAGE, *La condition animale : Essai juridique sur les justes places de l'Homme et de l'animal* [En ligne]. Thèse de doctorat : Droit Privé. Limoges : Université de Limoges, 2013. Disponible sur <http://epublications.unilim.fr/theses/2013/delage-pierre-jerome/delage-pierre-jerome.pdf> (consulté le 01/06/2015).

[5] Ancien article 528 du Code civil : « Sont meubles par leur nature les animaux et les corps qui peuvent se transporter d'un lieu à un autre, soit qu'ils se meuvent par eux-mêmes, soit qu'ils ne puissent changer de place que par l'effet d'une force étrangère. ». Ancien article 524 du Code civil : « Les animaux et les objets que le propriétaire d'un fonds y a placés pour le service et l'exploitation de ce fonds sont immeubles par destination. Ainsi, sont immeubles par destination, quand ils ont été placés par le propriétaire pour le service et l'exploitation du fonds… ».

[6] Sur la complexité qu'il y a saisir en droit l'animal « singulier pluriel », V. FORTIER et E. WENZEL, Introduction à in *Ranger l'animal. op. cit.*, p. 18.

[7] Fl. BURGAT dans sa préface au *Code de l'animal*, dir. J.-P. MARGUÉNAUD & J. LEROY, éd. LexisNexis, 2018.

personnalité juridique des animaux[8]. Il serait temps que le droit français comble son retard. Le même article 515-4 du Code civil qui reconnaît aux animaux le caractère d'êtres sensibles, poursuit : « sous réserve des lois qui les protègent, les animaux sont toujours soumis au régime des biens ». Une position bien éloignée de celle prise notamment en Argentine dont l'un des tribunaux, en novembre 2016, a reconnu le statut de personne juridique non humaine à un chimpanzé femelle, Cécilia, qu'il a qualifiée « d'être sentient »[9].

La construction du droit tient à son histoire et chacun connaît l'influence du droit romain dans la formation des catégories juridiques. Dans ses *Institutes*, Gaius affirmait : « Tout le droit dont nous faisons usage concerne les personnes, les choses ou les actions »[10]. C'est finalement la bipartition entre les personnes et les choses qui servit de *summa divisio* à la tradition continentale. À l'époque moderne ce qui n'était qu'une distinction devient une opposition, la séparation entre le sujet et l'objet servant de base à la constitution d'une nouvelle subjectivité[11]. Les controverses autour de la condition animale témoignent sans doute de la crise des catégories héritées du droit romain, en même temps que les réticences à admettre une personnalité juridique aux animaux traduisent la valeur symbolique de la division entre les hommes et les animaux qui a constitué, bien avant le moment cartésien, une étape fondatrice de la civilisation occidentale gréco-romaine[12]. Dans l'ancienne Europe, d'autres façons de penser ont pourtant existé, proches de celles que nous montrent les récits des ethnologues à propos des sociétés premières. Il faut en effet restituer la variété de notre histoire tiraillée entre une tradition juridique centrée sur l'homme, l'invention de la loi coïncidant avec celle de la personne, et une « pensée sauvage » qui renvoie à un temps primordial où la norme confondait la totalité des êtres, postulait leur même soumission au pouvoir du mythe. Dès lors, comment interpréter le combat des défenseurs de la cause animale ? S'agit-il de renouer avec un passé qui ne distinguait pas l'homme de l'animal, de rompre avec l'anthropocentrisme en situant plus modestement l'humain dans l'ordre du vivant[13]? Parce que la

---

[8] *Code de l'animal, ibid.*

[9] Tribunal civil de Mendoza (Argentine) du 03 novembre 2016, https://www.scribd.com/document/329931683/Habeas-Corpus-Cecilia. J.P. MARGUÉNAUD, Fl. BURGAT, J. LEROY, *Le droit animalier*, Paris, PUF, p. 245-249.

[10] Gaius, *Inst.*I.8 : *Omne autem ius quo utimur vel ad personas pertinet vel ad res vel ad actiones.*

[11] R. ANDOMO, *La distinction entre les personnes et les choses à l'épreuve des procréations artificielles*, Paris, LGDJ, 1996, 4 : Le plan des *Institutes*, et la bipartition qu'il organise influencera la pensée juridique notamment au XVIIe siècle et encore la codification napoléonienne.

[12] A propos du « divorce des catégories avec la réalité : MARGUÉNAUD, in *Ranger l'animal. op. cit.*, p. 6-7 : « Ranger l'animal oblige en effet à préciser la notion même de catégorie juridique et à poser les frontières entre humanité et animalité… les animaux faussent ce principe de bon sens juridique en faisant émerger des catégories qui tournent à vide ». Mais justement peut-on parler de divorce des catégories avec la réalité ? Le propre des catégories n'est-il pas de marquer un écart avec la réalité ? cf. *supra.*

[13] M.-A. HERMITTE, « Le droit est un autre monde », *Enquête* [En ligne], 7 | 1999, mis en ligne le 15 juillet 2013, consulté le 03 janvier 2019. URL : http://journals.openedition.org/enquete/1553

souffrance animale est à l'origine du mouvement en faveur des droits des animaux, nous voulons offrir cette étude en hommage au professeur Bernard Durand et à son travail sur la douleur et le droit[14].

En quoi l'analyse historique peut-elle éclairer le débat et en quoi aussi ce sujet de société intéresse-t-il l'historien du droit ? Nous rappellerons d'abord à quel point la séparation des hommes et des animaux, parce qu'elle coïncide avec la distinction entre droit et pouvoir, constitue une étape fondatrice de la civilisation occidentale gréco-romaine. Nous verrons ensuite que toute une autre tradition de l'ancienne Europe invite à raisonner à rebours : plutôt que de se focaliser sur l'homme et de ne voir dans l'animal qu'une réplique imparfaite, il faut se souvenir que naguère ce sont les animaux qui faisaient figure d'êtres premiers et que ce sont souvent eux qui ont donné aux hommes leurs cadres mentaux. Dès lors, le concept initial pertinent n'était pas celui de « droits », mais celui de pouvoir, un « donné » immédiat qui s'imposait à tous, structurait la communauté dans son entier, un pouvoir qui relevait finalement du règne animal. Ces deux modèles en tête, il faudra revenir au présent des controverses relatives à la condition animale, les situer dans le contexte historique pour apprécier la valeur et l'originalité des solutions proposées.

I. HOMMES ET ANIMAUX, LA FRONTIÈRE DE LA CIVILISATION

Laissons d'abord parler le mythe, Hésiode raconter dans sa *Théogonie* les débuts de la civilisation. L'histoire débute avec un banquet, la fraude de Prométhée dans le partage des chairs de l'animal sacrifié : « C'était aux temps où se réglait la querelle entre les dieux et les mortels, à Méconé. Ce jour-là, Prométhée avait partagé, de bon cœur, un bœuf énorme, qu'il avait ensuite placé devant tous. Il cherchait à tromper Zeus : pour l'une des deux parts, il avait mis sous la peau les chairs et les entrailles riches et grasses, puis caché le tout dans la panse du bœuf ; pour l'autre, il avait, par un artifice rusé, disposé en un tas les os nus de la bête et les avait recouverts de graisse blanche. Sur quoi, le père des dieux et des hommes lui dit : "Ô fils de Japet, seigneur noble entre tous, tu as usé de partialité, bel ami, dans le partage des parts" ». Alors, les choses s'enchaînèrent inéluctablement, le vol du feu par Prométhée et, en revers du don frauduleux aux hommes, celui par Zeus du cadeau empoisonné, Pandore, la première femme.

L'historiographie récente conteste parfois la portée du mythe, certains considérant que sa valeur heuristique a pu être surévaluée[15]. Le récit est néanmoins fondateur parce qu'il montre à quel point la civilisation occidentale s'est bâtie sur la base de clivages, l'opposition entre les hommes et les dieux, la

[14] *La douleur et le droit*, sous la direction de Bernard DURAND, Jean POIRIER et Jean-Pierre ROYER, Puf, 1997.

[15] V. SEBILLOTTE-CUCHET, « Régimes de genre et Antiquité grecque et classique (V^{e}-IVe siècles av. J.-C.) » *Annales* 67, 2012, p. 594-598.

séparation non moins constitutive des hommes et des animaux, voire de l'homme et de la femme. Le vol de Prométhée consacre la fracture entre le monde des hommes et celui des dieux ; ici les hommes, là-bas les dieux et le monde des Immortels, chacun évolue dans son espace et la barrière est infranchissable. Une voie demeure cependant qui permet la communication entre les hommes et les dieux, le sacrifice au centre duquel se retrouve l'animal, celui-là même qui était au centre de la dispute originelle.

Les débuts de la civilisation occidentale tracent donc l'opposition qui distingue le monde normé de l'homme et celui sauvage des bêtes féroces, les deux s'opposant notamment autour de thèmes dramatiquement exacerbés, tels ceux de la parole ou de la consommation qu'elle soit sexuelle ou alimentaire. Au règne animal répondent les grognements de la bête sauvage, la consommation de viande crue, l'accouplement indifférencié. Au contraire, l'homme élève l'inceste en norme fondamentale et cultive l'art de la table. La brute s'oppose à l'homme civilisé, de même que la bête féroce à l'animal domestique qu'il offrira en sacrifice aux dieux, selon des règles de partage strictement définies[16]. Quant à Pandore, réponse des dieux à la fourberie prométhéenne, elle oscille entre le monde civilisé auquel elle devrait appartenir et celui des bêtes auquel elle demeure instinctivement liée.

Ce que nous montre le mythe, ce sont donc les barrières constitutives de la civilisation, frontières entre des mondes définitivement fermés les uns aux autres. Aucune voie de communication ne demeure, si ce n'est celle du sacrifice ou du rêve. La naissance de l'homme politique signifie l'éloignement des dieux, l'oubli des morts, la réification de l'animal, bête féroce enfermée dans une dangereuse sauvagerie.

Relayant la voix au mythe, la Bible consacre le même éloignement de l'homme, créé à l'image de Dieu, par rapport aux espèces animales : « Dieu créa les êtres humains comme une image de lui-même ; il les créa homme et femme ». Puis il les bénit en leur disant : « Ayez des enfants, devenez nombreux, peuplez toute la terre et dominez-la ; soyez les maîtres des poissons dans la mer, des oiseaux dans le ciel et de tous les animaux qui se meuvent sur la terre » (*Genèse* 1.27-28). Prolongeant la pensée d'Aristote, le droit romain consacre cette opposition et pose la réification de l'animal en des formes différentes, l'animal domestique susceptible d'appropriation tombant dans la catégorie des *res mancipi*, tandis que les *ferae* étaient des *res nullius*, *res nec mancipi*[17]. À la

[16] X. PERROT, « Le geste, la parole et le partage. Abattage rituel et droit à Rome », *Revue semestrielle de droit animalier*, Observatoire des mutations institutionnelles et juridiques, Université de Limoges, 2010, 2, p. 275-289. ⟨hal-00815598⟩ montrant que le sacrifice vaut partage entre mortels et immortels et permet la communication des hommes avec les dieux.

[17] GAIUS, *Inst.* 2.1.4 ; 2.22. ARISTOTE, *Politique*, I, 2, 1253a : « (la Nature) a doué l'homme de la parole pour exprimer le bien et le mal moral, et par conséquent le juste et l'injuste; elle a fait à lui seul ce beau présent, parce qu'il a exclusivement le sentiment du bon et du mauvais, du juste et de l'injuste, et de toutes les affections qui en dépendent ». J. MÉLÈZE-MODRZEJEWSKI, « Ulpien et la nature des animaux », *Droit impérial et traitions locales dans l'Empire romain*, Ashgate variorum, 1990, p. 185-

catégorie des personnes, sujets de droit, répond celle des animaux, des biens, objets de pouvoir. La division entre les hommes et les animaux circonscrit celle entre droit et pouvoir. En tant que telle, elle est donc le produit de sociétés politiques, régulées par le droit.

L'ACTE DE NOMMER

Il faut s'arrêter sur l'acte de nommer parce que ses différentes déclinaisons sont chargées de sens et révèlent le rapport des hommes au monde qui les entoure. Écoutons deux récits à peu près contemporains raconter les prémices du langage dans le Moyen Âge européen.

Le premier est celui que nous laisse entendre au XIIIe siècle, Snorri Sturluson[18]. Le personnage est complexe, tiraillé entre deux cultures, la vieille culture tribale et la nouvelle chrétienté qui est en train de gagner du terrain. Confronté à la déliquescence de la tradition et dans des circonstances politiques bien déterminées, il décide de lui offrir en sanctuaire la mémoire de l'écrit.

Dans *La Fascination de Gylfi*, le géant de ce nom interroge les dieux : « qu'est ceci…, qu'est cela… ? ». Ceux-ci lui répondent longuement et soudain, dans le fracas du tonnerre, ils disparaissent. La fascination s'est dissipée ; le géant retourne chez lui et raconte ce qu'il a entendu : « Et selon son récit, d'autres à d'autres ont conté ces contes. Alors les dieux s'assemblent et tiennent leur conseil, ils se rappellent les uns aux autres toutes ces histoires qu'ils lui avaient racontées et ils décident de donner aux créatures et aux endroits qui existaient en ce temps-là les mêmes noms qu'ils avaient dits devant Gylfi, pour que les humains, à la longue, n'en viennent pas à douter de leur devoir »[19].

Les mots ne sont qu'illusion, une donnée du hasard, *a priori* superflue, à laquelle en tout cas les dieux n'accordaient aucune importance lorsqu'ils les dirent. Mais les hommes s'y sont attachés, les ont appris, répétés, leur ont donné un contenu. Alors les dieux les ont consacrés pour que, de génération en génération, en même temps qu'ils les répétaient, ils se souviennent de leurs devoirs. Telle est la spécificité de la coutume que d'être issue des mots du Grand Parler. Pour autant, le récit y insiste, les paroles des dieux n'y suffisent pas, car ce sont finalement les actions des hommes, la répétition qu'ils en font, qui fondent les mots célestes.

Le second est celui de Thomas d'Aquin dans sa *Somme théologique*. À la question 96, et après avoir souligné la connaissance expérimentale que les animaux permettent aux hommes, il explicite sa pensée : « Ils avaient pourtant besoin des animaux afin de prendre une connaissance expérimentale de leurs

---

186.

[18] R. BOYER, *Snorri Sturluson, le plus grand écrivain islandais du Moyen Age*, Paris, 2012. G. DAVY, « La lögsaga épique ou la mémoire du droit ancien. Remarques sur un genre littéraire dans l'Islande médiévale », *Revue d'histoire des Facultés de droit et de science juridique* 34, 2014, p. 9.

[19] Sur ce texte, J.P. POLY, *Le chemin des amours barbares. Genèse médiévale de la sexualité européenne*, Paris, 2003, p. 123-124.

natures. Cela est signifié par le fait que Dieu amena à l'homme les animaux, pour qu'il leur assignât des noms, lesquels désignent leurs natures »[20].

Les deux discours sont finalement assez proches, peut-être parce qu'ils dérivent tous deux – indirectement et de façon ambiguë chez Snorri – des controverses de l'époque. Les noms ne sont que des conventions, mais ce qu'ils laissent tous deux apparaître c'est que l'acte de nommer enregistre un partage, une séparation radicale entre le monde des hommes et celui des animaux et consacre la supériorité de l'homme sur l'animal, voire sur le monde tout entier.

L'ANTHROPOCENTRISME OCCIDENTAL

« Tous les animaux sont par nature soumis à l'homme ». Saint Thomas d'Aquin, dans le droit fil de la philosophie aristotélicienne, affirme le principe du pouvoir de l'homme sur l'animal[21]. L'animal a valeur d'instrument, car il est utile à l'homme. Mais, comme le rappelle Giorgio Agamben, dans la pensée thomiste, la relation des hommes à l'animal emprunte aussi à l'expérience cognitive : ils n'en avaient en vérité besoin que pour tirer de leur nature une connaissance expérimentale. Dans le binôme qui oppose l'homme à l'animal, c'est finalement l'identité même de l'homme qui est en cause. Où commence l'humain, où finit la sauvagerie et sommes-nous finalement si sûrs de notre humanité ? Ce sont toujours ces mêmes questions qui, d'hier à aujourd'hui, interrogent les débuts de l'humanité, innervent l'imagination autour des êtres ensauvagés et incitent parfois à faire basculer l'autre dans l'univers d'une bestialité dégradante[22].

« L'idée de l'homme s'exprime dans la manière dont on le distingue de l'animal »[23]. Saint François avait beau prêcher aux oiseaux..., le propre de notre civilisation occidentale est d'avoir pensé des barrières qui séparent radicalement les espèces. Le mot même d'animal ne servirait d'ailleurs pas tant à désigner la bête qu'à la séparer des êtres humains[24]. Les hommes, les animaux et les dieux ont chacun leur place et chacun de ces espaces est fermé sur lui-même. L'appartenance à un monde détermine une certaine façon d'être et le propre de l'homme, doté du *cogito*, est que son activité obéit à des règles qui le définissent comme seul être civilisé, *homo juridicus*.

Cette forme de pensée est à ce point constitutive qu'elle s'est prolongée jusqu'à nos jours à travers le couple Nature-Culture. Selon Philippe Descola, l'opposition duale en germe depuis le XVIIe siècle prit sa forme définitive dans l'Allemagne du XIXe siècle avec la constitution de la notion de culture contre l'universalisme de la philosophie des Lumières : « Cette notion de culture sera

---

[20] Question 96, art. 1., G. AGAMBEN, *L'Ouvert : De l'homme et de l'animal* (trad. fr. J. GAYRAUD), Paris, 2006, p. 41-42.

[21] Saint THOMAS D'AQUIN, *Somme théologique*, question 96, art. 1.

[22] AGAMBEN, *ibid.*, p. 40-42.

[23] Th. W. ADORNO & M. HORKHEIMER, *La dialectique de la raison. Fragments* philosophiques, Paris, 1944, cité par Delage, *op. cit.*, p. 85.

[24] J.-B. JEANGÈNE VILMER, *L'éthique animale*, Paris, PUF, 2018, p. 3-4.

ensuite exportée d'Allemagne vers les États-Unis par des personnes qui seront les fondateurs de l'anthropologie américaine, tel Franz Boas. À partir de là prospérera l'idée qu'il y a d'un côté un monde naturel et de l'autre une grande variété de cultures qui s'adaptent à cet environnement naturel. C'est la figure classique que l'anthropologie a intériorisée, et qui est devenue le vade-mecum du commun des mortels pour comprendre la diversité du monde »[25]. Aujourd'hui, la notion de nature fait pourtant l'objet de vives critiques sur le plan épistémologique, comme produit d'univers mentaux soucieux de se démarquer d'une primitivité réputée anormale[26].

II. LES HOMMES COMME LES ANIMAUX

Passée au crible de la critique, l'idée de Nature se dissipe. C'est un des acquis de l'anthropologie que d'avoir mis en évidence l'existence d'autres modèles de sociétés dans lesquelles le couple homme animal vivait en symbiose et où même l'animal faisait figure d'être fondateur.

Le rapport de l'homme à l'animal ou au végétal dans les sociétés premières a longtemps été envisagé sous le rapport du totémisme, pris dans le sens de la distribution de la société en groupes, chacun de ces groupes étant dans un rapport de filiation par rapport à une espèce animale ou végétale. Claude Lévi-Strauss a vivement critiqué le concept comme corollaire de constructions culturelles dramatisant l'opposition entre les sociétés primitives et les autres, le totémisme précipitant « les sociétés exotiques dans une primitivité capable de définitivement les éloigner de nos univers mentaux »[27]. Sans doute le totémisme postule une différenciation erratique entre la Nature et la Culture puisque celle-ci est étrangère au mode de pensée des sociétés qu'elle est censée définir, mais il demeure, comme l'a souligné Alain Testart, que le totem, par-delà la nomination d'un groupe, fonde un principe structurant par lequel chaque segment de la société est en rapport avec un animal ou un végétal, observe des pratiques singulières qui lui sont dictées par cette affinité[28]. Ce n'est pas le lieu ici de restituer les termes de cette controverse. Laissons de côté les implications théoriques de la discussion pour observer simplement que dans ce type de modèle, ce sont les animaux, les végétaux qui inspirent aux hommes les figures de leur organisation. Ce qu'il importe de noter c'est donc l'inversion des valeurs par rapport à nos sociétés occidentales, l'absence de barrière entre les espèces, la possibilité de passer d'un genre à un autre, de glisser d'un monde à un autre, du monde des vivants vers celui des morts, du registre de l'homme à celui de l'animal, voire du végétal. En bref ce monde-ci

---

[25] Ph. DESCOLA, « Le monde, par-delà la nature et la culture », *La Recherche*, 2004, p. 63 (http://www.larecherche.fr/savoirs/entretien/philippe-descola-monde-dela-nature-culture-01-04-2004-76561)

[26] Ph. DESCOLA, « L'anthropologie de la Nature », *Annales* 57, 2002, p. 9-25.

[27] Cl. LÉVI-STRAUSS, *Le totémisme aujourd'hui*, Paris, Presses Universitaires de France, 1980 [1962].

[28] A. TESTART, *Le communisme primitif : I. Économie et idéologie*, Paris, Éditions de la Maison des Sciences de l'Homme, 1985, p. 257-258.

est un monde ouvert où tout s'interpénètre, où la forme ne compte que comme apparence peut-être trompeuse, un monde où les êtres premiers sont les animaux à l'égal des dieux, les hommes s'étant coulés dans leur moule.

LA CONFUSION DES GENRES

William Spencer et Franck Gillen le notaient déjà, à propos de l'Australie centrale : « un homme regarde l'être qui lui sert de totem comme étant la même chose que lui-même »[29]. La séparation que nous voulons considérer comme fondamentale entre nature et culture n'a pas lieu d'être : les plantes, les animaux et les hommes participent d'un même monde ; peu importe l'enveloppe corporelle et la figure qu'elle confère, humaine ou animale, ce qui compte finalement ce sont les propriétés communes par-delà la différence des espèces, sans qu'intervienne une échelle des valeurs qui placerait l'esprit de l'homme au-dessus de l'esprit animal. Ce sont les idées qui dominent ce monde enchanté, quelle que soit la forme qu'elles empruntent ; il est par essence ouvert et nulle barrière ne pourrait borner ce qui par essence est confondu.

Le nom du groupe totémique est d'ailleurs celui d'une propriété et non celui d'une espèce : on se trompe en traduisant par exemple le nom d'un totem par « corbeau », il faudrait le traduire par « guetteur, donc par une caractéristique de comportement »[30]. L'acte de langage est ici récognitif et de même que les propriétés servent de ponts entre les hommes et les animaux, le langage se décline en niveaux différents. Un même mot peut relever de registres distincts, s'appliquer aux hommes ou aux animaux, ce qui compte finalement, c'est le signifié, les passerelles qu'aménage l'acte de langage. Nommer, c'est dire, et de ce point de vue les passerelles de la langue permettent d'éluder les dangers qu'il peut y avoir à dire son nom : si un Amérindien peut sans réticence donner le nom de son clan, il se montrera beaucoup plus réticent à révéler son esprit tutélaire. De ce point de vue, nommer, c'est se mettre à nu, solliciter et peut-être déchaîner les forces tutélaires. La différence avec la pensée gréco-romaine est manifeste. Loin d'enregistrer une rupture au profit de l'homme, le nom unit les genres, il est un signifiant qui, parce qu'il exprime des propriétés communes à l'homme, l'animal ou au végétal, sert de passerelle entre les espèces.

LA VIEILLE EUROPE AUSSI

En Occident, c'est finalement la séparation des genres qui s'est imposée dans le droit fil de la pensée gréco-romaine. Mais dans la vieille Europe, d'autres façons de penser existaient qui elles aussi pensaient l'homme sur le modèle de l'animal, confondaient l'homme et l'animal et aménageaient des voies de communication entre les mondes. Il en restera peut-être des résurgences chez des auteurs appartenant à des traditions mineures comme la tradition sceptique avec

[29] Cité par DESCOLA, *ibid.*, 2002, p. 22.
[30] DESCOLA 2002, *Ibid.*, p. 22.

Montaigne par exemple. Les sources sont bien sûr rares et difficiles, mais elles concordent à montrer cette ouverture sur un monde décloisonné où hommes et animaux vivaient de concert.

En témoignent les vieilles histoires nordiques et celtiques qui racontent la transformation de l'homme en animal, tel Taliesin, le barde omniscient de la tradition galloise : « J'ai été taon bleu, j'ai été chien, j'ai été cerf, j'ai été daim dans la montagne… Une poule [Cyrridwen] m'a reçu… Je suis resté neuf nuits enfançon dans son sein… J'ai été mort, j'ai été vivant. J'ai chanté ce par où je suis passé… »[31] Ou bien encore, celles des triades galloises, contant l'épopée des trois étranges rejetons d'une truie qui en s'enfuyant avait passé l'eau : en Arvon, elle avait mis bas deux chats, ou plutôt des louveteaux, l'un avait été à Menwaedd de Menai, l'autre jeté à la mer, fut recueilli et nourri par les enfants de Paluc en Mon, tandis qu'un troisième rejeton, aigle, recevait l'accueil d'un chef Gwyddel du Nord. Etranges récits étiologiques auxquels répondent parfois les vies de saints bretons, telle celle de Saint Paul par Aurélien qui, décrivant l'itinéraire du saint à son arrivée en Armorique, narre sa rencontre avec les animaux qui peuplaient alors la péninsule, le bœuf sauvage, la laie et ses petits, l'essaim d'abeilles ou bien encore l'ours solitaire[32]. Métamorphose onirique, métamorphose guerrière aussi lorsque l'homme emprunte la forme et la brutalité de l'animal pour transcender ses forces, tel le *berzerk* nordique – l'homme-ours- que racontent à l'envi les sagas.

À l'aube du Moyen Âge, lorsque les valeurs des communautés gentilices entrent en conflit avec celles héritées de la *res publica*, la tradition se fixe et enregistre les récits du passé. Les textes prolifèrent et chacun à sa façon expose l'histoire de la rencontre entre l'homme et l'animal, associe l'animal à la quête d'un pouvoir qui bientôt l'évincera. De l'ancienne pensée sauvage, ne subsistent que des bribes de ce qui avait été naguère le grand parler, peut-être attaché à ce qui pourrait avoir été la grande religion de l'Europe du Nord, le chamanisme, sans doute la plus fabuleuse expression de l'enchantement d'un monde qui, en des temps déraisonnables, mettait les morts à table, voyait l'homme voyager de mondes en mondes, en compagnie d'esprits, d'animaux.

III. OÙ RANGER L'ANIMAL[33]?

---

[31] P.-Y. LAMBERT, *Les Quatre Branches du Mabinogi et autres contes gallois du Moyen Âge,* Paris, 1993, p. 340.

[32] S. KERNEIS, « La cloche des saints. Son et pouvoir dans la Bretagne armoricaine », *Mélanges Bernard Merdrignac*, Presses Universitaires de Rennes, 2013, sur les sédiments de la vieille culture dans la religiosité armoricaine.

[33] Nous reprenons ici l'expression retenue par Eric DE MARI et qui a donné le titre de l'ouvrage consacrée à la question de la crise des catégories appliquées à l'animal, in *Ranger l'animal. op. cit.*, p. 13.

Suivant la tradition romaine, le Code civil assimilait l'animal à un meuble[34]. Mais dans le contexte d'un nouvel intérêt pour l'environnement, la question se pose aujourd'hui de la condition des êtres-choses. Faut-il mettre à bas les barrières qui circonscrivent l'humanité et considérer que tous les êtres sensibles participant d'une même animalité sont donc pareillement sujets de droits ? Serait-ce là rendre un tribut à une ancienne pensée sauvage ? Le défi semble pourtant impossible tant le droit des hommes s'impose comme le référentiel anthropologique obligé. Faut-il alors tordre les catégories issues du droit romain ou encore renoncer à la *summa divisio* et admettre l'existence de catégories intermédiaires ? Le débat autour de la cause animale témoigne de la difficulté qu'il y a à se servir de catégories conçues par l'homme dans ses propres intérêts pour penser et protéger la différence. Ce sont finalement les limites mêmes du droit que les animaux nous invitent à réaliser.

LES ÉTAPES DU DROIT ANIMALIER

Les premières lois en faveur des animaux remontent au XIXe siècle, d'abord à Londres en 1822 avec l'*Act for the Prevention of Cruel and Improper Treatment of Cattle*, puis en France avec le vote de la loi Grammont le 2 juillet 1850 qui réprimait les mauvais traitements commis publiquement à l'encontre d'animaux domestiques[35]. Cette législation visait cependant surtout à épargner la sensibilité humaine, en évitant que le spectacle d'actes de cruauté perpétrés dans l'espace public ne choque d'éventuels spectateurs. Il faut attendre le XXe siècle pour que le législateur s'intéresse à la souffrance animale[36]. En 1976, une modification du Code rural confère en France le statut d'« être sensible » à l'animal, tandis qu'en 1999 le Code civil dispose que les animaux, tout en restant des « biens », ne sont pas des « choses » au même titre que les objets inanimés (loi n° 99-5 du 6 janvier 1999). À l'échelle européenne également, l'animal est reconnu comme un être sensible depuis le protocole sur la protection et le bien-être des animaux annexé en 1997 au traité d'Amsterdam instituant la Communauté européenne : « Lorsqu'ils formulent et mettent en œuvre la politique de l'Union dans les domaines de l'agriculture, de la pêche, des transports, du marché intérieur, de la recherche et développement technologique et de l'espace, l'Union et les États membres tiennent pleinement compte des exigences du bien-être des animaux en tant qu'êtres sensibles, tout en respectant les dispositions législatives ou administratives et les usages des États membres en matière notamment de rites religieux, de traditions culturelles et de patrimoines régionaux. »[37].

---

[34] La réification de l'animal n'empêchait pas cependant pas que la bête ait pu être poursuivie pénalement encore sous l'Ancien Régime.

[35] J.-P. MARGUÉNAUD, Fl. BURGAT & J. LEROY, *Le droit animalier*, Paris, PUF, 2016, p. 33-35.

[36] Comme le relève MARGUÉNAUD, *Le droit animalier*, *op. cit.*, p. 36, une loi allemande votée sous le IIIe Reich en 1933 incriminait la torture sur un animal.

[37] Article 13 TFUE.

Tandis que la jurisprudence récente montre une tendance à la personnification substantielle des animaux, les juges n'hésitant pas à parler de l'émotion, du stress ou de la détresse de tel ou tel animal, une nouvelle étape a été franchie en France par la loi du 16 février 2015 qui intègre au Code civil une disposition affirmant que les animaux sont des êtres vivants doués de sensibilité[38]. L'argument invoqué est la nécessité d'harmoniser la législation civile avec les autres champs du droit qui, tant au niveau national qu'européen, accordaient déjà le statut d'être sensible à l'animal. Les difficultés qui ont entouré le vote de la loi à cause du désaccord persistant entre le Sénat et l'Assemblée nationale montrent cependant que, au-delà du souci de cohérence, la disposition a valeur symbolique, puisqu'en extrayant l'animal de la catégorie des biens, elle crée une espèce hybride et favorise un flou que le législateur ne saurait longtemps tolérer.

L'ANIMAL COMME PERSONNE JURIDIQUE ?

La loi de 2015 a ouvert une brèche dans l'arsenal juridique sans que le législateur n'ose cependant prendre position relativement à la question de la condition juridique d'un être-chose. Les animaux sont-ils encore des biens ou peut-on envisager de les considérer comme des « personnes non humaines » ? La question se pose avec plus d'acuité pour certaines catégories d'animaux, notamment les grands singes. Aux États-Unis, le *Nonhuman Rights Project* défend la reconnaissance de leur qualité de sujets dotés de certains droits fondamentaux et, en France, d'après un récent sondage, 80 % de nos concitoyens seraient favorables à ce qu'ils aient une personnalité juridique qui leur « confère des droits fondamentaux inhérents à leur dignité"[39]. Plusieurs personnalités plaident d'ailleurs pour que la France soit « un des premiers pays qui établisse une législation nouvelle à l'égard des animaux »[40].

Mais encore faut-il s'entendre sur les termes et se demander ce que recouvre le concept de personne en droit. De prime abord, le modèle qui semble s'imposer est celui d'une personnalité anthropomorphique accrochée à l'idée de dignité et pour beaucoup le partage serait vécu comme une forme d'humiliation anthropomorphique, les animaux passant alors pour des « sujets rivaux du sujet humain »[41]. Dans cette analyse, la personne est comprise comme l'homme saisi

---

[38] M.-A. HERMITTE, « La nature, sujet de droit ? », *Annales. Histoire, Sciences Sociale*, 2011,1, 66e année, p. 173-212. Sur la « sentience », Jeangène VILMER, *L'éthique animale*, *op. cit.*, p. 7-18, un terme d'origine anglo-saxonne qui exprime la faculté d'éprouver subjectivement.

[39] Enquête IFOP pour l'association Droits des animaux, septembre 2016, p. 5, cité par D. CHAUVET, "Quelle personnalité juridique est digne des animaux", *Droits* 2015/2 n° 62, p. 220.

[40] https://www.lemonde.fr/idees/article/2018/04/08/donner-aux-grands-singes-un-droit-a-vivre_5282400_3232.html Laurence Parisot en faveur d'""un statut spécifique aux grands singes" qui leur donnerait le statut juridique de "personnes non humaines" et leur reconnaissance comme "espèce patrimoine mondial".

[41] Y. THOMAS, « Le sujet de droit, la personne et la nature. Sur la critique contemporaine du sujet de droit », *Le Débat* 1998/3, n° 100, p. 96.

par le droit, une représentation juridique corollaire du concept ontologique[42]. La personnalité juridique est intrinsèquement attachée à la qualité d'homme incarné, elle est le propre de l'homme et il en va de la dignité humaine qu'elle le demeure[43]. Même parmi les promoteurs de la cause animale, nombreux sont ceux qui font le choix de leur octroyer des « droits qui ne soient pas outrageusement et maladroitement identiques »[44].

Mais est-il nécessaire de référer la personnalité à la personne humaine, alors qu'en droit le corps demeure étranger au concept[45] ? Au début du siècle dernier, René Demogue privilégiait la dimension technique de la personnalité juridique comme point d'imputation des obligations et de droit[46]. Si la personnalité n'est qu'une abstraction juridique, un instrument au service de l'action juridique, il n'y a aucun obstacle à l'octroyer à certaines catégories d'animaux. Il suffirait de transposer en leur faveur le modèle mis en place pour les personnes morales, ce qui les constituerait comme de véritables sujets de droit et leur permettrait d'ester en justice[47].

L'héritage du droit romain est souvent dénoncé. C'est un fait que notre système juridique emprunte encore à la classification énoncée par Gaius dans ses *Institutes* : « Tout le droit que nous utilisons se rapporte soit aux personnes, soit aux biens, soit aux actions » et il faudrait renoncer au carcan des anciennes catégories[48]. Pourtant telles qu'ils apparaissent dans le discours juridique, depuis sa plus haute Antiquité, les personnes et les biens sont des outils qui permettent au juriste de construire un univers à l'écart de la nature. En droit romain, la notion de personne est encore très pragmatique et le concept juridique abstrait d'une personne titulaire de droits n'a été dégagée que bien plus tard, par les romanistes et les canonistes du XIIIe siècle sans d'ailleurs que lui soit attribuée une dimension

---

[42] ANDOMO, *La distinction, op. cit.* p. 33 dénonçant les « manipulations réificatrices de l'humain » tenant à « une vision formelle-abstraite de la « personne », oublieuse du corps » qui a envahi le champ juridique. L'auteur plaide pour une redécouverte de la personne corporéo-spirituelle et dénonce l'accent porté sur l'immanentisme depuis le XVIIe siècle par une partie importante de la philosophie occidentale.

[43], É. DE FONTENAY, *Le silence des bêtes. La philosophie à l'épreuve de l'animalité*, Paris, Fayard, 1998. Voir aussi X. LABBÉE, « Esquisse d'une définition civiliste de l'espèce humaine », *D.* 1999.Chron.437 : « Chaque être ainsi créé devient un individu doté de la personnalité dès lors que le Créateur lui attribue une âme (ce qui se traduirait sur le terrain juridique par l'attribution législative de la qualité de sujet de droits) ». C'est cette représentation de la personne qui produit les excès d'humanisation de la personne morale.

[44] E. DE FONTENAY, « Pourquoi les animaux n'auraient-ils pas droit à un droit des animaux ? », *Le Débat*, vol. 109, n° 2, 2000, p. 149.

[45] Y.THOMAS, « Le sujet de droit », art. cité, p. 103, du moins jusqu'en 1994.

[46] R. DEMOGUE, La notion de sujet de droit, *RTD civ.* 1909, p. 630. *Id., Les notions fondamentales du droit privé. Essai critique pour servir d'introduction à l'étude des obligations*, Paris, Éd. La mémoire du droit, [1911] 2000.

[47] Dans le positivisme juridique, la personne est une « construction artificielle » du droit détachée de l'être humain, «une unité d'obligations et de droits », un « centre d'imputations normatives », ANDOMO, *La distinction, op. cit.* p. 54-55.

[48] GAIUS, *Inst.* I.8. On sait ce que la division des catégories juridiques en espèces doit à la pensée grecque

ontologique [49]. Les termes du droit recouvrent des réalités qui coïncident plus ou moins avec celles de la nature, l'ordonnancement des catégories permettant l'organisation des relations juridiques. Les mots du droit sont donc comme des vêtements, et il faut considérer la variété des qualifications susceptibles de s'appliquer à une même entité[50]. Dans l'Antiquité romaine, un individu pouvait, en fonction du régime juridique qui lui était appliqué, être considéré tantôt comme une chose, tantôt comme une personne. Ce que montre le droit romain, c'est bien la flexibilité de la qualification en fonction des actions, une souplesse que notre droit devrait peut-être privilégier.

Selon Thierry Revet, « ce qui se passe aujourd'hui… est que nous dépassons enfin la summa divisio personnes/choses pour entrer dans le triptyque personnes/choses/animal, est c'est le meilleur service à rendre à l'animal que de le reconnaître en droit comme ce qu'il est »51. D'aucuns incitent à la création d'une catégorie intermédiaire qui se situerait entre les personnes et les choses. Gérard Farjat défend ainsi le concept de « centres d'intérêt » comme « succédané » de la personnalité juridique, capable de concilier la multiplicité et le caractère contradictoire des intérêts en cause52. En partant de la distinction entre une personnalité technique valant comme moyen sans lien avec la dignité et une personnalité anthropomorphique comme fin, centrée sur le critère de dignité, David Chauvet propose une voie médiane par le biais d'une déclinaison de la personnalité technique, qui se diviserait en deux sous-catégories, l'une porteuse d'une dignité moindre (la personnalité technique quasi anthropomorphique) et l'autre d'une dignité nulle (la personnalité technique non anthropomorphique). Dans ce schéma, les animaux pourraient être des personnes techniques dotées d'une moindre

---

[49] J. Gaudemet, E. Chevreau, *Droit privé romain*, Paris, 2009, p. 31 et 140. Y. Thomas, « Le sujet de droit, la personne et la nature. Sur la critique contemporaine du sujet de droit », *Le Débat* 1998/3, n° 100, p. 94.

[50] D. Deroussin, *Histoire du droit privé (XVIe-XXIe siècle)*, Paris, Ellipses, p. 15-27.

[51] http://www.jss.fr/La_personnalite_juridique_mode_de_protection_des_animaux_et_de_l%E2%80%99environnement__-1291.awp?AWPID98B8ED7F=263E8193A46647AEB728925B56BCEA049828000D. Voir aussi, A. Couret, note sous Civ. 1re, oct. 1980, D. 1981.J.361 : « peut-être que la véritable question se situe ailleurs : la vieille dialectique héritée du droit romain et qui oppose les objets de droit aux sujets de droit est-elle encore satisfaisante pour rendre compte des réalités contemporaines ?

[52] G. Farjat, « Entre les personnes et les choses. Les centres d'intérêt », *RTDCiv.* 2002, p. 221 pour qui l'animal serait avec l'embryon, le mort, le cadavre, comme l'ombre des personnes physiques. « L'octroi de la personnalité juridique à un arbre, à un animal n'a pas de sens et n'a en soi aucune effectivité parce qu'ils n'en tireront aucune possibilité d'action et qu'ils ne l'auront jamais. Ils ne peuvent même pas être des sujets passifs de droits (la notion de patrimoine n'a pas de sens à leur égard) ». L'auteur propose de les considérer comme des « centres d'intérêt » : « La notion de centre d'intérêts est sans doute d'abord une notion de fait, ce qui n'est pas original, car il en est ainsi pour la plupart des notions juridiques. Mais c'est un fait « pertinent » producteur d'effets de droit dans une mesure variable, ce qui n'est pas non plus original. S'il correspond à une personnalisation des intérêts en jeu, il est en revanche dépourvu du droit d'agir à la différence de la personne juridique. Enfin, élément positif sans doute le plus important, c'est un concept normatif qui détermine un point d'imputation du droit, un ordre juridique partiel ».

dignité formelle que les humains53. L'admettre reviendrait cependant à remettre en cause la logique dualiste de la classification qui repose sur le principe de l'exclusivité, l'un excluant l'autre sans qu'il soit possible de concevoir un tiers intermédiaire54.

- Tous animaux ?

L'idée de replacer les animaux dans la chaîne du vivant au même titre que les humains et d'en tirer des conséquences juridiques est fort ancienne. Déjà au IVe siècle av. J.-C., Théophraste proposait d'étendre le droit aux animaux[55]. Plus tard les jurisconsultes romains posèrent l'existence d'un droit naturel que les hommes partageaient avec les animaux : « Le droit naturel est ce que la nature a enseigné à tous les animaux ; car ce droit n'est pas propre au genre humain, mais il est commun à tous les animaux qui naissent sur la terre et dans la mer, et aussi aux oiseaux »[56]. La mention d'Ulpien a donné lieu à bien des commentaires, elle a traversé le temps et est parfois encore aujourd'hui invoquée par les promoteurs de la primauté de l'ordre naturel[57]. Pour en finir avec les excès de l'anthropocentrisme, il faudrait rétablir la place de l'animal dans l'ordre du vivant, reconnaître la spécificité de sa condition afin de fonder les droits auxquels il peut légitimement prétendre. Pour les promoteurs d'un droit animalier, le welfarisme ne suffit pas. Il faudrait combattre la suprématie des hommes, instaurer une égalité entre les hommes et les animaux, ou plutôt entre les animaux humains et non humains, et la promotion de cette « métaphysique non H » passerait par la reconnaissance de la personne animale, voire d'une citoyenneté animale. Pour aménager les règles du vivre ensemble et poser les bases d'une cohabitation au sein de communautés mixtes, une philosophie politique animale se développe et les ouvrages se multiplient pour proposer une théorie des droits animaux[58]. La *Zoopolis* de Donaldson et Kymlicka enfonce le clou : les animaux ont non seulement des droits au sens juridique du terme, mais aussi des droits politiques[59].

---

[53] D. CHAUVET, « Quelle personnalité juridique est digne des animaux ? », *Droits*, 2015/2 n° 62 | p. 228-230.

[54] ANDOMO, *La distinction, op. cit.*, p. 7 et 30 estimant plus raisonnable de conserver la structure dualiste du droit et d'améliorer la condition des animaux sans changer leur statut juridique, qui est celui des « choses ».

[55] Cité par Jeangène VILMER, *L'éthique animale, op. cit.*, p. 66-67.

[56] ULPIEN, D. 1.1.3 : *Ius naturale est, quod natura omnia animalia docuit: nam ius istud non humani generis proprium, sed omnium animalium, quae in terra, quae in mari nascuntur, avium quoque commune est. Hinc descendit maris atque feminae coniunctio, quam nos matrimonium appellamus, hinc liberorum procreatio, hinc educatio: videmus etenim cetera quoque animalia, feras etiam istius iuris peritia censeri.*

[57] Fl. BURGAT, *Le droit animalier, op. cit.*, p. 55-62. Pour une application contemporaine, F. ROUSSEAU, *L'Avenir des droits humains. Approche théologale du Moyen Âge chrétien et droit divin. Approche rationnelle de la Modernité et droits de l'homme. Approche humaine de la Postmodernité et droits humains*, Québec, Presses de l'Université Laval/Anne Sigier, 1996.

[58] Mise au point récapitulative par Jeangène VILMER, *L'éthique animale, op. cit.*, p. 82-90.

[59] Sue DONALDSON et Will KYMLICKA, *Zoopolis*, Oxford, Oxford University Press, 2011.

Que représente le combat en faveur de la cause animale ? Faut-il y voir un tribut rendu à une part de notre histoire, le souhait de renouer avec un bout de notre passé lorsque nulle catégorie ne divisait encore les espèces[60] ? La volonté d'user du même vocable d'animal pour l'homme et la bête semble en témoigner, l'idée étant donc de faire tomber le « Grand mur » qui sépare les humains de l'ensemble des autres animaux à travers la distinction entre les personnes et les choses[61]. Mais sommes-nous prêts à admettre, comme dans l'ontologie animiste, que sous la physicalité du végétal ou de l'animal existe une intériorité de type humain ? Surtout n'y a-t-il pas une sorte d'imposture à vouloir penser l'autre, prétendre le protéger, en le rapportant à nos propres catégories de pensée[62] ? À considérer le régime « anthropisant » qui s'applique aux animaux domestiques et qui les prive de leur « animalité », il est facile de dénoncer une forme nouvelle d'anthropocentrisme qui conduit l'homme à se représenter l'animal à son image, la personnification de l'animal n'étant finalement que la réplique moderne de sa réification.

Lorsqu'Ulpien affirmait que le droit naturel englobait les hommes et les animaux, il donnait l'exemple de l'union du mâle et de la femelle en vue de la procréation, mais il ajoutait que seuls les hommes connaissaient le mariage et la filiation, en bref les opérations techniques du droit capables d'agir sur la nature[63]. C'est pour les hommes que tout le droit est établi, avait déclaré le jurisconsulte Hermogénien, ce que Portalis rappelait encore dans son discours préliminaire au Code civil[64]. Le droit est créé par les hommes si bien que l'on peut se demander en quoi l'octroi d'une catégorie forgée par l'homme et pour servir ses propres intérêts pourrait aider la cause animale[65]. En voulant à toute force ranger l'animal

---

[60] La vogue du végétarisme illustrant peut-être cette volonté de renouer avec un mode d'alimentation antérieur à l'invention de l'homme, M. DÉTIENNE *et J.-P.* VERNANT (dir.), *La Cuisine du sacrifice en pays grec*, Paris, Gallimard, 1979.

[61] Jeangène VILMER, *L'éthique animale, op. cit.,* p. 4 : « pour être exact, faudrait-il parler non pas des « humains » et des « animaux », mais des animaux humains et des animaux non humains ». CHAUVET, « Personnalité », *op. cit.*, p. 223 citant les thèses de Steven Wise.

[62] P. BRUNET, « La citoyenneté animale : mirage ou solution miracle ? », dans E. DE MARI & D. TAURISSON-MOURET (éds) *L'impact environnemental de la norme en milieu contraint (t. II Ranger l'animal*), Paris, 2014, p. 112-124 dénonce le danger qu'il y a à penser la condition animale à partir des catégories du droit, « combien l'usage moral des catégories politiques ou juridiques peut conduire à des impasses et produire des effets pervers ». « Ce sont les humains qui décident des positions morales que les animaux doivent adopter » (p. 120). Voir aussi l'opinion de REVET : "Mais n'y a-t-il pas un autre moyen de promouvoir l'intérêt de l'animal que d'utiliser un instrument forgé par l'homme en vue de lui permettre de réaliser au mieux son intérêt, considéré dans son individualité, sa singularité, son unicité ? »,http://www.jss.fr/La_personnalite_juridique_mode_de_protection_des_animaux_et_de_l%E2%80%99environnement_-1291.awp?AWPID98B8ED7F=263E8193A46647AEB728925B56BCEA049828000D

[63] THOMAS, « Le sujet de droit », p. 106.

[64] D. 1.5.2 : *Cum igitur hominum causa omne ius constitutum sit.* PORTALIS, *Discours préliminaire du premier projet de Code civil (1801)* : « Les lois ne sont pas de purs actes de puissance…les lois sont faites pour les hommes, et non les hommes pour les lois ».

[65] BRUNET, *ibid.* dénonçant le « prisme anthropomorphique et humano-centré » de *Zoopolis*.

dans une catégorie spécifique, créée *ad hoc*, le législateur donnerait à plein dans le processus de désignation que précisément il entend pourtant combattre. Dans le raisonnement juridique, l'acte de nommer est un acte de pouvoir, si bien que le débat autour de la cause animale pourrait bien montrer les limites du droit, du moins du droit pensé comme discours[66].

- *Dignité ou vulnérabilité ?*

Au cœur du débat figure donc la dignité. Est-elle le propre de l'homme, ce qui distingue fondamentalement l'homme de l'animal, la dignité ayant finalement pris la suite de l'âme comme élément constitutif de l'humanité ? En ce sens, le débat sur la cause animale évoque d'autres querelles plus anciennes, telle la controverse de Valladolid. Il évoque aussi le débat qui dans l'Antiquité s'était élevé à propos de la nature divine. La nature divine et la nature humaine pouvaient-elles coexister dans la personne du Christ ? Le Christ pouvait-il être à la fois homme et Dieu ? La question avait opposé les docètes, aux nestoriens et aux monophysites[67]. C'est finalement une querelle assez semblable que l'on rencontre aujourd'hui, à ceci près que l'homme a pris la place de Dieu. La personnalité peut-elle s'accommoder de plusieurs natures ? À l'intérieur de la catégorie de la personne, une forme parfaite et une forme imparfaite peuvent-elles coexister, hier celles de Dieu et de l'homme, aujourd'hui celles de l'homme et de l'animal. Si le droit n'est qu'une fiction, l'arsenal du juriste, la réponse peut bien être positive. La catégorie de la personne n'est qu'un contenant qui peut abriter plusieurs contenus et il faudrait nous habituer à raisonner en terme de complémentarité plutôt que de rivalité. Parce que l'usage des catégories est l'art du juriste, ce serait un des enjeux des hommes du XXIe siècle que d'oser faire grandir la catégorie des personnes en y intégrant des entités que spontanément ils auraient tendance à laisser au-dehors[68].

La personne juridique est certes une création de l'esprit, un concept propre aux juristes susceptible de recouvrir des réalités diverses. Y ranger les animaux n'altèrerait pas la structure du système, le fait que les sujets soient humains ou non-humains ne changeant rien à l'ordonnancement des catégories69. L'animal-personne ne serait finalement qu'une des nombreuses

---

[66] De ce point de vue, il y a un rapprochement à faire avec les critiques des féministes dénonçant une langue du droit « symptomatique des modes de pensée patriarcaux », Jeangène VILMER, *L'éthique animale*, op. cit., p. 65 et p. 113-116. Y. THOMAS, *op. cit.*, p. 93 : L'homme est au centre de la fiction selon laquelle la nature est sujet, tout autant qu'il l'est de la fiction contraire selon laquelle elle est objet.

[67] A. MARDIROSSIAN, « *Lex Christi*–Réalités et diversité de la conversion chrétienne de l'Orient à l'Occident », in S. KERNEIS (dir.) *Une histoire juridique de l'Occident. Le droit et la coutume, (IIIe-IXe siècles),* PUF, Nouvelle Clio, Paris, p. 80-81.

[68] P. BRUNET, "L'animal dans l'arène des juristes", À paraître dans F. CARRIÉ (dir.), *Se mobiliser pour les animaux*, Paris, PUF, 2018

[69] HERMITTE, « La nature, sujet de droit ? », *op. cit.,* p. 201 : « Ce qui bouleverse davantage le droit, c'est l'introduction (rare) d'une nouvelle catégorie, pas la transformation du contenu des catégories qui, elle, transforme la société : l'atteinte à l'anthropologie occidentale du rapport à la nature est

chimères que le droit construit70. Sans doute, il est possible d'envisager une personnalité juridique non humaine et ce serait finalement prolonger l'approche fonctionnaliste du droit romain. Mais le risque n'est-il pas de mettre en place une personnalité diminuée pour des êtres inférieurs désignés comme vulnérables71 ? Pourquoi alors ne pas admettre ensuite une personnalité supérieure pour ceux qui déjà revendiquent le qualificatif d'être augmentés72 ? Raisonnant à propos des droits de la Nature, Yan Thomas observait que la personnification servait à imputer des droits, et que mieux valait envisager des régimes de protection des choses plutôt que de les anthropomorphiser73. Au lieu de se servir de la dignité et d'envisager ses déclinaisons pour créer des personnalités diminuées, ne ferait-on pas mieux de partir du critère de la vulnérabilité pour construire un régime de protection des êtres vulnérables ? Selon les domaines du droit, le régime de l'animal varie. Ce qui compte finalement c'est l'action qui s'applique à lui. Trop de juristes réduisent la summa divisio du droit romain aux personnes et aux choses. C'est oublier que la vie du droit s'organise autour du troisième terme, les actions en justice qui, par leur diversité, permettent au juge de répondre aux besoins les plus variés de la société et d'adapter le droit à l'évolution des valeurs74. À quoi bon une personnalité juridique animale ? S'il s'agit simplement de favoriser la défense des intérêts, mieux vaut peut-être exploiter les nombreuses voies qui existent déjà et qui permettent la représentation de l'animal75.

*

* *

À coup sûr, la référence au droit, prépondérante aujourd'hui pour penser le rapport à la nature -le réflexe d'une globalité invasive qui propose d'étendre la

---

précisément le but recherché ».

[70] THOMAS, « Le sujet de droit », p. 104 rappelant que les juristes du Moyen Age appelaient parfois chimères leurs constructions juridiques, et alchimistes ceux qui les créaient.

[71] ANDOMO, *La distinction*, *op. cit.*, p. 31 : « classer l'animal au rang des « personnes », loin d'encourager le bien-être des animaux, équivaudrait dans la pratique à réduire les personnes au rang des « choses » et à les priver du respect qui leur est dû » et l'auteur rappelle la position de Peter SINGER, *La libération animale*, Paris, 2012 considérant que, dans certaines circonstances, on peut préférer la vie des bêtes à celle des êtres humains les plus faibles, un singe ou un cochon pouvant avoir une conscience plus aiguë qu'un nourrisson gravement arriéré ou un vieillard sénile. Jeangène VILMER, *L'éthique animale*, *op. cit.*, p. 79 et 84 rappelle l'opinion de LINZEY soutenant le devoir de respecter l'animal au nom de la supériorité morale de l'homme sur l'animal ou celle défendue dans *Zoopolis* consistant à reconnaître des droits fondamentaux aux êtres vulnérables (*vulnerable selves*). S. DESMOULIN, *L'animal entre science et droit*, t. II, Presses Universitaires d'Aix-Marseille, 2006, p. 566 pointe aussi le danger qu'il y aurait à rendre le droit tributaire de données scientifiques

[72] Opinion partagée par HERMITTE, « La nature, sujet de droit ? », *op. cit.*, p. 203.

[73] THOMAS, « Le sujet de droit », p. 94.

[74] Comme l'observe HERMITTE, « La nature, sujet de droit ? », *op. cit.*, p. 198.

[75] THOMAS, « Le sujet de droit », *op. cit.*, p. 93.

théorie des droits de l'homme à l'animal, voire à la Nature, comme cela apparait bien en Amérique du Sud- signifie bien que la nature nous apparaît vulnérable. Le droit tend à être alors un paradigme d'appréhension de la vulnérabilité de la nature dans le cadre culturel qui est le nôtre[76]. De ce point de vue, il semble que le débat sur la cause animale et sa traduction en termes juridiques révèlent non pas le souci de revenir à des temps primordiaux, un âge d'or où l'animal l'emporterait sur l'homme, mais bien plutôt l'inquiétude de l'homme dans son rapport à l'environnement, finalement une inquiétude qui le concerne lui bien plus que l'animal. C'est sans doute cette même inquiétude qui détermine le nouvel intérêt pour la catégorie des « biens communs » et l'inversion des paradigmes qui s'y attache, depuis l'inutilité de leur appropriation qui naguère les caractérisait, jusqu'à aujourd'hui l'interdiction de cette même appropriation, cette fois du fait leur raréfaction, par exemple, à propos de la biodiversité[77].

---

[76] HERMITTE, « La nature, sujet de droit ? », *op. cit.*, p. 173-212 en faveur d'un régime spécial pour l'animal vulnérable qui trouverait sa place au sein d'un droit des choses rénové. Le législateur a entendu en 2015 la proposition de Suzanne Antoine en 2005 et de l'Association Henri Capitant qui en 2008 recommandait que le droit commun des biens ne s'applique plus à l'animal que par défaut.
[77] DELAGE, *La condition animale, op. cit., p. 107.*

- II -

METTRE À LA CAPE

PHILASTRE, UN MARIN AU SERVICE DE LA JUSTICE EN INDOCHINE : DE LA GLOIRE À LA DISGRÂCE : UN ÉTRANGE DESTIN

Martine FABRE
Ingénieur de recherche retraité de l'UMR 5815 Dynamiques du droit

Les lieux les plus modestes peuvent être les témoins de grands desseins, ainsi c'est dans l'arrière-boutique d'une crémerie-café-restaurant appelée « la petite vache » et située rue Mazarine, près de la Société de géographie, que les marins de passage à Paris et les explorateurs se retrouvaient pour échanger leurs idées sur la colonisation et la conquête. Y sont passés, par exemple, Francis Garnier, Jules Harmand, Henri Sambuc et Savorgan de Brazza, personnages qui ont tous marqué l'histoire de la conquête coloniale. On peut imaginer que Francis Garnier, son ami, y a un jour amené Paul Philastre.

Les débuts de la conquête coloniale sont une affaire d'hommes et de jeunes hommes qui ont l'enthousiasme et la passion de la découverte. Nombreux parmi eux sont des marins, cela va de soi puisque le seul moyen et le plus sûr d'atteindre ces terres lointaines est le bateau. La conquête de l'Indochine en est un bon exemple, car c'est la marine française qui a eu en charge la mise en place d'une structure administrative susceptible de gérer cette nouvelle colonie.

Il y a quelques similitudes entre la conquête de l'Algérie et la conquête de la Cochinchine dont la moindre n'est pas que, dans un cas comme dans l'autre, il n'y avait pas, à la base, la volonté de créer une colonie. Pour ce qui est de l'Indochine, les Français recherchaient un port à contrôler en mer de Chine, et c'est un peu par hasard que le choix tomba sur Saigon en 1859. Comme pour Alger en 1830, au début de l'Indochine, les amiraux ne contrôlaient que Saigon et ses alentours. L'amiral Bonard, en 1862, va donner à la France trois provinces de Cochinchine.[1] Il faut alors mettre en place une administration cohérente de ces régions conquises et parmi les tâches nécessaires, il y a la justice. L'Algérie et les bureaux arabes qui semblent fonctionner en s'appuyant sur l'élite locale peut constituer un modèle intéressant. Cette expérience va être tentée pendant deux ans (de 1861-1863), mais ne fonctionnera pas très bien, car nombre de lettrés avaient fui la Cochinchine au moment de la conquête et on ne pouvait plus s'appuyer sur l'élite locale. Il faut donc trouver des administrateurs et des juges.

---

1 Gilles de GANTÈS, IRSEA (CNRS) Marseille : « Administrer une colonie française au XIXe siècle. Le cas de l'Indochine (1860-1911) » *in Les Grands Commis de l'Empire colonial français* - Les actes du colloque de Clermont-Ferrand du 14 octobre 2005 organisé par les Indes savantes avec le soutien de la fondation Varenne, dir. Patrice MORLAT, *Les Indes savantes.*

On est très loin de la métropole et les personnes disponibles sur place sont soit des marins, soit des missionnaires. Ces derniers serviront prioritairement d'interprètes, mais on aura aussi recours à des autochtones bilingues. Aux marins, on confie l'avenir de la colonie en gestation. Ce seront donc les premiers fonctionnaires d'Indochine. Il faut bien préciser que les marins qui vont faire ce choix démissionnent de leur corps d'origine.

C'est un petit groupe de personnes qui se connaissent, qui sont de la même génération, qui souvent étaient sur le même bateau et qui sont tentées par l'aventure. Ils sont érudits, ont une belle formation et pour beaucoup d'entre eux vont apprendre la langue annamite afin de communiquer avec les indigènes. La plupart d'entre eux ont marqué l'histoire de l'Indochine comme Francis Garnier, Jean-Baptiste Luro, Paulin Vial ou encore Paul Philastre.

C'est à travers l'exemple de ce marin reconverti en juriste que nous aborderons l'apport de la marine à la justice coloniale. En effet, d'abord juge en tant qu'inspecteur aux affaires indigènes (**I**), Philastre s'est illustré par sa traduction du Code Gia-long qui est restée pendant des décennies, la référence des juges français qui tranchaient en matière indigène (**II**), enfin, cet homme, sorte de transfuge, est devenu le centre d'une polémique lors de la signature du traité du Tonkin, en 1874, réalisée dans des conditions dramatiques (**III**).

I. PHILASTRE : UN MARIN JUGE

Selon le dictionnaire de l'Indochine française de 1935[2], Paul Louis Felix Philastre est né à Bruxelles le 7 février 1837, il a donc 26 ans lors de sa première nomination comme inspecteur des affaires indigènes, c'est un très jeune homme. Il a une formation solide : entré à l'École navale en1854, il devient aspirant de 1re classe en 1857 et sera, ensuite, nommé lieutenant de vaisseau.

De 1857 à 1861, il sert sur le *Laplace, la Némésis, le Rimauguet, la Durance* et *la Persévérance,* tant en Méditerranée qu'en mer de Chine. Avant la conquête de la Cochinchine, Philastre navigue, en tant qu'enseigne de vaisseau à bord de *l'Avalanche* dans des conditions pour le moins difficiles sous les ordres du vice-amiral Charner[3]. L'auteur de la biographie de Philastre, nous explique « la marine apporta sur le sol vierge de la Cochinchine une véritable élite d'officiers, qui venaient de recevoir une trempe énergique ». On ne peut pas dire que Philastre se soit illustré dans la prise de Saigon, on sait seulement qu'il faisait partie de la division du contre-amiral Page, chargée de couper la route à l'armée annamite.

Dès que l'amiral Bonard décide de fonder le corps des inspecteurs des affaires indigènes, en 1861, Philastre est un des premiers volontaires. Il prendra, nous le verrons plus loin, de plus en plus d'importance dans cette nouvelle colonie. En

---

2 A. BREBION, *Dictionnaire de bio-bibliographie générale, ancienne et moderne de l'Indochine française*, Paris, Société d'éditions, 1935.

3 Lieutenant de vaisseau, NEL, « Philastre, sa vie et son œuvre », *Bulletin de la société des études indochinoises de Saigon*, imprimerie Ménard, 1903 n° 44, Gallica.

janvier 1863, il est nommé inspecteur des affaires indigènes à Mytho, en avril il est élevé à la seconde classe. Il devient chef de la justice indigène en juin 1868 et il est promu inspecteur des affaires indigènes, en avril 1873.

En décembre 1873, il s'embarque pour Hué pour négocier un traité dans des conditions assez difficiles. Il est amené à se rendre au Tonkin où au milieu d'événements dramatiques, il devra prendre des décisions qui feront ensuite de lui d'abord un héros qui a mis fin à des troubles graves, puis quelques années après, la cible d'une campagne de dénigrement, le présentant comme un traitre. Représentant du protectorat au Cambodge en 1876, il devient, de 1876 à 1879, chargé d'affaires en Annam. Il rentre en France en 1879 et demande sa mise à la retraite (il n'a que 42 ans). Il sera professeur de mathématique à Nice de 1882 à 1894. Cela casse le mythe ! Il meurt le 11 septembre 1902 à Buyat-Beaujeu (Rhône), il a 65 ans. Peu de temps après son arrivée donc, il quitte son habit de marin pour se consacrer à l'administration de ce pays et notamment à sa justice.

Avant de relater le rôle éminent qu'il tient dans l'administration de la justice, il importe de donner les grandes lignes des options prises par les différents amiraux qui se sont succédé à la tête de cette colonie naissante. Il faut bien garder à l'esprit que pendant ces dix années, les insurrections sont nombreuses, les pirates annamites attaquent régulièrement les troupes françaises, on est donc dans un climat extrêmement instable.

Le premier fut l'amiral Charner qui prit diverses mesures en vue d'établir l'État français au mieux. « Il fit dire aux indigènes que leurs lois et leurs usages seraient respectés, qu'ils pourraient se livrer en toute sécurité à l'agriculture et au commerce[4]. » Il crée un poste de directeur supérieur de l'administration indigène qu'il confie au commandant d'Ariès qui était le capitaine du vaisseau le Primauguet lors de la conquête. Il met sous ses ordres un corps d'officiers chargé de l'administration sous le titre de directeur des affaires indigènes[5]. Ils remplacent les anciens préfets annamites en fuite et sont chargés de rendre la justice, entre autres tâches. Tous les huit jours, ils rendent un rapport au commandant en chef.

« Ces envoyés français eurent les attributions des administrateurs annamites, et leur position au milieu des peuples nouvellement conquis présenta quelque analogie avec celle des délégués du huitième siècle, connus sous le nom de *missi dominici*. Les uns reçurent les attributions des *phou*, les autres furent nommés *huyen*. Ils furent munis du cachet annamite, ce qui est d'une grande importance aux yeux des Asiatiques. »[6] Ainsi il y eut dans chaque préfecture et sous-préfecture des *phou* et des *huyen* qui devaient envoyer des rapports au commandant tous les huit jours.

Mais la grande difficulté pour ces officiers était de parler la langue et de la comprendre. « Le commandant en chef fit rédiger à la hâte un vocabulaire français-annamite et annamite-français. Il institua deux écoles à Saigon : l'une

---

[4] L. PALLU, *Histoire de l'expédition de Cochinchine*, Hachette, Paris 1861, p. 105.
[5] P. VIAL, capitaine de frégate, *Les premières années de la Cochinchine*, Challamel, Paris 1874, p. 95.
[6] L. Pallu, *op. cit.*, p. 160.

pour former les interprètes, l'autre pour apprendre le français aux enfants annamites. Cette organisation était rudimentaire et constituait une solution de crise. Ainsi, en 1861, il n'existait pas de tribunal composé de magistrats à Saigon et un Code pour les Annamites restait à faire. Or ce Code existait au moment de la conquête, c'était le Code Gia-Long dont « on trouva avec beaucoup de peine deux exemplaires que les mandarins n'avaient pas emportés dans leur fuite »[7].

L'amiral Bonard qui remplace Charner, en 1863, va opter pour un gouvernement indirect. Il remplace les directeurs aux affaires indigènes par des Annamites placés sous la surveillance d'un petit nombre d'officiers français qui ont le titre : d'inspecteur des affaires indigènes. Si ce système avait donné satisfaction en Algérie, c'est qu'il reposait sur des chefs de tribu qui avaient une légitimité. En Cochinchine, les lettrés avaient fui lors de la conquête et ceux qui restaient n'avaient pas le prestige nécessaire. Ce choix aboutit à un échec. « Malgré le soin que l'on prit à rechercher des hommes intelligents et capables parmi les Annamites pour occuper les postes de confiance, on ne trouva pas ».[8] « L'erreur de l'amiral Bonard était de croire à la possibilité de se servir de « grands chefs » qui n'existaient même pas et de négliger la commune qui, dans l'Annam, est toute puissante. »[9]

Il importe d'organiser la justice. Aubaret, lieutenant de vaisseau capitaine du *Le Prégent*, qui est un des rares marins à parler la langue a traduit le Code complet trouvé dans une préfecture de la province de Ving-long. Même si on substitue au bâton et à la mort lente des peines plus douces, on se trouve, semble-t-il, « en possession d'une législation appropriée aux mœurs et aux coutumes du pays ».

L'amiral de la Grandière qui succède à Bonard essaie de conserver ce système assez économique puisqu'il nécessite peu de fonctionnaires malgré les difficultés rencontrées. Il conserve les inspecteurs des affaires indigènes. « C'était en général de jeunes officiers de marine venus en Cochinchine avec la première expédition, qui avaient assisté à toutes les affaires, qui avaient circulé pendant des années dans les fleuves et les arroyos à bord des canonnières et des chaloupes à voile. Dans la fréquentation des femmes annamites dont l'amabilité compense la laideur habituelle, ils avaient appris la langue du pays… la plupart, une fois pris dans l'engrenage, n'en sont plus sortis ; ils sont restés fidèles à ce pays où leur jeunesse avait été ballottée entre les combats et les privations matérielles d'une part et les aventures et les plaisirs faciles de l'autre. »[10]

Lannessan ajoute, « Ceux, en petit nombre qui ont résisté depuis 25 ans au climat meurtrier de Cochinchine sont encore les meilleurs parmi les administrateurs excellents qui abondent dans cette colonie. » Dans l'organisation du nouveau gouverneur, ils exerçaient de nombreuses fonctions, dont les fonctions judiciaires qu'occupaient autrefois les *Huyen*, les *Phu* et les autorités

---

[7] P. Vial, *op.cit*, p. 96.
[8] *Ibid.*, p. 133.
[9] J. L. DE LANNESSAN, *L'Indochine française*, Félix Alcan, Paris, 1889, p. 637
[10] DE LANNESSAN, *op. cit.*, p. 640.

provinciales supérieures. Pour remplir ces tâches, ils se faisaient aider par les chefs de cantons indigènes. Petit à petit, on se débarrassa des *Phu* et *Huyen* indigènes qui avaient été nommés par l'amiral Bonard.

De plus, La Grandière créa le poste de directeur de l'intérieur qui devenait le chef direct de l'administration indigène. Le 10 février 1873 sur la proposition de Luro et de l'amiral gouverneur, un décret régularisa les inspecteurs des affaires indigènes et créa une école pour les former. Ce décret mettait en place quatre ordres de fonctions. Parmi elles, les affaires judiciaires étaient confiées à des inspecteurs de première classe « parce qu'elles réclament de l'expérience, de la maturité et des notions étendues sur la législation annamite »[11]. En juillet 1876, un décret vint modifier les fonctions : dans chaque circonscription, il y a trois administrateurs, le premier est chargé de l'administration et de la justice, le deuxième doit assurer le prélèvement de l'impôt, l'inspection des écoles et l'armement, le troisième a pour tâche l'établissement de l'impôt, l'enregistrement et le cadastre. Mais on réunit à nouveau sur le même administrateur les fonctions administratives et judiciaires. Aussi, un nouveau décret du 25 juillet 1879, à la demande des administrateurs qui ne pouvaient remplir les deux fonctions, décide que le deuxième administrateur sera exclusivement chargé des questions judiciaires.

Cependant, le système en place ne donnant pas entière satisfaction, l'amiral Lafont décide de créer une commission avec pour mission d'étudier la séparation des pouvoirs entre administratif et judiciaire. À la fin du gouvernement des amiraux, on souhaite donc que la formation des administrateurs se spécialise et que l'on forme des juges qui connaissent et la langue et les mœurs du pays. Ce n'est pas l'option que choisira le premier gouverneur civil. Depuis 1864, époque à laquelle est intervenu le premier décret organique de la justice en Cochinchine, toutes les réformes accomplies ont été dictées par le souci d'adapter l'organisation judiciaire locale au développement de la colonie.

La première étape a été marquée par l'institution d'un Tribunal de 1re instance et d'un Tribunal supérieur à Saigon, les inspecteurs des affaires indigènes étant chargés de rendre la justice dans les provinces. Après une période d'essai au cours de laquelle cette organisation judiciaire rudimentaire reçut quelques modifications (augmentation de l'effectif du Tribunal de 1re instance ; transformation du Tribunal supérieur en Cour d'appel, puis création d'une deuxième chambre à la Cour d'appel, etc.) un important effort fut tenté en 1881 : sept tribunaux furent créés dans les principales provinces de la Cochinchine et un huitième à Phnom Penh (dans la réalité il n'y en eut que deux).

Chacune de ces juridictions comprenait : un juge-président, un procureur de la République, un lieutenant de juge et un juge suppléant. Mais il ne suffisait pas de créer des Tribunaux sur le papier ; encore fallait-il trouver le personnel nécessaire pour pourvoir les nouveaux postes de titulaires. On trancha la difficulté, en admettant, de droit, dans le personnel judiciaire, les administrateurs des affaires

[11] *Ibid.*, p. 645.

indigènes qui, jusque-là, avaient rendu la justice. Cette mesure était sage ; le rapport de présentation qui précède le décret du 28 mai 1881 la justifie de la façon suivante : « L'admission des administrateurs des affaires indigènes dans le personnel judiciaire est imposée par la nécessité de ne pas interrompre le cours régulier de la justice, car il serait difficile d'en assurer immédiatement la distribution avec des magistrats venus de France ou des autres colonies, et ignorant la langue, les mœurs et les coutumes des Annamites. Une transformation aussi subite exposerait à de grands dangers ».

Ce rapide exposé permet de prendre conscience du caractère tout à fait expérimental de la mise en place de la justice en Cochinchine et du rôle éminent tenu par les marins. Philastre sera un des premiers volontaires à choisir de se consacrer à la mise en place de l'organisation administrative et judiciaire de cette nouvelle colonie. Il entre dans l'administration le 3 mars 1861, il est alors lieutenant de vaisseau détaché à la direction de l'intérieur et aux affaires indigènes[12]. Le 18 mars 1861, il devient inspecteur des affaires indigènes troisième classe, le 1er avril 1863, il est nommé inspecteur aux affaires indigènes deuxième classe, le 1er janvier 1866, il est promu inspecteur aux affaires indigènes première classe à Saigon. Le 10 février 1873, nommé administrateur de première classe il devient chef du service de la justice[13].

Pendant le même temps, il est président de la commission d'administration du Jardin botanique et membre titulaire du comité agricole et industriel. Parlant la langue couramment, il est totalement impliqué dans la colonisation de la Cochinchine avec un profond respect pour la culture indigène. On le considère comme un spécialiste tant du droit annamite que des mœurs du pays aussi lui conférera-t-on ensuite des fonctions diplomatiques. En 1874, il est mandaté pour résoudre le conflit du Tonkin (voir III) et du 14 décembre 1876 au 2 juillet 1879, il est chargé d'affaires à Hué.

C'est quelqu'un de précis et de besogneux, « nul bruit autour de son nom pendant ces années de préparation. Il s'est mis à l'œuvre, sans éclat, lentement, avec la discipline des intelligences imbues d'une véritable culture scientifique ; il assimile la langue du vaincu ; il entreprend l'étude du vieux droit annamite ; il étudie la philosophie des maîtres de cette race. » « Pendant cette longue période, il cause une impression profonde sur ceux qui l'entourent ; il étonne les indigènes par sa puissance d'assimilation, il les séduit par sa loyauté et son désintéressement, il réussit à nous les attacher et à nous créer parmi eux de précieux auxiliaires. »[14]

Ainsi, Georges Durrwell qui fit une brillante carrière coloniale, notamment comme président de la Cour d'appel d'Indochine, relate-t-il, dans son ouvrage :

---

[12] *Annuaire de la Cochinchine française*, imprimerie du gouvernement, Saigon 1870, Gallica.

[13] *Annuaire de la Cochinchine française*, imprimerie du gouvernement, Saigon 1874, Gallica.

[14] Lieutenant de vaisseau, NEL, « Philastre, sa vie et son œuvre », *Bulletin de la société des études indochinoises de Saigon*, imprimerie Ménard, 1903 n° 44, p. 10, Gallica.

Ma chère Cochinchine[15] en faisant la biographie d'un illustre annamite, Trân ba Lôc, comment son destin a croisé celui de Philastre : « L'année suivante (1862), il fut amené à servir à Mytho, avec le grade déjà élevé de *dôi* de deuxième classe, sous les ordres de l'inspecteur Philastre, le savant sinologue auquel nous devons les remarquables travaux qui servent encore de base à toute notre législation indigène. Chef et subordonné étaient faits pour s'estimer et pour s'entendre, et, dès ce moment, de *dôi lôc* fut spécialement attaché à la personne de son nouveau commandant, en qualité d'ordonnance et de professeur de caractères. »

Les hommes de qualité et qui vont compter pour la consolidation de la nouvelle colonie sont en petit nombre, ils sont, pour la plupart, marins, se connaissent, ont des liens familiaux : Albert Gaudot, est le beau-frère de Philastre, lieutenant de vaisseau il devient administrateur de la ville de Cholon ; ou des liens amicaux : Francis Garnier, Jean-Baptiste Luro, Paulin Vial vont avoir des destins croisés en Cochinchine, tous sont des marins[16], ils se sont souvent connus à l'École navale et sont des amis de Philastre.

Pendant donc les vingt premières années de ce qui deviendra l'Indochine, le gouvernement de cette région repose essentiellement sur des marins : les gouverneurs sont des amiraux et les administrateurs et les juges sont des marins. Ils ont une vision assez pragmatique des choses, mais surtout, pour la plupart d'entre eux, ils aiment ce pays et les personnes qui l'habitent et ils font l'effort de les comprendre. Ce ne sera pas le cas des gouverneurs civils qui vont prendre le relais nommant des fonctionnaires de métier qui ne font que passer et qui ne feront pas l'effort d'apprendre la langue, restant ainsi totalement à la merci des interprètes.

Philastre fait partie de ceux qui se sont passionnés pour cette civilisation et pour ses représentants, on peut peut-être parler pour lui de transfuge. Pendant des années il apprend l'annamite, mais aussi le chinois. Il va traduire une pièce essentielle du droit annamite : le Code Gia-long, du moins en est-il persuadé, au même titre que tous les juges qui vont appuyer aveuglément leurs décisions sur ce Code.

II. PHILASTRE : UN MARIN JURISTE

Philastre est passé à la postérité[17] par sa traduction d'un Code annamite appelé *Code Gia-Long* ou *Code des Nguyên*. Tous les ouvrages qui traitent de la législation indigène en Indochine y font référence ainsi que de très nombreux arrêts rendus pendant des décennies. Avant d'étudier comment il l'a traduit et commenté, il importe de préciser la place occupée par ce Code en Indochine.

---

[15] G. DURRWELL, *Ma chère Cochinchine*, Publication de la société des études indochinoises, Mignot, 1911, p. 253-259.

[16] Gilles de GANTÈS, *op. cit.*, donne dans son article une analyse détaillée et très complète du personnel en place dans la phase de conquête.

[17] Autour de 1000 citations sur Google books.

Achevé en 1812, cet ouvrage a été commandé par l'empereur Gia-Long. Il était destiné à remplacer celui de la dynastie précédente. Lors de l'arrivée des Français, c'est bien le Code Gia-Long qui est en vigueur en Cochinchine. Cependant, avant ce Code et encore dans d'autres parties du pays, c'est le *Code des Lê* qui s'appliquait, Code datant du XVe siècle et qui a été officiellement en vigueur jusqu'au XVIIIe siècle.

Que sont ces Codes ? Le remarquable article de Chanh Tam Nguyen[18] nous permet de bien distinguer les deux Codes. Dans les deux cas, il s'agit d'une traduction de Codes chinois, mais si le *Code Gia-Long* est une traduction fidèle du *Code des Tsing* (à un article près) le *Code des Lê*, ne reprend que certains articles du *Code des Tang* et possède des articles originaux reprenant la culture annamite. Ainsi, dans le *Code des Lè,* sur 722 articles, 310 ont été influencés par le Code chinois, mais 412 ne trouvent aucun équivalent dans d'autres Codes asiatiques. Ces articles sont particulièrement originaux pour ce qui est du droit de la famille.

Le *Code Gia-long* qui a été traduit et commenté par Philastre reflète les deux courants de pensée qui se sont opposés en Chine impériale : la doctrine de Confucius qui définit l'homme comme naturellement bon et celle des « légistes » qui considèrent l'homme comme essentiellement mauvais.

Le confucianisme a largement influencé les Codes. La loi n'est pas regardée comme une nécessité. Selon Pham Van Bach[19] « l'essentiel dans le royaume est que chaque individu se mette à la place qui lui est assignée et dans la fonction qui est la sienne et aussitôt, l'ordre triomphe dans la cité sans que le prince ait besoin d'édicter des lois ». Par conséquent, seul le non-respect des rites doit être sanctionné et on n'a donc besoin que d'une loi pénale. Ainsi chaque article du Code prévoit une sanction. De plus le manquement aux préceptes moraux est puni comme n'importe quelle infraction. Par exemple, étaient punis le manque de piété filiale ou le manque de concorde (article 2) et ils étaient qualifiés de crimes atroces.

Le *Code Gia-Long* n'est pas un Code national, c'est « un habit chinois coupé pour les Vietnamiens »[20] ; en revanche, le *Code des Lê* avec ses 412 articles originaux peut être considéré comme un Code national représentatif de la culture annamite.

Tout cela, les Français qui débarquent en Cochinchine l'ignorent. Il est établi par l'amiral Charner que les indigènes continueront de bénéficier de leurs lois et coutumes. Il est donc impératif de connaître ces lois et coutumes. On répète que

---

[18] Chanh Tam NGUYEN, « Le Code des Lê et le Code des Nguyên étaient-ils des Codes nationaux », in *Histoire de la codification juridique au Vietnam*, textes réunis par Bernard DURAND, Philippe LANGLET, Chanh Tam NGUYEN ; Collection temps et droit, Faculté de droit de Montpellier, février 2001, p. 185-231.

[19] Pham VAN BACH, *Essai sur l'idée de la loi dans le Code Gia-Long*, Thèse, Paris, Librairie Picart, Paris 1935.

[20] Vu VAN MAU, *Ancien droit du Vietnam et histoire du droit*, Cours de 1ère année de droit, 1er tome, faculté de droit de Saigon, 1974, p. 214.

les lettrés ont fui Saigon lors de la conquête et les marins fraichement débarqués ne vont trouver pour les aider que quelques exemplaires oubliés du *Code Gia-Long*.

La première traduction date de 1865, elle est l'œuvre d'Aubaret[21] qui avait trouvé un Code complet dans une préfecture de la province de Vinh-long[22]. C'est, au départ, un des seuls marins qui maîtrise un peu les langues asiatiques[23]. Ce capitaine de frégate va donc traduire ce Code qui sera publié par ordre de son excellente le comte de Chasseloup-Laubat, ministre de la Marine et des Colonies. À l'heure actuelle, on a tendance à voir la colonisation comme une œuvre stratégique, réfléchie et organisée alors que l'exemple des lois indigènes l'illustre bien, on est dans le domaine de l'aléatoire et du hasard. Il faut parer au plus pressé. Il doit y avoir une justice indigène et on fait traduire par la seule personne qui maîtrise à peu près la langue un Code oublié au fond d'une préfecture. Ce Code a été traduit par Aubaret en 1865, mais J. Silvestre remarque, dans ses « Considérations sur l'étude du droit annamite », que l'on peut reprocher à ce travail son « excessive aridité », car il a « l'inconvénient de n'offrir que la lettre, sans révéler l'esprit de la loi ».[24] Cela peut expliquer le succès de la traduction de Philastre, onze ans plus tard. Son Code publié en 1876 va faire l'unanimité jusque dans les années 1920.

Philastre prend son temps, il est sur le terrain, il a appris la langue. Comme beaucoup de ces jeunes officiers qui sont arrivés avec l'escadre de l'amiral Charner, il a appris l'annamite avec le missionnaire Legrand de la Liraye,[25] mais

---

[21] Archives Aubaret mises en vente par la maison Leclere : un manuscrit « Code pénal annamite, lois et règlements du Royaume d'Annam traduits pour la première fois d'après le texte original par Monsieur Aubaret Lieutenant de Vaisseau, sous le gouvernement de Monsieur le Contre Amiral Bonard et publié sous le ministère de son excellence Monsieur le Comte de Chasseloup-Laubat ministre de la marine et des colonies ».Ce manuscrit sera publié sous le titre : *Code Pénal Annamite-Lois et règlements du Royaume d'Annam* à Saigon en 1862 in-8 et à Paris en 1865. - 5 cahiers manuscrits in-folio : 440 p. sur papier bleu portant un timbre sec de 1861 avec corrections, addenda, croquis, tableau de la main d'AUBARET. Auxquels on joint : - 2 p. imprimées : Notice du Traducteur du Code Annamite, première épreuve de l'Atelier Oriental en date du 6 novembre 1863 avec corrections manuscrites et bon à tirer d'Aubaret. - Une 2ème épreuve de cette notice tirée par l'Atelier Oriental en date du 30 décembre 1863 avec préface de l'Empereur GIA LONG avec un exemplaire avec corrections. 2/ Deux cahiers manuscrits « Lois et règlements du Royaume d'Annam - 1er cahier » : 100 p. in-folio, relatant toutes les sortes de peines et leurs châtiments. Avec corrections de la main d'Aubaret. 3/ Un manuscrit : Gia-Dinh-Thang-Chi « Histoire et description de la basse Cochinchine. Traduit pour la première fois d'après les textes originaux chinois par G. AUBARET ». 5 cahiers manuscrits : 328

[22] P. VIAL, *op. cit.*, p. 167.

[23] Doué d'une grande érudition dans les langues orientales, il était l'interprète de l'amiral et son intermédiaire pour les affaires politiques.

[24] *Penant* 1897-II, 51.

[25] C'est un missionnaire qui réside en Cochinchine depuis 1843 et qui connait parfaitement la langue, il va être recruté comme interprète par l'amiral Charner qui va le nommer chef du bureau de renseignements sur les coutumes et les institutions indigènes créé le 1er juin 1862. Il quittera la religion par la suite pour devenir fonctionnaire. Il jouera un rôle non négligeable dans la colonisation de l'Indochine et écrira plusieurs ouvrages dont un dictionnaire.

aussi sur le terrain. Le lieutenant Nel qui lui a consacré une rapide biographie[26] nous le décrit ainsi : « Doué d'une intelligence claire et positive, Philastre devait avant toute chose, se livrer aux recherches qui pouvaient avoir une utilité immédiate. Ses travaux sont d'abord d'ordre tout pratique ; ce n'est que plus tard qu'il abordera, par une suite de déductions logiques les belles études, purement spéculatives, peut-on dire de l'exégèse chinoise. » « Pendant douze ans, il travaille à sa magnifique traduction du *Code Gia-Long*[27] qu'il accompagne de nombreux commentaires et d'importants extraits des Codes chinois. Ce travail est resté de nos jours (1903), la base la plus solide de toutes les études de la législation indigène ». Cet ouvrage va obtenir le prix Stanilas Julien décerné par l'Académie des Inscriptions et Belles-Lettres.

C'est un travail de 1 546 pages en deux volumes. La présentation suit la philosophie du Code annamite. Il y a par exemple un tableau intitulé « les six produits des actions illicites » et sur la page de droite figurent les « explications coordonnées ». Il multiplie les aides à la compréhension pour un Occidental dans plusieurs rubriques intitulées : « un guide portatif pour la lecture des lois » ou encore « origine des textes ».

Dans sa préface, Philastre explique les raisons de son ouvrage : « Cette traduction a pour but, comme je l'ai dit, de faire connaître le droit chinois-annamite, de faciliter la tâche des magistrats chargés d'appliquer la loi et de permettre d'entreprendre peu à peu leur amélioration. » Il ajoute encore : « une traduction d'un Code annamite ne peut donc être qu'un guide, une aide, un moyen d'arriver à se servir du Code lui-même ». Il y a donc dans son travail la volonté d'une évolution, d'une amélioration, mais la mise en place par le premier gouverneur civil d'une justice avec des magistrats de carrière qui ne font que passer va figer ce Code en l'état où Philastre l'a traduit, car la plupart des magistrats ne maîtrisent pas la langue. Philastre sait que le Code a été fait par les Chinois, mais il pense que le but est de guider les Annamites vers les Chinois « le recueil des lois pénales de *Gia-Long* ouvre une nouvelle voie devant conduire la race annamite à une assimilation plus complète avec les Chinois. »[28]

Au moment où il effectue la traduction du Code Gia-Long, il semble ignorer l'existence d'un autre Code. Cela se conçoit aisément si l'on sait les moyens de communication de l'époque, si l'on prend en compte la fuite des lettrés en Annam et si l'on retient que les Français n'occupent que la Cochinchine, l'Annam et le Tonkin mettront beaucoup plus de temps à entrer dans l'empire colonial français et ils n'y seront qu'à titre de protectorat.

La traduction de Philastre va avoir un impact considérable en matière de justice pendant des décennies. Personne ne met en doute la validité de l'œuvre et tous les juristes considèrent qu'il s'agit là du droit annamite. Cela deviendra d'ailleurs très souvent dans les écrits : le *Code Philastre*. Les arrêts s'y réfèrent et

---

[26] *Op. cit.*, p. 10.
[27] PHILASTRE, *Le Code annamite*, 2 vol., Leroux, 1876.
[28] *Le Code annamite*, p. 1.

s'appuient souvent sur l'interprétation de l'article qui a été donnée par Philastre. Les manuels ne tarissent pas d'éloges. Ainsi, tout au long du *Précis de droit annamite*[29] écrit par A Miraben, procureur de la République, l'auteur s'appuie sur les interprétations de Philastre en le couvrant de louanges. Georges Durwell, magistrat, dans son ouvrage *Ma chère Cochinchine*, lui aussi rend hommage au savant travail de l'auteur et s'appuie sur son interprétation de la coutume annamite en tout point. Ce ne sont que quelques exemples parmi des multitudes. Pendant des années on prendra pour intangible les écrits de Philastre. Il n'y a jamais de contestation même lorsqu'apparait une autre source de droit indigène devant la nouvelle Cour d'appel d'Hanoi. Il faudra attendre les années 1920 pour que la Cour d'appel de Saigon admette qu'il existe un autre Code, le *Code des Lê* beaucoup plus conforme à la culture annamite notamment en droit de la famille.

L'exemple des droits de la femme mariée à travers la jurisprudence des Cours d'appel d'Indochine démontre à quel point la pensée de Philastre a pu peser sur les juges français.

Le débat a fait rage autour des droits reconnus à la femme mariée. Sous une décision de 1894,[30] le commentateur affirme que nos juges s'appuient, pour statuer en matière indigène, soit sur le *Code chinois*, soit le *Code Gia Long* (qui est aussi le Code chinois), soit sur la coutume, mais c'est le texte écrit qui va prévaloir. Les juridictions de première instance continuent d'appliquer leurs coutumes, mais les juges de la Cour d'appel ont décidé d'appliquer le *Code Gia-Long* et donc le droit chinois. Cette position sera inébranlable pendant 17 ans environ. Il est donc acquis pour les magistrats de la Cour d'appel de Saigon, qui sont tout puissants dans ce domaine puisque la Cour de cassation se refuse à les contrôler en matière indigène, que la communauté conjugale n'existe pas : par conséquent, au moment de la dissolution, il n'y a pas de partage.[31] Le principe est posé, il est justifié par une affirmation glorieuse de la volonté des juges de respecter absolument les institutions primitives et de ne surtout pas polluer ce droit par des concepts occidentaux.

On voit apparaître la coloration du droit romain, il ne faut pas oublier que c'est à cette époque que se créent les chaires d'histoire du droit (premier concours d'agrégation en 1896). Il semble que les juges, assez démunis face à l'obligation d'appliquer un droit dont ils ne connaissent rien, se sont, dans un premier temps, alignés avec la coutume locale, puis, férus de droit écrit, se sont appuyés sur un Code d'origine chinoise qui avait, de surcroît, l'avantage de ressembler à quelque chose qu'ils maîtrisent : le droit romain. Ils sont enfin en terrain connu et cette référence va servir de justificatif à plusieurs reprises.

---

[29] A. MIRABEN, Plon, Paris 1896.

[30] *Penant* 1894, I, 1291, p. 65.

[31] Saigon 3 août 1893, J.J.I. 1894 p. 18 : « en cas de divorce le tribunal ne peut ordonner le partage des biens acquis pendant le mariage ».

Quelques années plus tard le président de la Cour d'appel Crémazy[32], met en place une théorie quasi inattaquable qui institue cette absence totale de droit patrimonial pour la femme au nom d'une orthodoxie maniaque visant à respecter la culture indigène. C'est sous sa présidence que se consolide le concept de la fusion dans le patrimoine du mari de tout bien pouvant appartenir à la femme. Le président Durrwell maintiendra cette intransigeante position. Et il publiera, lui aussi, en deux tomes, les arrêts qu'il a rendus accompagnés de commentaires comme un véritable manuel à disposition des autres juges de Cochinchine[33]. Il faut bien rappeler que le président de la Cour d'appel et ses conseillers sont le dernier recours hiérarchique et ce sont eux qui font le droit en Indochine, car à l'instar de ce mari omni puissant, ils sont seuls, sans contrôle de la Cour de cassation, à décider du droit local applicable, pour eux le *Code Philastre* est incontournable.

La première opposition à ce principe bien établi, selon lequel la femme mariée n'a aucun patrimoine, vient d'une décision de la Cour d'appel à Hanoi, le 30 septembre 1910[34]. Elle déclare que le *Code Gia Long* étant muet sur le régime matrimonial, il faut se référer à la coutume (il ne faut pas oublier qu'à Hanoi on est en régime de protectorat et que les tribunaux indigènes existent encore). Or la coutume fait de cette société conjugale une sorte de communauté de biens. Par conséquent, dit la Cour, le mari doit obtenir le consentement de la femme pour tous les actes d'une certaine importance. Elle se réfère expressément à la coutume tonkinoise. Elle affirme : « la coutume fait obligation au mari d'obtenir le consentement de sa femme pour les actes d'une certaine importance telles les aliénations immobilières ».

Pour comprendre un peu cette période charnière, il importe de préciser que c'est en 1911 que Deloustal traduit le *Code des Lê*, Code antérieur au *Code Gia Long* qui reflète mieux la tradition annamite, reconnaissant à la femme mariée certains droits.

Un article écrit en 1922 par un ancien conseiller de la Cour d'Hanoi[35] revient sur cette tentative de revirement de la Cour de Hanoi et il ne ménage pas la Cour de Saigon[36]. Il explique que « cet arrêt célèbre (de la Cour de Hanoi) invoque directement la coutume tonkinoise comblant les lacunes de la loi ». La réaction des puristes de Saigon (et notamment celle de Durrwell) ne se fait, en effet, pas attendre. La Cour de Saigon martèle sa solution. Le 11 mai 1911[37], elle réaffirme le principe de l'absorption des biens de la femme par le patrimoine du mari et maintient les interprétations du Code Gia-Long. La Cour d'Hanoi, devant le tollé soulevé par sa décision s'est à nouveau alignée sur la jurisprudence de la Cour de

---

[32] Laurent CRÉMAZY, *Coutumes, croyances, mœurs et usages en Chine, dans l'Annam et en Corée*, conférence faite à l'Ecole coloniale le 18 décembre 1907.
[33] G. DURRWELL, *Doctrine et jurisprudence en matière civile indigène*, fascicule 1 et 2, Saigon, 1900.
[34] *Penant*, 1912, Jur., p. 24.
[35] Au moment où il écrit cet article, il est président du tribunal consulaire de Shanghai.
[36] BRIFFAUT, *Penant* 1922, I, p. 33-34.
[37] Saigon 11 mai 1911 J.J.I. 1912, p. 37 et 41.

Saigon. En 1919 elle est plus proche du peuple annamite et elle fait savoir que c'est par obligation qu'elle applique les principes du *Code Gia-Long*. Dans ses développements, elle reconnait l'existence du *Code des Lê* et exprime qu'elle sait que ce Code est plus favorable à l'épouse, mais elle poursuit en ne lui reconnaissant qu'une valeur historique et dit, « à son regret » que seul le *Code Gia-Long* est en vigueur.

C'est à propos d'une affaire atypique que la Cour de Saigon a reconnu qu'il était temps changer sa position[38]. Cet arrêt consacre un assouplissement certain, mais il ne reconnaît pas encore l'existence d'acquêts communs partageables, car, dans notre hypothèse, il est bien précisé que les deux époux étaient séparés depuis très longtemps et qu'il est prouvé que le mari n'a participé en rien à l'achat des biens revendiqués. En Cochinchine, en raison d'une préférence pour un Code écrit et par référence au droit romain, les juges, au nom d'un prétendu respect d'une civilisation différente de la nôtre, ont soumis la femme annamite à un régime tout à fait inégalitaire pendant de longues années.

Après 1930, le Code civil du Tonkin[39] et le Code civil d'Annam[40], fortement colorés de culture occidentale mettent fin à toutes ces interrogations puisque la jurisprudence, sur cette thématique, est après cette date quasi inexistante dans les ouvrages de jurisprudence coloniale.

Mais de sa traduction aux années 1920, la justice indigène sera rendue exclusivement et sans aucune interprétation selon la traduction de Philastre et en s'appuyant sur ses interprétations des articles de ce fameux Code.

III. PHILASTRE : UN MARIN DIPLOMATE

Ce n'est pas l'aspect le plus glorieux du personnage, car un des derniers actes accomplis en Indochine est la signature d'un traité avec le Tonkin qui lui a valu des critiques, voire de la haine étalées dans les journaux et les écrits de l'époque. Finalement son rôle dans cette affaire du Tonkin, en service commandé, a fait parfois oublier le travail énorme effectué par Philastre au service de la justice. C'est donc à travers cette activité diplomatique contestable où l'on a l'impression qu'il a servi de fusible à l'amiral gouverneur de l'époque que beaucoup connaissent Philastre. Il faut dire que tous les éléments sont réunis pour la polémique. Dans le meilleur des cas, certains pensent qu'il est devenu un transfuge et qu'il a abouti à ce traité par manipulation alors que d'autres le traitent carrément de traitre et lui font porter de poids des nombreux Annamites tués à cause de ce traité.

C'est une affaire extrêmement compliquée qui met en jeu des figures majeures de l'Indochine : Garnier, Dupuis et Philastre. Ce qui donne un tour dramatique à ces événements c'est que Garnier et Philastre sont de grands amis, que Garnier va

---

38 Saigon 24 mars 1921, J.J.I. 1921 p. 388, *Penant*, 1922, Jur. p. 199 n° 4249.

39 30 mars 1931.

40 Promulgation en 1939.

y laisser sa vie et que le troisième homme est un affairiste et un aventurier. « L'amitié professionnelle qui liait Francis Garnier à Philastre était multipliée, en effet, par la conformité de leurs idées concernant le destin de l'Indochine et le rôle que la France pouvait y jouer »[41]. Durant les premières années de la conquête, ils sont tous les deux convaincus de l'avenir de cette nouvelle colonie et si un est plus administratif et l'autre plus aventureux, ils se comprennent et s'apprécient.

Leurs chemins vont se séparer un certain temps et ainsi Garnier se bat lors de la guerre de 1870. Dès son retour en Indochine en 1873, on va lui confier une mission au Tonkin qui lui convient tout à fait, car sa conviction est qu'il faut maîtriser le Fleuve Rouge pour améliorer les voies avec la Chine. L'amiral Dupré, alors gouverneur de la Cochinchine, est assez favorable à la conquête du Tonkin, alors que la métropole ne souhaite pas contrarier la Cour de Hué. Or au milieu de tout cela, il y a un affairiste, aventurier, Jean Dupuis, qui a pris de l'avance. Il est parti à la conquête d'Hanoi et en occupe la citadelle.

L'amiral Dupré, gouverneur de Cochinchine, prend prétexte de ce que l'occupation de certaines parties du Tonkin par Dupuis est contraire aux traités pour expliquer à la métropole qu'une expédition s'impose pour faire déguerpir Dupuis[42]. Il s'engage à payer toutes les conséquences de ses actions et demande juste au gouvernement de le « laisser faire, sauf à me désavouer si les résultats que j'obtiens ne sont pas ceux que je vous ai fait entrevoir ». Le même jour il envoie un télégramme sur le même sujet où il avance : « succès assuré ».

Le ministère de la Marine donne l'ordre formel de s'abstenir. Quelque temps plus tard, la Cour de Hué voyant que Dupuis ne bouge pas, décide d'envoyer des ambassadeurs pour aller chercher de l'aide. L'amiral Dupré les persuade qu'il va trouver une solution et justifie ainsi l'envoi d'un officier à Hanoi pour persuader Dupuis d'évacuer.

C'est alors qu'il convoque Francis Garnier. Il partira au Tonkin accompagné de 83 hommes répartis sur deux bateaux puis sera rejoint par deux autres bateaux et 88 hommes. Il résulte des instructions de l'amiral[43] que si l'objectif est de chasser Dupuis de Hanoi, il est aussi et surtout de rester sur place et de convaincre la Cour de Hué d'ouvrir le fleuve Rouge à la navigation. Au départ donc il s'agit d'une expédition pacifique, mais elle dégénèrera très vite.

Devant l'hostilité des autorités annamites à Hanoi, Garnier avec l'aide de Dupuis s'installe au Camp des lettrés. Une lettre de Garnier de cette époque montre qu'il est en train de changer un peu le sens de sa mission en disant qu'il n'est pas venu expulser Dupuis, mais examiner sa conduite. Dans le même temps, il proclame le fleuve Rouge ouvert au commerce et l'affiche sur les murs de Hanoi. Il faut savoir qu'en face lui il y a 7 000 hommes armés dans la citadelle. En l'absence de réponse, Garnier attaque la citadelle. « En une heure la citadelle

---

41 Albert de POUVOURVILLE, *Francis Garnier, Les grandes figures coloniales*, Plon, 1931.

42 Dépêche du 28 juillet 1873, *ibid.*, p. 191.

43 Saigon le 11 octobre 1873.

était emportée, l'armée annamite en fuite, et le grand maréchal (annamite) blessé mortellement. De notre côté nous avions un tué. »[44]

On comprend bien là que cette attaque va déplaire au plus haut point à la métropole et à la Cour d'Hué, aussi va-t-on essayer de rattraper le désastre par l'envoi d'un négociateur. Et ce négociateur c'est Philastre qui paraissait aux yeux de tous le meilleur spécialiste de l'Annam. La lettre que Philastre écrit à Garnier ne laisse aucun doute sur sa désapprobation. Elle est citée en intégralité dans l'ouvrage consacré à Garnier[45]. Il lui dit : « Avez-vous songé à la honte qui va rejaillir sur vous et sur nous, quand on saura qu'envoyé pour chasser un baratier quelconque, et pour tâcher de vous entendre avec des fonctionnaires annamites, vous vous êtes allié à cet aventurier pour mitrailler, sans avis, des gens qui ne vous attaquaient pas et qui ne se sont pas défendus ? »

On voit ensuite qu'ils en avaient discuté et que Philastre avait mis Garnier en garde, il ajoute : « je m'attends à être mal reçu (à la Cour de Hué) ; en tout cas, j'aurais bien à souffrir, car ils ont beau jeu ». Il explique qu'il ne souhaitait pas participer à cette opération, mais qu'il n'a pu refuser à l'amiral la mission qu'il lui donne.

Garnier a conquis tout le delta du fleuve, il revient à Hanoi, car des contre-attaques se présentent et c'est en repoussant les Pavillons noirs (pirates d'origine chinoise) qu'il trouve la mort. Philastre après un passage infructueux à la Cour de Hué va se rendre sur le terrain avec des ambassadeurs annamites, il libère, tour à tour, toutes les villes prises par les troupes de Garnier jusqu'à la citadelle d'Hanoi qui est rendue aux Annamites. Or cela a des conséquences désastreuses, car tous les Annamites qui avaient apporté leur soutien aux Français sont massacrés très rapidement et notamment tous les villages chrétiens et tous les mandarins nommés par les Français. Ceux-ci, malgré leurs suppliques n'obtiennent pas la protection de Philastre. Le 16 février 1874, Philastre reprend le chemin de Saigon après avoir rendu aux Annamites tout ce que Garnier et Dupuis leur avaient pris. Le 15 mars l'amiral Dupré signe un traité avec la Cour de Hué : c'était une convention de protectorat bien que le mot ne fut pas cité qui donnait des droits aux Français.

À la suite de cette aventure, la première réaction, tant en métropole qu'aux colonies, a été de « faire porter le chapeau » à Garnier et de faire de Philastre le héros qui avait résolu cet imbroglio de manière diplomatique. Fort bizarrement, l'amiral Dupré qui a joué un double jeu et qui s'était posé comme acceptant de payer au prix fort son échec ne se présente plus comme responsable. Le ministère de la Marine, le 7 janvier 1874 envoie ce télégramme au gouverneur : « Hâtez par tout moyen la conclusion du traité, qui aura pour résultat l'évacuation de la citadelle d'Hanoi, car je vous rappelle que le gouvernement exige de la manière la plus absolue qu'il ne soit pas question d'une occupation quelconque du Tonkin ». Certains à la Chambre, et non sans raison tiennent l'amiral Dupré

[44] *Ibid.*, p. 212.
[45] *Ibid.*, p. 236.

comme responsable de cette dérive. Un député proclame : « M. Dupré aurait dû être désavoué et passer en conseil de guerre ». Tant les Anglais que les Espagnols félicitaient Philastre pour son action. Garnier était conscient qu'il enfreignait les ordres donnés par la métropole. Il disait dans une lettre : « Je flaire une affaire Pritchard, où l'amiral Dupré et moi serons désavoués »[46]. Il était prémonitoire, car dès janvier 1874, le gouverneur de Cochinchine ne le défend que très mollement et parle de « ses erreurs, ses fautes même ».

Aucun honneur ne lui fut rendu et sa famille subit des déboires pour rapatrier son corps et pourtant ce qui reste aujourd'hui c'est que Garnier fut un héros et Philastre un transfuge au service de l'ennemi. En effet, par un large mouvement d'opinion, Philastre, chargé d'affaires à Hué, fut contraint en 1879 de prendre sa retraite. Que s'est-il passé entre temps pour que le héros devienne un traitre ? La métropole souhaite que le Tonkin soit conquis (J. Ferry). Ce n'est pas le propos ici de le développer, mais le fait est que l'on va s'attacher à démontrer que, par la faute de Philastre, on a perdu le delta du fleuve Rouge dont la conquête, avec si peu d'effectifs, était censée représenter un exploit, mais surtout qu'à cause de lui des milliers d'Annamites qui s'étaient ralliés aux Français ont été massacrés. Jean Dupuis a écrit de nombreux livres qui démontrent une haine farouche pour Philastre[47]. Dans son ouvrage *Le Ton-Kin et l'intervention française*[48], cette simple phrase donne une idée des développements qui la suivent : « Détruire l'œuvre de Garnier et rivaliser de zèle avec les mandarins pour retrouver l'autorité annamite, à laquelle ont outrageusement porté atteinte les brigandages des sieurs Garnier et Dupuis, telle va être, en deux mots, la politique de M. Philastre au Ton-Kin. » Pour Dupuis qui avait occupé Hanoi sans aucune autorisation, la venue de Garnier et leur triomphe lui ouvraient grand la voie du commerce. Il ne pardonnera jamais à Philastre d'avoir mis à néant toutes leurs victoires. D'autant que quelques années plus tard les tentatives de conquête de la région vont reprendre et que le Tonkin rentrera dans l'Union indochinoise en 1887. E. Louvet dans son ouvrage : *La vie de Monseigneur Puginier*[49] est encore plus terrible pour Philastre.

De Pouvourville, auteur de la biographie de Garnier en 1931, est moins sévère à l'égard de Philastre même s'il dit de lui : « cet homme, qui fut néfaste à un point qu'on ne saurait dire ». Il explique qu'il « avait subi inconsciemment, cette emprise de la race et de la tradition jaunes, qui nous conquiert tous par l'esprit, sinon par le cœur, et qui nous conduit, si nous n'y prenons garde, à une véritable

---

[46] Lettre citées par A. de POUVOURVILLE, *op. cit.* p. 232.

[47] J. DUPUIS, *L'autonomie du Tonkin*, Institut géographique de Paris, Ch. Delagrave, 1886, *Le Tonkin de 1872 à 1886, Histoire politique*, Challamel, 1910 ; *Les origines de la question du Tonkin*, Challamel, 1896, *La conquête du Tonkin par 27 Français,* Dreyfous, 1880 ; *Le Ton-Kin et l'intervention française (Francis Garnier et Philastre)* Challamel, 1898 ; *L'ouverture du Fleuve Rouge au commerce et les événements du Ton-Kin 1872-1873 ; Journal de voyage de l'expédition*, Challamel, 1886.

[48] *Ibid.*, p. 245.

[49] Hanoi, 1894.

déformation du jugement. Et s'y étaient complaisamment abandonné, poussé par la fréquentation assidue des mandarins, leurs conseils et leurs éloges[50] ». Il évoque une autre explication à son attitude qui aurait été une sorte de jalousie parce que l'on ne lui aurait pas confié un rôle de premier plan. Mais surtout, il explique que Philastre ignorait que Garnier avait des ordres à l'opposé des siens.[51]

Dans cette affaire deux pionniers de la conquête de la Cochinchine ont payé cher leur implication : Garnier y a laissé la vie et Philastre sa réputation. Quoi qu'il en soit, le vent avait tourné, et l'homme qui avait été fait officier de la Légion d'honneur quelques mois après sa mission au Tonkin pour services exceptionnels en Cochinchine a été contraint à une retraite forcée en métropole ou il a enseigné les mathématiques dans un lycée de Nice. On comprend mieux comment il s'est alors investi dans la tâche colossale de traduire du chinois au français, le Yi-king. Il s'agit d'un ouvrage en vieille langue chinoise qui décrit les rituels les plus anciens de la littérature chinoise. C'est une œuvre de la plus haute difficulté qui est composée de 64 figures correspondant aux 64 divisions de l'année chinoise. Une tâche d'une telle ampleur qu'elle permet, semble-t-il, de surmonter la disgrâce.

Beaucoup de ces marins qui ont été les premiers arrivés sur ces territoires qui allaient devenir l'empire colonial français ont eu des destins extraordinaires. Ils ont très souvent rendu la justice soit de manière officielle comme en Cochinchine où ils avaient été désignés pour assurer cette fonction ou de manière occasionnelle quand au gré de leurs missions, ils se trouvaient être les seuls à savoir écrire ou à détenir une petite autorité. Mais Philastre est allé plus loin que cela. Par sa traduction commentée du Code Gia-long il a influencé les juges professionnels qui rendaient la justice indigène en Cochinchine pendant des décennies, il fut la référence en la matière. Finalement c'est par ce Code qu'il restera à la postérité, piégé qu'il fut par l'amiral Dupré et les volte-face du gouvernement métropolitain dans l'affaire du Tonkin.

---

[50] *Ibid.*, p. 17.

[51] Albert de Pouvourville, parlant de Philastre : « Il trouva dans les papiers de son ami (après le décès de Garnier), les ordres de l'Amiral tout différents de ceux qu'il avait, lui, reçus, il comprit, seulement alors, qu'il avait été tenu à l'écart de l'action principale », *op. cit.*, p. 18.

L'INDIGÈNE-JUGE EN AFRIQUE-OCCIDENTALE FRANÇAISE (1887-1945) : COMMIS OU MAGISTRAT ?

Mamadou Lamine DEMBELE
Maître de conférences agrégé des Facultés de droit à l'Université des sciences juridiques et politiques de Bamako, Mali

Le droit colonial français apparaît souvent contradictoire, voire paradoxal. En effet, à en juger uniquement par ses principes sans tenir compte des faits et vice-versa, on ne comprendrait rien à certains aspects de l'immense entreprise visant la conquête des terres et la transformation des esprits qu'est la colonisation en Afrique. C'est que celle-ci, guidée certes par des principes, a été menée de façon expérimentale et au gré des contacts et des réalités du terrain.

Rendons justice à notre grand maître Bernard Durand qui n'a cessé de mettre en garde contre les jugements péremptoires sur la colonisation « Mais justement, impulsée par quelques personnalités fortes, la politique coloniale a manqué d'une volonté collective patiemment et rationnellement conduite. Et si diriger signifie « savoir ce que l'on veut, avoir une idée nette » (Gaston Doumergue), alors il est possible d'affirmer que dépourvu de prévision politique, l'empire colonial a été, plutôt que dirigé, moins gouverné qu'administrer et que, politiquement du moins, la direction a fait défaut »[1].

De ce fait, pour faire triompher ce nouvel ordre, l'idéologie seule ne suffisait pas ni l'édiction des règles si précises soient elles. Il fallait autant de volonté que très souvent d'entorses à certaines valeurs et règles tenues pour sacro-saintes en métropole[2]. La colonie serait-elle une zone de non-droit au regard des règles métropolitaines ?

La prise en compte de ce point de vue est nécessaire, car il est au fondement de la participation des indigènes dans l'administration de la justice tenue pour être un des traits du pouvoir souverain. Car, comme conséquence naturelle de la colonisation, le peuple qui subit le joug colonial ne saurait l'exercer. En effet, si l'on entend par colonisation le fait d'exercer une domination sur les terres et sur

---

[1] Bernard DURAND, *Administrer ou Gouverner les colonies françaises : L'Empire de Flore*, p. 1, article qui m'a été gracieusement offert pour la préparation du concours d'agrégation.

[2] Un exemple illustratif en est que la liberté personnelle, telle qu'elle est conçue dans les pays européens, subit une dérogation grave, dans les colonies d'Afrique, en Indochine et en Nouvelle-Calédonie, du fait du régime de l'indigénat, qui consiste essentiellement dans l'application aux indigènes de pénalités spéciales, infligées par l'autorité administrative à raison de faits dont le caractère n'est pas proprement délictueux, et aussi dans le pouvoir d'internement, de séquestre et d'amende collective conféré aux administrateurs.

la population d'un autre État, elle ne saurait s'accommoder, en principe, de la participation de ces sujets à l'exercice de la souveraineté du conquérant. Or nous verrons qu'au fur et à mesure du déroulement de la colonisation, le colonisateur sera amené à faire participer les indigènes, donc les sujets coloniaux, à son œuvre de colonisation[3], cette participation, voire cette intégration s'est faite en Afrique de l'Ouest dans plusieurs domaines : d'abord au plan militaire, avec la création de la troupe coloniale[4], pour parachever la conquête territoriale et pacifier les régions conquises ; ensuite au plan administratif, par la création de certains échelons administratifs notamment le canton et le village et la création de certains corps administratifs tels ceux des interprètes[5], des instituteurs, etc.[6] ; et enfin au plan judiciaire, par la création de tribunaux indigènes[7] qui feront, au cours de leur longue évolution, une place considérable aux indigènes qui seront chargés de juger leurs congénères ou, à tous le moins, de participer à leur jugement. Qu'on les appelle « assesseurs », « chef de village », « chef de canton », « fonctionnaires », certains « sujets juges » étaient présents dans tous les rouages de l'organisation judiciaire des colonies. C'est à l'analyse de la place et du rôle de ces « juges indigènes » dans cette organisation que sera consacré ce travail.

Au demeurant, cette façon de faire ne s'inscrit-elle pas dans la nouvelle tendance de l'histoire telle que le suggère Jean Bruhat qui note que « de plus en plus, l'histoire scientifique de la colonisation est faite du point de vue des peuples qui furent colonisés : ce qu'ils étaient avant la colonisation, ce qu'ils furent pendant, ce qu'ils sont devenus après ». Comment était alors choisi ces individus qui officient auprès des maîtres ou en tant que tels en matière judiciaire ? Quels

---

[3] Il faut mentionner aussi et surtout le fait qu'elle était soutenue par une construction doctrinaire qui n'était pas statique. Mais dans toutes ses phases, n'a pas été remise en cause la nécessité de s'appuyer sur les indigènes. Dans le cas français qui nous intéresse ici, la doctrine insiste sur trois principales phases qui correspondent à trois idéologies différentes à savoir l'idéologie de la période de l'exploration coloniale, l'idéologie de l'installation et de l'exploitation coloniale et enfin l'idéologie de la période de la transformation coloniale. Voir Séraphin NÉNÉBI, *Introduction historique au droit ivoirien*, CNDJ, Abidjan, 2016, p. 595.

[4] Le terme troupes coloniales ou armée coloniale ou troupes des colonies françaises a plusieurs sens. Il s'agit d'abord des troupes françaises devant assurer la défense des colonies. Puis, assez rapidement, ce terme a désigné les troupes recrutées dans les colonies françaises, hors Afrique française du Nord (ces troupes constituant spécifiquement l'armée d'Afrique) et d'une partie des troupes britanniques lors de la première guerre mondiale. Les troupes coloniales sont apparues en 1900, lorsque l'ensemble des troupes terrestres dépendant du ministère de la Marine, appelées troupes de marine, furent transférées sous les ordres du ministère de la Guerre. Elles disparurent en 1958 lorsque, les colonies ayant acquis leur indépendance, la mission de ces troupes fut redéfinie. Elles reprirent alors le nom de troupes de marine, tout en restant dans l'armée de terre.

[5] R. MOPOHO, « Statut de l'interprète dans l'administration coloniale en Afrique francophone ». *Meta*, 46(3), 2001, p. 615-626.

[6] Seraphin NENEBI, *Les Institutions coloniales de l'Afrique Occidentale Française*, Les éditions ABC, 2015, p. 252.

[7] Mamadou Lamine DEMBELE, « Les tribunaux de province au Soudan Français (1903-1924) : heurs et malheurs d'une justice de proximité », in *Accord pour la Paix au Mali et Varia, Revue Malienne des Sciences Juridiques, Politiques et Economiques de Bamako (REMASJUPE),* n° 4, 2017, Presses de l'Université Toulouse 1 Capitole, p. 221 à 266.

étaient leurs statuts et leurs attributions ? Quelle fut leur contribution dans l'administration de la justice coloniale ? Comment étaient-ils perçus non seulement par leurs commettants, mais aussi par leurs « compatriotes » ?

Voilà quelques-unes des interrogations que nous tenterons de répondre en se focalisant sur le contexte particulier des colonies françaises de l'Afrique de l'Ouest dès les premières phases de la pacification vers 1887, marquées par une volonté de centralisation forte et la prépondérance de l'administration directe jusqu'aux années 1945 ; qui correspondent au début du démantèlement du système colonial et le cap vers les indépendances dans le cadre d'une communauté franco-africaine. Le groupe AOF qui n'a pris sa forme définitive qu'en 1904, comptait cinq colonies à savoir le Sénégal, la Guinée, la Côte d'Ivoire, le Dahomey et le Haut-Sénégal-Niger. Cette dernière colonie constituée des territoires militaires et d'une partie de la Sénégambie (le reste étant incorporé au Sénégal), il s'y ajoute le « Territoire de la Mauritanie » puis en 1911 le « Territoire militaire du Niger » détaché du Haut-Sénégal-Niger. Ceux-ci deviendront « colonies » respectivement en 1920 et 1921. Une huitième colonie, la Haute-Volta est détachée en 1919 du Haut-Sénégal-Niger, qui reprend en 1920 le nom de « Soudan français ».

Cette fédération[8] territoriale se démarque tant par son étendue géographique, que l'importance démographique parmi les possessions coloniales françaises du XIXe siècle. Toutes choses qui peuvent expliquer certains choix du colonisateur en matière judiciaire. En outre, c'est dans ces colonies que la France a tenté une expérimentation originale en matière judiciaire, qui se reflète autant dans le fonctionnement que l'organisation de l'appareil judiciaire de ces colonies. D'où l'intérêt pour l'historien du droit africain de porter son regard sur le présent sujet.

Au demeurant, si le carcan colonial a permis au colonisateur de choisir ses collaborateurs indigènes dans l'administration de sa justice dans les sens de ses intérêts, toutefois, les réalités du terrain et les contraintes socioculturelles ont décidé de la mise en œuvre des tâches à eux confiées. Ainsi conçu, le juge

---

[8] Il est intéressant de souligner que cette région d'Afrique aussi bien avant la colonisation européenne que pendant celle-ci, a pour trait majeur son caractère intégré aussi bien politiquement, géographiquement et culturellement. Cette dimension n'a pas échappé au colonisateur qui l'administra à travers une fédération. La description qu'en fait l'historien malien Sékè Mody Sissoko atteste bien de cette situation « L'Afrique de l'Ouest s'étend sur plusieurs millions de kilomètres carrés, pratiquement sans interruption de l'océan Atlantique au lac Tchad et du désert du Sahara au golfe de Guinée. Elle se caractérise principalement par son climat, qui a joué un rôle décisif dans l'histoire du peuplement. Elle comprend trois zones successives à climat tropical : le Sahara au nord, le Sahel au sud et la grande région du Soudan, qui recouvre toute la zone intérieure. La première région est presque totalement désertique. Le Sahel, situé entre les isohyètes 100 et 400 millimètres, jouit d'une saison des pluies qui s'étend sur trois à quatre mois. La pluviosité du Soudan est la plus élevée et devient plus abondante à mesure que l'on va vers le sud. Jusqu'à 800 millimètres de précipitations, la savane et les céréales prédominent ; au-delà, la forêt gagne en densité à mesure qu'elle se rapproche du sud et de l'océan. Dans cette région poussent des légumes racines et des fruits, dont la fameuse noix de kola qui distingue le Nord du Sud…» Voir « L'Afrique de l'Ouest » in *History of Humanity*, Vol. IV : *From the Seventh to the Sixteenth Century*, publié par l'UNESCO, Paris, et Routledge, Londres © UNESCO, 2000 pour l'édition anglaise, p. 1152.

indigène apparaitra à la fois comme un commis aux yeux du colonisateur (**I**), mais et surtout comme un « magistrat » en face des indigènes de l'AOF (**II**).

I. L'INDIGÈNE JUGE, UN COMMIS DU COLONISATEUR

Du latin *indigena* « originaire du pays », l'indigène désigne la personne appartenant à la population établie dans un pays antérieurement à la colonisation. Le mot commis renvoie à la lexicologie administrative et désigne un agent subalterne. En suivant le dictionnaire des synonymes de Lafaye, on relève que « Le commis a une commission, l'employé de l'emploi ; le commis a un commettant dont il suit les instructions, l'employé un chef dont il exécute les ordres. Commis annonce quelque chose de plus relevé et de plus important : le commis a la confiance de celui qui lui commet le soin de ses affaires, et, pour s'en acquitter, il jouit d'une certaine indépendance, et peut faire preuve de beaucoup de talent »[9].

C'est ainsi que par la force des choses, le colonisateur va s'associer les services d'une partie de ses sujets[10] pour le triomphe de son entreprise notamment en matière judiciaire. En effet, la justice, par sa nature, exige une étroite collaboration entre le colonisateur, les nouveaux maitres et la population, les sujets. En effet, il se trouve que le colonisateur ne parle pas la langue de la population et ne maîtrise pas totalement les codes culturels des sujets. Quant aux sujets, ils ignorent tout de leurs maîtres. D'où la nécessité d'un intermédiaire, d'une courroie de transmission, d'un vecteur, d'un truchement par lequel s'établit ce contact et sur lequel reposera tout l'édifice.

En matière judiciaire, ce sera la chefferie et l'assessorat indigène. Par conséquent, ces derniers deviendront un enjeu majeur de la politique indigène et le colonisateur s'évertuera, par stratégie, à les intégrer dans son système administratif. Cette stratégie s'est déployée dans deux sens : d'abord par la mise en place d'un mécanisme de sélection très rigoureuse des sujets appelés à cet « honneur » (***A***) ensuite la détermination d'un statut, plus ou moins précis, qui spécifiera leurs attributions et leur carrière (***B***) dans l'administration coloniale.

A. PAR SON MODE DE SÉLECTION

[9] Cité dans le *Grand Robert de la Langue française*, version électronique, version 2.0, 2005.

[10] A ce sujet, l'historien Elikia M'Bokolo remarque que pour « mettre en place et faire fonctionner le système colonial, les Blancs ne suffisaient pas : il fallait aussi et surtout les Noirs. Non seulement la masse, « objet » de la colonisation, mais également une classe ou des classes intermédiaires, en charge des travaux que les Européens ne pouvaient (faute d'hommes, de compétences spécifiques) ou ne voulaient pas faire. Tantôt instrument de légitimation, tantôt courroie de transmission principalement, souvent *factotum*, cette catégorie intermédiaire des cadres africains se composait principalement de deux entités, les chefs traditionnels et une nouvelle élite ». Voir Elikia M'BOKOLO, *Afrique Noire : Histoire et civilisations. Du XIXème siècle à nos jours*, Paris, Edition Hatier, AUF, 2ème édition, 2004. p. 358.

Le mot sélection a tout sens ici. Dérivé du latin « selectio » qui veut dire « choix », il renvoie à l'action de choisir les objets, les individus qui conviennent le mieux. En effet, qu'il soit dans le rouage administratif ou judiciaire, l'indigène qui participe à l'administration de la justice coloniale ne le fait pas en tant que mandataire de la population, mais plutôt comme l'exécutant d'une mission qui lui a été confiée par le colonisateur. À ce titre, il se trouve soumis au mécanisme de contrôle institué par le colonisateur qui en fait tout simplement un commis de celui-ci et non l'émanation de sa propre population.

De par la nature du droit colonial marqué par la prépondérance de l'administratif[11], il y a lieu de spécifier les catégories d'agents indigènes intervenant dans l'administration de la justice (*1*) avant de nous intéresser à leur procédure de recrutement (*2*).

1. La diversité des figures « du juge indigène »

C'est dans le labyrinthe de l'organisation judiciaire et administrative des colonies françaises d'Afrique que se déploie la stratégie du colonisateur utilisant les sujets dans l'administration des vastes territoires subsahariens marqués tant par l'étendue spatiale que la diversité des traditions et coutumes, fruit elle-même de la diversité ethnique.

C'est pourquoi, la figure du juge colonial en général et de celle du juge indigène en particulier, ne peut être détachée de la fonction administrative tant dans sa conception que dans son exercice. Qu'on les appelle « assesseurs », « chef de village », « chef de canton », « indigène fonctionnaire colonial », le juge colonial est un agent de l'administration et dépend de l'autorité exécutive. On peut donc ranger en deux catégories les juges indigènes selon son statut coutumier et selon son statut moderne (les nouvelles élites indigènes).

- *Le juge indigène en raison de son statut coutumier* : c'est tous ces collaborateurs qui interviennent dans l'administration judiciaire en raison de leur prééminence coutumière qu'il s'agisse de l'ancienne aristocratie, les lignées maraboutiques et les dépositaires de l'autorité traditionnelle. C'est d'abord *l'assesseur indigène et ensuite les chefs de villages et de cantons*.

- *L'assesseur indigène*, ayant généralement voix consultative et très rarement voix délibérative, est un notable indigène associé au procès pour aider l'administrateur colonial à mieux appliquer les coutumes des plaideurs. Selon les termes de Laurent Manière[12], ces assesseurs étaient donc les garants du savoir juridique local. On les retrouve à tous les niveaux de l'organisation de la justice indigène bien entendu avec de légères différences de statut : deux au niveau du

[11] En droit colonial, il n'existe pas une stricte séparation des fonctions judiciaires et administratives telle qu'en vigueur en métropole. De ce fait, dans les colonies, le judiciaire est dans l'administratif et vice-versa, créant une sorte de confusion des fonctions et des organes.

[12] Laurent MANIÈRE, *Deux conceptions de l'action judiciaire aux colonies. Magistrats et administrateurs en Afrique occidentale française (1887-1912)* (Inalco/Paris 7-SEDET).

tribunal de province ou de subdivision, présidé par le chef de province, deux (ces notables sont choisis par le gouverneur) au niveau du tribunal de cercle, présidé par l'administrateur et deux (choisis par le président de la chambre sur une liste de douze notables) au niveau la chambre spéciale d'homologation de la Cour d'appel de l'AOF à Dakar.

- Ensuite *le chef de village et le chef de canton* : ils doivent être étudiés ensemble, car ils constituent un rouage administratif colonial essentiel et aussi surtout du fait que la fonction judiciaire ne devait être que le complément nécessaire aux attributions administratives conférées à eux par le colonisateur. C'est dire qu'à la différence des assesseurs qui sont des collaborateurs intermittents, ils intègrent le dispositif administratif et judiciaire du maillage territorial de l'administration coloniale. Même s'il y a un lien de subordination entre le chef de village et le chef de canton, ces deux créatures de l'administration coloniale jouaient quasiment les mêmes rôles sous l'autorité du commandant de cercle. Ce qu'il faut souligner à leur sujet, c'est que cette chefferie administrative n'a que l'apparence de la chefferie traditionnelle comme l'atteste Jean-Suret Canaille « l'institution alors même qu'elle conserve les apparences traditionnelles et utilise les mêmes hommes et les mêmes familles, a un caractère fondamentalement nouveau »[13]. Cette situation affectera autant leurs responsabilités que leurs attributions. En effet, avec ce changement de situation, ils deviennent de simples auxiliaires de l'administration et seront « les hommes à tout faire de l'administration coloniale » notamment les tâches ingrates. « Il joue le rôle qui serait assigné, dit-on, dans certains grands magasins à un préposé aux réclamations des clients grincheux », souligne avec ironie le gouverneur général Delavignette[14].

Avec l'institution des tribunaux de villages, les chefs de villages et de canton avaient un pouvoir de conciliation dans les affaires familiales, foncières ; commerciales et de répression des contraventions. Quelle que soit la situation, son autorité est diminuée et ses administrés ont toujours la possibilité de s'adresser directement à la subdivision ou au commandant de cercle. D'où le rôle majeur souvent joué par les collaborateurs indigènes de l'administrateur qui les concurrençaient d'ailleurs. Ces derniers deviennent, de fait sinon de droit, des juges indigènes en raison de leur statut moderne.

- Le juge indigène en raison de son statut moderne : c'est *le fonctionnaire indigène*, collaborateur de l'administrateur. Ils sont nombreux : instituteurs, interprètes, gardes de cercle, commis, anciens combattants, médecins de brousse ou vétérinaires, etc. Ils constituent une classe d'évolués ayant une connaissance de la culture du colonisateur qui les met dans une situation incontournable dans

---

[13] Jean Suret-Canale, *Afrique noire : l'ère coloniale 1900-1945*, Editions sociales, Paris, 1964, p. 106.

[14] *Op. cit.*, p. 384.

les rapports entre le colonisateur et la population. « Paradoxalement, ce sont les groupes et les catégories qui ont bénéficié du système colonial et sur lesquels le colonisateur comptait s'appuyer qui fournissent les principaux éléments de l'élite qui dirigent le mouvement de décolonisation »[15] note Séraphin Nenebi, qui soulignait ainsi leur action historique dans le cadre de la décolonisation.

Mais ce qui nous intéresse ici, c'est leur proximité stratégique et idéologique avec le colonisateur qui après les avoir formé, instruit et promu, les met tout naturellement au service de son entreprise. Hampaté Ba a bien mis en exergue le rôle de cette catégorie sociale dans la société coloniale à travers son ouvrage sur *L'étrange destin de Wangrin*[16], où il dresse le portrait d'un instituteur devenu interprète et de ses nombreux « tours carabinés », dont sont victime autant l'administration coloniale que les sujets coloniaux particulièrement en matière judiciaire.

Voici, un passage remarquable de son ouvrage sur le rôle que peut jouer ces intermédiaires obligés : « dans toutes les villes où il [en parlant de Wangrin, le héros du récit] exerça en qualité d'interprète, on me répéta la même chose : jamais un pauvre homme poursuivi devant la justice pour dette ou non-paiement d'impôt (ce qui était fréquent à l'époque) ne fut jeté en prison pour ce motif si Wangrin en était informé. Il s'arrangeait toujours pour l'aider à s'en sortir : ou bien il influençait l'administrateur pour modifier son jugement (au besoin en le trompant, ce qui ne le gênait en aucune façon), ou bien il payait de sa poche la somme réclamée. À l'administrateur, il disait qu'un parent éloigné de l'accusé venait de lui faire parvenir la somme en question, et à l'intéressé il disait que l'administrateur était revenu sur sa position et avait classé l'affaire... »[17].

Dans la même veine, sur les interprètes, R. Mopoho[18] rappelait le témoignage du commandant Gallieni sur son interprète (Alpha Séga) qu'il présente « comme un singulier mélange de bien et de mal. Il s'exprimait correctement en français et connaissait tous les idiomes du Soudan occidental. Il avait une grande habitude des mœurs ridiculement majestueuses des princes nègres de ces régions... Voilà certes des qualités pour une diplomatie nègre ; mais en revanche que de défauts ! [...] Il possède [...] une vanité qui le distinguerait même parmi les nègres ».

2. Une sélection contrôlée

Comme conséquence de cette situation de subordination vis-à-vis du pouvoir colonial, le juge indigène, comme d'ailleurs toute la population colonisée, sera

---

[15] Séraphin Nenebi BOTI, *Les institutions coloniales de l'Afrique Occidentale Française*, Les éditions ABC, 2015, p. 252 ; fg.

[16] Au-delà, cet ouvrage et d'autres traitent du parcours personnel de ce collaborateur privilégié, qu'il a été de l'administration coloniale. Voir la riche bibliographie de cet auteur dont *Oui mon commandant !, L'Etrange destin de Wangrin, Les aspects de la civilisation africaine, Amkoulel, L'Enfant peul etc.*

[17] A. HAMPATÉ BÂ, *L'étrange destin de Wangrin*, Edition 10/18, 1973, France, p. 363.

[18] R. MOPOHO, « Statut de l'interprète dans l'administration coloniale en Afrique francophone ». *Meta*, 46(3), 2001, p. 619.

soumis à un contrôle social très strict. C'est là la nature profonde de l'administration directe. Dans sa volonté de contrôle, le colonisateur va ainsi mettre en place des procédures et des mécanismes visant à s'assurer d'une part la loyauté de ces sujets et d'autre part à faire prévaloir un minimum d'efficacité non seulement pour la survie du système, mais et surtout par respect de certains principes supérieurs en droite ligne à la mission civilisatrice qu'elle s'était assignée dans cette partie du globe.

Cette nécessité va impliquer d'une part la prévalence de certains principes dans le choix des sujets appelés à cette fonction et d'autre part la mise en place de mécanismes de coercition et de socialisation destinés à assurer un choix certain et une loyauté sans faille de la part de ces sujets, triés sur le volet.

- *En matière de principes*, chaque gouverneur a sa doctrine et son expérience personnelle en la matière. Toutefois, une certaine tendance peut être dégagée et qui justifie la situation de collaborateur inférieur du juge indigène. Van Vollenhoven avec un sens aigu de la politique africaine, pose dans une circulaire du 15 août 1917, le problème des chefs indigènes et indique les moyens de la résoudre. Estimait-il, en « tant qu'auxiliaires de l'autorité administrative, les chefs de circonscriptions trop peu nombreux ont besoin d'auxiliaires, et ces auxiliaires sont les chefs. Ces chefs constituent des « fonctionnaires dont l'existence est acquise même quand ils n'ont pas d'attribution et dont l'autorité est reconnue même quand il n'y a pas eu ni d'investiture, ni délégation de pouvoir ». Pour le choix des chefs, V. Vollenhoven en énumère trois modes : le premier est le choix dans les familles appelées traditionnellement à cet effet ; le deuxième mode est la désignation parmi les notables les plus instruits et les plus aptes à comprendre la pensée du chef européen et le troisième mode est une récompense réservée aux auxiliaires les plus dévoués c'est-à-dire les interprètes, les secrétaires, les anciens gardes ou anciens tirailleurs, etc.

Même si les critères sont fluctuants, il y a là manifestation le témoignage d'une prudence remarquable voire une intelligence politique, qui a généralement prévalue aux choix importants du colonisateur en matière indigène. Il va sans dire que la désignation est d'autant plus féconde, qu'elle ne fera que consacrer le vœu des administrés. L'officier français préconise aussi la formation des chefs, mais rejette le système des otages utilisé par Faidherbe. Selon lui, l'école des fils de chefs créée à Saint-Louis n'a pas atteint son but. Pour lui, la meilleure façon est que le commandant de cercle choisisse plusieurs candidats qui recevront d'abord une instruction primaire, puis seront associés aussitôt que possible à l'administration ; sous la direction du chef en exercice et sous le contrôle du commandant de cercle. C'est ainsi que la population sera habituée à voir ses chefs de demain. Enfin, concernant les chefs, d'autres administrateurs comme le gouverneur général Brévié à travers ses circulaires des 27 et 28 septembre 1932 et le gouverneur général Carde à travers ses instructions du 21 juillet 1930 ont marqué de leurs empreintes les chefferies traditionnelles. Mais une chose demeure, c'est la volonté de contrôler et de progresser lentement.

Dans cette perspective, relevons ci-dessous un certain nombre de décrets et d'arrêtés de nomination d'assesseurs extraits du *Journal officiel du Haut-Sénégal-Niger* de l'année 1907 dont la lecture nous renseigne sur l'intervention accrue de l'administration coloniale dans le choix des assesseurs, mais et surtout la diversité des figures des juges indigènes, de leur statut social et leur valse incessante à une période charnière dans l'implantation de la justice coloniale et plus particulièrement les tribunaux indigènes en AOF.

1. Arrêté du gouverneur général par intérim promulguant dans la colonie du Haut-Sénégal-Niger le décret du 20 décembre 1907, déterminant les conditions d'application du décret du 10 novembre 1903, dans le territoire militaire du Niger et du rapport du ministre des colonies, M. Milliès-Lacroix au président de la République au sujet de l'application du décret de 1903 dans le territoire militaire du Niger :

2. Décret du Président de la République française, A Fallières promulguant dans le territoire militaire du Niger le décret du 10 novembre 1903 :

3. Arrêté du lieutenant-gouverneur du Haut-Sénégal-Niger fixant la composition des tribunaux de province pour 1908 :

- *S'agissant des mécanismes de socialisation et de coercition*, ce sera d'abord avec l'institution de l'école coloniale. C'est le gouverneur Faidherbe, convaincu du rôle central de l'enseignement dans l'assimilation des indigènes, qui va créer en 1856 l'école des otages qui deviendra par la suite, en 1872, l'école des fils de chefs[19]. Quant aux mécanismes de coercition, ils sont inhérents au système colonial lui-même, car fondé essentiellement sur la discrimination et la prétendue supériorité de la civilisation du colonisateur. Raison pour laquelle, sur la base de préjugées moraux, celui-ci s'est assigné la mission d'élever, comme on élèverait un enfant, l'homme noir au stade de la civilisation. Dans cette perspective, on ne lésinerait pas sur les moyens de contrainte. Ils sont d'abord psychologiques avec une doctrine niant la civilisation africaine et professant la supériorité de la civilisation. Elle se présente comme un instrument de défense de l'œuvre de civilisation. L'Exposition coloniale en est la parfaite illustration. Ensuite, ils sont physiques, car atteignant l'indigène dans sa chair avec l'imposition du portage, de

[19] Amadou Abdoulaye DIOP, « L'école des fils de chefs de Saint-Louis du Sénégal », RASPOS, UGB, Sénégal. Dans cet article, on peut y voir que l'école des fils de chefs est une institution scolaire créée par le gouverneur au Sénégal en 1871. En 1893, l'établissement redémarre ses activités sous l'appellation de collèges de fils de chefs et d'interprètes, ensuite d'école des fils de chefs et d'interprètes en 1922, puis en école des fils de chefs en 1927. Le colonisateur attache une importance particulière à la procédure de recrutement à l'école des fils de chefs. En effet, la sélection se fait dans certaines familles en raison du prestige dont elles jouissent dans la société, d'une part, et en vue d'en faire des agents rompus aux tâches qu'appelle le commandement indigène, d'autre part. Ce recrutement terminé, les élèves reçoivent une formation scolaire, idéologique et politique. Pour y parvenir, l'administration coloniale met en place « un régime d'internat ». Donc le doute n'est plus permis. L'intention du colonisateur est de tenter de substituer son administration à la structure traditionnelle. Mais en même temps il faut déstructurer le tissu social indigène et imposer son modèle social.

la bastonnade comme moyen de recouvrement fiscal, de l'emprisonnement, du travail forcé, la fusillade pour trahison ainsi que la déportation. Cette dernière méthode consiste à l'éloignement des indigènes menaçant de troubler l'ordre colonial.

Tel fut le sort de Samory Touré exilé au Gabon en 1900 après sa capture et du Cherif Hamaoula de Nioro du Sahel exilé en France. Les moyens de coercition économique comprennent la fiscalité avec l'impôt de capitation[20], le travail forcé et certaines restrictions à la liberté de mouvement comme la répression du vagabondage[21] dont la finalité est plus économique de même que les réquisitions et les corvées. Toute cette panoplie de moyens de coercition devait trouver leur fondement juridique dans le Code de l'indigénat qui la légalisait et la légitimait avec à la clé les énormes pouvoirs discrétionnaires de l'administration coloniale sur les indigènes, quel que soit leur statut. Aucun indigène fût-il le chef n'échappait pratiquement aux sanctions de l'indigénat[22].

Si l'indigène-juge, par le conditionnement juridique, est intégré dans le rouage administratif et sert, bon gré mal gré, l'intérêt du colonisateur, il n'en demeure pas moins que cette situation rejaillisse sur sa position sociale dans la société colonisée, ses relations avec ses compatriotes. C'est ce côté-ci qui nous fait voir de manière éclatante sa magistrature réelle et/ou supposée.

II. L'INDIGÈNE « JUGE », UN MAGISTRAT POUR LES INDIGÈNES

Du latin « magistratus », le magistrat, au sens large retenue ici, est tout fonctionnaire public ou officier civil investi d'une autorité juridictionnelle, administrative ou politique. Ainsi conçue, la figure de celui-ci nous renvoie à la Rome antique où les magistrats se démarquaient par leur fonction et par les privilèges qui vont avec[23]. De ce fait, tout comme à Rome, en Afrique noire

---

[20] La notion est relative à l'impôt sur la personne, elle-même (son être) ou *per capita.*

[21] Mamadou BADJI, « La répression du vagabondage au Sénégal », Bernard DURAND *et al.* (dir.), *Le juge et l'outre-mer*, t. 5, *Histoire de la justice*, Montpellier, 2010, p. 345-364.

[22] Voir Isabelle MERLE, « De la « légalisation » de la violence en contexte colonial. Le régime de l'indigénat en question », *Politix*, deuxième trimestre 2004, vol. 17, n° 66, p. 137-162, De même P. DARESTE, *Traité de droit colonial*. Lointain mais éloquent est l'exemple de la sanction administrée à Léon MBa par l'administrateur colonial au Gabon rapporté par K. Alexander Keese « Étant donné l'esprit absolument déplorable de cet agent, je n'ai pas cru devoir le punir d'amende mais de prison, sanction qui comporte une réelle mortification pour un indigène doté d'un amour-propre extrême et d'un orgueil intense ». voir C.A.D.N., fonds Libreville 3, R. Pechayrand, administrateur-maire de Libreville, à Gouvernement du Gabon, Direction des affaires civiles, Bureau des douanes (n° 211), 13/12/1922, p. 2. In Alexander KEESE, « L'évolution du « leader indigène » aux yeux des administrateurs français : Léon M'Ba et le changement des modalités de participation au pouvoir local au Gabon, 1922-1967 », *Afrique & histoire*, 2004/1 (vol. 2), p. 141-170. URL : https://www.cairn.info/revue-afrique-ethistoire-2004-1-page-141.htm.

[23] Yann LE BOHEC nous apprend à propos du « Consul, Rome » que « les deux consuls occupent la plus haute magistrature de Rome. Héritiers des rois, ils ont repris leurs pouvoirs : ils possèdent l'*imperium domi* et *militiae* (commandement civil et militaire), la *potestas* (capacité d'intimer des

précoloniale et coloniale, le magistrat indigène par la force des choses, se démarque du commun des mortels. Par conséquent, sa prééminence parmi les congénères se manifeste non seulement par sa position sociale (***A***), mais et surtout par sa décision (liée à ses fonctions) c'est-à-dire sa capacité de bienfaisance et/ou de nuisance (***B***).

A. DE PAR SA POSITION SOCIALE

La position sociale ou le statut social d'un individu ou d'une catégorie sociale exprime la place ou le rôle de cet individu ou cette catégorie sociale dans le jeu social, dans les rapports sociaux (au plan juridique, économique ou politique). Dans une de ces correspondances, le chef du service judiciaire de l'AOF rapportait précisément que « l'administrateur commandant de cercle de Gao écrit que les assesseurs indigènes prennent toujours leur rôle au sérieux et donnent des avis très judicieux à cause de leur connaissance du Koran. Ils viennent d'ailleurs volontiers, aux réunions à cause de l'indemnité qui leur est allouée et du prestige que cette place leur donne aux yeux de la population indigène »[24].

En effet, pour renforcer la prééminence sociale de ses collaborateurs indigènes tout en favorisant leur promotion socio-économique en droit ligne de sa mission civilisatrice, l'administration coloniale va user de deux moyens : la fonctionnarisation des chefs d'une part et les exemptions fiscales, pénales et sociales en leur faveur d'autre part.

1. La fonctionnarisation des magistrats indigènes : dans son rapport sur le fonctionnement de la justice indigène au 2e trimestre 1918, le commandant de cercle de Bamako observe que « l'attitude des magistrats indigènes est bonne et tous accomplissent leurs fonctions d'une façon satisfaisante. Le résident de Banamba demande qu'une solde annuelle de 300 francs soit allouée à chaque magistrat indigène, au lieu d'un salaire afférent à chaque journée d'audience. En effet, le petit nombre d'affaires jugées mensuellement dans les différentes résidences ne procure aux membres des tribunaux de subdivisions qu'une rémunération bien minime si l'on considère l'importance sociale de leur fonction

---

ordres), ils peuvent réunir le Sénat et le peuple, intervenir en justice (*coercitio*) et prendre les auspices (ils interprètent les avis des dieux en observant le vol des oiseaux). Ils sont cependant soumis aux mêmes contraintes que celles qui pèsent sur les autres magistrats : ils constituent un collège (de deux membres), et leur charge, qui est aussi un honneur, est soumise à l'élection par les comices centuriates ; elle est annuelle, mais l'itération immédiate (renouvellement du pouvoir) est interdite. Leurs privilèges expriment la « majesté » du peuple romain : ils sont précédés par douze licteurs qui tiennent des faisceaux, portent une toge prétexte et possèdent un siège « curule » ; ils donnent leurs noms à l'année (on dit que tel événement s'est passé « sous le consulat de X et de Y »). En cas de crise, le Sénat leur remet tout le pouvoir par le sénatus-consulte ultime (« Que les consuls veillent à ce que l'État ne souffre aucun dommage »). In *Encyclopédia Universalis*, 2012.

[24] ANM, Fonds anciens, correspondances au gouverneur général, 1909, pièce n° 284 G, lettre du procureur général, chef du service judiciaire de l'AOF, en date du 17 avril 1909 sur le fonctionnement de la justice indigène dans le territoire militaire du Niger, pendant le 3ème trimestre 1908.

et la probité scrupuleuse qu'elle exige. Je ne puis qu'approuver la proposition de M. Labarre Thaly… »[25]

La rémunération est l'un des éléments caractéristiques du salariat notamment dans sa dimension publique, autrement dit la fonction publique. Insistons-ici plus particulièrement sur la situation des chefs indigènes de l'administration. En ce qui concerne ceux-ci, notons que l'évolution d'ensemble vers la fonctionnarisation puis de manière plus précise les avantages qui en découlent, n'a pas été linéaire. De ce fait, la fonctionnarisation des chefs en tant que dispositif stratégique au cœur de la politique indigène évolua au gré de trois principales circulaires sans pourtant que les chefs reviennent à leurs anciens pouvoirs ou au protectorat, car il s'agit de les intégrer dans les rouages de l'administration coloniale. Il s'agit d'abord de la circulaire d'août 1917 émanant du gouverneur général Van Vollenhoven qui en font des intermédiaires entre l'administration européenne et les populations, puis celle de septembre 1932 qui met l'accent sur l'aspect représentatif et la nécessité de leur émanation dans le milieu et enfin celle de 1941 émanant du gouverneur général de l'AEF, Felix Eboué, en tant que tentative de restauration des chefs dont le prestige diminuait, met l'accent sur l'importance des chefs comme représentant coutumier, tenant d'une autorité locale. D'où le renforcement de leurs prérogatives que viennent conforter un certain nombre d'avantages nonobstant l'inégalité de traitement qui caractérise les emplois entre citoyens et sujets français.

2. Les exemptions fiscales, pénales, sociales et autres privilèges : on peut considérer que toutes ces mesures unilatérales du colonisateur constituent autant de privilèges pour favoriser la promotion sociale des collaborateurs indigènes et surtout soutenir leur loyauté à son égard. Fidèle à cette tactique infaillible, qui rappelle les coutumes octroyées par les premiers navigateurs aux rois africains et inscrites la plupart du temps dans les traités d'établissement lors de la période qui a précédé tout juste les conquêtes coloniales. Cette précision étant, ces privilèges[26] prenaient plusieurs formes : exemptions fiscales, pénales, sociales, avantages en nature et en espèces, gratifications, réseautage, passe-droits, etc. Pour ne prendre l'exemple que sur les gratifications, on peut noter que, selon les dispositions du décret du 25 mai 1912, l'indigène qui a rendu des services à la France ou être décoré de la Légion d'honneur, en sus d'autres conditions, peut obtenir la citoyenneté française. Avec cette précision que celle-ci se conçoit comme « la jouissance dans la colonie des droits civils et politiques accordés dans cette colonie aux citoyens français d'origine eux-mêmes »[27].

---

[25] ANM, 2M54, Justice indigène, rapports sur le fonctionnement des tribunaux de cercle de Bamako de 1894-1921, année 1918, pièce 2.

[26] Selon le *Grand Robert de la Langue Française*, ce terme, dérivé du latin juridique *privilegium* signifiant loi concernant un particulier », fait référence au droit, avantage particulier accordé à un seul individu ou à une catégorie d'individus.

[27] Séraphin NÉNÉBI, *Introduction historique au droit ivoirien*, CNDJ, Abidjan, 2016, p. 188.

B. DE PAR SA DÉCISION

« Mieux vaut avoir le mont Sinaï sur son dos que d'avoir affaire avec le moindre administrateur colonial »[28] remarquait Amadou Hampaté Ba en parlant du despotisme administratif au Soudan. Dans la même veine, Suret-Canalle faisait remarquer en parlant de ce despotisme au niveau de la chefferie administrative qu'« en fait, bon gré mal gré, les chefs devront devenir des tyrans sauf à compromettre leur situation »[29]. Ces mêmes remarques peuvent aisément s'appliquer au « juge indigène », dans sa diversité, dans ses relations avec ses compatriotes et surtout de la crainte qu'il puisse inspirer auprès d'eux à cause de ses décisions. Si le commandant de cercle emportait le titre de dieu de la brousse, au juge indigène, sera décerné, celui de vicaire du dieu de la brousse. De ce fait, il a et l'onction et l'attribut de cette « divinité ». Concrètement, le pouvoir colonial s'exerce comme une pyramide où le haut de l'échelle est occupé par le colonisateur et le bas de l'échelle par les colonisés. Parmi ces derniers, l'indigène juge occupe une position à part. Comme le dit l'adage, au pays des aveugles, le borgne n'est-il pas roi ? Cet état de fait s'apprécie de manière éclatante d'une part à travers leur rôle d'intermédiaire et d'autre part dans leur savoir-faire moderne.

1. Le rôle d'intermédiaire

Par la force des choses, beaucoup d'administrés préfèrent s'adresser directement au cercle ou à la subdivision où les collaborateurs directs de l'administrateur (commis, interprètes, gardes de cercles) tiennent une parcelle non négligeable du pouvoir. Labouret avec humour les décrit[30] ainsi : « Installés en maîtres dans les villages, ils coûtent cher aux habitants qui doivent nourrir leur suite : l'épouse préférée, le petit frère, le serviteur et le palefrenier… tous gens bien endentés exigeant cuisine recherchée et viande de poulet à tous les repas. Le garde en mission a pleinement conscience d'être indispensable, ainsi n'hésite-t-il point à supplier le chef : il arrange les affaires, rend la justice suivant ses propres lumières… reçoit des cadeaux. Au retour il rendra compte qu'« il n'y a rien de nouveau ». Ou bien dénoncera quelque ténébreux complot destiné à compromettre un chef arrogant qui n'a pas voulu se plier aux usages ou à tel mari jaloux qui lui a refusé un entretien secret avec sa troisième femme… Lorsque le milicien ne se manifeste pas, ou trouve à sa place l'interprète ou le secrétaire toujours correct, attentionné, discret et dévoué, intermédiaire obligé entre l'administrateur qui ne parle pas les langues du pays et les indigènes. La tyrannie est plus intelligente, mais non moins lourde, elle est tout aussi profitable. Gardes, secrétaires ou interprètes sont presque partout les véritables chefs du pays ».

---

[28] Hampaté BA, *L'étrange destin de Wangrin*, Edition 10/18, 1973, France, p. 363.
[29] Jean SURET-CANAILLE, *Afrique noire occidentale et centrale*, p. 109.
[30] Pr Bakary CAMARA, *Cours polycopié d'Histoire des Institutions coloniales*, USJPB, 2012.

2. Leur savoir-faire « moderne »

Par décret du président de la République française, A. Fallières[31] du 2 mai 1906, le colonisateur a imposé l'écrit dans les transactions privées et publiques. En effet, on peut y lire que « dans les colonies et territoires relevant du gouvernement général de l'Afrique-Occidentale française, les conventions conclues entre indigènes, selon les règles et formes coutumières non contraires aux prescriptions de la civilisation française peuvent, en vue de la preuve, être constatées en un écrit affectant le caractère d'état civil... L'écrit, rédigé en langue française, peut être établi par toute personne ». Il s'agit bien entendu, d'une stratégie mise en exergue par le doyen Legré qui a bien souligné qu'en transposant dans les sociétés dominées par l'oralité juridique, cette procédure juridique, bien qu'efficace, participe de la destruction, mieux de transformation qualitative, des rapports communautaires dans lesquels la parole exprime la personnalité et renvoie à la collectivité elle-même. En outre, en imposant le français comme langue de rédaction, c'est la précipitation des Africains dans un nouvel univers de sens, car nous convenons, à rebours, avec cet administrateur de la France d'outre-mer que « la langue entraîne avec elle peu à peu, comme une corde que l'on tire, toutes les réalités vivantes d'un pays ou d'une communauté humaine, ses modes de vie, de travail, de fête, son histoire, ses traditions, ses fiertés, son labeur, sa sagesse, sa malice »[32].

Dès lors, toutes les relations sociales et particulièrement les relations administratives et judiciaires, pour avoir la force probante, sont marquées du sceau de l'écrit. Or l'illettrisme généralisé en Afrique de l'Ouest et l'oralité comme fait de civilisation mettaient une large partie de la population en marge. D'où le recours à ces indigènes privilégiés, « évolués » en raison de leur proximité culturelle avec le colonisateur français. Ils étaient le passage obligé pour tous ceux et celles qui avaient un quelque besoin en la matière. Ils sont le résultat de la vision du colonisateur qui veut que, selon les mots de F. Grevisse « A ces Noirs, il faut donner des leaders. Il faut injecter dans les esprits et les cœurs d'une élite un potentiel de connaissances et d'idées capable de préserver les masses de la nostalgie ou de troubles aspirations et surtout de les mouvoir et de les lancer dans les voies d'un progrès ordonné, à paliers bien étudiés... »[33]. Le colonisateur était le premier à s'en rendre compte d'ailleurs comme l'indique cette boutade de F. Grevisse « Qu'il soit pénible de se retrouver ainsi au point de départ, après avoir tellement parlé pour phraser seulement. Nous en convenons. Nous déplorons qu'il ait fallu faire tant d'incursions dans le domaine de l'imagination, rêver du concours d'une pléiade de Blancs, d'évolués ou d'agents territoriaux noirs, pour en arriver finalement à conclure — bon gré mal gré — que rien ne vaut encore,

---

[31] Henri LEGRE OKOU, *Les conventions indigènes et la législation française (1893-1946),* Abidjan, NETER, 1994, p. 124.

[32] Jean CLAUZEL, *Administrateur de la France d'outre-mer,* éditions Jeanne Laffitte et A. Barthélemy, France, 1989, p. 49.

[33] F. GREVISSE, *La grande pitié des juridictions indigènes*, Publications de l'institut Royal Colonial Belge, librairie Falks Fils, Bruxelles, 1949, p. 108.

pratiquement du moins, le recours aux élites naturelles de la société indigène. Nous regrettons que tellement de temps ait été perdu en vaines discussions sur les principes de notre politique indigène, alors que, pour la plupart des territoriaux, il était évident que les sociétés indigènes souffraient au premier degré de leur inadaptation aux contingences dues à l'occupation européenne, laquelle a affaibli et bouleversé les normes de leur vie et les a en quelque sorte abandonnées à elles-mêmes, si bien qu'il fallait revitaliser matériellement et moralement ces sociétés, leur insuffler des principes positifs d'évolution et, avec le concours des élites coutumières, éclairées et formées à leur tâche, les inviter à participer activement à la définition et à la réalisation de leur propre avenir »[34].

Relevons ici que la participation des indigènes à l'administration de la justice et de manière générale, à l'entreprise de colonisation parce qu'elle était un vœu et une volonté du colonisateur a tant bien que mal fonctionné, en tout cas emportait la satisfaction du colonisateur. C'est ce que nous révèlent certains rapports sur leurs activités notamment au niveau des tribunaux indigènes. « J'ai constaté avec satisfaction que les juges indigènes de mieux en mieux choisis, se font une idée plus juste de leurs obligations et rendent des services chaque jour plus appréciés. L'intégrité de ces modestes auxiliaires ne pourra, dans l'avenir, que fortifier notre cause auprès de populations frustres et ignorantes, mais profondément sensibles aux bienfaits d'une justice régulière que rien ne détourne de son devoir », ces propos du gouverneur général de l'AOF, M. Ponty en 1909[35] illustrent cet état d'esprit dans les colonies françaises d'Afrique de l'Ouest de l'époque.

*

* *

Guy Rocher relève comme l'une des spécificités des sociétés colonisées, leur caractère « atomisé »[36]. Ce qui fait que ces sociétés, loin d'être un bloc unifié, se caractérisent par un polycentrisme empêchant tout effort de direction de ces sociétés vers un but unique pour leur développement. Cette situation s'exprime par la diversité des élites et surtout par le degré élevé de conflictualité entre elles ainsi que leur perméabilité aux entreprises de déstabilisation endogènes et exogènes. C'est ce que révèle cette brève étude des indigènes-juges de l'AOF dont la diversité et la multiplicité des sources de légitimités, qui s'exprimeront de manière exacerbée après les indépendances, expliquent en partie les difficultés de la construction nationale par le droit et donc la fragilité de l'État.

Si l'on peut être compréhensif pour le comportement du colonisateur en bute à des sociétés complexes, et qui n'a pas daigné mettre tout le monde dans une

---

[34] *Id.*, p. 7.

[35] ANM, 2M1, 1910, correspondance en date du 28 août 1909, pièce n° 502, adressée au lieutenant-gouverneur de la colonie du Haut Sénégal Niger portant observations relatives au fonctionnement de la justice indigène dans les cercles civiles du Haut Sénégal Niger pendant le 1er trimestre de 1909.

[36] Guy ROCHER, *Introduction à la sociologie générale*, t. 3. *Le changement social*, Points, Essai, 336 p.

même moule au risque de provoquer « l'ingérabilité » de ces sociétés africaines, on ne peut autant dire des élites africaines postindépendances. Ces derniers, dans un élan enthousiasmé, voire révolutionnaire ont pris le parti d'unifier artificiellement en sacrifiant les particularismes culturels au nom de l'unité nationale. Ce choix a sacrifié, du moins, a retardé le processus de décentralisation, à la fois au niveau fonctionnel et territorial, qui, pourtant, seule reflète et promeut la diversité des élites et des potentialités socio-culturelles de nos pays. Des pays, qui sont et demeurent multiraciaux, multiethniques, multiculturels et polycentriques. Les élites issues de ces cercles culturels, n'ont jamais cessé d'affirmer leur personnalité et leur individualité. La crise de l'État et l'éveil des légitimités traditionnelles, de nos jours, sont-elles la manifestation de cette nouvelle « revanche des territoires »[37] ?

Tout comme à l'entame de cet article, finissons en citant notre Grand Maître Bernard Durand qui relevait, avec très bon sens, les vertus de cette décentralisation : « Au bout de la brousse, il y a le commandant… Père et mère » des indigènes[38]. Au-dessus de lui, un lieutenant gouverneur, et au-dessus encore un gouverneur général. À la fin du XIXe siècle, il s'agit finalement de « gouverner de loin les grandes affaires coloniales » et d'abandonner aux agents sur place une autorité et des compétences très larges leur permettant de prendre les décisions nécessaires. Au gouvernement central le soin de maintenir l'ambiguïté d'une politique coloniale se maintenant entre assimilation et association ; au gouvernement local celui d'affronter les réalités. Une « décentralisation », telle est la formule qui revient sans cesse dans les rapports faits au président de la République ! Le terme d'ailleurs convient aussi bien aux Anglais : « The keynote of our colonial administration is decentralisation », qu'aux Français : il a fallu mettre fin « aux regrettables habitudes de centralisation ». Le mot utilisé signifie ici « l'éloignement du centre », moins qu'une véritable décentralisation, qui signifierait : concession à des élus d'une autonomie, mais plus qu'une déconcentration, en raison de la concession aux agents en place d'un véritable pouvoir politique. Cette décentralisation, d'une part, donnait satisfaction au besoin de prendre en compte la diversité de régime des territoires regroupés tout en leur donnant une certaine unité »[39].

---

[37] Ali SEDJARI, *La revanche des Territoires*, L'Harmattan, Paris, 1997, 320 p.

[38] « Ma commandant… tu es mon père et ma mère », in Albert LONDRES, *Terre d'ébène, Oeuvres complètes*, Arléa, Le Seuil, 1992, p. 537 in Bernard DURAND, « Administrer ou Gouverner les colonies françaises : L'Empire de Flore », article offert pour la préparation du concours d'agrégation.

[39] Bernard Durand, « Administrer ou Gouverner les colonies françaises : L'Empire de Flore »,p. 23, article offert pour la préparation du concours d'agrégation.

BIBLIOGRAPHIE

1. ANM, 2M1, 1910, correspondance en date du 28 août 1909, pièce n° 502, adressée au lieutenant-gouverneur de la colonie du Haut Sénégal Niger portant observations relatives au fonctionnement de la justice indigène dans les cercles civiles du Haut Sénégal Niger pendant le 1er trimestre de 1909.
2. ANM, 2M54, Justice indigène, rapports sur le fonctionnement des tribunaux de cercle de Bamako de 1894-1921, année 1918, pièce 2.
3. Hampaté BÂ, *L'étrange destin de Wangrin*, Édition 10/18, 1973, France, p. 363.
4. Mamadou BADJI, « La répression du vagabondage au Sénégal », Bernard Durand *et al.* (dir.), *Le juge et l'outre-mer*, tome 5, *Histoire de la justice*, Montpellier, 2010, p.345-364.
5. Pr Bakary CAMARA, Cours polycopié d'Histoire des Institutions coloniales, USJPB, 2012.
6. Jean-SURET CANALE, *Afrique noire : l'ère coloniale 1900-1945*, Éditions sociales, Paris, 1964, p. 106.
7. Jean CLAUZEL, *Administrateur de la France d'outre-mer*, éditions Jeanne Laffitte et A. Barthélemy, France, 1989, p. 49.
8. Sekene Mody CISSOKO,« L'Afrique de l'Ouest » in *History of Humanity*, Vol. IV : From the Seventh to the Sixteenth Century Publié par l'UNESCO, Paris, et Routledge, Londres, p. 1152.
9. Mamadou Lamine DEMBELE, « Les tribunaux de province au Soudan Français (1903-1924) : heurs et malheurs d'une justice de proximité », in *Accord pour la Paix au Mali et Varia, Revue Malienne des Sciences Juridiques, Politiques et Economiques de Bamako (REMASJUPE),* n° 4, 2017, Presses de l'Université Toulouse 1 Capitole, p. 221 à 266.
10. Patrick DEVISSE, *Histoire des Institutions romaines*
11. Bernard DURAND, « Administrer ou Gouverner les colonies françaises : L'Empire de Flore », p. 1.
12. F. GREVISSE, *La grande pitié des juridictions indigènes*, Publications de l'institut Royal Colonial Belge, librairie Falks Fils, Bruxelles, 1949, p. 108.
13. Alexander KEESE, « L'évolution du « leader indigène » aux yeux des administrateurs français : Léon M'Ba et le changement des modalités de participation au pouvoir local au Gabon, 1922-1967 », *Afrique & histoire*, 2004/1 (vol. 2), p. 141-170.
14. Henri LEGRE OKOU, *Les conventions indigènes et la législation française (1893-1946),* Abidjan, NETER, 1994, 171 pages.
15. Laurent MANIÈRE, *Deux conceptions de l'action judiciaire aux colonies. Magistrats et administrateurs en Afrique-Occidentale française (1887-1912)* (Inalco/Paris 7-SEDET).
16. Elikia M'BOKOLO, *Afrique Noire : Histoire et civilisations. Du XIXe siècle à nos jours*, Paris, Édition Hatier, AUF, 2e édition, 2004. p. 358.

17. Isabelle MERLE, « De la « légalisation » de la violence en contexte colonial. Le régime de l'indigénat en question », in *Politix*. Vol. 17, deuxième trimestre 2004, n° 66, p. 137-162
18. R. MOPOHO. « Statut de l'interprète dans l'administration coloniale en Afrique francophone ». *Meta*, 46(3), 2001, p. 619._23. Séraphin NENEBI, *Introduction historique au droit ivoirien*, CNDJ, Abidjan, 2016, p. 188.
19. Séraphin NENEBI, *Les Institutions coloniales de l'Afrique Occidentale Française*, Les éditions ABC, 2015, p. 252.
20. République Française, *Journal Officiel du Haut-Sénégal-Niger*, n° 39, 1er mars 1907, p. 539.
21. *Le Grand Robert de la Langue française*, version électronique, version 2.0, 2005.
22. Guy ROCHER, *Introduction à la sociologie générale*, t. 3. *Le changement social*, Points, Essai, 336 p.
23. Ali SEDJARI, *La revanche des Territoires*, L'Harmattan, Paris, 1997, 320 p.

LA FEMME AFRICAINE : QUELLE PROTECTION JURIDIQUE ? L'EXEMPLE PAR LE STATUT PERSONNEL. APPROCHES HISTORIQUE ET CONTEMPORAINE[1]

Pr Amadou Abdoulaye DIOP
FSJP UCAD Dakar

S'il y a des points sur lesquels tous les auteurs s'accordent aujourd'hui, c'est sans nul doute ceux de l'immensité du continent africain, la prédominance du phénomène sacré et la survivance, dans la pratique, de la coutume. Incontestablement, l'Afrique est un continent spacieux, énorme, gigantesque[2]. Également, elle ne présente pas partout les mêmes réalités[3]. On y relève des sociétés politiques de fondation, des sociétés politiques de conquêtes, des sociétés politiques contractuelles[4]. En outre, il y a des zones de forêts, de savanes, de déserts, de collines[5]. L'un des traits essentiels de ces sociétés est leur référence au sacré[6]. Le terme renvoie au domaine séparé, interdit et inviolable. Ainsi, il s'oppose à ce qui est profane et fait l'objet d'un sentiment de révérence religieuse. Autrement dit, le sacré est relatif au religieux, au divin ; à qui ou à quoi on doit un respect absolu ; c'est ce qui est intangible[7]. C'est du moins ce qu'avance Amadou Hampâté Ba, y ajoutant qu'essayer de comprendre l'Afrique et l'Africain sans l'apport des religions traditionnelles reviendrait à ouvrir une gigantesque armoire vidée de son contenu le plus précieux[8]. En Afrique, la tradition occupe une place

[1] Ce texte, en guise de contribution aux mélanges dédiés au professeur Bernard Durand, a déjà fait l'objet d'une communication à Science po. Aix, en septembre 2018. Il a été revu et amélioré pour prendre sa forme écrite.

[2] Le site du quotidien *L'Obs* avec Rue 89 présente une carte de l'Afrique avec les commentaires suivants : « Cette carte est étonnante, et bien plus parlante que toutes les explications. Le continent africain ainsi représenté dans sa taille réelle, est aussi grand que les Etats-Unis, la Chine, l'Inde et une bonne partie de l'Europe additionnées. », L'*Obs* avec Rue 89 « L'Afrique grandeur nature : la carte qui bouscule les idées reçues » https://www.nouvelobs.com/rue89/rue89-afrique/20131221.RUE0961/l-afrique-grandeur-nature-la-carte-qui-bouscule-les-idees-recues.html (consulté le 14 mai 2019).

[3] P. DENISE, « Structures sociales traditionnelles en Afrique Noire », In *Cahiers d'études africaines*, Vol. 1, 1960. p. 15.

[4] B. DURAND, *Histoire comparative des institutions*.

[5] Ici il y a des sociétés d'éleveurs, agriculteurs, et de sociétés mixtes.

[6] G. CONAC, Avant-propos de l'ouvrage de M. KAMTO, *Pouvoir et droit en Afrique, Essai sur les fondements du constitutionnalisme dans les Etats d'Afrique noire francophone*, L.G.D.J., 1987, p. 11.

[7] *Le petit Larousse illustré*, Paris, 2018, p. 1034.

[8] G. DIETERLEN, Préface de l'ouvrage de A. H. BA, *Textes sacrés d'Afrique noire*, Paris Gallimard,

prépondérante dans les relations humaines et dans les rapports entre l'homme et le créateur. Celle-ci peut être comprise comme une doctrine, une pratique religieuse ou morale transmise de siècle en siècle, originellement par la parole ou l'exemple. Fondée sur les mythes, les rites, la tradition est une information relative au passé, transmise oralement de génération en génération. Mais la tradition peut être entendue comme une manière de penser, de faire, d'agir qui est un héritage du passé. Dès lors, elle vise la coutume qui est une façon d'agir établie par l'usage et renvoie donc aux habitudes, aux mœurs, c'est-à-dire une habitude suivie par des personnes, un usage établi, devenu une règle, une pratique collective, se transmettant de génération en génération et consacrant les mœurs, les croyances, la culture. Ce sont les sociétés africaines précoloniales, négro-africaines. Dans ces dernières, la coutume était la source par excellence de la règle de droit. En vérité, il a existé en Afrique des sociétés suffisamment évoluées qui ont élaboré leurs droits, leurs cadres et leurs institutions, différents de ce que l'Occident a connu. Néanmoins, l'observation peut être riche en enseignements sur ces peuples eux-mêmes, en même temps elle apportera une contribution aux études sociologiques en général[9]. Par ailleurs, au VIIe siècle, les civilisations africaines entrent en contact avec les cultures du monde arabo-musulman par le biais des pistes caravanières et du commerce transsaharien[10]. Il en résulte l'avènement de l'islam, à travers le Coran et la Sunna. Ces sources du droit musulman et d'autres[11] ont eu de fortes influences sur les sociétés noires, du moins les sociétés ouest-africaines, notamment sur la formation du mariage, la filiation, les testaments, la conception de l'État, du pouvoir la conclusion des contrats, qui ont été influencés au fur et à mesure de l'islamisation du Soudan. L'arrivée de l'islam est suivie par le contact avec le monde occidental aux environs du XVe siècle, d'où la colonisation occidentale. Un autre métissage culturel procède de cette situation qui a eu des effets sur les conceptions juridiques africaines. La colonisation européenne de l'Afrique aboutit vers la fin des années « 1950 » et aux débuts des années « 1960 » à l'accession des colonies à la souveraineté internationale[12]. Avec la nouvelle situation, de nouveaux instruments juridiques sont mis en place pour organiser les jeunes États, les rapports entre l'État et les citoyens et ces derniers entre eux. La femme désigne l'être humain de sexe féminin, adulte du sexe féminin considéré par rapport à ces qualités, ses défauts, ses activités, ses origines[13]. Le protocole à la charte africaine des droits de l'homme et des peuples, relatif aux droits de la

---

1965, p. 8.

[9] P. DENISE, *Structures sociales traditionnelles en Afrique Noire, op. cit.*

[10] *Ibn Battûta, Voyages, III. Inde, Extrême-Orient, Espagne et Soudan,* éd. La Découverte/Poche, Paris 1997. http://classiques.uqac.ca/classiques/ibn_battuta/voyages_tome_III/voyages_tome_III.html (consulté le 13 mars 2019).

[11] L. MILLIOT et P. B. FRANÇOIS, *Introduction à l'étude du droit musulman,* Sirey, 2e édition, 1987, p. 77 et s.

[12] Nous pensons essentiellement aux colonies anglaises et françaises.

[13] *Le petit Larousse illustré, op. cit.,* p. 492.

femme en Afrique, adopté en 2003 à Maputo, en son article 1.g, définit la femme comme toute personne de sexe féminin, y compris la fille[14].

Dans un tel contexte, il n'est pas sans intérêt d'étudier le processus d'évolution des mécanismes juridiques de protection de la femme africaine, à travers le statut personnel, en partant de l'exemple des anciennes colonies françaises. Effectivement, un détour par l'histoire, en prenant en même temps en compte les systèmes juridiques traditionnels africains, offre l'avantage de saisir les questions actuelles de l'évolution du droit de la famille en Afrique. En effet, l'étude d'une telle thématique est intéressante dans la mesure où elle permet de comprendre que les dispositifs juridiques de protection de la femme africaine, à partir du statut personnel, ont évolué dans le temps. Pour s'en convaincre, il n'est que d'étudier la question du statut personnel. Du mariage négro-africain et de ses conséquences qui nécessitaient, entre autres, le consentement des familles et le versement de la dot, en plus de la prééminence du père ou de la mère suivant qu'on est dans les sociétés matrilinéaires ou patrilinéaires, les instruments juridiques de protection de la femme ont changé. Les pouvoirs publics coloniaux, aidés par la doctrine et la jurisprudence, ont estimé devoir libérer la femme africaine par une panoplie de textes, notamment avec les décrets Mandel et Jacquinot. Aussi, prenant la place de l'autorité coloniale, les nouveaux dirigeants africains entreprennent, plus ou moins dans la continuité, la mise en place de règles au plan interne et dans l'ordre international aux fins de « redorer le blason » de la femme.

Les considérations sus-évoquées nous conduisent à étudier, dans un premier temps, les mécanismes juridiques traditionnels de protection de la femme africaine (**I**) et dans un second temps, nous nous évertuerons à analyser les nouveaux mécanismes juridiques de protection de celle-ci (**II**).

I. LES MÉCANISMES JURIDIQUES TRADITIONNELS DE PROTECTION DE LA FEMME AFRICAINE

Particulièrement orale, civilisation de l'oralité[15], la culture africaine a développé des mécanismes de protection des droits fondamentaux, difficilement comparables à la lente et hésitante construction européenne des droits de l'homme[16]. On peut vérifier cette situation en prenant l'exemple des mécanismes de protection juridique de la femme aussi bien dans la formation du mariage (***A***) que dans les effets celui-ci (***B***).

[14] http://www.achpr.org/fr/instruments/women-protocol/, site consulté le 12 octobre 2018.

[15] M. Kamto, *Pouvoir et droit en Afrique, Essai sur les fondements du constitutionnalisme dans les Etats d'Afrique noire francophone,* L.G.D.J., 1987, p. 10.

[16] http://unesdoc.unesco.org/images/0004/000467/046730FB.pdf H.J. Lejier, *Traditions africaines et droits de l'homme*, p. 1.

A. LA PROTECTION JURIDIQUE DE LA FEMME À LA FORMATION DU MARIAGE

La tradition africaine assure la protection juridique de la femme dont la condition est liée à la formation du mariage. Le mariage, dans ces sociétés, se situait au croisement du sacré et du profane dans une société où l'individu se trouve dans un enchevêtrement juridique[17]. Le mariage a pour but essentiel l'alliance de deux familles ou de deux lignages. C'est pourquoi le groupe familial s'y est trouvé très présent. Cette préséance participe de la sécurisation de la relation juridique. Le mariage traditionnel africain est un accord entre groupes, avec la prééminence du chef de famille (*1*) et exige le versement de la dot (*2*).

1. La prééminence du chef de famille

En droit traditionnel africain, le mariage se forme à partir du consentement des familles. C'est une affaire de groupes[18]. Il nécessite beaucoup de tractations qui se terminent avec un cadeau de « repousses rivaux ». En témoigne le mariage chez les Halpulaar au Sénégal ou encore les Dogons du Mali. Il s'agit d'une affaire de groupes, avec la prééminence du consentement des parents. C'est le cas du mariage chez les Bamanan malinké où le mariage est une alliance entre deux communautés familiales ou claniques qui en déterminent les règles fondamentales et les procédures en fonction des catégories sociales, des ordres ou des castes[19]. Cette règle se trouve en bonne place dans la charte de Kurukan Fuga[20]. Selon l'article 27 dudit texte « la jeune fille peut être donnée en mariage dès qu'elle est pubère sans détermination d'âge ». Le texte ajoute que « le choix de ses parents doit être suivi quel que soit le nombre des candidats ». On retrouve cette conception du mariage presque dans toutes les sociétés africaines, singulièrement en Afrique de l'Ouest et ce consentement de la famille est exprimé par son chef, son délégué, son mandataire. Néanmoins, pour mieux comprendre la prééminence de celui-ci, il faut combiner les dispositions précitées avec l'article 12 de la déclaration qui précise que « la succession étant patrilinéaire, ne donnez jamais le pouvoir à un fils tant qu'un seul de ses pères vit ». Le pouvoir dont il s'agit ici

---

[17] G. A. KOUASSIGAN, *Quelle est ma loi ? – Tradition et modernisme dans le Droit privé de la famille en Afrique francophone,* Paris, Pédone, 1974.

[18] S. TRAORE, « Droit coutumier et coutume, réflexions sur le langage du juriste des institutions traditionnelles africaines… », *Annales africaines*, UCAD-FSJE, 1989-1990-1991, p. 59.

[19] B. CAMARA, « Fondements juridiques du mariage dans le pays bamanan malinké : du système coutumier au code malien du mariage et de la tutelle de 1962. L'évolution dans la continuité », in *Revue pluridisciplinaire de l'UGB de Saint-Louis du Sénégal,* n° 21, juin 2011, p. 208.

[20] La charte de Kuru kan Fuga, encore appelée charte du Mande, un texte de quarante (44) articles, remonte au règne du souverain malinké, Soundjata Keita du Mali, du Soudan médiéval. Il a été proclamé solennellement le jour de l'intronisation du souverain, en 1236, à la suite de la bataille de Kirina de 1235 qui a libéré le Manding de la domination du roi sorcier Sosso Soumangourou Kante. Sa mise sous forme écrite, dont l'authenticité semble encore contestée, est le fruit des travaux entrepris par Wa KAMISSOKO et Youssouf Tata CISSE. Cependant, il est encore considéré comme l'une des plus anciennes déclarations des droits fondamentaux.

n'est pas seulement politique, c'est-à-dire le pouvoir d'État investi de la puissance publique. Il est à la fois familial et social. Effectivement, en l'absence des pères, le plus ancien de la famille, notamment le fils, en devient le mandataire attitré, le porte-parole. Pour rendre compte de cette prérogative du chef dans la conclusion de la relation matrimoniale, des auteurs écrivent que : « … le chef de famille, agissant au nom et pour le compte de la famille, engage une jeune fille avec ou sans son consentement et sur laquelle il exerce la puissance paternelle dans les liens conjugaux avec un homme, membre d'une autre famille représentée par son chef… »[21] Les sociétés négro-africaines étant par essence communautaires, collectives[22], leur protection juridique, notamment celle de la femme passe d'abord par celle du groupe.

Ainsi, en tant que garant de l'harmonie sociale, le chef de famille doit exprimer le consentement de celle-ci pour que le mariage soit valable. C'est là une condition essentielle. Cependant, le consentement du groupe n'exclut pas forcément celui des futurs époux. En Guinée, dans la tradition des Kissi, la jeune fille peut demander à ses parents de refuser le prétendant et ses cadeaux[23]. En règle générale, le défaut du consentement des parents constitue un vice qui entache le lien matrimonial, même pour les majeurs. L'implication des deux groupes familiaux permet à leurs mandataires de contrôler la conformité de l'union aux réalités rituelles, d'éviter les mésalliances, notamment l'inceste avec la prise en compte des castes dans le cadre du mariage endogamique, c'est-à-dire l'obligation pour les membres d'un groupe social de se marier à l'intérieur de ce groupe, ou exogamique, autrement dit la règle matrimoniale imposant de chercher son conjoint à l'extérieur de son groupe social[24]. Même dans le système islamique de droit la femme choisit librement son mari et non selon la volonté de son père ou de son frère[25]. Comme on le constate, la protection juridique de la femme africaine est bien assurée lors de la conclusion de la relation matrimoniale par le consentement de la famille à la tête de laquelle se trouve son chef. Mais cette protection apparaît également par l'exigence du versement de la dot.

2. L'exigence de la dot

La dot est l'une des plus anciennes traditions dans les relations familiales. Dans les vieilles sociétés tribales, matriarcales, il semble que l'homme était laissé à la merci de la femme, car celui-ci devait chercher celle-là en dehors de sa tribu. Il devait aussi rester dans la tribu de son épouse ; que les enfants eux-mêmes

[21] B. DURAND, C. CHÊNE et A. LECA, *Introduction historique au droit en Afrique*, Montchrestien, EJA, 2004, p. 381.
[22] G. CONAC, « La vie du droit en Afrique », in *Dynamiques et finalités des droits des droits africains*, Economica, Paris 1981, p. VIII.
[23] Effectivement, le chef de famille un mandataire, transmet officiellement le consentement ou le refus de l'intéressée. La perversion arabo-islamisation de cette tradition a amené les mariages forcés.
[24] K. MBAYE, Introduction à *Le droit de la famille en Afrique noire et au Madagascar*, Paris, Maisonneuve et Larose, 1968, p. 16
[25] A.M. MOTAHHARY, *Les droits de la femme en Islam*, Publication de la cité du savoir, 2002, p. 124.

étaient juridiquement rattachés à leurs mères[26]. C'est bien après qu'apparut le système patriarcal qui libéra l'homme du joug de son épouse. Mais le rapt était encore la seule façon d'obtenir la main de la femme. Et quand la paix prit progressivement la place des guerres intertribales, le rapt disparut. Pour obtenir la main de la fille, il devait travailler pour le compte du père de son conjoint.

Cependant avec le temps, la nature de la dot change. Cette mutation est remarquable dans les anciens empires soudanais, plus précisément au Mali avec la charte du mande où elle pouvait être versée en nature comme les bœufs. C'est ce qui ressort de la lecture de l'article 28 du texte fondamental du peuple mande[27]. Elle est offerte à la famille de la future épouse et exprime l'intérêt apporté à l'entrée de la femme dans la famille de l'homme. La cellule familiale de la future épouse, en échange, remet des cadeaux à celle de l'époux[28]. Par conséquent, la dot apparaît comme une preuve symbolique de l'alliance entre deux familles, une institution légitimant la relation matrimoniale. Dans les sociétés africaines de la période considérée, la dot avait un caractère symbolique. Effectivement, la protection juridique de la femme africaine, dans la formation du mariage traditionnel, passait par le versement de la dot. Cette prestation est en principe obligatoire. En droit traditionnel africain, le consentement des parents l'exige. C'est dire que même si les parents consentent à la création de la relation matrimoniale, celle-ci n'aura pas lieu sans la remise symbolique de la dot rituelle, si bien qu'elle constitue un trait d'union entre les groupes auxquels appartiennent les époux.

L'évolution de la dot apparaît aussi avec la venue de l'islam. Effectivement, le droit musulman reconnait cet instrument de protection de la femme dans le coran le fiqh recommande : « Donnez aux femmes leur cadeau de mariage sans contrepartie… »[29]. Tout mariage suppose nécessairement une dot qui est une condition essentielle de sa validité[30]. Celle-ci appartient exclusivement à la femme et à personne d'autre. En utilisant le mot « Sadoqha », c'est-à-dire véracité et sincérité, la dot symbolise la cordialité de l'homme qui s'en acquitte. Également, la dot est donnée directement à la femme et non à ses parents qui n'y ont aucun droit, car elle n'est pas une compensation, c'est-à-dire la technique juridique qui consiste à éteindre deux dettes jusqu'à concurrence de la plus faible d'entre elles[31]. En conséquence, la dot n'est qu'un cadeau offert par l'époux à son épouse. Toutefois, il existe des mariages sans dot comme c'est le cas chez les baya en Centrafrique où le jeune garçon peut épouser la fille du frère de sa mère. Également, dans le cadre du lévirat ou du sororat, il n'est pas exigé la dot.

Protégée juridiquement dans la formation du mariage, la femme africaine l'est aussi dans les effets de celui-ci.

---

[26] *Id.*, p. 124.
[27] Pour le peuple mandé, la dot est fixée à 3 bovins.
[28] E.E. *Evans-Pritchard, The Nuer* (Oxford 1940), p. 183.
[29] Sourate al-Nisâ' 4 :4.
[30] L. MILLIOT et P. B. FRANÇOIS, *op. cit.*, p. 292 et s.
[31] R. GUILLIEN et J. VINCENT, *Lexique des termes juridiques*, Dalloz, 8e édition, 1990, p. 109.

B. LA PROTECTION JURIDIQUE DE LA FEMME DANS LES EFFETS DU MARIAGE

La protection juridique de la femme africaine en milieu traditionnel peut être analysée également dans les effets du mariage tant dans ses rapports avec son époux, par rapport aux enfants, à l'occasion du divorce qu'au décès de son époux.

1. La protection par l'époux

Dans la tradition africaine, l'homme doit à son épouse entretien, alimentation et protection. D'une manière générale, toutes les charges économiques nécessaires à la vie du couple[32] et à l'éducation des enfants incombent à l'époux. Ce dernier fixe aussi le lieu de résidence[33] et répond des actes de son épouse en tant que chef de famille. À son arrivée, le système musulman, tout comme la tradition négro-africaine, reconnait à la femme le droit de se chercher elle-même un patrimoine licite comme le cheptel et autres. Il lui permet aussi d'en disposer librement peu importe la volonté du mari. Le droit musulman, à l'instar du droit négro-africain, assure à la femme une véritable protection parce que l'homme n'a aucun droit sur les biens de son épouse. Il n'a pas non plus le droit d'obliger celle-là à travailler. L'utilisation des biens de celle-là par son conjoint ne peut se faire que lorsqu'elle lui en donne l'autorisation[34]. C'est dire que le régime de séparation des biens dans le couple y est bien reconnu et protégé. Par ailleurs, l'islam dispense la femme de la charge des travaux domestiques de l'homme et lui consacre en même temps une indépendance économique complète, avec l'exemption de toute contribution au budget familial.

2. La place de l'enfant

La tradition africaine protège la femme qui est une génitrice. Mère des enfants qu'elle procure au groupe, elle est le support de la parenté. Elle est le pivot de la famille[35]. L'un des buts du mariage dans les sociétés négro-africaines est la procréation. Cette condition mesure sa force vitale et lui assure une certaine protection, car pouvant gêner le divorce. Les enfants appartiennent à la communauté en tant que continuateurs du culte des ancêtres. La continuation de l'œuvre des anciens est du ressort des garçons alors que les filles sont appelées à leur tour à produire des enfants pour élargir la famille. Aussi, dans certaines ethnies, lorsqu'il s'avère que c'est le mari qui est stérile, il est admis que l'épouse qui souhaite avoir des enfants, sans pour autant désirer divorcer, prenne un amant à cette fin. C'est le cas chez les Anlo du Ghana, nous dit Mme Dzagbé Cudjoe Calvoressi[36]. Au Sénégal, dans de nombreuses communautés, on permettait à la

---

[32] C'est le cas des dépenses relatives aux servantes, femmes de ménages.

[33] Voir *infra.*

[34] Pourtant en Europe chrétienne jusqu'au début du XXe siècle, la femme était sous le contrôle de son époux en matière financière.

[35] C. D. NOBLECOURT, *La femme au temps des pharaons*, éditions Stock, 1986, p. 171.

[36] « Le mariage en Afrique hier et aujourd'hui », dans *La civilisation de la femme dans la tradition*

femme de choisir, parmi les jeunes frères ou cousins du mari, celui qui lui convenait, avec l'accord du mari et dans la discrétion la plus totale[37]. Par ailleurs, l'enfant constitue une force de travail. C'est pourquoi, le souci de procréation est une des raisons d'être de la polygamie qui résulte des tendances communautaires de la société africaine. La polygamie peut être initiée par l'homme. Mais elle peut être initiée aussi par la femme qui souhaite voir la famille de son époux s'agrandir. Cette dernière hypothèse se réalise lorsque la femme est stérile.

3. Qu'en est-il du divorce ?

Rappelons avant tout que le mariage traditionnel africain se défait rarement par le divorce ou la répudiation. En effet, dans la tradition africaine, la place réservée au divorce est très restreinte du fait de la procédure interne de conciliation, de médiation et de négociation pour permettre l'équilibre social, y compris dans la famille[38]. Cependant, il y a des « alertes » au divorce pour l'empêcher. En effet, la coutume, un peu partout en Afrique, tolère la possibilité, pour la femme, de quitter de façon temporaire, le domicile conjugal et de se réfugier dans sa famille ou chez ses proches lorsque le mari ne s'acquitte pas de son devoir d'entretien vis-à-vis d'elle ou de ses enfants. C'est le cas aussi lorsque celui-ci se livre sur elle à des sévices ou à de mauvais traitements. Le système du « misintaka » à Madagascar[39] et du « fay » au Sénégal en constituent des exemples[40]. Pour reprendre sa femme, le mari peut lui offrir une récompense. Le divorce est tellement détesté que pour le peuple mandéen, il doit être prononcé en dehors du village. Mais le cas échéant, la protection juridique de la femme est assurée. La charte de Kurukan Fuga en son article 29 reconnait le divorce sous certaines conditions[41]. Traditionnellement les causes du divorce sont : les mauvais traitements infligés à la femme, l'adultère de la femme, l'absence prolongée du mari, le manque d'égard vis-à-vis des beaux-parents, la stérilité de la femme, l'impuissance du mari, la folie ou une maladie grave. Dans la majeure partie des cas, le divorce s'accomplit à l'initiative du mari quand bien même il peut aussi être initié par la femme. Au Sénégal, la femme wolof dira : « mayma sa ma baat ». En cas de divorce, la femme assure la garde de la fille. Mais le garçon, à un certain âge, rentre chez son père. Dans certaines coutumes, le mariage est indissoluble. Il fait entrer définitivement la femme dans la famille de son mari. Ainsi, on trouve

---

africaine, Présence africaine, Paris, 1975, p. 517.

[37] S. S. M. Kaňji et F. K. Camara, *L'union matrimoniale dans la tradition des peuples noirs*, L'Harmattan, Paris, 2000, p. 171. Cependant, les auteurs auraient dû préciser que cela n'a lieu que dans les sociétés islamisées.

[38] Notre article, A.-A. Diop, « Un procès coutumier sans administrateur », in *Le juge et l'outre-mer*, Tome 5, 2010, p. 80-100.

[39] http://madarevues.recherches.gov.mg/IMG/pdf/anal-droit4_1_.pdf, H. Raharijaona, *La femme, la société et le droit malgache*, p. 19, site consulté le 25 décembre 2018.

[40] Ce qui ressemble à un abandon du domicile conjugal de nos jours.

[41] Impuissance du mari, folie de l'un des conjoints, incapacité du mari à assumer les obligations nées du mariage.

des mariages, que même la mort du mari, ne peut dissoudre. C'est le cas Chez les Niarofalo (Perkessidougou), en Côte d'Ivoire.

Il faut faire observer aussi que la protection juridique de la femme dans la société traditionnelle africaine a des répercussions sur le rôle politique de celle-ci. En Égypte pharaonique, la femme a exercé le pouvoir politique (la reine Hatchepsout). Elle pouvait transmettre également le pouvoir par inceste pour ne pas souiller le trône[42]. Pareille est la situation politique dans l'ancien empire du Ghana. Animiste, la société était également matrilinéaire. La dynastie impériale était dominée par les Sarakolés. El Bekri dans son livre *Route de Ghana à Tadmekka* enseigne que : « Chez ce peuple l'usage et les règlements exigent que le roi ait pour successeur le fils de sa sœur ; car… le souverain a la certitude que son neveu est bien le fils de sa sœur ; mais il ne peut pas être assuré que celui qu'il garde comme son propre fils le soit en réalité »[43]. *Chez les* Mbochi du Congo qui pratiquent le système matrilinéaire, c'est-à-dire où un homme est perpétué par son neveu qu'un tiers a engendré dans des formes légales, la femme peut être chef de lignage, de village, assister le chef de village. Selon l'article 16 de la charte du Mande, les femmes doivent être associées à tous les gouvernements. Dans l'empire du Mali, la reine Kassa régnait en même temps que son époux-roi. Mais celui-ci pouvait la faire emprisonner après avoir rapporté la preuve qu'elle avait été l'instigatrice d'un complot pour le renverser[44]. En pays ibos au Nigeria, les femmes constituent une assemblée qui peut déclencher une grève de la culture, de la cuisine, de l'amour.

Les exemples précités et tant d'autres permettent de dire que les sociétés africaines précoloniales avaient un sens élevé de la protection juridique de la femme. Pourtant des observateurs européens ont radicalement faussé l'image de cette femme avec des qualificatifs particuliers : femme-objet, femme achetée, répudiée, vouée aux tâches les plus ingrates. C'est pourquoi, durant la période coloniale la législation, la jurisprudence et la doctrine tentèrent de « réhabiliter » la femme africaine. Cette action entamée par les pouvoirs publics coloniaux s'est poursuivie avec l'arrivée des nouveaux dirigeants. Nous parlons effectivement des nouveaux mécanismes de protection juridique de la femme africaine.

II. LES NOUVEAUX MÉCANISMES JURIDIQUES DE PROTECTION DE LA FEMME AFRICAINE

La Révolution française du 26 août 1789 consacre la primauté de l'homme sur le groupe[45]. Toutefois la femme, en France, n'est ni libérée de la tutelle de son

---

[42] C. A. Diop, *L'Unité culturelle de l'Afrique noire, Présence africaine*, 2e édition, 2014, p. 56 et s.
[43] http://www.shenoc.com/empire_du_ghana.htm consulté le 170 juin 2019.
[44] Ibn Baaûta, *op. cit.* p. 423.
[45] La *Déclaration des Droits de l'Homme et du Citoyen est votée l*e 26 août 1789. Les députés français, inspirés par les grands philosophes français et anglais des siècles précédents comme Hobbes, Locke, Montesquieu, Rousseau... votent dans l'enthousiasme le texte de la déclaration qui se compose d'un préambule et de 17 articles.

époux, ni autorisée à voter ou à siéger à l'Assemblée. Les femmes ne disposaient pas du droit d'accès aux institutions publiques, aux libertés professionnelles encore moins du droit de propriété[46]. C'est pourquoi, les femmes françaises, parmi lesquelles Olympe de Gouges[47], ont entendu proclamer la déclaration des droits de la femme et de la citoyenne en exigeant une pleine assimilation légale, politique et sociale par un texte du 5 septembre 1791. Aussi, dans les colonies françaises, particulièrement en Afrique, les fondements de la Révolution entraient-ils en conflit avec l'infériorité entendue du noir[48]. Après leur accession à la souveraineté internationale, les nouveaux États africains, se souciant de la condition de la femme et dans le cadre du droit de développement, prennent plusieurs textes au niveau interne et international. Il nous faut donc examiner successivement les politiques coloniales de protection de la femme africaine en période coloniale (***A***) et en Afrique postindépendance (***B***).

A. LES POLITIQUES COLONIALES DE PROTECTION JURIDIQUE DE LA FEMME AFRICAINE

À partir des années « 1830 », on observe une sorte de coup d'accélérateur des politiques coloniales d'assimilation. Il y a notamment l'arrêté du 5 mars 1830 introduisant le Code civil au Sénégal[49], la loi du 24 avril 1833 sur le régime législatif des colonies[50] et la loi Blaise Diagne du 29 septembre 1916[51]. Leur fait suite le principe du respect des coutumes indigènes avec le décret du 10 novembre 1903 portant réorganisation de la justice en AOF[52]. Aussi, en partant de l'ouvrage de Sœur Marie André du Sacré Cœur[53], deux textes majeurs furent-ils pris pour assurer « la protection juridique »[54] de la femme en Afrique. Effectivement, l'autorité coloniale visait à corriger, en supprimant ou en tous cas en réduisant le poids de la famille dans la formation du lien matrimonial et le versement de la dot, à travers les décrets Mandel de 1939 et Jacquinot de 1951.

---

[46] Cette situation a, d'ailleurs, soulevé l'ire de la femme française à l'époque pour qui la Déclaration de 1789 omettait les femmes dans son projet de liberté et d'égalité

[47] Considérée comme une des pionnières du féminisme français, Marie Gouze dite Olympe de Gouges, 1748-1793, est morte guillotinée à Paris durant la Révolution. Elle est une femme de lettres française, devenue femme politique.

[48] P. NGOM, *L'école de droit colonial et le principe du respect des coutumes indigènes en Afrique occidentale française. Analyse historique d'une théorie de l'inapplicabilité du code civil au colonisé, des origines aux indépendances,* Thèse, droit Dakar, 1993, p. 24 et s.

[49] ANS Bas 1830, p. 303 et s.

[50] ANS Bas 1833, p. 401

[51] De ce texte, on retiendra surtout cette formule : « Les originaires des communes de plein exercice du Sénégal et leurs descendants sont et demeurent des citoyens français soumis aux obligations militaires prévues par la loi du 19 octobre 1915 ». DARESTE, 1916. I.716.

[52] Décret du 10 novembre 1903 portant réorganisation de la justice dans les colonies relevant du gouvernement général de l'AOF, *Collection complète des Lois, Décrets, Ordonnances, Règlements et Avis du Conseil d'Etat,* 1903, p. 465 et s.

[53] MARIE ANDRÉ DU SACRÉ CŒUR, *La femme noire en Afrique occidentale,* Paris, Payot, 1939.

[54] Nous mettons les guillemets.

1. Le décret Mandel du 15 juin 1939[55]

Le décret Mandel tendait à protéger la femme africaine. En Afrique-Occidentale française et en Afrique équatoriale française, ce décret fixe un âge minimal de la nuptialité : quatorze ans et seize ans pour la fille et le garçon. Ce texte impose le consentement éclairé des futurs époux comme condition de validité du mariage. Du coup, il vise la libération de la fille du joug de la famille et du père, considérés comme des chefs autoritaires selon sœur Marie André du Sacré Cœur analysant les coutumes mossi à savoir les mandés, dagaris. Toujours dans le souci de protéger la femme africaine, le texte défend toute revendication de la veuve par les héritiers du mari décédé. Par ce texte, les autorités coloniales visaient certainement la remise en cause du lévirat. Le terme lévirat est un dérivé du mot latin *levir*. Il signifie « frère du mari ». Il s'agit d'un type singulier de mariage où le frère d'un défunt épouse la veuve de son frère, afin de poursuivre la lignée de son frère. Les enfants issus de ce remariage ont le même statut que les enfants du premier mari. C'est ce que les Européens ont appelé l'héritage *lignagère de la veuve*. À travers cette technique, la veuve et l'orphelin étaient pris en charge par les familles. En d'autres termes, quand le mari décédait précocement, le procédé du lévirat amenait à lui substituer son frère cadet dans le couple. Ainsi, les aliments pour l'orphelin, la protection pour la veuve, pesaient sur le groupe familial. En sens inverse, lorsque l'épouse décédait tôt, le procédé du sororat permettait de lui substituer sa sœur cadette. Le but visé était la solidarité agissante et la prévention efficiente contre la privation de la veuve et de l'orphelin. Ces institutions devraient permettre d'éviter le discrédit et l'abandon de l'époux encore en vie et des enfants issus du mariage[56].

Les Égyptiens de l'antiquité, les Babyloniens, les Phéniciens, les Hébreux ont pratiqué le lévirat. Effectivement, le combat pour la protection de la femme africaine en période coloniale a aussi fait rage au sujet de la technique du lévirat, cette institution coutumière dans laquelle on a retrouvé la preuve de ce que la femme était donc réellement un objet, que le mari acquérait par la dot et qu'il avait le droit de transmettre à ses héritiers. Le lévirat fût l'objet de toutes sortes de critiques de la part des missionnaires et de tous les penseurs et autres acteurs de la politique coloniale. Cependant, le lévirat n'est pas un remariage. L'institution consiste en une continuation d'un pacte conclu entre groupes et dont les époux n'en sont que les représentants respectifs[57]. En tous cas, la relation maritale dans les coutumes sénégalaises n'est pas rompue par la mort de l'époux, du moins elle ne l'est pas de manière machinale. C'est tout le sens de l'institution du lévirat dont l'objectif est de maintenir cette alliance. Toutefois le décret n'a pas connu le succès escompté « parce qu'on a voulu, sans précautions suffisantes, substituer à

---

[55] Décret du 15 juin 1939 réglementant les mariages entre indigènes en AOF et en AEF.

[56] P. NGOM, *Cours de Droit coutumier africain*, 3e année de licence, année 2003.

[57] http://professeurtraore.over-blog.com/article-204872.html L'institution du lévirat dans les coutumes sénégalaises : un héritage de la tradition ou de l'Islam ?, site consulté le 13 05 2019.

l'ordre public africain, essentiellement religieux, un ordre public… estimé supérieur »[58].

2. Le décret Jacquinot du 14 septembre 1951[59]

Dans la littérature coloniale, la femme africaine est considérée comme une « force de travail convoitée »[60]. C'est la raison pour laquelle celle-ci est durement négociée et « même héritée »[61]. Concrètement, la femme aborigène, dans la pensée juridique coloniale, est particulièrement comprise comme un objet du commerce juridique ordinaire. D'ailleurs, certains acteurs de la politique coloniale, à l'instar de Georges Hardy dans la préface de « La femme noire en Afrique occidentale », voyaient en elle un « animal domestique »[62]. Cette position explique et justifie que la dot soit perçue très tôt comme son prix d'achat[63]. Ainsi, la femme indigène a concentré sur elle des attentions appuyées ambitionnant au moins de la maintenir à un cours convenable pour casser l'exclusivité des chefs des familles sur cette denrée inestimable. C'est dans ce sens qu'il faut situer le décret Jacquinot qui en son article 2 pose que : « Même dans les pays où la dot est une institution coutumière, la fille majeure de vingt et un ans et la femme dont le précédent mariage a été légalement dissous, peuvent librement se marier sans que quiconque puisse prétendre en retirer un avantage matériel, soit à l'occasion des fiançailles, soit pendant le mariage ». Ce texte qui devait s'appliquer en Afrique-Occidentale française, en Afrique-Équatoriale française, au Cameroun et au Togo concernait les citoyens ayant conservé leur statut personnel et contractant mariage suivant la coutume qui leur est propre. Ainsi, il entendait faire reconnaître et respecter les droits de la femme indigène. Ce texte vise à supprimer la dot ou à la rendre facultative tout en plafonnant son montant avec possibilité de passer outre l'opposition des parents au mariage lorsque leur refus est motivé par des exigences excessives concernant le montant de la dot. Par ailleurs, ce texte lutte contre la polygamie en instaurant une option de « monogamie » au moment du mariage. L'habileté du législateur consistait[64] à interdire d'autres unions au mari et à susciter des comportements individuels susceptibles de faire évoluer la coutume. À la différence du décret Mandel, le législateur, conscient de toucher à

---

[58] M. L. NDIR, « Réflexions sur le mariage et le divorce en pays musulman », *Afrique Documents*, 1965, n° 83.

[59] Décret du 14 septembre relatif à certaines modalités du mariage entre personnes de statut personnel en AOF, AEF, au Togo et au Cameroun.

[60] R. MAUNIER, *Sociologie coloniale*, Domat-Monchrestien, Paris 1949, T. II. *Les progrès de la nuit*.

[61] P. NGOM, *L'école de droit colonial et le principe du respect des coutumes indigènes en Afrique occidentale française. Analyse historique d'une théorie de l'inapplicabilité du code civil au colonisé des origines aux indépendances*, Thèse, droit, Dakar, 1993, p. 280 et s.

[62] Georges HARDY, préface de *La femme noire en Afrique occidentale*.

[63] SŒUR MARIE ANDRÉ DU SACRÉ CŒUR, *La femme noire en Afrique occidentale*, p. 27 et s. Henri Labouret, « Mariage et polyandrie chez les dagaris et les oulés », *Revue d 'Ethnographie et des Traditions populaires* 1920, p. 267-83.

[64] Sans attenter directement aux règles de fond de la coutume qui continuait en principe à régir le mariage.

quelque chose de délicat, comptait plus sur la collaboration des administrés, que sur les vertus d'un droit directif.

B. LA PROTECTION DE LA FEMME AFRICAINE POST INDÉPENDANCE

Il y a les textes internes (œuvre législative) et les traités internationaux.

1. L'œuvre législative

a. Du mariage

Après leur accession à la souveraineté internationale, les États africains ont entendu mieux protéger la femme. C'est ce qui ressort de la lecture de certains textes concernant le droit des personnes et de la famille. À titre d'exemple, au Sénégal, le législateur conçoit le mariage comme un accord de volontés individuelles. Selon l'article 100 du Code de la famille, un code de compromis[65], le lien matrimonial crée la famille par l'union solennelle de l'homme et de la femme dans le mariage[66]. Ce lien n'est détruit que par le décès de l'un des époux ou par le divorce. Unissant deux personnes de sexes différents[67], le mariage est considéré tantôt comme un contrat tantôt comme une institution (on libère la fille du joug du père de famille et dans le cadre du mariage de la domination du mari). Il y a le mariage célébré, le mariage constaté et le mariage coutumier non constaté (dans ce dernier cas les époux ne peuvent s'en prévaloir à l'égard de l'État, des collectivités publiques et des établissements publics ou privés, pour prétendre notamment aux avantages familiaux). La primauté du consentement des futurs époux n'est posée par l'article 108 du Code de la famille que par rapport aux mineurs. Selon ce texte « chacun des futurs époux, même mineur, doit consentir personnellement au mariage ».

Par ces dispositions, le Code de la famille du Sénégal a démoli la conception traditionnelle du mariage, en laissant survivre la nécessité du consentement des parents seulement (article 109) dans le cas où il faut éclairer le consentement du mineur (seize ans pour la fille). Les époux s'engagent entre eux et à l'égard des tiers à pourvoir à l'entretien du ménage et à l'éducation des enfants communs même si ces charges pèsent à titre principal sur le mari. Les deux époux se doivent ensemble cohabitation, fidélité, assistance et secours quand bien même l'époux détient la puissance maritale et la puissance paternelle. Lorsque la résidence fixée par le mari présente pour la famille des dangers d'ordre physique ou d'ordre moral, la femme peut, par exception, être autorisée à avoir pour elle et ses enfants un autre domicile fixé par le tribunal. Le divorce (par consentement mutuel ou contentieux) ne peut se faire qu'au tribunal. Il est interdit la répudiation. Au Sénégal, il existe le régime de la monogamie et celui de la polygamie sans

[65] S. GUINCHARD, « Le mariage coutumier en droit sénégalais », *Revue internationale de droit comparé*, vol. 30, n° 3, juillet-septembre 1978, p. 811.

[66] Pas de concubinage, pas d'union libre, pas de PACS.

[67] Pas de mariages homosexuels sinon le Code pénal parle d'actes contre-nature.

toutefois dépasser quatre épouses. Le choix pour la monogamie est irrévocable même à la mort du conjoint. L'époux ne peut revenir sur son choix que dans le sens d'avoir un nombre d'épouses inférieur à celui pour lequel il avait opté. Dans le cadre de la polygamie, le Code de la famille oblige l'époux à traiter de manière égale ses différentes épouses.

Le souci de protection juridique de la femme apparaît dans d'autres législations en Afrique et met en avant le principe de l'autonomie de la volonté, de la liberté individuelle. Plusieurs exemples permettent de l'affirmer. Au Bénin, le mariage est un contrat rédigé par acte devant notaire, en la présence et avec le consentement simultané de toutes les personnes qui y sont parties ou de leurs mandataires. Seul le mariage monogamique est reconnue (article 143 de la loi de 2002 portant Code de la famille). Les époux s'obligent à une communauté de vie. Ils se doivent respect, secours et assistance. Ils se doivent mutuellement fidélité et assurent ensemble la direction morale et matérielle de la famille. Ils pourvoient à l'éducation des enfants et préparent leur avenir. Chaque époux a la pleine capacité juridique. Au Togo, le mariage est l'acte civil public et solennel par lequel un homme et une femme établissent entre eux une union légale et durable, dont les conditions de formation, les effets et la dissolution sont déterminés par le Code des personnes et de la famille. La polygamie n'y est pas interdite, mais doit faire l'objet d'une déclaration au cours du mariage. En Côte d'Ivoire, on parle de consentement personnel des futurs époux. Et la loi du 9 mars 2013 place les conjoints sur un pied d'égalité dans la mesure où les époux ont, dorénavant, les mêmes droits et les mêmes obligations. Ils agissent au même titre. La polygamie y est interdite. Le concubinage en principe ne crée aucun lien juridique.

Au Mali, la loi de décembre 2011 portant Code des personnes et de la famille, parlant de contrat, dispose en son article 283 qu'il n'y a pas de mariage lorsqu'il n'y a point de consentement. Le consentement n'est point valable s'il a été extorqué par violence ou s'il n'a été donné que par suite d'une erreur sur la personne. Si la femme doit obéissance à son mari, le mari doit assurer la protection à sa femme. Au Burundi, le décret-loi n° 1/024 du 28 avril 1993 portant réforme du Code des personnes et de la famille, en son article 87 précise que le mariage est l'union volontaire de l'homme et de la femme, conforme à la loi civile. Mais le consentement de leurs pères et mères est requis lorsque l'homme n'a pas 21 ans révolus et la fille 18 ans. Le domicile conjugal est le lieu choisi de commun accord par les époux. Dans sa version consolidée, le Code de la famille du Maroc (article 4) précise que le mariage est un pacte fondé sur le consentement mutuel en vue d'établir une union légale et durable, entre un homme et une femme. Il a pour but la vie dans la fidélité réciproque, la pureté et la fondation d'une famille stable sous la direction des deux époux. L'accord doit être exprimé verbalement, par écrit ou par tout signe compréhensible. Il doit être exprimé de façon concordante et séance tenante ; décisif et non subordonné à un délai ou à une condition suspensive ou résolutoire. La polygamie est interdite lorsqu'une injustice est à craindre envers les épouses. Elle est également interdite lorsqu'il existe une condition de l'épouse en vertu de laquelle l'époux s'engage à ne pas lui adjoindre une autre épouse.

b. De la dot

Dans le prolongement des politiques coloniales de protection juridique de la femme africaine, le droit sénégalais de la famille, aux termes de l'article 132, pose que « Les futurs époux peuvent convenir que la fixation d'une somme d'argent, ou la détermination de biens à remettre en partie ou en totalité par le futur époux à la future épouse, sera une condition de fond du mariage. Cette dot ne peut dépasser la valeur maximum fixée par la loi. Elle est propriété exclusive de la femme qui en a la libre disposition. Il est fait mention dans l'acte de mariage du montant de la dot, de la part stipulée payable d'avance et de ce qui a été perçu par la femme au moment de la célébration du mariage ». Ce même texte limite la dot au montant fixé par la loi n° 67-04 du 24 février 1967 sur les dépenses excessives. En droit positif sénégalais, la dot n'a, en principe, aucune incidence sur la validité du mariage, sauf si les parties décident d'en faire une condition de validité. Et même si la dot est prévue par les parties dans le cadre de la célébration du mariage, son montant est rigoureusement limité par la loi de 1967 interdisant les dépenses excessives dans les cérémonies familiales. En réalité, le législateur sénégalais a repris la proposition de Pr Solus qui avait défendu le maintien de la dot à titre facultatif et l'interdiction des actions en paiement ou en remboursement de la dot[68]. La dot est la propriété exclusive de la femme. Le fait que la dot demeure réglementée par le législateur sénégalais et non supprimée, corrobore la force de la coutume. Le Code de la famille du Sénégal en son article 368 définit les régimes matrimoniaux en ce qui concerne les effets patrimoniaux du mariage dans les rapports des époux entre eux et à l'égard des tiers. La loi organise trois régimes différents : la séparation des biens, le régime dotal et le régime communautaire de participation aux meubles et acquêts. La séparation des biens constitue le régime de droit commun ; mais les époux peuvent choisir l'un des deux autres même si le régime communautaire ne peut être choisi que si le mari a fait l'option de la monogamie.

Au Sénégal, la dot est facultative. Au Togo, elle est symbolique. Au Bénin, elle a un caractère symbolique (article 142). Au Mali, l'article 288 précise qu'elle est obligatoire même si elle a un caractère symbolique. Au Cameroun, l'article 70 de l'ordonnance de 1981 dispose que le versement de la dot n'est plus une condition de validité du mariage[69]. Aussi, le législateur, à travers l'article 357 du Code pénal a-t-il tenu à mettre des garde-fous. Au Gabon, la loi n° 20/63 du 31 mars 1963 avait supprimé la dot. D'ailleurs, un document datant du 12 octobre 1964, soit un an après la promulgation du texte interdisant la dot, renseigne qu'un

---

[68] Henri SOLUS, « Le problème de la dot en Afrique Noire », *Revue juridique et politique de l'Union française*, 1950, p. 458.

[69] Alex-François TJOUEN, « La condition de la femme en droit camerounais de la famille », *Revue internationale de droit comparé*, vol. 64, n° 1, 2012, p. 149.

certain Ngueme avait été arrêté pour avoir violé texte et de ce fait s'était engagé à rembourser la dot perçue. En Côte d'Ivoire, la dot est abolie et la prohibition est assortie de sanctions sévères (emprisonnement et amende). Au Maroc, la dot (sadaq) est tout bien donné par l'époux à son épouse et ayant une valeur morale et symbolique et matériel. L'époux en dispose librement.

c. Du sort des enfants

Au Sénégal, la femme est aussi protégée par rapport à la garde de l'enfant légitime. Si durant le mariage, la puissance paternelle sur les enfants légitimes est exercée par le père en qualité de chef de famille en revanche, les décisions prises par le père, contrairement aux intérêts de l'enfant ou de la famille, peuvent être modifiées ou rapportées par le juge de paix (Tribunal d'instance) du domicile de l'enfant, à la demande de la mère. Si les époux vivent séparés, sans que cette séparation ait été judiciairement prononcée ou constatée, le Tribunal départemental peut, dans l'intérêt de l'enfant et sur requête de la mère ou du ministère public, confier à la mère l'exercice de la puissance paternelle. Cette décision cesse d'avoir effet par la réunion des époux, la séparation de corps ou le divorce. En ce qui concerne l'enfant naturel, celui dont la filiation à la naissance est établie uniquement à l'égard de la mère est soumis à l'autorité de celle-ci, sauf au juge de paix, en cas de reconnaissance postérieure du père, à décider le transfert de la puissance paternelle à ce dernier, si l'intérêt de l'enfant l'exige. Au Bénin, on parle de puissance parentale. L'enfant reste sous l'autorité de ses père et mère jusqu'à sa majorité ou son émancipation. Au Burundi, l'article 285 pose que l'autorité parentale est exercée par le père et la mère de l'enfant. Au Maroc, le Code de la famille parle des devoirs des parents à l'égard de leurs enfants.

d. Des successions

De nos jours, certaines législations admettent l'option en matière de succession. C'est le cas du Sénégal et du Mali. On parle de successions de droit musulman et des successions de droit commun. Les premières confèrent une part entière à l'homme et une demi-part pour la femme[70]. Et les secondes prêchent l'égalité des parts : « … par égales portions et par tête quand ils sont tous au premier degré et appelés de leur chef… ». C'est le cas de l'article 520 du Code de la famille du Sénégal. Au Togo, on parle de succession légale lorsque de son vivant le défunt n'a pas fait de testament.

En dehors des textes de droit interne, il y a des instruments juridiques internationaux qui visent la protection de la femme en Afrique. Ces derniers sont nombreux et variés. Parmi eux, on peut citer le protocole à la charte africaine des droits de l'homme et des peuples, relatif aux droits de la femme en Afrique.

---

[70] M. DEVES, « Le rôle de la femme dans la pratique du droit coutumier. Exemple du Sénégal », *La civilisation de la femme dans la tradition africaine*, colloque, Abidjan, 3-8 juillet 1972 p. 313 et s.

2. Le protocole à la charte africaine des droits de l'homme et des peuples, relatif aux droits de la femme en Afrique

Adopté par la 2e session ordinaire de la conférence de l'Union africaine, à Maputo, le 11 juillet 2003, le texte est encore appelé protocole de Maputo relatif aux droits de la femme africaine. Ce mécanisme est pris sur le fondement de la charte africaine des droits de l'homme et des peuples, sur la base de la résolution AHG/Res.240 (XXXI) de la conférence des chefs d'États et de gouvernement de l'Organisation de l'unité africaine, réunie en sa trente-et-unième session ordinaire à Addis-Abeba (Éthiopie) en juin 1995, ayant entériné, la recommandation de la Commission africaine des droits de l'homme et des peuples d'élaborer un protocole sur les droits de la femme en Afrique. Il vise aussi tous les instruments internationaux relatifs aux droits de l'homme, notamment la Déclaration universelle des droits de l'homme, les pactes internationaux relatifs aux droits civils et politiques ainsi qu'aux droits économiques, sociaux et culturels, la convention sur l'élimination de toutes les formes de discrimination à l'égard des femmes et son protocole facultatif, la charte africaine des droits et du bien-être de l'enfant et tous les autres conventions et pactes internationaux relatifs aux droits de la femme en tant que droits humains, inaliénables, interdépendants et indivisibles, la résolution 1325 du Conseil de sécurité des Nations unies sur le rôle de la femme dans la promotion de la paix et de la sécurité.

L'objectif recherché à travers ce protocole est d'assurer la promotion, la réalisation et la protection des droits des femmes afin de leur permettre de jouir pleinement de tous leurs droits humains. Composé d'un préambule et de 32 articles y compris des dispositions transitoires, le texte s'ouvre par un article premier relatif à la définition d'un certain nombre de concepts forts. Il prévoit aussi des mécanismes de mise en œuvre et du suivi du protocole, la juridiction compétente pour son interprétation[71], la procédure relative à la signature, la ratification et l'adhésion, les procédures et conditions d'entrée en vigueur du texte, les procédures relatives à l'amendement et à la révision. Les grandes lignes du protocole qui plaident en faveur de la femme africaine tournent autour de l'élimination de la discrimination à l'égard des femmes[72], l'élimination des pratiques néfastes[73], l'égalité des droits entre l'homme et la femme (18 ans) dans le mariage. Le protocole s'intéresse également aux droits de la veuve, au droit de succession, au respect de la dignité de la femme. Par ailleurs, il est prôné les mêmes droits en cas de séparation de corps, de divorce et d'annulation du mariage. Il faudrait peut-être signaler pour terminer avec ce texte qu'alors que le protocole de Maputo a été ratifié depuis 2004, toutes ses dispositions relatives au statut personnel sont restées lettre morte.

*

71 Commission africaine des droits de l'homme et des peuples.

72 Ex. : La puissance paternelle et maritale.

73 Ex. : les mariages précoces, avant l'âge de 18 ans.

* *

Voici les mécanismes juridiques de protection de la femme africaine à travers les âges. Mais l'on se rend compte qu'à l'épreuve des faits il y a toujours la persistance de la coutume qui reste forte nonobstant les différents plaidoyers faits en faveur de la femme africaine moderne. On se marie encore coutumièrement. Le divorce continue de se faire de façon coutumière. Le poids de la famille se fait sentir à tous les niveaux. Le mari continue d'être le chef de famille et dispose en même temps de l'autorité paternelle et maritale. La succession, sauf en des cas rares, se fait traditionnellement. Dans certaines sociétés de l'Ouest africain, en particulier le lévirat et le sororat persistent… Pourtant selon un proverbe dogon traduisant la liberté de la femme africaine « Une abeille qui est mise de force dans une ruche ne produit pas de miel ».

LES CODES DES OBLIGATIONS ET DES CONTRATS DANS LES PROTECTORATS FRANÇAIS ET AU LIBAN. CONTRIBUTION À L'HISTOIRE COMPARÉE DU DROIT DES OBLIGATIONS

David Deroussin
Université Lyon 3
Centre lyonnais d'histoire du droit et de la pensée politique (E.A. 669)

Les années qui s'écoulent durant les décennies 1890 à 1930 ont vu se développer un mouvement intense de codifications, marqué notamment par la promulgation en Allemagne du B.G.B. en 1900 et par celle de bien d'autres Codes, comme les divers Codes suisses, le Code des soviets (1922), les codifications d'Albanie (1927), de Roumanie (1934) et de Pologne, auxquelles peut être ajouté le projet franco-italien de Code des obligations entrepris dès 1916. Parmi ces textes (à l'exception du B.G.B.), nombreux sont ceux qui abandonnent l'idée de renfermer l'ensemble de la matière civile (à l'exemple du Code civil français) et font le choix de son morcellement et d'une spécialisation consistant à traiter à part le droit des obligations. Or c'est dans ce contexte, où diverses cultures juridiques se livrent déjà à une sorte de compétition d'influences, que deux Codes des obligations et des contrats (C.O.C.) voient le jour dans deux pays sous protectorat français, la Tunisie et le Maroc (auxquels on ajoutera le Code libanais, quoique le Liban soit seulement sous mandat français), alors que, jusqu'alors, la plupart des Codes avaient été réalisés dans le cadre de l'affirmation des souverainetés, notamment celles des États-nations.

Ces codifications présentent, dans le cadre de ces protectorats, deux particularités. En premier lieu, elles prennent place dans un plan de réforme générale de la justice, notamment indigène, dont l'objectif est d'offrir à des juges qui « n'ont trop souvent qu'une science juridique médiocre » (selon les mots du jugement sévère porté par E. Larcher sur le Code tunisien) un droit dorénavant unifié propre à lutter contre l'arbitraire, et constituer la nouvelle loi locale dans le cadre de l'application des règles de conflit de lois. Par exemple, si le C.O.C. tunisien a d'abord vocation à s'appliquer aux locaux soumis aux juridictions indigènes, *i.e.* les Tunisiens musulmans ou israélites, il est également appelé à régir, d'une manière plus ponctuelle, par application des règles du droit international privé, les conventions conclues entre eux et Européens, en tant qu'il constitue désormais la *loi locale*. Il est donc susceptible d'être appliqué par les juridictions françaises de Tunisie et, par voie de recours, par la Cour de cassation.

De même l'art. 13 du *dahir sur la condition civile des français et des étrangers dans le protectorat français au Maroc* (12 août 1913) prévoit-il l'application de la loi du lieu de conclusion du contrat, donc du C.O.C. marocain, à défaut d'indication expresse des parties en faveur d'une autre loi ou à défaut d'application de la loi du domicile commun ou de leur loi nationale commune. Dans l'esprit de la commission d'organisation judiciaire du protectorat français du Maroc, le C.O.C. marocain a donc vocation à être « la loi locale du protectorat » applicable à tous les délits et quasi-délits commis sur le territoire et « à tous les contrats non soumis à une autre loi en vertu des règles du droit international »[1].

En second lieu, la nouvelle loi locale ainsi formulée doit, pour remplir pleinement son rôle, satisfaire deux conditions. D'une part, elle doit permettre de dissiper toutes les incertitudes qui résultaient, jusque-là, d'un droit musulman « déformé et modifié par des usages locaux… incertains, flottants, contradictoires et mal connus »[2]. D'autre part, elle doit rassurer ceux auxquels elle s'appliquera, raison pour laquelle il faut composer « une œuvre adéquate aux besoins d'une population composée d'éléments divers »[3]. De fait, la nouvelle loi locale (spécialement les Codes tunisien et marocain en fait) est souvent présentée, par les acteurs eux-mêmes ou par les contemporains, comme une heureuse conciliation de la tradition musulmane malékite (qui prévaut au Maghreb) et des influences européennes, pour mieux la distinguer de la *Medjellé* compilée dans l'Empire ottoman qui, elle, ne renferme que des préceptes islamiques[4]. Sans doute une telle présentation a-t-elle pour objectif de calmer les inquiétudes qu'un droit nouveau, au moins dans sa formulation, peut susciter. Dans leur *Rapport au Président de la République française* relatif au C.O.C. marocain, le ministre des Affaires étrangères (S. Pichon) et le garde des Sceaux (A. Ratier) prennent ainsi soin de souligner que « dans le dahir formant 'Code des obligations et des contrats', les Européens trouveront des règles inspirées, dans une large mesure par leurs lois nationales ; les musulmans, de leur côté, n'y trouveront rien qui

[1] Encore que, comme le remarque Fr.-P. BLANC, c'est surtout dans la zone sud du pays qu'il a trouvé à s'appliquer, y compris à l'égard de Tunisiens, lorsque le litige met en cause des étrangers.

[2] *Rapport sur les travaux de la commission d'organisation judiciaire du protectorat français du Maroc* (*Bulletin officiel* du Maroc, sept. 1913, n° 46) : de l'aveu même du rapporteur de la commission d'organisation judiciaire instituée par Liautey, « il était nécessaire de dissiper toutes les incertitudes pouvant se faire jour, au sujet de la loi locale » à propos des obligations conventionnelles et délictuelles. Cf. aussi S. BERGE, *Codes et lois en vigueur dans le protectorat français du Maroc*, Paris, 1915, p. 291, cité par Fr.-P. BLANC, « Le dahir… », *Revue franco-maghrébine de droit*, 2001-9, p. 147.

[3] Comme l'explique SANVITI dans une contribution à la *Gazette des tribunaux* du Maroc (n° 605), citée par A. KETTANI, « Maroc », *La circulation du modèle juridique français*, *Travaux de l'Association H. Capitant*, Paris, Litec, 1993, T. XLIV, p. 265.

[4] Et se présente sous la forme d'un recueil de cas qui ne fournit aucune théorie générale de l'obligation (P. GANAGE, « Liban », *La circulation du modèle juridique français*, *op. cit.*, p. 254). CF. M.-K. CHARFEDDINE, « Le C.O.C. tunisien, le D.O.C. marocain et le C.O.C. libanais : esquisse d'une comparaison », *75ème anniversaire du Code des obligations et des contrats libanais*, Bruxelles, Bruylant, 2010, p. 197-208.

puisse froisser leur conscience religieuse, puisque les textes tunisiens qui ont servi de base à ce travail ont été révisés et reconnus orthodoxes par une commission composée de cinq professeurs de la Grande Mosquée de Tunis et de cinq membres du 'Chara' (tribunal religieux) »[5]. Dans un même souci, la première édition officielle du C.O.C. marocain, établie par S. Berge, mentionne sous chaque article l'ensemble des références françaises ou européennes, musulmanes et romaines. Si un tel procédé peut s'expliquer par des raisons scientifiques (faciliter l'intelligence du texte en éclairant ses origines), il a également, comme l'indique le *Rapport sur les travaux de la commission d'organisation judiciaire du protectorat français du Maroc*, un objectif plus prosaïque : rassurer les Européens en leur donnant « ainsi la preuve évidente des éléments d'analogie qui rapprochent » les lois européennes de ce Code.

C'est sans doute cet objectif qui a conduit les autorités françaises à s'intéresser de près à la production de ces textes et à préférer des procédures d'élaboration impliquant un élément français à côté de l'élément indigène (**I**). De fait, un tel choix était susceptible de conférer à ces textes un contenu révélant des sources d'inspiration diverses, dans une proportion qu'il faut tenter de déterminer (**II**).

I. LE PLURALISME DANS L'ÉLABORATION DES TEXTES

Si les C.O.C. tunisien et marocain ont été élaborés selon des procédures assez proches et sous la houlette d'un même homme (S. Berge), le C.O.C. libanais porte une empreinte plus personnelle, qu'il doit précisément aux conditions de sa réalisation : point de commission, mais un projet rédigé par un homme et voté sans grande modification.

A. LE C.O.C. TUNISIEN

L'aspiration à la codification du droit est, en Tunisie, perceptible dès avant le protectorat français. En 1861 est ainsi promulgué un Code civil et pénal, qui pourtant sera rapporté trois années plus tard. En revanche, et malgré la régence ottomane, ni le Code de commerce ottoman ni la *Medjellé* n'ont été appliqués en Tunisie, et si la Constitution du 25 avril 1861 prévoit la création de tribunaux de commerce, le projet de Code rédigé par la commission désignée par Assadiq Bey en 1864 ne voit pas le jour. Il n'est donc pas exagéré de souligner que, grâce au C.O.C. tunisien, sont sans doute pour la première fois au Maghreb rassemblées en

[5] *Bulletin officiel du Maroc*, sept. 1913, n° 46. L'idée est également exposée par les acteurs de la codification tunisienne : « la codification des lois musulmanes en ce qui concerne les obligations a abouti à pourvoir la Tunisie d'une législation qui, approuvée par les jurisconsultes tunisiens les plus orthodoxes, se rapproche beaucoup de la législation française et constitue en cette législation et le vieil esprit coranique un vrai trait d'union », *Archives du Quai d'Orsay, Nouvelle série Tunisie (1882-1916)*, carton 219 (cité par S. DEROUICHE-BEN ACHOUR, « Tunisie », *La circulation du modèle juridique français*, *op. cit.*, p. 289).

un texte unique des matières jusque-là réglementées de façon éparse par les usages et les règles religieuses.

Comme chacun le sait, le protectorat institué le 12 mai 1881 crée, placé auprès du bey de Tunis, un ministre résident, auquel le décret du 23 juin 1885 donne le titre de résident général et qui est assisté de deux secrétaires généraux, l'un à l'administration, l'autre à la justice, lequel sera plus spécialement chargé de présider les commissions mises en place pour la préparation des Codes tunisiens. Dès septembre 1896, René Millet, alors résident général, met sur pied une commission chargée d'élaborer un projet de Code. En son sein, deux protagonistes tiennent les premiers rôles. D'un côté, Stéphane Berge[6]. D'abord avocat à Paris, collaborateur du *Journal du droit international privé* et de l'*Annuaire de la législation étrangère*, fondateur de la *Gazette du Palais*, il est nommé juge de paix en Tunisie en 1885, puis juge suppléant à Tunis, président du Tribunal de Sousse et enfin vice-président du Tribunal de Tunis le 11 mai 1890. Auteur d'un ouvrage sur la juridiction française en Tunisie (1895), il est appelé à prendre la direction de la justice beylicale pour réformer l'organisation judiciaire indigène et proposer une législation locale plus simple. Il quittera cette fonction en 1903 pour prendre la présidence du tribunal mixte immobilier en charge de l'immatriculation des biens fonciers puis, en 1904, celle du tribunal de Tunis. Sa nomination en 1910 à la Cour d'appel de Paris l'éloigne du Maghreb, mais son intérêt pour l'outre-mer ne faiblit pas. Appelé en 1913 à participer, dans les rangs de la mission française, aux négociations qui conduisent à la création du Tribunal international de Tanger, son regard se porte désormais vers le Maroc, où il est appelé auprès de Lyautey, qui voit en lui un « conseil précieux et respecté ». En 1913, il est nommé premier président de la Cour d'appel de Rabat, mais achève sa carrière à Paris, par une nomination à la Cour de cassation le 23 fév. 1917.

D'un autre côté, David Santillana, juriste italien né à Tunis en 1855 d'un père israélite originaire d'Espagne[7]. Particulièrement versé dans l'étude du droit musulman, spécialement le rite malékite pratiqué en Afrique du Nord (il enseignera le droit musulman à l'école khédiviale du Caire puis à l'Université de Rome et publiera un traité de droit musulman), il a servi, après des études à Londres, comme interprète au ministère des Affaires étrangères tunisien (avant le protectorat), puis émigré en Italie en 1879, où il a obtenu la naturalisation et entrepris des études de droit afin de devenir avocat. Entourés de deux hauts fonctionnaires (le secrétaire et le secrétaire adjoint du gouvernement tunisien), du

---

[6] Dont la carrière est relatée par le discours de l'avocat général A. WATTINNE lors de la rentrée solennelle de la Cour de cassation du 16 oct. 1924 (disponible sur le site de la Cour de cassation).

[7] L. TUNGER-ZANETTI, *La communication entre Tunis et Istanbul, 1860-1913 : province et métropole*, p. 266, note 82 et Fr. GABRIELI, « David Santillana », *Orientalisti del Novecento*, Rome, Institut pour l'Orient, 1993, p. 55-59. Fr. Gény, évoquant le projet de Code tunisien dans *Le livre du centenaire* du Code civil, voit en lui un juriste « savant et habile », auteur d'une œuvre « complexe et d'une haute inspiration » (Fr. GENY, « La technique législative dans la codification civile moderne », *Le Code civil 1804-1904, Livre du centenaire*, Paris : Rousseau, repr. Dalloz, préf. J.-L. HALPÉRIN, p. 1036).

président du Tribunal mixte immobilier (que Berge a présidé quelques années plus tôt), ils sont tous deux[8], en raison des compétences dont témoignent leurs carrières respectives, les chevilles ouvrières du projet élaboré par cette commission, dont Santillana est d'ailleurs le rapporteur ; projet publié en 1899 sous le tire : *Avant-projet de Code civil et commercial tunisien*[9]. Qualifié de « remarquable » par E. Jobbé-Duval, qui voit là un « réel service rendu à la science »[10], cet *Avant-projet* est édité avec les notes de Santillana, qui renvoient aux œuvres imprimées des jurisconsultes musulmans, mais aussi à des manuscrits de la grande mosquée de Tunis, et indique la correspondance, pour chacun des articles, avec les dispositions du droit romain ou des droits européens. Bien qu'il ait pour ambition d'embrasser le droit civil et le droit commercial, il ne dit rien du droit de la famille (personnel ou patrimonial), abandonné à la loi religieuse, et se compose de deux livres : l'un consacré à la théorie générale des obligations, l'autre aux différents contrats et quasi-contrats, civils ou commerciaux d'ailleurs (lettre de change, compte courant).

Ce texte est ensuite soumis à une nouvelle commission composée cette fois de douze juristes : dix Tunisiens (cinq professeurs et cinq magistrats) et à nouveau D. Santillana et S. Berge, lequel précisera plus tard d'ailleurs que, en cas de désaccord soulevé par les juristes tunisiens, il lui suffisait de remonter à l'origine romaine de la règle en cause pour les convaincre, ouvrant ainsi le débat sur l'influence que le droit romain a pu exercer sur l'enseignement des premiers docteurs musulmans…[11] Après discussion, le texte est soumis au bey qui le promulgue en décembre 1906. Mais alors que Santillana avait à l'esprit la rédaction d'un Code civil et commercial, seule la partie consacrée aux obligations civiles est consacrée sous la forme d'un *Code des obligations et des contrats*. Celui-ci conserve cependant quelques traces de l'objectif initial, notamment quelques dispositions relatives aux livres de marchands ou des règles communes aux sociétés civiles et commerciales.

B. LE C.O.C. MAROCAIN

[8] Le *Rapport sur les travaux de la commission d'organisation judiciaire du protectorat français du Maroc* dira quelques années plus tard de BERGE qu'il a été « l'un des principaux auteurs du Code tunisien » (*Bulletin officiel du Maroc*, sept. 1913, n° 46, p. 7).

[9] *Travaux de la commission de codification des lois tunisiennes*. Fascicule 1, *Code civil et commercial tunisien. Avant-projet discuté et adopté au rapport de M. D. Santillana*, Tunis, 1899.

[10] E. JOBBE-DUVAL, *L'histoire comparée du droit et l'expansion coloniale de la France*, Mâcon, 1902 (extrait des *Annales internationales d'histoire*), p. 27.

[11] L'influence romaine sur la formation du droit musulman était déjà mise en doute par DARESTE dans son compte rendu (*Journal des savants*, mai 1882) sur la traduction du *Code musulman* de Khâlil donnée par SEIGNETTE (Alger-Paris, 1878). Il soulignait que, s'il existe parfois des analogies dans les solutions, celles-ci n'impliquent pas nécessairement que le droit romain ait consciemment servi de source de références (même si, dans certaines régions comme la Syrie, des pans entiers du droit romain étaient encore traduits après l'expansion de l'islam), et soutenait que le formalisme caractéristique du droit romain institue entre ces deux ordres de droit une différence fondamentale.

Au Maroc, c'est dès l'accord franco-allemand du 4 novembre 1911 que se fait jour l'idée d'une réforme générale non seulement de l'organisation judiciaire, en raison de la suppression des juridictions consulaires, mais aussi du droit matériel. Dans la mise en œuvre de ces réformes, le rôle du maréchal Lyautey, alors résident général de France, est déterminant. Conformément au traité de Fès (30 mars 1912), dont l'art. 1er prévoit que les autorités française et marocaine « sont d'accord pour instituer au Maroc un nouveau régime comportant les réformes administratives, judiciaires… que le gouvernement français jugera utile d'introduire sur le territoire marocain », il prend l'initiative de charger l'un des magistrats français (Landry) mis au service de la résidence générale de la rédaction d'avant-projets devant être soumis au gouvernement français puis, pour adoption, au sultan. Rédigés rapidement, ces textes sont envoyés à Paris, et le ministère des Affaires étrangères désigne alors une commission composée de juristes chevronnés « chargée, conformément aux suggestions du Commissaire résident général, de préciser un plan d'organisation judiciaire du protectorat français du Maroc ». Cette commission réunit, dès le 7 mai 1912, des professeurs de droit, notamment des spécialistes du droit international public comme Louis Renault (lauréat du prix Nobel de la paix en 1907[12]) et Albert de Geouffre de la Pradelle, qui publiera en 1930 des *Principes généraux du droit international* après avoir créé l'Institut des hautes études internationales, auxquels s'ajoutent des magistrats de la Cour de cassation, du Conseil d'État et de la Cour d'appel de Paris et des diplomates en charge des affaires tunisiennes et marocaines.

La commission ainsi réunie travaille rapidement et achève la rédaction des projets, conformes pour l'essentiel aux avant-projets de Lyautey, dès la fin juin 1913. Soumis à l'approbation du sultan Moulay Youssef pendant l'été, ils sont acceptés le 12 août et promulgués, après visa (qui traduit concrètement le *droit de contrôle* exercé par la France[13]) par Liautey le 30 août[14]. L'élaboration du C.O.C. marocain n'a donc pas exigé de la part de la commission d'organisation judiciaire mise en place par Lyautey « un long examen ». La raison en est que ce texte est emprunté, pour l'essentiel, « à des législations étrangères »[15], plus spécialement au C.O.C. tunisien qu'il se contente le plus souvent de recopier. On ne saurait en dire autant de son équivalent libanais.

En regard, l'élaboration du C.O.C. libanais obéit à un schéma différent, en raison du contexte particulier dans lequel s'y exerce la domination française : non pas un protectorat, mais un mandat, délivré à la France sur le Liban (et la Syrie)

---

[12] Membre de l'Académie des sciences morales et politiques, il enseigne à Paris le droit international après avoir assuré des cours de droit romain et de droit commercial à Dijon. Jurisconsulte du ministère, il représente la France aux conférences de La Haye.

[13] En vertu de l'art. 5 du traité de Fès, le commissaire résident général a en effet le pouvoir d'approuver et promulguer, au nom du gouvernement français, les décrets rendus par le sultan.

[14] Fr.-P. Blanc, « Le Dahir formant Code des obligations et des contrats », *Revue franco-maghrébine de droit*, 2001, n° 9, p. 141.

[15] *Rapport sur les travaux de la commission d'organisation judiciaire du protectorat français du Maroc, précit.*

par la Société des Nations le 28 avril 1920. Ce mandat ayant pour objectif l'établissement de nouvelles institutions, le Liban se dote dès mai 1926 d'une nouvelle constitution, rédigée par H. de Jouvenel sur le modèle des lois républicaines de 1875. Un an auparavant, les autorités libanaises avaient envisagé la publication d'un Code des obligations et des contrats. Une première version est rédigée par Louis Ropers qui, après avoir exercé au sein des Tribunaux mixtes de Beyrouth, est désormais juge au Tribunal de la Seine. Elle est ensuite (en 1928) transmise pour relecture à Louis Josserand[16] qui, en sa qualité de doyen de la Faculté de droit de Lyon, avait pris part à de nombreux jurys d'examen de l'École française de droit de Beyrouth, fondée grâce aux efforts des jésuites et des universitaires lyonnais[17]. Elle est, enfin, soumise au comité consultatif de législation présidé par M. Deis, premier président des chambres mixtes de la Cour de cassation, dans lequel siègent notamment deux membres de l'École française de droit : Ch. Cardahi (également président de la Cour de cassation libanaise) et le père A. Mazas (qui dirigera l'École jusqu'en 1946). On le voit, l'administration française joue ici un rôle moins important, tant au stade de l'impulsion qu'à celui de l'élaboration et, en raison des modalités de rédaction de l'avant-projet, le C.O.C. libanais se présente davantage que les deux autres Codes comme le fruit d'une réflexion doctrinale originale[18].

À l'issue de ce travail de codification, le droit local a changé. Un droit révélé, nécessairement parfait « donc imperfectible », cède la place à un droit positif légiféré qui, malgré le visa des autorités françaises, se présente sous la forme d'un droit *national*[19], ces trois pays n'étant pas des colonies françaises. Il porte cependant l'empreinte évidente[20] de ce que l'on pourrait appeler le modèle français classique et qui se résume, pour le droit des obligations, en deux axiomes : liberté des conventions et responsabilité à base de faute. Pour preuve, en matière contractuelle, les art. 242 C.O.C.T. et 230 C.O.C.M., qui posent le principe de

[16] Sur l'influence de Josserand : D. DEROUSSIN, « L. Josserand, le Code civil et le Code libanais des obligations et des contrats », *Le Code civil français et le dialogue des cultures juridiques*, Bruxelles, Bruylant, 2007, p. 49-94 ; « Les sources du Code des obligations et des contrats libanais : L. Josserand et le 'droit commun législatif mondial' », *75ème anniversaire…*, *op. cit.*, p. 59-76 ; W. DROSS, « L'influence de L. Josserand sur la seconde partie du C.O.C. (règles spéciales à certains contrats) », *75ème anniversaire…*, *op. cit.*, p. 77-111.

[17] Cf. C. FILLON, « La Faculté de droit lyonnaise et l'expansion universitaire sous la IIIème République », in : D. DEROUSSIN (dir.), *Le renouvellement des sciences sociales et juridiques sous la III République, La Faculté de droit de Lyon*, Paris, La Mémoire du droit, 2007.

[18] Jusqu'en 1946, ce Code est appliqué par des juridictions mixtes, composées à la fois de magistrats libanais et français, ce qui a permis d'en faire une application conforme aux interprétations jurisprudentielles dominantes en France.

[19] Comme le souligne S. DEROUICHE-BEN ACHOUR (« Tunisie », *La circulation du modèle juridique français*, *op. cit.*, p. 188) à propos de la Tunisie, « la réception du modèle français se faisait ainsi par et dans le droit tunisien ».

[20] Certains n'hésitent pas à dire « dominante », notamment A. KETTANI, « Maroc », *La circulation du modèle juridique français*, *op. cit.*, p. 267. Au point que, dans le cas du Maroc, le C.O.C. sera perçu comme un Code étranger pendant les deux premières décennies de son application (*ibid.*, p. 269).

l'effet obligatoire du contrat, sont formulés d'une manière analogue à l'art. 1134 C.Civ. français : les conventions « valablement formées tiennent lieu de loi à ceux qui les ont faites » ; et les art. 243 C.O.C.T. et 231 C.O.C.M. réalisent la synthèse des art. 1134, al. 3 et 1135 C.Civ. français en affirmant qu'elles doivent être exécutées de bonne foi et qu'elles obligent à toutes les suites que la loi, l'usage ou l'équité leur donnent[21]. Cette empreinte, pour autant, ne saurait masquer l'importance des emprunts contractés auprès de ce qui est parfois appelé à l'époque le *droit commun législatif* ; emprunts qui permettent, le cas échéant, de dépasser le modèle français dans une sorte de « liberté normative »[22], de syncrétisme.

II. UN CONTENU SYNCRÉTIQUE

S'il n'est pas paru pertinent de transposer tel quel le Code civil français[23], on a cherché à en adopter, pour l'essentiel, l'esprit et le contenu, quoique souvent sous une forme actualisée, et à intégrer des concessions à d'autres modèles juridiques plus récents.

A. LA RÉCEPTION ACTIVE DU MODÈLE FRANÇAIS

Ces trois Codes, quoiqu'ils s'inscrivent pour une large part dans la tradition du droit français, n'en sont pas la servile copie. La réception de cette tradition s'accompagne en effet de son *actualisation.* Plusieurs degrés d'intervention peuvent être identifiés, qui vont *crescendo* même s'ils ne sont évidemment pas étanches les uns aux autres. *A minima*, on cherche à expliciter ce qui, dans l'esprit du législateur français de 1804, était resté implicite. Dans d'autres cas, il s'agit de préciser des techniques ou des solutions présentes dans le Code civil français, en tirant parfois les leçons des évolutions jurisprudentielles survenues en métropole. Enfin, s'inspirant là encore de la réflexion doctrinale ou des évolutions jurisprudentielles françaises, le parti est parfois pris d'ajouter au Code français.

Expliciter

---

[21] D'une certaine façon, ces trois Codes affirment de manière beaucoup plus franche que la tradition musulmane le principe de la liberté des conventions (d'après J. SCHACHT, *Introduction au droit musulman*, Paris, Maison-neuve et Larose, 1999, p. 123, en effet, « le droit islamique ne reconnaît pas la liberté de contracter, mais il accorde une dose appréciable de liberté à l'intérieur de certains types déterminés »). En revanche, le principe de l'effet obligatoire du contrat est clairement rappelé dans le Coran (« Ô croyants, soyez fidèles à vos engagements », Sourate V, verset 1).

[22] M.-K. CHARFEDDINE, « Esquisse sur la méthode normative retenue dans l'élaboration du Code tunisien des obligations et des contrats », *Revue internationale de droit comparé*, 1996-48, p. 421.

[23] Il paraît ainsi peu opportun de parler d'une « réception » (J. CHEVALLIER, *L'influence du Code civil dans le monde*, *Travaux de l'association H. Capitant*, Paris, 1954, p. 872) du droit français, spécialement si l'on entend par-là le *droit du Code civil*, surtout pour le Liban.

Le premier degré d'actualisation consiste donc dans la simple volonté d'expliciter ce qui, aux yeux du législateur de 1804, semblait aller de soi et ne pas mériter d'explication formelle.

L'étude de la structure de la responsabilité civile en offre un premier exemple. D'un côté, ces trois Codes distinguent rationnellement deux types de responsabilité, dans la droite ligne du droit romain et du Code civil français : la responsabilité intentionnelle ou dolosive (le fait de causer « sciemment et volontairement à autrui un dommage », art. 82 C.O.C.T., art. 77 C.O.C.M.) et la responsabilité pour faute (art. 83 C.O.C.T., art. 78 C.O.C.M.). En dehors de la question de l'intention de causer le dommage, qui permet précisément de distinguer ces deux types de responsabilités, ils se rejoignent autour d'un critère commun, cher déjà à Pothier en son temps, mais que le Code civil français ne met pas vraiment en exergue : l'illicéité. La responsabilité intentionnelle comme la responsabilité pour faute supposent un acte inexcusable qui soit la cause directe du dommage, qu'il s'agisse de l'acte accompli sans l'autorité de la loi, en matière de responsabilité intentionnelle (art. 82 C.O.C.T. et 77 C.O.C.M.) ou, en matière de responsabilité pour faute, d'une omission (ne pas faire ce qu'on était tenu de faire) ou d'une action (faire ce dont on devait s'abstenir) qui suppose l'existence d'une obligation préexistante (art. 83 C.O.C.T., art. 78 C.O.C.M., art. 121 et 123 C.O.C.L.). Bref, ces textes posent l'exigence d'un acte commis *contra ius* et, de ce point de vue, se rapprochent tant du droit romain[24] que de la méthode du B.G.B. (qui évoque expressément l'acte *contraire au droit*, § 823). Mais, d'un autre côté, ils n'intègrent pas la distinction allemande (puis suisse) entre les faits illicites et les faits déloyaux (*i.e.* la responsabilité en raison des actes contraires aux bonnes mœurs) ni, à l'intérieur du premier groupe, celle des atteintes aux éléments de la personnalité et des atteintes aux dispositions légales protectrices d'une autre personne. De ce point de vue, ils perpétuent la conception unitaire du modèle français.

Un deuxième exemple peut être pris dans les règles d'interprétation des contrats, à propos desquelles les Codes tunisien et marocain explicitent la théorie de l'acte clair. Il n'y a donc pas lieu à interprétation lorsque « les termes de l'acte sont formels » (art. 513 C.O.C.T. et 461 C.O.C.M.), mais seulement dans trois hypothèses, qui peuvent être ramenées à deux : l'incohérence (soit que les termes utilisés sont inconciliables avec le but de l'acte, soit que le rapprochement des clauses de l'acte fasse « naître des doutes sur la portée de ces clauses ») et l'obscurité de l'acte (les termes utilisés ne sont pas suffisamment clairs « par eux-mêmes » ou expriment mal la volonté de l'auteur de l'acte)[25].

---

[24] D. DEROUSSIN, *Histoire du droit des obligations*, Paris, Economica, (2007), 2012, p. 678.

[25] Dans ces cas, il faut rechercher quelle a été la volonté des parties, sans s'arrêter au sens littéral ou grammatical. Les directives données au juge rappellent fortement les art. 1156 et s. du Code civil français et procèdent du même souci : assurer l'efficacité de l'acte en l'interprétant conformément aux usages et dans le sens favorable au débiteur.

Préciser

Un deuxième degré d'actualisation consiste cette fois à préciser des techniques ou des solutions présentes dans le Code civil français, en tirant parfois les leçons des évolutions jurisprudentielles survenues en métropole.

Cette volonté de *préciser* le modèle français se rencontre, notamment, à propos des éléments de formation du contrat (on remarquera d'ailleurs que les énoncés qui les mentionnent s'inspirent moins du style du B.G.B. que de celui du C.Civ. français). Les C.O.C. tunisien et marocain[26] adoptent, par exemple, une définition de la violence plus circonstanciée que celle du Code civil français, qui met l'accent sur le critère de l'illicéité : la violence est la contrainte « exercée sans l'autorité de la loi », par laquelle il est fait pression sur le consentement, y compris entre personnes « étroitement » liées par le sang. Ce critère fait d'ailleurs écho aux traditions hanéfite et malékite[27], qui ne prennent en compte que la violence injuste. De même, ces Codes précisent les conditions de prise en compte de la violence, qui tiennent à son résultat (elle doit avoir été la cause déterminante du consentement) et à son intensité (elle doit avoir entraîné soit une souffrance physique soit un trouble moral profond chez la victime)[28].

Le contrat formé, nos Codes prennent acte de solutions doctrinales ou jurisprudentielles qui ont contribué, depuis 1804, à dissiper certains des doutes que le Code civil avait pu faire naître. Par exemple, ils closent de manière affirmative le débat relatif au caractère translatif du contrat de vente, contre la tradition du droit romain[29] et contre les exemples allemand et suisse. Dans les Codes tunisiens (art. 564) et marocain (art. 478), la vente est définie comme le contrat par lequel l'une des parties *transmet* la propriété à une autre, de sorte que l'acheteur acquiert de plein droit la propriété de la chose vendue à compter de l'échange des consentements qui donne à la vente sa perfection (art. 584 C.O.C.T. et 491 C.O.C.M., le principe figure aussi dans l'article 41 du *Projet franco-italien* de 1927 et dans le Code libanais), bien que les risques soient pour le vendeur jusqu'à la réception de la chose par l'acheteur (art. 588 C.O.C.T.). L'acheteur,

---

26 Ces deux Codes semblent en outre abandonner l'approche réaliste qui prévaut dans le droit musulman, lequel accorde davantage d'importance à l'extériorisation du consentement par des paroles ou des gestes (Ch. GILLOTTE, *Traité de droit musulman*, 1854, p. 108). Le droit malékite notamment, s'il voit dans la vente un contrat consensuel, exige la manifestation apparente de l'échange des consentements soit par un acte (appréhension de la chose) ou un signe, soit par des paroles précises, soit encore par un écrit (E. ZEYS, *Traité élémentaire de droit musulman algérien (école malékite)*, t. 1, p. 106). De même, ils insistent davantage que la doctrine malékite sur la nécessité de la fixation du prix en argent.

27 E. ZEYS, *Traité élémentaire de droit musulman algérien (école malékite)*, 1885-1887, t. 1, p. 109.

28 Pour le reste, les dispositions sont conformes à la tradition française héritée du droit romain : contrairement au dol, qui doit nécessairement émaner de l'une des parties à l'acte (ou de celui qui la représente), la violence opère quoiqu'elle n'ait pas été exercée par l'une des parties.

29 En revanche et paradoxalement, les Codes tunisien et marocain prennent le contre-pied du Code civil français pour revenir à la tradition romaine lorsqu'ils admettent la vente de la chose d'autrui (art. 576 C.O.C.T. et 485 C.O.C.M.), ce qui paraît peu compatible avec l'effet translatif de propriété qu'il fait produire au contrat de vente, même s'il est nécessaire que le propriétaire la ratifie ou que le vendeur acquière la propriété de la chose avant la livraison.

même s'il n'a pas été mis en possession, peut donc vendre la chose, sauf entre musulmans s'agissant des ventes de denrées[30]. Quant aux conditions libératoires du paiement, le principe de l'exécution de bonne foi entre les mains du possesseur de la créance est explicitement étendu aux paiements faits au profit de l'héritier apparent (not. art. 252 C.O.C.T. et 240 C.O.C.M.), ce qui là encore est une manière de prendre acte de la réflexion abondante qu'a suscitée cette question en France, tant en jurisprudence qu'en doctrine[31], faute d'avoir été spécifiée en droit français par le Code civil.

Le droit de la responsabilité offre également des exemples de cette volonté de précision. D'une part, la responsabilité du fait des bâtiments en cas de constitution d'un droit de superficie est clairement étendue aux accessoires du fonds s'ils peuvent être réputés immeubles par destination, tandis qu'il est expliqué que, en cas de doute sur la propriété, la responsabilité incombe au possesseur actuel. D'autre part, les art. 99 et 100 C.O.C.T. et 92 C.O.C.M., en matière de troubles du voisinage, prennent à leur compte le critère de l'anormalité dégagé par la jurisprudence en France depuis le XIXe siècle. Un voisin ne peut donc se plaindre que des dommages qui dépassent la « mesure ordinaire ». Sous cette condition, l'action est toujours possible puisque ces Codes rejettent toute excuse fondée sur la délivrance (au propriétaire d'un établissement insalubre) d'une autorisation administrative ou sur la préoccupation des lieux[32], alors que ces questions ont longtemps, en France, agité tant la doctrine que la jurisprudence, faute d'avoir été réglées expressément par la loi.

Plus généralement, les conditions de mise en œuvre de la responsabilité personnelle sont clarifiées. D'un côté, ces Codes formalisent l'idée que la mise en œuvre de la responsabilité civile suppose la capacité de discernement et, dans les énoncés qu'ils consacrent à ces questions, ils prennent à leur compte les solutions dégagées par la jurisprudence française au XIXe siècle : s'agissant du mineur (auquel le C.O.C.T. assimile les sourds-muets et les infirmes), le juge est donc invité à rechercher si, au moment des faits, il était ou non dépourvu de discernement, *i.e.* incapable d'apprécier les conséquences de ses actes (art. 105 C.O.C.T. et 96 C.O.C.M.), de même que, lorsque le dommage a été infligé par un insensé, le juge doit se demander s'il a agi en état de démence (art. 105 C.O.C.T.). D'un autre côté, les conditions de la légitime défense sont précisées (par exemple par l'art. 104 C.O.C.T. : repousser une agression imminente et injuste dirigée contre la personne ou les biens de l'intéressé et d'une autre personne), tout comme celles de la force majeure (faits insurmontables que l'homme ne peut prévenir -

[30] Lorsqu'elle porte sur un immeuble, la vente doit cependant être constatée par écrit et n'est opposable aux tiers que si cet écrit est enregistré (art. 581 C.O.C.T.). À propos de la vente, signalons encore que les Codes tunisien et marocain règlent certaines questions discutées en France et admettent, par exemple, qu'elle puisse avoir pour objet l'espace situé au-dessus d'un édifice, à tel effet que l'acquéreur pourra y construire à son tour.

[31] D. DEROUSSIN, « L'apparence, le juge et la doctrine après 1804 : manifestations et fondements », in : N. JACQUINOT, *Juges et apparence(s)*, P.U.Toulouse 1, IFR., 2011, n° 7, p. 97-133.

[32] Cf. D. DEROUSSIN, *Histoire du droit privé*, Paris, Ellipses, (2010), 2018, n° 577.

phénomènes naturels, invasion, fait du prince- et qui n'ont pas été précédés de la faute du débiteur), que le législateur français de 1804 n'avait pas cru utile de définir.

Enfin, pour assurer une réparation intégrale, ces Codes prennent soin de souligner que les dommages recouvrent les pertes effectives, les dépenses nécessaires et les gains manqués que la victime aurait pu normalement réaliser (ce qui revient à consacrer, en les explicitant, à la fois la tradition savante -*damnum emergens* et *lucrum cessans*- et la pratique française), y compris le préjudice moral (par exemple, l'art. 134 C.O.C. libanais) dont la prise en compte progressive par la jurisprudence, en France, a donné lieu après 1804 à de vifs débats.

Mais si ces trois Codes cherchent à préciser le legs français, ils n'aboutissent pas toujours aux mêmes résultats. Alors que, à propos du dol, les Codes tunisien et marocain évoquent de manière plus fine que le Code civil français les « manœuvres » ou « réticences » sans lesquelles l'autre partie n'aurait pas contracté (art. 56 C.O.C.T.), le parti pris par le Code libanais est différent : rompant avec la vision classique délictuelle du dol, il ne s'intéresse pas à la manière, mais seulement au résultat et, en conséquence, admet sous certaines conditions le dol d'un tiers (art. 209 C.O.C. libanais). En revanche, nos trois Codes consacrent (alors qu'elle n'est pas exposée dans le C.Civ. français) la distinction établie par la doctrine savante et exposée par Pothier au XVIIIe siècle entre le dol principal et du dol incident, qui ne donne lieu qu'à des D.-I. parce qu'il ne porte que sur les accessoires de l'obligation.

Quant à l'erreur[33], ces trois Codes font une place à l'erreur de droit[34], qui annule le contrat si elle a été la cause principale du consentement, à côté de l'erreur de fait, qui peut faire annuler le contrat si elle porte sur la personne du contractant, dans les contrats *intuitu personae*, ou sur l'objet, *i.e.* son identité ou sa qualité entendue comme celle qui a été la « cause déterminante du consentement ». Tous (et le Code libanais en accord avec la doctrine de Josserand[35]), ils restent fidèles à la conception subjective de l'erreur sur la substance et refusent donc d'emprunter la voie ouverte par les Codes allemand et suisse (puis par le projet franco-italien)[36]. Mais à la question du caractère partagé ou non de l'erreur, que

---

[33] Pour apprécier le caractère *excusable* de l'erreur, ces Codes optent pour une appréciation *in concreto*, puisque le juge est invité à prendre en compte aussi bien des éléments propres à la victime –âge, sexe, condition- que les « circonstances de la cause ».

[34] Que la jurisprudence française prenait également en compte.

[35] Art. 204 et 205 C.O.C. libanais. Sur la filiation entre le projet Josserand et ce Code, cf. D. DEROUSSIN, « L. Josserand, le Code civil et le Code des obligations et des contrats libanais », *Le Code civil français et le dialogue des cultures juridiques*, Bruxelles, Bruylant, 2007, p. 64.

[36] Cf. D. DEROUSSIN, « Le Projet de Code des obligations et des contrats franco-italien de 1927 : chant du cygne de la culture juridique latine ? », *Clio@Thémis, Revue électronique d'histoire du droit*, n° 2, n° 27. On remarquera que les Codes tunisien et marocain s'éloignent de l'enseignement malékite, selon lequel l'erreur sur la substance ne fait pas disparaître le consentement lorsque les parties sont tombées d'accord sur l'identité de l'objet (L. MILLIOT et Fr.-P. BLANC, *Introduction à l'étude du droit musulman*, Paris, Dalloz, 2001, p. 217).

le Code civil français ne tranche pas, les Codes tunisien et marocain se rallient à l'opinion de la doctrine classique (Aubry et Rau, Beudant) alors que le Code libanais, suivant là encore Josserand, exige une erreur commune aux deux parties.

L'analyse des dispositions relatives à la cause appelle la même remarque. Les Codes tunisien et marocain[37] se contentent de reproduire les principales dispositions du Code civil français sans même prendre la peine de définir cette notion pourtant délicate à cerner : ils déclarent « non avenue » (ce qui renvoie plutôt à l'inexistence qu'à l'annulabilité) l'obligation sans cause ou fondée sur une cause illicite, présument l'existence d'une cause certaine et licite (art. 67 et s. C.O.C.T. et art. 62 et s. C.O.C.M.) et ramènent l'immoralité de la cause dans une approche plus générique de l'illicéité définie par la contrariété aux bonnes mœurs, à l'ordre public ou à la loi. Une telle attitude a été pointée du doigt[38]. Elle peut s'expliquer cependant par le même souci qui guidera également, en 1927, le *Projet franco-italien* : ne pas prendre, volontairement, parti sur cette notion afin de laisser la jurisprudence se développer librement. À l'inverse, le Code libanais paraît à la fois plus précis et plus causaliste (le même constat pourrait d'ailleurs être dressé à propos de l'objet[39]). Après avoir distingué la cause de l'obligation de la cause du contrat, il définit la seconde comme le mobile individuel propre à chaque contractant, dans une approche subjective chère à Josserand.

Ajouter

Ajouter c'est, d'abord, réunir dans un texte unique des matières traitées de façon éparse par le droit français. En Tunisie et au Maroc sont ainsi ramenés dans les C.O.C., donc dans l'orbite du droit général des obligations, le règlement des impenses à l'issue du procès en revendication (sur l'exemple d'ailleurs du Code fédéral suisse des obligations), la responsabilité de l'employeur pour les accidents du travail (en Tunisie, la loi de 1898 avait d'ailleurs été déclarée non applicable par les tribunaux français[40])[41], ou encore la diffamation (à laquelle s'ajoute aussi l'injure) définie comme le fait de répandre par voie de presse des faits dont on sait

[37] Il faut dire que l'école malékite attache plus d'importance que l'école hanéfite à l'analyse de la volonté et de ses déterminants (motifs : *niyya*), cf. N. COMAR-OBEID, *Les contrats en droit musulman des affaires*, Paris, Economica, 1995, p. 7.

[38] E. LARCHER explique ainsi que « le nouveau Code, pas plus que le Code français, ne définit la cause ; il ne fait que reproduire des règles vagues, unanimement critiquées, qui ont conduit la jurisprudence française à d'incroyables fantaisies » (« Observations critiques sur le Code tunisien des obligations et des contrats », *Revue algérienne et tunisienne de législation et de jurisprudence*, 1907, 1ère partie, p. 195).

[39] Conformément au projet de Josserand, le C.O.C. libanais distingue l'objet de l'obligation (donner, faire/ne pas faire) de l'objet du contrat (donner naissance à une obligation).

[40] Tribunal de Tunis, 30 juin 1909 (cité par. S. DEROUICHE-BEN ACHOUR, *art. précit.*, p. 291).

[41] Cela dit, au Maroc, la réparation des accidents du travail fera aussi l'objet d'un dahir spécial, promulgué le 25 juin 1927.

qu'ils sont contraires à la vérité et susceptibles de nuire à la réputation d'un individu ou d'un corps[42].

Ajouter c'est, encore, insérer dans ces C.O.C. des techniques ou des règles qui ne sont pas dans le Code civil français soit parce que leur pratique, en 1804, n'avait pas encore atteint un développement significatif (ainsi les C.O.C. tunisien et marocain consacrent-ils des développements, parmi les modes de paiements, au chèque pour préciser, notamment, qu'il ne doit pas être considéré en tant que tel comme un acte de commerce) soit parce que le législateur français n'avait pas cru nécessaire de les faire figurer dans son Code civil. S'agissant du droit de la responsabilité, dont la réglementation est, d'une manière générale, plus complète dans ces Codes que dans le Code civil français, on profite ainsi de leur rédaction pour apporter une solution légale à des questions qui ont pu faire, en France, l'objet de discussions doctrinales. Tel est par exemple le cas, dans les Codes tunisien et marocain, de la *cautio damni infecti*, dont les Français se demandaient si leur Code l'avait reléguée au rang d'antiquité[43], de la responsabilité encourue à raison d'un conseil ou d'une recommandation, qui ne peut être engagée que lorsque ce conseil a été donné dans le but de tromper ou en cas de faute lourde (faute lourde appréciée – curieusement- *in abstracto* : celle qu'une personne dans sa position n'aurait pas dû commettre), ou encore de la responsabilité encourue à raison d'un renseignement, qui suppose (art. 88 C.O.C.T.) le fait d'avoir délivré ces renseignements de mauvaise foi ou de manière imprudente, tout en connaissant leur fausseté.

De manière plus symbolique, la rédaction de ces Codes est l'occasion de consacrer législativement plusieurs techniques développées par la jurisprudence française et encouragées par une partie des civilistes français. Outre la concurrence déloyale (art. 92 C.O.C.T. et 84 C.O.C.M.), un exemple d'autant plus remarquable qu'il n'a pas son équivalent dans le B.G.B. peut être trouvé dans la responsabilité du fait des choses.

Cependant, la volonté d'actualiser le legs français a ses limites, plus nettement perceptibles d'ailleurs dans les Codes tunisien et marocain. Ces derniers sont en effet, parfois, l'occasion d'affirmer des solutions qui se situent en retrait par rapport au droit français (le Code civil comme ses interprétations jurisprudentielles), comme s'il s'agissait de revenir à une conception plus subjective. Cela se vérifie spécialement à propos des cas d'exonération de responsabilité. Dans la responsabilité du fait des animaux, outre la force majeure ou la faute de la victime, figure ainsi dans les Codes tunisien et marocain la preuve que le gardien a pris toutes les précautions nécessaires pour empêcher l'animal de nuire. Cette possibilité est pourtant contraire à la fois au mouvement

---

[42] Le C.O.C.T. sanctionne civilement la diffamation, *i.-e.* sans préjudice des autres peines édictées par les lois pénales, par des D.-I.

[43] Tirée du droit romain, ignorée du C.Civ. français, elle réapparaît dans les art. 98 C.O.C.T. et 90 C.O.C.M., selon lesquels le propriétaire d'un fonds qui a « de justes raisons de craindre » l'écroulement d'un édifice voisin peut réclamer à celui qui est tenu d'en répondre (le plus souvent le propriétaire) de prendre « les mesures nécessaires afin de prévenir la ruine ».

d'objectivation perceptible à l'époque dans la jurisprudence française, selon laquelle la responsabilité cède seulement devant la force majeure ou la faute de la victime[44], et à la rigueur dont fait preuve le B.G.B., dont le § 833 donne à cette responsabilité un net caractère objectif. Elle rappelle cependant l'esprit du droit hanéfite, qui exige un fait précis imputable au propriétaire (art. 931 *Medjellé*). En revanche le Code libanais, même s'il est rédigé après la loi fédérale suisse sur les obligations qui contient la même limite, ne la mentionne pas.

Le même décalage est perceptible s'agissant de la responsabilité du fait des choses. Dans les Codes tunisien et marocain (art. 96 C.O.C.T. et 88 C.O.C.M), elle est encourue dès lors que la chose a été la cause directe du dommage, sauf à justifier d'une des causes d'exonération prévues, identiques d'ailleurs à celles qui excluent la responsabilité du fait des animaux : outre la force majeure et le cas fortuit, la preuve que le gardien a pris toutes les précautions nécessaires pour l'empêcher de nuire. Le Code libanais, surtout à partir de la réforme du 5 novembre 1932[45], opte au contraire pour une responsabilité objective, *ob rem*[46], plus conforme aux idées développées par Josserand, qui ne cède que devant la force majeure ou la faute de la victime (art. 131). En regard des solutions prétoriennes françaises (depuis le tournant des XIX et XXes siècle, la faute du gardien est présumée et celui-ci ne peut s'exonérer que sur la preuve d'une cause étrangère ou de la force majeure et, au moment où le C.O.C. libanais est en cours d'élaboration, l'arrêt Jand'heur transforme cette présomption de faute en présomption de responsabilité), les Codes tunisien et marocain paraissent ainsi plus fidèles à l'idée classique d'une responsabilité pour faute, tandis que le Code libanais fonde délibérément cette responsabilité sur la notion plus moderne de risque.

De même, la responsabilité des commettants[47], qui n'existe pas en droit hanéfite, est-elle écartée par les textes tunisien et marocain sur la preuve de l'absence de faute *in eligendo* ou dans la surveillance ou encore lorsque le commettant établit avoir pris toutes les précautions propres à prévenir le dommage ou en « conjurer les suites ». Ces derniers mettent donc en place une responsabilité subjective conforme aux souhaits de la doctrine civiliste française classique et aux dispositions du B.G.B.[48], mais n'envisagent pas des critères plus

---

[44] D. DEROUSSIN, *Histoire du droit des obligations*, *op. cit.*, p. 862.

[45] Alors que cette réserve ne figurait pas dans le projet de Josserand, la version initiale du C.O.C. libanais prévoyait en effet de limiter cette responsabilité aux choses douées d'un dynamisme propre ou requérant une surveillance particulière.

[46] Sur ce point, cf. A. SARA, *La responsabilité du fait des choses inanimées au Liban et dans les pays du Proche-Orient*, Bibliothèque de l'Institut de droit comparé de Lyon, t. 44, Paris, L.G.D.J., p. 19.

[47] Dans les Codes tunisien et marocain, elle est traitée comme s'il s'agissait de responsabilité contractuelle, à l'occasion de la réglementation du contrat de louage d'ouvrage : art. 845 C.O.C.T. et 739 C.O.C.M.

[48] Le § 831 B.G.B. exclut toute responsabilité du commettant en cas d'absence de faute dans le choix du préposé, ou si le commettant devait fournir le matériel ou la direction nécessaire à l'accomplissement de la fonction, le fait pour lui d'y avoir mis le « soin exigé dans les rapports

modernes comme les pouvoirs de direction et de surveillance que la jurisprudence, en France, dégage peu à peu[49]. Le C.O.C. libanais se montre là encore moins frileux : sur les conseils de Josserand, il adopte une responsabilité quasi absolue et plus générale, puisqu'elle n'est pas limitée aux seuls actes accomplis dans l'exercice des fonctions préposées, mais s'étend aux actes accomplis *à l'occasion* (art. 127 C.O.C.L.).

Troisième exemple : dans les contrats de transport de marchandises, le C.O.C. tunisien (au Maroc, la réglementation suit fidèlement celle du C.O.C.T., mais prend place dans le Code de commerce, comme en droit allemand d'ailleurs) impose au transporteur une obligation de garde moins lourde qu'en droit français et allemand. Dans le Code civil français en effet, ce type de transport est assimilé à un type particulier de louage (art. 1779 C.Civ.)[50] auquel s'appliquent les règles relatives aux aubergistes et qui rend le transporteur responsable des pertes et avaries dès lors qu'elles ne procèdent ni de la force majeure ni du cas fortuit, tandis que le Code de commerce allemand ajoute à la force majeure le vice propre de la chose[51]. Allégeant davantage encore la responsabilité de ce dernier, le Code tunisien lui permet d'invoquer à décharge non seulement le cas fortuit ou la force majeure (sauf si une faute de sa part y a donné lieu) et le vice propre à la chose, mais encore la faute de l'expéditeur ou du destinataire. Le choix du codificateur libanais est, là encore, différent : c'est une responsabilité objective qui pèse sur le transporteur, et qui ne cède que devant la force majeure ou le cas fortuit. La même remarque peut être formulée s'agissant du transport de personnes : les articles 922 et s. du C.O.C.T. imposent au voyageur l'obligation de se conformer aux règlements établis par la compagnie et n'autorisent la mise en œuvre de la responsabilité de cette dernière en cas d'accidents survenus au voyageur pendant la durée du transport qu'en raison de la faute ou du fait qui lui sont imputables (et en cas de force majeure, lorsque celle-ci a été précédée d'une faute). Ce faisant, ils consacrent le choix opéré par la jurisprudence et une partie de la doctrine française d'une responsabilité contractuelle en matière de transport de personnes à titre onéreux, mais se montrent plus rigoureux à l'endroit de la victime en omettant l'obligation, envisagée déjà par Ch. Lyon-Caen, de le conduire sain et sauf[52]. À nouveau, le C.O.C. libanais se distingue en imposant au contraire, comme le souhaitait Josserand, cette obligation de résultat (art. 688).

Enfin, nos trois Codes, s'ils intègrent la responsabilité de l'employeur, ne la réglementent pas de manière identique. Dans les Codes tunisien et marocain, elle

---

d'usage », ou, enfin, le caractère irréductible du dommage (même en apportant tous les soins, il se serait produit).

49 D. Deroussin, *Histoire du droit des obligations*, *op. cit.*, p. 813.

50 On retrouve cette approche dans le Code tunisien, qui soumet en principe le contrat de transport aux dispositions générales applicables au louage d'ouvrage, ce qui ne l'empêche pas, comme le Code civil français, d'en faire un contrat réel puisqu'il exige, pour sa perfection, la remise de la chose (art. 891).

51 § 395 C.Commerce allemand.

52 *Dalloz* 1885, 1, 129.

est encourue en cas de violation ou d'inobservation par l'employeur de la réglementation spéciale qui encadre l'activité en cause, mais peut être écartée par la faute lourde de l'employé (ou s'il a agi en état d'ivresse) ou réduite lorsque l'ouvrier a provoqué l'accident par son imprudence ou sa faute. En revanche, le Code libanais, reproduisant le projet de Josserand, se montre plus rigoureux envers l'employeur : s'il tient compte de la faute de l'employé, c'est seulement pour réduire l'indemnité, mais jamais pour l'exclure.

B. LES POINTS DE RUPTURE AVEC LE MODÈLE FRANÇAIS

Outre quelques hypothèses précises dans lesquelles ils s'en écartent[53], outre également le fait que, même si la formulation de leurs énoncés se conforme le plus souvent à la méthode française, elle emprunte parfois à la manière allemande ou à celle des docteurs de l'Islam, *i.e.* qu'elle n'hésite pas à fournir des exemples, à entrer dans des descriptions, afin d'expliciter davantage la règle (quitte à abandonner la forme brève qui, aux yeux des défenseurs de la culture juridique latine, caractérise les principes[54]), les ruptures les plus importantes résultent soit de la prise en compte de la tradition musulmane soit de la volonté de conformer ces textes aux tendances nouvelles incarnées notamment par les Codes continentaux les plus récents[55].

La prise en compte du droit local musulman

Tout en essayant de traduire leur terminologie pour la faire coïncider avec des catégories européennes plus ou moins voisines, les C.O.C. tunisien et marocain

---

[53] Par exemple, dans les Codes tunisien et marocain, les arrhes n'ont pas seulement une fonction probatoire, comme en droit français, mais sont classées parmi les « moyens d'assurer l'exécution du contrat » : si elles viennent s'imputer sur le prix en cas d'exécution du contrat, elles peuvent être conservées, en cas d'inexécution, par celui qui les a reçues, tant que l'autre partie ne l'a pas indemnisé, ce qui leur confère une fonction comminatoire. Autres exemples : le C.O.C.T. range l'ivresse involontaire parmi les causes d'exclusion de la responsabilité (art. 103), ce qui rappelle le § 827 B.G.B. ; les Codes tunisien et marocain admettent une remise proportionnelle du loyer en cas de voies de fait commises par des tiers, dès lors qu'elles constituent un fait incompatible avec la jouissance de la chose et même si ces tiers n'ont prétendu aucun droit dans la chose (art. 754 C.T.) ; le C.O.C. libanais, conformément au projet Josserand mais contrairement aux Codes français, tunisien et marocain, refuse de considérer la capacité comme une condition autonome de validité du contrat et préfère l'appréhender comme un vice du consentement.

[54] Au point que certains juristes français leur reprocheront d'être trop détaillés, de manquer de la concision et de la précision « qui sont les premières qualités à rechercher dans les textes législatifs » (E. LARCHER, art. précit., p. 196). Paradoxalement, on reproche aussi à ces Codes leur abstraction. À propos du Code tunisien : « d'une façon générale, le Code nous a paru à la fois trop abstrait et trop détaillé », déclare ainsi E. LARCHER (*ibid.*, p. 195). On reconnaît là les reproches qui sont fréquemment adressés au B.G.B. par les juristes français.

[55] Comme le remarquait Fr. Gény, le Code tunisien par exemple *améliore* les formules du Code civil français par le « contact des idées allemandes » ; cela dit, Gény regrette que Santillana ne soit pas allé aussi loin dans la précision des procédés techniques dont le B.G.B. pourtant « lui présentait le précieux modèle » (Fr. GÉNY, « La technique législative dans la codification civile moderne », art. précit., p. 1036).

réglementent un certain nombre de types contractuels issus du droit musulman ou des pratiques locales. Parmi eux figurent l'*enzel*, le *koulou*, la *naçba* (location perpétuelle)[56] ou encore la vente *selem*, qui se rencontre aussi dans le C.O.C. libanais, *i.e.* la vente à livrer avec avance de prix : l'acheteur paie la totalité du prix dès la conclusion du contrat tandis que le vendeur s'engage à lui livrer la chose (denrée ou meubles, déterminés dans leur nature et quantité) dans le délai convenu (art. 712 C.O.C.T. et 613 C.O.C.M.), dont la preuve ne peut être établie que par écrit. Au jour prévu, le vendeur doit livrer la chose ; si la livraison n'est pas possible (sans faute de la part de ce dernier), l'acheteur peut demander la résolution du contrat (avec restitution du prix) ou attendre que le vendeur soit en mesure de lui livrer la même chose.

Parfois, cette influence produit des conséquences dommageables quant à l'organisation générale des Codes. Par exemple, et parce que la doctrine malékite ne connaît qu'une sûreté réelle (le *rhène*, qui suppose toujours la remise effective de la chose, qu'il s'agisse d'un meuble ou d'un immeuble), le C.O.C. tunisien range le warrant et l'hypothèque parmi les nantissements alors que, contrairement au nantissement, il s'agit précisément de garanties sans dépossession, ce qui

---

[56] L'*enzel*, contrairement à la traduction française choisie par le C.O.C. tunisien, n'est pas vraiment l'emphytéose (que le C.Civ. français passe sous silence et que la loi du 25 juin 1902, intégrée au Code rural, définit comme un bail authentique de longue durée -au moins 18 ans- conférant au preneur un droit réel immobilier) mais plutôt un bail à rente. Et si le Code tunisien emprunte à la loi de 1902 la nécessité d'un acte ayant date certaine, il envisage l'*enzel* comme la convention par laquelle le propriétaire de l'immeuble concède, contre une redevance dont le montant ne peut être modifié, la possession au preneur à titre perpétuel mais en se réservant la faculté de rachat, le bailleur étant d'ailleurs expressément qualifié de « crédirentier ». Pendant la durée du contrat, le preneur jouit de l'immeuble comme s'il en était le propriétaire (art. 691), mais ne peut pas transmettre ses droits sans le consentement du bailleur. Quant au *khoulou*, le C.O.C. tunisien le qualifie de location perpétuelle et distingue le *khoulou el meftah* du *khoulou naçba*. Le premier vise le cas dans lequel le propriétaire d'un immeuble concède par acte écrit ayant date certaine à un autre le droit de l'occuper à titre perpétuel, à charge de redevance et d'entretien : il ne s'agit pas d'un droit réel (le tenancier ne peut accomplir aucun acte de disposition), mais le droit d'occuper se transmet de manière héréditaire (art. 986 C.O.C.T.). Le second concerne l'occupation des lieux de commerce, moyennant une redevance invariable, qui prend effet dès le moment où le commerçant ou l'artisan a déposé ses marchandises ou son matériel dans les lieux et dont le propriétaire peut demander la résolution aussitôt que ces objets ont été enlevés ou changé sans son consentement. À ces contrats locaux particuliers il faut ajouter encore le *kirâdh* (*moudharaba*), que le C.O.C.T. assimile à la commandite française (un bailleur de fonds remet un capital -argent, marchandises- à un gérant qui se charge - sans que le bailleur ne puisse prendre part à cette gestion- de l'employer dans des activités commerciales en son propre nom mais pour le compte du bailleur de fonds en se réservant une partie des bénéfices) et pour lequel la remise du capital est nécessaire à la perfection du contrat, ce qui confère à cette convention un caractère réel accusé alors que le contrat de société ordinaire est pleinement consensuel (art. 1254 C.O.C.T.), tandis que le gérant ne peut conclure des actes pour une valeur dépassant celle du capital remis, sauf ratification du bailleur de fonds et que, dans la gestion de ce capital, il est soumis à la même responsabilité que le mandataire salarié. Ou encore : le *khamessat*, qui est une variation de colonat partiaire, la *mouçakâte* (société à champart) et la *moughâraça*, qui se trouve en réalité à mi-chemin entre les contrats de bail et de société à complant (« Observations critiques sur le Code tunisien des obligations et des contrats », *Revue algérienne et tunisienne de législation et de jurisprudence*, 1907, 1ère partie, p. 195).

révèle une confusion sur la nature même des techniques réglementées[57]. Plus révélatrice est la présence, à la fin du premier livre des C.O.C. tunisien et marocain, d'un paragraphe mêlant pêle-mêle des énoncés dont le contenu ou la portée dépasse le droit des obligations. Certains d'entre eux sont très généraux et s'apparentent en réalité à des directives adressées au juge : entre deux inconvénients, il faut choisir le moindre ; celui qui a les avantages a les charges et les risques ; celui qui peut le plus peut le moins ; entre l'intérêt général et l'intérêt particulier, il faut préférer l'intérêt général, s'il n'y a aucun moyen de les concilier. D'autres sont plus précis et ont un caractère normatif plus accusé : nul ne peut conférer à autrui plus de droit qu'il n'en a lui-même (c'est la fameuse règle élémentaire de police juridique *nemo plus iuris*...) ou encore : nul ne peut se constituer un titre à soi-même. S'ils rappellent parfois les *regulae iuris* du Digeste, donc la tradition romaniste, ces énoncés font aussi penser aux règles générales (*asl*) que la pensée juridique musulmane identifie par déduction, selon une méthode qui rappelle d'ailleurs celle des juristes romains[58], mais comment expliquer rationnellement le fait qu'ils soient ainsi placés dans ces Codes ?

Il n'est pas pour autant exagéré d'affirmer que ces Codes ne sont pas musulmans, au moins dans la forme. La façon dont les énoncés qu'ils renferment sont rédigées et agencés dans le cadre d'un plan prédéterminé ne correspond pas à la manière musulmane d'exposer les règles juridiques, celle qu'on rencontre dans les textes anciens des docteurs ou dans la codification plus récente que représente la *Medjellé.* Ces Codes s'éloignent considérablement de la culture juridique musulmane entendue comme manière spécifique au monde musulman de se représenter le droit ; manière qui privilégie la casuistique, le précédent, au détriment de principes généraux et qui ne se soucie que dans une faible proportion (relativement à la méthode continentale) d'abstraction, de définitions et de systématisation[59] (sous la réserve des règles générales – *asl*- évoquées plus haut). Le C.O.C. libanais notamment, de l'aveu même de l'un de ses promoteurs, n'a pas par exemple cherché, contrairement à la *Medjellé*, à « envisager, à l'occasion de chaque contrat pris en particulier, le maximum des hypothèses qui peuvent se produire pour donner à chacune d'elles la solution qui lui convient »[60].

Dans le même ordre d'idées, on peut remarquer que si la méthode d'interprétation musulmane repose essentiellement sur la mise en œuvre d'un raisonnement analogique, le C.O.C. tunisien, plus complet ici que le marocain, envisage bien d'autres procédés : à propos de la loi, il évoque l'interprétation selon la signification usuelle des mots ou selon l'intention du législateur et impose l'interprétation stricte des lois « restrictives ». En outre, et même si les C.O.C. tunisien et marocain prennent parfois acte de la foi des parties, notamment pour

---

[57] Fr. CADOZ, *Droit musulman malékite. Examen critique de la traduction officielle qu'a faite M. Perron...*, Bar-sur-Aube, 1870, p. 46.
[58] L. MILLIOT, « La pensée juridique de l'Islam », *Revue international de droit comparé*, 1954, vol. 6, p. 444.
[59] Cf. G.-H. BOUSQUET, *Le droit musulman*, Paris, 1963.
[60] *Avant-propos du Code des obligations et des contrats*, éd. Boustany, 1965, p. 24.

prohiber entre musulmans la vente d'une chose déclarée impure (sauf si la loi religieuse en autorise le commerce, par exemple les engrais animaux, art. 575 C.O.C.T. et 484 C.O.C.M.) et le prêt à intérêt[61], ce droit codifié est largement indifférent au fait religieux. Au Maghreb, cela peut s'expliquer par le fait qu'en général, la matière des obligations n'était pas soumise à la juridiction des cadis (juges religieux), mais plutôt à celle de juges civils, qui n'appliquaient pas la *Charî'a*, ce qui a eu pour effet de la soustraire à une application rigoureuse du droit islamique au profit de la coutume, de la jurisprudence ou de règles posées par les souverains[62]. Au Liban, cette indifférente est plus grande encore : plus laïc, le Code libanais refuse de consacrer certaines dispositions inscrites dans le projet Josserand, comme l'impossibilité de compenser par soulte la différence de valeur entre les choses échangées lorsque l'échange a été accompli par des musulmans (art. 501 C.O.C.L.), l'obligation de diviser en parts égales entre chaque conjointe de l'assuré le montant de l'indemnisation ou encore la nullité du contrat de société lorsque son objet consiste en une chose prohibée par la foi[63].

Cela dit, dans le silence de la loi nouvelle, c'est à la coutume et à l'usage qu'il faut se référer, et le droit musulman n'est évidemment pas étranger aux pratiques locales qui alimentent la coutume et les usages. Mais les C.O.C. tunisien et marocain achèvent leur Livre I par un paragraphe (ou une section) intitulé : « De quelques règles générales de droit », dont le contenu dépasse largement les questions soulevées par le droit des obligations et réaffirme l'autorité de la loi (que nul n'est censé ignorer : art. 545 C.O.C.T.) contre la coutume, notamment par le rejet de toute coutume *contra legem* (du moins quand la loi est « formelle », art. 543 C.O.C.T.) ou par l'admission très sélective de l'usage (dont le caractère « général ou dominant » et conforme à l'ordre public et aux bonnes mœurs doit être prouvé par celui qui l'invoque, art. 476 C.O.C.M.). C'est là une manière d'asseoir l'autorité du Code et d'organiser de manière sélective l'application de règles qui lui seraient exogènes. Ici, le C.O.C. libanais paraît faire (curieusement) exception, car si, d'une part, ses rédacteurs ont bien conscience du caractère évolutif du droit et de sa nécessaire adaptation à l'état social, le Code n'abroge explicitement, d'autre part, que les dispositions antérieures contenues dans la *Medjellé* qui lui seraient contraires, ce qui paraît maintenir au droit musulman son statut de droit supplétif[64].

---

[61] Cette prohibition affecte le contrat dans son entier, à la réserve près que l'insertion d'une clause d'intérêt dans un contrat conclu entre musulmans peut être interprétée comme la volonté de se soustraire à l'application de la loi nationale, incompatible avec une telle clause, comme cela avait été jugé avant la promulgation de la loi nouvelle (Sousse, 11 avril 1889), cf. G. de SORBIER de POUGNADORESSE, *La justice française en Tunisie*, Thèse Droit, Montpellier, 1897, p. 279.

[62] Au point que cette sécularisation a été parfois critiquée, en Egypte par exemple au moment de l'élaboration du Code des obligations (J.-M. MOUSSERON, « La réception au Proche-Orient du droit français des obligations », *Revue internationale de droit comparé*, 1968, vol. 20, p. 58).

[63] Sur ces exemples, et d'autres, cf. D. DEROUSSIN, « L. Josserand, le Code civil et le Code des obligations et des contrats libanais », art. précit., p. 50.

[64] Encore que cette affirmation, posée notamment par J. CHEVALLIER (« Le Liban, la Syrie… », *Travaux de la semaine internationale du droit*, Paris, 1950, *Travaux de l'Association H. Capitant*,

Quoi qu'il en soit, cette entreprise de codification (à laquelle on peut comparer celle qui a affecté le Proche-Orient) n'a pas conduit à une modernisation du droit musulman ou à l'intégration, en son sein, de concepts nouveaux tirés des systèmes juridiques occidentaux, mais à l'introduction d'un droit nouveau en « rupture nette et radicale avec le passé »[65] et qui ne procède par compromis que rarement[66].

La prise en compte du droit commun législatif mondial

Par *droit commun législatif mondial* on veut désigner un ensemble de méthodes ou de règles dégagé à partir d'une étude comparée des systèmes juridiques en vogue au tournant des XIX et XXes siècles, *i.e.* un « fond commun », des « principes communs »[67] tirés de la diversité des systèmes juridiques, étant entendu que le droit des obligations est souvent présenté par la doctrine comparatiste ou internationaliste comme la branche du droit privé la plus propice à un rapprochement des systèmes nationaux, du moins des systèmes latins ou d'inspiration romaine.

Plusieurs idées forment ce droit commun auquel viennent s'abreuver nos Codes, le Tunisien[68] et le Marocain sans doute moins que le Libanais. Ce dernier a en effet été conçu comme le mode de réception, dans ce pays, du *droit commun législatif mondial*. Ceux qui ont participé à son élaboration en font l'aveu explicite et, lorsqu'ils en exposent l'esprit et le contenu, procèdent par comparaison avec lui[69]. Parmi eux, Josserand par exemple a été membre fondateur du comité français, présidé par Larnaude, chargé de l'élaboration du projet franco-italien de

Paris, 1954, p. 867), soit contestée par d'autres, notamment Ch. CARDAHI (« Le projet de Code des obligations du Liban », *Bulletin de la Société de législation comparée*, 1931).

[65] E. TYAN, « Les rapports entre droit musulman et droit européen occidental en matière de droit civil », *Zeitschrift für vergleichende Rechtswissenschaft*, 1963, cité par J.-M. MOUSSERON, art. précit., p. 42.

[66] Il a fallu en effet prendre acte de certaines divergences importantes entre la tradition musulmane et la tradition française et, lorsque ces deux traditions s'opposaient irréductiblement, aboutir à un compromis. La question de la preuve des obligations en offre un bel exemple : face au Code civil français, qui impose la preuve par écrit au-delà de 150 frs, et à la tradition musulmane, qui hisse la preuve testimoniale au rang de principe, le C.O.C.T. (art. 474) interdit la preuve testimoniale lorsque la demande excède une valeur de 3 000 frs, ce qui cependant abandonne à la preuve testimoniale un terrain assez large. Encore faudrait-il nuancer : s'il est vrai que les docteurs musulmans, depuis l'époque de Khalil, enseignent la liberté de la preuve, les usages de Tunisie comme d'Algérie l'avaient déjà restreinte, en imposant dans certains cas la preuve par écrit, de sorte que ce sont sans doute les juges français qui ont exagéré la portée de ce principe, comme le concède M. MORAND dans une contribution à la *Revue algérienne et tunisienne de législation et de jurisprudence*, 1913, p. 224.

[67] M. SARFATTI, « Le droit comparé en fonction de l'unification du droit », *Revue internationale de droit comparé*, 1951, p. 69.

[68] Encore que D. SANTILLANA explique avoir travaillé au projet de Code à pâtir du « droit commun européen » (cité par A. KETTANI, « Maroc », *La circulation du modèle juridique français*, *op. cit.*, p. 267).

[69] Par exemple : L. JOSSERAND, « Le Code libanais des obligations et des contrats et le mouvement législatif et jurisprudentiel contemporain », *Livre du vingt-cinquième anniversaire de l'Ecole française de droit de Beyrouth, Mélanges à la mémoire de P. Huvelin*, Paris, Sirey, 1939, p. 162

Code des obligations dès janvier 1917[70] et, comme en témoigne le président Cardahi, le comité de législation libanaise a tenu ce projet pour un véritable modèle, un « Code-type », dont il s'est, dit-il, largement inspiré, tandis que les Codes suisses lui semblent les plus parfaits selon lui[71]. Ces idées peuvent être résumées en trois points[72].

En premier lieu, *il existe une théorie générale de l'obligation que la loi doit formaliser à part.* De la méthode mise en œuvre dans de nombreux Codes continentaux, nos textes retiennent en effet que le règlement des questions qui sont communes à toutes les obligations quelle qu'en soit la source ne peut plus, comme dans le Code civil français ou dans la méthode des docteurs malékites (qui le plus souvent traitent par exemple de la capacité après l'exposé des règles relatives à la vente[73], ce qui montre qu'ils n'ont pas pensé certaines questions comme étant propres à former une *partie générale* devant précéder l'exposé des contrats spéciaux), être envisagé seulement du point de vue du contrat, comme si l'obligation contractuelle résumait à elle seule toutes les espèces d'obligations.

Le plan de ces Codes l'atteste, qui distingue une partie générale (sources, conditions de validité, effets, modalités, extinction…) et une partie spéciale (contrats spéciaux)[74]. Notamment, la technique de la nullité, parce qu'elle concerne toutes les obligations, n'est plus perçue comme une dépendance du régime de l'obligation contractuelle, mais fait l'objet d'un titre spécial. De même, la question du transport des obligations (qui conduit les Codes tunisien et marocain à évoquer, outre les règles générales du transport, la subrogation et la délégation active ou passive) est-elle traitée dans cette partie générale alors que le Code civil français, d'ailleurs très laconique sur ce point (silence que les civilistes français ont beaucoup, au tournant des XIX et XXes siècles, critiqué sans toujours appeler à une réforme législative[75]), l'envisage seulement à propos du contrat de vente. En cela, les Codes tunisien et marocain anticipent le parti pris par la

---

70 H. Capitant, « Constitution d'un comité italien et d'un comité français pour réaliser l'union législative entre les nations amies et alliées », *Bulletin de la société d'études législatives*, 1918, XIVème année, p. 178.

71 Ch. Cardahi, art. précit., p. 619.

72 Auxquels on peut ajouter la question des actes pour autrui, à l'égard desquels le B.G.B. (§ 328) et de nombreux civilistes français se montrent favorables. Les C.O.C. tunisien (art. 37) et marocain (art. 33) maintiennent la prohibition des stipulations pour autrui, mais admettent la possibilité de stipuler au profit d'un tiers lorsque cette stipulation est la cause d'une convention que l'on fait soi-même (le stipulant a alors, en principe, intérêt à agir en exécution, au même titre que le bénéficiaire). Quant au C.O.C. libanais, il rappelle l'effet relatif du contrat tout en accordant à la stipulation pour autrui une place plus grande que dans le Code civil français.

73 E. Zeys, *Traité élémentaire de droit musulman algérien (école malékite)*, t. 1, p. 99.

74 On a vu là la preuve de l'emploi de la méthode synthétique et déductive, en rupture avec la tradition musulmane incarnée par la *Medjellé* (P. Ganage, « Liban », *La circulation du modèle juridique français*, *op. cit.*, p. 258).

75 Par exemple, ni Josserand dans son *Cours* ni E. Gaudemet, qui prédit que la « pratique française cherchera plutôt à assouplir la délégation et la stipulation pour autrui » (*Théorie générale des obligations*, Paris, 1937, rééd. Dalloz, 2004, préf. D. Mazeaud, p. 480), n'envisagent une réforme textuelle du droit français sur ce point.

commission de rédaction du projet franco-italien de 1927 (qui commence également par une première partie qui soutient une théorie générale de l'obligation) et par le C.O.C. libanais. Ce dernier franchit, cependant, une étape supplémentaire : loin de n'envisager, d'un point de vue actif, que le transport de créance, il réglemente, dans la foulée du projet Josserand, la technique de la reprise de dette (art. 287 à 289) à la manière allemande[76] ou suisse[77].

Cela dit, les Codes tunisien et marocain reproduisent malgré tout un réflexe ancien en France : celui qui consiste à réduire la notion d'obligation au contrat. Ainsi, et en dépit du fait que la première partie du C.O.C. tunisien soit consacrée aux *obligations* et la seconde aux contrats spéciaux et quasi-contrats, celle-ci traite-t-elle essentiellement du contrat, parfois appelé *convention* ou désigné par le terme générique *obligation*[78].

En deuxième lieu, il est nécessaire de diversifier les sources des obligations. Cette idée trouve un premier écho, limité, dans le fait que ces Codes accordent une place plus importante à la déclaration de volonté. S'agissant par exemple de l'énonciation des éléments de validité des conventions, l'art. 2 des C.O.C. tunisien et marocain procède d'une manière un peu différente de celle du Code civil français. À côté de la cause licite, de l'objet et de la capacité[79], il évoque non pas le *consentement,* mais « une déclaration valable de volonté sur les éléments essentiels de l'obligation », ce qui rappelle la terminologie du B.G.B. (et aussi l'attitude des juristes musulmans qui voient l'acte juridique d'abord comme une *déclaration*[80]). Mais il s'agit là d'une concession assez formelle. En revanche, on peut se demander si ce souci d'une diversification des sources des obligations conduit à faire éclater la classification traditionnelle héritée de Justinien. À cette question, les textes tunisien, marocain et libanais répondent différemment. Les deux premiers signalent quatre causes d'où dérivent les obligations : les conventions[81], les quasi-contrats, les délits et les quasi-délits. À une nuance près, qui sera évoquée plus bas, ils adoptent donc la classification traditionnelle héritée des *Institutes* de Justinien et partiellement reprise par le Code civil français, alors

[76] C'est dans son article 414 que le B.G.B. réglemente la reprise de dette.

[77] Article 175 et s.

[78] Ce qui constitue pour certains une confusion impardonnable, notamment E. LARCHER (art. précit., p. 194).

[79] Pour laquelle l'art. 3 C.O.C.M. renvoie à la loi qui régit le statut personnel alors que le Code tunisien n'établit aucune différence selon le culte –art. 4-, tandis que, conformément au droit romain, le mineur –de 13 ans, précise l'art. 9 du Code tunisien- peut agir seul lorsqu'il s'agit d'un acte à titre gratuit qui l'enrichit ou le libère d'une obligation, art. 5 C.O.C.M. : dans le droit malékite, la tutelle chrématique –qui porte sur les biens et non la personne- cesse à la puberté lorsque le mineur fait la preuve de sa capacité intellectuelle.

[80] CHEHATA, « Le concept de contrat en droit musulman », *Archives de philosophie du droit*, 1968, vol. 13, p. 131.

[81] Lorsqu'ils présentent les obligations contractuelles, les Codes tunisien et marocain abandonnent toute idée de classification (contrats synallagmatiques/unilatéraux, titre onéreux/titre gratuit, solennels/formels), alors que le Code libanais reprend à son compte les classifications du Code civil français tout en améliorant leur définition.

que le rite malékite n'assigne que trois faits générateurs aux obligations : l'accord de deux ou plusieurs volontés (contrat), la volonté d'un seul et, enfin, un délit ou une situation de fait. Ce faisant, ils négligent les prises de position pourtant vives d'une partie des civilistes français contre les catégories du quasi-contrat et du quasi-délit. Cependant, la fidélité à la classification quadripartite des *Institutes* a ses limites. D'une part, ces Codes mentionnent également, à côté des conventions, les « déclarations de volonté ». Or la structure de la section 2 (tit. 1, Liv. I) où elles sont envisagées révèle qu'elles ne sont pas simplement une *espèce* d'engagement volontaire, mais au contraire le *genre* dans lequel sont rangées deux espèces : les déclarations unilatérales et les conventions, ce qui vient nuancer la fidélité au droit romain et à la conception française traditionnelle de l'obligation volontaire et dénoter partiellement une influence germanique. En effet, le contrat n'est plus présenté comme la source première des obligations. Il n'est plus qu'un type de déclaration de volonté, celui dans lequel deux ou plusieurs volontés concourent. Cela dit, ces deux Codes limitent en réalité la déclaration unilatérale de volonté à une hypothèse bien précise -la promesse de récompense- et semblent bien rouler sur l'idée que, contrairement aux apparences, celle-ci recèle au fond un *accord* de volontés, dans la mesure où l'art. 15 C.O.C.M., par exemple, prend soin de préciser que cette promesse est « réputée acceptée » par celui l'accomplit.

D'autre part, ces Codes élargissent considérablement la catégorie des quasi-contrats. Loin de se réduire aux diverses hypothèses d'enrichissement sans cause (qui recoupent, outre l'enrichissement résultant de la détention de la chose d'autrui ou du profit qu'on en a tiré, celui que procure le fait de retirer même de bonne foi un profit du travail accompli par un autre : art. 72 C.O.C.T.)[82], comme pourrait le laisser penser la première partie de ces Codes, ces derniers y ajoutent encore le paiement indu, qui peut être répété même lorsqu'il a été effectué pour une cause illicite ou immorale (art. 77 C.O.C.T. et 72 C.O.C.M.), mais qui ne donne pas lieu en revanche à remboursement lorsque le paiement a été effectué en exécution d'une dette prescrite (c'était la solution de notre ancien droit) ou d'une obligation morale, dès lors que le débiteur a la capacité d'aliéner à titre gratuit et même s'il s'est acquitté par erreur (ici, c'est le droit romain que suivent les compilateurs, tandis que le Code civil français, conformément à Pothier, admet la restitution[83]). Surtout, leur seconde partie évoque toute une série de quasi-contrats qu'elle traite comme des appendices aux obligations contractuelles, comme en témoigne l'intitulé du livre II de ces Codes : « Des différents contrats déterminés et des quasi-contrats qui s'y rattachent ». Ainsi la gestion d'affaires est-elle évoquée dans un chapitre qui suit immédiatement celui qui est consacré au mandat, tandis que le C.O.C.M. insiste sur l'analogie entre ces deux rapports

---

[82] Cette conception compréhensive de l'enrichissement sans cause tient non seulement à l'attrait qu'il suscite dans la doctrine civiliste française et dans les Codes continentaux contemporains mais aussi au fait que le droit musulman interdit d'une manière générale l'obtention d'un avantage monétaire sans contrepartie (J. SCHACHT, *op. cit.*, p. 124).

[83] D. DEROUSSIN, *Histoire du droit des obligations*, *op. cit.*, p. 69.

de droit. Le rapprochement du contrat et du quasi-contrat n'est donc pas seulement formel et procédural, mais plutôt substantiel.

À l'inverse, le C.O.C. libanais (art. 119), qui suit sur ce point le projet rédigé par L. Josserand, prend plus résolument acte de l'évolution des idées qui a affecté tant la doctrine française que d'autres législations continentales. Il propose une liste qui rompt avec la tradition romaine et, en partie, avec le Code civil français. Cette liste, qui tient plus de l'*énumération* que de la *classification*, distingue la loi, les actes illicites, l'enrichissement illégitime et les actes juridiques (contrats et actes unilatéraux). Elle coïncide ainsi, dans ses grandes lignes, avec celle que retient quelques années plus tôt le projet franco-italien[84], dont les rédacteurs jugeaient la classification héritée de Justinien indigne à figurer dans un « Code moderne »[85]. Elle coïncide encore, quoique dans une moindre mesure, avec celle du Code fédéral suisse des obligations (1911)[86]. Dans le même temps, elle tire les leçons des critiques adressées à la catégorie du quasi-contrat par de nombreux civilistes français, Josserand notamment, dont la volonté ferme était de « bannir du vocabulaire juridique »[87] cette expression. En conséquence, la gestion d'affaires n'est plus rangée parmi les quasi-contrats « analogues au mandat », comme dans les Codes tunisien et marocain, mais considérée comme un acte à formation unilatérale[88].

Enfin, cette volonté de diversification des sources des obligations conduit à élargir le champ de la responsabilité civile. À propos de la responsabilité du fait d'autrui, et conformément au § 832 B.G.B.[89], les C.O.C. tunisien et marocain ajoutent, aux hypothèses mentionnées par le Code civil français, l'obligation pour les parents ou le conjoint de répondre du dommage causé par l'insensé même majeur qui habite avec eux, sauf à prouver qu'ils ont exercé toute la surveillance nécessaire ou qu'ils ignoraient la dangerosité de l'intéressé, ou encore la faute de la victime (art. 93 C.O.C.T.). Plus radicalement, le C.O.C. libanais attenue le principe de la responsabilité subjective en imposant à l'incapable, pour des raisons d'équité, tirées notamment de la différence des fortunes, l'obligation de réparer le dommage qu'il a causé lorsque la victime n'a pas été désintéressée par celui qui

[84] La première de ce projet, qui renferme la théorie générale de l'obligation, envisage comme sources : le contrat, l'obligation unilatérale, la gestion d'affaires, le paiement de l'indu, l'enrichissement sans cause et les actes illicites.

[85] *Rapport sur le projet d'un Code des obligations et contrats commun à la France et à l'Italie*, publié en introduction au *Projet de Code des obligations et des contrats*. Texte définitif approuvé à Paris en octobre 1927, Rome, 1928, p. liii.

[86] Le Code fédéral suisse des obligations mentionne en effet trois sources seulement d'obligations : le contrat, l'acte illicite et l'enrichissement injuste.

[87] L. JOSSERAND, *Cours de droit civil*, Paris, Sirey, 1930, t. 2, n° 10. Dans son article aux *Mélanges Huvelin*, Josserand félicitera les codificateurs libanais d'avoir exclu « la notion archaïque et périmée du prétendu quasi-contrat » (art. précit., p. 165).

[88] L. JOSSERAND, « Le Code libanais… », *Mélanges P. Huvelin*, *op. cit.*, p. 165.

[89] § 832 : celui qui est chargé par la loi de veiller sur un autre à cause de sa minorité ou de sa démence est responsable des actes commis par ce dernier mais ne répond que de sa faute (devoir de surveillance).

était chargé de veiller sur lui. Cette disposition, qui ne se retrouve pas plus dans les textes tunisien et marocain que dans le projet rédigé par Josserand, contredit la position dominante de la doctrine civiliste française[90], mais elle est en parfaite harmonie avec le *droit commun législatif* incarné notamment par le B.G.B. (§ 829), le Code fédéral suisse des obligations (art. 54) et le projet franco-italien de 1927 (art. 76).

En troisième lieu, il convient d'assurer un plus grand rayonnement à la loyauté et à la bonne foi. Une telle volonté produit ses fruits, d'une part, au stade de la formation du contrat. Ainsi les C.O.C. tunisien et marocain prévoient-ils expressément le versement de D.-I. par celui qui savait ou devait savoir que la prestation serait impossible, dès lors que l'autre partie ignorait cette circonstance, dans deux articles (art. 63 C.O.C.T. et 60 C.O.C.M.) qui reproduisent presque textuellement le § 307 B.G.B. et qui, comme lui, ne prennent pas parti sur la nature de cette responsabilité (contractuelle ou délictuelle)[91]. Mais ces fruits sont plus ou moins importants selon les textes et, là encore, le Code libanais paraît s'inscrire plus franchement dans la modernité, comme le montre la réglementation de la rescision pour lésion. Les C.O.C. tunisiens (art. 60-61) et marocain (art. 56) limitent considérablement ses effets : elle n'entraîne l'annulation du contrat que si, d'une part, elle résulte du dol (mais alors elle n'est pas un vice autonome) ou si, d'autre part, elle est invoquée par un mineur ou un incapable, quoiqu'il ait agi avec l'assistance de son tuteur ou conseil, dès lors qu'il existe une différence d'au moins un tiers entre le prix payé par lui et la valeur effective. Ils s'écartent donc à la fois et de la tradition romaine et du mouvement d'idées favorable à l'élargissement de la prise en compte de la lésion, tant en France (Josserand) qu'à l'étranger (B.G.B.). En refusant de voir dans la lésion une cause *autonome* de rescision, ils s'inscrivent plutôt dans la tradition musulmane hanéfite[92], recueillie à l'article 357 de la *Medjellé* qui exige la fraude, ou malékite, puisque certains représentants de l'école malékite interdisent la vente d'objets dont le prix est surévalué par le vendeur en raison du fait qu'il n'est pas permis de taire les éléments susceptibles d'avilir le prix de la chose[93]. À l'opposé, le C.O.C. libanais paraît beaucoup plus proche des propositions doctrinales les plus récentes (Josserand) et des Codes allemand et suisse. Il n'indique aucun *quantum*, laissant donc le juge apprécier si le déséquilibre des prestations est suffisant, *i.e.* anormal eu égard aux usages courants (ce qui rappelle la « disproportion choquante » du §

---

[90] Voire, notamment, E. Gaudemet, *Théorie générale…*, *op. cit.*, p. 307.

[91] On sait que, dans la conception défendue par Ihering, il s'agit d'une responsabilité contractuelle, mais on notera que, dans un arrêt du 29 nov. 1909, la Cour suprême allemande adopte le fondement délictuel (RG, Urteil 29.11.1909, *Leipziger Zeitschrift für Deutsches Recht*, 1910, Sp. 80 Nr. 2) ; fondement qui sera définitivement abandonné à l'occasion de la réforme du droit des obligations en 2002, parce que la responsabilité délictuelle ne permettait pas une indemnisation totale, après une première évolution de la jurisprudence en 1931 puis en 1934 (RG, Urteil vom 19.01.1934, *Entscheidungen des Reichsgerichtes in Zivilsachen*, 143, S. 219).

[92] C. CARDAHI, *Les conditions générales de la vente…*, *op. cit.*, p. 70.

[93] Ibn Abou Zeyd KAYRAWANI, *Risala ou traité abrégé de droit malékite et morale musulmane…*, trad. E. FAGNAN, Paris, 1914, p. 141.

138 B.G.B.), et voit dans la lésion un vice autonome résultant de la volonté pour l'une des parties de tirer avantage de la gêne, de la légèreté ou de l'inexpérience de son cocontractant, selon la formule du B.G.B. (§ 138) et du Code fédéral suisse des obligations (art. 21).

D'autre part, le souci d'une plus grande prise en compte de la loyauté et de la bonne foi emporte des conséquences au stade de l'exercice des droits. Les Codes tunisien et marocain consacrent ainsi l'abus de droit, envisagé (art. 103 C.O.C.T. et 94 C.O.C.M.) sous la forme d'une exception au principe de l'irresponsabilité dans l'exercice d'un droit et dont la mise en œuvre repose sur deux critères possibles : un critère subjectif (intention de nuire) et un critère plus objectif, *i.e.* le fait pour le titulaire du droit de ne pas avoir pris les précautions nécessaires pour éviter ou faire cesser, sans inconvénient grave pour lui, le dommage notable que son action inflige à autrui. Cette consécration légale a véritablement valeur de symbole : en métropole, la question est débattue, mais sans succès législatif, au début du XXe siècle ; elle rejaillit, sans non plus aboutir à ce moment, lors des travaux de la commission de révision du Code civil mise en place à la Libération.

Mais ces Codes en restent à la doctrine minimaliste enseignée par la plupart des civilistes français et n'adoptent pas le point de vue plus hardi présent dans d'autres législations continentales et notamment défendu en France par Josserand. Telle est, au contraire, l'attitude du C.O.C. libanais, sans doute en raison de l'influence de Josserand. Son article 124 contraint en effet celui qui excède, « dans l'exercice de son droit, les limites fixées par la bonne foi ou par le but en vue duquel ce droit lui a été conféré », à réparer le dommage qu'il cause. Pour l'essentiel, cette définition correspond à la théorie finaliste développée par Josserand (même si, dans le projet qu'il a supervisé, l'atteinte à l'esprit ou à la fonction du droit occupe sans doute une place plus importante que l'intention de nuire)[94]. Même si la jurisprudence libanaise antérieure, fondée sur la *Medjellé*, fournissait quelques exemples de prise en compte de l'abus, cette référence au but place véritablement le Code libanais dans le concert des législations modernes, comme le remarquait déjà Josserand : le B.G.B., dont le § 226 explique que « l'exercice d'un droit n'est pas permis lorsqu'il ne peut avoir d'autre but que de causer à autrui un dommage », le Code civil suisse[95] ou encore l'article 1er du Code civil soviétique de 1923, où la référence à la destination économique et sociale des droits civils est la plus fortement exprimée[96]. Ce texte cependant, comme les C.O.C. tunisien et marocain, persiste à voir dans l'abus de droit un

[94] Sur ces points : D. DEROUSSIN, « L. Josserand, le Code civil et le Code libanais… », art. précit., p. 92.

[95] L'art. 2 C. civil suisse ne mentionne pas explicitement la contrariété de l'acte avec la finalité du droit, mais la référence au but apparaît clairement dans la pensée du législateur, cf. « Introduction en forme de dialogue », *L'abus de droit : comparaisons franco-suisse*, P. ANCEL (dir.), Presses de l'Université de Saint-Etienne, 2001, p. 19.

[96] « Les droits civils sont protégés par la loi, sauf dans les cas où ils sont exercés dans un sens contraire à leur destination économique et sociale », *Les Codes de la Russie soviétique*, Bibliothèque de l'Institut de droit comparé de Lyon, t. 9, Paris, 1925, p. 31.

appendice du droit de la responsabilité, conformément à la plupart des civilistes français, y compris Josserand, mais à l'exception notable de Saleilles (qui voulait « soustraire » cette technique « au domaine étroit et insuffisant de l'article 1382 »[97]), alors que le Code civil suisse, qui le mentionne dans son article 2, l'érige en principe général du droit.

Quoi qu'il en soit, l'attrait exercé par ce droit commun législatif n'est pas sans limites, y compris dans le Code libanais, comme le montre le sort réservé aux pactes sur succession future. Alors qu'ils admettent le principe de la validité du contrat portant sur une chose future, conformément à tradition continentale, mais contrairement à la *Medjellé* ou à la tradition malékite[98], les C.O.C. tunisien (art. 66) et marocain négligent le mouvement d'idées favorable à ces opérations qui s'est manifesté dans les codifications continentales récentes (le B.G.B. et la loi fédérale suisse des obligations admettent, en les réglementant, ce genre de pactes[99]). Ils se rangent derrière la tradition romano-française. Si cela peut s'expliquer par le fait que, en France, et malgré les efforts de Planiol au début de XXe siècle, les certains civilistes se prennent à douter de la pertinence du principe de cette prohibition seulement après la Grande Guerre[100], on peut s'étonner que le Code libanais, dans le sillage d'ailleurs du projet franco-italien de Code des obligations (art. 26), et alors qu'il admet que le contrat puisse porter sur une chose future (art. 188 C.O.C. libanais), sanctionne les pactes sur succession future d'une nullité absolue, même s'ils ont été conclus avec le consentement du *de cuius*, d'autant plus qu'une telle possibilité avait été ouverte par le projet rédigé par Josserand[101]. Sans doute faut-il voir là la volonté de ne pas heurter des usages locaux hostiles à de telles opérations ni les enseignements des docteurs musulmans qui, se fondant sur la prohibition des contrats aléatoires, condamnent ce genre de pactes[102].

*

* *

[97] R. SALEILLES, « De l'abus de droit », Rapport présenté à la première sous-commission de révision du Code civil, publié dans le *Bulletin de la société d'études législatives*, 1905, IV, p. 348.

[98] Du moins si le vendeur s'est engagé à une livraison immédiate (KAYRAWANA, *op. cit.*, p. 148).

[99] Le § 312 B.G.B. admet, sous la forme authentique, l'accord entre futurs héritiers légaux relativement à leurs parts héréditaires légales.

[100] D. DEROUSSIN, *Histoire du droit des obligations*, *op. cit.*, p. 404.

[101] Le projet Josserand disposait en effet : « les successions non encore ouvertes peuvent faire l'objet de contrats valables à la condition de ne rien présenter de contraire à l'ordre public, aux dispositions impératives de la loi et aux bonnes mœurs ».

[102] Ch. CARDAHI, « Le projet de Code des obligations… », *art. précit.*, p. 647 et M. MAHMASSANI, « Le fondement de la prohibition des pactes sur successions futures », *Proche-Orient, Etudes juridiques*, n° 65, mai-août 1970, p. 233. Dans ces contrats, le droit musulman considère en effet que l'une des parties n'a pas une connaissance exacte de la portée de son engagement ; or cette ignorance –*jahl*- est condamnée par le Prophète (N. COMAIR-OBEID, *Les contrats en droit musulman des affaires*, Paris, Economica, 1995, p. 59).

En guise de conclusion, on pourra remarquer d'abord que, en contrôlant l'élaboration de ces textes, la France a bien organisé une forme de pluralisme juridique, puisqu'elle a accepté l'éventualité que ses ressortissants soient assujettis à ces lois différentes du Code civil français. Mais elle a aussi limité ce pluralisme par la mise en place d'un droit unifié et cohérent bien qu'il soit le résultat d'une sorte de syncrétisme juridique, d'une combinaison d'influences multiples, dans laquelle le modèle français se taille cependant une part importante. Le phénomène n'est pourtant pas un processus d'acculturation juridique strictement entendu, *i.e.* de réception d'une institution étrangère dans un système récepteur préexistant (acculturation par assimilation ou au contraire par intégration), mais un processus de création (acculturation hybride, si l'on veut), sur un territoire donné, d'un nouvel ordre juridique qui reste, du moins à son commencement (car il appelle nécessairement lui-même au développement d'une nouvelle culture juridique, au sens interne, *i.e.* comme pensée et pratique du droit par les juristes), la création volontaire et réfléchie d'un Législateur identifiable. À cet égard, les exemples étudiés ici montrent clairement le lien établi par A. Watson entre circulation des règles ou institutions juridiques et développement du droit (*legal development*)[103].

On pourra, ensuite, souligner que ces textes répondent à l'objectif de sécurité juridique propre à toute codification. Il n'est ainsi pas exagéré de souligner que grâce au C.O.C. tunisien sont sans doute pour la première fois au Maghreb rassemblées en un texte unique des matières jusque-là réglementées de façon éparse par les usages et les règles religieuses. Cela suffirait à expliquer leur longévité.

Enfin, on pourra constater que la France a consenti, dans ses protectorats, ce qu'elle n'a pas accompli pour elle-même, *i.e.* une (re) codification sectorielle du droit des obligations avec, en son sein, l'insertion d'une « partie générale » (*partie générale* que la commission de révision du Code civil, après la Libération, refusera encore de mettre en forme et d'isoler[104]). Ce faisant, elle a pris activement part à l'élaboration d'un « droit commun des obligations étroitement apparenté à celui que nous pratiquons au nord de la Méditerranée »[105]. Au Maghreb, le Code tunisien (révisé) peut ainsi faire figure de nos jours de « noyau pour un futur Code maghrébin »[106], noyau « tout à fait conforme aux données générales admises par les grands Codes modernes, spécialement par le Code civil français »[107].

---

[103] Sur ce lien, cf. J. Rodrigo BANDERIA GALINDO, « Legal Trabsplants between Time and Sapce », in Th. DUVE (éd.), *Entanglements in Legal History : Conceptual Approaches*, Max Planck Institute, Frankfurt am Main, 2014, p. 129.

[104] Contrairement à ce qui a pu être constaté dans d'autres branches du droit, ces Codes n'ont pas eu d'impact, sur le droit français : ils n'ont pas provoqué *en retour* son évolution.

[105] J.-M. MOUSSERON, « La réception… », art. précit., p. 37.

[106] M.-K. CHARFEDDINE, « Esquisse… », art. précit., p. 421.

[107] A. MERIGNHAC, *Précis de législation et d'économie coloniales*, Paris, Sirey, 1912, p. 306, à propos du C.O.C. tunisien.

ESSAI SUR LE MANDAT TOGOLAIS DANS L'ENTRE-DEUX-GUERRES

Éric GASPARINI
Professeur à Aix-Marseille Univ, CERHIIP, Aix-en-Provence, France

Rénovateur des études d'histoire du droit colonial dans les Universités françaises, le doyen Bernard Durand a manifesté à l'occasion d'un colloque aixois[1] son intérêt pour la question de la politique des mandats de la Société des Nations au lendemain du premier conflit mondial. C'est à la fois un honneur et un plaisir que de nous aventurer sur cette piste qu'il connaît bien en proposant, pour ce volume de *Mélanges* élaboré en son honneur à l'Université Cheik Anta Diop de Dakar, cette étude sur le mandat togolais.

En 1922, la Société des Nations confie à la France l'administration du Togo oriental en tant que territoire sous mandat[2]. Il s'agit d'un mandat de classe B selon l'article 22 du pacte de la SDN[3], comme la plupart des anciennes colonies allemandes d'Afrique de l'Ouest et centrale. L'administration française remplace donc celle du *Schutzgebiet* Togo. Sous couvert du droit international, un régime colonial se substitue à un autre et le démantèlement du Togo allemand est entrepris, ce qui ne va pas sans contestation de l'ordre colonial français. La politique coloniale française dans le territoire qui lui est confié aboutit cependant à dénaturer la nature du mandat confié par la SDN. En effet, le Togo français est finalement régi par un mandat "mitigé"[4], sorte d'amalgame entre les mandats B et C. C'est ce qui a permis à la France de joindre sa nouvelle acquisition, en union ou fédération douanière, fiscale ou administrative avec ses autres possessions[5]. Le pacte de la SDN prévoyait pourtant que dans le cadre d'un mandat de type B, la puissance mandataire devait se préoccuper d'accroître le bien-être matériel et

---

[1] B. DURAND, « Quelle place pour les droits de l'homme dans les colonies ? La SDN et la politique des mandats », dans E. GASPARINI, A DEROCHE et M. MATHIEU, *Droits de l'homme et colonies*, Aix, PUAM, 2017, p. 403-432.

[2] *Mandat Français sur le Togo*, 1er août 1922, Société des nations, Genève, article 1er, p. 3 : « Les territoires dont la France assume l'administration sous le régime du mandat comprennent la partie du Togo qui est située à l'est de la ligne fixée dans la déclaration signée le 10 juillet 1919 (entre la France et la Grande-Bretagne) ».

[3] O. HOUER, *Le Pacte de la Société des Nations – Commentaire théorique et pratique*, Paris, Editions Spes, 1922, p. 355 et s.

[4] C. COQUERY-VIDROVITCH, *L'Afrique Occidentale au temps des Français – Colonisateurs et colonisés – 1860-1960*, Paris, La Découverte, 2010, p. 413.

[5] *Ibid.*

moral des habitants c'est-à-dire de favoriser leur progrès social[6]. On sait que le Togo est progressivement devenu un territoire pilote des réformes de la politique coloniale française. Pour autant, les missions prévues par le pacte de la SDN ont-elles été remplies, et le régime colonial français s'est-il révélé plus bénéfique pour les populations que le régime allemand ? Quelle est finalement la vision des autorités coloniales françaises sur l'administration du mandat ? Pour tenter de répondre à ces interrogations, il s'est avéré intéressant d'étudier les rapports faits par les autorités françaises à la SDN. En effet, une résolution du Conseil de la SDN avait mis en place le 29 novembre 1920 une commission permanente des mandats[7], chargée de recevoir et d'analyser des rapports annuels fournis par les États mandataires[8]. La commission pouvait également recevoir des pétitions des habitants des territoires sous mandat. Si elle pouvait donner son avis sur la manière dont les mandats étaient gérés, elle n'avait en revanche aucun pouvoir de contrainte, illustrant par là même la faiblesse de l'organisation internationale dans l'entre-deux-guerres.

Ces rapports sont conservés en partie aux Archives nationales d'outre-mer à Aix-en-Provence[9]. Nous avons choisi d'analyser ceux des années 1927 à 1930, années qui illustrent l'apogée de la puissance coloniale française et celle de l'administration du commissaire Bonnecarrère, ainsi que ceux des années 1934 et 1935, période qui correspond à l'installation du régime nazi en Allemagne.

La question que l'on peut se poser d'emblée est celle de la réalité de l'examen de ces rapports devant la commission[10]. Certes les membres de celle-ci peuvent s'informer en dehors des rapports officiels par tous les moyens qu'ils jugent appropriés. Ainsi lors de la session de 1930, la France se voit reprocher d'avoir reproduit de manière incomplète certains des procès-verbaux de conseils de notables du Togo[11]. Un surcroît de renseignements fournis par la France a cependant suffi à obtenir la satisfaction de la commission. Cette souplesse est mise en exergue la même année par le sénateur français Cornudet devant la Haute assemblée :

---

[6] *Mandat Français sur le Togo*, 1er août 1922, *op. cit.*, article 2 : « Le Mandataire sera responsable de la paix, du bon ordre et de la bonne administration du territoire, accroîtra par tous les moyens en son pouvoir le bien-être matériel et moral et favorisera le progrès social des habitants ».

[7] *Annuaire de la Société des Nations*, Genève, 1920-1927, p. 429. Il est précisé que la commission est composée de 9 membres dont 5 sont issus d'Etats non mandataires. Voir V. DIMIER, “L'internationalisation du débat colonial: rivalités autour de la commission permanente des mandats”, *Revue Outre-Mers*, vol. 89, n° 336, 2002, p. 330-360.

[8] K.N. TSIGBE et J.P. TETE GUNN, “L'historiographie togolaise contemporaine face à la question des lieux de mémoire: de la période coloniale à 2005”, dans M. SOME et L. SIMPORE (sous la direction de), *Lieux de mémoire, patrimoine et histoire en Afrique de l'Ouest*, Paris, Editions des archives contemporaines, 2014, p. 172.

[9] Cote ANOM 2300 COL 39-42.

[10] Sur les règles concernant le fonctionnement de la commission des mandats, voir D.F.W. VAN REES, *Les mandats internationaux – Le contrôle international de l'administration mandataire*, Paris, Rousseau, 1927, 145 p.

[11] C. LEGAIAC, « La commission permanente des mandats », dans *Togo-Cameroun*, Agence économique des territoires africains, Paris, 1929-1937, p. 190.

« Nous aurions mauvaise grâce à ne pas remercier la Commission permanente des mandats de nous avoir aidés dans cette tâche difficile, en comprenant que chaque peuple a son génie propre et ses méthodes, et qu'une surveillance trop stricte et trop minutieuse, par l'abus du détail, obligerait la puissance mandataire à rester immobile ; or, l'immobilité est le contraire du progrès et elle serait essentiellement nuisible aux intérêts des populations elles-mêmes »[12].

En clair, la France a un génie colonial propre et son action ne peut qu'être bénéfique aux populations placées par la SDN sous son administration. Finalement, c'est le compromis permanent qui est à l'honneur dans les rapports entre la Commission et les puissances mandataires. Il suffit pour s'en convaincre de lire ce qu'en a écrit William Rappard, directeur de la section des mandats, sorte de secrétariat permanent de la Commission, entre 1920 et 1924 :

« Ainsi qu'il arrive toujours, à Genève comme ailleurs, quand une autorité internationale se trouve appelée à concilier des vues divergentes, on se mit d'accord sur un compromis (…). Sans porter, en effet, une atteinte dangereuse à l'autorité des puissances mandataires, le compromis réalisé eut pour effet d'assurer à la Commission des mandats à la fois un maximum d'informations et un optimum d'indépendance »[13].

La Société des Nations ne disposant d'aucune arme juridique afin de sanctionner la gestion des puissances mandataires, c'est de la pression de l'opinion publique internationale qu'elle tire finalement une relative efficacité.

Les rapports envoyés à la commission internationale se veulent très complets, ils présentent un panorama de l'action de la France comme pays mandataire et détaillent des aspects législatifs et administratifs intéressant une pluralité de domaines. Ainsi sont reproduits divers décrets et arrêtés qui attestent de la mission civilisatrice menée par la France au Togo. Les rapports se veulent également les interprètes du savoir-faire français en matière coloniale et insistent sur le respect scrupuleux par la France de ses obligations de mandataire. Ceci dit, les rapports annuels adressés par la France à la SDN sur son administration du Togo constituent un des révélateurs de la manière dont la puissance mandataire se représente elle-même son action coloniale, inscrite sous les auspices d'une mission civilisatrice. Il est par ailleurs patent que les autorités françaises ont à cœur de suivre une ligne de conduite conforme aux prescriptions de la SDN en matière de mandat, insistant dans leurs rapports annuels sur la responsabilité qui est celle d'une puissance mandataire. Dans une brochure de 1932, William Rappard avait ainsi pointé du doigt cette caractéristique particulière des mandats, parlant de ceux-ci comme d'une charge[14]. Le rapport français de 1929 s'était fait

---

[12] *Ibid.*, p. 190.

[13] W.E. RAPPARD, « Le problème des colonies et des mandats », p. 9, cité par V. MONNIER, *William E. Rappard – Défenseur des libertés, serviteur de son pays et de la communauté internationale,* Genève, Slatkine, 1995, p. 321.

[14] « Si on se bat pour une propriété, pour un avantage exclusif, on est beaucoup moins tenté de se battre pour une responsabilité et une charge » (*Le problème des colonies et des mandats*, p. 13, cité par V. MONNIER, *op. cit.,* 1995, p. 333.

l'interprète de cette conception en mettant en avant l'élaboration depuis le traité de Versailles d'une théorie internationale de la colonisation :

« Le mandat fait de la puissance colonisatrice non plus une puissance conquérante ou occupante égoïste, mais lui donne avant tout un rôle de protecteur placé près des races de civilisation attardée. Cette doctrine soumet le mandataire envers ses protégés à de nombreux devoirs, comparables à ceux qu'en mêmes circonstances le droit privé de chaque pays européen impose aux tuteurs vis-à-vis de leurs pupilles »[15].

Les rapports français insistent sur la notion de « bien-être moral et matériel des indigènes », reprenant en l'espèce les termes mêmes du pacte de la SDN définissant le mandat. Dans cette large catégorie, nous insisterons plus particulièrement sur la participation des indigènes à la gestion des intérêts locaux et la situation politique du pays telle qu'elle est relayée par l'administration coloniale, ainsi que sur les questions judiciaires et sociales.

I. PARTICIPATION DES TOGOLAIS À LA GESTION DES INTÉRÊTS LOCAUX ET SITUATION POLITIQUE

Les rapports précisent que la France a voulu appliquer au Togo, en tant que puissance mandataire, une formule qui se rattache à la méthode générale d'administration qui a fait ses preuves dans le gouvernement de son domaine colonial[16]. Suit un organigramme administratif et politique classique, tel que l'on peut le trouver dans les dépendances de l'AOF. On y apprend que le commissaire de la République au Togo a les mêmes pouvoirs que les gouverneurs dans les autres colonies. On retrouve des éléments indigènes au sein de plusieurs instances situées auprès du commissaire. Tout d'abord dans le conseil d'administration qui assiste ce dernier et où il faut noter la présence de deux notables indigènes[17]. Les rapports insistent systématiquement sur cette présence qui n'est pas seulement symbolique. Ils sont en effet "appelés à donner leur avis et prennent souvent la parole"[18]. Ils prennent "une part active aux délibérations" et manifestent "l'intérêt qu'ils attachent à la discussion des problèmes intéressant le territoire"[19]. En 1930, il est précisé "qu'ils sont en fonction depuis 1923 et qu'ils ont acquis une grande expérience des questions traitées"[20]. Ensuite il est à noter que neuf membres indigènes siègent dans le conseil économique et financier qui assiste le commissaire pour ces questions. Ils sont désignés par les conseils de notables. Cette dernière institution est sans aucun doute la plus intéressante. Ces structures existent en AOF depuis 1919, mais ne sont que des "chambres d'enregistrement

---

[15] Rapport 1929, ANOM 2300 COL 39-42, p. 413.
[16] Rapport 1928, ANOM 2300 COL 39-42, p. 2.
[17] Rapport 1927, ANOM 2300 COL 39-42, p. 2.
[18] Rapport 1928, *op. cit.*, p.99.
[19] Rapport 1930, ANOM 2300 COL 39-42, p. 144.
[20] *Ibid.*

de décisions des commandants de cercles"[21]. Il semble que les conseils togolais, créés en 1922, aient dépassé ce stade et aient été un lieu d'apprentissage de la vie politique[22], s'affirmant comme de véritables structures administratives[23].

Toujours est-il que les rapports à la SDN insistent sur l'importance accordée par les autorités coloniales aux conseils de notables, sur le fait "qu'ils sont consultés chaque fois qu'une question d'ordre économique importante pouvant intéresser les indigènes vient à se poser"[24]. Ils permettent par exemple à la puissance mandataire de "connaître l'avis des populations sur le système fiscal". Au passage, celle-ci informe Genève que les notables ont sur cette question "reconnu la supériorité du système français et la répartition plus juste qui en découle"[25]. Selon Obuibé Bassa Komla, les débats devant ces conseils sont "ouverts", les notables exprimant avec "lucidité" leurs points de vue[26].

Plus généralement, les rapports mettent en exergue les efforts récurrents de la France quant à la constitution d'une administration publique indigène, notamment au niveau des cercles où les agents indigènes doivent seconder les commandants[27]. Les documents envoyés à la commission des mandats sont enrichis par des tableaux statistiques à l'appui de cette volonté politique. De même, il y est clairement question de doter le personnel indigène d'un statut[28]. Il ressort ainsi de ces rapports une volonté claire et forte de la France de faire émerger une élite indigène qui soit bien entendu favorable à son administration. Cette question est étroitement liée à la situation politique que connaît le Togo durant l'entre-deux-guerres et la période du mandat.

En effet, la situation politique est une question récurrente abordée par les rapports envoyés à la SDN. Et de manière générale, ceux-ci font toujours état d'une situation politique quasi irénique. Ainsi, « les indigènes sont calmes, dociles, ils comprennent que leur intérêt est de collaborer avec nous pour leur mieux-être moral et matériel »[29]. Quant aux indigènes de la région d'Agou, « jusqu'ici méfiants, sinon hostiles aux Européens, ils commencent à se rapprocher de nous »[30]. Les autorités françaises présentent ce rapprochement comme l'effet d'une ligne politique qui consiste à faire confiance aux chefs et aux notables indigènes[31].

Au moment de la mise en place du mandat, l'administration française avait pu se heurter aux sentiments anglophiles d'une partie des notables togolais ainsi qu'à

---

[21] O. Bassa Komla, « Les conseils de notables au Togo. Du mandat à la tutelle (1922-1958) : tribunes d'expression d'une future opposition, dans *Outre-mers*, t. 98, n° 370-371, 2011, p. 85.
[22] *Ibid.*
[23] *Ibid.*, p. 98.
[24] Rapport 1928, *op. cit.,* p. 3.
[25] *Ibid.*
[26] O. Bassa Komla, *op. cit.*, p. 91.
[27] Rapport 1927, *op. cit.*, p. 5.
[28] Rapport 1928, *op. cit.*, p. 103.
[29] *Ibid.*, p. 259.
[30] *Ibid.*, p. 260.
[31] Rapport 1929, *op. cit.*, p. 375.

la nostalgie d'une partie de la population, même très minoritaire, pour la période allemande. Ces deux questions sont couramment évoquées dans les rapports, mais les oppositions sont largement minorées. Ainsi, les notables ont reconnu la supériorité du système fiscal français sur celui pratiqué par la colonie anglaise de la Gold Coast[32]. De même, s'il est bien question dans les rapports, de départs de Togolais vers ce territoire voisin, ils ne concernent jamais qu'une minorité d'individus et sont d'ailleurs en diminution sensible. En 1930, ces exodes ont même « à peu près cessé »[33]. Quant à la pétition adressée la même année à la Commission des mandats par certains Togolais anglophiles, elle est le fait de « quelques fauteurs de troubles résidant en Gold Coast » et « elle ne saurait en aucune manière dénoter au Togo un mécontentement quelconque »[34]. Au contraire, il faut insister sur le loyalisme des chefs et des notables[35].

L'autre sujet d'inquiétude pour le pouvoir colonial français est le regain de sentiments germanophiles cristallisé par la création du *Deutshe-Togo Bund*[36]. Là encore, si les rapports français évoquent bien la question, ils ont tendance à minimiser les menées subversives du mouvement pro-allemand. Pourtant, le rapport de 1930 mentionne « une recrudescence très active des menées d'une association, bien connu de l'Assemblée de Genève[37], le Deutsche Togo Bund, dont le siège est à Accra en Gold Coast »[38]. Dans les années trente, la France craint en effet un regain des revendications allemandes, favorisées par la mise en place du régime nazi à Berlin. En 1938, l'organe de presse nationaliste, l'Action française, se fait l'écho des positions françaises. Le journal rappelle que la France exerce depuis dix-huit ans sur le Togo et le Cameroun « une gestion heureuse et sage », qu'elle y a respecté la souveraineté des populations des territoires sous mandat et que nul n'a le droit de replacer ceux-ci « sous la domination allemande »[39].

De même, toute atteinte à l'autorité française semble minimisée dans les rapports. C'est le cas à l'occasion de l'affaire Amoussou Akpanaka. Ce dernier opérait au Togo, au Dahomey et en Gold Coast, et rançonnait les commerçants européens et libanais[40]. Abattu par les forces de l'ordre, il est présenté par les autorités françaises comme un « bandit » qui n'a jamais été « défenseur des libertés indigènes et victime de la France »[41]. Pour autant, celles-ci avouent

---

32 *Ibid.*

33 Rapport 1930, ANOM 2300 COL 39-42, p. 145.

34 *Ibid.*, p. 360.

35 *Ibid.*

36 Sur cette question, voir T.G. TETE-ADJALOGO, *De la colonisation allemande au Deutsche-Togo Bund*, Paris, l'Harmattan, 2000.

37 En effet, dès 1925, l'organisation pro-allemande a envoyé des requêtes à la SDN pour demander la rétrocession du Togo à l'Allemagne (N. GAYBOR, *Histoire des Togolais : des origines aux années 1960*, Paris, Karthala, 2011, p. 539).

38 Rapport 1930, *op. cit.*, p. 363.

39 C. MARGAL, « Le mandat colonial » dans *Action Française*, n° 150, 30 mai 1938, p. 3.

40 N. GAYIBOR, *Histoire des Togolais : des origines aux années 1960, op. cit.*, 2011, p. 512.

41 Rapport 1930, op. cit., p. 363.

toutefois dans leur rapport de 1935 avoir dû prendre un décret facilitant la répression des provocations « à résister à l'application des lois, décrets et règlements, ainsi qu'aux atteintes au respect de l'autorité française »[42]. Mesure qui est justifiée par l'autorité coloniale d la manière suivante : « Le maintien de l'ordre et de l'autorité dans notre domaine colonial est un devoir pour le gouvernement. C'est une nécessité inéluctable s'il veut mener à bien l'œuvre de progrès moral et matériel »[43].

II. JUSTICE INDIGÈNE ET QUESTIONS SOCIALES

Deux domaines paraissent caractéristiques de la manière dont les autorités coloniales françaises présentent à Genève leur administration du mandat togolais : la justice indigène, et les questions sociales intégrant le travail des indigènes, la santé publique, la religion ou encore l'instruction publique.

Le naufrage de la politique d'assimilation, la pratique d'une politique d'association, et donc le maintien des droits locaux, portés par la mise en place pour les indigènes de statuts personnels et d'un Code de l'indigénat, ont justifié à côté de la justice européenne l'existence d'une justice indigène. Cette situation valable dans tout l'empire colonial français se retrouve au Togo sous mandat[44].

Les rapports présentent l'existence d'une justice indigène comme un facteur protecteur des droits des indigènes et une garantie des droits locaux. Ils rappellent que la France est soucieuse d'appliquer au Togo les garanties élémentaires de l'État de droit. Ainsi, « l'indigène poursuivi pour délit peut se faire assister par un défenseur. En cas de crime, cette assistance est d'office »[45]. Les autorités coloniales présentent ainsi la situation judiciaire comme conforme aux vœux de la SDN, insistant par exemple sur le fait que nombre d'affaires civiles sont réglées par la voie de la conciliation. Selon les auteurs des rapports, il y a là une « preuve tangible et irréfutable de la confiance qu'inspirent à nos protégés » les avis et décisions arbitrales des représentants de notre administration »[46]. Le rapport de 1929 rappelle en outre que le décret du 22 novembre 1922 organisant la justice indigène au Togo a prévu une série de garanties pour les justiciables indigènes[47] intégrant le double degré de juridictions avec appel, la présence d'assesseurs indigènes dans les tribunaux[48], et la possibilité pour le justiciable d'être assisté d'un défenseur. Cette présentation irénique de l'administration de la justice

---

[42] Rapport 1935, ANOM 2300 COL 39-42, p. 188.

[43] *Ibid.*, p. 189.

[44] Sur cette question, voir E. GASPARINI, « La chambre d'homologation et le contrôle de la justice pénale indigène (AOF et AEF) », dans B. DURAND, M. FABRE et M. BADJI (sous la direction), *Le juge et l'outre-mer*, t. 5, *Les dents du dragon*, Lille, CHJ, 2010, p. 147-158.

[45] Rapport 1928,op. cit., p. 96.

[46] *Ibid.*, p. 99.

[47] Rapport 1929, *op. cit.*, p. 420.

[48] E. de MARI, « On suit toujours le blanc – Quelques remarques sur l'assessorat indigène en Afrique noire », *Cahiers Aixois d'Histoire des Droits de l'Outre-Mer Français*, n° 2, 2004, p. 175-190.

indigène n'exonère pas les autorités françaises de devoir se justifier parfois face aux questions de la Commission des mandats. En 1929, à la suite de la parution d'un livre de l'américain Raymond Leslie Buell, *The Native Problem in Africa* publié à New York en 1928, très critique pour les colonies françaises et qui affirmait qu'un indigène pouvait y être condamné sans procès, les autorités mandataires françaises sont tenus de préciser qu'il faut dissocier la justice indigène de la police administrative. En effet, en application du régime général de l'indigénat, l'administration a le pouvoir lorsqu'elle constate une infraction aux dispositions réglementaires (concernant l'ordre public ou la police sanitaire par exemple) d'édicter des punitions disciplinaires qui prennent la forme d'amendes ou de peines de prison légères. Mais sont exonérés de cette police administrative les notables, les agents indigènes de l'administration et les anciens combattants[49]. Précisions d'autant plus nécessaires qu'il fallait absolument montrer l'humanité de l'administration française par rapport au régime disciplinaire allemand d'avant 1914 qui comportait lui des peines physiques : fouet et bastonnade[50].

Concernant la question du travail des indigènes, les rapports font état d'une série de mesures mises en place pour l'encadrer juridiquement. Ainsi, en 1929 la puissance mandataire a créé une inspection du travail afin de contrôler le traitement des travailleurs indigènes aussi bien sur les chantiers administratifs que dans les entreprises privées[51]. Le travail libre est par ailleurs protégé au Togo par deux arrêtés de 1928 et 1929 et qui concernent tous les travailleurs indigènes sans exception[52].

Mais c'est le régime du travail forcé qui est l'un des aspects parmi les plus controversés de l'action coloniale. Le travail forcé est en effet l'un des instruments privilégiés de la politique de mise en valeur et d'exploitation des colonies[53]. Si ces pratiques sont dénoncées par beaucoup[54], elles resteront toutefois en application dans le domaine colonial français jusqu'au vote en 1946 de la loi Houphoüet-Boigny. Toutefois, selon les autorités mandataires, « le travail forcé ou obligatoire n'existe pas au Togo »[55]. Or en réalité, deux formes de travail forcé ont cours dans le territoire sous mandat : le recours à la main-d'œuvre pénale et le système des prestations.

Les autorités françaises ne contestent pas devant la commission des mandats avoir recours au Togo à la main-d'œuvre pénale. Celle-ci est utilisée dans le territoire pour l'exécution des travaux publics et elle est réglementée, les

---

[49] Rapport 1929, *op. cit.*, p. 419.

[50] Voir le discours du ministre des Colonies français Henry Simon à la chambre des députés en 1919 dénonçant la brutalité et l'inhumanité de la colonisation allemande, cité par V. DIMIER, « L'internationalisation du débat colonial.... », *op. cit.*, p. 339-340.

[51] Rapport 1929, *op. cit.*, p. 131.

[52] *Ibid.*, p. 381.

[53] Sur la question voir B. FALL, « Le travail forcé en Afrique Occidentale Française (1900-1946) », *Civilisations*, n° 41, 1993, p. 329-336.

[54] Il suffit de lire *Voyage au Congo* (1927) et *Retour du Tchad* (1928) qui racontent le périple effectué par André Gide en Afrique équatoriale française.

[55] Rapport 1929, *op. cit.*, p. 382.

prisonniers recevant d'ailleurs un salaire journalier[56]. Quant aux prestations, le système est organisé par un arrêté de 1922 qui rappelle qu'elles sont nécessaires pour l'entretien des voies de communication (à l'exclusion de tous autres travaux), qu'elles concernent tout homme adulte et valide, européen comme indigène, qu'elles n'excèdent pas quatre jours par an, et que leur rachat est toujours possible[57]. C'est en somme une sorte d'impôt en nature[58].

Dans le but d'améliorer le bien-être moral et matériel des indigènes protégés, l'action de la France se déploie également dans les domaines religieux, sanitaire et éducatif.

Le mandat de la SDN obligeait la puissance mandataire à garantir la liberté de conscience et de religion. Les rapports français adressés à la commission genevoise insiste que cette dimension. En effet, la « neutralité est strictement observée dans le domaine confessionnel », l'exercice des cultes et de l'enseignement religieux sont entièrement libres[59], et la France apporte dans un souci philanthropique un soutien financier aux missions, autant protestantes que catholiques[60].

De même, en matière de santé publique, une politique constante vise à l'amélioration des conditions sanitaires dans le territoire, le but de l'œuvre coloniale au Togo étant « d'accroître pour tous et plus particulièrement pour les indigènes le mieux-être à tous les points de vue »[61]. Ce qui passe par la création de dispensaires, des travaux d'adduction d'eau (notamment à Lomé), et la lutte contre l'alcoolisme et la maladie du sommeil[62]. Ainsi, l'effort accompli permet « d'amener le noir d'Afrique vers un état meilleur au point de vue physique comme au point de vue moral »[63].

Enfin, les autorités mandataires ont à cœur de développer les services éducatifs dans le territoire. Les rapports font état de deux arrêtés. Celui du 16 mai 1927 a créé un service de l'enseignement au Togo ainsi qu'un emploi d'inspecteur de l'enseignement[64]. Le second, du 28 juin 1928, qui a réorganisé le service en question, a étendu la gratuité de l'enseignement à tous les indigènes[65]. On apprend

---

[56] Rapport 1927, *op. cit.*, non paginé. Le rapport reproduit l'arrêté du 16 octobre 1923 réglementant le régime pénitentiaire au Togo et prévoyant le versement d'un salaire aux prisonniers utilisés comme main-d'œuvre pénale.

[57] Il apparaît qu'une majorité d'indigènes ont pu racheter ces prestations (U. SCHURKENS, « Le travail au Togo sous mandat de la France (1919-1941) », *Revue Française d'Histoire d'Outre-Mer*, vol. 79, n° 295, 1992, p. 232.

[58] Rapport 1929, *op. cit.*, p. 382.

[59] *Ibid.*, p. 385.

[60] Rapport 1927, *op. cit.*, p. 32-33. Ce soutien financier de l'Etat aux missions pouvait apparaître comme une entorse au principe de la séparation des églises et de l'Etat. Sur ce problème précis, voir B. DURAND, « Le droit des missions aux colonies : une affaire patrimoniale ? », dans *Cahiers Aixois d'Histoire des Droits de l'Outre-Mer Français*, n° 4, 2012, p. 135-155.

[61] Rapport 1928, *op. cit.*, p. 99.

[62] *Ibid.*

[63] Rapport 1929, *op. cit.*, p. 131.

[64] Rapport 1927, *op. cit.*, non paginé.

[65] Rapport 1929, *op. cit.*, p. 388.

également que des bourses peuvent être distribuées aux plus méritants pour poursuivre leurs études en métropole, et qu'un effort a été entrepris en matière d'instruction supérieure et technique des indigènes sur place[66].

*

* *

L'administration française a-t-elle été plus bénéfique aux indigènes togolais que le système allemand ? C'est là une question à laquelle les rapports présentés devant la Commission des mandats de la SDN n'apportent aucune réponse, si ce n'est subjective et partisane. Le but de l'étude de ceux-ci permet en revanche de mesurer la conscience que pouvaient avoir les autorités françaises de leur gestion du mandat, leur conformité par rapport aux prescriptions internationales, et la manière dont ils présentaient cette action à l'opinion publique internationale et française, à une époque où les populations européennes restent encore convaincues des bienfaits civilisateurs de l'impérialisme. Pourtant, si l'action coloniale de la France au Togo présente de nombreuses analogies avec celle qui est à l'œuvre dans le reste de son Empire, l'administration des mandats augure sans doute une nouvelle forme de colonisation. C'est ce que semble penser Albert Sarraut en 1931 :

« Les questions coloniales cessent d'appartenir étroitement aux politiques purement nationales. Une censure internationale fixe aujourd'hui des regards autrement attentifs que jadis. Ainsi s'exerce sur l'œuvre coloniale l'arbitrage de tous ceux qui sont intéressés à ses accomplissements matériels et moraux »[67].

---

66 *Ibid.* Sur ces questions, voir Y. MARGUERAT, « Les stratégies scolaires au Togo à l'époque du mandat français – Le cours complémentaire de Lomé et la formation des élites modernes », *Cahiers d'Etudes Africaines*, n° 169-170, 2003, p. 389-408.

67 A. SARRAUT, *Grandeur et servitudes coloniales*, Paris , Sagittaire, 1931, p. 121.

LA PREMIÈRE DOCTRINE INDOCHINOISE (1861-1876)

Éric GOJOSSO
Professeur à l'Université de Poitiers,
Doyen honoraire de la Faculté de droit et des sciences sociales

L'Indochine française compte au nombre des territoires coloniaux ayant retenu l'attention du doyen Bernard Durand qui s'y est intéressé à plusieurs reprises, notamment dans l'*Histoire de la codification juridique au Vietnam*[1] et dans *Le juge et l'Outre-Mer*[2]. Aussi, afin de prolonger ses travaux tout en contribuant à l'hommage qui lui est rendu, a-t-il semblé opportun de revenir sur les débuts de la doctrine juridique indochinoise, à l'heure où la France prend pied dans le sud de la péninsule, d'abord en Cochinchine, puis au Cambodge voisin. La première est conquise en deux temps. Les trois provinces orientales sont cédées à la France en 1862. Les trois provinces occidentales sont occupées en 1866 à l'initiative de l'amiral de La Grandière ; leur annexion est reconnue en 1874. Parallèlement, les Français placent le Cambodge sous leur protectorat par la signature du traité d'Oudong en 1863.

Parce que l'intérêt que suscite le royaume khmer est moindre à tous égards avant 1884 et le demeure encore largement ensuite, la présente étude se bornera à l'aire sud-vietnamienne, durant la période qui s'étend de 1861 à 1876, c'est-à-dire de la parution de l'article de Rieunier dans la *Revue maritime et coloniale* à la traduction par Philastre du Code de Gia-Long. Ces choix sont évidemment discutables. Néanmoins, ce qui suit entend démontrer qu'ils ne sont pas totalement arbitraires, pour une raison qui semble décisive : il n'est pas possible d'aborder la naissance de la doctrine indochinoise sans s'arrêter sur le petit groupe de pionniers du service des affaires indigènes de la Cochinchine, renforcé dans les commencements par des militaires qui, bien que n'ayant pas tous assuré de fonctions administratives, n'en ont pas moins été les premiers artisans et les premiers témoins de l'implantation française en Asie du Sud-Est.

Il faudrait à la faveur d'une étude approfondie mieux les situer socialement. Ils ne relèvent pas, par définition, de la corporation des juristes. Luro, seul, devait s'asseoir tardivement sur les bancs de la Faculté de droit, sa mort prématurée l'ayant toutefois empêché d'obtenir une licence. Ce sont des officiers subalternes ou supérieurs, marins pour la plupart formés à l'École navale. L'un des plus âgés, Gabriel Aubaret, n'a pas quarante ans au moment où est signé le traité de Saigon,

[1] Montpellier, Faculté de droit, 2001, p. 283-318.
[2] Lille, Centre d'histoire judiciaire, 2008, t. 4, p. 209-221.

en 1862. Philastre, Luro et Garnier sont les plus jeunes : ils approchent la trentaine. À de rares exceptions, ils sont issus de la bourgeoisie provinciale, ce dont témoignent les renseignements tirés des actes de naissance. Leurs pères sont professeurs de collège et de lycée (Pallu de la Barrière et Rieunier), médecin (Taillefer), commerçants (Vial, Aurillac et Bourchet), officier du génie (Vanéechout), administrateur (Prudhomme), entrepreneur (Garnier), peintre-décorateur (Philastre), agriculteur (Luro). Quelques-uns exercèrent des responsabilités locales ou nationales : celui de Luro fut maire de Blousson-Sérian (Gers) et celui de Taillefer député de la Dordogne. Certains comptent des juristes dans leur entourage immédiat. Aubaret appartient à une famille de robins héraultais. Le grand-père de Vial était notaire tout comme l'oncle de Luro. Le cousin de ce dernier, Victor, fut d'ailleurs avocat au Conseil d'État et à la Cour de cassation avant de devenir député du Gers en 1871 et sénateur inamovible en 1875.

Ces auteurs sont aussi pour beaucoup des acteurs. Ils ont exercé des fonctions administratives et judiciaires, les deux n'étant pas séparées avant l'avènement des gouverneurs civils, à la fin de la décennie 1870. Ils ont servi, parfois tour à tour, dans l'administration centrale de la colonie, à Saigon, et dans les arrondissements de l'intérieur. Par-là, ils ont été confrontés au défi de la mise en place de l'appareil colonial dans un contexte marqué par la guerre et, après elle, par l'insurrection, la guérilla et la piraterie.

Au regard de leur production, ils peuvent être répartis schématiquement en deux groupes. Le premier est celui des traducteurs. Le second est plus difficile à dénommer. Ceux qui le composent offrent en effet aux métropolitains une forme de connaissance, souvent imparfaite, de la société vietnamienne précoloniale qui ne néglige pas, au passage, les aspects politiques et juridiques. « Observateurs » est peut-être le terme qui leur convient le mieux.

I. LES TRADUCTEURS

Aubaret et Philastre appartiennent à la catégorie des traducteurs. Au regard de la définition habituellement donnée à la doctrine, leur rôle semble insignifiant, voire nul. Ils n'exposent pas le droit ni, en apparence du moins, ne livrent d'avis sur celui-ci. Ils le rendent seulement accessible aux nouveaux maîtres du pays. Pourtant, leurs ouvrages dont le fond même est juridique furent appelés à faire autorité. Un autre trait rapproche également les deux hommes, qui explique leur retenue : une réserve teintée d'admiration à l'endroit de la civilisation asiatique dans laquelle on serait tenté de voir la raison profonde des choix diplomatiques qui furent les leurs en 1864 et en 1874. Face au monument contemporain de la littérature juridique d'inspiration chinoise – la dette de Gia-Long vis-à-vis du texte mandchou n'est jamais dissimulée – ils ne cherchent pas à prolonger leur travail érudit par une présentation d'ensemble ou sectorisée du droit vietnamien, à rebours des écrivains du second groupe[3]. Il n'empêche que leurs traductions respectives véhiculent une représentation de ce droit dont l'empreinte est encore observable dans les écrits de la période coloniale jusqu'à l'effondrement de l'empire français, malgré les infléchissements apportés au fil du temps.

A. AUBARET

On doit au capitaine de frégate Gabriel Aubaret (1825-1894) d'avoir traduit deux ouvrages qui vont jouer un rôle considérable dans la connaissance des institutions indigènes par les Français, peu après la conquête de la Cochinchine[4]. Ils paraissent l'un et l'autre à Paris, sur les presses de l'imprimerie impériale, « par ordre » du ministre de la Marine et des Colonies, Chasseloup-Laubat. Leur composition date respectivement de 1862 et 1863. Ils furent édités en 1863 et 1865.

En 1863, Aubaret publie tout d'abord une *Histoire et description de la Basse Cochinchine* qui est la version française, avec une distribution différente des matières, du *Gia-Dinh-Thung-chi* (*Gia Định thành thông chí*) composé par le haut mandarin Trinh Hoai Duc (1765-1825), au début du XIXe siècle. Cette compilation historique et géographique devait permettre aux lettrés annamites d'avoir une meilleure connaissance des territoires à diriger dans une région conquise progressivement sur le Cambodge et colonisée par les Vietnamiens. La traduction réalisée par Aubaret obéit aux mêmes intentions : favoriser l'installation d'une domination allogène. Du point de vue institutionnel, l'ouvrage vaut pour son introduction et surtout pour l'appendice qui l'accompagne. On y trouve deux notes assez brèves. La première (sept pages) est une présentation succincte du gouvernement annamite et du personnel mandarinal, conforme dans l'ensemble à la réalité. La seconde (de sept pages aussi) traite plus spécialement de l'administration territoriale, tout en revenant sur la question du mandarinat par le biais des examens, du recrutement et du déroulement de carrière des agents publics. La présence, au plus bas de la hiérarchie, de structures jouissant d'une réelle autonomie et formant la base de la constitution sociale est évidemment signalée. Dans ce dernier registre, il n'est pas impossible que le point de vue d'Aubaret ait contribué à enraciner dans les esprits, pendant une décennie au moins, une perception erronée de la commune vietnamienne, décrite à tort par lui comme dominée par la figure d'un maire (*ong-xa*) prétendument élu par ses concitoyens, alors qu'il était choisi par les notables[5].

---

[3] PHILASTRE déclara en avoir eu l'intention, mais y renonça, p. 6 de l'avertissement du *Code annamite* (cf. *infra*).

[4] AUBARET est aussi l'auteur d'un *Vocabulaire français-annamite et annamite-français* (1861) et d'une *Grammaire annamite* (1867). Notice dans le *Dictionnaire des juristes ultramarins* (ci-après *DJUM*), GIP Droit et justice, décembre 2012, p. 22-24.

[5] Le rôle qu'aurait joué Aubaret dans l'assimilation de l'*ong-xa* vietnamien au maire français a été souligné par M. E. OSBORNE, *The French Presence in Cochinchina and Cambodia*, Ithaca, Cornell U.P., 1969, p. 85, qui, par ailleurs, n'a pas relevé l'erreur relative au mode de désignation de celui-ci.

Tout aussi utile est la traduction du Code de Gia-Long (1812), Hoang-Viêt-Luêt-Le, sous le titre de *Code annamite. Lois et règlements du royaume d'Annam,* imprimée en 1865. L'œuvre se veut une nouvelle fois pédagogique : en assurant la compréhension et la maîtrise du droit indigène, elle tend à permettre la substitution des administrateurs français aux mandarins dans la reddition de la justice. Elle rendit en effet bien des services, notamment parce que le texte chinois du Code était quasiment introuvable et que les conquérants durent au seul hasard de s'en être procurés un exemplaire, découvert dans le logis d'un lettré ayant pris la fuite par fidélité à l'empereur Tu-Duc.

Dans la notice placée au début du volume, Aubaret vante les mérites de son travail. Contrairement à George Staunton (1781-1859) qui, le premier, avait traduit du chinois le Code des Ts'ing, matrice du Code de Gia-Long, il déclare ne s'être pas contenté de présenter les seules lois (*Lu/Luât*). Il les a assorties des règlements supplémentaires (décrets) (*Li/Lê*) dans lesquels résident les dispositions propres aux Vietnamiens. Le reproche fait à l'orientaliste britannique est excessif. Certes, il ne lui était pas possible de donner à ses lecteurs de langue anglaise les 2 906 pages *in octavo* du *Ta-Tsing-Leu-Lee.* Pour autant, les coupes auxquelles il procéda se firent aux dépens de l'une comme de l'autre des parties (*Lu* et *Li*) sans en privilégier aucune[6]. L'œuvre d'Aubaret elle-même n'est pas exempte de défauts. Dans son mémoire inédit sur le projet de remplacement du Code annamite par le Code pénal français, daté de 1873, Philastre la jugea défectueuse et incomplète, plusieurs décrets ayant été omis. Il lui reprocha en outre de donner une fausse idée du concept vietnamien de justice, trop répressif, à même de préjudicier à l'action du colonisateur[7].

Outre les limites d'une traduction réalisée sans doute à la hâte, pour mettre les administrateurs français en état de remplir le volet judiciaire de leur mission, la mémoire d'Aubaret fut largement écornée par la part qu'il prit à la négociation du traité de1864. Cet instrument prévoyait la restitution des trois provinces fraîchement subjuguées moyennant l'établissement d'un protectorat sur tout le sud du Vietnam, la conservation de quelques comptoirs dont Saigon, et le versement d'une indemnité sur laquelle l'entente ne put se faire. Soutenu par le ministre des Affaires étrangères, mais combattu par son homologue de la Marine et la grande majorité des administrateurs de la Cochinchine, l'accord ne fut pas ratifié par Napoléon III[8]. Le nom d'Aubaret resta toutefois associé à un acte volontiers dénoncé comme « contraire à l'honneur et à l'intérêt national ». La notice qui lui est consacrée dans le *Dictionnaire de bio-bibliographie* d'Antoine Brébion (1857-1917) s'en ressent, qui l'accuse d'avoir défendu les revendications vietnamiennes « par ambition d'un rôle à jouer » et, plus loin, d'avoir reconnu

---

[6] *Ta Tsing Leu Le, being the Fundamental Laws and Selection from the Supplementary Statutes of the Penal Code of China*, Londres, Cadell et Davies, 1810, p. xxix, traduit en français par F. RENOUARD DE SAINTE-CROIX, Paris, Lenormant, Gagliani, Laloy, 1812, t. 1, p. xlv.

[7] *Mémoire sur le projet de substitution du Code pénal français*, 25 avril 1873, ANOM, GGI, 12292.

[8] Cf. M.-L. DUCLOS-GRÉCOURT, « Le règlement juridique du différend franco-annamite en 1864 », *Cahiers poitevins d'histoire du droit*, n°5-6, 2014, p. 249-296.

trop facilement la souveraineté siamoise sur les provinces khmères d'Angkor, Battambang et Siem-Réap lors de son passage au consulat de Bangkok[9]. Une dose d'anticléricalisme pourrait bien entrer dans les remarques acerbes de cette notice, les convictions catholiques d'Aubaret n'y étant pas celées, quoique sans réel intérêt ici. Prosper Cultru (1862-1917), historien des commencements de la Cochinchine française, avance quant à lui une explication moins polémique. Après avoir cru à la possibilité de transformer les fonctionnaires français en mandarins capables de gouverner selon les lois indigènes, seules adaptées à la population, Aubaret se serait ravisé et rallié à l'idée d'un nécessaire retour à la situation antérieure à l'annexion[10].

B. PHILASTRE

Quoi qu'il en soit, il est incontestable que le lieutenant de vaisseau Paul-Louis-Félix Philastre (1837-1902) a accompli une œuvre d'un tout autre calibre avec son Code annamite de 1876, récompensé par un prix de l'Académie des inscriptions et belles lettres[11]. Son objectif ne diffère pas de celui de son prédécesseur. Il veut contribuer à faire connaître le « droit chinois-annamite » afin de faciliter la tâche des magistrats et, de fait, il se lança dans l'entreprise en juin 1871 après avoir combattu avec succès la première tentative de substitution du Code pénal français aux lois indigènes[12]. Elle fut achevée en mars 1875, sans doute après avoir été éprouvée à la faveur des enseignements du collège des stagiaires de Saigon, créé en 1873 pour former les futurs administrateurs des affaires indigènes[13]. Dans l'esprit, Philastre s'écarte cependant d'Aubaret sur un point capital qui le rapproche de Luro, son adjoint au bureau de la justice indigène et dont il fut lui-même l'un des collaborateurs au sein du collège des stagiaires. Il croit les Français aptes à maîtriser la langue et le droit annamites aussi bien que les lettrés. En ce sens, son ouvrage n'est « qu'un guide, une aide, un moyen d'arriver à se servir du Code lui-même ». Il est une invitation à aller plus loin, non seulement pour amener les juges à se plonger dans le texte chinois, mais aussi, au regard des fins, pour améliorer les lois autochtones. Le parti n'est pas encore celui d'une assimilation plus ou moins abrupte qui triompha, momentanément, après l'avènement du gouvernement civil (1879). Philastre prit d'ailleurs nettement position contre l'introduction du Code pénal napoléonien envisagée dès 1869[14]. Pour régir

---

9 A. BRÉBION et A. CABATON, *Dictionnaire de bio-bibliographie générale*, Paris, Société d'éditions géographiques, maritimes et coloniales, 1935, p. 13.

10 *Histoire de la Cochinchine française, des origines à 1883*, Paris, Challamel, 1910, p. 91.

11 *Le Code annamite. Nouvelle traduction complète*, Paris, Leroux, 1876, en 2 tomes. Une seconde édition, analogue à la première, parut chez le même éditeur en 1909. Notice dans le *DJUM*, p. 260-265.

12 M. E. OSBORNE, « The Debate on a Legal Code for Colonial Cochinchina : The 1869 Commission », *Journal of Southeast Asian History*, septembre 1969, vol. 10, n° 2, p. 224-235.

13 Cf. E. LURO, *Cours d'administration annamite*, s.l.n.d. (Saigon, 1875), p. 904.

14 A. BLAZY, *L'organisation judiciaire en Indochine française (1858-1945)*, Toulouse, P.U. Toulouse 1 Capitole, 2014, t. 1, p. 134-138.

efficacement les Cochinchinois, les conquérants devaient au préalable s'adapter. Les réformes interviendraient ensuite.

La supériorité de la traduction réalisée par le directeur de la justice indigène réside dans sa complétude. Aubaret avait négligé quelques-uns de ces règlements qui prolongent la loi : il fallut leur rendre leur place. Surtout, il n'avait pas reproduit les commentaires à caractère officiel ajoutés à chaque article ni les notes explicatives insérées dans le texte à la manière des gloses médiévales. Luro en avait dit tout l'intérêt dans son cours, non sans insister, à son tour, sur la nécessité de se référer à la leçon originelle[15]. En outre, Philastre enrichit sa version d'annotations érudites indiquant l'origine des textes et comparant les dispositions chinoises et annamites. Il procède fréquemment à des renvois entre articles afin de mettre en perspective certaines règles. Il conclut souvent de façon critique son propos en relevant les contradictions et les incohérences dont il situe l'origine dans la méthode ayant présidé à l'élaboration du Code. La plupart des dispositions étaient initialement des jugements que les Chinois avaient compilés, plus ou moins bien classés, « légèrement condensés et épurés à chaque changement de dynastie ». Dans une même veine, le traducteur apprécie à la lueur de ce droit pluriséculaire l'action du colonisateur dont il est loin de partager toutes les orientations. Ainsi condamne-t-il l'abandon des peines corporelles, décidé en 1864 et 1865[16]. Le peuple a toujours considéré « ces châtiments comme moraux, comme bons, comme indispensables », expose-t-il. Il n'était pas judicieux de les supprimer radicalement pour leur préférer des sanctions totalement étrangères aux mentalités indigènes telles la prison ou l'amende. Il eût été préférable d'en restreindre d'abord l'usage par l'exemption de certaines catégories de personnes, puis peu à peu d'étendre cette mesure dès lors que se serait imposée l'idée de l'infériorité de la condition de ceux qui se trouvent exposés à de pareilles punitions[17]. À l'avenant, il est défavorable à la dissociation des fonctions administratives et judiciaires comme au ministère d'avocat, si éloignés du génie et des mœurs du peuple à diriger[18].

D'Aubaret à Philastre, le saut est en définitive quantitatif et qualitatif. Le premier livre du Code qui renferme une série de considérations liminaires souvent résumées sous la forme de tableaux, passe ainsi de moins de 30 pages à plus de 80, dans une typographie resserrée de surcroît. Un constat identique peut être dressé pour l'ensemble de l'ouvrage : 750 pages environ dans un cas, plus de 1 500 dans l'autre. Du minutieux et volumineux travail de Philastre, il ressort que le Code de Gia-Long a contracté une dette immense à l'endroit du Code manchou et que la principale modification a consisté à écarter un grand nombre de décrets chinois. En dépit des fortes réserves exprimées par son auteur qui n'en souhaitait pas une promulgation officielle, cette traduction servit de base aux décisions de

[15] E. LURO, *Cours*, *op. cit.*, p. 904.
[16] Instructions GC du 29 juin 1864, *BOC*, 1864, p. 73 et Circulaire DI du 5 octobre 1865, *ibid.*, p. 352.
[17] *Code annamite*, t. 1, p. 116-117.
[18] *Ibid.*, t. 2, p. 450-451.

justice rendues par les magistrats français durant toute la période coloniale. Pour en faciliter la consultation, Gabriel Michel (1862-1924), alors avocat général près la Cour d'appel de l'Indochine, confectionna même une table alphabétique et analytique de vingt pages qui fut ajoutée à la réédition de 1909[19]. Raymond Deloustal (1872-1933) recourut au livre de Philastre pour mesurer le degré d'originalité du Code des Lê, après sa redécouverte. Il est encore salué de nos jours par Jérôme Bourgon, historien du droit chinois[20], malgré les erreurs qu'il renferme[21].

Le souvenir de Philastre fut terni par le rôle diplomatique qu'il tint au moment de solder l'affaire du Tonkin, après la mort de Francis Garnier, son ami, dont il désapprouva l'action. Se conformant aux ordres reçus de Paris qui rejoignaient manifestement ses sentiments, il négocia les termes du traité signé à Huê, le 15 mars 1874, qui, sans employer le mot « protectorat », rejeté par la Cour, stipulait que la République française accordait sa « protection » au roi d'Annam et qu'elle obtenait la reconnaissance de l'annexion de la Cochinchine occidentale, envahie en 1866, de même qu'un certain nombre de droits pour ses ressortissants. Cet accord fut d'abord accueilli très favorablement en métropole et valut à son promoteur d'être nommé chargé d'affaires à Huê, poste qu'il occupa de décembre 1876 à juillet 1879. Une campagne de dénigrement fit ensuite prévaloir une opinion contraire. Il fut dépeint comme un traître, ayant délibérément sacrifié au courroux des mandarins les Tonkinois qui avaient choisi la France, les chrétiens spécialement. Les missionnaires et le camp catholique portèrent immédiatement les premiers coups, dès 1874, sans être entendus[22]. Parallèlement, Jean Dupuis (1829-1912) entama un long travail de sape à partir de 1876 qui prit d'abord la forme d'une pétition adressée à l'Assemblée nationale avant d'être poursuivi dans différents périodiques[23]. Le positionnement ultérieur des républicains, en rupture avec les choix qui avaient été ceux du gouvernement de l'Ordre moral, provoqua un revirement total[24]. Philastre, auquel ses supérieurs refusèrent le droit de se

[19] Le magistrat colonial A. MIRABEN publia en 1892, à Saigon (impr. coloniale), une *Table alphabétique et analytique de la traduction du Code Annamite de Philastre (édition de 1876)* qu'aucune bibliothèque française ne semble actuellement détenir. En 1896, il se livra à un exercice analogue pour la traduction d'Aubaret (même éditeur).

[20] Fr. POUILLON (éd.), *Dictionnaire des orientalistes de langue française* (ci-après : *DOLF*), Paris, IISMM – Karthala, 2e éd. 2008, p. 760-761.

[21] Cf. R. DELOUSTAL, « La justice dans l'Ancien Annam », *BEFEO*, 1910, p. 478, en note, et 1913, n° 5, p. 5 en note, p. 12 en note, par ex.

[22] J. VALETTE, « L'expédition de Francis Garnier au Tonkin à travers quelques journaux contemporains », *RHMC*, 1969, n° 2, p. 210-212.

[23] *Mémoire et documents à l'appui de la pétition présentée à l'Assemblée nationale par M. J. Dupuis*, Paris, juin 1876 ; Ch. MEYNIARD, « L'exploration française du Fleuve Rouge », *Revue scientifique de la France et de l'étranger*, 1876, 2e partie, p. 355 ; J. DUPUIS, « L'ouverture du Fleuve Rouge au commerce et les événements du Tonkin », *Mémoires de la société académique indochinoise de Paris*, t. 2, Paris, Challamel, 1879…

[24] Ch. FOURNIAU, *Vietnam. Domination coloniale et résistance nationale, 1858-1914*, Paris, Les Indes savantes, 2002, p. 274-275.

défendre[25], fut contraint de prendre sa retraite qu'il passa à enseigner les mathématiques à Cannes et à traduire le *Yi jing* (*Yi king*), le premier des cinq classiques chinois[26]. Certains tentèrent de le réhabiliter, à l'instar du lieutenant de vaisseau Philippe Nel (1866-1942), de Brébion, pourtant sévère avec Aubaret, et de Jean Marquet (1883-1954)[27]. En raison de son attitude en 1873-1874, il est parfois tenu pour un « colonisateur anti-impérialiste », ce qui n'est pas très éloigné de la vérité : s'il ne désirait pas que la France abandonnât la Cochinchine, il ne voulait pas non plus qu'elle entreprît davantage sur l'Annam.

II. LES OBSERVATEURS

Le second groupe s'inscrit dans le registre de la littérature documentaire à résonance ethnologique ou ethnographique[28]. Il réunit des officiers de la marine ou de l'infanterie animés de l'intention de présenter les institutions et le droit indigènes qu'ils ont approchés, en même temps que les territoires eux-mêmes et les populations qu'ils renferment.

Pour ce faire, ils peuvent s'appuyer sur la *Revue maritime et coloniale* (1861-1896), publiée par le ministère de la Marine et des Colonies à la suite de la *Revue algérienne et coloniale* (1859-1860), laquelle avait été précédée par la *Revue coloniale* (1843-1858). Certains y signent leurs articles, à l'instar d'Henri Rieunier (1833-1918), chargé des affaires indigènes à l'état-major de l'amiral Bonard, auteur en mars 1861 d'un « Aperçu sur la Basse-Cochinchine » qui renseigne au passage sur l'administration précoloniale. Structures, acteurs et fonctions sont très sommairement mentionnés par le futur ministre de la Marine (1893) dans ce texte qui vise principalement à décrire la région sous tous ses aspects[29]. D'autres notices sont restées anonymes, bien qu'elles aient été rédigées à partir d'informations émanant des officiers affectés en Extrême-Orient, voire sans doute par ceux-ci. Ainsi en est-il de la note qui, en novembre 1862, revient sur les circonstances de la conquête et s'arrête sur la question organisationnelle[30].

Les ouvrages destinés à témoigner d'une expérience personnelle ou à narrer les commencements de la présence française à partir du terrain constituent un autre vecteur[31]. Le livre publié par le capitaine Lucien de Grammont (1829-1900), au titre on ne peut plus explicite, *Onze mois de sous-préfecture en Basse-*

---

[25] J. MARQUET et J. NOREL, « Le drame tonkinois (1873-1874) », *BSEI*, 1938, p. 187 et s.

[26] *Annales du Musée Guimet*, t. 8, 1885 et t. 23, 1893.

[27] Ph. NEL, « Philastre, sa vie et son œuvre », *BSEI*, 2e sem. 1902, n°44, p. 25-27 ; A. BRÉBION, *op. cit.*, p. 304 ; J. MARQUET et J. NOREL (alias Ph. NEL), *L'occupation du Tonkin par la France (1873-1874)*, Saigon, 1936, p. 91 et s.

[28] B. HUE et *alii*, *Littératures de la péninsule indochinoise*, Paris, Karthala – AUF, 1999, p. 107 et s.

[29] H. RIEUNIER, « Aperçu sur la Basse-Cochinchine », *Revue maritime et coloniale*, 1861, p. 184-186 spéc. Notice dans A. BRÉBION, *op. cit.*, p. 327-328.

[30] « La Cochinchine française », *Revue maritime et coloniale*, 1862, p. 397-408.

[31] L. MALLERET, *L'exotisme indochinois dans la littérature française depuis 1860*, éd. H. Copin et Fr. Doré, Paris, L'Harmattan, 2014, t. 1, p. 67-74.

Cochinchine, en offre une illustration aussi riche que précoce (1863)[32]. Peuvent y être ajoutés l'*Histoire de l'expédition de Cochinchine* en 1861 du lieutenant de vaisseau Léopold Pallu de la Barrière (1828-1891)[33], les *Souvenirs de l'expédition de Cochinchine* (1861-1862) du lieutenant Léon Prudhomme (1833-1921), futur général qui servit en Annam-Tonkin en 1885-1886[34], *La Cochinchine. Ce qu'elle est, ce qu'elle sera* du lieutenant de vaisseau Oswald Taillefer (1836-1908), ultérieurement député bonapartiste de la Dordogne[35], *La France en Cochinchine : débuts d'une colonie* d'Ed. du Hailly, alias le capitaine de frégate Edouard Polydore Vanéechout (1824-1871)[36], et *Les premières années de la Cochinchine, colonie française* du capitaine de frégate Paulin Vial (1831-1907) qui remplit de nombreuses fonctions administratives en Indochine[37]. L'œuvre d'Eliacin Luro (1837-1877), qui mérite une étude particulière tant l'intérêt de sa production le distingue des autres, nourrira ici sur quelques aspects le tableau d'ensemble, tout comme quelques remarques empruntées à Francis Garnier (1839-1873), qu'il faut aussi mettre à part, car il s'intéressa moins à ce qui était ou avait été qu'à ce qui devait être.

Les apports respectifs peuvent être mesurés ici d'abord sur le terrain des institutions publiques, ensuite sur celui de la justice et du droit pénal, enfin en matière de droit privé.

A. LES INSTITUTIONS PUBLIQUES

De manière générale, cette littérature est emplie de constatations faites au plus près et comporte à ce titre des anecdotes qui se veulent révélatrices. Elle est aussi alimentée par des écrits des missionnaires catholiques ou des articles parus à *la Revue maritime et coloniale*. Ayant la prétention de fournir un éclairage d'ensemble de la société vietnamienne avant la conquête de la Cochinchine, les auteurs sont dans l'obligation de solliciter ceux qui ont pu en approcher les échelons supérieurs. Ils en sont tributaires pour caractériser le régime lui-même et en décrire la structure gouvernementale, parfois aussi son prolongement territorial. En résulte, sur le premier point, une réelle convergence : l'autorité impériale se dévoile sous des traits absolus[38]. Si, tenant compte des

---

[32] Cf. son dossier de la Légion d'honneur, AN, LH/1185/20 et A. BRÉBION, *op. cit.*, p. 181.

[33] Achevant sa carrière avec le grade de contre-amiral, Pallu fut gouverneur de la Nouvelle-Calédonie de 1882 à 1884, A. BRÉBION, *op. cit.*, p. 291-292.

[34] Cf. son dossier de la Légion d'honneur, AN, LH/2234/43 et A. BRÉBION, *op. cit.*, p. 314.

[35] *Dictionnaire des parlementaires d'Aquitaine sous la IIIe République*, Talence, PUB, 1998, p. 132-133.

[36] Paris, impr. Dupont, 1866. Il s'agit d'un texte tiré de la livraison du 15 octobre 1866 de la *Revue des deux Mondes*, à laquelle nous nous référerons, repris dans la *Revue maritime et coloniale* de décembre 1866. Sur Vanéechout, cf. le site : ecole.nav.traditions.free.fr/officiers_vaneechout_edouard_htm.

[37] Notice dans le *DJUM*, p. 330-332.

[38] L. de GRAMMONT, *Onze mois de sous-préfecture en Basse-Cochinchine*, Napoléon-Vendée, J. Sory, 1863, p. 370 ; P. VIAL, *Les premières années de la Cochinchine, colonie française*, Paris, Challamel, 1874, t. 1, p. 150.

représentations que peuvent adresser au souverain les membres du conseil privé, Pallu nuance en parlant d'un « despotisme patriarcal » « non absolu », il n'émet pas en vérité d'opinion dissidente[39]. Il fait plutôt la preuve de son inculture politique : on sait que l'absolutisme n'exclut pas le conseil qui s'exprime par des canaux institutionnels, ce qui n'est pas le cas là où prévaut le despotisme. Que l'un et l'autre puissent être confondus comme chez Grammont est moins surprenant, leur identification s'étant imposée dans le discours libéral depuis la Révolution[40]. Quant à lui, le gouvernement est perçu de manière approximative[41]. On signale la présence d'un conseil supérieur ou privé – sans préciser s'il s'agit du *Noi cac* ou, plus vraisemblablement, du *Co mat* – et de ministres, au nombre de sept écrit Grammont qui n'en énumère finalement que six : guerre, finances, justice, travaux publics, rites, lettres (en fait fonction publique)[42]. Auprès d'eux, Vial signale l'existence de comités supérieurs, sans relever toutefois la dimension collective des ministères susceptible de rappeler la polysynodie de la Régence[43].

Tout aussi équivoque est le traitement du mandarinat, selon une conclusion également transposable aux civils qui abordent le sujet. Globalement, le propos est hostile, à tout le moins dévalorisant. Diverses considérations l'abondent. La persécution des Vietnamiens convertis au christianisme en est une[44]. L'attitude des lettrés au moment de l'affaire de Cochinchine en est une autre[45]. La manière dont ils administrent et jugent les populations, soumises à leur arbitraire et à leurs exactions, complète le réquisitoire[46]. Certains tempèrent ces appréciations. Vial, sans les démentir, reconnaît les vertus d'une partie des agents impériaux. Parce qu'il repose sur la réussite à un concours et impose de gravir des échelons, le système lui paraît meilleur qu'en France « où le premier venu qui a à peine reçu une instruction banale, peut être placé, du jour au lendemain, à la tête d'une administration importante »[47]. Pallu concède à son tour que les mandarins cochinchinois sont « bien différents des administrateurs lâches et prévaricateurs de la Chine »[48]. Il n'en demeure pas moins que la doctrine confucéenne qui fédère cette élite est passée sous silence[49].

---

[39] L. PALLU, *Histoire de l'expédition de Cochinchine en 1861*, Paris, Hachette, 1864, p. 194.
[40] L. de GRAMMONT, *op. cit.*, p. 347.
[41] O. TAILLEFER, *La Cochinchine. Ce qu'elle est, ce qu'elle sera*, Périgueux, Dupont, 1865, p. 18.
[42] L. de GRAMMONT, *op. cit.*, p. 347.
[43] P. VIAL, *op. cit.*, t. 1, p. 97-98.
[44] L. de GRAMMONT, *op. cit.*, p. 208, p. 243.
[45] P. VIAL, *op. cit.*, t. 1, p. 236. L. PALLU, *op. cit.*, p. 226-227.
[46] L. de GRAMMONT, *op. cit.*, p. 205, p. 245, p. 391 ; G. FRANCIS (Francis GARNIER), *La Cochinchine française en 1864*, Paris, E. Dentu, 1864, p. 5 ; L. PRUDHOMME, *Souvenirs de l'expédition de Cochinchine (1861-1862)*, Paris, Librairie du Petit Journal, 1865, p. 46, p. 148 ; O. TAILLEFER, *op. cit.*, p. 18-20.
[47] P. VIAL, *op. cit.*, t. 1, p. 98-99.
[48] L. PALLU, *op. cit.*, p. 158.
[49] Sur l'importance de cette doctrine, cf. *Le contact colonial franco-vietnamien. Le premier demi-siècle (1858-1911)*, Aix-en-Provence, Public. de l'Université de Provence, 1999, p. 51-55.

Des structures territoriales déconcentrées, les militaires ont en revanche une connaissance plus directe, bien que les développements de Grammont, par exemple, puisent encore très largement au *Bulletin officiel de la Cochinchine* pour ce qui touche au maillage de la Cochinchine – découpée en six provinces (*tinh*), elles-mêmes subdivisées en préfectures (*phu*) et sous-préfectures (*huyen*)[50]–, et à la *Revue maritime et coloniale* lorsqu'il s'agit de décrire les services et la hiérarchie mandarinale[51]. L'information n'est pas toujours exacte. Les titres nobiliaires sont parfois confondus avec les fonctions et les modes de désignation mal compris[52]. Pallu est plus proche de la vérité, ce qui ne l'empêche pas cependant d'assimiler le *king-luoc* (sic ! comprendre : *kinh-luoc*) à un vice-roi – il n'est qu'un haut-commissaire[53]. La plupart, tels Taillefer, Vanéechout ou Vial, se contentent de données succinctes.

Une plus forte homogénéité caractérise le discours sur les institutions décentralisées, cantons et communes, sur lesquelles tableront les Français après la fuite des mandarins[54]. Les auteurs passent rapidement sur les cantons qui ne valent qu'à raison des autorités qui en ont la charge, le *cai-tong* et le *pho-tong* qui le seconde, élus par les notables et exerçant des missions qui recoupent d'ailleurs partiellement celles du niveau inférieur : police générale, conscription, collecte de l'impôt[55]. Néanmoins, avant Luro qui s'y intéressera plus longuement[56], leur compétence judiciaire ou parajudiciaire est occultée[57].

Preuve de l'intérêt qu'il suscite, le village vietnamien est l'objet de développements beaucoup plus conséquents[58]. Il faut, il est vrai, en percer le mystère. L'affermissement de la présence française d'une part, les contacts réguliers noués avec ses membres par les officiers des affaires indigènes, de l'autre, rendent la chose possible. Cependant, toutes les difficultés ne sont pas surmontées. Ainsi, les explications fournies par Grammont sont plutôt confuses. S'il détaille les nombreuses fonctions de l'administration villageoise, il conclut comme Aubaret à la primauté du maire, non sans avoir soutenu que les notables ont « la direction matérielle et morale de la commune » : c'est bien lui qui « administre la commune » en vertu de l'« autorité très forte » dont l'Etat l'a

---

50 Cf. Ph. LANGLET et QUACH THANH TÂM, *Atlas historique des six provinces du sud du Vietnam du milieu du XIXe au début du XXe siècle*, Paris, Les Indes savantes, 2001.

51 L. de GRAMMONT, *op. cit.*, respectivement p. 83 et s. et p. 348-349.

52 *Ibid.*, p. 348-349.

53 L. PALLU, *op. cit.*, p. 199.

54 Cf. E. GOJOSSO, « La commune annamite de Cochinchine : un instrument juridique de pacification », in S. El MECHAT (dir.), *Coloniser, pacifier, administrer XIXe-XXIe siècles*, Paris, CNRS éditions, 2014, p. 231-244.

55 L. de GRAMMONT, *op. cit.*, p. 349 et p. 351 ; L. PALLU, *op. cit.*, p. 200 ; O. TAILLEFER, *op. cit.*, p. 15.

56 E. LURO, *Le pays d'Annam*, Paris, Leroux, 1878, p. 157-161 et 170-171.

57 A. BLAZY, *op. cit.*, t. 1, p. 58.

58 Sur la perception de cette structure qui fascina les observateurs, cf. E. GOJOSSO, « Regards coloniaux sur une institution exotique : la commune annamite », *Les voyages du droit. Mélanges en l'honneur de Dominique Breillat*, Poitiers, LGDJ, 2011, p. 251-260.

investi. Les autres emplois publics répondent avant tout à un besoin de reconnaissance sociale. Les titulaires de l'ensemble de ces charges sont désignés en partie par la population qui se trouve ainsi associée à la vie locale, en partie par les notables qui interviennent ici de manière prépondérante, soit qu'ils disposent d'un pouvoir propre de nomination, soit qu'ils soumettent aux mandarins des propositions systématiquement ratifiées[59]. Prudhomme paraît en la matière résumer Grammont[60]. Pallu qui aborde de façon plus juste la hiérarchie communale ne parvient pas à se détacher de la personne du maire, nommé par les paysans, dont il met en lumière quelques-unes des activités : juger les fautes légères et servir d'intermédiaire avec l'extérieur, quitte à être bastonné pour avoir trop bien défendu les intérêts villageois auprès des mandarins[61]. Transposant maladroitement des notions du droit public français, Taillefer sépare de son côté les notables, titulaires du « pouvoir législatif », du maire, revêtu du « pouvoir exécutif ». Par là il rend tout de même mieux compte de l'importance respective de chacun[62]. Cependant, il faut attendre la décennie 1870 pour que les caractéristiques de la commune annamite soient dégagées avec plus de rigueur. Dix ans après la conquête, Vial et Luro assimilent solidement l'*ong-xa* à un agent d'exécution, appelé à mettre en œuvre aussi bien les prescriptions du gouvernement que les décisions des notables majeurs[63].

L'étude de la commune s'étend aussi à sa sociologie complexe et parfois déroutante. Il en ressort que les habitants sont répartis en deux classes : celle des inscrits qui paient l'impôt et sont à ce titre associés aux affaires publiques ; celle des non-inscrits, fuyards venus chercher asile, qui sont considérés comme trop pauvres pour être imposés et sont tenus à l'écart des décisions. Grammont fournit un luxe de détails sur les conditions nécessaires pour figurer sur les registres (naissance dans le village ou admission) et les conséquences résultant de la position sociale ou de l'âge quant aux droits et obligations[64]. Les non-inscrits ne sont pas exempts de charges. Ils participent à la garde du village et aux corvées et contribuent parfois aux dépenses de la collectivité[65]. Les notables sont choisis parmi les inscrits aisés ou ayant une réputation honorable. Du Hailly a d'ailleurs tendance à confondre les uns et les autres[66].

Tenue pour « une sorte de petite République »[67], la commune se dévoile ainsi sous un jour oligarchique qui tantôt s'explique par l'autonomie qui lui est reconnue, tantôt l'explique. Aussi Vial peut-il marquer toute la distance qui la

---

[59] L. de GRAMMONT, *op. cit.*, p. 349-351, 356-358.
[60] L. PRUDHOMME, *op. cit.*, p. 57-59.
[61] L. PALLU, *op. cit.*, p. 200 et s.
[62] O. TAILLEFER, *op. cit.*, p. 13-14.
[63] P. VIAL, *op. cit.*, t. 1, p. 100-103 ; E. LURO, *Le pays*, *op. cit.*, p. 164-170.
[64] L. de GRAMMONT, *op. cit.*, p. 352-353.
[65] *Ibid.*, p. 353-355 ; L. PRUDHOMME, *op. cit.*, p. 58 ; P. VIAL, *op. cit.*, t. 1, p. 104.
[66] Ed. du HAILLY, « Souvenirs d'une campagne dans l'Extrême-Orient. III – Les débuts d'une colonie », *Revue des deux Mondes*, 15 octobre 1866, p. 907.
[67] *Ibid.*

sépare de son homologue française. En Annam, le village bénéficie d'une grande liberté pour tout ce qui regarde son administration et sa sécurité : il gère ses finances, décide des travaux d'utilité publique, assure la police de son territoire, rend la justice pour les délits de faible importance... L'État n'exerce sur lui qu'un « contrôle nominal et pour ainsi dire illusoire ». Dans l'hexagone, au contraire, la commune n'est qu'une mineure dominée par le représentant de l'État qu'est le maire, toujours nommé à l'heure où il écrit. Si depuis la loi du 23 juillet 1870, il doit être pris parmi les membres élus du conseil municipal, il n'en continue pas moins d'être désigné par le pouvoir central. Il faudra attendre les lois des 12 août 1876 et 28 mars 1882 pour assister à la consécration d'abord partielle et provisoire, ensuite générale et durable, du principe électif. Les conseillers municipaux dont l'action limitée aux questions financières prend fin en même temps que chaque session du conseil, exercent sur lui « un contrôle peu actif »[68]. Un tel point de vue est réducteur. S'il n'a pas échappé à Vial que le maire français est un agent de l'Etat, il n'a pas vu qu'il était, simultanément, le représentant de la collectivité locale. En outre, la thèse de la soumission étroite à Paris est largement infirmée dans la pratique[69]. À l'avenant, Grammont juge de manière très favorable la situation vietnamienne qui parvient à articuler à un État absolu et despotique une commune fortement organisée et presque indépendante. Il y voit « l'heureuse alliance du régime municipal qui n'a pu survivre en France et de la centralisation administrative qui a été un peu exagérée de nos jours »[70].

Enfin, certains auteurs font état de l'organisation en congrégations de la minorité chinoise, fortement implantée en Cochinchine et spécialement à Cholon[71]. Pallu évoque même la question des mariages mixtes qui ont pour effet de restreindre considérablement la liberté de la femme vietnamienne[72]. De son côté, du Hailly vante la supériorité des métis sur la population indigène[73].

Quant à lui, le médecin de marine Honoré François Aurillac (1833- ?) est l'un des tout premiers à traiter des minorités ethniques montagnardes dans une œuvre qui passe en revue les différentes populations du sud de la péninsule : Annamites, Moïs et Cambodgiens[74]. Dans le domaine institutionnel, la moisson est décevante. Si l'étude comporte de nombreuses indications sur les mœurs et croyances respectives de ces peuples, elle liquide en quelques lignes la question pénale chez les Vietnamiens à partir des châtiments posés par le Code de Gia-Long, accordant du reste à la prison une place qu'elle ne mérite pas dans l'arsenal répressif[75]. Les

---

68 P. VIAL, *op. cit.*, t. 1, p. 103.

69 Fr. BURDEAU, *Histoire de l'administration française*, Paris, Montchrestien, 2e éd. 1994, p. 236.

70 L. de GRAMMONT, *op. cit.*, p. 357-358 et « Notice sur la Basse-Cochinchine », *Bulletin de la société de géographie*, 1864, p. 36-37.

71 O. TAILLEFER, *op. cit.*, p. 39, note 1 ; E. LURO, *Le pays*, *op. cit.*, p. 181 et s.

72 L. PALLU, *op. cit.*, p. 191 et s.

73 Ed. du HAILLY, « Souvenirs d'une campagne dans l'Extrême-Orient. IV – Les Chinois hors de chez eux », *Revue des deux Mondes*, 15 novembre 1866, p. 420.

74 Cf. son dossier de la Légion d'honneur, AN, LH/77/40.

75 H. AURILLAC, *Cochinchine. Annamites, Moïs, Cambodgiens*, Paris, Challamel, 1870, p. 50-51.

pages relatives aux Moïs ne sont pas plus instructives au plan juridique, sauf annonce de leur intégration administrative à l'empire[76].

La fiscalité n'est pas oubliée. Grammont mentionne les deux piliers sur lesquels elle repose : l'impôt foncier, perçu en nature ou en argent, et la capitation ou cote personnelle. Diverses taxes complètent un dispositif jugé excessif et arbitraire[77].

B. LA JUSTICE ET LE DROIT PÉNAL

Après les institutions publiques, l'attention se porte volontiers sur la justice et le droit pénal. La prise en charge des fonctions administratives et judiciaires par les mandarins n'est pas propice à un examen spécifique du droit processuel. On chercherait en vain ce sujet chez la plupart des écrivains militaires dans les publications antérieures à 1870. Vial n'en traite pas de façon séparée, mais donne une information moins sommaire, bien qu'elle ne soit ni complète ni dépourvue d'erreurs. Ainsi expose-t-il que l'empereur, placé au sommet de la hiérarchie, ratifie les condamnations à mort et les peines supérieures à trois ans de prison. Cette dernière remarque étonne, car l'incarcération ne fait pas partie des cinq pénalités traditionnelles d'origine chinoise usitées en Annam – elle n'est au mieux qu'une sanction complémentaire[78]. En dessous du souverain, siège à Huê un tribunal suprême qui reçoit les appels des causes d'une certaine importance. Il faut se satisfaire de cette approximation : on ne sait ni de quelle juridiction il s'agit – *dai ly thi* (*dai ly tu*) ou *tam phap toa* (*tam phap ti*) ? – ni quel est le seuil de compétence. Concernant les étages inférieurs, l'ancien directeur de l'intérieur de la Cochinchine se borne à indiquer que les préfets et sous-préfets rendent la justice à leurs administrés en première instance et que les appels de leurs jugements sont portés devant un tribunal provincial composé du gouverneur, du *quan-an* qui dirige le service judiciaire et du *quan-bo*, chef du service financier[79]. La procédure est en réalité beaucoup moins expéditive que ne le donnent à croire les propos de Vial, mais en la matière aussi, il faudra attendre les travaux de Luro pour le découvrir[80].

Les peines infligées sont davantage évoquées, parfois en lien avec le Code de Gia-Long. On mesure par là l'influence de l'article publié dans la *Revue maritime et coloniale* en janvier 1863 qui diffuse pourtant des idées erronées[81]. Grammont, par exemple, en cite un large extrait qui rappelle les différents châtiments : la mort par décapitation, strangulation et lente, immédiate ou avec sursis ; l'exil, les fers,

---

[76] *Ibid.*, p. 88.

[77] L. de GRAMMONT, *op. cit.*, p. 361 et s. ; L. PRUDHOMME, *op. cit.*, p. 61.

[78] Cf. PHAN VAN TRUONG, *Le droit pénal à travers l'ancienne législation chinoise. Etude comparée sur le Code de Gia-Long*, Paris, LGDJ et E. SAGOT, 1922, p. 143 et s., qui n'évoque pas l'emprisonnement.

[79] P. VIAL, *op. cit.*, t. 1, p. 96-97.

[80] E. LURO, *Le pays*, *op. cit.*, 124-136.

[81] « La Cochinchine française. Le Code annamite », *Revue maritime et coloniale*, 1863, p. 71-77. L'auteur prétend ainsi que le Code renferme l'intégralité du droit annamite.

le bâton et le bambou. Un tel système est marqué par la cruauté et l'arbitraire. Il organise une répression sévère des crimes politiques, mais fait preuve de douceur vis-à-vis des brigands et des pirates[82]. Vial déplore que le criminel soit puni diversement selon sa condition sociale, le mandarin étant plus facilement excusé que le simple particulier[83]. Prudhomme qui suit souvent Grammont, prolonge à peine ces vues en revenant sur l'administration de la peine capitale, le sort de la femme adultère et du voleur[84]. Pallu décrit des supplices horribles qui, à la vérité, sont davantage réservés à l'ennemi qu'au délinquant[85].

C. LE DROIT PRIVÉ

Le droit privé fait dans ce tableau figure de parent pauvre. La condition des personnes est évacuée rapidement et se ramène à l'indication de la présence d'esclaves dans la société indigène. Une partie d'entre eux sont des Vietnamiens réduits à l'indigence qui, soit se livrent eux-mêmes, soit vendent leurs enfants. L'autre, la plus nombreuse, est constituée de Moïs, aborigènes proto-indochinois de la chaîne annamitique, le plus souvent capturés. Il convient ici de distinguer l'esclave proprement dit, qui l'est à perpétuité et dont les enfants sont aussi en servitude, de l'engagé qui recouvrera la liberté à la fin du contrat[86]. Vial dit que tous étaient traités avec douceur et humanité parce qu'en faible effectif, ils ne constituaient pas une menace pour leurs maîtres[87]. La situation de la femme est caractérisée par son infériorité vis-à-vis de l'homme qui la ménage toutefois compte tenu des services qu'elle rend dans le couple. Pallu soutient même qu'elle dispose d'une liberté plus grande que dans aucune autre partie de l'Asie[88]. Prudhomme n'est pas de cet avis : la femme vietnamienne est dans la dépendance totale de son conjoint[89].

Grammont qui dresse d'elle un portrait très avantageux, au physique comme au moral, revient sur la formation du lien matrimonial avec l'intention de dissiper une méprise[90]. L'épouse n'est ni vendue ni achetée. L'officier préfère parler d'une « dot » offerte par le mari – atypique pour un Européen, à l'instar de la *dos ex* marito de l'époque franque –, voire, comme il a pu en faire le constat, d'une dot en nature ou en argent apportée par la future elle-même lorsqu'elle appartenait à la classe moyenne. L'assimilation dotale des présents d'ailleurs remis à la famille plus qu'à la femme est sans doute audacieuse. Dans le même sens, le cas du gendre anomal, employé pendant un ou deux mois par son futur beau-père, peut

---

[82] L. de GRAMMONT, *op. cit.*, p. 393-395.
[83] P. VIAL, *op. cit.*, t. 1, p. 167.
[84] L. PRUDHOMME, *op. cit.*, p. 63-64.
[85] L. PALLU, *op. cit.*, p. 183.
[86] « Note sur l'esclavage », *Revue maritime et coloniale*, 1863, p. 78-80, reprise par L. de GRAMMONT, *op. cit.*, p. 372 en note.
[87] P. VIAL, *op. cit.*, t. 1, p. 170.
[88] L. PALLU, *op. cit.*, p. 186.
[89] L. PRUDHOMME, *op. cit.*, p. 47.
[90] L. de GRAMMONT, *op. cit.*, p. 250 et s.

entretenir l'équivoque faute d'être suffisamment éclairci[91]. La cérémonie du mariage est ramenée à un repas de noce, ce qui est réducteur[92]. Pallu est plus précis, tant sur le rituel suivi que sur la nature des cadeaux qui profitent surtout aux parents de l'épousée[93]. Le capitaine Albert Bourchet (1839-1885) explicite mieux encore les différentes étapes dans un article paru en 1869 à la *Revue maritime et coloniale*[94]. Prudhomme qui a assisté à un mariage, en rend compte de manière sommaire, se fiant par trop aux conclusions du Père Marini (1608-1682) déformées à l'évidence par une conception sinisée de la famille, érigeant le mari en maître absolu et faisant de la femme son esclave. La répudiation en serait la conséquence. Grammont tempère : elle n'est possible que dans des cas très graves, qu'hélas ! il n'énumère pas[95], et après consultation d'une « espèce de conseil de famille ». L'épouse peut divorcer, mais il lui faut obtenir l'accord de son conjoint ou l'autorisation du juge[96].

Si la polygamie est permise, elle est souvent motivée par l'infertilité[97] et pratiquée uniquement par les mandarins et quelques notables. Le rang entre les femmes dépend de l'ancienneté de l'union[98]. Quelle que soit leur mère, tous les enfants ont un droit égal à la succession paternelle. Une part est néanmoins réservée au culte des ancêtres, dont l'aîné a la jouissance[99]. Sans le nommer, Vial vise ici le *huong-hoa* qui devait intéresser ultérieurement une partie de la doctrine indochinoise[100].

La question foncière n'est pas bien éclaircie. À en croire Grammont, l'Etat aurait encouragé l'exploitation de la terre, ce qui est exact, en favorisant la petite propriété et l'établissement de fermes agricoles, les *don-dien*[101]. En premier lieu, les auteurs s'accordent sur l'existence de la propriété privée avant la conquête. Vial, louant en l'espèce le grand respect du gouvernement annamite, en fait une singularité par opposition aux conceptions indienne, siamoise et malaisienne[102] Les Français en confirmèrent d'ailleurs officiellement la libre possession aux

---

[91] Sur cette institution curieuse, qui tient de l'anomalie, d'où l'expression « gendre anomal », cf. not. DANG TRINH KY, *L'engagement des personnes en droit annamite*, Paris, Domat-Montchrestien et F. LOVITON, 1933, p. 118 et s.

[92] Cf. E. TAVERNIER, *La famille annamite*, Saigon, Nguyen Van Cua, 1927, p. 14-19.

[93] L. PALLU, *op. cit.*, p. 187-188.

[94] « Essai sur les mœurs et les institutions du peuple annamite », *Revue maritime et coloniale*, 1869, t. 27, p. 469-501. Sur BOURCHET, qui fut inspecteur des affaires indigènes, voir son dossier de la Légion d'honneur, AN, LH/322/59.

[95] On les trouve cités par E. TAVERNIER, *op. cit.*, p. 31-32 et par P. POMPÉI, *Le droit familial et patrimonial du Vietnam*, Paris, Sirey, 1951, p. 143-144.

[96] *Ibid.*, p. 144.

[97] L. PRUDHOMME, *op. cit.*, p. 145.

[98] L. de GRAMMONT, *op. cit.*, p. 251.

[99] P. VIAL, *op. cit.*, t. 1, p. 168-169.

[100] Cf. DUONG TAN TAI, *La part de l'encens et du feu*, Saigon, Nguyen Van Cua, 1932.

[101] L. de GRAMMONT, *op. cit.*, p. 358.

[102] P. VIAL, *op. cit.*, t. 1, p. 106 et p. 86.

indigènes après l'annexion[103]. À côté d'elle existent des terres communales et d'autres appartenant à l'État[104]. Aucun des auteurs n'opère la distinction entre les domaines éminent et utile qui aurait pu rendre compte de la réalité ni n'énonce les obligations pesant sur les tenanciers (obtenir une concession du souverain, cultiver les terres reçues et payer l'impôt afférent). Il est vrai que les juristes mettront du temps à appréhender une réalité embarrassée, relevant d'un système de propriétés simultanées qui n'est pas sans analogie avec celui de l'ancienne France, y compris quant à son évolution[105]. Taillefer, seul, note que l'empereur pouvait exproprier les particuliers afin d'augmenter l'étendue des communaux, sans en tirer de conséquence quant aux droits qu'il lui reconnaît en matière de dominium[106].

Les *don-dien* sont le second procédé évoqué qui fascine d'emblée les observateurs[107]. Dès juin 1862, Pallu consacre à ces colonies militaires un article dans la *Revue des deux mondes*, qu'il devait reproduire très largement, deux ans plus tard, dans son *Histoire de l'expédition de Cochinchine*[108]. Leur vocation est double. Regroupés en village, les pauvres et les errants qui les composent défrichent des terres incultes qui ne leur appartiennent pas : elles restent propriété royale. Structurés en régiment à dix compagnies, ils sont appelés à combattre en cas de conflit et furent employés en effet contre les Français. Grammont souligne à son tour l'intérêt d'une institution à laquelle il assigne au surplus une mission démographique et sociale[109]. Prudhomme vante les mérites de la semi-féodalité qu'elle incarne[110]. Certains relèvent cependant les désordres que pouvaient occasionner les colons dans leurs relations avec leurs voisins[111].

Tournés en partie vers la société vietnamienne précoloniale, les écrivains militaires n'hésitent pas en outre à faire connaître leurs convictions sur des sujets d'actualité en lien avec l'installation française, notamment le mode d'administration à retenir, la place de l'élément indigène dans celui-ci, l'attitude

---

[103] P. VIAL, évoque l'œuvre de l'amiral Bonard, *ibid.*, t. 1, p. 213, et cite le rapport de Chasseloup-Laubat à l'empereur du 4 novembre 1864, *ibid.* t. 1, p. 294, et L. de GRAMMONT les décisions de l'amiral de La Grandière, *op. cit.*, p. 453-455. Cf. E. GOJOSSO, « Le régime juridique de la propriété paysanne en Cochinchine du gouvernement des amiraux à la Seconde Guerre mondiale », J. HOAREAU-DODINAU (dir.), *Ruralités. Des terres, des dieux et des hommes*, Limoges, PULIM, 2015, p. 78-79.

[104] L. de GRAMMONT, *op. cit.*, p. 361, par ex. O. TAILLEFER, *op. cit.*, p. 13, ne mentionne que les propriétés particulières et communales.

[105] Cf. E. GOJOSSO, « La prescription acquisitive immobilière en droit annamite », *Obligations, procès et droit savant. Mélanges en hommage à Jean Beauchard*, Poitiers, LGDJ, 2013, p. 457-459.

[106] O. TAILLEFER, *op. cit.*, p. 24.

[107] Sur cette institution, cf. G. DÜRRWELL, « Les colonies militaires (Don-dien) », *Ma Chère Cochinchine*, Paris, La renaissance du livre, 1911, p. 33-54.

[108] L. PALLU, « Une colonie militaire annamite », *Revue des deux Mondes*, juin 1862, p. 761-768 et *Histoire*, *op. cit.*, p. 299-306.

[109] L. de GRAMMONT, *op. cit.*, p. 358 et s.

[110] L. PRUDHOMME, *op. cit.*, p. 60-61.

[111] L. PALLU, *op. cit.*, p. 303 et P. VIAL, *op. cit.*, t. 1, p. 105.

à adopter face à des institutions et à des règles juridiques qui, sans être renversées, doivent être aménagées. Ce second volet ne peut être abordé ici faute de place.

INFLUENCE COLONIALE SUR LES ARTS DÉCORATIFS FRANÇAIS

Catherine LECOMTE,
Professeure d'histoire du droit,
Doyen honoraire, Université Versailles Saint-Quentin

Le droit colonial : passe le temps, une éclipse… Il demeure un sujet d'étude !

Les colonies : un rêve, antique, des temps modernes, du XIXe siècle ; une quête éternelle de richesse, de pouvoir, tant économique que militaire et politique. Plusieurs milliers de pages seraient insuffisantes pour dresser un inventaire exhaustif des travaux scientifiques[1] les plus divers consacrés aux iles, aux continents, aux voix de la colonisation, aux complicités, aux rivalités, aux forces mises en œuvre, aux rapports – souvent d'asservissement – entre le droit du colonisateur et le droit local[2].

Connait-on en revanche vraiment l'influence coloniale sur les arts décoratifs en France ? Le sujet en ce début du XXIe siècle présente un intérêt réel tant les créateurs, les designers puisent leur inspiration dans ces lointaines contrées où l'Européen, un jour, avait voulu, sur place, faire table rase d'une expression artistique qui lui était étrangère, barbare pour y substituer la sienne.

L'exotisme colonial néanmoins avait conquis quelques artisans et artistes qui cherchaient une clientèle avide de nouveautés. Les expositions coloniales depuis 1865 jusqu'à celles de 1925, 1931, organisées par le maréchal Lyautey, 1937 à l'ile des Cygnes, présentaient ces « originalités » des pays sous domination, sous protectorat, révélaient les splendeurs khmers, africaines, marocaines. Les ivoires, les bronzes, les représentations des fruits, des bois, des vanneries en vinrent à constituer des « sections » coloniales dans les boutiques et grands magasins. L'expression « Art Nègre » ne fut plus péjorative, le bois colonial fut recherché : ses teintes chaudes et ses moirures ont acquis une place recherchée dans l'art décoratif.

Gauguin, Charles Feraud, Fromentin ont trouvé des motifs en terre coloniale qui ont contribué à l'enrichissement de notre patrimoine artistique. Leurs

---

[1] Les innombrables publications de Bernard DURAND en sont un beau témoignage au même titre que le renouveau des travaux des laboratoires des Facultés de droit d'Aix, Poitiers, Lille… : un florilège d'ouvrages, de mémoires, de thèses. Des lieux d'archive réservés à l'Outre-Mer, une Académie des sciences à l'Outre-Mer…

[2] Quelle fascination pour ces territoires conquis traversés considérés comme peu ouverts sur la modernité et dont on cherche par des études anthropologiques, juridiques à pénétrer les arcanes. L'inauguration du musée des arts africains à Dakar en 2018 est un hommage à une culture elle-même imprégnée de l'Antiquité égyptienne avant qu'elle n'acquiert sa propre identité

créations sont unanimement admirées et pour beaucoup ont fait école. Alors le décor colonial, un titre de noblesse ?[3] Une voie royale choisie tant par les souverains que par les élites marchandes avant de s'imposer au fil des siècles.

Et qu'on feuillette la *Gazette de Drouot* « pépite des arts décoratifs » : que d'œuvres africaines, asiatiques, orientales et depuis si longtemps avec une forte reprise ces dix dernières années… De surcroît que d'interrogations à la lecture du rapport de Felwine Sarre qui affirme que 90 % du patrimoine africain se trouve dans l'hexagone : 46 000 objets seraient entrés entre 1885 et 1960[4].

Qu'on se souvienne : déjà les Croisés, au retour de la Terre Sainte avaient la nostalgie des costumes fastueux, des décors, des palais de Tyr et Tripoli, des jardins de l'Oronte. On en vint à préférer les « boucans » de Damas aux rudes laines tissées de France, les cristaux travaillés, ciselés, incrustés d'argenterie aux lourds et grossiers plats de grès ou d'étain… On s'était épris des tapis de haute laine « sarrasinois » qui, vite, remplaçaient les « jonchées de paille ». Charles V, dès 1380, en avait orné les sols du Louvre. Des coffrets arabes servaient même de reliquaires.

Ces merveilles arrivaient par caravanes de Perse, des Indes, étaient vendues par des marchands génois, vénitiens[5], marseillais. Jacques Cœur après avoir été actif dans le Levant, restaurait les relations maritimes méditerranéennes, ranimait les vieilles foires médiévales de Champagne, de Lyon[6].

La Méditerranée[7] fut vite concurrencée et logiquement par les ports de Bretagne, de Normandie qui recevaient « les produits étranges » des Terres Neuves[8]. Dieppe devint un entrepôt où affluaient toutes les richesses du Nouveau Monde et des Indes : son église Saint-Jacques s'ornait d'un bas-relief dont les scènes représentent des sauvages des côtes africaines et des Indes. Des armateurs rapportaient des étoffes, de l'orfèvrerie, des faïences, de l'ivoire, des plumes d'autruche, des peaux de bêtes fauves : il ne manquait plus que l'ingéniosité, un sens de l'art et un appât du gain pour donner à ces merveilles un attrait irréversible.

À Rouen comme à Honfleur, on acquérait des « objets étranges » : des ateliers de brodeurs à Tours, à Poitiers, où l'on travaillait à la façon mauresque se multipliaient dans le respect des traditions des corporations. Plus tard encore et toujours en 1729, Jean-Antoine Fraisse, brodeur, est au service du prince de

---

[3] « Allégorie de l'Afrique », salle haute de la Chambre de commerce de la Rochelle, 1811, in *La Rochelle et l'Atlantique, XVIème-XIXème siècle*, Musée du Nouveau Monde, 1985.

[4] *Restituer le patrimoine africain* (2017).

[5] N. TOMMASEO, *Relations des ambassadeurs vénitiens sur les affaires de France au XVIème siècle*, Paris 1838. C. LECOMTE, « Les Français du XVIème siècle peints par les ambassadeurs vénitiens », *Crises*, 1994, p. 63-74.

[6] Deux foires annuelles se tenaient à Lyon, d'autres à Tours, à Troyes, à Provins, elles étaient à vocation nationale et internationale : renommée commerciale, création de règles de droit commercial, bancaires, affirmation de la place des notaires.

[7] *Itinérances maritimes en Méditerranée du Moyen-Age à la première modernité*, colloque Toulon, Aix-Marseille, 2017.

[8] Giovanni Batista RAMUSIO, *Description de l'Afrique, de Calcuta, de l'Asie du sud, de l'Asie centrale*… 1543-1554.

Condé commepeintre en toiles. Même la sculpture fut touchée par cette mode. L'exubérance de la décoration est présente dans les arabesques de Saint-Sauveur à Aix ; l'Amérique, l'Afrique, les Indes figurent dans les chapiteaux des cathédrales.

Les tentures furent touchées dans leurs motifs par ces nouveautés ; les reliures aux « mosaïques » tel l'écrin de poésies de Malherbe sont un autre témoignage de cette fièvre de l'appropriation interprétée à partir de ces objets exotiques. Plus, des portulans devinrent de raffinés panneaux décoratifs[9].

Montaigne, installait un « cabinet des curiosités » dans son château ; Rabelais s'inspirait du récit des navigateurs pour narrer les voyages de Pantagruel[10]. Est-ce la fin de la prépondérance du goût italien ?

À Lyon, des ateliers, des manufactures dont celle de Claude Danjon, tissent des satins à la Persane, des taffetas, des lampas utilisés pour orner les fauteuils à hauts dossiers ; on reçoit des étoffes, des chinoiseries, des Echelles du Levant. On utilise et c'est une révolution l'ébène et l'ivoire venus des comptoirs d'Afrique, l'écaille expédiée par les flibustiers de Saint-Domingue, de l'ile de la Tortue et débarquée à Nantes, au Havre…[11]

La fin des guerres de religion, le règne de Henri IV suscitent un nouvel effort d'expansion coloniale : l'Acadie, la Nouvelle France où Samuel Champlain fonde Québec en 1608, les installations des Marseillais sur la côte algérienne d'où ils expédient le corail. Richelieu grand maitre de la navigation[12] soutient ces voyages relayés par d'Estambuc, de Flacourt, le père Joseph au Levant…

Des compagnies maritimes[13] se créent afin de coloniser, d'assurer, l'envoi de produits exotiques. La tâche est hardie avec la concurrence des rouliers des mers, des Provinces-Unies fortes de leurs 6 000 bâtiments alors que les ports français n'en arment que 250.

Un art décoratif nouveau s'impose avec force, élégance et devient incontournable. On s'arrache les « curiosités » de la Chine, du Japon, des pays mauresques : le tapissier Pierre Dupont copie les tapis du Levant et son atelier est à l'origine de la manufacture de la Savonnerie.

---

[9] « Carte de la Afrique du Sud-Ouest », La Haye, 1599, in *Cartes géographiques anciennes*, Gruind, Paris 1980.

[10] F. RABELAIS, *Les contes drolatiques de Pantagruel*, Paris, R. Berton, 1565. L'édition est ornée de 120 gravures sur bois, grotesques. François Desprez artiste et brodeur en serait le dessinateur, les cuivres dorés sont qualifiés d'art européen.

[11] M. QUENET, *Le General du Commerce à Nantes, Essai sur les institutions corporatives coutumières des négociants au XVIIIe siècle*, Nantes, 1973.

[12] C. J. BURKHARDT, *Richelieu*, Paris 1971 ; L. A. BOITEUX, *Richelieu grand maitre de la navigation*, Paris, 1955.

[13] Ph. HAUDRÈRE, *La compagnie française des Indes au XVIIIème siècle*, Paris, 2005 ; *Les colonies, approches juridiques et institutionnelles de la colonisation, de la Rome Antique à nos jours*, Poitiers, 2014 ; C. LECOMTE, *Les compagnies maritimes et l'Etat royal où est la réalité du pouvoir,* La Foire chinoise 1742, *op. cit.*, p. 239 et s. ; G.-Th. RAYNAL, *Histoire philosophique et politique des établissements du commerce des Européens dans les deux Indes*, Maastricht, 1774-1780 ; J. ARMAND, *Voyages d'Afrique fait par le commandement du Roy*, Paris, N. Triboulet, 1682.

Cet engouement pour les merveilles exotiques a aussi sa source dans les récits des voyageurs tels Thévenot, Tavernier[14]. Les narrations des Jésuites venus de Chine et d'Extrême-Orient pesaient autant dans ces rêves de beautés lointaines que les propos de M. Chaumont à son retour de Siam. C'est chez Ninon de Lenclos qu'on se retrouvait pour écouter le médecin Bernier raconter ses voyages et séjours à la Cour du Grand Mongol. Et le poids de cet imaginaire à la mode était tel que Molière n'oubliait pas le « Turc » dans le Bourgeois Gentilhomme[15] pas plus que Racine dans Bajazet. Et, on applaudit encore et toujours les « Indes Galantes ».

Ainsi, les compagnies maritimes[16] fondées dans des perspectives commerciales, voire politiques, contribuent amplement à un changement des modes. C'est l'époque du goût pour les paravents chinois[17] qui ornent les salles de compagnie tout comme les porcelaines aussi de Chine côtoient des raretés de Perse posées sur des meubles des « Grandes Indes »[18]. En Provence, on utilise des Marocains de Barbarie pour fabriquer des chaises tendues de cuir et garnies de clous qui constituent des éléments types du mobilier du règne de Louis XIII à en juger par les gravures et estampes d'Abraham Bosse.

L'ébénisterie est elle aussi marquée par ces bois et matériaux « étrangers » sur les traces de du Cerceau qui pratiquait le placage de l'ébène incrusté d'écaille et de nacre. Boulle s'impose ![19].

Décidément, les compagnes provoquaient la relégation des traditions et genres décoratifs et imposaient un raffinement exotique. Les maîtres tapissiers donnent des notes nouvelles étranges à leurs tentures où figurent animaux et fruits tropicaux, l'Europe serait-elle devenue trop banale et peu décorative ? Les ateliers et manufactures des Gobelins rivalisent avec leurs homologues des Flandres et de Bruxelles.

Les céramiques sont présentées dans les belles demeures des parlementaires comme chez le président du Parlement de Bretagne, de Robien et chez les

---

[14] Jacques de BRAECKLE (1540-1571), *Mémoires du voyage de Constantinople, Mission à la cour Ottomane*, 1570 ; S. YERASSIMO, *Les voyageurs de l'Empire Ottoman XIVème-XVIème siècle*, 1991 ; Jean-Baptiste TAVERNIER, *Voyages en Europe, en Asie,* Amsterdam, 1682 ; Jean-Baptiste LABAT, *Nouvelle relation de l'Afrique occidentale,* Paris 1728. Relation rédigée à partir des cahiers d'André Brue, commandant général pour la compagnie du Sénégal et de l'Afrique.

[15] H. GISSEY, *Costume pour le rôle du mufti dans la cérémonie turque du Bourgeois Gentilhomme*, 1670, National Museum, Stockholm.

[16] Les compagnies réalisaient des profits… *Ambassade mémorable de la compagnie des Indes Orientales des Provinces unies vers les Empereurs du Japon*, Amsterdam, 1680.

[17] S. CASTELLUCIO, *De la cale au paravent*, Gourcuff, Paris, 2018.

[18] *La mémoire engloutie* de Ph. BRUNIER, 73 pots d'origine chinoise trouvés dans une jarre à Sing-Buri.

[19] Il s'agit de l'utilisation de l'écaille des tortues des mers des Caraïbes, de Saint-Christophe, de la Martinique ; l'ébène venait d'Afrique ; Pierre GOLE, Cabinet à marqueterie de fleurs sur fond d'ivoire, collection du duc d'Orléans, 1661, Londres, Albert Museum ; le cardinal de Mazarin excellait en collection de raretés. Il présentait à Mademoiselle de Montpensier ses pierreries, ses tapis et meubles des Grandes Indes ; S. CASTELLUCIO, *Le goût pour les laques de Chine et du Japon à Paris aux XVIIème et XVIIIème siècles*, Monelle Hayot, 2019.

premiers commis des secrétaires d'État surtout lorsqu'elles proviennent d'Orient. L'ambassade de l'Empereur de Siam en 1686, magnifiée par le talent de Lebrun[20] accentue, s'il en était besoin cette attirance pour ces chinoiseries qui deviennent une spécialité des manufactures royales de Vincennes et de Sèvres.

Les maisons des armateurs bordelais, nantais, regorgent d'objets dont la transaction se fait par contrats des compagnies protégées par l'exclusif colonial, des immunités et des privilèges. Des financiers, manieurs d'agent courent la chance de ce grand commerce. A. Crozat pourrait être la figure type du négociant saisi par l'appel du profit le trafic des pirates, des nègres, des toiles... Il investit dans les compagnies de Guinée et des Indes. C'est naturellement à la foire Saint-Germain à Paris que s'ouvrent des boutiques de produits maures, turcs, asiatiques.

Le décor princier lui-même se transforme. Louis XIV séduit et flatté, place à Versailles, à Marly, à Fontainebleau des trésors d'Orient dont le boudoir turc est l'écrin d'un précieux mobilier. Il fait édifier le Trianon de Porcelaine rehaussé d'un chatoyant décor où les fioritures bleues et blanches des plaques de faïences de la fabrique saxonne de Meissen ornées de rinceaux de feuillages étincelaient parmi les plombs dorés des combles. Des vases rehaussés de glaçures étaient posés sur les balustrades, des bustes sur des consoles de faïences rendaient un gai contraste avec les pierres blondes des murailles et les briques rouges des cheminées. Tout respirait l'Orient. Les soieries en étaient un symbole magique[21].

Comme si on avait pris – ironie, vengeance- pour modèle les décors de Vaux-le-Vicomte voulus par Fouquet dont les curiosités chinoises bien sûr paraient le château. Les étoffes, les toiles peintes[22] étaient convoitées et vendues chez des marchands dont ceux, à Paris, du Cloître Sainte Opportune.

Les tapis persans, syriens, turcs, rehaussaient les meubles de laque et d'écaille. Ainsi en 1690, le tapis de pied de la grande salle de réception de Versailles est un tapis de Perse « à fond d'or d'une richesse et d'un travail particulier » sur lequel est posé le trône d'argent de huit pieds de haut[23].

On accumule aussi les faïences syriennes ou turques dont les porcelaines de Delft s'inspirent telles celles du service de 1685 réalisé sous la surveillance de Lambertus Cleffius. À la fin du XVIIe siècle, la collection de pièces en porcelaine dure orientale avait tourné à l'obsession en Europe.

Rien de plus raffiné aussi que de bâtir un pavillon chinois : à Marly, à Meudon résidence du Grand Dauphin, chez le duc de Penthièvre ou encore à Chanteloup

---

[20] J. CHARDIN, *Voyages en Perse et autres lieux de l'Orient*, Amsterdam, 1716 ; Rembrandt, *Les deux nègres*, Musée de La Haye.

[21] Luce BOULNOIS, *La route de la Soie*, Paris, 1963 ; Guy DURAND, « Le marché marseillais des soies », in *Marseille sur les routes de la soie*, Marseille, 2001 ; N. GARNIER, *Singeries et exotisme*, 2010.

[22] X. PETITCOL, *Traité sur les toiles peintes*, Amsterdam, 1760 ; S. CASTELLUCIO, *Commerce et usage des papiers peints chinois*, Paris, 2018.

[23] H. BOLEVITCH-STANKEVITCH, *Le goût chinois en France au temps de Louis XIV*, Paris, 1910 ; *La Chine à Versailles, art et diplomatie au XVIIIème siècle*, Somogy, 2014. Un ambassadeur du commandeur des croyants contribue à créer la mode des tapis turcs et des tentures à l'Ottomane.

ou devait se retirer Choiseul disgracié en 1770. Christophe Huet, peintre animalier, met en scène des singes aristocrates. C'est la cour des singes… Les cotons des Antilles font la fortune des Normands ; l'indigo permet de teindre les étoffes en bleu, ce qui transforme même l'apparence de l'uniforme militaire…[24] Les « Indiennes » arrivent aussi avec des marchands arméniens à Marseille.

En 1686, Louvois interdit d'imprimer, de fabriquer, de vendre des toiles de coton peintes aux Indes ou contrefaites dans le royaume, hélas ! L'enthousiasme et le commerce rendent cette disposition obsolète et au XVIIIe siècle on autorise la libre fabrication et l'impression des indiennes dans le royaume. Plus le 19 juin 1753 une manufacture royale « dans la ligne des toiles Perses et Indiennes » est reconnue[25].

Savary des Bruslons[26] avait déjà magnifié la mode féminine exotique… Plus tard, la Compagnie des Indes alors que Dupleix présidait à ses activités envoyait « en droiture » à Lorient des étoffes légères. Des ateliers d'impressions de ces tissus apparaissent à Nantes, Rouen, Mulhouse. Oberkampf[27] secondé par le dessinateur Huet crée sa manufacture à Jouy près de Versailles. Il emploie des « alloués » et devient le symbole exemplaire de ces fabrications d'indiennes imprimées. On imagine sans peine une courtisane jouant avec un éventail orné de plumes et vêtue d'une robe de coton imprimé. L'effet de ce changement d'étoffe touche aussi le monde rural et celui des rues des villes où à la grisaille des tenues succède un festival de couleurs et de figurines. Et voici l'Occident européen transformé dans son apparence par des imprimés de coton !

L'influence coloniale est patente, mais en a-t-on l'idée ? Lors de la création de la Compagnie des Indes en 1664, nul n'avait imaginé que la transformation des manières d'être du goût des représentations artistiques pouvait aller si loin[28].

On sait que le pouvoir monarchique a la volonté d'exhiber sa puissance et ses fastes. En 1549, l'entée royale d'Henri II à Paris est représentée par Jean Dallier et Hardouyn Chauveau par un obélisque reposant sur un rhinocéros sculpté par Jean Goujon. Les ballets et les carrousels participaient à cette politique de propagande rassurante. Dès 1625, on applaudissait lors d'un spectacle, une reconstitution exotique qui présentait des Maures, des Nègres, des Asiatiques.

En 1662, lors du Grand Carrousel, demeuré célèbre notamment par le livre qui en fut publié, Monsieur, frère du Roi, apparaissait en Shah de Perse, vêtu d'étoffes sur lesquelles étaient des rubans et dont le bonnet s'ornait d'aigrettes. Le prince

---

[24] H. LALAISSE, *L'armée et la garde impériale*, Paris 1865.

[25] AZIZA-GRIL, Mariott, *Les Toiles de Jouy, 1760-1821, un art décoratif*, PUR, 2015 ; J. F. PERSOZ, *Traité théorique et pratique de l'impression des tissus*, rédigé pour l'exposition universelle de 1855.

[26] *Le Parfait Négociant ou instruction générale pour tout ce qui concerne le commerce des marchandises de France et des pays étrangers,* Paris, 1675.

[27] Nathalie LABOUCHERE, *Mémorial de la manufacture de Jouy*, Paris, 1859 ; Serge GLEIZES, Caroline LEVESQUE, Pierre FREY, *Maison inspirée*, Paris, 2014 ; S. CHASSAGNE, *Oberkampf, un entrepreneur capitaliste au siècle des Lumières*, Aubier, 1980 ; Les manufactures des tissus d'indienne des frères Wetter à Orange, J. G. M., Rossetti, 1765.

[28] A. LESPAGNOL, *Messieurs de Saint-Malo, une élite négociante au temps de Louis XIV*, PUR, 1997. La Compagnie des Indes orientales de Saint-Malo date de 1708-1719.

de Condé était en turc avec un turban couronné de plumes et une casaque étincelante de broderies. Le duc de Guise, chef des sauvages, portait des cuirasses de peaux de panthères et le duc d'Enghien devenait le roi des Indes[29]. L'exotisme colonial est à l'ordre du jour, séduit, fascine. Il est l'élégance et le raffinement et le demeure avec Marie-Antoinette.

Passe la Révolution. Vient l'Empire, le confort né des colonies est naturel : le café était déjà bu par Voltaire, par Rousseau, le tabac a entraîné la fabrication des pipes, des tabatières telle celle de Jérôme Bonaparte, le bois des iles de Guadeloupe ou de Martinique entraîne la création d'autres chefs-d'œuvre, mais l'importation d'objets d'outre-mer est tarie. Il ne semble pas que le goût soit à l'exotisme. On préfère les vestiges de l'Antiquité rapportés au titre de butin de guerre. Joséphine, impératrice, offre un nouvel éclat aux *Contes des mille et une nuits.*

C'est en 1830 avec la prise d'Alger que l'art orientaliste s'impose à nouveau sous les pinceaux de Chassériau, Delacroix… Les cachemires et les cotonnades parent les toilettes féminines, la chinoiserie timidement revient à la mode[30]. Et pourtant on admire le mameluk au combat par Charles Horace Vernet en 1821.

En revanche dès 1870-1871, les conquêtes de la Tunisie, du Congo, de l'Afrique occidentale révèlent des aspects de civilisations aux arts « intéressants ». Le domaine d'outre-mer prend sa place dans la vie quotidienne, courante. C'est le temps des voyages d'explorations en Indochine par une Commission française conduite par le capitaine de frégate Doudart de Lagrée. On importe à nouveau des tapis, mais nord-africains ou indo-chinois. On utilise le caoutchouc, l'étain, le cuivre. Les peaux de caïmans et de crocodiles africains font la richesse des maroquiniers. La nacre apporte la prospérité dans l'Oise, à Méru. Des meubles laqués sont expédiés de Cochinchine. La joaillerie provoque de nouvelles imaginations : des griffes de tigre, de lion, des oiseaux tels les paons de Baugrand vers 1890. Les fourrures affluent et transforment les silhouettes féminines : les chasses coloniales[31] deviennent pourvoyeuses de dépouilles que les grands couturiers parisiens transforment.

L'art de la métropole dépendrait alors de plus en plus de l'expansion coloniale. La peinture et la sculpture deviennent orientalistes. De grands maîtres, tel Guillaumin, ont recherché outre-mer leur inspiration : paysages et usages ont modelé leurs réflexions. L'École de Pont-Avène n'a-t-elle pas ses racines dans l'attrait pour les iles.

Vient le temps pour l'exposition coloniale : 1865-1889-1900. L'exotisme s'expose : villages soudanais, cités indochinoises, minarets, pagodes, objets

[29] P. CHARLES, F. CHAUVEAU, I. SILVESTRE, *Courses de têtes et de bague faittes par le Roy et par les princes et seigneurs de la Cour en l'année 1662*, Paris 1670. On se souvient aussi du bal masqué « Le roi de la Chine » dans les salons de Marly en janvier 1700.

[30] Isaac TITSINGH, *Illustrations du Japon*, 1822 ; Ch. VERNAY, *Poésies turques et persanes*, Paris 1858-59.

[31] Baugrand accueille les hauts dignitaires de la Cour et est nommé par Napoléon III joailler de la Couronne.

de cuivre, de cuir… Un musée des colonies à Paris valorise les trésors de l'Empire.

Les sections coloniales aux arts décoratifs de 1925, à l'Exposition de 1937, font connaître l'art indigène qui pénètre dans les appartements et les cabinets de travail. Parmi les trésors plus accessibles, un bric-à-brac qui révèle des splendeurs qu'elles proviennent de l'A.O.F., de Tunisie, du Maroc. Ce sont des pipes annamites, de l'artisanat. Un nouveau goût apparait, il touche l'ensemble d'une nation par ses cuivres martelés, ses porte-cigarettes… La variété est infinie. Les décorateurs des années 1920 tirent profit de la variété des essences coloniales, proposent du mobilier agrémenté d'ivoire, encore et toujours.

L'art nègre pourrait être aux origines de l'art cubiste[32] (30). Matisse portait aussi un grand intérêt à l'art islamique. André Surédat représentait une Berbère assise sur une terrasse de l'Atlas marocain.

Alors coloniser ? Une administration ? Un système juridique, une autorité qui s'oppose à une autre ? Et si au-delà de rapports de force qu'ils soient économiques, juridiques, politiques l'une des réussites ne résidait pas dans une culture qui en infuse une autre ?

L'art décoratif peut être apprécié tel le « le passeur » qui rapproche qui aide à comprendre. Il transcende les animosités. Cependant, il n'existerait pas de ces créations et de ces échanges sans document juridique attestant de la valeur de la provenance bien qu'il y ait eut aussi butin.

Si la colonisation a eu hier et aura ses revers, elle a sans doute modifié et en l'élargissant le regard de tous sur la nature, l'essence la transformation de l'art décoratif, beau vecteur de la communication, de compréhension et d'émerveillement.

Un clin d'œil : en 2019, au musée des années 30, une exposition « L'art déco, un art de livre : le paquebot Ile-de-France » lancé en 1927 !

---

[32] Jean LAUDE, *La peinture française et l'Art Nègre*, 1905-1914.

DE LA POLICE MÉDICALE DANS LES COLONIES DES ÎLES DE FRANCE ET DE BOURBON. SUR LES RELATIONS ENTRE SANTÉ ET POLITIQUE

Laurent SERMET,
Institut d'études politiques, Aix-en-Provence/UMR ADES 7268

Que l'île Bourbon, et sa sœur, l'île de France, eût des lois coloniales d'une exceptionnelle qualité, bien qu'inconnues, il ne fallait pas en douter selon le juriste Auguste Delabarre de Nanteuil, docteur en droit, ancien bâtonnier de la Cour royale. Mais il ajoutait, avec une clairvoyance, que cet ensemble de lois formait, ni plus ni moins, un « chaos inextricable », qu'il se donnait pour mission de rendre intelligible. C'est ainsi qu'il rédigea à l'attention des juristes, mais en réalité à l'égard de tous, un *Répertoire raisonné* de la législation de l'île Bourbon, qui porte aujourd'hui témoignage d'une importance inégalée sur l'état des mœurs et des mentalités de la « vieille colonie » de l'océan Indien, qui vivait à l'époque sous l'ombre de sa sœur aînée. L'intérêt de la lecture du *Répertoire* est accentué par le fait qu'il fut rédigé à deux reprises[1], soit avant et après l'abolition de l'esclavage, qui prit effet le 10 décembre 1848.

La réflexion qu'entreprend Delabarre de Nanteuil, pour autant intéressante qu'elle soit, soulève nombre de questions et n'apporte que peu de réponses, laissant ouverte la voie à l'interprétation. Elle insiste surtout, ce qui est certainement très riche, sur la production juridique locale et omet de citer ou de la mettre en relation avec la législation de métropole, royale, républicaine ou impériale. Or s'il y a bien une production locale, elle reste en grande partie tributaire du cadre normatif posé par le référentiel national. Pour autant, les contraintes locales peuvent inciter à prendre des normes locales. Il convient donc de lire le *Répertoire* en fonction des contraintes nationales et locales, qui apparaissaient pour l'auteur comme relevant de l'évidence ou sans intérêt. Sa réflexion exprime parfaitement une science doctrinale du droit local colonial, attestant des paradigmes sous-jacents au droit romain : classifications juridiques, l'imagination critique, le raisonnement par analogie, la distance par rapport à l'opportunité…

Qu'en est-il du *verbo* « police médicale » ? Ce que l'auteur entend de l'objet de la police médicale concerne la soumission à la loi de la pratique médicale : comment éviter que ceux qui ne disposaient, d'aucun titre, d'aucune lettre de

[1] *Législation de l'île Bourbon, Répertoire raisonné*, Imprimerie de la Cour royale et des tribunaux, 1844, rue du foin Saint-Jacques, 1844 (3 tomes). *Législation de l'île de La Réunion, Répertoire raisonné*, Imprimerie de la Cour royale et des tribunaux, 1861, rue Cassette, n° 9 (6 tomes).

maîtrise, puissent exercer en toute impunité un art erroné de guérir en abusant de la confiance publique ? C'est un raisonnement à la fois moderne et parfaitement classique qui est à l'œuvre, dont la prémisse repose sur une considération logique : « A Bourbon, la médecine resta longtemps confondue dans la pratique avec la chirurgie. (Or) l'exercice de la chirurgie n'était soumis à aucune loi ». Il en résulte que l'art de guérir n'avait alors aucun fondement légal et, évidemment, était source « d'accidents les plus funestes ». La subordination au droit remonte à l'ordonnance locale du 4 janvier 1768, qui fut, pour l'auteur, le tout premier texte destiné à régir l'art médical.

De cette entreprise de soumission des activités médicales au droit, dans les colonies, il résulte deux manifestations en discordance. Le droit semble porteur de rationalisation et de clarification, notamment en qu'il distingue les différentes professions médicales et qu'il en subordonne l'accès à des titres, délivrés par une commission de santé. Mais il est aussi le réceptacle des préjugés raciaux et genrés de l'époque coloniale, montrant que l'effort de rationalité juridique coexiste avec une vision beaucoup plus politique du lien social. L'articulation entre les ombres et les lumières coloniales prend ici une autre expression, celle de la désarticulation entre rationalité et droits de l'homme.

LA VALORISATION DE L'ART MÉDICAL : D'UN ART *AD LEGEM* PARALLÈLE À LA PRATIQUE DES ARTS MÉDICAUX SUR TITRE ET *IN LEGE*

Selon l'ordonnance locale du 7 septembre 1772, les deux colonies mirent fin à l'exercice a-juridique de la médecine en imposant des conditions d'accès, telles l'obligation d'avoir servi comme chirurgien, pendant un an au moins, dans les hôpitaux militaires de l'une des deux colonies. Pour les chirurgiens désireux de s'établir dans les îles, il fut demandé qu'ils soient reconnus par une commission, comme disposant d'un titre d'exercice, délivré après avoir subi quatre examens. La commission était composée de « tous les chirurgiens reconnus par l'autorité », ayant la faculté d'interroger le demandeur du titre.

L'une des évolutions notables introduites par les différents textes de loi fut la classification des arts médicaux. D'une confusion entre les pratiques de la médecine et de la chirurgie, le droit introduisit des spécialités marquées entre la médecine, la chirurgie, l'officier de santé, la pharmacie, la chirurgie-vaccination, l'art des accouchements.

Évidemment sommaire, l'ordonnance de 1772 fut complétée par un arrêté du 10 germinal an XII (13 mars 1804), du capitaine-général Decaen, qui rentra plus avant dans les classifications en distinguant entre les titres de docteur en médecine, de docteur en chirurgie, d'officiers de santé issus des armées de terre ou de mer, les officiers de santé non militaires et, aussi, à la discrétion du gouverneur (« s'il le juge convenable »), les médecins ou chirurgiens étrangers et qualifiés dans les universités étrangères, se voyant octroyer le droit d'exercer leur art dans les colonies orientales. Un arrêté supplémentaire fut adopté, le 24 fructidor an XII (24 sept. 1804), afin d'autoriser les officiers de santé à pratiquer l'art des accouchements. Cet art était accessible à la condition d'avoir déclaré cette pratique, ainsi qu'au vu de titres délivrés par une école de médecine ou un hôpital de la République, ou en vertu d'une attestation dûment délivrée par un professeur et après avoir suivi des cours théoriques. L'encadrement de l'exercice de la médecine et de la chirurgie donna ensuite lieu (même arrêté supplémentaire) à évaluation précise des droits et honoraires, selon la nature de la consultation (1re visite, visites suivantes), la période (la nuit avec une définition juridique de celle-ci : entre 9 heures du soir à 5 heures du matin), l'objet (levée du cadavre), le lieu (hors du chef-lieu). Tous les autres cas d'activité, non établis par le texte, pouvaient être l'objet, en cas de contestation, « renvoyés par le juge à deux docteurs choisis par les parties ou nommés d'office, faisant fonction d'experts, percevant 20 francs chacun ».

Ces textes locaux s'inscrivaient dans la législation nationale, dont la loi du Consulat du 19 ventôse an XI (10 mars 1803) qui posait que : « nul ne pourra embrasser la profession de médecin, de chirurgien ou d'officier de santé, sans être examiné et reçu comme il sera prescrit par la présente loi ». Surtout, ce texte de la métropole faisait une distinction entre deux catégories de soignants : le docteur en médecine ou en chirurgie et l'officiat de santé, dont les formations étaient dissemblables : quatre années d'études conclues par cinq examens publics, dont deux soutenus en latin contre quatre années de pratique en hôpital ou cinq années comme attaché à un médecin, sanctionnées par trois épreuves en français. L'évidence d'une médecine à deux vitesses était justifiée, selon Georges Cabanis, par l'existence de deux catégories de malades : « observons que les méthodes de traitement, souvent uniformes et simples lorsqu'elles s'appliquent à des individus dont l'esprit, ou la sensibilité, n'a reçu que peu de culture, deviennent très compliquées, très variées, très difficiles, lorsqu'il s'agit de personnes dont l'existence morale a pris son entier développement… Ainsi la médecine pratique se réduit à peu de formules dans les campagnes et dans les hôpitaux : mais elle est forcée à multiplier, à varier, à combiner ses ressources avec le traitement des hommes livrés aux affaires, des savants, des gens de lettres, des artistes, et toutes les personnes dont la vie n'est pas vouée à des travaux simplement manuels »[2].

Dans la colonie de Bourbon, le texte fondamental de l'encadrement de l'exercice de la médecine remonte à l'ordonnance locale du 3 mars 1819 qui établit une commission de santé et porta règlement de l'art de guérir : la rationalisation juridique était alors poussée à un degré élevé de précision. L'île de France étant passée sous souveraineté anglaise, le texte de 1819 ne visait que l'île Bourbon. Il faisait office de législation provisoire, sous réserve d'être approuvé par le roi.

---

[2] Pierre GUILLAUME, Bernard HOERNI, « 1803 : le Consulat organise la médecine. Une célébration oubliée », in
http://solr.gmsante.fr/RDP/2003/14/RDP_2003_14_1619.pdf

Les principales dispositions s'énoncent comme suit.

Les compétences de la commission de la santé étaient précisées : vérification des titres et diplômes ; délivrance du titre d'officier de santé (trois examens sur l'anatomie, la médecine, la chirurgie, les accouchements et les connaissances les plus usuelles de la pharmacie) ; la reconnaissance du titre[3] d'établissement comme pharmacien et comme sage-femme. Étant donné le monopole de compétence de la commission de santé dans la reconnaissance ou dans l'attribution des titres d'exercice et l'obligation préalable faite à tous d'obtenir un titre 3, Auguste Delabarre de Nanteuil s'inquiétait des droits acquis de ceux qui exerçaient précédemment leur art : « il va sans dire que cette ordonnance n'a pu porter atteinte aux droits acquis au moment de sa publication, car elle ne saurait avoir d'effet rétroactif ». On peut être étonné de l'appel fait à la rétroactivité, qui n'était pas absolument en cause en l'espèce, d'autant que le texte de 1819 contenait les éléments de réponse aux questions que se posait l'auteur. Selon l'article 4, une équivalence de titre était reconnue à ceux qui exerçaient leurs activités précédemment.

La notion d'officiat de santé avait été reçue dans les colonies par l'arrêté du 10 germinal an XII. Sa subsidiarité fut précisée par l'ordonnance locale du 3 mars 1819 qui retint la réserve suivante : la pratique d'une grande opération chirurgicale ne peut se réaliser que sous la surveillance et l'inspection d'un docteur. En cas d'accident grave, hors surveillance et inspection, l'officier de santé serait tenu à une indemnité (art. 9). Toutefois, pour contrer le « petit nombre de docteurs établis sur l'île », un officier de santé était nommé dans chaque quartier doté des « prérogatives attribuées aux docteurs ». Nécessité faisait loi.

Les pharmacies furent reconnues, mais limitées au nombre de cinq, dont deux à Saint-Denis. L'exercice de chef d'officine était subordonné à un titre ou à des connaissances reconnus par la Commission de santé. Le pharmacien devait présenter et réussir trois épreuves. Les deux premières étaient théoriques et portaient sur les principes de l'art et de la botanique, d'une part, et de l'histoire naturelle des drogues simples, d'autre part. La troisième était pratique : elle s'étalait sur trois jours et considérait au moins six opérations chimiques et pharmaceutiques, imposant à l'aspirant d'en faire l'opération, en décrivant les matériaux, les procédés et les résultats. La séparation des fonctions de pharmaciens et des autres corps (médecins, chirurgiens, officiers de santé) était établie sous la forme d'une prohibition d'« association de quelque genre que ce soit » (art. 17). Responsables de la fabrication et de la qualité des drogues et médicaments simples et composés, les pharmaciens étaient l'objet de visites conduites par la commission de santé, au moins trois par an.

Le recours à une école pratique et théorique de sages-femmes fut adopté, pour

[3] Selon l'article 3 de l'ordonnance du 3 mars 1819, nul ne pourra exercer ou prendre le titre sans avoir été reconnu ou reçu par la commission de santé, à compter du 1er juillet 1819.

une entrée en activité à compter du 1er août 1819[4]. L'accès à cette profession était réservé aux femmes et les études étaient d'une année, au terme de laquelle la commission de santé distinguait : « celles qui seront jugées en état d'exercer cette profession » (art. 29). Preuve de la secondarité de la profession, en cas d'accouchement laborieux, l'emploi des instruments ne pouvait pas se faire sans un médecin ou un chirurgien.

L'inoculation de la vaccine était décidée par la commission de santé, qui établissait le nombre de personnes à vacciner, des quartiers, et attribuait un monopole au chirurgien-vaccinateur. La vaccine était obligatoire et exigeait du chirurgien-vaccinateur de se transporter sur les habitations, à l'effet de procéder l'inoculation de tous les noirs esclaves de tout sexe et de tout âge (art. 41).

Des consultations gratuites, à compter du 1er mai 1819, étaient mises en place, tous les dimanches, à Saint-Denis et à Saint-Paul, sur présentation d'un certificat du maire ou du curé, attestant l'indigence. Les remèdes étaient également gratuits. Il s'agissait là « d'un service purement honorifique » (art. 51).

LA DÉVALORISATION RACIALE ET GENRÉE : LA POLICE MÉDICALE, REFLET DE LA CORRUPTION DES ÉLITES COLONIALES ET DE LEUR DROIT

Les tout premiers actes de législation médicale avaient pour ambition d'empêcher que : « des créoles, parmi le peuple noir et négresses libres et esclaves, ne puissent s'ingérer de traiter les malades et de donner des remèdes dont ils ne connaissaient ni la force, ni l'utilité ». Ainsi, non pas sur la base d'une compétence médicale approuvée, mais sur la base de préjugés raciaux, les Noirs, hommes et femmes, libres ou esclaves (*quid* des affranchis ?), étaient absolument interdits de pratique de l'art médical. L'accès aux soins était-il effectif, par ailleurs ? Le texte 1768 distinguait trois catégories de communautés faisant l'objet d'interdiction d'exercice de l'art médical associées à trois formes de punitions :

- Les Noirs libres : un mois de prison et 300 livres d'amende
- Les négresses libres : punition corporelle et 100 livres d'amende
- Les esclaves, hommes et femmes : confiscation et 200 livres d'amende envers leurs maîtres

Puis, en 1772, l'ordonnance locale dépassa le cadre du peuple noir, en incluant : « nègres et gens de couleur, libres ou esclaves, n'ayant le droit ni d'exercer la médecine ou la chirurgie, ni de faire aucun traitement de malade, sous quelque prétexte que ce soit, à peine de 500 livres d'amende et de punition corporelle suivant l'exigence des cas ». Les peines furent durcies, le régime pénal unifié et le champ des personnes discriminées élargi. La médecine était alors une

[4] « Une ordonnance de 1819 qui prévoyait la création d'une école de sages-femmes à Bourbon, resta lettre morte. Il semble que deux à cinq sages-femmes officiaient à La Réunion entre 1861 et 1881 » (Bernard-Alex GAÜZÈRE et Pierre AUBRY, *Histoire de la médecine à l'île Bourbon – La Réunion*, Tome 2, *Histoire des maladies*, L'Harmattan, 2017, p. 177).

affaire d'hommes blancs. Nul doute qu'il ne s'agissait pas, dans l'esprit de la société de l'époque, d'une discrimination, mais d'un état de fait. Le peuple noir et les gens de couleur, mêmes libres, n'avaient pas à avoir accès aux professions médicales. La rationalité de l'art médical précédemment mise en avant apparaît alors ternie par cette dévalorisation raciale et genrée. La société coloniale de l'époque avait les moyens intellectuels de construire autrement les rapports sociaux, à l'aune notamment des apports du Siècle des lumières. Après certes l'adoption de ces deux ordonnances locales, l'article 6 de la déclaration de 1789 ne laissait planer aucun doute sur le sens à donner aux talents et aux mérites. La dévalorisation raciale et genrée était adoptée à escient pour favoriser un ordre politique colonial. Nul doute qu'il convient ici de voir « un droit utile » à l'entreprise coloniale et aux « rapprochements opérés dans les sociétés complexes » de l'île Bourbon et de l'île de France[5].

La charge raciale et genrée de l'accession à la formation de sages-femmes mérite une dernière illustration. Si le nombre d'élèves était indéterminé, « elles seront choisies parmi les femmes blanches et libres, devront avoir plus de 18 ans et moins de 25, être de bonne vie et mœurs, n'avoir point de vice de conformation et savoir au moins lire » (art. 26, ordonnance locale du 3 mars 1819).

La race et le genre ne sont pas appréhendés de la même façon par la législation locale. Autant la première est l'objet de prohibitions frontales, autant le second est traité de façon plus nuancée. L'exercice de l'art des accouchements n'est pas proprement féminin. Ainsi l'officier de médecine peut-il, selon l'arrêté du 24 fructidor an XII (24 sept. 1804), se « destiner à la pratique des accouchements » (art. 2). *A fortiori* le médecin peut-il les pratiquer. Ce qui n'est pas dit, tant cela relève de l'évidence, est que l'art de la médecine, de la chirurgie et l'officiat de santé sont réservés aux hommes. Que les femmes puissent avoir des connaissances médicales n'est pas impensable puisque les femmes noires, libres, esclaves, affranchies, sont interdites, expressément, de traiter des malades et distribuer des remèdes (ordonnance locale du 4 janvier 1768). Surtout cette même ordonnance pouvait lever la peine et autoriser ces pratiques, à l'égard de ces femmes, par une permission du médecin ou du chirurgien du Roi. Un croisement intéressant de race et de genre concerne les femmes libres (noires) autorisées à pratiquer l'art des accouchements (art. 26, précité). L'accès à cette spécialité semble ainsi le moins discriminatoire, laissant entendre que l'art des accouchements est un art médical mineur.

Lorsqu'il présente ces éléments de législation, Auguste Delabarre de Nanteuil n'expose aucun regard critique : l'esclavage est un état de fait, qui remonte à l'enfance de la colonie, qui trouve son explication dans ce que les Européens ne peuvent pas, sans danger pour leur existence, se livrer à la culture des terres sous la zone torride et que les noirs peuvent y être employés… Se référant au commissaire de la marine Thomas, chargé à Bourbon du service administratif, entre 1818 et 1824, il écrit que : « le Noir, abandonné à sa volonté ne fait rien ; sa

[5] Bernard DURAND, *Introduction historique au droit colonial*, Paris, Economica, 2015.

vie n'est qu'un long repos, entrecoupé de rares instants d'activité. Il faut qu'il soit forcé au travail. Tels sont les motifs, on ne saurait en douter, qui ont porté les fondateurs de la colonie à adopter le régime de l'esclavage… L'esclavage est dans les colonies françaises une domesticité viagère, tandis qu'en France la domesticité est un esclavage annuel et temporaire. Voilà sa véritable définition ». Ce même Thomas présentait, pour Delabarre de Nanteuil, un témoignage digne de foi. L'Académie des sciences ne lui avait-elle pas décerné un prix, en 1827, pour ses travaux sur les statistiques de Bourbon[6] ? L'histoire est emplie de ces discriminations juridiques tenues pour socialement justes. Le droit romain, que Jean Gaudemet se plaisait à décrire comme un « miracle » et qui formait la trame conceptuelle du droit colonial, pour autant rationnel qu'il ait été, distinguait nettement un droit de l'esclavage et était au service d'une société profondément inégalitaire, marquée par la division entre le patriciat et la plèbe. Ce qui nous apparaît si évident à voir chez nos anciens, est toujours présent dans nos sociétés, sous des formes renouvelées.

Dans la version post-1848, Delabarre de Nanteuil se fait taiseux sur l'abolition. Nul *verbo* en ce qui concerne l'esclavage, l'abolition, l'affranchissement. Sans doute ne s'y retrouvait-il pas, lui qui avait mis tant de soin à tirer la loi de son inextricable chaos… Le *verbo* actualisé de la police médicale ne commente pas l'abrogation des limites raciales. Il se contente de rappeler que la nécessaire soumission de l'activité médicale à la loi avait alors, comme s'il s'agissait d'une explication subreptice et secondaire, édicté des prohibitions raciales. Ainsi va l'écriture du droit par les juristes, partielle et partiale. Exclusive référence au passé, le *verbo* « gens de couleur » dans lequel il estime que les Noirs issus de la traite et affranchis en 1848 ne peuvent pas avoir la qualité de Français.

Dans leur important ouvrage, Bernard-Alex Gaüzère et Pierre Aubry ne discutent pas directement du privilège racial de la médecine à l'île Bourbon-La Réunion. Seule mention, mais relative à l'année 1849, le docteur d'origine indienne : Arouloupoullé[7]. L'obstacle racial est contourné par la pratique d'une médecine et d'une pharmacopée traditionnelles, que la doctrine réunionnaise supposément convergente analyse ainsi : « Les travaux menés en anthropologie médicale depuis plus de trente années à La Réunion, tout d'abord par Jean Benoist, puis par Patrice Cohen, Laurence Pourchez et plus récemment, Laurence Tibère, montrent que le contexte réunionnais, loin d'être homogène, se caractérise néanmoins par la cohabitation de deux systèmes de représentation du corps et de

---

[6] L'ouvrage auquel fait référence Delabarre de Nanteuil est l'*Essai des statistiques de l'île de Bourbon*, Paris 1828, qui fut vivement critiqué par Auguste BILLIARD (*Graves erreurs de M. Thomas dans son essai sur les statistiques de l'île de Bourbon*, Paris, 1828).

[7] Voir Bernard-Alex GAÜZÈRE et Pierre AUBRY, *Histoire de la médecine à l'île Bourbon – La Réunion*, Tome 1 *De la découverte de l'île à nos jours*, L'Harmattan, 2017 ; Tome 2, *Histoire des maladies*, 2017. Spécialement le tome 2, p. 216 : « Nous ignorons tout de M. Arouloupoullé, si ce n'est qu'il apparaît sur cette lithographie datée de janvier 1849 et qu'il y est présenté comme docteur, parmi les types indiens de La Réunion ».

la santé »[8].

De ce bref essai sur la corruption coloniale, il résulte comme l'avait, dans un tout autre contexte, formulé Jean-François Girard, président du Conseil exécutif de l'OMS : « l'émergence de la santé comme un concept politique »[9]

[8] Christine CATTEAU, Laurence POURCHEZ, « La Réunion : état de santé des populations et pratiques de promotion de la santé », *La santé de l'homme*, novembre-décembre 2009, p. 31-34, cité par Bernard-Alex GAÜZÈRE et Pierre AUBRY, *Histoire de la médecine à l'île Bourbon – La Réunion*, Tome 2, *Histoire des maladies*, L'Harmattan, 2017, p. 35.

[9] Voir *Le Monde*, « Entretien avec le professeur Jean-François Girard », 20 janvier 1993. Sur cette dimension politique, notre contribution : « L'OMS à l'épreuve du « continent noir ». De la pandémie du SIDA à ONUSIDA », à paraître en 2019, Faculté des sciences juridiques et politiques de l'Université Cheik Anta Diop, Dakar.

NOS TRAVAUX SUR L'ESCLAVAGE DANS L'OCÉAN INDIEN

. *Une anthropologie juridique des droits de l'homme. Les chemins de l'Océan indien*, Paris, Agence universitaire de la francophonie éd., Édition des archives contemporaines, nov. 2009, 266 pages. Préface d'Abdou DIOUF et postface de David ANNOUSSAMY

. « Esclavage et libertés : le Code civil colonial de 1805 », in *Traités, esclave et transition vers l'engagisme*, University of Mauritius. Centre for research on slavery and indenture, éd. Vijaya Teelock et Thomas Vernet, 2015, p. 64-69

. « La répression selon le code noir pénal : droit, déviance et esclavage à l'île de La Réunion au début du XIXè siècle », in *Dérives et déviances*, Bibliothèque universitaire francophone, C. DUBOIN (dir.), Paris, Le Publieur, 2005, p. 73-83.

. « Esclavage, libertés et droit : le code civil colonial des îles de France et de la Réunion du 1er brumaire an XIV », in *Regards sur l'Afrique et l'océan indien*, Bibliothèque universitaire francophone, S. Fuma (dir.), Paris, Le Publieur, 2005, p. 139-146

. « L'analyse du code noir », in *Esclavage et abolitions dans l'océan indien*, L'Harmattan-Université de La Réunion, 2002, p. 15-20. 6

. « Le système d'indemnisation des colons selon la loi du 30 avril 1849 et son décret d'application du 25 novembre 1849 », in *Revue historique des Mascareignes*, 2000, n° 2, p. 163-165

. « Essai sur la suppression de l'engagisme à l'île Sainte-Marie de Madagascar », *Cahiers des Anneaux de la Mémoire*, Nantes, 2000, p. 111-127 et *Cahiers aixois d'Histoire des Droits de l'Outre-mer Français*, 2004, n° 2, p. 121-137

. « 'Être esclave selon la loi' : norme juridique et injustice », in *Regards croisés sur l'esclavage 1794-1848,* CNH, Somogy, 1998, p. 97-101.

LA GENÈSE HISTORIQUE DE LA LIBERTÉ D'INSTALLATION MÉDICALE

Antoine LECA
Directeur du Centre de droit de la santé d'Aix-Marseille, UMR 7268 - Anthropologie bio-culturelle, Droit, Éthique & Santé (ADÉS) AMU-EFS-CNRS

On ne cherchera pas dans les lignes qui suivent à éclairer l'histoire ancienne de la liberté d'installation des médecins, *avant que celle-ci ne soit formalisée.* Cela ne semble guère utile, dès lors qu'on a rappelé que l'héritage historique nous a légué deux modèles absolument antinomiques, dont aucun n'était vraiment transposable à notre modernité :

- celui de la liberté absolue, avec le droit romain classique, car, à Rome la médecine figurait parmi les *operae liberales*[1], au point qu'on n'exigeait même pas de diplôme pour exercer. La liberté y fut totale jusqu'au Bas-Empire[2].

- le second archétype est celui de l'encadrement, à l'âge des corporations médiévales, qui subordonnait le droit d'exercer à un titre et plaçait les professionnels sous la tutelle stricte de l'Université.

Depuis le XVIIIe siècle, le droit français s'est efforcé de trouver sa propre voie… en exigeant un titre, mais en respectant la liberté d'installation, qui est de règle en matière de biens et de services depuis la proclamation de la liberté du commerce et de l'industrie par la Révolution.

---

[1] A.-E. GIFFARD, *Précis de droit romain*, t. II : *Les obligations*, Dalloz, Paris, 2e éd. 1938. La distinction des *operae* (travail, service) et des *operae liberales* renvoyait à celle qui séparait les tâches vulgaires des occupations nobles (Sénèque, *Ep.*, LXXXVIII, 18-21-23) assimilables aux professions libérales (L.-R. MÉNAGER, *Histoire institutionnelle et sociale de l'Antiquité*, P.U. Perpignan, 1999, p. 166). Mais elle ne revêtait de clarté que dans la différenciation entre d'une part le travail des esclaves, des salariés, d'autre part l'activité des hommes libres de naissance vivant selon leur rang. Les services des esclaves et des affranchis étaient régis par la *locatio operarum*, le contrat de travail (R. MONIER, *Manuel élémentaire de droit romain*, t. 2 : *Les obligations*, Domat-Montchrestien, 5e éd., 1954, p. 173), qui supposait le versement d'une *merces* (salaire, mais aussi rémunération), regardée comme dégradante (CICÉRON, *De officiis*, 1.42.150 parle à son propos de « prix de la servitude »). Dans le cadre des *operae liberales*, qui concernaient médecins, sages-femmes, professeurs ou avocats (Dig. 50, 13, 1), la contrepartie du « service » était le témoignage de reconnaissance qu'exprimaient les *honorariis* (honoraires) (Dig. 50, 13, 1 §.10), qui en théorie n'étaient point un salaire (Dig., 19, 5, 27, 1). Cf. Antoine BERNARD, *La rémunération des professions libérales en droit romain*, Domat-Montchrestien, Paris 1935.

[2] Au IVème siècle, Valentinien et Valens instituèrent une sorte de service médical de l'*Urbs*, avec un archiatre pour chacune de ses quatorze régions : ces médecins étaient affectés dans l'une d'elles ; ils touchaient un salaire fixe et devaient soigner les indigents, tout en conservant la possibilité d'avoir une clientèle privée payante. Cf. A. LECA, A. LUNEL et S. SANCHEZ, *Histoire du droit de la santé* LEH, Bordeaux, 2014, p. 24).

Le sujet de cet article ne débute véritablement qu'avec l'avènement des lois sociales. C'est à cette époque qu'on a formalisé et théorisé la *liberté d'installation médicale.* Car cette expression est une notion et une construction lexicale qui date de la fin des années 1920 et elle reflète un aspect particulier de ce qu'on appelle la « médecine libérale », terme d'usage très courant, qui a été largement diffusé à l'orée du XXe siècle[3]... et qui reste pourtant inconnu du Code de la santé publique[4].

La raison de ce silence est simple. Comme on s'est efforcé de le démontrer dans un article antérieur[5], la « médecine libérale » est une notion moins juridique qu'idéologique et culturelle et elle éclaire moins sur ce qu'est vraiment la médecine en clientèle privée que sur ce que celle-ci voudrait être, malgré la part énorme de la prise en charge sociale : une médecine autonome à l'égard de l'État. Les médecins « libéraux » acceptent que leur installation soit soumise à l'appréciation de leurs pairs[6], mais ils n'admettent pas qu'elle dépende de l'État et des organismes de sécurité sociale, regardés comme des menaces potentielles vis-à-vis de leur indépendance, alors que le premier leur a donné un monopole d'exercice et que les seconds assurent indirectement leur financement.

Il faut rappeler brièvement le contexte qui était celui de la France en 1927-1928, avec le spectre du socialisme. Lors du débat sur les assurances sociales, les médecins furent amenés à réaffirmer ou plutôt à affirmer un certain nombre de

---

[3] Il apparaît dans le sillage des premières lois sociales impliquant directement les médecins, la loi de 1893 sur l'assistance gratuite aux indigents et surtout celle de 1898 sur les accidents de travail, conférant aux victimes le privilège de la gratuité des soins. Son « idéologue » à été le très influent Dr. Paul Brouardel (1837-1906), membre de l'Académie de médecine et parlementaire.

[4] Le Code parle de « médecine générale », de « médecine du travail », de « médecine scolaire », de « médecine ambulatoire », etc. mais jamais de médecine libérale. Tout au plus utilise-t-il les expressions « médecins libéraux » (C.S.P., art. D4133-25 /D. n° 2006-650 du 2 juin 2006) ou « médecins exerçant à titre libéral » (C.S.P., art. R4031-6 (D. n° 2010-585 du 2 juin 2010) pour désigner les praticiens privés non-salariés.

[5] A. LECA, « La médecine libérale. Quelle réalité juridique? Réflexions à partir du droit romain et de la loi du 5 avril 1928 sur les assurances sociales », Communication au colloque d'Aix-en-Provence de l'AFDS : *La médecine libérale : quel avenir ?* organisé le 29 mars 2011 et publié par la *Revue de droit sanitaire et social*, n° hors série, Dalloz, Paris, 2011.

[6] Déontologiquement, un médecin ne peut pas s'installer dans un immeuble où exerce déjà un autre praticien. Le Code de déontologie limite également la liberté d'installation dans certains cas qui pourraient créer une confusion chez les malades et susciter une concurrence trop vive entre praticiens : interdiction d'installer son cabinet dans un immeuble où existe déjà le cabinet d'un confrère de même spécialité, sauf autorisation de celui-ci ou du conseil départemental de l'Ordre (C.S.P., art. R.4127- 90), prohibition d'un cabinet secondaire, sauf autorisation du C.D.O.M (C.S.P., art. R.4127- 85), prohibition pendant deux ans de toute installation d'un cabinet où il pourrait concurrencer un confrère qu'il a remplacé, sauf accord de ce dernier ou autorisation de l'ordre (C.S.P., art. R.4127- 86). Professionnellement « il est correct que le médecin qui désire s'installer aille, avant toute chose, se présenter au président départemental de l'ordre. Il lui est également recommandé de rendre visite aux confrères exerçant dans son voisinage. Il obtiendra ainsi des renseignements de toutes sortes sur l'exercice de la profession dans la ville ou dans la région où il va s'installer, et il sera mis au courant des usages locaux du service médical, tel que l'organisation du service des gardes, etc ». http://www.ordmed31.org/exercice-medical/installation/article/recommandations

principes. Afin de ne pas tomber sous la dépendance fantasmatique des caisses, les syndicats médicaux[7] adoptèrent une « charte médicale » le 30 novembre 1927. Celle-ci doit beaucoup au Dr. Paul Cibrié[8]. Ce texte a fondé les règles de la médecine « libérale » française tout au long du XXe siècle. Ce sont les fameuses « libertés médicales »[9], consacrées par le Code de déontologie médicale dès 1947[10] et par le législateur lui-même dans la loi du 3 juillet 1971. Il s'agit de quatre ou cinq points (suivant la présentation qu'on en fait) qui peuvent s'analyser comme des droits pour les médecins. Ils ont été posés par les professionnels pour s'opposer à un spectre, « la médecine de caisse » : le premier de ceux-ci est la liberté d'installation à laquelle cette contribution est spécialement consacrée. Cette liberté se retrouve dans le Code de la santé[11] et aussi à un rang moindre dans le code de la sécurité sociale[12].

Malgré toutes les critiques qu'elle suscite, notamment en termes de maillage médical, le droit français la consacre toujours[13]... alors qu'il l'a abolie pour les pharmaciens dès 1941 et pour les laboratoires d'analyse et de biologie médicale dès 1946 et qu'il a soumis à un accord de conventionnement toutes sortes de professionnels de santé, notamment les infirmiers en 2011[14] les masseurs kinésithérapeutes en 2012[15] et les sages-femmes en 2018[16] : la maîtrise comptable des soins est un filet aux mailles particulières qui limite l'installation de quasiment tout le monde... sauf des médecins (et des chirurgiens-dentistes, autre « profession médicale »).

Pourtant, l'historien du droit peut observer qu'en temps de guerre le législateur s'en est un peu affranchi (**I**) et qu'outre-mer le principe a parfois subi des atteintes majeures (**II**). Cette modeste et brève réflexion a donc sa place dans les « Mélanges en l'honneur du doyen B. Durand » qui a tant apporté à notre

---

[7] L'*Union des syndicats médicaux français* (USMF) qui avait émergé dans les années 1880 devint la *Confédération des syndicats médicaux français* (CSMF) en 1928.

[8] 1881-1965.

[9] J.-M. AUBY (dir.), *Droit médical et hospitalier*, Litec, Paris, 1993, fasc. 80.

[10] D. n° 1947-1169, 27 juin 1947 (*JO* 28 juin).

[11] C.S.P., art. L. 1434-3 (O. n° 2018-20 du 17 janvier 2018).

[12] C. Séc. Soc., art. L. 162-2 C : « Dans l'intérêt des assurés sociaux et de la santé publique, le respect de la liberté d'exercice et de l'indépendance professionnelle et morale des médecins est assuré conformément aux principes déontologiques fondamentaux que sont le libre choix du médecin par le malade, la liberté de prescription du médecin, le secret professionnel, le paiement direct des honoraires par le malade et la liberté d'installation du médecin ». Il n'est pas indifférent de noter que le principe apparaît ici... à la dernière place.

[13] La liberté d'installation a été réaffirmée par la loi (dite HSPT bis) du 10 août 2011 (L. n° 2011-940 du 10 août 2011, art. 4 modifiant l'art. L. 1434-3 précité, en y insérant les mots : « dans le respect du principe de liberté d'installation des professionnels de santé » (*J.O.* 11 août 2011).

[14] Arrêté du 15 juillet 2011 portant approbation de l'avenant n° 2 à la convention nationale des infirmières et des infirmiers libéraux (*JO* 23 juillet 2011).

[15] Arrêté du 10 janvier 2012 portant approbation de l'avenant n° 3 à la convention nationale des masseurs-kinésithérapeutes libéraux (*JO*, 14 janvier 2012).

[16] Arrêté portant approbation de l'avenant n° 4 (29 mai 2018) à la convention nationale des sages-femmes libérales signée le 11 octobre 2007 (*JO* 10 août 2018).

connaissance de l'histoire du droit en général et de l'histoire du droit de l'outre-mer en particulier.

I. LA LIBERTÉ D'INSTALLATION SUSPENDUE EN TEMPS DE GUERRE

Dès 1938, avec la dégradation de la situation diplomatique en Europe, le législateur français a adopté un certain nombre de mesures en cas de conflit armé international[17]. Puis, lors de l'entrée en guerre, il est apparu nécessaire de pourvoir administrativement au logement et à la situation matérielle des médecins requis. Ce fut l'objet du décret du 20 mai 1940[18].

Après l'armistice ce texte fut abrogé. Mais la préoccupation de remédier à ce qu'on n'appelait pas encore les « déserts médicaux » et celle de protéger les médecins prisonniers de guerre prit alors le relais, sous l'égide du docteur Serge Huard, secrétaire d'État à la Santé jusqu'au 18 avril 1942, puis du docteur Raymond Grasset[19], du 18 avril 1942 au 17 août 1944.

La loi du 2 avril 1941 portant « création ou extension de cabinets médicaux » permit au conseil supérieur de l'Ordre des médecins, créé le 7 octobre 1940, de fixer le nombre maximum des médecins susceptibles d'exercer leur art dans un département et il soumit à autorisation préfectorale la création ou l'extension de tout cabinet médical (ou dentaire). La procédure prévoyait un avis consultatif du conseil départemental de la profession concernée[20].

La loi du 28 août 1942, qui abrogea la précédente, revint sur la protection des intérêts des médecins prisonniers de guerre. Elle disposa qu'il pourrait être créé autour du lieu d'exercice de chaque médecin prisonnier des circonscriptions médicales réservées, qui ne pourraient être occupées que provisoirement en attendant le retour du prisonnier.

La liberté d'installation était réduite à néant par ce dispositif illibéral. On peut avancer une hypothèse : son inspiration possiblement coloniale. En effet en Afrique occidentale française, le service d'assistance médicale indigène, créé par arrêté du gouverneur général, en date du 8 février 1905[21] avait institué des circonscriptions médicales appelées « cercles » avec déjà un médecin à chaque chef-lieu, logé et rémunéré. Mais peut-être n'y a-t-il là qu'une convergence spontanée, rendue possible par la pénurie de personnel soignant qualifié ?

---

[17] Loi du 11 juillet 1938 sur l'organisation de la nation pour le temps de guerre et décret du 28 novembre 1938 sur les réquisitions.

[18] Décret du 20 mai 1940 « logement et situation des médecins requis en temps de guerre ».

[19] 1892-1968.

[20] http://services.biusante.parisdescartes.fr/medica-pdf/

[21] Voir à ce sujet les références citées par Samba THIAM, « Droit africain. L'assistance médicale à l'époque coloniale », Revue générale de droit médical (*RGDM*), n° 70 (mars 2019), p. 314 note 22 : *Bull. administratif du Sénégal*, 1905, p. 157-161.

En tous cas, ces dispositions et d'autres, notamment le *numerus-clausus*[22], furent balayées à la Libération.

Mais curieusement, le législateur colonial paraît avoir pris appui sur ce dispositif autoritaire lorsqu'il s'est efforcé de réorganiser l'offre de santé outre-mer. Le point de départ a été l'application locale de l'acte dit loi du 16 août 1940 qui interdisait l'exercice de la médecine aux médecins étrangers, à ceux qui avaient acquis la nationalité française après 1927, etc. À Dakar, la mesure frappa les médecins libano-syriens et il en sortit l'idée de fixer autoritairement le nombre de cabinets médicaux appartenant à ceux-ci[23]. On se demanda également si, en l'absence de sections locales de l'Ordre des médecins nouvellement créé, l'association des médecins du Sénégal ne pourrait pas être investie d'une fonction consultative auprès du gouverneur « qui règlemente, donc autorise une nouvelle installation ou fixe le nombre maximum de médecins ou dentistes admis à pratiquer »[24]. Mais finalement un Ordre local fut mis en place.

Ces tâtonnements éclairent la difficulté rencontrée par l'État à appliquer ses textes outre-mer : elle s'observe toujours actuellement dans les « confettis » de ce que fut jadis notre Empire colonial.

[22] Décrets du 21 juin et 11 août 1941 et acte dit loi du 19 octobre 1942, commentés dans A. LECA, « Un siècle d'iniquités dans l'accès aux études médicales en France - du *numerus clausus* vichyste à la 'savonnette à vilains' roumaine », *RGDM* n° 65, décembre 2017, p. 172-173.

[23] Samba THIAM, « Droit africain. L'assistance médicale à l'époque coloniale », *op. cit.*, p.328.

[24] *Ibid.*, p. 329.

II. LA LIBERTÉ D'INSTALLATION RÉDUITE OUTRE-MER

En Nouvelle-Calédonie, la détérioration des comptes sociaux et les effarantes inégalités de densité médicale entre le Grand Nouméa et la Brousse ont entraîné dans les années 1990 la mise en place d'un conventionnement sélectif[25]. En effet, en droit français, à la différence de certains pays[26], le conventionnement social n'est pas un droit pour le professionnel de santé.

L'adhésion est en effet soumise à un régime différent selon que le praticien souhaite exercer son activité dans les communes du Grand Nouméa (Nouméa, Mont-Dore, Païta, Dumbéa) nettement sur-médicalisées ou dans les autres communes, plus ou moins sous-médicalisées. Depuis 1994, le nombre de professionnels libéraux de la santé est régulé dans les quatre communes du Grand Nouméa alors que dans les autres communes, l'accès au conventionnement demeure libre.

Le système de régulation pour l'accès au conventionnement avait été mis en place pour trois ans par la délibération du 18 octobre 1996[27]. L'accès au conventionnement avec la caisse locale (la *Caisse de Compensation des Prestations Familiales, des Accidents du Travail et de Prévoyance des travailleurs de la Nouvelle-Calédonie et dépendances*) a été alors subordonné à plusieurs critères : les besoins de santé des habitants de ces communes, les capacités financières des organismes de sécurité sociale, la nécessité de mieux répartir les professionnels de santé en fonction en Nouvelle-Calédonie dans une démarche de rééquilibrage. La première loi du pays adoptée par le Congrès local a reconduit ce dispositif pour deux ans à compter du 12 novembre 1999. Le nouveau dispositif de régulation, instauré par la loi du pays du 7 novembre 2001, subordonne toujours l'accès au conventionnement dans les communes du Grand Nouméa au respect des trois critères suivants : les besoins de santé des habitants de ces communes, l'équilibre financier des organismes de protection sociale, une meilleure répartition géographique de l'offre de soins en Nouvelle-Calédonie. Deux innovations ont toutefois été introduites par rapport au dispositif antérieur : les besoins de la population et l'offre des soins sont appréciés non plus sur l'ensemble du Grand Nouméa, mais sur chacune des quatre communes. Surtout, une priorité a été instituée en faveur des professionnels de la santé en attente de conventionnement s'ils ont exercé pendant quatre ans en Nouvelle-Calédonie en dehors du Grand Nouméa à titre privé ou public, ou alors s'ils ont travaillé pendant quatre ans en qualité d'assistant hospitaliers dans les établissements publics situés en Nouvelle-Calédonie, ou encore s'ils ont exercé pendant quatre ans dans une

[25] Pour plus de détails : A. LECA, *Droit et politique de santé publique en Nouvelle-Calédonie,* LEH, Bordeaux, 2019.

[26] En Suisse, en vertu de la loi fédérale du 18 mars 1994 sur l'assurance maladie, un fournisseur de prestations qui remplit les conditions légales d'admission peut pratiquer des soins à la charge de l'assurance obligatoire (RS 832.10, RO 195 1328, http://adminin.ch/ch/f/rs/c832_10.html).

[27] Délibération n° 121/CP.

association de réponse aux urgences médicales agréée par arrêté du gouvernement de la Nouvelle-Calédonie.

Ce dispositif n'entrave pas directement la liberté d'installation qui demeure théoriquement intacte. Mais il la prive de tout intérêt en interdisant le conventionnement d'un praticien non autorisé par la caisse. Le Conseil d'État a admis la légalité des dispositions contraignantes contenues dans la convention médicale, au motif que le médecin demeurait juridiquement libre d'adhérer ou non au régime conventionnel[28]. Mais dans les faits, cette liberté d'exercer en dehors du cadre conventionnel ne peut réellement s'exercer, car la majorité de la population ne peut pas s'offrir les services d'un professionnel non-conventionné.

Le système a été rapidement imité dans le pays d'outre-mer le plus proche. En effet en Polynésie française, un système de régulation du conventionnement a été mis en place par la délibération n° 98-164 APF du 15 octobre 1998, qui a reconnu ce droit à l'organisme compétent localement (la *Caisse de Prévoyance sociale/Te-Fare Turuutaa*). Un gel des conventionnements a été instauré sur les archipels des Iles du Vent et des Iles-sous-le-Vent (à l'exception de Maupiti et de Maiao) par cette délibération, complété par l'arrêté n° 1804 CM du 27 décembre 2000. Cet arrêté a précisé les cinq zones de conventionnement, afin d'orienter la démographie médicale[29].

Au vu des interactions qui s'opèrent entre la métropole et son outre-mer et des transformations qui ont affecté l'installation d'un grand nombre d'acteurs de santé non-médecins, ce dispositif s'imposera un jour en métropole assez inévitablement. C'est là, croyons-nous, « le sens de l'histoire ».

---

[28] CE 17 nov.1976, *Rec. CE* p 107, CE 17 déc.1993, *Rec. CE* p. 290.

[29] A. LECA et autres, *Le droit médical en Polynésie française,* LEH, Bordeaux, 2013.

QUELQUES REMARQUES SUR LES MÉCANISMES D'ATTÉNUATION DES PEINES AUX COLONIES. LA COUR D'ASSISES DE BASSE-TERRE ENTRE L'ARBITRAIRE DE L'ANCIEN DROIT ET LES RÈGLES DU CODE PÉNAL (1829-1839)

Pascal VIELFAURE
Professeur à la Faculté de droit de l'Université de Montpellier

En 1994, le professeur Bernard Durand me proposait de travailler sur les évolutions du droit pénal au XIXe siècle et en particulier sur la première réforme d'ampleur du Code pénal de 1810 intervenue sous la monarchie de Juillet. L'une des mesures phares de la réforme du 28 avril 1832 fut l'extension des circonstances atténuantes (dont le mécanisme était déjà prévu pour certains délits en 1810 et avait été modifié en 1824) et leur attribution aux jurés. À l'occasion de cette recherche, il était apparu que la loi du 28 avril 1832 avait fait l'objet d'une application dans les « anciennes colonies » en 1835, essentiellement aux Antilles, à la Réunion, et en Guyane et un chapitre de thèse était alors envisagé pour traiter cette application particulière de la réforme. Néanmoins, après discussion il fut décidé que c'était là un autre travail qui serait entrepris ultérieurement.

À la suite de la belle série dirigée par le doyen Durand, intitulée « Le juge et l'Outre-mer », l'Institut d'histoire du droit de Montpellier a décidé de poursuivre les investigations dans ce sens. Le texte qui suit est donc à la fois un « clin d'œil » au sujet initial de ma thèse dirigée par le doyen Durand et s'inscrit plus largement dans une thématique de travail de notre équipe d'accueil sur l'ordre colonial. C'est aussi une façon de rendre hommage à celui qui a permis, encouragé et soutenu le début de ma carrière universitaire, et avec lequel j'ai toujours l'honneur et l'immense plaisir de travailler.

Sous la monarchie de Juillet, le législateur modifie substantiellement les Codes pénal et d'instruction criminelle de Napoléon[1]. Le nombre d'infractions punies de la peine de mort est réduit, la marque et le carcan sont supprimés. De plus, soucieux à la fois de mieux proportionner les peines aux actes et aux délinquants et de retrouver la voie de l'efficacité répressive, les pouvoirs publics élargissent la technique des circonstances atténuantes. Réservées dans le Code pénal de 1810 aux seuls délits ayant entraîné un préjudice inférieur à 25 francs, les circonstances

[1] Pour de plus amples développements, voir notre thèse publiée en 2001 aux PUAM : *L'évolution du droit pénal sous la monarchie de Juillet…*

atténuantes sont désormais généralisées à toutes les infractions : contraventions, délits, crimes.

La loi du 28 avril 1832 modifie sur un point essentiel la loi du 25 juin 1824 qui avait déjà étendu le mécanisme des circonstances atténuantes, mais en donnant aux magistrats le soin de les prononcer. Désormais le Code pénal prévoit que dans les causes criminelles, le jury devra se prononcer sur la question des circonstances atténuantes. Cette réforme, qui touche plus de cent articles du Code pénal et d'instruction criminelle, est introduite dans les colonies, avec quelques aménagements, par la loi du 22 juin 1835[2].

Jusqu'alors les « anciennes colonies » étaient régies, en ce qui touche l'organisation judiciaire, le droit pénal et la procédure pénale, par des dispositions spéciales. Principalement, trois ordonnances de 1827 (30 septembre, 19 et 30 décembre) concernaient l'île de Bourbon ; deux ordonnances des 12 et 29 octobre 1828, la Martinique et la Guadeloupe et quatre ordonnances des 20 juillet et 20 décembre 1828, et des 15 février et 10 mai 1829, la Guyane. Dès 1830, le pouvoir orléaniste se montre soucieux de porter jusque dans les colonies le souffle libéral qui l'anime alors. La loi du 24 avril 1833, véritable « charte coloniale », modifie les rapports entre la métropole et les colonies. Ce texte prévoit notamment que désormais les réformes judiciaires dans les colonies seront de la compétence du pouvoir législatif de la métropole.

Aussi, l'introduction dans les colonies de l'importante réforme pénale du 28 avril 1832, fait l'objet d'un débat devant les Chambres. L'aménagement le plus notable concerne le jugement des crimes. En effet, ainsi que le note le rapporteur à la Chambre des députés (Parant), dans les colonies, le jury n'est point institué. La justice criminelle y est administrée par des Cours d'assises composées de trois magistrats et de quatre assesseurs désignés parmi un collège de notables. Cette Cour d'assises, ainsi composée, tranche à la fois sur la culpabilité et sur la peine, alors qu'en métropole le jury de douze citoyens se prononce seul sur la culpabilité et désormais les circonstances atténuantes. C'est un système qui, rappelons-le au passage, sera finalement introduit dans la métropole en 1941 en associant aux jurés les magistrats pour décider de la culpabilité et de la peine[3], les colonies ayant constitué une sorte de terrain expérimental.

Cette composition singulière de la Cour d'assises dans les colonies se prolonge, aux Antilles, jusqu'en 1880. Il en résulte une différence notable dans la répression. Qu'en est-il en particulier en Guadeloupe ?[4] L'analyse des arrêts

[2] Par arrêté du 30 septembre 1835 le gouverneur promulgue la loi du 22 juin 1835 à la Guadeloupe, *Bulletin officiel de la Guadeloupe*, 1835, p. 189. Enregistrée le 1er octobre 1835 au greffe de la Cour royale et le 2 octobre 1835 au greffe du tribunal de première instance de Basse-Terre, *Bulletin officiel de la Guadeloupe*, 1835, p. 177.

[3] Alors que certains estiment que la loi de 1941 marque « la mort du jury », les magistrats, à l'époque, y voient au contraire une efficacité retrouvée de la justice criminelle (Jean-Paul JEAN, dans J.-P. ROYER, *Histoire de la justice*, PUF).

[4] Dans le cadre du projet de recherche de l'EA 7401 sur l'ordre, nous avons entrepris, avec une doctorante, Mélissa BOUCHARD, une étude de l'évolution de la répression des crimes dans les

rendus par la Cour d'assises de Basse-Terre sur une dizaine d'années depuis sa mise en place en 1829 permet de proposer quelques pistes sur l'étendue de la répression et sur les mécanismes d'atténuation des peines avant et après l'introduction de la réforme sur les circonstances atténuantes.

Au cours de la période retenue pour cette étude (1829-1839), la Cour d'assises de Basse-Terre a rendu 154 arrêts concernant 230 accusés. Plus de la moitié de ces accusés (53 %) sont des esclaves qui, au terme de l'article 5 du Code pénal, relèvent en principe de l'ancienne législation (l'édit de mars 1685 principalement, ultérieurement appelé « Code noir »[5]). 7 % des accusés sont qualifiés de « libres de couleur » ou « se disant libres », mais se voient appliquer, comme les autres accusés libres (40 %), le Code pénal tel que publié en Guadeloupe. Cette différence de statut est évidemment fondamentale pour comprendre la mesure judiciaire des sanctions. L'arbitraire du juge continue de s'appliquer aux accusés esclaves et permet une adaptation des peines qui échappe aux règles du Code pénal.

Cette Cour d'assises composée de trois magistrats et quatre assesseurs rend néanmoins des décisions fermes puisque dans près de 91 % des cas elle condamne les accusés. Au regard des taux élevés d'acquittement en métropole au cours de la même période (souvent autour de 40 % avant l'introduction de la réforme de 1832, jusqu'à dix points de moins environ après quelques années d'application de la réforme)[6], un tel fonctionnement est évidemment apprécié par les pouvoirs publics. Il ne faut pourtant pas en déduire une absence totale de mansuétude de la part des Cours d'assises coloniales. Le recours aux différents mécanismes d'atténuation des peines témoigne, au contraire, d'une volonté d'adapter la sanction aux exigences du cas et de la personnalité de l'auteur des faits. Ce sont ces mécanismes que nous proposons de mettre en avant en distinguant le sort judiciaire des esclaves, principalement en raison de la souplesse que permet l'application de l'ancien droit à leur égard, de celui des libres, pour lesquels la Cour d'assises est, en apparence au moins, beaucoup plus tenue par les règles des Codes pénaux et d'instruction criminelle.

---

colonies au XIXe siècle en commençant par la Guadeloupe, dont une des deux Cours d'assises est retenue dans le cadre de cette étude.

[5] Sur ce texte, voir les travaux de Jean-François NIORT et en particulier : *Le Code noir, idées reçues sur un texte symbolique,* Paris, Le Cavalier bleu, 2015.

[6] Nous renvoyons à notre thèse, *L'évolution du droit pénal sous la monarchie de Juillet…*, PUAM, 2001, p. 590.

I. LA FACULTÉ D'ARBITRER LES PEINES À L'ÉGARD DES ESCLAVES

À propos des esclaves des dispositions différentes sont prévues par le Code pénal appliqué en Guadeloupe. L'article 5 de ce Code dispose en effet : « à l'égard des crimes, délits et contraventions commis par les esclaves et de ceux commis par les personnes libres envers les esclaves, ils seront déterminés et punis par des ordonnances spéciales. Jusqu'à l'époque de la promulgation de ces ordonnances, les crimes délits et contraventions commis par les esclaves seront punis conformément à la législation actuellement en vigueur et ceux qui auront été commis par des personnes de condition libre envers les esclaves, seront punis conformément aux lettres patentes, édits et déclarations du roi promulgués dans la colonie. Dans les cas non prévus, ils seront punis conformément aux dispositions du présent Code ».

C'est donc principalement l'ancienne législation qui est appliquée et ce n'est qu'exceptionnellement que le Code pénal est exécutable. Les dispositions principalement visées sont les articles 34 à 36 de l'édit de 1685[7]. Cette situation conduit à l'application des incriminations et des peines de l'ancien régime, mais joue aussi en faveur des accusés. Ainsi pour 55 % des esclaves jugés, la Cour d'assises déclare « user de la faculté d'arbitrer les peines qui lui est attribuée par l'ancienne législation ». Cette faculté dont elle use expressément (et parfois aussi sans doute sans l'écrire !) conduit essentiellement à une atténuation des peines prononcées à l'égard des esclaves au regard de la législation existante.

Cette disposition est souvent retenue même dans des cas graves d'infractions contre les personnes, à l'égard des vols (infraction qui concerne plus de quatre cinquièmes des esclaves jugés), ainsi qu'en ce qui concerne les femmes et mineurs.

A. LES INFRACTIONS CONTRE LES PERSONNES

Sur les 122 esclaves jugés par la Cour d'assises de Basse-Terre au cours de la période retenue, un seul est condamné à mort. Il s'agit d'un esclave âgé de 35 ans, poursuivi pour l'homicide volontaire avec préméditation contre un autre esclave. Dans sa décision du 22 février 1837, la Cour prend soin de préciser qu'à l'égard de cet accusé il n'existe aucune circonstance atténuante. En revanche, son complice, lui aussi esclave, est déclaré coupable, mais la Cour ne retenant pas la préméditation à son égard, il échappe à la qualification d'assassinat. La Cour

---

[7] Article 34 : « quant aux excès et voies de fait commis par les esclaves sur la personne des gens libres, voulons qu'ils soient sévèrement punis, même de mort s'il échet ». Article 35 : « Le vol qualifié, même ceux de chevaux, cavales, mulets, bœufs ou vaches qui auront été faits par les esclaves ou les affranchis seront punis de peines afflictives, même de mort si le cas le requiert ». Article 36 : « Les vols de moutons, chèvres, cochons, volaille, cannes à sucre, poix (…) et autres légumes, faits par les esclaves seront punis selon la qualité du vol par les juges, qui pourront, si le cas y échet, les condamner à être battu de verges par l'exécuteur des autres œuvres et marqués d'une fleur de lys ».

retient également les circonstances atténuantes pour le complice, ce qui lui permet d'abaisser la peine à vingt ans de travaux forcés[8].

C'est aussi grâce aux circonstances atténuantes que l'esclave Charles échappe à la peine capitale en 1838. Déclaré coupable d'avoir mis le feu à des cases habitées dépendant de l'habitation de son maître, il est condamné aux travaux forcés à perpétuité en application des articles 434 et 463 du Code pénal. Aucune indulgence en revanche n'est retenue à l'encontre d'un esclave d'environ dix-huit ans déclaré coupable d'attentats à la pudeur avec violence sur une enfant de six ans. La Cour lui applique l'aggravation prévue au paragraphe 4 de l'article 332 du CP et le condamne à cinq ans de travaux forcés.

À l'égard des esclaves, c'est, en principe, la faculté d'arbitrer la peine qui permet d'atténuer la sanction ; mais si elle est couramment utilisée, elle n'est pas systématiquement mentionnée.

Au troisième trimestre 1831, l'esclave Magloire, jugé pour homicide volontaire sur la personne d'une femme esclave, est déclaré coupable de meurtre et condamné à la peine maximale. Il sera donc « attaché perpétuellement à la chaîne des galériens »[9]. Mais l'indulgence viendra du roi qui par ordonnance du 7 mai 1841 accordera grâce pleine et entière au condamné.

Parmi les affaires pouvant conduire à de lourdes peines, la Cour d'assises de Basse-Terre a jugé en 1829 un esclave, Étienne, pour marronage avec armes et empoisonnement de bestiaux. Néanmoins, alors que le procureur réclame les travaux forcés à perpétuité, la Cour, « usant de son pouvoir d'arbitrer les peines » condamne l'accusé à vingt ans de galères, outre l'exposition et la marque[10] ; ce qui reste une peine lourde au regard de l'incrimination et qui en dit long sur la sensibilité des juges à la fois sur les questions d'empoisonnement et sur les esclaves en fuite[11]. Néanmoins le pouvoir d'arbitrage invoqué ici permet au condamné d'échapper à la peine capitale prévue par le texte[12]. L'esclave Zénon, jugé pour meurtre le 24 mai 1830, ne bénéficie en revanche d'aucune atténuation, la Cour lui appliquant dans ce cas la peine prévue par le Code pénal, à savoir les travaux forcés à perpétuité. Mais la décision est prise en l'absence de l'accusé et l'on connaît la tendance générale à plus de sévérité des décisions par contumace.

L'esclave Moïse, jugé en 1838 pour avoir mis le feu à la case d'une esclave de son maître nommée Constance et pour tentative de meurtre (le mot avec préméditation est ajouté en marge avec un renvoi, il faut donc lire assassinat) est

---

[8] Pour rappel, l'article 302 du CP prévoit la peine de mort pour l'assassin, et l'article 295, les travaux forcés à perpétuité pour le meurtrier.

[9] Cour d'assises de Basse-Terre, 29 juillet 1831. Tout en visant les articles 295 et 304 du Code pénal, la Cour d'assises prévoit cette peine sous son ancienne dénomination. L'ordonnance du 7 mai 1841 évoque les travaux forcés à perpétuité.

[10] Cour d'assises de Basse-Terre, 9 juillet 1829.

[11] On peut sur cette question consulter le travail de Caroline Oudon Bastide…

[12] L'article premier de l'ordonnance du 1er février 1743 dispose en effet : « les esclaves qui seront surpris au marronage avec des armes blanches ou à feu, de quelqu'espèce qu'elles soient, seront punis de mort ; et ceux qui seront surpris avec des couteaux, autres que les couteaux appelés jambettes, sans ressort ni viroles, seront punis de peines afflictives, même de mort s'il échet. »

déclaré coupable sur les deux chefs d'accusation. Les articles 296, 302 et 434 du Code pénal applicables en l'espèce prévoient la peine de mort. L'accusé n'y échappe que grâce au bénéfice des circonstances atténuantes. La Cour, abaissant la peine d'un degré, le condamne aux travaux forcés à perpétuité[13].

Les violences graves commises par l'esclave Prosper à l'encontre d'un autre esclave, sont jugées avec plus de mansuétude à la quatrième session de 1830[14]. La défense plaidait la légitime défense pour justifier les coups de coutelas, portés par l'accusé dans cette affaire, ayant entrainé plus de vingt jours d'incapacité de travail pour la victime. La Cour écarte expressément cet argument en estimant que les blessures « n'ont pas été commandées par la nécessité actuelle de la légitime défense ». Mais la peine qu'elle retient (trois mois d'emprisonnement) témoigne de sa compréhension de la provocation qui a conduit l'accusé à cette réaction. Et c'est une fois de plus son pouvoir d'arbitrer les peines (dont elle fait mention) qui permet cette décision.

La mansuétude des juges joue également dans une affaire de coups portés par un esclave « au visage d'un blanc ». Le même article 34 de l'édit 1685 est ici appliqué et à la lecture du début de l'arrêt on s'attend à une sévère répression, mais la Cour retient expressément la provocation de la victime et se contente d'appliquer à l'accusé Bazile, la peine de dix coups de fouet et de le rendre à son maître[15]. Pour des violences commises contre un garde de police dans l'exercice de ses fonctions, l'esclave Joseph subira la même peine[16].

L'on voit à travers ces quelques exemples que la Cour use pleinement de son « droit d'arbitrage » ou « droit d'arbitrer » les peines, inhérent à l'ancien droit. Dans un cas néanmoins, la Cour utilise l'expression de « circonstances atténuantes » avant la loi de 1835 et sans que cela ne correspondent à un cas relevant du Code pénal en vigueur. Elle juge en l'espèce l'esclave Médéric, coupable d'avoir porté des coups, et tout en visant l'article 34 de l'édit de 1685, elle ne le condamne qu'à un mois de chaîne de police « considérant qu'il existe dans la cause des circonstances atténuantes en faveur de l'accusé Médéric »[17]. Si les mots employés sont juridiquement surprenants, il relève sans doute plus du langage courant ici et s'accordent avec la faculté d'arbitrer la peine dont dispose la Cour, confirmant ainsi la grande souplesse de cette justice criminelle coloniale.[18]

La Cour peut aussi décider, comme elle le fera régulièrement en jugeant les libres, si les débats à l'audience le justifient, de prévoir une correctionnalisation des faits. Un esclave accusé de tentative d'assassinat d'un autre esclave appartenant au même maître se voit finalement déclaré coupable du délit prévu à l'article 311 du Code pénal, la Cour ayant répondu négativement aux questions

[13] Cour d'assises de Basse-Terre, 22 août 1838.
[14] Cour d'assises de Basse-Terre, 21 décembre 1830.
[15] Cour d'assises de Basse-Terre, 12 novembre 1829.
[16] Cour d'assises de Basse-Terre, 24 déc. 1830.
[17] Cour d'assises de Basse-Terre, 21 mai 1830.
[18] Les 29 coups de fouet qu'elle prononce en outre confirment l'application du texte ancien.

sur la tentative de meurtre avec préméditation et à celle sur l'incapacité de travail de plus de vingt jours. Le procureur requiert donc le maximum de la peine prévue à cet article 311 (cinq ans de prison), ce que la Cour retient au motif que les blessures ont été faites avec préméditation[19].

La correctionnalisation intervient aussi au profit de l'esclave Adam, jugé en 1834 à la deuxième session. Poursuivi pour des coups criminels, il est finalement déclaré coupable d'avoir involontairement causé une blessure et condamné à un mois de prison en application de l'article 320 du Code pénal[20]. Quelques années plus tard, tout en requalifiant les faits, la Cour conserve la qualification criminelle à l'encontre de l'esclave Edmond[21]. Poursuivi initialement pour l'homicide volontaire d'une jeune esclave, l'absence ou le doute sur l'*animus necandi* (il avait porté un coup de pierre sur la tête) conduit la Cour à le déclarer coupable de coups et blessures volontaires ayant entraîné la mort sans intention de la donner. En application de l'article 309, la Cour prononce cinq ans de travaux forcés, mais le dispense de l'exposition publique. Le roi lui accordera même une grâce pleine et entière par ordonnance du 30 avril 1839[22].

On terminera par une affaire originale. Un esclave, nommé Philippe est accusé de port d'armes à feu chargée et, dans le même procès, d'exercice illégal de la médecine. Déclaré coupable de ses deux chefs d'accusation, la Cour décide de le condamner à trois mois de prison, ce qui, au regard du texte visé, témoigne encore une fois de la volonté d'atténuer la répression[23].

B. LA RÉPRESSION DES VOLS COMMIS PAR LES ESCLAVES

Les vols sont nombreux (sur 122 accusés esclaves, 85 % sont accusés de vol), il n'est évidemment pas question ici de les présenter tous. Si seulement 10,5 % de ces accusés sont acquittés de l'accusation de vol soutenue contre eux, pour 62 d'entre eux la Cour use expressément de la faculté d'arbitrer la peine, soit pour les deux tiers des condamnés. Sur les 104 esclaves accusés de vol, 59,5 % sont condamnés à des peines afflictives et/ou infamantes, mais pour 30 % d'entre eux la Cour retient des peines correctionnelles.

Parmi les vols qualifiés, quelques affaires sont le fait de plusieurs individus. Ainsi, l'affaire jugée le 14 novembre 1829 met en cause trois esclaves accusés

---

19 Cour d'assises de Basse-Terre, 23 février 1830, Affaire Etienne, esclave de Charron, homme de couleur libre.

20 Cour d'assises de Basse-Terre, 20 mai 1834.

21 Cour d'assises de Basse-Terre, 27 août 1836.

22 Dans un arrêt du 21 août 1839, la Cour d'assises de Basse-Terre correctionnalise des faits de violence commis à l'encontre d'une femme en condamnant l'esclave Augustin à trois mois de prison.

23 Les articles 6 et 45 de l'ordonnance locale de décembre 1789 prévoient en effet : Art. 6 : « aucun nègre, ou tout autre gens de couleur libre ou esclave ne peut exercer la médecine ou la chirurgie, ni faire aucune préparation de remèdes, ni traitements de malades (…) à peine d'être condamné à la chaîne contre les esclaves. ». Art. 45 : « il est défendu à tout esclave d'avoir dans sa case aucune arme à feu sous quelque prétexte que ce soit… »

d'avoir à l'aide d'effraction et escalade, commis un vol dans des magasins. Le réquisitoire du procureur contre cette petite bande est extrêmement sévère puisqu'il réclame six ans de galères pour deux accusés et les galères à perpétuité à l'encontre d'Hippolyte, celui qu'il estime être le meneur. Néanmoins la Cour usant de son droit d'arbitrer les peines décide pour l'un des accusés (Félix) qu'il a commis un vol dans une maison habitée, mais sans escalade ni effraction et lui applique six mois de chaîne de police. C'est évidemment ici une forme de correctionnalisation par l'éviction des circonstances aggravantes. Quant aux deux autres accusés Beaubrun et Hippolyte, ils sont condamnés respectivement à dix-huit mois et trois ans de galère[24].

En 1834 la Cour d'assises juge six esclaves accusés de vol et recel de marchandise. Les circonstances aggravantes sont toutes retenues, mais la Cour use néanmoins de sa faculté d'arbitrer les peines. Les deux principaux protagonistes sont condamnés à cinq de chaîne des galériens[25], deux autres esclaves à une année de chaîne des galériens, et les deux receleurs, dont une femme, à trois mois de chaîne de police correctionnelle[26].

Même commis individuellement, le vol peut être assez lourdement puni lorsque l'ensemble des circonstances aggravantes est retenu. Ainsi de l'esclave Marcel puni de cinq ans de chaîne des galériens, du carcan et de 29 coups de fouet pour un vol d'argent commis de nuit, par effraction, dans une maison habitée. C'est une des peines les plus importantes retenues par la Cour dans ce type d'affaires[27], à l'exception d'une affaire singulière concernant l'esclave Bernard à l'encontre duquel nous possédons trois arrêts dans la courte période retenue pour cette étude ! Le 20 août 1833, la Cour d'assises condamne Bernard aux travaux forcés à perpétuité, au carcan et à 29 coups de fouet, soit la peine la plus sévère prononcée pour vol. Si la Cour use dans cette affaire de sa faculté d'arbitrer la peine, la sanction retenue s'explique par la situation de récidive dans laquelle se trouve l'accusé. Une telle décision est juridiquement justifiée en raison de la précédente condamnation et peut se comprendre si l'on en juge par les arrêts suivants rendus contre le même accusé. En effet, le 20 novembre 1834 et le 20 août 1835 la Cour rend à nouveau deux décisions pour d'autres faits de vols de bijoux, de marchandises et d'argent commis par l'esclave Bernard. Dans ces deux derniers arrêts la Cour mentionne la faculté d'arbitrer la peine, condamne à 29 coups de fouet et au carcan et, pour la peine principale, renvoie à l'application de l'arrêt précédent condamnant aux travaux forcés à perpétuité. Mais cette peine paraît excessive pour des faits de vols et ce « multirécidiviste » fera l'objet d'une grâce royale par ordonnance du 18 juillet 1838 qui, à compter de cette date,

---

[24] L'affaire suivante, jugée au premier trimestre 1830, Romain, esclave, est lui aussi condamné à trois ans de galère pour vol d'une cassette contenant des marchandises et de l'argent, Cour d'assises de Basse-Terre, 20 février 1830.

[25] L'un, Hyppolite, se verra accorder une remise pleine et entière de peine par ordonnance du 2 mai 1837.

[26] Cour d'assises de Basse-Terre, 21 février 1834.

[27] Cour d'assises de Basse-Terre, 20 novembre 1832.

réduira à dix années de travaux forcés la peine de Bernard. La grâce royale est, en effet, le dernier moyen d'atténuer une peine prononcée par la Cour d'assises lorsque la gravité du crime ou la répétition d'une infraction criminelle lui a imposé de rendre un arrêt rigoureux à titre d'exemple.

Un autre récidiviste, Romain, déjà condamné par la Cour d'assises de Basse-Terre le 20 février 1830 à trois ans de travaux forcés, est repris pour un vol commis dans une maison habitée, de nuit et par escalade. La Cour décide de doubler sa peine et prononce la sanction de six ans de travaux forcés.

Mais dans l'ensemble la plupart des vols sont réprimés de quelques mois de chaîne de police et dans les cas plus graves de quelques mois de chaîne des galères. Alors que l'application du Code pénal, lorsque l'incrimination retenue est passible des travaux forcés, interdit de prononcer moins de cinq ans de travaux forcés, la faculté d'arbitrer les peines, permet à la Cour de descendre en dessous de ce seuil à l'égard des esclaves. Ainsi sur le total des esclaves poursuivis pour vol, 33 sont condamnés à une peine inférieure à cinq ans de galère (et pour la grande majorité inférieure ou égale à un an), tandis que 38 d'entre eux subissent une condamnation à la chaîne de police inférieure à un an. La mention selon laquelle « la Cour use de sa faculté d'arbitrer la peine » n'étant reproduite que dans 62 cas, cela signifie donc que la Cour en use même sans le dire !

C. LE SORT DES FEMMES ET MINEURS ESCLAVES

Les femmes et les mineurs font plus encore l'objet d'une attention particulière de la Cour. Néanmoins cela n'exclut pas quelques décisions fermes. Ainsi, l'esclave Cécilia, poursuivie avec un homme de couleur libre, est sévèrement sanctionnée pour un vol de marchandise au préjudice de son maître[28]. Le vol « domestique » est traditionnellement plus sévèrement puni, ici la Cour en application de l'article 35 du « Code noir » prononce une peine de cinq ans de chaîne de police contre l'esclave et dix ans de réclusion contre son complice, soit le maximum de l'article 386 § 3 ! Parmi les arrêts étudiés, l'esclave la plus sévèrement punie est une jeune femme de 23 ans accusée de vol commis avec un autre esclave et une femme libre. Si la femme libre est acquittée, en revanche l'esclave Benjamin subit dix ans de chaîne des galères et l'esclave Françoise, cinq ans de la même peine. Mais une fois de plus, l'indulgence viendra du roi, qui par ordonnance du 23 mai 1842 lui accorde une remise de peine.

En revanche l'esclave Galine reconnue coupable à l'unanimité d'un vol d'argent commis de nuit dans une maison habitée, n'est condamnée qu'à une peine de six mois de prison, outre une heure de carcan[29]. Les circonstances aggravantes ayant été expressément retenues à six voix sur sept, c'est sa qualité de femme qui explique ici que la Cour ait arbitré ainsi la peine. L'esclave Jeannette, pour le crime de fausse monnaie, bénéficie également de cette relative

[28] Cour d'assises de Basse-Terre, 24 février 1830.

[29] Cour d'assises de Basse-Terre, 20 juillet 1830. La Cour associant, comme elle le fait à plusieurs reprises, une peine principale « correctionnelle », avec le carcan !

indulgence de la Cour[30]. Outre les peines infamantes d'une heure d'exposition et de 29 coups de fouet, la Cour la condamne à un mois de chaîne de police pour la contrefaçon, l'émission et l'exposition de monnaie d'argent ayant cours dans la colonie

L'indulgence peut aller jusqu'à l'acquittement. L'esclave Sophie en 1834 est poursuivie avec cinq autres accusés, deux fugitifs « se disant libres » et trois esclaves. De nuit, ils volent un canot et tentent de s'enfuir. À l'exception de l'esclave Sophie, ils sont déclarés coupables comme auteurs ou complices de ces faits. Quant à la jeune femme esclave, la déclaration de la Cour porte « qu'elle est seulement coupable d'avoir tenté de s'évader ». Ce fait n'étant pas défendu par une loi pénale, les juges prononcent l'absolution au visa de l'article 364 du CIC[31].

Dans une autre affaire de vol d'argent et d'effets d'habillement impliquant plusieurs protagonistes pour la plupart des esclaves, mineurs, et deux femmes : l'une de cinquante ans de condition libre et une jeune fille de seize ans également libre, la Cour ne retient la culpabilité que de l'esclave Gabriel, seize ans et tout en arbitrant la peine, le condamne néanmoins à deux ans de chaîne des galériens, outre les 29 coups de fouet et l'exposition[32].

Deux mineurs sont jugés lors des sessions de l'année 1830. L'esclave Jean-Baptiste, dit Adolphe, esclave dont la Cour précise qu'il n'a pas quinze ans est poursuivi pour un vol d'argenterie (deux cuillers d'argent). Déclaré coupable après avoir avoué son forfait, le procureur remarque « l'extrême jeunesse » de l'accusé et requiert six mois de prison. La Cour, tout en relevant qu'il a agi avec discernement, est encore plus indulgente et usant de sa faculté d'arbitrer la peine ne retient « que » deux mois de prison[33].

Un autre mineur plus jeune encore (Louis un enfant de treize ans) est poursuivi pour vol d'argent avec deux complices majeurs. Seul Louis est déclaré coupable des faits et malgré son jeune âge la Cour relève qu'il a agi avec discernement[34]. En usant de la faculté habituelle « d'arbitrage », elle décide de le condamner à une peine de trois mois de prison.

Enfin, le plus jeune accusé, Calvaire, âgé de douze ans est jugé avec un esclave de vingt-huit ans déjà défavorablement connu pour avoir été condamné aux galères à perpétuité ! Notre jeune accusé est déclaré coupable de complicité de vol aggravé, la Cour décidant qu'il a agi avec discernement. Mais si l'auteur majeur n'échappe pas aux 29 coups de fouet, à l'exposition d'une heure, et est renvoyé pour subir la peine des galères perpétuelles déjà prononcée contre lui, la Cour applique à Calvaire un mois de prison et abaisse à quinze le nombre de coups de fouet en raison de son jeune âge.

---

[30] Cour d'assises de Basse-Terre, 20 novembre 1833.

[31] Cour d'assises de Basse-Terre, 21 novembre 1834. On retrouvera ci-dessous cette affaire, les deux condamnés libres ayant formé un pourvoi en cassation.

[32] Cour d'assises de Basse-Terre, 20 février 1835.

[33] Cour d'assises de Basse-Terre, 20 février 1830.

[34] Cour d'assises de Basse-Terre, 21 juillet 1830.

Après l'entrée en vigueur de la loi de 1835, l'atténuation des peines passe en principe par la déclaration sur les circonstances atténuantes pour les faits relevant du Code pénal. Il est intéressant de relever que le premier bénéficiaire de la nouvelle loi est un esclave âgé de dix-sept ans, Louis, accusé d'avoir porté des coups sur une jeune esclave et sur un esclave nommé Africain. Les violences exercées contre ce dernier ont entraîné la fracture du fémur droit et une incapacité de travail de plus de vingt jours. Il s'agit donc d'un crime prévu et réprimé à l'article 309 du Code pénal. La Cour, faisant explicitement usage de l'article 463 du Code pénal tel que modifié par la loi du 22 juin 1835, limite sa condamnation à un an de prison[35].

S'agissant de l'application des anciennes dispositions, la Cour est censée continuer à faire usage de sa faculté à arbitrer la peine. Mais la pratique n'est pas toujours aussi claire y compris s'agissant de l'application de l'édit de 1685. Si l'on prend l'année 1838, sur les six esclaves jugés, trois bénéficient d'une déclaration de circonstances atténuantes, pour deux d'entre eux la Cour écarte expressément les circonstances atténuantes[36], mais décide d'arbitrer la peine conformément à l'ancienne jurisprudence ! Il s'agit des esclaves Jules et Auguste déclarés coupable et complice de vol qualifié par arrêt du 20 août 1838. Dans sa déclaration la Cour croit devoir ajouter : « sans qu'il existe en leur faveur des circonstances atténuantes », néanmoins elle condamne l'esclave Jules à quinze coups de fouet et une heure de carcan et Auguste à vingt coups de fouet, une heure de carcan et trois mois de chaîne de police. Ces peines, évidemment atténuées par rapport aux « peines encourues » et même à celles habituellement prononcées dans ces cas, témoignent de l'utilisation de la faculté d'arbitrer la peine conformément à l'ancienne jurisprudence, dont la Cour fait un usage exprès ici. C'est d'ailleurs la dernière mention, dans les arrêts retenus pour cette étude, de l'usage de cette faculté[37].

La souplesse de l'ancien droit est très nettement perceptible à la lecture des arrêts de la Cour d'assises de Basse-Terre concernant les esclaves. En ce qui concerne les accusés « libres », les règles applicables sont un peu plus rigides et lorsque la Cour souhaite limiter la sanction prononcée, ce qui n'est évidemment pas toujours le cas, elle doit respecter les formes prescrites. Cela passe par le procédé de la correctionnalisation judiciaire et après l'application de la loi du 28 avril 1832, en 1835, par l'application des circonstances atténuantes.

II. LA POSSIBILITÉ D'ATTÉNUER LES PEINES À L'ÉGARD DES ACCUSÉS DE CONDITION LIBRE

---

[35] Cour d'assises de Basse-Terre, 20 mai 1836.

[36] Pour le troisième cas, Gabriel, coupable d'un vol domestique, ne bénéficie d'aucune indulgence, contrairement à son complice Romain qui malgré sa condamnation antérieure bénéficie des circonstances atténuantes. Cour d'assises de Basse-Terre, 20 février 1838. Gabriel pour le vol domestique est condamné à huit ans de chaîne des galériens, son complice à trois ans.

[37] Cour d'assises de Basse-Terre, 20 août 1838, affaire Jules et Auguste.

La Cour est tenue à leur égard par les dispositions du Code pénal et les règles de procédure inscrites dans le Code d'instruction criminelle telles qu'elles ont été appliquées à la Guadeloupe par ordonnance et par la loi du 22 juin 1835. De cet ensemble de dispositions il résulte que dans les causes criminelles, les seules possibilités d'adoucir le sort de condamnés sont celles de la correctionnalisation des faits dans la phase de jugement ou l'utilisation des circonstances atténuantes.

Dans les arrêts rendus de 1829 à 1839, nous connaissons le sort de 98 accusés de condition libres. Sur ce total, 15,3 % vont être acquittés, les 83 condamnés bénéficiant pour 37 d'entre eux d'une correctionnalisation des faits (soit 44,5 %) et 10 obtiennent les circonstances atténuantes, dont le mécanisme n'est pleinement applicable qu'à partir de la dernière session de l'année 1835.

A. LE CHOIX DE PEINES AFFLICTIVES ET INFAMANTES CONTRE LES ACCUSÉS DE CONDITION LIBRE

La Cour d'assises de Basse-Terre fait assez souvent preuve de sévérité à l'encontre des accusés de condition libre. Sur les 98 dont nous connaissons le sort, 33 sont en effet condamnés à une peine afflictive et/ou infamante soit plus d'un tiers des accusés de condition libre et près de 40 % des condamnés. Quelques affaires illustreront ces situations dans lesquelles la Cour d'assises compétente en matière de crime, décide d'appliquer les textes avec une certaine rigueur.

Le seul accusé libre condamné à mort parmi les arrêts examinés est un ancien aide concierge de la prison de Basse-Terre reconnu coupable de tentative de meurtre avec préméditation sur son épouse, au moyen d'un pistolet chargé à balle[38]. Néanmoins cette condamnation intervient par contumace et le condamné sera à nouveau jugé et condamné aux travaux forcés à perpétuité, la Cour ne retenant que la qualification de meurtre. Il bénéficiera tout de même de la grâce royale en 1838[39].

La Cour refuse également toute indulgence à une femme de couleur libre pour un vol domestique et la condamne à cinq ans de réclusion. La condamnée bénéficiera néanmoins d'une grâce pleine et entière par une ordonnance royale du 24 juillet 1832[40]. Dans une affaire jugée au deuxième trimestre 1829 après renvoi faute de témoin, les deux accusés sont traités différemment par la Cour d'assises. L'un se présente et est acquitté du vol d'argent et de marchandises qui lui était reproché, l'autre, contumax, est condamné à dix ans de réclusion pour vol domestique, soit la peine maximale prévu à l'article 386 § 3[41].

Le faux en écriture privée conduit également un marchand de Basse-Terre à une sanction de cinq ans de réclusion[42]. Quant à la banqueroute frauduleuse, elle fait également l'objet de toute l'attention des juges. Dans une affaire mettant en

---

[38] Cour d'assises de Basse-Terre, 23 mai 1831, affaire Gabriel

[39] Cour d'assise de Basse-Terre, 26 février 1833.

[40] Cour d'assises de Basse-Terre, 13 novembre 1829.

[41] Deux arrêts prononcés le 14 mai 1829 (affaire Ollivier et Gamet).

[42] Cour d'assises de Basse-Terre, 23 février 1830, affaire Lacroix.

cause le mari et son épouse (elle auteur, lui complice !) la Cour condamne le couple criminel à huit de travaux forcés par contumace.[43]

Les violences commises dans certaines situations (par exemple des coups et blessures sur un ascendant) sont également sévèrement punies. Deux accusés, dans deux affaires différentes, soupçonnés d'avoir, à plusieurs reprises, porté des coups sur leurs mères, sont condamnés à six ans de réclusion et déchus de leur droit de l'article 28 du Code pénal. Ils seront néanmoins graciés par le roi à la demande de leur famille et des magistrats eux-mêmes ![44] Le dernier arrêt retenu pour cette étude, condamne sévèrement un accusé pour des coups violents portés sur une femme esclave. La Cour, écartant les circonstances atténuantes, prononce six ans de réclusion[45].

Enfin, une affaire de trafic « dit de la traite des noirs » amène devant les assises treize accusés à la première session de 1830 et un quatorzième à la session suivante. Le capitaine de la Goélette « la Pauline », ainsi qu'un lieutenant et onze autres accusés comparaissent en application de la loi du 25 avril 1827[46]. Cinq sont déclarés non coupables et acquittés, mais la Cour retient les peines prévues par la loi à l'encontre des huit autres. Pour le capitaine et les officiers, la loi prévoit la qualification criminelle et les juges condamnent le premier à six ans de bannissement, les officiers à un an de bannissement outre une amende de 40 800 francs, correspondant au prix du navire et de la cargaison ! L'armateur déclaré coupable par contumace à la session suivante est condamné à la plus lourde peine dans cette affaire : dix ans de bannissement, ainsi que solidairement à l'amende prononcée contre les officiers et le capitaine.

Ces quelques exemples révèlent que lorsque la Cour d'assises fait preuve de sévérité, il reste un moyen pour atténuer la rigueur de la justice, celui de la grâce royale, assez généreusement dispensée à l'encontre des condamnés à des peines sévères.

B. L'UTILISATION DE LA CORRECTIONNALISATION

La correctionnalisation est une technique qui n'est pas propre aux accusés « libres », nous en avons mentionné quelques applications à l'égard des esclaves. Mais en l'absence de possibilité d'arbitrer la peine, elle est plus fréquemment utilisée à l'égard des libres.

Elle est possible notamment en matière d'homicide volontaire ou de coups et blessures. En effet, l'homicide volontaire se prête assez bien à cette correctionnalisation. Ainsi, en 1830 un « homme de couleur libre », Foretal, poursuivi pour meurtre avec préméditation sur la personne d'un esclave n'est

[43] Cour d'assises de Basse-Terre, 22 décembre 1830, Affaire Duplessis.
[44] Cour d'assises de Basse-Terre, 2 novembre 1831, affaire Guyer. Cour d'assises de Basse-Terre 2 novembre 1831, Affaire Sylvestre Iphis.
[45] Cour d'assises de Basse-Terre, 25 novembre 1839.
[46] Cour d'assises de Basse-Terre, 25 février 1830, Léopold Germain et autres…, et 21 juillet 1830, Baury, négociant, armateur de la Goélette Pauline.

déclaré coupable que d'homicide involontaire, soit le délit de l'article 319 du Code pénal et en répression subit trois mois de prison et une amende[47]. Une autre affaire originale de tentative de meurtre est examinée par la Cour en décembre 1830. Joseph Noël, un « homme de couleur libre » est poursuivi pour deux actes de violence particulièrement graves. Il est, d'une part, accusé d'avoir tenté de tuer son frère et de l'avoir blessé gravement en 1823. Il est, d'autre part, accusé d'avoir donné des coups de coutelas et de baïonnette avec préméditation sur une femme et à nouveau sur son frère le 2 août 1830. La défense invoque la prescription des premiers faits, dans lesquels elle ne voit qu'un coup de fusil ayant entraîné des blessures délictuelles. Suivant la démonstration de la défense, la Cour estime que les faits de 1823 ne constituent qu'un délit et retient la prescription réclamée. Elle ne déclare l'accusé coupable que d'un délit pour les coups portés en 1830 et le condamne à cinq ans de prison[48].

Le doute sur l'intention de tuer peut conduire à retenir les violences volontaires ayant entraîné la mort sans intention de la donner comme nous l'avons vu à propos d'un esclave ou même une infraction moins grave. Dans une espèce jugée en 1829, l'affaire est délicate, un « homme de couleur libre », surnommé « petit papa » est accusé de meurtre sur un enfant de seize mois ! Le parquet réclame donc la peine maximale, à savoir les travaux forcés à perpétuité. La Cour, qui ne correctionnalise pas en l'espèce, le déclare coupable de coups et blessures ayant entraîné une maladie de plus de vingt jours, et lui applique une peine de dix ans de réclusion[49].

Le 1er novembre 1831, la Cour juge également une affaire singulière. Un propriétaire d'esclave est accusé d'avoir infligé un châtiment excessif à son esclave Lucette, âgée de onze ans, d'avoir privé de nourriture et surchargé de travail les esclaves de l'atelier de son habitation, de les avoir fait travailler les jours de repos et de fêtes et pendant la nuit ! Les faits étant reconnus constant par la Cour, l'accusé Joseph de Mérindol, est déclaré coupable de délit et contravention aux anciens textes, mais la répression reste limitée au regard des actes reprochés.[50]

Les voies de fait commises sur des agents de la force publique sont également souvent correctionnalisées. En 1829, le Sieur François Gosselet, ancien militaire sans profession, est poursuivi pour voie de fait sur agent de la force publique. La défense argue l'incompétence de la Cour d'assises en relevant un vice de l'arrêt de renvoi, car les faits sont constitutifs d'un délit de l'article 311 et non d'un crime tel que défini à l'article 309 du Code pénal. Mais la Cour d'assises répond qu'elle a été régulièrement saisie et qu'il n'appartient qu'à la Cour de cassation de réformer un arrêt de la chambre d'accusation sur pourvoi dans l'intérêt de la loi du procureur général. Elle condamne donc l'accusé, mais avec indulgence, car

---

[47] Cour d'assises de Basse-Terre, 28 décembre 1830.

[48] Cour d'assises de Basse-Terre, 23 décembre 1830, affaire Joseph Noël.

[49] Peine assortie du carcan et de la surveillance de haute police à vie. Cour d'assises de Basse-Terre, 10 juillet 1829.

[50] Art. 22 et 26 de l'édit de mars 1685, ord. du roi du 6 décembre 1723, règlement concernant la police générale du 3 avril 1810, ord. du 15 oct. 1786 (art. 1 et 2 titre 2 et art. 2 titre 6).

malgré les deux années réclamées par le parquet elle ne retient que trois mois de prison et cent francs d'amende. Il s'agit essentiellement dans ces affaires « d'oublier » la circonstance aggravante d'effusion de sang. Dans une espèce jugée en 1830, c'est le chirurgien lui-même, commis pour l'examen de la victime, qui avait considéré que les violences commises sur l'agent n'avaient pas entraîné d'effusion de sang[51]. Mais lorsque ces violences accompagnent des faits plus graves, la Cour se montre ferme. C'est le cas dans l'arrêt prononcé le 27 décembre 1830 à l'encontre de deux accusés poursuivis pour violence avec effusion de sang sur officier de la force publique, mais aussi destruction de bien et bris de prison. En application des articles 230 et 231 du CP, la Cour les condamne à huit ans de réclusion[52].

D'une manière générale les blessures font l'objet d'une correctionnalisation fréquente lorsqu'on ne peut prouver l'incapacité ou la maladie de plus de vingt jours nécessaires pour maintenir la qualification criminelle. Ainsi sur la période 1835-1839 sur les cinq accusés poursuivis pour coups et blessures volontaires, quatre bénéficient d'une correctionnalisation des faits (et pour deux d'entre eux, la Cour ajoute en plus les circonstances atténuantes). Au cours de la période 1829-1834, 17 accusés avaient été reconnus coupables de violences, mais pour 12 condamnés la Cour avait décidé que les faits ne constituaient d'un délit. Au total donc, plus de 72 % des condamnés pour des faits de violences ont bénéficié de la correctionnalisation.

Même lorsque les blessures commises ont engendré une incapacité de travail de plus de vingt jours pour la victime, le condamné peut bénéficier de l'application de l'excuse de provocation. Ainsi l'accusé Jean-Baptiste Legendre, dit « coco », « se disant de condition libre », voit sa condamnation réduite à six mois d'emprisonnement en application des articles 321 et 326 du Code pénal. Si les coups qu'il avait portés ont été qualifiés de criminels par la Cour, celle-ci a néanmoins souligné dans sa déclaration les violences graves commises à son encontre par la victime[53].

Cette technique de correctionnalisation est également utilisée en matière de vol. Il suffit en effet à la Cour d'écarter dans sa déclaration une ou plusieurs circonstances aggravantes. C'est ainsi qu'elle procède à l'encontre d'une femme de couleur libre accusée en 1829 d'un vol dans une maison habitée par effraction intérieure. Le parquet requiert l'application de travaux forcés, mais pour la Cour « rien ne prouve qu'elle ait commis ce vol à l'aide d'un des moyens énoncés dans les articles 384 et 381 du Code pénal, qu'il suit de là que ces faits ne constituent que le délit prévu par l'article 401 du Code pénal ». Elle applique néanmoins en répression la peine maximale de cinq ans de prison[54].

---

[51] Cour d'assises de Basse-Terre, 20 décembre 1830, Affaire Pierre Antoine Parize fils.

[52] Cour d'assises de Basse-Terre, 27 décembre 1830, Affaire Mouclair, Léopold Debré. Ce dernier, outre la réclusion, est condamné à six mois de prison en plus à l'expiration de sa peine.

[53] Cour d'assises de Basse-Terre, 20 novembre 1833, Affaire Jean-Baptiste Legendre.

[54] Cour d'assises de Basse-Terre, 10 avril 1829, Dame Geneviève Noël.

Car lorsque le vol est retenu avec toutes les circonstances aggravantes de l'article 384 du CP, la Cour n'a pas d'autres choix que de condamner à la peine des travaux forcés[55] ce qui différencie singulièrement le traitement des accusés libres de celui des esclaves et explique sans doute la plus fréquente correctionnalisation à l'égard de ceux-là. Cette différence de traitement est nettement perceptible dans un arrêt que nous avons cité à propos d'une femme esclave, Sophie que la Cour a décidé d'acquitter. Ses quatre co-accusés n'ont pas bénéficié de la même indulgence, les deux esclaves étant condamnés à un an de chaîne de correction et 29 coups de fouet, les accusés « se disant libres » à une heure d'exposition et cinq ans de travaux forcés[56]. La lourde peine s'explique par le fait que toutes les circonstances aggravantes sont retenues par la Cour : vol de nuit, par effraction et dans une maison habitée. Mais les condamnés « libres » forment un pourvoi et contestent cette qualification. La Cour de cassation dans son arrêt du 26 mars 1835, donne une véritable « leçon » sur les circonstances aggravantes du vol. Elle commence par indiquer que l'effraction « ne peut être aggravante du vol qu'autant que cette effraction a eu pour objet de se procurer l'entrée ou le passage dans des maisons habitées… » Elle ajoute que l'article 390 du Code pénal qui assimile les navires et bâtiments de mer aux maisons habitées, « n'est pas applicable aux bateaux, canots ou pirogues, qui ne servent pas à l'habitation ». Et à ce titre elle précise qu'un règlement local ne saurait modifier une disposition du Code pénal et que la qualification prévue à l'article 3 de l'ordonnance de 1743, n'est évidemment pas applicable aux personnes libres. Constatant qu'en l'espèce les deux condamnés « libres » ont enlevé et volé une pirogue en brisant un cadenas qui l'attachait au rivage, elle soutient qu'un tel acte ne peut être qualifié d'effraction. Enfin, la Cour rappelle que la circonstance aggravante selon laquelle le vol a été commis pour favoriser l'évasion d'esclaves appartenant à des habitants de la colonie, n'est prévue que pour les non-libres « et ne peut aggraver la criminalité des personnes libres, auteurs du vol dont il s'agit »[57]. Condamnés plus lourdement que les esclaves dans la même affaire, les deux personnes de condition libre obtiennent la cassation de l'arrêt de la Cour d'assises de Basse-Terre, le vol qualifié ne pouvant être retenu à leur encontre.

Le bilan de la correctionnalisation en matière de vol, sans être aussi important qu'en matière de coups et blessures, montre que cette voie est privilégiée pour parvenir à une atténuation des rigueurs du Code pénal dans ce domaine.

Sur les 17 accusés de vol entre 1829 et 1834, 16 sont condamnés. La Cour considère que les faits ne constituent qu'un délit à l'égard de sept d'entre eux et un huitième accusé bénéficie des circonstances atténuantes (en application de la loi de 1824), ce qui conduit à une peine correctionnelle pour 50 % des cas.

---

[55] C'est le cas dans l'affaire Therville, un charpentier de Basse-Terre accusé de vol de bijoux commis au préjudice d'un orfèvre, de nuit, avec effraction dans une dépendance d'une maison habitée, Cour d'assises de Basse-Terre, 20 février 1832. Il sera gracié en 1835.

[56] Cour d'assises de Basse-Terre, 21 novembre 1834, Affaire Nicaise et autres.

[57] Crim. 26 mars 1835, Affaire Nicaise et Léon, *Répertoire Dalloz*, tome 34-2, V° Organisation des colonies, n° 125, p. 1137.

Pour la période suivante (1835-1839), 18 personnes de condition libres sont poursuivies pour vol. La Cour prononce quatre acquittements, mais ne correctionnalise qu'un fait. Cette diminution sensible de la correctionnalisation (qu'une étude de plus grande ampleur devra confirmer) peut s'expliquer par l'utilisation désormais généralisée des circonstances atténuantes. En effet, six condamnés en bénéficient, ce qui aboutit à appliquer une peine correctionnelle à 43,7 % des condamnés pour vol.

C. L'APPLICATION DES CIRCONSTANCES ATTÉNUANTES

En ce qui concerne les circonstances atténuantes, elles sont possibles dans des cas bien définis en application de la loi de 1824 reproduite pour l'essentiel dans le Code applicable en Guadeloupe. Nous en avons un exemple dans nos arrêts : l'affaire Henriette Trangons du 21 mai 1831, poursuivie pour un vol dans un magasin dépendant d'une maison habitée. En application de l'article 386 § 1 du Code pénal dans sa version de 1824, la Cour déclare l'existence de circonstances atténuantes et condamne l'accusée à cinq ans de prison. Moins de deux ans après, elle obtiendra la grâce royale par ordonnance du 1er mai 1833.

Comme en métropole, la question sur les circonstances atténuantes devient obligatoire à partir de la loi du 29 juin 1835.[58] 10 des 83 condamnés en bénéficient entre 1835 et 1839. Le chiffre est relativement faible au regard de ce qui se pratique en métropole, l'atténuation passant encore largement à cette période par la correctionnalisation judiciaire.

Outre l'esclave Louis mentionné ci-dessus, le premier accusé de condition libre à obtenir les circonstances atténuantes après la loi de 1835, est un ancien commis expéditionnaire au tribunal. Il est accusé d'avoir soustrait frauduleusement deux fausses pièces de monnaie dans le bureau des greffes du tribunal. Déclaré coupable de ce vol, il bénéficie néanmoins de l'indulgence de la Cour qui lui applique l'article 463 du Code pénal[59].

C'est également pour une affaire de vol commis au préjudice de son employeur qu'une blanchisseuse de 23 ans est condamnée à dix-huit mois de prison, après l'application des circonstances atténuantes. En 1838, un tonnelier de 25 ans reconnu coupable de vol dans une maison habitée, commis de nuit, échappe à une peine « criminelle » grâce à l'article 463 du CP[60]. À la même session un Britannique poursuivi pour violences graves, bénéficie d'une double indulgence, la Cour considère que les faits qui lui sont reprochés ne constituent qu'un délit et lui accorde en outre les circonstances atténuantes[61]. Enfin une couturière, poursuivie pour un vol d'eau de vie de cognac, est finalement condamnée à six mois de prison, la Cour ayant répondu favorablement à l'application de l'article 463[62].

Une autre jeune femme, Elisa, jugée au cours de la même session pour un vol d'effets, commis avec effraction, dans une maison habitée, est déclarée coupable avec l'ensemble des circonstances aggravantes[63]. Néanmoins, la peine prononcée par la Cour est de deux ans de prison alors même que l'arrêt ne fait pas état de

[58] L'article 5 modifie l'article 341 du CIC ainsi : « En toute matière criminelle, même en cas de récidive, le président, après avoir posé les questions résultant de l'acte d'accusation et des débats, telles qu'elles auront été arrêtées par la Cour, posera, à peine de nullité, la question suivante : « existe-t-il, en faveur de l'accusé, des circonstances atténuantes ? »

[59] Il est condamné à un an de prison et aux frais du procès par arrêt du 21 novembre 1836.

[60] 22 août 1838, affaire Paul Jérôme.

[61] 22 août 1838.

[62] 28 février 1839, affaire Félicité, dite Phillis.

[63] 1er mars 1839, affaire Elisa.

circonstances atténuantes. Le visa de l'article 463 en fin de décision prouve qu'elles ont bien dû être accordées et explique cette peine correctionnelle prononcée pour un fait qualifié crime.

Dans les années 1830, le droit pénal théoriquement applicable reste rigoureux. Il l'est d'autant plus à l'égard des esclaves dont certaines infractions relèvent de l'ancien droit. Toutefois les mécanismes pour atténuer les peines effectivement prononcées par la Cour d'assises existent et sont très fréquemment utilisés par la Cour, quel que soit le statut de la personne mise en cause. Le recours massif à la pratique de la correctionnalisation, notamment pour les accusés libres, l'usage presque systématique de la faculté d'arbitrer les peines à l'égard des esclaves ou encore le recours de plus en plus fréquent aux circonstances atténuantes témoignent d'une conscience des magistrats et des assesseurs de l'excessive rigueur des dispositions pénales à l'égard des personnes libres, comme à l'égard des esclaves. Et lorsque la justice croit devoir faire preuve de fermeté en appliquant les peines prévues par les textes, elle accueille toujours avec bienveillance, la bienveillance royale. Le mécanisme de la grâce, utilisé essentiellement à l'égard des condamnés aux peines les plus sévères, participe en effet de cette justice qui tout en maintenant une efficacité répressive, se veut plus équitable, plus juste, plus humaine. Ce sentiment transparaît dans le discours de ceux-là même qui réclament souvent avec rigueur l'application de la loi dans le procès pénal au nom de la société.

*

* *

Terminons donc ces quelques remarques en laissant – pour une fois – la parole en dernier au ministère public. Le discours qui suit, prononcé par le procureur général à l'occasion de l'audience extraordinaire de la Cour royale de Guadeloupe du 26 septembre 1832, avait pour objet de requérir l'enregistrement de la grâce des deux condamnés, auteurs de violences sur ascendant que nous avons évoquées :

« De nouvelles demandes formées par la famille de ces deux coupables, demandes appuyées par vous messieurs, ainsi que par le respectable chef de la colonie, ont imploré de Sa Majesté la remise entière de la peine prononcée contre eux. La bonté du roi ne s'est pas fait attendre et nous venons aujourd'hui, messieurs requérir en son nom l'entérinement de l'ordonnance du 12 juillet… ». Se tournant alors vers les deux impétrants le procureur général leur adresse l'allocution suivante : « Théodore Guyer et Sylvestre Iphis, c'est pour la seconde fois que la clémence royale se tient sur vous. Déjà elle vous avait sauvé de l'infamie ; aujourd'hui elle vous arrache à la captivité. Votre repentir, votre jeunesse, les larmes de vos mères, de vos victimes, l'inépuisable bonté du monarque, l'intercession du digne chef de la colonie, celle de la Cour qui, après avoir accompli avec regret l'œuvre de justice, s'est associée avec empressement à l'œuvre de l'indulgence, voilà les cautions qui ont attiré sur vous une faveur inespérée. C'est maintenant à vous de la mériter, c'est à vous de bien comprendre toute l'étendue de la dette que vous contractez envers la société. N'oubliez pas qu'elle réclame de vous l'expiation du passé par l'avenir et qu'après ne vous avoir connu que par les excès qui dégradent les hommes, elle a le droit d'attendre de vous la pratique des vertus qui les honorent »

FRATERNITÉ ET GARANTIE DES DROITS DANS LE *MANUEL RÉPUBLICAIN* DE CHARLES RENOUVIER

Martial MATHIEU
Professeur à la Faculté de droit de Grenoble

Lorsque je fus recruté à la Faculté de droit de Montpellier, au printemps 2002, je découvris le cloître de l'ancien couvent de la Visitation depuis le bureau du doyen Bernard Durand. En sa double qualité de doyen et de directeur de l'UMR « Dynamiques du droit », Bernard Durand me fit un accueil chaleureux dans ce lieu de travail et de convivialité (où les bouteilles de blanquette de Limoux attendaient au frais le prochain événement à célébrer)[1]. Pour rejoindre le bâtiment de la Faculté, j'empruntais régulièrement le boulevard Louis Blanc et parfois, contournant l'Écusson par l'ouest, je passais par le boulevard Ledru-Rollin pour accéder au jardin des plantes et à la cathédrale. Le souvenir de 1848 m'accompagnait ainsi, alors que je longeais l'ancienne Commune Clôture. C'est pourquoi, afin de saluer le parcours de Bernard Durand, j'ai choisi d'évoquer un Montpelliérain[2] qui fut un Quarante-huitard avant de devenir le fondateur de l'école philosophique néo-criticiste.

Pour l'historien de la garantie des droits, Charles Renouvier représente une figure intéressante par le rôle qu'il attribue à la fraternité, véritable boussole de la République sociale, mais principe rarement sollicité pour analyser les droits et libertés. Par une décision récente[3], le Conseil constitutionnel a réveillé l'intérêt pour le troisième terme de la devise de la République. Opportunément sorti du formol pour encadrer la répression de certaines infractions commises dans un but humanitaire[4], le principe de fraternité a ainsi reçu une onction inattendue, tant cette notion apparaît aujourd'hui désuète, dans une société orpheline d'idéal et dont la cohésion est fragilisée par l'exaltation des droits des minorités de toute

---

[1] Je profite de cet hommage pour remercier Bernard Durand de m'avoir présenté ses doctorantes Carine Jallamion et Maria-Rosa Marrero, qui contribuèrent efficacement à la préparation de ma leçon d'agrégation sur le *dominium mundi*, de même que son ancien doctorant Pascal Vielfaure, alors maître de conférences à la Faculté de droit de Montpellier.

[2] Né à Montpellier en 1815, Charles Renouvier est issu d'une famille originaire de Loupian (*cf.* Roland ANDRÉANI, « Les Renouvier dans la société montpelliéraine (1790-1863) », *Études héraultaises*, 30-31-32 (1999-2000-2001), p. 331-336).

[3] Décision n° 2018-717/718 QPC du 6 juillet 2018, *Cédric H. et autres*.

[4] Dans sa décision, le Conseil constitutionnel met en balance la nécessité de préserver l'ordre public en réprimant les infractions au CEDESA avec « la liberté d'aider autrui, dans un but humanitaire, sans considération de la régularité de son séjour sur le territoire national », en vertu du principe de fraternité.

sorte. Vestige muséifié de la République des instituteurs, au même titre que le patriotisme belliqueux ou la mission sacrée de civilisation, la fraternité mérite cependant d'être prise au sérieux, car elle constitue la clé de voûte de l'édifice républicain. En effet, face aux poussées antagonistes de la liberté et de l'égalité, c'est la fraternité qui permet de trouver un point d'équilibre. Telle est, en tout cas, la vocation du principe consacré en 1848, sous l'influence des partisans d'une République sociale[5].

Il s'agit alors de corriger les excès de l'individualisme libéral en proclamant l'exigence morale sur laquelle repose l'organisation républicaine. Rapidement réprimé, l'élan quarante-huitard ne produit sous la Troisième République qu'un écho assourdi, tant le souvenir de la Commune et le spectre de la révolution prolétarienne rendent le principe de fraternité suspect aux yeux de la majorité des républicains. Bien qu'inscrite au fronton des édifices publics, la fraternité voit sa portée minorée au sein du dogme républicain : simple principe moral, elle ne saurait se voir reconnaître les mêmes prolongements juridiques que la liberté et l'égalité[6].

Pour retrouver le sens du principe de fraternité, il faut donc renouer avec l'esprit de 1848 et, pour cela, le *Manuel républicain de l'homme et du citoyen* de Charles Renouvier constitue une référence idéale par son caractère pédagogique. Rédigé à la demande du ministre de l'instruction publique du gouvernement provisoire, Hippolyte Carnot, cet ouvrage a servi de prétexte à la majorité conservatrice de l'Assemblée constituante pour discréditer la politique du ministre et provoquer sa démission en juillet 1848[7]. Loin de renier les propositions incriminées (relatives à la réduction des inégalités entre riches et pauvres), Charles Renouvier les défend dans la deuxième édition de son manuel, qu'il publie au mois de décembre suivant. Cette version « revue et considérablement augmentée » du *Manuel républicain* se termine par une « Déclaration des droits et des devoirs de l'homme et du citoyen » qui résume les principes sur lesquels le jeune philosophe considère que la République doit être fondée. L'addition de cette déclaration au texte du *Manuel* fait écho au refus de l'Assemblée constituante de faire précéder la constitution d'une déclaration des droits[8]. À la veille de l'élection présidentielle qui va voir triompher le candidat du parti de l'Ordre, Charles

---

[5] *Cf.* Jean-Claude CARON, « La fraternité face à la question sociale dans la France des années 1830 », dans Frédéric BRAHAMI et Odile ROYNETTE (dir.), *Fraternité. Regards croisés*, Besançon, 2009, p. 135-157.

[6] *Cf.* Michel BORGETTO, *La notion de fraternité en droit public français. Le passé, le présent et l'avenir de la solidarité*, Paris, LGDJ, 1993.

[7] Les circonstances de la rédaction du *Manuel républicain* et l'épisode ayant conduit à la démission d'Hippolyte Carnot sont retracés en détail dans l'introduction de l'édition publiée par Jules Thomas en 1904 (Charles RENOUVIER, *Manuel républicain de l'homme et du citoyen*, Paris, Armand Colin, 1904).

[8] Sur l'échec de l'adoption d'une déclaration des droits par la Constituante, *cf.* Patrice ROLLAND, « De l'art du préambule », *La constitution du 4 novembre 1848 : l'ambition d'une République démocratique*, Éditions universitaires de Dijon, 2000, p. 143-186.

Renouvier décrit ce qu'aurait dû être la constitution de la République démocratique et sociale revendiquée par la révolution de février.

La déclaration des droits et des devoirs de l'homme et du citoyen servant d'épilogue au *Manuel républicain* présente ainsi les bases d'une société conciliant justice sociale et garantie des libertés individuelles. Cet équilibre entre la liberté et l'égalité dépend de la volonté des citoyens d'améliorer le pacte social en acceptant le devoir de fraternité : « La liberté et l'égalité qui, prises séparément, consacreraient ou l'indépendance individuelle, absolue négation de toute Société, ou le complet assujettissement à l'État, sont unies et conciliées par la fraternité[9]. » Loin d'être inférieure aux deux autres principes de la devise républicaine, la fraternité constitue donc, pour le Renouvier de 1848[10], la vertu cardinale de la morale civique. En effet, légitimant les bornes assignées à la liberté individuelle, qui se voit assigner une finalité sociale (**I**), la fraternité ouvre la voie au progrès de l'égalité (**II**).

I. LA FRATERNITÉ, FINALITÉ DE LA LIBERTÉ

L'articulation entre la liberté individuelle et le principe de fraternité repose sur l'affirmation de la dimension sociale de l'homme, que Renouvier appelle la « loi de solidarité ». En vertu de celle-ci, le *Manuel républicain* définit le but assigné à la liberté dans une République sociale (***A***) avant d'en préciser le contenu (***B***).

A. LE BUT DE LA LIBERTÉ DANS LA RÉPUBLIQUE

Le *Manuel républicain* s'ouvre par la définition de la fin morale de l'homme (chapitre I) et de la société (chapitre II). Charles Renouvier y affirme le lien fondamental existant entre l'accomplissement individuel (atteindre le bonheur consiste à tendre vers la perfection, c'est-à-dire à être « complet selon sa nature[11] ») et le perfectionnement de la société. La vie humaine doit être guidée par le devoir moral de s'approcher de la perfection, mais la réalisation de ce but ne dépend pas exclusivement de la volonté individuelle. En effet, celle-ci est impuissante sans le concours des autres membres de la société : « la perfection est sociale ; elle se réalise progressivement dans la Société et par l'action mutuelle de ses membres[12]. »

[9] Charles RENOUVIER, *Manuel républicain de l'homme et du citoyen*, 2e édition présentée par Maurice Agulhon, Paris, Garnier, 1981, p. 149 (l'ouvrage sera cité d'après cette édition).

[10] Sur l'évolution de la pensée de Renouvier, cf. Marie-Claude BLAIS, *Au principe de la République. Le cas Renouvier*, Paris, Gallimard, 2000.

[11] *Manuel républicain*, p. 71. Pour qu'un homme soit « complets selon sa nature », il faut qu'il puisse satisfaire son cœur, son esprit et son corps : « Il faudrait que les affections de son cœur trouvassent pleine satisfaction dans la famille, dans la patrie et dans l'amitié ; il faudrait que son intelligence fût cultivée ; il faudrait enfin qu'il pût déployer son activité selon ses forces et ses dispositions naturelles. » (*ibid.*).

[12] *Manuel républicain*, p. 145.

Le but de la société doit donc consister à favoriser le perfectionnement de chacun de ses membres grâce à la collaboration de tous. Renouvier insiste à la fois sur cette finalité morale de la société et sur la dimension sociale des devoirs qui en découlent. La morale chrétienne laïcisée[13] doit non seulement inspirer « chaque homme à part[14] », mais surtout entraîner une émulation collective. Pour cela, il est capital que les gouvernants (« ceux qui ont un pouvoir sur tous les hommes et qui veulent les conduire ») agissent de manière exemplaire[15]. Ils doivent, comme les autres citoyens, mettre en œuvre la justice et la fraternité.

Il s'agit des deux degrés que distingue Renouvier dans le devoir de l'homme et donc dans le processus de perfectionnement de l'individu et de la société. La justice est « une espèce d'égalité », « une certaine réciprocité des membres de la Société[16] ». Elle consiste à juger en se mettant à la place d'autrui (« oubliez pour un moment votre intérêt, vos passions »). C'est le rejet de l'égoïsme, qui constitue le fondement du pacte social. La justice est nécessaire, mais elle ne suffit pas à atteindre la perfection de la société. Pour cela, il faut que les hommes pratiquent la fraternité, c'est-à-dire qu'ils ne se contentent pas de respecter les principes du pacte social, mais qu'ils cherchent à les dépasser pour améliorer la société. Renouvier définit ainsi la fraternité comme « le partage volontaire des biens et des maux, tant de l'âme que du corps, entre les hommes[17] ». Il résume le lien entre justice et fraternité en soulignant le rôle de la volonté individuelle : « la justice réalise progressivement la fraternité selon que les hommes améliorent le pacte social et toutes les lois qui en découlent[18]. »

Dans une des nombreuses comparaisons avec le christianisme dont le *Manuel républicain* est truffé, il affirme : « la justice est l'ancienne loi ; la fraternité est la loi nouvelle[19] ». Comme le nouveau commandement donné par le Christ, la fraternité consiste dans la loi d'amour. Elle pousse chaque homme à faire le bien gratuitement, car améliorer le sort d'un citoyen contribue à l'amélioration de la société dans son ensemble. Pour donner un exemple concret de mesures inspirées par le principe de fraternité, il évoque l'assistance, l'instruction et la réinsertion des délinquants : « Soulager de leur fardeau les travailleurs dont la vie est la plus dure, instruire les ignorants, ramener au sentiment du bien les coupables que la misère ou l'injustice ont égarés, voilà des actes de fraternité. »

Le perfectionnement de la société, comme celui de l'individu suit une progression historique, mais il n'obéit à aucun déterminisme. Selon que les hommes se plient ou non aux devoirs de justice et de fraternité, la société peut

---

[13] *Cf. Manuel républicain* p. 75, 143.

[14] *Ibid.*, p. 77.

[15] « Le temps est venu où la morale, enseignée jusqu'ici dans les églises au nom de Jésus-Christ, doit entrer dans les assemblées des hommes qui font des gouvernements et des lois. » (*ibid.*).

[16] *Ibid.*, p. 72.

[17] *Ibid.*, p. 146.

[18] *Ibid.*

[19] *Ibid.*

aller vers le mal ou vers le bien[20]. Faut-il pour autant que le gouvernement impose l'amélioration de la société ? En aucun cas, car Renouvier considère que la marche vers l'égalité ne doit pas se faire au prix de la liberté. La seule solution acceptable consiste à inciter les citoyens à pratiquer les devoirs de justice et de fraternité (par l'exemple que donnent les plus lucides). Indiquant à chaque citoyen le but dans lequel il doit exercer sa liberté, le *Manuel républicain* en déduit la définition du contenu de la liberté dans la République.

B. LE CONTENU DE LA LIBERTÉ DANS LA RÉPUBLIQUE

Renouvier fait du devoir moral la source des droits : « le droit est le pouvoir moral de celui envers qui il y a obligation par devoir sur celui ou sur ceux à qui cette obligation est ou doit être reconnue, ou sur les choses qui les touchent[21]. » Il considère certains droits comme « naturels » et donc inaliénables et imprescriptibles. Ce sont « ceux des pouvoirs que l'homme tient de sa nature et auxquels on ne doit point supposer qu'il renonce volontairement en consentant à vivre en société et à se soumettre à des lois[22]. » Ces droits naturels découlent de la liberté de l'individu, qui a pour corollaire l'égalité entre les titulaires de cette liberté. Par conséquent, Renouvier peut affirmer que « tous les droits du citoyen se ramènent soit à la liberté, soit à l'égalité[23]. »

Il énumère ensuite les principaux droits attachés à la liberté du citoyen : « la liberté de conscience, la liberté de la personne, la liberté de la parole et de la presse, la liberté du culte, enfin la propriété[24]. » Parmi ces libertés du citoyen, la seule qui soit absolue est la liberté de conscience. En effet, il est indispensable que l'homme puisse suivre la voix de sa conscience pour connaître ses devoirs. Toutes les autres libertés sont « nécessairement limitées en chaque citoyen par les droits des autres citoyens[25]. » Dans le chapitre VI, consacré à la liberté, Renouvier est précise ce qu'il entend par la liberté de la personne : cette « liberté individuelle » consiste dans essentiellement dans le droit à la sûreté (protection contre les arrestations et détentions arbitraires, garanties liées au respect des principes du contradictoire et de la légalité[26]). La liberté politique, qui ne figure pas dans la liste des principaux droits donnée dans l'article 34 de la déclaration ne comprend pas la liberté politique. Celle-ci est pourtant bien définie au chapitre IV comme le droit de n'obéir qu'à des lois votées par les représentants librement élus par les citoyens et de n'être soumis qu'à un impôt librement consenti[27].

Renouvier accorde une importance particulière aux libertés collectives (réunion, association), car elles sont indispensables à la réalisation de deux

---

20 *Ibid.*, p. 145.
21 *Manuel républicain*, p. 146-147.
22 *Ibid.*, p. 147.
23 *Ibid.*, p. 148 (*cf.* également, p. 88).
24 *Ibid.*, p. 149.
25 *Ibid.*
26 *Ibid.*, p. 90-91.
27 *Ibid.*, p. 91.

objectifs fondamentaux : la protection des autres libertés contre la tyrannie et l'amélioration de la société. Il considère que la garantie des libertés relève non de l'autorité du gouvernement, mais repose sur la société elle-même. Par cette confiance placée dans l'action spontanée des citoyens réunis en associations, Renouvier se rattache au socialisme utopique. La résolution de l'antagonisme entre les intérêts individuels et l'intérêt collectif de la Société ne doit pas procéder de l'abolition, ni même de la restriction des libertés, mais doit être le fruit d'une démarche pédagogique, reposant sur l'orientation des libertés vers une finalité sociale. Son hostilité à toute forme de régime autoritaire s'exprime dans les passages qu'il consacre au régime des libertés (dans les réponses faites par l'instituteur à l'élève, qui l'interroge sur les risques liés à un usage dévoyé de la liberté d'expression ou d'association). Il y affirme que l'encadrement législatif des libertés ne doit pas prendre la forme de restrictions préventives, mais doit se borner à la répression des abus de la liberté[28].

La même foi dans le devoir de fraternité inspire les développements traitant de la propriété, que Renouvier définit comme « le fruit du travail de l'homme », ce qui le conduit à la ranger parmi les droits découlant de la liberté[29], la propriété est « le fruit du travail de l'homme ». La véritable propriété ne concerne donc que le produit de l'activité humaine (conformément à la conception lockéenne), non les moyens de production. À l'égard de cette propriété légitime, la loi doit assurer à l'individu le droit d'en jouir et d'en disposer, sinon l'homme ne serait pas libre, mais « l'esclave de la République[30] ». Le statut de la propriété foncière soulève des questions plus délicates. Si l'appropriation de la terre doit être admise « comme une extension naturelle de la propriété[31] », il ne s'agit que d'une solution provisoire, adaptée à « l'état actuel des sociétés humaines[32] ». En effet, si le devoir de justice impose de garantir les droits des propriétaires, le principe de fraternité doit conduire au fractionnement des grands domaines afin d'instaurer une répartition plus équitable de la propriété foncière. C'est la raison pour laquelle l'article 70 de la déclaration affirme que nul ne dispose « d'un pouvoir durable et certain de posséder la terre ». Le socialisme de Renouvier s'exprime ici à travers la distinction d'une propriété naturelle (car trouvant sa source dans la liberté de l'individu), définie comme le fruit du travail, et les autres propriétés, fruits de l'accumulation du capital et de sa transmission. Sources des inégalités sociales, ces propriétés doivent être garanties, mais pas au même degré que la propriété créée directement par le travail, car elles constituent des obstacles à l'épanouissement de la fraternité. La loi « doit les renfermer dans des bornes », pour « empêcher les pauvres d'être mangés par les riches[33] ».

---

[28] *Ibid.*, p. 90 et s.

[29] Au même titre que la sûreté, présentée dans le même chapitre (« De la sûreté et de la propriété »), la propriété « n'est aussi qu'une sorte de liberté » (*ibid.*, p. 90).

[30] *Manuel républicain*, p. 96.

[31] *Ibid.*, p. 101.

[32] *Ibid.*, p. 51.

[33] *Ibid.*, p. 97 (il s'agit du passage dénoncé par le député Bonjean devant l'Assemblée constituante).

Renouvier applique un raisonnement similaire pour appeler à l'encadrement de la liberté de l'industrie[34] et à celle du commerce[35].

En effet, l'exercice de la liberté garantie aux citoyens ne devrait pas conduire à l'accroissement des inégalités entre riches et pauvres. Guidé par le devoir de fraternité, il devrait tendre vers l'égalité des conditions.

II. LA FRATERNITÉ, CONDITION DE L'ÉGALITÉ

Une République fraternelle implique une société égalitaire, dans laquelle aucun citoyen ne doit être privé des moyens nécessaires à l'exercice de sa liberté naturelle. Dans le *Manuel républicain*, Renouvier définit deux conditions essentielles à l'avènement d'une telle société : la reconnaissance de droits spécifiques, supports indispensables de l'égalité minimale des conditions (***A***), et l'élimination des « faux droits », incompatibles avec le principe de fraternité (***B***).

A. LES DROITS INDISPENSABLES À L'ÉGALITÉ

Après avoir évoqué les différents droits découlant de la liberté, le *Manuel républicain* aborde la définition de l'égalité. Il en distingue trois formes, ou trois degrés, à chacun desquels est consacré un article du chapitre X de la déclaration : l'égalité naturelle, l'égalité sous l'empire de la loi et l'égalité des conditions.

L'égalité naturelle est le corollaire de la liberté individuelle : les hommes « ne sauraient exercer naturellement de domination les uns sur les autres[36] », car « nul ne tient de sa naissance ou de ses facultés un pouvoir durable et certain de posséder la terre ou de commander ses semblables[37] ». Cette égalité en droits naturels est traduite au sein de la société par l'égalité « sous l'empire de la loi ». L'instituteur du *Manuel républicain* rappelle ainsi à l'élève les principes énoncés en 1789 (égalité devant la loi, égal accès des citoyens aux fonctions publiques « sans autre distinction que celle de leurs vertus ou de leurs talents »). La question la plus délicate est celle de l'égalité des conditions. Renouvier fait dire à l'élève : « J'ai cru jusqu'ici, lorsqu'on m'a parlé de l'égalité, qu'on ne voulait pas seulement donner les mêmes droits à tous les hommes, mais aussi la même existence et les mêmes biens. » L'instituteur explique alors que cette égalité des conditions est un objectif que la République doit poursuivre, sans pour autant devoir l'imposer de manière autoritaire. En effet, l'égalité est limitée par la liberté[38] Renouvier, tout en émettant des idées qui le situent à l'extrême gauche du camp républicain en 1848, demeure attaché à la garantie de la liberté individuelle[39]. L'égalité des conditions ne doit pas être instaurée au prix du

[34] Chapitre VIII (p. 103-106).
[35] Déclaration, chapitre IX (p. 152-153).
[36] *Ibid.*, p. 107.
[37] *Ibid.*, p.153.
[38] *Manuel républicain*, p. 149.
[39] Il défend ainsi un socialisme libéral, comme il qualifiera lui-même sa doctrine.

sacrifice de la liberté. Elle doit être l'aboutissement d'une politique librement consentie par les citoyens. Un tel résultat ne peut être atteint immédiatement. Le progrès de l'égalité est lié à l'efficacité du principe de fraternité : si des républicains sincères sont portés au pouvoir par les citoyens, ils mettront en œuvre les réformes favorables à l'égalité réelle.

La première condition est donc politique : il faut que les « républicains sincères », défenseurs de la fraternité, soient portés au pouvoir par le suffrage universel[40]. La seconde condition est économique : avant de chercher à atteindre l'égalité parfaite des conditions, il faut que la société permette à chaque citoyen de jouir effectivement de sa liberté naturelle. Ce droit de mener une vie décente suppose de disposer d'un minimum de propriété. En application de la définition de la propriété comme fruit de l'activité humaine, cela signifie avoir la garantie de pouvoir exercer son activité et d'en tirer un revenu suffisant. Renouvier y ajoute un second droit nécessaire : le droit à l'instruction. Tous deux sont à la fois des droits et des devoirs pour les citoyens.

Le premier est défini comme « le droit à travailler et à subsister par son travail ». Afin de permettre à chaque citoyen d'exercer sa liberté de travailler et son devoir de contribuer à la prospérité commune[41], il convient d'instaurer une organisation du travail spécifique, en favorisant les associations de travailleurs, le crédit social et l'instruction professionnelle[42]. Tout en condamnant une prise de contrôle de l'économie par l'État, Renouvier plaide en faveur d'une intervention étatique visant à orienter les initiatives individuelles et à mettre en place des structures favorables à la réduction des inégalités sociales. Il développe son projet économique dans les passages consacrés à la liberté de l'industrie et à celle du commerce. Défendant la liberté de l'industrie, il rejette « l'accaparement direct ou indirect des diverses branches de la production en général, et toute assimilation des producteurs aux fonctionnaires publics[43]. » Il considère que la régulation de l'activité productive doit se borner à la dissuasion contre ceux qui manifestent des exigences excessives, « en leur suscitant des concurrents ». Il se montre plus réservé à l'égard de la liberté du commerce, car le commerce est source de conflits au sein de la société[44]. L'établissement d'un monopole public sur les échanges

---

[40] Et non des « républicains du lendemain », qui s'ingénient à défaire l'œuvre du gouvernement provisoire.

[41] « Dans la République tout homme doit produire ; les travaux productifs sont de trois ordres : moraux, intellectuels ou physiques ? » (*Manuel républicain*, p. 151).

[42] *Ibid.*, p. 97-99.

[43] *Ibid.*, p. 151.

[44] « Le commerce peut être successivement retiré des mains des individus et concentré sous la direction de la République [...]. Cette transformation du commerce est une conséquence de la vraie morale sociale, une suite du principe de fraternité, parce que dans l'état actuel des choses l'agent intermédiaire du producteur et du consommateur est dans une lutte incessante avec l'un et l'autre, et que toute guerre d'intérêt tend à démoraliser l'homme en abaissant ses sentiments et lui inculquant l'habitude du mensonge et de tous les genres de fraude. » (*ibid.*, p. 152).

serait un gage de fraternité. Mais la liberté n'en devrait pas moins être formellement reconnue[45].

Le droit au travail, qui doit être garanti à tout citoyen capable d'exercer une activité productive, a pour corollaire le droit à l'assistance, qui pallie l'incapacité de travailler[46]. Il ne s'agit pas d'une aumône consentie par la société, mais bien d'un droit. En effet, dans une société artificielle, tous les hommes n'ont pas également accès aux moyens de produire. La société a donc le devoir de fournir le nécessaire, « la vie » à chacun de ses membres.

Second pilier de la fraternité active au service de l'égalité, le droit à l'instruction est nécessaire dans une République pour former les travailleurs et les citoyens (afin de préparer l'homme à produire et à participer aux décisions politiques). Renouvier affirme la liberté de l'enseignement. Le seul monopole de la République concerne l'éducation morale et civique, qui doit être commune à tous les citoyens (et indépendante de l'instruction religieuse). En ce qui concerne l'instruction, elle doit ensuite être procurée en tenant compte de la diversité des aptitudes de chaque citoyen. Le République doit seulement offrir l'instruction gratuite aux enfants dont les parents ne peuvent la financer[47].

Droit au travail, droit à l'assistance et droit à l'instruction constituent le socle juridique de la République sociale, c'est-à-dire d'un régime offrant à chaque citoyen les conditions propices à l'exercice de sa liberté individuelle dans un esprit de fraternité. Cependant, avant que la société approche du degré de perfection conciliant pacifiquement liberté et égalité, le principe de fraternité doit inspirer au législateur républicain des réformes destinées à abolir les faux droits, c'est-à-dire les droits incompatibles avec le principe de fraternité.

B. L'ÉLIMINATION DES « FAUX DROITS », INCOMPATIBLES AVEC LE DEVOIR DE FRATERNITÉ

Selon Renouvier, l'avènement d'une société égalitaire ne peut intervenir ni par la contrainte (cela reviendrait à abolir la liberté et rendrait l'égalité inutile), ni de manière immédiate (car le respect de la liberté individuelle implique des réformes sociales acceptées et donc progressives). Bien que le *Manuel républicain* soit à la fois une œuvre de commande et une œuvre de jeunesse, les idées qui y sont exposées préfigurent bien le « socialisme libéral » de leur auteur, encore largement inspiré des principes saint-simoniens[48].

---

[45] « Le monopole des échanges entre les mains de la République ne doit pas être le résultat de l'interdiction formelle du commerce libre, mais bien d'une concurrence que la République ferait à ce commerce. » (*ibid.*, p. 152-153).

[46] « Dans le cas où le droit au travail ne peut être exercé pour cause de force majeure, il se traduit en droit à l'assistance. » (*ibid.*, p. 109).

[47] *Ibid.*, p. 111.

[48] Avec son frère aîné, Charles Renouvier a fréquenté les cercles saint-simoniens avant de s'en éloigner.

Pour rendre ces réformes possibles, il faut que le gouvernement soit confié à des républicains sincères (et non à des « républicains du lendemain »), dont l'élection ne peut intervenir que si plusieurs conditions sont remplies. Le suffrage universel, rétabli par le gouvernement provisoire en mars 1848, « doit être et sera l'instrument de toutes les réformes sociales[49] ». Il doit être « soutenu par la presse libre » et exercé par un peuple « éclairé, instruit de son vrai bien ». Une fois la République gouvernée par les républicains, il deviendra possible d'abolir les « faux droits », c'est-à-dire les droits reposant sur des conventions injustes[50], et de reconnaître les droits inspirés par la justice et la fraternité[51]. Le *Manuel républicain* est ainsi l'occasion pour Renouvier de dresser la liste des réformes à adopter pour réduire les inégalités au nom du devoir de fraternité. Il distingue deux catégories de mesures, dont l'adoption n'obéit pas au même calendrier : l'instauration de l'égalité des conditions, nécessitant une réorganisation de l'économie, ne peut être réalisée dans un avenir proche sans risquer de provoquer le chaos ; en revanche, il y a des réformes immédiatement possibles, qui consistent à améliorer les institutions existantes.

Évoquées dans le chapitre XII de la première édition du *Manuel républicain*, les réformes à introduire sont développées dans la seconde édition, sous le titre « Des moyens immédiats du salut du peuple et de l'établissement de la fraternité ». Renouvier y présente diverses mesures inspirées par l'idée de fraternité, qui visent à favoriser le progrès de l'égalité sans pour autant porter atteinte à la liberté des citoyens. Les plus longs développements sont consacrés aux réformes de l'impôt et du crédit. Il s'agit de l'instauration d'un impôt sur le revenu progressif, dont le but à long terme et d'égaliser les fortunes[52], et de l'extinction de la dette publique et des dettes des particuliers écrasés par « les hommes d'argent », en rendant l'État maître du crédit et en développant le crédit « à des conditions gratuites ».

À ces réformes structurelles, destinées à refonder l'organisation du travail (le but ultime étant d'abolir l'exploitation de l'homme par l'homme, c'est-à-dire le salariat, et de le remplacer par un système faisant de tous les travailleurs des associés), Renouvier ajoute une séries de mesures portant sur des « questions plus simples ». Le progrès de l'égalité passe par la réforme du service militaire (réduction de sa durée à deux ans et suppression du remplacement)[53] et celle de la justice (gratuité pour « les citoyens qui n'ont que le nécessaire », simplifier les codes et abréger la procédure, instaurer le jury en matière civile et rendre toutes les fonctions judiciaires électives)[54]. Dans le domaine du droit pénal, la punition du coupable, qui obéit au principe de justice, doit être complétée par l'humanisation des peines et la correction du condamné (avec l'abolition de la

[49] *Ibid.*, p.127.
[50] *Ibid.*, p. 147.
[51] *Ibid.*
[52] L'impôt progressif « est un moyen de transition du régime de l'inégalité à celui de l'égalité » (*Manuel républicain*, p. 130).
[53] *Ibid.*, p. 139-140.
[54] *Ibid.*, p.140.

peine de mort)[55]. En ce qui concerne le droit civil, Renouvier plaide pour « étendre les droits de la femme et les devoirs de l'époux dans la famille », ainsi que pour le rétablissement du divorce (« dans l'intérêt du mariage lui-même »)[56].

Le tableau que brosse le philosophe des réformes à adopter pour permettre l'avènement de la République démocratique et sociale, préfigure, à de nombreux égards, le modèle social qui s'épanouit, près d'un siècle après l'échec de 1848, lorsque la Libération ouvre la voie à la mise en œuvre du programme adopté par le CNR pour « Les jours heureux ». Forgé au cœur de l'épreuve, le consensus politique improbable entre les mouvements de la Résistance offre alors une chance au triptyque théorisé dans le *Manuel républicain* : « C'est la fraternité qui portera les citoyens réunis en Assemblée de représentants à concilier tous leurs droits, de manière à demeurer des hommes libres et à devenir, autant qu'il est possible, des égaux[57]. » Du boulevard Louis Blanc à la Place des Martyrs de la Résistance, l'ascension de la rue de l'Université résume ainsi, dans la ville natale de Charles Renouvier, le destin de la fraternité, du rêve brisé de 1848 à l'accomplissement des années 1944-1945.

[55] *Ibid.*, p. 140-141 (« changeons en purgatoires nos prisons qui sont des enfers ») ; Renouvier fait une présentation très indulgente de la répression « peu cruelle » mise en œuvre par la République (*ibid.*, p..117).
[56] *Ibid.*, p. 141.
[57] *Ibid.*, p. 108.

- III -

VIRER DE BORD ?

RÉFORMER L'OUTRE-MER FRANÇAIS SOUS LA QUATRIÈME RÉPUBLIQUE. LES RÉFLEXIONS DU PROFESSEUR PIERRE LAMPUÉ

Jean-Baptiste PIERCHON
maître de conférences en histoire du droit – Le Mans Université

Au cours du second conflit mondial, l'outre-mer français connaît de profondes mutations. Tandis que de puissantes voix appellent à l'émancipation des peuples colonisés (les États-Unis et l'URSS), des mouvements autonomistes et indépendantistes se développent dans plusieurs possessions coloniales[1]. Aussi, dès le lendemain du conflit, les autorités françaises s'efforcent-elles de répondre aux attentes des peuples colonisés. On s'en aperçoit notamment lors de la rédaction du nouveau texte constitutionnel[2]. La première Assemblée constituante (octobre 1945-mai 1946) accorde ainsi des droits substantiels aux populations ultramarines[3] : départementalisation des « vieilles colonies »[4] ; suppression du travail forcé ; généralisation de la citoyenneté française dans l'ensemble des territoires d'outre-mer[5]. La seconde Assemblée constituante (juin-octobre 1946) apporte à son tour de précieuses libertés politiques aux peuples ultramarins. En effet, la Constitution de la Quatrième République (27 octobre 1946) consacre la représentation des territoires ultramarins au Parlement français. De plus, elle prévoit la mise en place d'une administration décentralisée dans chaque territoire d'outre-mer, grâce à l'institution d'assemblées locales élues. Enfin, la

[1] Le doyen Bernard Durand –à qui sont destinées ces quelques lignes– a parfaitement analysé cette remise en cause de la domination coloniale française, dans son article consacré à « La fin programmée d'un passé (1939-1958) » (*in* Bernard DURAND, Mamadou BADJI, Samba THIAM et Sandra GÉRARD-LOISEAU (dir.), *Le juge et l'Outre-mer.* T. VII : *Le retour d'Orphée*, Lille, Centre d'Histoire judiciaire, 2014, p. 75-105).

[2] Pour une présentation de l'œuvre réformatrice des deux Assemblées constituantes, v. Daniel BOISDON, *Les institutions de l'Union française*, Paris, Berger-Levrault, 1949 et, plus récemment, Philippe COCÂTRE-ZILGIEN, « Quand la France était "la colonie de ses anciennes colonies" (1946-1958) », *in* Éric GOJOSSO, David KREMER et Arnaud VERGNE (dir.), *Les colonies. Approches juridiques et institutionnelles de la colonisation de la Rome antique à nos jours*, Paris, LGDJ, 2014, p. 381-447, Frederick COOPER, *Français et Africains ? Être citoyen au temps de la décolonisation*, Paris, Payot, 2014, p. 81-139 et Saliou MBAYE, *Histoire des institutions coloniales françaises en Afrique de l'Ouest (1816-1960)*, Dakar, Imprimerie Saint-Paul, 1991, p. 95-103.

[3] En dépit de l'échec du premier projet de Constitution.

[4] Les « vieilles colonies » sont la Martinique, la Guadeloupe, la Guyane et La Réunion.

[5] Les territoires d'outre-mer sont les anciennes colonies proprement dites qui n'ont pas été transformées en départements. Ils se situent, pour la plupart, en Afrique subsaharienne. Les territoires africains sont réunis dans deux groupes de territoires : l'Afrique occidentale française (AOF) et l'Afrique équatoriale française (AÉF).

Constitution prévoit la création de l'Union française. Celle-ci est composée de trois entités distinctes : la *République française* (qui comprend la métropole, les départements et les territoires d'outre-mer), les *États associés* (les anciens protectorats indochinois)[6] et, enfin, les *territoires associés* (les anciens pays africains sous mandat). L'Union comporte des organes communs (le président, le Haut conseil et l'Assemblée de l'Union) qui doivent permettre une certaine concertation entre la République française et les États associés[7].

Toutefois, ces mesures « libérales » ne satisfont qu'en partie les peuples ultramarins. Si les ressortissants des territoires d'outre-mer accèdent au droit de cité, ils ne peuvent exercer leurs droits politiques dans les mêmes conditions que les citoyens métropolitains[8]. Par ailleurs, les assemblées locales des territoires d'outre-mer voient leur rôle cantonné aux seules questions administratives et financières. Enfin, malgré la mise en place d'organes communs de l'Union, les États associés demeurent sous la direction effective du gouvernement français, ce qui entraîne un vif mécontentement de leur part[9].

Aussi de nombreux projets de réforme voient-ils le jour, tout au long de la Quatrième République[10]. Élaborés par des hommes politiques ou par des juristes

---

[6] Dans l'esprit du constituant, la catégorie des États associés devait englober tous les anciens protectorats. Néanmoins, une partie de la doctrine considère que les protectorats marocain et tunisien ne sont pas devenus des États associés car, contrairement aux anciens protectorats indochinois (le Vietnam, le Laos et le Cambodge), ils n'ont fait aucun acte d'adhésion à l'Union française.

[7] Les territoires associés (le Cameroun et le Togo) occupent une place particulière au sein de l'Union française. Juridiquement, ce sont des membres à part entière de l'Union (art. 60 de la Constitution) mais, en pratique, leur régime est très proche de celui des territoires d'outre-mer. En outre, les territoires associés ne participent pas à l'organe « délibérant » de l'Union, le Haut conseil. On peut donc estimer qu'en pratique l'Union française associe uniquement la République et les États associés. Pour plus de précisions, v. Robert CORNEVIN, *Histoire du Togo*, 3ème éd., Paris, Berger-Levrault, 1969 et Blaise Alfred NGANDO, *La présence française au Cameroun (1916-1959) : colonialisme ou mission civilisatrice ?*, Aix-Marseille Université, PUAM, 2008.

[8] Dans leur très grande majorité, les ressortissants des territoires d'outre-mer sont des citoyens de « statut local », par opposition aux citoyens de « statut civil français » (pour l'essentiel, les citoyens métropolitains). Leurs droits politiques font l'objet de deux limitations essentielles. En premier lieu, les citoyens de statut local ne bénéficient pas d'une représentation proportionnelle à leur importance numérique (l'Assemblée nationale comprend seulement 10 % de députés ultramarins). En second lieu, dans la plupart des territoires, les élections ont lieu au double collège (du moins, pour la désignation des assemblées locales) : les citoyens de statut local élisent un peu plus de la moitié des membres de l'assemblée locale, les autres membres étant désignés par les citoyens de statut civil français. Pour plus de précisions, v. les manuels classiques d'histoire de la colonisation.

[9] Le mécontentement des États associés indochinois est d'autant plus grand que ces derniers sont traversés par de forts courants nationalistes. C'est au Vietnam que le mouvement nationaliste est le plus puissant, comme le montre le déclenchement de la guerre d'Indochine (en décembre 1946). Pour plus de précisions, v. Pierre BROCHEUX et Daniel HÉMERY, *Indochine : la colonisation ambiguë (1858-1954)*, 2ème éd., Paris, La Découverte, 2001, p. 325-364 et Christopher GOSCHA, *Vietnam : A New History*, New York, Basic Books, 2016, p. 211-272.

[10] Pour une présentation des différents projets de réforme sous la Quatrième République, v. François BORELLA, *L'évolution politique et juridique de l'Union française depuis 1946*, Paris, LGDJ, 1958, p. 253-280, 299-319 et 441-457 et, plus récemment, Philippe COCÂTRE-ZILGIEN, « Quand la France était "la colonie de ses anciennes colonies" (1946-1958) », art. cit., p. 399-431 et Bernard DROZ,

publicistes[11], ces projets s'inspirent de deux conceptions différentes de la « colonisation » : l'autonomie (ou « fédéralisme colonial ») et l'assimilation[12]. Le fédéralisme colonial est le courant doctrinal le plus répandu. Ses partisans souhaitent accorder aux différentes possessions françaises une autonomie « constitutionnelle ». Concrètement, chaque territoire ultramarin se transformerait en État (fédéré), disposant de ses propres institutions (assemblée et gouvernement), ayant compétence pour toutes les affaires locales. Les différents États seraient ensuite regroupés au sein d'un ensemble plus vaste – l'État fédéral – qui n'aurait compétence que pour les affaires d'intérêt général. Au sein de cet édifice fédéral, la République française proprement dite (la métropole) serait un État fédéré parmi d'autres, aux côtés de ses anciennes provinces d'outre-mer. L'autre grand courant réformateur est le courant assimilationniste (ou « unitaire »). Ses partisans veulent ancrer les peuples ultramarins dans la République, en poursuivant l'œuvre d'assimilation inaugurée par la Constitution de 1946. Dans cette perspective, les citoyens ultramarins devraient recevoir une véritable représentation au sein du Parlement (c'est-à-dire une représentation proportionnelle à leur importance numérique). De façon plus générale, les habitants des pays d'outre-mer devraient disposer des mêmes droits et des mêmes lois que les habitants de la métropole.

Les juristes français se rangent souvent dans le camp fédéraliste. Tel est le cas, notamment, des professeurs René Capitant (1901-1970)[13], Georges Scelle (1878-

---

« L'impossible réforme de l'Union française », *in* Pascal CAUCHY, Yvan COMBEAU et Jean-François SIRINELLI (dir.), *La Quatrième République et l'Outre-mer français*, Paris, Publications de la S.F.H.O.M., 2009, p. 27-39.

[11] Pour une présentation des juristes publicistes de la Quatrième République, spécialistes des questions ultramarines, v. Florence RENUCCI, « La "décolonisation doctrinale" ou la naissance du droit d'outre-mer (1946-début des années 1960) », *Revue d'Histoire des Sciences Humaines*, 2011/1, n° 24, p. 61-76.

[12] Pour une présentation des différentes doctrines « coloniales » sous la Quatrième République, v. Hubert DESCHAMPS, *Les méthodes et les doctrines coloniales de la France*, Paris, Armand Colin, 1953, p. 177-207, Pierre-François GONIDEC, *Droit d'Outre-mer*, t. I, Paris, Montchrestien, 1959, p. 330-366 et, plus récemment, Véronique DIMIER, « De la France coloniale à l'Outre-mer », *Pouvoirs*, avril 2005, n° 113, p. 41-55.

[13] René Capitant enseigna successivement dans les Facultés de droit de Strasbourg, d'Alger et de Paris. Il exprime sa préférence pour une solution fédérale dans un ouvrage au titre évocateur : *Pour une constitution fédérale* (Paris, Renaissances, 1946). Pour plus de précisions, v. Florence RENUCCI, « René Capitant », *in* Florence RENUCCI (dir.), *Dictionnaire des juristes ultramarins (XVIIIe-XXe siècles)*, Recherche réalisée avec le soutien de la mission de recherche Droit et Justice, 2012, p. 50-53.

1961)[14] et François Luchaire (1919-2009)[15]. À l'inverse, rares sont les partisans d'une politique assimilatrice (ou, du moins, unitaire). Tel est le cas (avec certaines réserves) du professeur Paul-Émile Viard (1902-1984)[16].

Le professeur Lampué (1899-1987) occupe une place particulière au sein de la doctrine publiciste, car il n'appartient véritablement à aucun de ces deux courants. S'il admet volontiers l'autonomie *politique* des États associés (qui sont des entités relevant du droit international), il est en revanche plus mesuré à l'égard des territoires d'outre-mer, dont il ne reconnaît que l'autonomie *administrative* (c'est-à-dire une forme particulière de décentralisation). En outre, malgré les accents « unitaires » de son œuvre, Lampué n'est pas prêt à accorder des droits identiques aux citoyens ultramarins (du moins, sur le plan politique). Les positions de politique « coloniale » de Lampué paraissent donc moins audacieuses que celles de ses collèges fédéralistes et moins généreuses que celles de ses collègues assimilationnistes. De façon plus générale, le juriste se démarque de la nouvelle génération de spécialistes de l'Outre-mer, tels François Luchaire et Pierre-François Gonidec (1914-2008), dont les propositions sont plus novatrices.

Pourtant, l'œuvre de Lampué sous la Quatrième République est riche d'enseignements et comporte de précieuses réflexions sur les mesures qui permettraient de rénover les institutions « coloniales » françaises. L'ancien élève de Louis Rolland[17] est alors au sommet de sa carrière. Professeur à la faculté de droit de Paris, il occupe la chaire d'économie et de sociologie coloniales et participe au comité de rédaction de l'une des principales revues françaises de

[14] Célèbre professeur de droit international, Georges SCELLE se prononce pour le « fédéralisme colonial » dans plusieurs articles (notamment : « Le fédéralisme et l'Union française », *Revue politique et parlementaire*, 1948, t. CXCIV, p. 217-229). Pour plus de précisions, v. Olivier BEAUD, « Aperçus sur le fédéralisme dans la doctrine publiciste française au vingtième siècle », *Revue d'Histoire des Facultés de droit et de la Science juridique*, 2004, n°24, p. 165-204 (notamment les p. 192-194).

[15] Professeur à la Faculté de droit de Nancy puis à celle de Paris, François Luchaire se prononce pour l'autonomie constitutionnelle des colonies dans son *Manuel de droit d'Outre-mer* (Paris, Sirey, 1949). Pour plus de précisions, v. Florence RENUCCI, « Le démontage de l'empire colonial français dans les nouveaux manuels de droit de l'après-guerre (1949-1952) », *in* Jean FREMIGACCI, Daniel LEFEUVRE et Marc MICHEL (dir.), *Démontage d'empires*, Paris, Riveneuve, 2012, p. 155-167 (notamment les p. 156-161).

[16] Professeur à la faculté de droit d'Alger, Paul-Émile Viard fut également député MRP d'Alger (de 1945 à 1951). À la première Assemblée constituante, il se prononça pour la généralisation de la citoyenneté française à l'ensemble des habitants des colonies. Il était également partisan d'une représentation importante des territoires ultramarins au sein du Parlement français (à hauteur de un cinquième). Pour plus de précisions, v. Hubert DESCHAMPS, *Les méthodes et les doctrines coloniales de la France*, *op. cit.*, p. 186-188 et Florence RENUCCI, « Paul-Émile Viard », *in* Florence RENUCCI (dir.), *Dictionnaire des juristes ultramarins*..., *op. cit.*, p. 303-304.

[17] Lampué a soutenu sa thèse sur les *Conseils du contentieux administratif des colonies* (Paris, LGDJ, 1924) sous la direction de Louis Rolland (1877-1956). Il est ensuite devenu professeur à la Faculté de droit de Caen (en 1928), avant de rejoindre la Faculté de droit de Paris au cours des années 1940 (v. Silvia FALCONIERI, « Pierre Lampué », *in* Florence RENUCCI (dir.), *Dictionnaire des juristes ultramarins*..., *op. cit.*, p. 167-172 ; v. également : Académie des Sciences d'Outre-mer, Fonds Lampué, Dossier « carrière », État des services).

législation ultramarine, la *Revue juridique et politique de l'Union française (RJPUF)*[18]. Il appartient aussi au comité consultatif de l'autre grande revue de droit ultramarin, le *Penant*. Pierre Lampué est également un conseiller écouté des responsables de la France d'outre-mer : il a participé à la fin de la guerre à une commission de juristes chargée de réformer les institutions coloniales[19], avant de présider le comité juridique de l'Union française (à partir de 1947)[20]. Il présidera par la suite la commission de la citoyenneté de l'Union française (en 1953)[21]. Comme on le voit, Lampué est non seulement un théoricien, mais aussi un véritable « praticien » de l'Outre-mer, ce qui donne un intérêt supplémentaire à son travail doctrinal.

L'œuvre de Lampué est d'une grande richesse. Outre le *Précis de droit des pays d'outre-mer*[22] (réalisé en collaboration avec Louis Rolland), Lampué rédige de nombreux articles qui apportent une parfaite compréhension des institutions « coloniales » de la Quatrième République. En 1947, il publie deux études magistrales dans lesquelles il présente le nouveau régime de la France d'outre-mer (issu de la Constitution de 1946 et de la loi du 20 septembre 1947 portant statut organique de l'Algérie) : « L'Union française d'après la Constitution »[23] et « Le statut de l'Algérie »[24]. Au début des années 1950, Lampué rédige trois articles portant sur des questions spécifiques liées à l'Union française : « La citoyenneté de l'Union française »[25], « La nature juridique de l'Union française »[26] et « La présidence de l'Union française »[27]. Puis, dans la seconde moitié de la décennie, il publie deux articles plus réformistes : « Les attributions de l'Assemblée de l'Union française »[28] et « Pour une réforme de l'Union française »[29]. Enfin, Lampué rédige des études plus ponctuelles (chroniques[30],

---

[18] Silvia FALCONIERI, « Pierre Lampué », art. cit., p. 168.

[19] Frederick COOPER, *Français et Africains ?...*, *op. cit.*, p. 72 et 476.

[20] Créé en 1947 par le président du Conseil, cet organe fut chargé de définir l'organisation et les attributions du Haut conseil de l'Union française, prévu par la Constitution de 1946 (v. Gérard PEUREUX, *Le Haut-Conseil de l'Union française*, Paris, LGDJ, 1960, p. 24 et s.).

[21] La commission de la citoyenneté de l'Union française était l'un des organes (non permanents) du Haut conseil de l'Union française. Elle fut chargée de préciser le contenu de la citoyenneté de l'Union française (v. Gérard PEUREUX, *Le Haut-Conseil de l'Union française*, *op. cit.*, p. 98-99).

[22] Louis ROLLAND et Pierre LAMPUÉ, *Précis de droit des Pays d'Outre-mer*, Paris, Dalloz, 1949-1952-1959. Sauf exceptions dûment signalées, nous utilisons pour les besoins de cette étude la 1ère édition du *Précis*.

[23] Pierre LAMPUÉ, « L'Union française d'après la Constitution », *RJPUF*, 1947, p. 1-39 et 145-194.

[24] Pierre LAMPUÉ, « Le statut de l'Algérie », *RJPUF*, 1947, p. 477-525.

[25] Pierre LAMPUÉ, « La citoyenneté de l'Union française », *RJPUF*, 1950, p. 305-335.

[26] Pierre LAMPUÉ, « La nature juridique de l'Union française », *RJPUF*, 1953, p. 1-22.

[27] Pierre LAMPUÉ, « La présidence de l'Union française », *Études juridiques*, novembre 1953, n° 1, p. 30-32.

[28] Pierre LAMPUÉ, « Les attributions de l'Assemblée de l'Union française », *L'évolution du droit public. Études en l'honneur d'Achille Mestre*, Paris, Sirey, 1956, p. 359-382.

[29] Pierre LAMPUÉ, « Pour une réforme de l'Union française », *Les Cahiers de la République*, mai-juin 1957, vol. 7, p. 22-37.

[30] En particulier : « Le territoire associé et l'État associé suivant la Constitution », *Dalloz*, 1951, p. 107-110.

préfaces d'ouvrages[31]), dans lesquelles il développe là aussi des réflexions novatrices[32].

L'œuvre de Lampué présente deux aspects, à la fois différents et complémentaires. On observe d'abord que le juriste souhaite réformer (avec une grande prudence) les institutions de la France d'outre-mer. Il estime possible de mettre en œuvre une politique de type confédéral à l'égard des États associés, afin de renforcer les liens entre la France et ses anciens protectorats – tout en respectant l'autonomie de ces derniers. Par ailleurs, il désire renforcer la décentralisation dans les territoires d'outre-mer (une décentralisation pouvant aboutir à une forme d'autonomie législative). Toutefois, ces propositions de réformes paraissent bien modestes lorsqu'on les compare à celles de ses contemporains (notamment Luchaire et Gonidec). Pour comprendre le sens véritable de ces propositions, il faut étudier l'autre aspect de l'œuvre de Lampué : le réalisme, qui le pousse à refuser à la fois la solution assimilatrice et la solution fédérale. Pour Lampué, ces deux tendances doctrinales ne sont pas réalistes, car leur application intégrale risquerait de « déplacer le centre du pouvoir politique de la métropole vers l'outre-mer » – ce que l'opinion publique ne peut accepter. En outre, ces deux doctrines risquent d'être refusées par les peuples ultramarins eux-mêmes, soit qu'elles limitent leur autonomie politique (c'est le cas du fédéralisme à l'égard des États associés), soit qu'elles méconnaissent leur autonomie interne (c'est le cas de l'assimilation à l'égard des territoires d'outre-mer).

Ce refus des tendances doctrinales dominantes est essentiel, car il éclaire les propositions du juriste – modérées, mais réalistes – en faveur de la confédération et de la décentralisation. Il est donc nécessaire de présenter les solutions refusées (**I**), avant d'étudier les solutions proposées (**II**).

I. LES SOLUTIONS REFUSÉES

Pierre Lampué refuse à la fois la solution assimilatrice et la solution fédérale. Cependant, il ne porte pas un jugement identique sur ces deux tendances. En effet, si son refus de la solution assimilatrice demeure nuancé (***A***), son refus de la solution fédérale est systématique (***B***).

A. LE REFUS NUANCÉ DE LA SOLUTION ASSIMILATRICE

Lampué manifeste ses réticences à l'égard de la politique d'assimilation dès le début de la Quatrième République, dans son étude relative à « L'Union française d'après la Constitution ». Évoquant les grandes tendances de la politique coloniale française, il souligne que « l'assimilation convenait fort bien » à l'empire « tel

[31] En particulier : la préface de la thèse de G. PEUREUX (*Le Haut-Conseil de l'Union française*, *op. cit.*, p. 7-10).

[32] Nous laissons de côté les études plus techniques, dans lesquelles Lampué n'indique pas ses positions en matière « coloniale ».

qu'il se composait encore pendant la première partie du XIXe siècle »[33]. En effet, la politique d'assimilation « s'adaptait heureusement à la situation de ces débris de l'ancien Empire qu'étaient les "Îles", dépourvues de populations autochtones se rattachant à une civilisation propre et originale »[34] (Lampué fait ici référence aux Antilles et à La Réunion). En outre, l'assimilation « ne se heurtait pas à des obstacles graves dans les autres colonies, relativement peu importantes, et dont la population indigène était peu nombreuse »[35] (l'auteur fait à présent référence aux comptoirs français de l'Inde et aux établissements français du Sénégal).

En revanche, à la suite de l'expansion coloniale (qui conduisit la France à s'emparer de territoires immenses, « habités par des peuples très différents [...] de ceux des anciens établissements »), la tendance à l'assimilation dut être « combinée avec la tendance à l'autonomie ». Ainsi, « à partir des dernières années du XIXe siècle, on tendit à doter les colonies nouvelles d'un statut bien distinct de celui de la métropole et des Îles » puis « on s'orienta, avec prudence, vers une décentralisation administrative qui consacrait leur particularisme »[36]. Quant aux protectorats, « c'est leur nature juridique elle-même qui s'opposait à l'assimilation et qui appelait une autonomie locale étendue »[37]. On peut donc observer que, pour Lampué, l'assimilation ne convient véritablement qu'aux « vieilles colonies » (devenues départements d'outre-mer en avril 1946)[38]. En revanche, l'assimilation ne peut-être que partielle dans les colonies proprement dites (devenues des territoires d'outre-mer) et elle doit être fermement écartée dans les protectorats (devenus des États associés).

Cette réticence à l'égard de l'assimilation peut toutefois surprendre, car la doctrine « coloniale » de Lampué présente certains points communs avec la doctrine assimilatrice. En premier lieu, le juriste défend une vision « unitaire » des rapports entre la métropole et les territoires d'outre-mer[39] ; or, sous la Quatrième République, le terme « unitaire » est souvent employé pour désigner

[33] Pierre LAMPUÉ, « L'Union française d'après la Constitution », art. cit., p. 6.
[34] *Ibid.*
[35] *Ibid.*
[36] *Ibid.*
[37] *Ibid.*
[38] Lampué fait des observations similaires dans son manuel de droit d'outre-mer, en 1949. Il explique que l'assimilation « ne se conçoit pleinement qu'à l'égard des pays qui ne diffèrent pas profondément de la métropole [...]. Telle est la situation dans les anciennes "colonies de plantation" » (c'est-à-dire dans les départements d'outre-mer). En revanche, « dans les autres contrées » (c'est-à-dire dans les territoires d'outre-mer), « l'assimilation ne peut-être que partielle et la création de corps d'administrateurs spéciaux, réalisant une autonomie locale, est nécessaire » (*Précis de droit des Pays d'Outre-mer*, *op. cit.*, p. 55).
[39] Cette conception unitaire de la France d'Outre-mer était déjà bien présente dans l'œuvre de Pierre Lampué (et de Louis Rolland) au cours de l'entre-deux-guerres. Dans un article récent, le professeur Olivier Beaud a montré comment les deux juristes ont analysé l'empire colonial français au prisme de l'État unitaire, dans les premiers chapitres de leur *Précis de législation coloniale* (« L'Empire et l'empire colonial dans la doctrine publiciste française de la troisième République », *Jus Politicum, Revue de droit politique*, juin 2015, n° 14, p. 24 et s.).

la politique d'assimilation[40]. Ainsi, dans son article sur l'Union française, Lampué explique que les territoires d'outre-mer sont « des fragments territoriaux de la République française » qui sont « intégrés juridiquement dans l'État »[41] (malgré leur séparation géographique de « la partie métropolitaine de la République »). Sans doute ces territoires bénéficient-ils d'une large décentralisation administrative, mais cette décentralisation « est du même ordre que celle qui est conférée aux collectivités locales ou régionales de la métropole elle-même ». L'auteur en conclut que les territoires d'outre-mer sont uniquement « des collectivités administratives de droit interne »[42]. Voici donc un premier lien avec la doctrine assimilatrice.

En second lieu, Lampué approuve la généralisation de la citoyenneté française à l'ensemble des ressortissants des territoires d'outre-mer (prévue par la loi Lamine Gueye de mars 1946 et confirmée par la Constitution du 27 octobre)[43]. Désormais, les habitants des territoires ultramarins bénéficient non seulement de la nationalité française, mais aussi de la citoyenneté qui « se confond avec la nationalité »[44] (en dépit de la distinction entre citoyens de statut local et citoyens de statut civil français). Lampué considère que cette réforme de la citoyenneté « est fort importante, car elle consacre […] l'égalité de principe qui résulte d'une même dignité reconnue à tous »[45].

Enfin, Lampué insiste sur le rôle du Parlement français dans l'élaboration de la législation ultramarine. Cet élément est important dans la mesure où la réflexion de l'auteur a évolué sur ce point. Dans l'entre-deux-guerres, le juriste insistait sur la spécificité de la législation en vigueur dans les colonies[46]. Il soulignait l'importance du principe de la spécialité de législation – d'après lequel les lois votées par le Parlement ne sont pas applicables de plein droit dans les colonies[47] – puis il indiquait que les colonies sont « régies normalement par des décrets

---

[40] V. notamment : Hubert DESCHAMPS, *Les méthodes et les doctrines coloniales de la France*, *op. cit.*, p. 202 et s. ; Pierre-François GONIDEC, *Droit d'Outre-mer…*, *op. cit.*, p. 330 et s.

[41] Pierre LAMPUÉ, « L'Union française d'après la Constitution », art. cit., p. 19.

[42] *Ibid.*, p. 21. Lampué fait des observations similaires dans son manuel de législation ultramarine. Il rappelle d'abord que « le territoire d'outre-mer est une collectivité publique de droit interne et non pas une entité relevant du droit international » (*Précis de droit des Pays d'Outre-mer*, *op. cit.*, p. 82), puis il évoque « l'intégration du territoire dans la République française » (*Ibid.*, p. 84-85).

[43] Pour une présentation de la question de la citoyenneté, au lendemain des réformes de 1946, v. Yerri URBAN, *L'indigène dans le droit colonial français (1865-1955)*, Paris, LGDJ, 2011 et Philippe COCÂTRE-ZILGIEN, « Quand la France était "la colonie de ses anciennes colonies" (1946-1958) », art. cit., p. 389-399.

[44] Pierre LAMPUÉ, « L'Union française d'après la Constitution », art. cit., p. 154.

[45] *Ibid.*, p. 159.

[46] La question de la « législation » coloniale et des décrets coloniaux a fait l'objet d'une belle étude du doyen Bernard DURAND (« Les décrets coloniaux sont-ils des Lois ou des Règlements ? Une querelle juridique à la frontière des régimes politiques et des principes du droit public », *Cahiers des Écoles doctorales*, Faculté de Droit de Montpellier, mars 2000, n° 1, p. 53-105).

[47] Louis ROLLAND et Pierre LAMPUÉ, *Précis de législation coloniale*, Paris, Dalloz, 1931, p. 145-146.

simples »[48] (même si « le Parlement peut intervenir en toutes matières »[49]). Désormais, la perspective est inversée (alors que la Constitution de 1946 n'a pas bouleversé le régime législatif des territoires d'outre-mer). Dans le *Précis de droit des pays d'outre-mer*, Lampué évoque d'abord l'importance du domaine de la loi en matière ultramarine[50], avant de rappeler le principe de spécialité, ainsi que le rôle (toujours essentiel) des décrets[51]. En insistant ainsi sur le rôle du Parlement dans la création de la norme coloniale, le juriste fait preuve à nouveau d'une certaine proximité avec les thèses assimilatrices.

Pourtant, Lampué ne se rallie pas entièrement à la doctrine assimilatrice, car il refuse l'élément essentiel de cette politique : la représentation égalitaire des populations ultramarines au Parlement français. Certes, il estime que « dans un État à constitution représentative, il est souhaitable que toutes les collectivités qui y sont intégrées puissent se faire entendre dans les assemblées législatives »[52]. Néanmoins, il ajoute que la représentation « est nécessairement forte pour de petites îles et beaucoup plus faible pour les contrées à population importante »[53] (c'est-à-dire dans les territoires d'outre-mer).

En réalité, Lampué craint qu'une représentation véritable des citoyens ultramarins n'entraîne un transfert du pouvoir au profit des territoires d'outre-mer (les députés ultramarins devenant majoritaires au sein du Parlement). Il exprime ses craintes de manière explicite dans son article consacré à la réforme de l'Union française : « Appliquée à un ensemble de départements et de territoires dont le nombre total d'habitants est aujourd'hui voisin de celui de la métropole [...], l'assimilation ne pourrait développer ses conséquences logiques qu'en risquant de déplacer le centre du pouvoir politique de la métropole vers l'outre-mer »[54]. L'auteur ajoute d'ailleurs que l'assimilation, « même authentique », a peu de chances de séduire les habitants des territoires d'outre-mer : « Du côté des territoires [...], du moins du côté des plus importants d'entre eux, ces aspirations se sont développées auxquelles les solutions assimilatrices ne sauraient répondre. Le sentiment s'est affirmé de l'individualité de chaque pays, du fait qu'il

[48] *Ibid.*, p. 146 et s.

[49] *Ibid.*, p. 146 et 153-154. Le professeur Olivier Beaud voit dans ce « dualisme législatif » une certaine remise en cause de la lecture unitaire de l'Empire, opérée par une grande partie de la doctrine publiciste – et par Lampué lui-même dans les premiers chapitres du *Précis de législation coloniale* (« L'Empire et l'empire colonial dans la doctrine publiciste française de la troisième République », art. cit., p. 67 et s.).

[50] L'Assemblée nationale « dispose d'un pouvoir législatif illimité à l'égard des territoires d'outre-mer » et elle « peut, comme le faisait antérieurement l'organe législatif, se saisir d'une matière quelconque pour la régler par la loi » (Louis ROLLAND et Pierre LAMPUÉ, *Précis de droit des Pays d'Outre-mer*, *op. cit.*, p. 186).

[51] *Ibid.*, p. 188-189 et 191-195.

[52] *Ibid.*, p. 151.

[53] *Ibid.*, p. 152.

[54] Pierre LAMPUÉ, « Pour une réforme de l'Union française », art. cit., p. 31.

correspond à une civilisation propre et originale, dont la fusion trop complète avec la métropole méconnaîtrait les caractères distinctifs »[55].

Voilà pourquoi, en définitive, Lampué refuse la doctrine assimilatrice. Il s'oppose aussi, mais de façon plus systématique, à la solution fédérale.

B. LE REFUS SYSTÉMATIQUE DE LA SOLUTION FÉDÉRALE

L'opposition de Lampué à la solution fédérale peut paraître contradictoire. En effet, le fédéralisme colonial est souvent rapproché de la politique d'autonomie[56]. Or, comme on l'a vu, Lampué est partisan d'une politique d'autonomie mesurée à l'égard des territoires d'outre-mer (combinant assimilation et autonomie) et d'une politique d'autonomie accentuée à l'égard des États associés. En réalité, cette contradiction est seulement apparente, car il n'existe pas une, mais plusieurs sortes d'autonomie : l'autonomie *administrative* (qui est une forme de décentralisation), l'autonomie *constitutionnelle* (qui correspond au fédéralisme colonial) et, enfin, l'autonomie *internationale* (qui correspond à une autonomie politique très accentuée – voire à l'indépendance – des territoires ultramarins)[57].

Lampué ne s'oppose ni à l'autonomie administrative, ni à l'autonomie internationale ; il se montre seulement hostile à l'autonomie constitutionnelle, c'est-à-dire à la solution fédérale. En revanche, son opposition à la solution fédérale est systématique : il la refuse aussi bien dans le cadre de l'*Union* française (*1*) que dans celui de la *République* française (*2*).

1. Lampué s'oppose au fédéralisme dans le cadre de l'Union française (c'est-à-dire entre la France et les États associés), car il juge que l'Union est très éloignée du modèle classique de la fédération[58].

Le juriste montre d'abord que les organes communs de l'Union (le Haut conseil et l'Assemblée) ne sont pas des organes fédéraux[59]. Sans doute présentent-ils « un aspect fédératif » puisqu'ils « associent, dans des délibérations communes, des délégués des divers États faisant partie de l'Union »[60]. Cependant, le Haut conseil et l'Assemblée ne peuvent être qualifiés d'organes fédéraux : ils n'interviennent que « pour l'entente, la recherche des solutions et l'avis » et « jamais pour la décision »[61]. Ainsi, l'Assemblée de l'Union (malgré son caractère

---

[55] *Ibid.*

[56] Lampué explique lui-même, dans son premier article sur l'Union française, que « l'idée fédérative […] est le corollaire de l'autonomie » (« L'Union française d'après la Constitution », art. cit., p. 8).

[57] Voir la typologie particulièrement claire dressée par François LUCHAIRE (*Manuel de droit d'Outre-mer*, *op. cit.*, p. 33-41).

[58] Pour une vision d'ensemble de la notion de fédération, v. Olivier BEAUD, *Théorie de la Fédération*, Paris, PUF, coll. Léviathan, 2007.

[59] Dans son étude consacrée à « L'Union française d'après la Constitution » (en 1947).

[60] Pierre LAMPUÉ, « L'Union française d'après la Constitution », art. cit., p. 35.

[61] *Ibid.*, p. 36.

« représentatif » des populations ultramarines[62]) ne dispose que d'un rôle consultatif[63]. Il en va de même du Haut conseil. Composé « d'une délégation du gouvernement français et de la représentation que chacun des États associés a la faculté de désigner », cet organe est seulement chargé d'« assister le gouvernement dans la conduite générale de l'Union » (art. 65 de la Constitution).

Lampué explique ensuite que la citoyenneté de l'Union n'est pas une citoyenneté fédérale[64]. La Constitution de 1946 prévoyait l'existence d'une double citoyenneté au bénéfice des ressortissants de l'Union (art. 80 et 81) : ces derniers disposaient non seulement de leur citoyenneté propre,[65] mais aussi de la citoyenneté de l'Union française, qui se superposait à leur citoyenneté propre et qui marquait l'appartenance de tous les habitants de l'Union à un même ensemble. Si le juriste admet que « l'existence d'une double citoyenneté » est « l'un des traits du fédéralisme »[66], il ne conclut pas pour autant à l'existence d'une citoyenneté fédérale, car il distingue soigneusement la *citoyenneté* de la *nationalité*. Dans une fédération, « le droit de cité local n'a que des effets de droit interne » : seul « le droit de cité fédéral » possède « une portée internationale » et seul il constitue « à proprement parler, une nationalité »[67]. À l'inverse, dans une confédération, « ce sont les citoyennetés des États membres qui sont des nationalités ayant une portée extérieure » – la citoyenneté de la confédération n'ayant « pas le caractère d'une nationalité »[68]. La citoyenneté de l'Union française n'est donc pas une citoyenneté fédérale, car « elle se superpose […] à des nationalités qui conservent leur portée d'ordre international »[69].

Lampué estime enfin que les entités composantes de l'Union ne peuvent être assimilées à des États fédérés[70]. En effet, de même que la République française, les territoires et les États associés sont placés « sous la dépendance immédiate du droit international »[71]. Sans doute les territoires associés sont-ils « représentés et administrés par la République française », mais ils « n'en possèdent pas moins une personnalité distincte qui relève de l'ordre juridique international »[72]. Quant

---

[62] D'après l'article 66 de la Constitution, cette assemblée est composée, pour moitié, de représentants de la métropole, et, pour moitié, de représentants de l'Outre-mer (départements et territoires d'outre-mer ; territoires et États associés).

[63] D'après l'article 71 de la Constitution, l'Assemblée de l'Union connaît des projets ou propositions qui lui sont soumis pour avis par l'Assemblée nationale, le gouvernement français ou les gouvernements des États associés. Elle peut également présenter des propositions de résolution à l'Assemblée nationale. Enfin, elle peut adresser des propositions au gouvernement français et au Haut conseil.

[64] Dans la seconde partie de son étude sur « L'Union française d'après la Constitution » et dans son article sur « La citoyenneté de l'Union française » (en 1950).

[65] Citoyenneté française ou citoyenneté de l'État associé.

[66] Pierre LAMPUÉ, « La citoyenneté de l'Union française », art. cit., p. 311.

[67] *Ibid.*, p. 312.

[68] *Ibid.*, p. 313.

[69] *Ibid.*, p. 317. Elle se rapprocherait davantage, selon Lampué, d'une citoyenneté de type confédéral.

[70] Dans son étude consacrée à « La nature juridique de l'Union française » (en 1953).

[71] Pierre LAMPUÉ, « La nature juridique de l'Union française », art. cit., p. 7.

[72] *Ibid.*

aux États associés, ils sont « liés » à la République française « par des traités internationaux » et « les obligations qui peuvent leur incomber à son égard découlent exclusivement de ces traités »[73]. Lampué en conclut que « l'Union française est une union de droit international » et qu'elle « ne constitue pas une union de droit interne, autrement dit un État fédéral »[74].

De façon plus générale, il semble que le respect du caractère international des anciens protectorats soit la condition *sine qua non* de l'acceptation de l'Union par les États associés. Lampué explique que si l'Union française devenait une véritable fédération, les États associés ne seraient plus unis à la France par un lien de droit international, mais « par un lien de droit interne, résultant non plus d'un traité, mais d'une constitution commune »[75]. Or, le juriste se montre sceptique vis-à-vis d'une telle transformation. Selon lui, « compte tenu de l'évolution récente » de certains États associés (on songe en particulier au Vietnam), il peut « paraître malaisé de consacrer l'abandon du caractère international de leur statut »[76]. En d'autres termes, le sentiment national est trop puissant dans les différents États associés pour que l'on puisse songer à autre chose que des liens de nature internationale. La solution fédérale n'est donc pas concevable dans le cadre de l'Union française.

2. Lampué s'oppose également à la solution fédérale dans le cadre de la République française (c'est-à-dire entre la métropole et les départements et territoires d'outre-mer). Les arguments du publiciste sont d'un grand intérêt, car on assiste, tout au long de la Quatrième République, au développement des thèses fédéralistes[77]. Lampué s'oppose au fédéralisme colonial pour deux raisons. En premier lieu, nous l'avons vu, le juriste défend une vision unitaire des relations entre la métropole et les territoires d'outre-mer. Si ces derniers disposent d'une réelle autonomie *administrative* (c'est-à-dire du statut de collectivité décentralisée), ils ne peuvent bénéficier d'une autonomie *constitutionnelle* (c'est-à-dire du statut d'État fédéré). En second lieu, Lampué redoute qu'un fédéralisme authentique n'entraîne « les mêmes conséquences que l'assimilation

---

[73] *Ibid.* Les anciens protectorats indochinois ont tous les trois proclamé leur « adhésion à l'Union française en qualité d'État associé » par traité (déclaration franco-vietnamienne du 5 juin 1948 et échange de lettres du 8 mars 1949 ; convention franco-laotienne du 19 juillet 1949 ; traité franco-cambodgien du 8 novembre 1949).

[74] *Ibid.*

[75] Pierre LAMPUÉ, « L'Union française d'après la Constitution », art. cit., p. 36.

[76] *Ibid.*, p. 37.

[77] On songe en particulier aux projets fédéralistes élaborés par le député du Sénégal, Léopold Sédar Senghor, et par différents hommes politiques métropolitains. V. notamment : Joseph-Roger DE BENOIST, *L'Afrique occidentale française de la conférence de Brazzaville (1944) à l'indépendance (1960)*, Dakar, NÉA, 1982, p. 120, 193-195 et 218-221 ; François BORELLA, *L'évolution politique et juridique de l'Union française..., op. cit.*, p. 85-90 et 310-319 ; Frederick COOPER, *Français et Africains ?..., op. cit.*, p. 208-216 ; Bernard DROZ, « L'impossible réforme de l'Union française », art. cit., p. 35-37.

authentique » à savoir le déplacement « vers l'outre-mer » du « centre du pouvoir politique »[78].

Dans son étude sur la réforme de l'Union française, Lampué explique comment des politiques aussi différentes que l'assimilation et le fédéralisme peuvent aboutir à des résultats similaires. D'après la thèse fédéraliste, la République française devrait se transformer en État fédéral. Ainsi, au sein de la République *fédérale* française, « les départements et territoires d'outre-mer seraient [chacun] des États membres, dont les organes législatif et exécutif règleraient les affaires particulières »[79]. La métropole, de son côté, deviendrait également un « État membre » de la fédération : elle aurait « ses organes législatif et exécutif » propres, « dont le rôle se limiterait aux questions spécifiquement métropolitaines »[80].

À première vue, la solution fédérale semble bien différente de la solution assimilatrice puisqu'elle permet d'accorder une grande autonomie aux territoires d'outre-mer, tout en laissant à la métropole la direction de ses propres affaires. En outre, elle permet d'éviter que les députés ultramarins ne deviennent majoritaires au sein du parlement français (métropolitain). En effet, chaque pays d'outre-mer disposant de son propre parlement, les peuples ultramarins ne sont plus représentés dans les assemblées métropolitaines.

Pourtant, le fédéralisme ne résout pas entièrement le problème de la représentation « coloniale » et c'est en cela qu'il « rejoint » la politique d'assimilation. Dans une République fédérale, souligne Lampué, « les divers parlements locaux, c'est-à-dire le parlement métropolitain et ceux des pays d'outre-mer, se trouveraient [...] subordonnés au parlement fédéral »[81]. Or, au sein de ce dernier, les représentants de la métropole seraient nécessairement minoritaires (bien que l'auteur ne donne pas d'indications précises à ce sujet). Aussi « le fédéralisme authentique » entraînerait-il « pratiquement les mêmes conséquences que l'assimilation authentique » : il « réaliserait, sur le plan du parlement fédéral, c'est-à-dire au second degré, ce que l'assimilation réaliserait de façon directe, au niveau de l'Assemblée nationale »[82]. Le fédéralisme authentique risquerait donc, comme l'assimilation, « de déplacer vers l'outre-mer le centre du pouvoir politique », ce que l'opinion métropolitaine ne pourrait accepter.

Voilà pourquoi Lampué refuse la solution fédérale dans le cadre de la République française. Toutefois, si le juriste s'oppose à l'autonomie constitutionnelle des territoires ultramarins, il n'est pas hostile aux autres formes de la politique d'autonomie, à savoir l'autonomie administrative et l'autonomie

---

78 Pierre LAMPUÉ, « Pour une réforme de l'Union française », art. cit., p. 32.
79 *Ibid.*
80 *Ibid.*
81 *Ibid.*
82 *Ibid.*

internationale. Envisageons donc à présent les solutions proposées par le professeur Lampué.

II. LES SOLUTIONS PROPOSÉES

Pierre Lampué est conscient de la diversité juridique des possessions françaises d'outre-mer. À l'égard des États associés (qui sont des entités politiques relevant du droit international), Lampué prône une solution de type confédéral (*A*). En revanche, à l'égard des départements et des territoires d'outre-mer (qui sont alors parties intégrantes de la République), il préconise seulement une solution de nature décentralisatrice (***B***).

A. UNE SOLUTION DE TYPE CONFÉDÉRAL POUR LES ÉTATS ASSOCIÉS

Lampué n'envisage pas toujours la solution confédérale de façon explicite. Cependant, à plusieurs reprises, il manifeste son intérêt pour une structure de type confédéral, qui viendrait régir les relations entre la France et les États associés[83]. Lampué cherche d'abord à rapprocher l'Union d'une forme particulière de confédération (*1*). Il cherche ensuite à faire vivre les institutions de l'Union et à les développer dans un sens confédéral (*2*).

1. Pierre Lampué s'est attaché plusieurs fois à définir l'Union française. Comme on l'a vu, celle-ci ne peut être assimilée à un État fédéral, car il s'agit d'une union de droit international et non pas d'une union de droit interne. En revanche, il semble possible de rapprocher l'Union d'une forme de confédération. On le remarque d'abord dans son étude relative à la citoyenneté de l'Union française. Après avoir exposé la nature de cette citoyenneté (qui s'ajoute et se superpose à des nationalités distinctes), Lampué précise que la citoyenneté de l'Union présente « les aspects de la citoyenneté confédérative », ce qui est « une conséquence de la nature juridique de l'Union elle-même »[84]. On peut en déduire que, pour le juriste, l'Union française est une forme de confédération. Lampué revient sur le caractère confédéral de l'Union dans son article consacré à la réforme de l'Union française. Il explique que les constituants de 1946, en s'efforçant « d'organiser cette association » (entre la France et ses anciens protectorats), ont « édifié un système d'organes centraux de l'Union » et que « par là, ils tendaient à établir une sorte de Constitution confédérative, appelée à régir une union d'États »[85].

---

[83] Pour une vue d'ensemble sur les relations entre la France et les États associés, v. Paul ISOART, « Le septennat de Vincent Auriol (1947-1954) ou l'échec de l'État associé », *in* Charles-Robert AGERON et Marc MICHEL (dir.), *L'ère des décolonisations*, Paris, Karthala, 1995, p. 96-112.

[84] Pierre LAMPUÉ, « La citoyenneté de l'Union française », art. cit., p. 319.

[85] Pierre LAMPUÉ, « Pour une réforme de l'Union française », art. cit., p. 23. Dans son étude sur les attributions de l'Assemblée de l'Union française (1956), Lampué évoque également le caractère

Toutefois, c'est dans l'article qu'il consacre à « la nature juridique de l'Union française » que le juriste présente ses réflexions les plus abouties. Lampué rappelle d'abord les éléments distinctifs de la confédération[86] : celle-ci est « fondée sur un pacte conclu entre des États, ce qui la distingue de l'union de droit interne reposant sur une constitution » ; elle est dotée « d'organes qui lui sont propres, autrement dit qui se situent dans son ordre juridique particulier » ; enfin, les organes de l'Union « exercent un rôle général d'ordre politique »[87]. Lampué explique alors que « par certains côtés, l'Union française révèle des caractères qui rappellent ceux qu'on vient d'indiquer comme entrant dans la définition générale de la confédération »[88]. En premier lieu, l'Union repose sur « un système de traités ou d'autres actes internationaux, et non pas, en dépit des apparences, sur une constitution »[89]. En second lieu, l'Union « possède des organes centraux qui lui sont propres et qui agissent dans son ordre juridique particulier »[90] (Lampué fait ici référence aux trois organes de l'Union : le président, le Haut conseil et l'Assemblée). Enfin, l'auteur estime que l'on peut reconnaître « un caractère politique » à « la mission des organes de l'Union »[91] : le président de l'Union assure la représentation des « intérêts permanents » de l'Union française, tandis que le Haut conseil assiste le gouvernement français dans la « conduite générale » de celle-ci. Comme on le voit, il existe plusieurs points communs entre l'Union française et le modèle de la confédération.

Lampué aboutit cependant à des conclusions nuancées. Il souligne d'abord que, si « des rapprochements [sont] possibles sous certains aspects », les différences « avec le type traditionnel » de la confédération restent « bien accusées »[92]. Il observe ensuite que les « traits » qui rappellent le type confédéral « n'apparaissent pas également dans l'ensemble de l'Union » : c'est seulement

---

confédéral de l'Union. Il souligne en effet que l'Union française « telle qu'elle est actuellement composée […] apparaît comme une association internationale de type confédératif (au sens large du mot), établie entre des États indépendants les uns des autres » (« Les attributions de l'Assemblée de l'Union française », art. cit., p. 381). Lampué tient des propos similaires lors d'une conférence au Centre de Hautes études d'administration musulmane (le 5 décembre 1956) : « Si l'on veut définir cette union, on dira qu'elle appartient au type confédératif, au type de la confédération » (Académie des Sciences d'Outre-mer, Fonds Lampué, Dossier « Articles et notes »).

[86] Pour un rappel de la distinction classique entre confédération et État fédéral, v. Olivier BEAUD, *Théorie de la Fédération*, *op. cit.*, p. 70 et s.

[87] Pierre LAMPUÉ, « La nature juridique de l'Union française », art. cit., p. 14.

[88] *Ibid.* L'auteur ajoute néanmoins que « les traits distinctifs de ce type, lorsqu'ils apparaissent, se présentent ici de façon singulièrement altérée ».

[89] *Ibid.*

[90] *Ibid.*, p. 15.

[91] *Ibid.*, p. 17.

[92] *Ibid.* Lampué évoque trois différences importantes. Tout d'abord, le système de traités sur lequel repose l'Union « ne se présente pas comme un pacte plurilatéral du genre de ceux qui fondent les confédérations » (*Ibid.*, p. 14). En outre, les membres de l'Union ne sont pas tous représentés au sein des organes centraux de l'Union (les territoires associés ne sont pas représentés au sein du Haut conseil). Seuls les trois États indochinois ont des délégués à l'Assemblée et au Haut conseil (*Ibid.*, p. 16-17). Enfin, l'auteur insiste sur le caractère seulement consultatif « des interventions du Haut conseil et de l'Assemblée » (*Ibid.*, p. 17).

« dans le groupement restreint formé par la République française et les trois États d'Indochine qu'on peut les saisir »[93].

Pourtant, un dernier argument plaide en faveur d'un rapprochement entre l'Union et le modèle de la confédération. À plusieurs reprises, Lampué dresse un parallèle entre l'Union française et le Commonwealth britannique. Il compare le président de l'Union au souverain britannique[94] et le Haut conseil de l'Union à la Conférence des Premiers ministres[95]. Il cherche également à relier la citoyenneté de l'Union française à la « common citizenship » du Commonwealth[96]. Ces références à l'organisation britannique sont très significatives, car Lampué estime que le Commonwealth constitue une forme particulière de confédération[97]. Ainsi, en s'efforçant d'assimiler les institutions de l'Union à celles du Commonwealth, le juriste tente à nouveau de rattacher l'Union au modèle confédéral.

2. Lampué ne cherche pas seulement à rapprocher l'Union française d'une forme de confédération, il souhaite aussi faire vivre les institutions de l'Union et les développer dans un sens confédéral.

Il s'intéresse en particulier au rôle du Haut conseil de l'Union française, auquel il consacre plusieurs lignes dans le *Précis de droit d'outre-mer* et dans la préface de la thèse de Gérard Peureux. D'après Lampué, l'histoire du Haut conseil offre « l'exemple remarquable d'un organe dont le rôle et le caractère ont changé avec le temps et qui a échappé, par le développement de sa pratique, à certaines des règles originairement posées à son intention »[98]. À l'origine, cet organe (comprenant des représentants du gouvernement français et des États associés) était seulement chargé d'*assister* le gouvernement français dans la conduite générale de l'Union. Néanmoins, cette situation initiale « devait se modifier rapidement », car « dès la première réunion » du Haut conseil, en 1951, « on admit unanimement que les décisions seraient prises "par consentement mutuel de tous les membres du Haut conseil" »[99]. On conçut désormais « le rôle de celui-ci comme consistant [...] à provoquer des accords entre les États représentés, à

---

93 *Ibid.*, p. 18. Cela signifie, *a contrario*, que l'on peut parler de confédération entre la France et les États associés indochinois.

94 Pierre LAMPUÉ, « La présidence de l'Union française », art. cit., p. 30.

95 Lampué parle, à ce sujet, de « l'exemple éclatant fourni par la conférence du Commonwealth » (« Préface », *in* Gérard PEUREUX, *Le Haut-Conseil de l'Union française*, *op. cit.*, p. 7). V. aussi : Pierre LAMPUÉ, « L'Union française d'après la Constitution », art. cit., p. 38.

96 Pierre LAMPUÉ, « La citoyenneté de l'Union française », art. cit., p. 316-317.

97 Dans son manuel de droit d'outre-mer, Lampué explique que le *Commonwealth* est « une confédération d'États d'un genre très particulier » (*Précis de droit des Pays d'Outre-mer*, *op. cit.*, p. 62). Dans son étude sur l'Union française, il souligne que l'Empire britannique « est devenu une confédération dont les États composants ne sont soumis à aucune autorité supérieure commune », depuis le statut de Westminster en 1931 (« L'Union française d'après la Constitution », art. cit., p. 37-38).

98 Pierre LAMPUÉ, « Préface », *in* Gérard PEUREUX, *Le Haut-Conseil de l'Union française*, *op. cit.*, p. 8.

99 *Ibid.*

faciliter l'établissement d'une politique commune ou de politiques harmonisées, à assurer une coopération fondée sur l'égalité des États membres »[100]. Lampué ajoute que cet « infléchissement remarquable des règles primitives » était dû « à la seule pratique »[101]. Comme on le voit, l'auteur approuve cette transformation du Haut conseil, passé du rôle de simple organe consultatif du gouvernement français à celui d'organe délibérant de l'Union[102]. Il s'agit là d'une première similitude avec une structure de type confédéral.

Lampué s'intéresse également à la présidence de l'Union (dans le *Précis de droit d'outre-mer* et dans un article paru dans la revue *Études juridiques*). Aux termes de la Constitution de 1946, « le président de la République française [était] président de l'Union française, dont il représent [ait] les intérêts permanents » (art. 64). Cette institution faisait l'objet de critiques, car la fonction de président de l'Union était mal distinguée de celle de président de la République – les deux fonctions étant confiées à la même personne. En outre, le rôle du président de l'Union paraissait fort restreint puisque ce dernier était seulement chargé de présider le Haut conseil (art. 65) et de convoquer l'Assemblée de l'Union (art. 69).

Le juriste apporte alors des précisions importantes, qui traduisent son intention de doter l'Union d'un organe *propre*, jouant un rôle *politique* effectif. Il explique d'abord que si la Constitution établit « un lien organique entre les deux fonctions », le fait que ces dernières soient « confiées à une même personne ne les empêche pas d'être distinctes », car elles ne se rapportent pas « à la même entité politique ni au même ordre juridique »[103]. Il s'agit là d'un exemple de « dédoublement fonctionnel ». Lampué affirme ensuite que la mission de présider le Haut conseil est « spécialement importante »[104]. En effet, le Haut conseil « est un organe de coopération intergouvernementale des États de l'Union » et, « si son autorité s'affermit », il peut « être appelé à jouer un grand rôle dans l'élaboration d'une politique commune »[105]. Or, le fait que le chef de l'Union « préside et, par conséquent, dirige ses débats » lui donne « la même liberté d'attitude et de parole

---

[100] *Ibid.*, p. 8-9. V. également : Pierre LAMPUÉ, *Précis de droit d'Outre-mer*, *op. cit.*, p. 121 (3ème éd.).

[101] Pierre LAMPUÉ, « Préface », *in* Gérard PEUREUX, *Le Haut-Conseil de l'Union française*, *op. cit.*, p. 9. Lampué précise que cette « conception nouvelle » du rôle du Haut conseil fut ensuite « consacrée par le traité conclu avec le Laos le 22 octobre 1953 et par le projet de traité franco-vietnamien paraphé le 3 juin 1954 » (*Ibid*).

[102] René de Lacharrière fait des observations similaires. Dans l'une de ses études consacrées à l'Union française, il souligne que « le Haut conseil a changé de nature » et qu'il est « devenu un organisme délibérant dont on considère, d'un commun accord, que les résolutions lient le gouvernement français aussi bien que les autres États membres » (« Qu'est-ce que l'Union française ? », *Hommes et mondes*, décembre 1953, n° 89, p. 61).

[103] Pierre LAMPUÉ, « La présidence de l'Union française », art. cit., p. 30. Lampué cite les exemples du Commonwealth et de l'Union néerlando-indonésienne et souligne que « rien n'empêche que l'organe d'une union d'États soit en même temps l'organe d'un des États compris dans cette union » (*Ibid.*).

[104] *Ibid.*, p. 31.

[105] *Ibid.*

que le chef de l'État au sein du conseil des ministres ». Ainsi, dans le cadre des réunions du Haut conseil, le président de l'Union peut trouver le moyen de « déployer » une véritable « magistrature d'influence »[106] – ce qui donnerait à ce dernier un rôle bien précis.

Sans doute, la présidence de l'Union ne constitue pas – en soi – un organe de nature confédérale. Cependant, il apparaît clairement que le juriste entend reconnaître au président la qualité d'un organe propre de l'Union : on aperçoit donc à nouveau une certaine similitude avec le modèle confédéral.

Comme on le voit, Lampué semble favorable à une solution de type confédéral à l'égard des États associés. En revanche, à l'égard des départements et des territoires d'outre-mer, une solution de nature décentralisatrice lui paraît préférable.

B. UNE SOLUTION DE NATURE DÉCENTRALISATRICE POUR LES DÉPARTEMENTS ET TERRITOIRES D'OUTRE-MER

Le professeur Lampué préconise des mesures décentralisatrices à l'égard des départements et des territoires d'outre-mer. Néanmoins, il n'envisage pas la décentralisation de manière uniforme. Il estime en effet que si les territoires d'outre-mer doivent bénéficier d'une large autonomie administrative (*2*), les départements d'outre-mer (qui sont davantage assimilés à la métropole) peuvent se satisfaire d'une autonomie plus restreinte (*1*).

1. Pierre Lampué étudie le régime juridique des départements ultramarins dans le *Précis de droit des pays d'outre-mer* et dans son article sur « Le statut de l'Algérie ». Il opère une distinction très nette entre les nouveaux départements d'outre-mer (la Martinique, la Guadeloupe, la Guyane et la Réunion) et les départements algériens (Alger, Oran, Constantine) : alors que les premiers sont « très fortement assimilés à la métropole », les seconds sont « soumis, dans une large mesure, à un régime particulier »[107].

Lampué n'envisage qu'une décentralisation limitée à l'égard des nouveaux départements ultramarins. Il explique que, dans ces départements, la « décentralisation se présente de la même manière que celle des départements métropolitains » : le préfet « exerce à peu près les mêmes pouvoirs que dans un département de la métropole » et le « conseil général a sensiblement les mêmes attributions »[108]. En outre, mises à part quelques règles spéciales, les nouveaux départements sont soumis au principe de l'assimilation législative, ce qui signifie que les lois votées par le Parlement y sont applicables de plein droit.

---

[106] *Ibid.* V. également : Pierre LAMPUÉ, *Précis de droit d'Outre-mer*, *op. cit.*, p. 120 (3ème éd.).

[107] Louis ROLLAND et Pierre LAMPUÉ, *Précis de droit des Pays d'Outre-mer*, *op. cit.*, p. 93.

[108] *Ibid.*, p. 94.

Lampué envisage une décentralisation plus accentuée à l'égard des départements algériens et il approuve le nouveau statut de l'Algérie (fixé par la loi du 20 septembre 1947[109]), qui a renforcé l'autonomie de celle-ci[110]. Les départements algériens étaient dans une situation bien particulière, car, depuis la mise en place de l'organisation départementale en 1848, les préfets d'Alger, d'Oran et de Constantine étaient « subordonnés [...] à un gouverneur général qui était chargé de diriger l'ensemble du pays »[111]. En outre, à la fin du XIXe siècle, deux décrets du 23 août 1898 vinrent organiser « des assemblées représentatives de l'ensemble du pays, superposées aux conseils généraux des départements »[112] (il s'agissait, pour l'essentiel, des Délégations financières algériennes). Ainsi, à l'aube du XXe siècle, l'Algérie était devenue une entité administrative spécifique (regroupant les trois départements), dotée de la personnalité juridique et d'un organe « délibératif » (les Délégations financières)[113].

Cette organisation particulière fut confirmée par la loi du 20 septembre 1947. L'article 1er du statut définit en effet l'Algérie comme un « groupe de départements, doté de la personnalité civile [et] de l'autonomie financière »[114]. L'Algérie constitue ainsi une « collectivité interdépartementale »[115], disposant de ses propres organes : le gouverneur général (qui a la double qualité de représentant de l'État et de représentant de la collectivité algérienne) et l'Assemblée algérienne (qui est le nouvel organe délibératif de la collectivité). Enfin, le statut de 1947 prévoit des mesures décentralisatrices qui visent à renforcer l'autonomie de l'Algérie – et que le juriste approuve pleinement.

En premier lieu, l'Assemblée algérienne permet une représentation plus satisfaisante de la population algérienne. En effet, alors que les délégations financières comprenaient à peine un tiers de représentants de la population musulmane, la nouvelle assemblée est composée de façon paritaire. « En vertu d'une règle nouvelle et fort digne d'être notée », souligne Lampué, « les deux

---

[109] La Constitution de 1946 ne comprenait pas de dispositions spécifiques à l'Algérie, l'Assemblée constituante ayant laissé au législateur ordinaire le soin de fixer le statut de l'Algérie.

[110] Dès le début de son étude consacrée au statut de l'Algérie, Lampué souligne que, eu égard à la dualité de la société algérienne (qui comporte une forte majorité musulmane mais aussi une importante minorité européenne), l'assimilation ne peut être que « partielle » car « elle tend à une unité de statut [juridique] à laquelle résiste le milieu » social. Une « autonomie locale » est donc « indispensable » même si elle doit être « aménagée [...] d'une façon très particulière », afin de tenir compte de la spécificité de la société algérienne (Pierre LAMPUÉ, « Le statut de l'Algérie », art. cit., p. 480-481).

[111] Louis ROLLAND et Pierre LAMPUÉ, *Précis de droit des Pays d'Outre-mer*, *op. cit.*, p. 95.

[112] *Ibid.*, p. 96. Pour une présentation d'ensemble des institutions françaises en Algérie, v. Claude COLLOT, *Les Institutions de l'Algérie durant la période coloniale (1830-1962)*, Alger, OPU, Paris, Éditions du C.N.R.S., 1987.

[113] Les délégations financières intervenaient essentiellement dans l'élaboration du budget algérien, dans l'établissement des impôts locaux et dans le vote des emprunts. Pour plus de précisions, v. Jacques BOUVERESSE, *Un parlement colonial ? Les Délégations financières algériennes*, t. I, Mont-Saint-Aignan, PURH, 2008.

[114] Pierre LAMPUÉ, « Le statut de l'Algérie », art. cit., p. 486.

[115] Louis ROLLAND et Pierre LAMPUÉ, *Précis de droit des Pays d'Outre-mer*, *op. cit.*, p. 96.

fractions de l'Assemblée sont en nombre égal » : il y a « soixante représentants des citoyens du premier collège »[116] (les citoyens de statut civil français – auxquels s'ajoutent 58000 citoyens de statut local) et « soixante représentants de ceux du second » (les autres citoyens de statut local[117]). En second lieu, l'Assemblée algérienne reçoit des attributions conséquentes. Outre le vote du budget et l'établissement des impôts, l'Assemblée se voit reconnaître un pouvoir réglementaire significatif : dans toutes les matières n'étant pas réservées à la compétence exclusive du législateur, elle peut « prendre des décisions ayant pour objet d'étendre la loi métropolitaine en Algérie [...] ou d'édicter, dans le cadre des lois, une réglementation particulière à l'Algérie »[118] (art. 14). Il s'agit là, nous dit le juriste, « de l'innovation essentielle » et de « la nouveauté la plus notable »[119] du statut.

Lampué paraît donc partisan d'une réelle décentralisation à l'égard du groupe de départements algériens[120]. Toutefois, c'est à l'égard des territoires d'outre-mer qu'il prône les mesures les plus décentralisatrices.

2. Dès le mois de février 1946, Lampué se prononce en faveur de la décentralisation dans les territoires d'outre-mer : « Quant à l'organisation des pouvoirs locaux, il n'est pas douteux qu'elle doit être rendue plus libérale par la création d'assemblées représentatives dans les colonies qui n'en possèdent pas encore. Plusieurs ont été constituées déjà, très utilement, en 1945 et au début de la présente année, dont tous les membres sont nommés à l'élection et dont les pouvoirs délibératifs sont fort importants »[121]. L'organisation décentralisée que le juriste appelle de ses vœux sera consacrée par la Constitution de la Quatrième République (art. 77). Chaque territoire d'outre-mer se vit alors doté d'une assemblée délibérative (élue au double collège)[122], disposant de prérogatives

---

[116] Pierre LAMPUÉ, « Le statut de l'Algérie », art. cit., p. 500.

[117] En Algérie, les citoyens de statut local sont les citoyens ayant conservé leur statut personnel musulman. Pour plus de précisions, v. Louis-Augustin BARRIÈRE, *Le statut personnel des musulmans d'Algérie de 1834 à 1962*, Dijon, ÉUD, 1993 et Florence RENUCCI, *Le statut personnel des indigènes : comparaison entre les politiques juridiques française et italienne en Algérie et en Libye*, Thèse, Droit, Aix-Marseille, 2005.

[118] Pierre LAMPUÉ, « Le statut de l'Algérie », art. cit., p. 521.

[119] *Ibid.*, p. 515 et 520. En conclusion de son étude, Lampué souligne que si le « statut législatif » de l'Algérie demeure « très composé », celui-ci est « assurément original et constitue l'une des singularités du droit algérien » (*Ibid.*, p. 525).

[120] Du moins, en ce qui concerne son organe délibératif.

[121] Pierre LAMPUÉ, « La constitution et les Pays d'Outre-mer », *Climats*, 21 février 1946, p. 1.

[122] Les assemblées furent organisées par des décrets du 25 octobre 1946, pris en vertu d'une loi du 7 octobre précédent.

importantes en matière administrative et financière[123]. En revanche, l'exécutif local demeurait dans les mains d'une autorité déconcentrée, le gouverneur[124].

Lampué revient sur la décentralisation des territoires d'outre-mer dans son article consacré à la réforme de l'Union française (qu'il publie en avril 1957, au moment de l'entrée en vigueur des décrets d'application de la loi-cadre « Defferre »[125]). Dans cette étude, le juriste évoque la force des courants autonomistes qui traversent les territoires ultramarins et il insiste sur la nécessité de profondes réformes décentralisatrices (des réformes qui exigent une révision de la Constitution).

Il affirme d'abord que la « vocation » de chaque assemblée territoriale (« l'organe délibérant ») est « celle d'une assemblée législative locale »[126]. Certes, l'article 13 de la Constitution réserve le droit de voter la loi à l'Assemblée nationale, mais il ne concerne que « la loi au sens formel, sans assigner à celle-ci aucun domaine matériellement déterminé »[127]. Cet article n'empêche donc pas « les transferts de compétence » et ne s'oppose pas « à l'attribution aux assemblées territoriales du pouvoir d'édicter une réglementation locale (une législation locale en un certain sens du mot), subordonnée à celle qui émane des chambres »[128]. Cependant, la « décentralisation législative » que l'auteur préconise se heurte à un obstacle constitutionnel, celui de l'article 72 alinéa 1er de la Constitution, qui confère au Parlement « compétence exclusive pour régler certaines matières déterminées » à l'égard des territoires d'outre-mer (ce « domaine réservé » était vaste puisqu'il comprenait la législation criminelle, le régime des libertés publiques et l'organisation politique et administrative). Lampué précise alors que la « centralisation législative prescrite par cette disposition est peu raisonnable » et il ajoute qu'une révision constitutionnelle « devrait aboutir, soit à la supprimer (en ce qui concerne au moins la législation criminelle et l'organisation administrative), soit à autoriser expressément le

---

123 Les assemblées locales étaient chargées de voter le budget du territoire et d'établir les impôts perçus au profit du budget local. Elles étaient aussi chargées de la gestion du domaine du territoire. Pour plus de précisions, v. notamment : Pierre-François GONIDEC, *Les assemblées locales des territoires d'outre-mer*, Paris, LGDJ, 1953.

124 Nous laissons de côté la question des groupes de territoires (les gouvernements généraux) car Lampué ne propose pas de mesures spécifiques à leur égard.

125 Prise à l'initiative du ministre de la France d'Outre-mer, Gaston Defferre, la loi-cadre (23 juin 1956) réorganisait l'administration des territoires d'outre-mer dans un sens nettement décentralisateur. Elle accordait d'abord le suffrage universel et le collège unique à tous les territoires d'outre-mer. Elle prévoyait ensuite l'extension des compétences des assemblées territoriales (qui recevaient un pouvoir réglementaire appréciable). Enfin, la loi prévoyait la mise en place d'un exécutif décentralisé dans chaque territoire, sous la forme d'un conseil de gouvernement, émanant de l'assemblée territoriale. Pour plus de précisions, v. François LUCHAIRE, *Les institutions politiques et administratives des T.O.M. après la loi-cadre*, Paris, LGDJ, 1958 et, plus récemment, Frederick COOPER, *Français et Africains ?...*, *op. cit.*, p. 242-262 et Saliou MBAYE, *Histoire des institutions coloniales françaises...*, *op. cit.*, p. 104-113.

126 Pierre LAMPUÉ, « Pour une réforme de l'Union française », art. cit., p. 35.

127 *Ibid.*

128 *Ibid.*

législateur à faire passer les matières réservées dans le domaine des assemblées territoriales »[129]. Comme on le voit, l'auteur estime nécessaire de renforcer les attributions des assemblées territoriales – chacune devant disposer d'un pouvoir réglementaire étendu.

Lampué souhaite enfin que le rôle des conseils de gouvernement soit définitivement consacré. Depuis l'adoption de la loi-cadre, l'exécutif de chaque territoire était confié à un conseil de gouvernement, émanant de l'assemblée territoriale. Le conseil était composé de ministres qui étaient chacun responsables d'un ou de plusieurs services locaux. Toutefois, cette institution pouvait se heurter au représentant du gouvernement dans le territoire, car l'article 76 de la Constitution disposait que ce dernier était « le dépositaire des pouvoirs de la République » et le « chef de l'administration du territoire ». D'après Lampué, la « seconde de ces formules devrait disparaître puisqu'elle implique une organisation centralisée [...] peu compatible avec l'établissement d'une administration autonome »[130]. Par ailleurs, il lui semblerait « opportun de consacrer l'institution du conseil de gouvernement » dans la Constitution, « tout en laissant aux statuts particuliers le soin d'en fixer la composition et le rôle »[131].

Pierre Lampué est donc partisan d'une très large décentralisation, qui concerne aussi bien l'organe *délibératif* que l'organe *exécutif* de chaque territoire. Pour autant, le juriste ultramarin ne rompt pas avec son idéal de l'État unitaire. Selon lui, les « autonomies locales » auxquelles aspirent les pays d'outre-mer sont « parfaitement réalisables en dehors de toute construction générale de caractère fédératif », car « rien n'empêche qu'un État non fédéral soit largement décentralisé dans certaines de ses fractions »[132]. Ainsi, jusqu'à la fin de la Quatrième République, Lampué demeure opposé au fédéralisme colonial, ce qui le distingue de la doctrine publiciste dominante.

---

[129] *Ibid.*, p. 36.

[130] *Ibid.*

[131] *Ibid.* Cet organe pourrait présenter « tantôt le caractère d'un simple organe représentatif, tantôt celui d'un cabinet ministériel responsable » (*Ibid.*).

[132] *Ibid.*, p. 34.

DE LA DÉFENSE DES DROITS DE L'HOMME AU COMBAT POUR L'AUTODÉTERMINATION. *SOUVENIRS SUR LA COLONISATION* DE FÉLICIEN CHALLAYE

Christian BRUSCHI
Professeur des Universités (Aix-Marseille Université)

Souvenirs sur la colonisation et non *Souvenirs de la colonisation* est un ouvrage paru en 1935 aux éditions de la librairie Picart[1]. Il a été réédité en 1998 sous le titre principal *Un livre noir du colonialisme*[2]. Son auteur Félicien Challaye, longtemps connu même après sa mort pour son Que-sais-je sur l'histoire de la propriété, est aujourd'hui quelque peu oublié[3]. Il est normalien, major de l'agrégation de philosophie en 1897, mais il n'enseigne pas immédiatement et préfère bénéficier d'une bourse pour connaître par lui-même l'Égypte et certains pays d'Asie et commence ainsi à douter du bien-fondé de la colonisation, tel qu'il était enseigné dans les écoles de la 3e République.

Il se lie d'amitié avec Charles Péguy et rejoint le camp dreyfusard[4]. Par la suite alors qu'il était en poste dans des lycées parisiens, il accompagne Savorgnan de Brazza dans la mission qui lui a été confiée au Congo par le ministère des Colonies et accomplira d'autres voyages dans les régions colonisées. Il devient président effectif de la Ligue française pour la défense des indigènes dans le bassin conventionnel du Congo[5]. Après la première guerre mondiale il reste actif dans le combat contre la colonisation après s'être rapproché du parti communiste dont il s'éloignera en 1935. À son hostilité contre la colonisation il joint le combat pour la paix et ne tarde pas à devenir un pacifiste sans nuances n'hésitant pas à publier d'abord en 1932 *Pour la paix sans aucune réserve* et en 1934 *Pour une paix désarmée même face à Hitler* et à écrire que l'occupation étrangère était préférable à la guerre. En tant que président de la LICP (Ligue internationale des combattants pour la paix) il prône le désarmement et s'élève contre les alliances militaires. Il

---

[1] La publication n'a été possible que grâce au concours de certains amis et admirateurs de l'auteur.

[2] *Un livre noir du colonialisme : Souvenirs sur la colonisation*, Les Nuits rouges, 1998.

[3] PUF, Paris, 1944.

[4] Nicolas RACINE, *Maitron en ligne*. Univ. Paris1, article 19287, p. 1.

[5] Le bulletin trimestriel n° 1, janvier-avril 1908, de la Ligue internationale pour la défense des indigènes dans le bassin conventionnel du Congo fait apparaître comme président d'honneur de la Ligue internationale, Björnstjerne Björnson et comme président effectif, Pierre Mille, comme président d'honneur de la Ligue française, Anatole France et comme président effectif, Félicien Challaye. On trouve dans le comité de patronage Charles Seignobos, Théodore Steeg, Marcel Sembat, Justin Godard. Le siège social est au 278 Bld Raspail.

n'en fait pas moins adhérer la LICP au Front populaire tout en émettant des réserves sur la politique étrangère. Alors qu'il était membre de la Ligue des droits de l'homme de longue date, il en démissionne avec la minorité pacifiste en 1937, justifiant son départ par la tiédeur de la Ligue dans la question coloniale, mais aussi pour son non-engagement dans le combat pour la paix et par sa vision trop unilatérale des procès de Moscou.

Il alla en 1938 en Allemagne dans le cadre de l'Association des professions françaises avec la vision d'un rapprochement. Son pacifisme l'amena durant l'occupation à écrire dans *l'Atelier*, hebdomadaire de la collaboration socialiste, dirigé par deux anciens membres de la CGT et proche du Rassemblement national populaire de Déat et dans *Germinal*, journal collaborationniste de 1944 et aussi dans *Aujourd'hui* de Georges Suarez. Simon Epstein dans *Les dreyfusards sous l'occupation* montre bien l'évolution, pour ne pas dire la dérive qui fut la sienne[6]. À la libération il ne fut pas véritablement inquiété, il perdit son honorariat et ses œuvres furent temporairement interdites par le Comité national des écrivains. Par la suite il resta fidèle à ses conceptions pacifistes en participant au Comité national de résistance à la guerre et à l'oppression dans les années cinquante, tout en soutenant les mouvements indépendantistes dans la sphère coloniale française[7]. Félicien Challaye est l'auteur de nombreux ouvrages et articles portant sur la paix, sur la philosophie et bien évidemment sue la colonisation.

De ce qu'il a publié sur ce dernier sujet, *Souvenirs sur la colonisation* est certainement l'ouvrage le plus abouti même s'il reprend dans certains chapitres des articles écrits précédemment. En 1935, Félicien Challaye est déjà très mobilisé dans son combat pacifiste et dans une certaine mesure *Souvenirs sur la colonisation* est une sorte de testament de sa pensée sur ce sujet. L'auteur a soixante ans et a commencé ses enquêtes sur la colonisation trente-cinq ans avant et il fait le bilan de ce qu'il a pu constater au cours de ses voyages. Il présente les positions qui sont les siennes non pas comme le produit d'une vision théorique ou idéologique, mais comme le fruit de l'expérience qui a transformé sa vision initiale d'une colonisation obéissant à des motifs humanitaires[8]. Les *Souvenirs* ne

---

[6] Simon EPSTEIN, *Les Dreyfusards sous l'Occupation*, Albin Michel, 2001, p.30-32. L'attitude de Challaye à l'égard des juifs est contradictoire, à la fois il reste fidèle à son engagement dreyfusard, il écrit *Contre l'antisémitisme. Hommage à Spinoza* dans *La patrie humaine*, 23 décembre 1938, et il a condamné l'antisémitisme « *stupide et cruel* », tout en n'étant pas insensible au complotisme anti-juif puisqu'il attribua à des juifs influents un rôle dans le déclenchement de la seconde guerre mondiale.

[7] Il participa en 1951 à la fondation de ce comité (CNRGO) avec Emile Bauchet, Nicolas Racine, art. cit. p. 4 , comité qui deviendra l'Union pacifiste de France. Pour rendre hommage à son soutien au peuple tunisien, son nom fut donné à une rue de Tunis.

[8] Dans l'introduction, il écrit, p. 3-4 : « Quand je suis parti, il y a tente-cinq ans, pour le premier de mes grands voyages, je croyais naïvement ce qu'on m'avait enseigné dans les écoles de la République. Je croyais que la colonisation est une entreprise humanitaire, destinée à faire progresser les peuples de race inférieure au contact de la civilisation blanche… Quelques expériences, au cours de mon premier voyage autour du monde, ont suggéré mes premiers doutes sur la valeur humaine du régime colonial. Ces doutes ont pris de plus en plus de force… Enfin, s'est imposée à moi une

se cantonnent pas aux possessions françaises et toutes les possessions françaises ne sont pas concernées. Félicien Challaye est allé en Indochine, au Congo, en Tunisie, ainsi il ne s'exprime pas sur l'Algérie pas plus qu'il ne s'exprime sur l'Afrique occidentale. En revanche il connaît l'Inde anglaise, il a séjourné brièvement dans les Indes néerlandaises et est passé à deux reprises en Corée japonaise. Il n'est donc pas enfermé dans le cadre colonial français, il s'estime en conséquence autorisé à porter sur la colonisation non pas un jugement partiel, mais un jugement global et ce jugement est sans appel, la colonisation est une œuvre d'oppression et d'exploitation.

Quatre grands intellectuels ont transmis, à l'occasion de la publication de l'ouvrage, des messages à l'auteur. L'hommage d'Alain (Emile Chartier) est rendu de façon emphatique plus à celui qui a rompu avec son destin d'homme d'État pour en revenir à son honnête métier de professeur qu'au contenu de l'ouvrage ; visiblement Alain n'a pas lu ou a lu très rapidement l'ouvrage. André Gide admire le courage de Félicien Challaye, accompagné par une ferme et lucide intelligence, il combat pour une cause juste sans réserve et sans arrière-pensée, mais Gide, peut-être de façon perfide, dit que sa pensée est souvent tenue pour « simpliste » et ajoute que le jugement paraît simple lorsque l'être entier y adhère. Il ne dit rien de sa propre expérience au Congo et à demi-mot juge sa vision de la colonisation non pas caricaturale, mais excessive. Paul Langevin qui connaît l'auteur depuis quarante ans dit qu'il s'est toujours senti plus fort et meilleur d'être proche de lui. Il rappelle les combats qu'il a menés avec lui, les luttes de l'affaire Dreyfus, du colonialisme, de la guerre, de la crise actuelle. Il n'est pas certain qu'en 1934, date du message, Paul Langevin n'ait pas senti sur le sujet de la guerre des divergences avec celui à qui il rend hommage, mais il n'en dit rien. Mais en soulignant l'unité d'une pensée, il met en évidence la cohérence de Félicien Challaye dans ses combats, le soutien à Dreyfus est de même nature que le combat anticolonial et la colonisation a pour origine la guerre et la crise économique ne fait qu'aggraver la pression coloniale. Enfin Romain Rolland, pacifiste comme l'auteur, mais qui saura atténuer son pacifisme au fur et à mesure que la guerre s'approchera, le compare à Bouddhâ qui allie le courage à la sagesse. Il rend hommage à celui qui tient tête aux deux fléaux que sont la lèpre du colonialisme et l'hydre de la guerre[9]. Que retenir de ces quatre messages qui n'analysent pas l'ouvrage, mais célèbrent les vertus de l'auteur ? Aucun ne s'étend sur les droits de l'homme mis à mal par la colonisation et qui pourtant sont largement au centre de *Souvenirs sur la colonisation.*

Félicien Challaye traite longuement, on pourrait dire de façon répétitive, des offenses faites aux indigènes, des cruautés dont ils sont l'objet, de l'absence de

---

certitude exactement opposée à ma première hypothèse : la colonisation n'est pas une entreprise humanitaire ; elle est un régime d'oppression politique ayant pour fin l'exploitation économique des peuples soumis »

[9] *Souvenirs*, Messages à Félicien Challaye.

droits et de liberté politique dans les pays colonisés. Mais son indignation se refuse à l'impuissance et propose la voie de l'émancipation.

I. LE SORT DE L'INDIGÈNE

Félicien Challaye n'est pas juriste, on ne peut le comparer à un autre intellectuel qui s'est voué à la cause des indigènes, Paul Viollet, spécialiste d'histoire du droit[10]. Il parle d'oppression et d'exploitation sans nécessairement dégager les droits de l'homme qui seraient violés. On peut cependant distinguer dans ce qu'il décrit des instruments d'oppression et d'exploitation dont l'utilisation débouche sur des atteintes aux droits humains.

LA CRITIQUE CONCRÈTE DE LA COLONISATION FONDÉE SUR DES CONSTATS

On pourrait imaginer que le colonisateur laisse l'indigène vivre comme il entend et que l'occupation coloniale d'un pays ne signifie pas dans tous les cas un rapport concret de domination entre le colonisateur et le colonisé. Mais tout autant que les matières premières qui se trouvent dans le pays colonisé, l'indigène doit rapporter.

Ainsi la fiscalité est un instrument d'exploitation et d'oppression. Dans l'Inde anglaise, l'auteur constate que l'impôt est doublement critiquable. D'une part il écrase les indigènes par son poids excessif, la population de l'Inde qui est très pauvre serait taxée trois fois plus lourdement que l'Angleterre, à revenu égal, alors que l'Inde a un revenu dix-neuf fois moindre que l'Angleterre. D'autre part le produit de l'impôt n'est pas affecté principalement pour satisfaire les besoins de la colonie, il a servi à financer des expéditions coloniales et permet aux fonctionnaires anglais présents en Inde de toucher des traitements très élevés qu'ils dépensent pour l'essentiel non pas en Inde, mais dans la métropole[11]. On retrouve la même critique pour la fiscalité en Indochine à laquelle Félicien Challaye consacre un long développement. Il détaille entre fiscalité directe et fiscalité indirecte. Après avoir affirmé que les impôts directs pèsent lourdement sur le peuple, comme le montre l'enquête de Louis Roubaud qui est citée, l'impôt direct (la capitation) est « égal au produit d'un mois de travail », il est à l'origine d'une misère dont les conséquences seraient particulièrement cruelles puisque Roubaud a vu une congaye obligée de vendre son enfant sans qu'on sache si

[10] Paul VIOLLET n'est pas normalien, mais élève de l'Ecole des chartes dont il sortit premier. A la différence de Challaye, il est très attaché au catholicisme, ce qui ne l'empêche pas d'écrire dans l'anticléricale *Revue d'histoire* de Gabriel Monod. Il sera dreyfusard, rédigea les statuts de la Ligue des droits de l'homme dont il démissionna à cause de l'anticléricalisme qui y régnait et créa le Comité catholique pour la défense du droit, mais surtout il fonda en 1892 le Comité de protection et de défense des indigènes et en 1899 il contesta à l'Institut de France en pleine conférence l'apologie de la mission Foureau-Lamy qui avait contraint au portage des dizaines de Noirs, cf. *htpps://fr ;wikipedia.org/w/index.php ? Paul_Viollet§oldid=155319935*

[11] *Souvenirs*, p. 11.

c'était réellement à cause de l'impôt. Le cours des enfants sur les marchés villageois est descendu à une piastre cinquante[12]. Les impôts indirects sont le produit de monopoles qui enrichissent le trésor tout autant qu'ils assurent des profits énormes aux capitalistes français : la régie du sel (la gabelle), la régie de l'opium, la régie d'alcool. Non seulement ces régies sont très rentables, mais de plus elles portent objectivement atteinte à la santé des indigènes. L'auteur pour l'opium cite le chef du parti constitutionnaliste : « Si l'on exige l'acte de naissance pour admettre un enfant à l'école, aucun papier ne lui est demandé pour lui vendre un tael d'opium ». Quant à l'alcool, sa consommation est devenue obligatoire dans certaines régions. L'auteur sur ce point cite *l'Aurore indochinoise* : « L'administration a décidé qu'à partir d'aujourd'hui chaque inscrit devra consommer sept litres d'alcool », il cite aussi une circulaire adressée par l'administration impériale annamite aux administrateurs locaux : « La résidence vient de nous adresser la liste des villages qui n'ont pas encore fait la vente de l'alcool. Elle nous prie de donner aux notables l'ordre d'opérer cette vente »[13]. L'auteur évoque aussi les lourds impôts prélevés en Tunisie, impôt direct comme la capitation qui pèse sur les Tunisiens et les étrangers musulmans et les impôts indirects comme le droit de timbre et d'enregistrement, les droits sur les mutations immobilières, les droits de consommation sur le sucre et l'alcool et le monopole du tabac et du sel. Et à qui profite le produit de l'impôt ? Il profite « à des services publics établis dans l'intérêt du protectorat ou des privilégiés européens » et aux fonctionnaires français qui touchent le tiers colonial en plus de ce que touchent les fonctionnaires tunisiens, sans compter sur la part du budget destiné à l'archevêché et aux œuvres catholiques et tout cela alors qu'il y a la misère, voire la famine au sein du peuple tunisien[14]. Mais comme nous le verrons, le prélèvement de l'impôt se fait le plus souvent avec des atteintes caractérisées, même très cruelles, aux droits élémentaires de l'homme.

La mainmise sur l'économie est bien évidemment une source d'exploitation et d'oppression. Elle existe partout et est présentée par l'auteur comme la finalité de la colonisation et encore plus quand elle est l'œuvre de sociétés concessionnaires. L'Inde anglaise rémunère les dividendes et les intérêts des capitaux anglais. Alors que la population vit dans la misère et que les aliments font défaut, l'industrie naissante est durement concurrencée par l'industrie anglaise, d'autant plus que les droits établis sur les cotonnades anglaises ont été supprimées alors qu'un impôt spécial a été créé sur les cotonnades indigènes. Pour l'Indochine Félicien Challaye met l'accent sur l'exploitation de la main d'œuvre *indigène* dont on tire le plus grand profit, il écrit : « Les Annamites sont un *matériel humain* que les Français peuvent utiliser de leurs intérêts collectifs et surtout privés. Les indigènes sont une force matérielle créant des richesses matérielles pour d'autres qu'eux-mêmes », le colonisateur les voit comme

---

[12] *Idem*, p. 112-114.
[13] *Idem*, p. 114-117.
[14] *Idem*, p. 164-165.

des « serfs taillables et corvéables à merci », il mentionne les coolies tonkinois obligés de travailler dans les plantations de caoutchouc cochinchinoises[15]. Mais le pire aux yeux de l'auteur est le régime des sociétés concessionnaires au Congo. Les concessionnaires reçoivent pour une durée de trente ans des domaines d'une étendue de 200 000 à 14 millions d'hectares. Durant cette durée toutes les richesses appartiennent aux concessionnaires. L'auteur remarque à juste titre que les terres dites vacantes étaient en fait des propriétés collectives des tribus et qu'elles obtiennent notamment le caoutchouc à un prix défiant toute concurrence, caoutchouc revendu au prix fort, celui du marché mondial. Le régime des compagnies concessionnaires a expiré en 1930, mais il ne faut pas s'y tromper, elles restent sur place et utilisent toujours les mêmes procédés auprès de l'administration pour qu'elle fournisse les travailleurs qui seront exploités.

Comme on le voit, l'accaparement des terres occupe une place décisive dans la colonisation. Dans les *Souvenirs sur la colonisation*, sont évoqués plusieurs exemples. Ainsi les missionnaires en Indochine étendant leurs terres au détriment des indigènes en recourant au prêt avec de gros intérêts à un village en vue de payer les lourds impôts établis par l'administration coloniale avec pour garantie « la partie aliénable des rizières communales ou le riz produit par la partie inaliénable », avec pour conséquence quand le village ne peut plus rembourser, la confiscation de cette partie aliénable. Les missionnaires anéantissent « l'admirable bienfait résultant pour les indigènes de la vaste extension de la propriété collective communale qui permet aux plus pauvres de poursuivre ». Avec beaucoup de précision, en se référant constamment au rapport Goudchaux-Brunschwicg rédigé en 1911 pour la Ligue des droits de l'homme, Félicien Challaye développe les résultats de l'immatriculation foncière inspirée de l'Act Torrens qui a été largement repris par la colonisation française. L'immatriculation permet de déposséder des Tunisiens qui négligent, souvent pas respect de la tradition, de faire immatriculer les terres qu'ils occupent. Le système est d'autant plus efficace que les tribus, si elles en avaient le désir, ne peuvent faire immatriculer les terres, car elles n'ont pas de personnalité juridique, ce que constate un jugement en ces termes : « la propriété collective n'existe pas parce que la collectivité elle-même n'a pas d'existence ». L'État tunisien, aux ordres du colonisateur, a de possibilités d'étendre son domaine, et il peut disposer, comme il l'entend, les terres qu'il détient aussi bien au profit de sociétés capitalistes que des petits colons qui peuvent bénéficier de l'appui de la Caisse de colonisation. La conclusion est que : « Des terres ainsi concédées, les indigènes sont refoulés, sauf dans la mesure où ils constituent une main d'œuvre utile ». Pour l'auteur, la misère en Tunisie s'explique en partie par cette dépossession[16]. Mais cette

---

[15] *Idem*, p. 122.

[16] *Idem*, p. 150-161, l'Act Torrens a exercé une grande influence et pas seulement dans la sphère coloniale anglaise. Son article 43 est redoutable : « Aucun acte translatif de propriété, ou constitutif d'hypothèque, ayant pour objet un immeuble soumis au régime de la présente loi ne produira ses effets qu'à partir de l'enregistrement qui en aura été fait conformément à la loi. Mais par le seul fait de l'enregistrement dudit acte, tous les droits qu'il constitue seront transférés à la partie intéressée,

dépossession se retrouve ailleurs que dans les colonies françaises, les Japonais font de même en Corée, arrachant les meilleures terres aux Coréens pour y installer des colons japonais[17].

Les missions, notamment en Indochine, sont décrites comme un des pires instruments de la colonisation, la critique très dure est documentée et ne semble pas seulement le produit de l'anticléricalisme de l'auteur. Nous verrons qu'au-delà des aspects spirituels qui paraissent surtout motivés par des raisons « matérielles et basses ». Il serait connu de tous que les missionnaires de la Société des Missions étrangères « se donnent avant tout, pour tâche, d'enrichir la communauté, par divers moyens, notamment par l'exploitation des terres et certaines formes de commerce ». De plus les conversions ont pour finalité de diviser la population en faisant croire aux indigènes devenus chrétiens qu'ils sont différents des autres, surtout que Félicien Challaye présente ceux qui se convertissent comme la lie des indigènes. Ce qui ne serait pas propre à l'Indochine et aux catholiques, mais qui serait aussi le cas des convertis protestants en Inde. Dans les *Cahiers de la Quinzaine*, s'adressant à Charles Péguy, il s'élève contre les républicains qui considèrent les associations religieuses comme un danger en France et les encouragent dans les colonies et il n'hésite pas à écrire qu'il revient d'Extrême-Orient « avec l'impression très forte que le mal fait par les associations religieuses en France est minime, comparé au mal fait par elles en Indochine »[18]. La République s'est attaquée aux congrégations religieuses en métropole et les a en revanche beaucoup encouragées dans les colonies parce qu'elles participaient au projet colonial tout en étant son versant humanitaire. L'auteur désire montrer que les missions sont indissociables des crimes de la colonisation puisqu'elles en commettent elles-mêmes[i].

Les méfaits de la colonisation sont donc d'abord institutionnels, si le colon a le plus souvent une attitude de supériorité odieuse à l'égard des indigènes, c'est que les institutions de la colonisation l'y incitent par l'exemple déplorable qu'elles donnent. Et que l'on n'oppose pas l'instruction comme un contre-exemple. Si de

---

sous les conditions et modalités expresses contenues audit acte, ou réputés selon la loi en être la conséquence implicite », trad. dans Alfred DAIN (professeur agrégé de droit à l'Ecole de droit d'Alger, avocat à la Cour d'appel), *Le système Torrens, de son application en Tunisie et en Algérie*, rapport à M. Tirman, gouverneur général de l'Algérie, avec traduction de l'Act Torrens, Alger, Adolphe Jourdan, librairie éditeur, 1885. Challaye suit de près le Rapport Goudchaux-Brunschvicg, *L'arbitraire en Tunisie*, B.O. de la Ligue des droits de l'homme, qui cite le jugement du 22 février 1904, *Journal des Tribunaux de Tunisie*, 1904, p. 143.

[17] *Souvenirs*, p. 146.

[18] *Idem*, p. 28-29. En fait il reprend ce qu'il écrit à Charles Péguy, Septième cahier la troisième série, *Cahier de la Quinzaine*, janvier 1902. On peut citer pour les rapports entre les missions chrétiennes et le pouvoir colonial l'article de Bernard SALVAING, *Missions chrétiennes, christianisme et pouvoirs en Afrique noire de la fin du XVIIIème siècle aux années 1960 : permanences et évolutions*, *Outre-Mers Revue d'histoire*, 2006, 350-351, p. 295-333. Bernard Salvaing écrit à la p. 323 : « En fait, les missionnaires profitent largement du prestige qu'ils tirent de leur rattachement à la nation colonisatrice… Car l'Etat colonial considère malgré ses réticences les missions comme des agents de la « mission civilisatrice »… Mais simultanément, les missions mènent un jeu subtilement décalé par rapport à la stratégie du colonisateur ».

façon incidente il est signalé au sujet de l'utilisation du produit de l'impôt que les Tunisiens « jugent infiniment trop faibles les dépenses faites pour l'instruction publique », il remarque dans son premier récit sur l'Indochine que les Annamites n'ont pas de leçon à recevoir du colonisateur français, car la réforme que réclament en France les esprits avancés était depuis longtemps réalisée par les Annamites : « les enfants y étaient tous égaux devant l'instruction ». Dans son second récit il reprend l'argument différemment, les sommes prélevés sur les indigènes ne servent pas suffisamment à l'enseignement et que « les Annamites se sont longtemps plaints, et dans l'ensemble se plaignent toujours, de l'insuffisance de l'enseignement. Grief redoutable chez ce peuple épris d'instruction »[19]. Et l'auteur de rappeler qu'un enfant pauvre du peuple pouvait en passant des concours accéder aux plus hautes charges de l'État, ce qui sous le joug colonial n'est plus le cas, tant s'en faut[20]. C'est la République française qui prétend que chacun a dans sa giberne un bâton de maréchal qui en Indochine fait exactement l'inverse. Le seul pays colonisé où l'instruction est développée, c'est la Corée, mais dans quel but ? Les Japonais ne l'ont fait que pour imposer leur hégémonie culturelle et pour japoniser ce pays en ne traitant pas pour autant les Coréens sur un pied d'égalité parce que leurs droits sont niés et qu'ils n'ont pas de citoyenneté[21].

Félicien Challaye veut démontrer, en s'appuyant sur ce qu'il a vu ou sur des témoignages concrets et précis, que les instruments d'exploitation et d'oppression qu'il a décrits sont le cadre dans lequel ***les offenses aux indigènes et les atteintes aux droits de l'homme se développent***.

En effet les offenses aux indigènes, les atteintes aux droits de l'homme rythment largement la vie coloniale, certaines sont le fait de colons, de particuliers qui, forts de la supériorité que leur donne la qualité d'européen, manifestent de façon humiliante et brutale cette supériorité. Lors de son premier séjour indochinois, l'auteur écrit : « Je vois constamment vexer, injurier, brutaliser l'indigène ». Les Annamites sont rudoyés sans motif, pour simplement faire sentir le prestige du blanc, il en donne de multiples exemples. Mais les rares Français qui ont une attitude différente sont stigmatisés par l'immense majorité qui voit dans la protestation contre « les cruautés » une preuve d'humanitarisme niais[22]. Il cite cependant l'exemple du gouverneur-général Paul Doumer qui donne le bon exemple en faisant dîner à sa table son interprète annamite[23]. Il dit aussi que de

---

[19] *Souvenirs*, p. 164, p. 19, p. 119-120.

[20] *Idem*, p. 19-20.

[21] *Idem*, p. 145-146.

[22] *Idem*, p. 25.

[23] *Idem*, p. 26. Paul Doumer fut gouverneur général de l'Indochine de 1897à 1902, Amaury LORIN, *Paul Doumer, gouverneur général de l'Indochine (1897-1902)*, l'Harmattan, 2004. Il a laissé un ouvrage intitulé *L'Indochine française (Souvenirs)*, Paris, Vuibert et Nony, 1905 dans lequel il raconte ce qu'il a vécu en Indochine, l'action qu'il a conduite tout en des montrant critique avec les

façon générale les fonctionnaires lui paraissent moins mauvais que les colons et les nouveaux fonctionnaires qui font l'effort d'apprendre la langue moins mauvais que les anciens.

Pourtant c'est souvent dans l'exercice de fonctions étatiques ou peut-on dire paraétatiques que se sont produites les atteintes les plus graves à l'humanité. Ainsi le prélèvement de l'impôt est-il l'occasion de maltraitances des indigènes, si en Indochine, c'est leur santé qui est méprisée par les profits que tire l'administration de la consommation d'opium et encore plus d'alcool imposée aux Annamites, au Congo, les moyens de faire payer l'impôt de capitation, constitué de caoutchouc sont effroyables. Le commissaire général Gentil annonce par circulaire le 19 mars 1903 aux fonctionnaires qu'ils seront notés sur les résultats obtenus dans la perception de l'impôt indigène. En avril 1904 pour faire payer l'impôt dans les environs de Mougoumba, 68 otages, 58 femmes et 10 enfants sont enlevés, traités de façon ignoble, enfermés sans lumière, sans lieu d'aisance, nourris à peine. Quand un médecin exige leur libération, il ne reste plus que 21 otages, les autres sont morts de faim ou asphyxiés[24].

Félicien Challaye est un peu contradictoire quand il compare le sort réservé aux indigènes en Indochine et celui qui leur est réservé au Congo. Il n'est pas exempt de préjugés raciaux, il écrit sur les Annamites qu'« ils ont leurs défauts, des défauts orientaux, un certain manque de sincérité, parfois quelque absence de dignité virile. Mais que de qualités en échange ! » Il ajoute que ce peuple « d'une civilisation si avancée », les Français d'Indochine le traitent comme ils auraient traité « n'importe quelle peuplade nègre du centre de l'Afrique ». Il classifie les peuples colonisés et dénonce même le fait que les Français considèrent les races des colonisés comme identiques, précisant qu'ils font l'erreur de penser « qu'il n'y a entre elles que des différences d'éducation, qu'une bonne éducation doit réussir à européaniser, franciser le monde ». Cette classification est aussi est certes inspirée par des préjugés raciaux, mais elle souligne l'incapacité du colonisateur français de tenir compte des spécificités de chaque peuple colonisé et d'appliquer des solutions standards[25].

Ce qui est sûr, c'est que tous les peuples colonisés souffrent du comportement du colonisateur, dans son second récit sur l'Indochine, il écrit à propos des Annamites : « Les souffrances qu'ils éprouvent, par suite de la colonisation blanche, ne sont point identiques à celles des Congolais ; elles sont plus subtiles, mais elles ne sont pas moins vives, ni moins émouvantes »[26]. Le portage obligatoire en tant que tel est attentatoire aux droits de l'homme. Les sociétés concessionnaires pour se procurer de la main-d'œuvre, même quand le travail forcé n'existe pas officiellement, ont recours à la force soit en rémunérant leurs

---

Français se trouvant en Indochine et en manifestant une certaine admiration pour les civilisations placées sous domination française

[24] *Souvenirs*, p. 55-57.

[25] *Idem*, p. 20 et 24.

[26] *Idem*, p. 102.

propres gardes armés soit en payant des gardes régionaux payés par l'État. Et l'auteur d'énumérer les procédés employés : emprisonnement, passage à la chicotte (cravache en cuir d'hippopotame), arrestation des chefs des villages, prise en otage des femmes et des enfants. Les récalcitrants sont fusillés et quand un village résiste, une « expédition punitive » est organisée avec cases brûlées, plantations détruites, massacre de la population. Félicien Challaye cite André Gide qui voit des femmes réquisitionnées pour la réfection d'une route sans outils appropriés, qui voit aussi « un abondant troupeau d'enfants des deux sexes, de neuf à treize ans, parqués en pleine nuit froide auprès d'insuffisants feux d'herbes ». Il le cite encore lorsqu'il expose un témoignage sur un administrateur qui « fait tuer un millier de noirs de tous âges et des deux sexes » avec des gardes qui lui rapportent les oreilles et les organes génitaux des victimes[27]. Il ressort clairement que les prises d'otages, les massacres ne sont pas le fait de particuliers, mais d'agents de l'État colonial.

Le point culminant de l'abomination est l'affaire Toqué et Gaud. Il s'agit de deux fonctionnaires coloniaux, Toqué est breveté de l'École coloniale, administrateur adjoint de troisième classe er Gaud appartient aussi à l'administration coloniale, mais à un niveau moins élevé, lui aussi a une bonne formation scolaire, même universitaire. Ils ont fait sauter un « nègre » à la dynamite à Fort-Crampel le 14 juillet 1903, Gaud a lui-même procédé à l'assassinat, Toqué, son supérieur, lui ayant donné un ordre qui pouvait faire croire qu'il fallait s'en débarrasser... Leurs supérieurs ont tout fait pour étouffer l'affaire et l'ont traitée comme une question interne à l'administration, une première commission d'enquête conclut que Gaud doit rester à son poste et doit faire l'objet d'une punition administrative. Il aura fallu que le délégué du commissaire général dans l'Oubangui-Chari rompe cette conspiration du silence et déclare que ce type de crime relève non de l'administration, mais de la justice. Félicien Challaye qui connaît parfaitement le dossier et qui assistait au procès tenu à Brazzaville[28], dans le cadre de la mission Brazza, a la conviction que Toqué et Gaud ne sont pas les principaux coupables, mais que dans leur défense ils ont voulu couvrir leur hiérarchie. Bien avant l'arrivée de Toqué à son poste, les porteurs sont recrutés par des moyens d'une extrême brutalité, ils sont enlevés, on prend les femmes et

---

[27] André GIDE en compagnie de Marc Allégret a voyagé de juillet 1926 à mai 1927 en Afrique équatoriale française. Ses carnets de toute ont d'abord été publiés par la NRF, puis en deux volumes chez Gallimard, *Voyage au Congo* en 1927 et *Retour du Tchad* en 1928. Gide ne veut écrire pas un pamphlet contre la colonisation, il note tout ce qu'il voit, c'est un récit de voyage et il note aussi évidemment la façon dont les Noirs sont traités par le colonisateur. CHALLAYE le cite (*Souvenirs*, p. 93-95) mais son approche qu'on peut qualifier de plus militante est différente.

[28] Georges TOQUÉ, après sa condamnation, quittera l'administration coloniale, deviendra journaliste et écrira sous le pseudonyme de Régis HUARD. Ses ennuis avec la justice n'étaient pas terminés car il fut condamné à mort en 1919, pour intelligence avec l'ennemi, et exécuté au Fort de Vincennes en 1920 (Notice de personne BNF). Il publia en 1907 un livre intitulé *Les massacres au Congo*, réédité par l'harmattan en 2000. Quant à Fernand GAUD, il est l'auteur d'un ouvrage, avec la collaboration de Cyrille VAN OVERBERG, sur les Mandja du Congo français, Bruxelles, Dewit, 1911. Sur la narration des faits et du procès, *Souvenirs*, p. 61-78.

les enfants en otages pour faire pression avec une mortalité terrible dans les camps où ils sont emprisonnés. Toqué a même protesté, mais ses lettres sont restées sans effet. La première exécution sommaire qu'il ordonne n'est pas clandestine et il en rend compte à son supérieur hiérarchique qui lui répond de continuer de faire ainsi à la condition de ne pas en rendre compte. L'affaire Toqué et Gaud fait comprendre à l'auteur que c'est un système qui est en cause et pas quelques individus malfaisants. Toqué a demandé à le voir et lui confirme « que la haute administration de la colonie lui avait promis l'acquittement s'il ne dénonçait pas le système appliqué dans toute la région »[29]. Les massacres, les prises d'otages, les viols ne sont pas des exceptions au système, ils en sont la révélation.

Félicien Challaye, membre actif de la Ligue des droits de l'homme, ne dispose pas des moyens juridictionnels que nous connaissons aujourd'hui concernant cette question, il n'y a pas une commission des droits de l'homme de l'ONU, pas plus qu'il n'y a une Cour européenne des droits de l'homme, et la Déclaration des droits de l'homme de 1789 n'est pas encore considéré comme un texte de droit positif. En revanche il y a la justice coloniale française qui peut statuer lorsque les atteintes portées aux indigènes revêtent le caractère d'une infraction.

Dans son premier récit sur l'Indochine il raconte qu'il a été séduit par un juge qui est son premier contact dans le pays et pour lequel il avait une lettre d'introduction. Il se trouve, et ce n'est certainement pas un hasard, que ce juge est un lecteur et ami des *Cahiers de la quinzaine* de Charles Péguy dont Félicien Challaye est un collaborateur. Ce juge lui répond, alors qu'il prétend que le Français s'intéresse plus que l'Anglais à l'indigène, que les Français traitent les Annamites comme des sauvages alors qu'ils appartiennent un race des plus intelligentes, des plus fines et des plus cultivées.. Puis il insiste sur le rôle positif des juges qui « en général se montrent justes et bienveillants » et n'hésitent pas à condamner l'Européen qui a volé ou tué un indigène. Mais le juge, lecteur des *Cahiers de la Quinzaine*, qui a osé dire que le Français qui frappe un indigène est un lâche, est traîné dans la boue par la presse indochinoise. Ne porte-t-il pas atteinte au prestige du blanc ? Sans doute Félicien Challaye ne se fonde que sur les cas qu'il connaît pour porter un tel jugement sur la magistrature et il a été très favorablement impressionné par ce juge humaniste qu'il a rencontré dès le début de son séjour. Il n'explique pas d'ailleurs ce rôle positif par la fonction des magistrats qui doivent faire respecter le droit, ni par leur formation. Il l'explique par un engagement politique au sens large qui d'évidence ne peut concerner qu'une partie des juges[30]. Il part de la suppression de la cadouille à laquelle ont travaillé tout particulièrement des magistrats. La cadouille était un bâton dont on servait pour réprimer les indigènes qu'ils soient condamnés, accusés ou innocents.

---

[29] *Souvenirs*, p. 77-78.

[30] Les ouvrages de Bernard DURAND font référence sur la justice coloniale, *Le juge et l'outre-mer*, 7 tomes, sous la direction de Bernard Durand, Presses universitaires de Lille de 2004 à 2014, *Les justices du monde colonial , XVIe-XXe siècles*, avec la collaboration de P. VIELFAURE, U. de Montpellier, 2016.

Félicien Challaye, se fondant sur ce qu'on lui a dit, établit une relation intéressante entre cette suppression et l'affaire Dreyfus. En effet les magistrats dreyfusards avaient livré ce combat encouragés par ce qui se passait en France, l'engagement pour les droits de l'homme étant aussi bien le combat pour que soit reconnue l'innocence de Dreyfus que le combat pour la dignité des indigènes et l'auteur de se citer en lui-même en rappelant ce qu'il avait écrit aux *Cahiers de la Quinzaine* : « Ainsi, mon cher Péguy, quand nous travaillions tous ensemble à délivrer le peuple de France, que la réaction nationaliste et cléricale s'apprêtait à écraser, nous travaillions aussi, sans le savoir, à sauver de châtiments inhumains les malheureux Annamites ». Mais que dit-il des juges dans les colonies autres que l'Indochine ? Il n'en dit mot pour les colonies anglaises, néerlandaises ou japonaises et dans les colonies françaises il n'en traite vraiment que pour le Congo au sujet d'affaires précises.

Évidemment comme il consacre un long développement à l'affaire Toqué et Gaud et au procès auquel elle a donné lieu, il parle des magistrats qui s'en sont occupés. Gaud lui-même a suppléé par intérim dans sa carrière le procureur de la République à Brazzaville. Avec ce que nous savons de ses agissements par la suite, on peut se demander de quelle façon il a rempli cette fonction. Le président de Kersaint-Gilly interroge non seulement les accusés sur les faits qui leur sont reprochés, mais aussi de façon plus générale sur les méthodes employées par les fonctionnaires à l'égard des indigènes du Haut-Chari. En cela il ne révèle pas nécessairement la volonté de dévoiler le côté sombre de la colonisation, mais reprend l'instruction dans laquelle Toqué en a largement parlé pour expliquer le contexte des faits incriminés. Félicien Challaye évoque ce président de façon neutre comme un magistrat effectuant la tâche qui lui a été confiée sans que pour autant apparaisse chez lui un quelconque jugement sur la colonisation. En revanche il expose longuement le contenu du réquisitoire du procureur général Coudoul. Ce réquisitoire tel que le retranscrit l'auteur est à charge contre la façon dont la colonisation est pratiquée au Congo et pas seulement contre les accusés Toqué et Gaud. Il rappelle qu'il y a au Congo tant de crimes impunis, tant de non-lieux injustifiés, tant d'acquittements scandaleux, tant de condamnations indulgentes, mais pour préciser que les accusés s'étonneraient presque d'être devant la Cour et qu'ils s'absolvent en leur âme et conscience. Il reprend longuement les crimes reprochés à Toqué et Gaud, mais en les replaçant dans le contexte d'une politique d'exaction brutale envers les indigènes, il évoque la liste des conseils du capitaine Thomasset qui établit la liste des punitions qu'un chef de poste a le droit d'infliger aux indigènes, ce qu'on a appelé le code Thomasset, de la chicotte à la déportation et à la mort. Il avait été prescrit à Toqué de suivre ces conseils. Enfin il dénonce la conspiration du silence organisée par l'administration pour couvrir les crimes des deux accusés et le courage du jeune magistrat qui a osé ouvrir l'enquête sans en être informé à titre officiel par l'administration.

Félicien Challaye retranscrit le réquisitoire avec une délectation discrète, mais il feint de ne pas voir qu'un des objectifs poursuivis par le procureur général est d'atténuer la culpabilité des accusés en insistant sur la responsabilité de l'administration. Il sera suivi par la Cour qui retiendra les circonstances atténuantes et les condamnera à cinq ans de réclusion[31]. Ce qui, au vu de l'atrocité des crimes commis, peut paraître une peine légère. Visiblement notre auteur n'en est pas affligé et voit dans ce verdict une sanction équilibrée et ce pour deux raisons. D'abord la condamnation, si légère qu'elle puisse paraître, est fort mal accueillie par les Français de Brazzaville. Dans la foule il entend un jeune fonctionnaire crier : « C'est à se faire naturaliser nègre ». Aux yeux de cette population, la condamnation est donc beaucoup trop lourde. Ensuite il éprouve « le sentiment confus que cette justice impartiale enveloppe un peu d'iniquité » et qu'au moins Toqué, jeune administrateur colonial brillant, ne s'est pas défendu comme il aurait pu le faire en mettant en cause la politique suivie dans le Haut-Chari, ce qu'ont fait le procureur général et la Cour. Ce que lui confirmera par la suite Toqué qui lui apprend, comme nous l'avons vu, que la haute administration avait promis l'acquittement à la condition qu'il ne dénonce pas le système[32]. Félicien Challaye est prêt à l'indulgence pour des individus coupables, car pour lui c'est tout un système qui est coupable, dont les agents ne seraient que de pâles exécutants. Il semble ne pas comprendre que les sanctions individuelles sont aussi un moyen de combattre le système, car elles ont valeur d'exemple.

Il a aussi visiblement quelque difficulté, mais le cherche-t-il vraiment, à analyser de manière objective une institution comme la justice. Ce que confirmerait ce qu'il écrit en termes elliptiques de l'affaire Massima, affaire particulièrement horrible où un domestique noir au Gabon est affreusement torturé en 1932 par deux blancs, exploitants forestiers pour lui faire avouer le vol d'une chicotte. Il n'avoue pas. Les deux blancs font le pari sur le temps qu'il mettra à mourir, le gagnant offrant le champagne. Il meurt en cinq minutes. Sur plainte du frère de la victime, une instruction est ouverte, les tortionnaires avouent et pourtant ils seront acquittés par la Cour de Brazzaville, car l'on avait retenu le seul délit de coups et blessures qui était amnistié[33]. On aurait pu s'attendre à une diatribe justifiée contre un tel acquittement, Félicien Challaye se contente d'ajouter au bref exposé de ce qui s'est passé un point d'exclamation. Sans doute en dire davantage l'aurait amené à s'interroger un peu plus sur l'institution judiciaire et à remettre en cause le jugement positif porté à son sujet. Il se montrera autrement plus critique quand la justice sera en charge de la répression du mouvement national que nous allons maintenant examiner.

II. LA VOIE DE L'ÉMANCIPATION

Félicien Challaye en 1935 est différent du jeune agrégé de philosophie qui avait manifesté sa sympathie pour les peuples colonisés à la fin du XIXe siècle et

---

[31] *Souvenirs*, p. 72-73.

[32] *Idem*, p. 77-78.

[33] *Idem*, p. 99.

au début du XXe. Au début il décrit les atteintes aux droits de l'homme engendrés par la colonisation et implore avant tout la conscience de l'homme blanc, du colonisateur pour y remédier. Il n'a pas encore fait un bilan définitif de la colonisation et il n'est pas sûr qu'elle ne soit pas amendable. Son admiration pour Savorgnan de Brazza qu'il connaît personnellement et qu'il a accompagné au Congo en 1905, juste avant sa mort[34], mais aussi la considération qu'il porte à certains grands coloniaux comme Paul Doumer qui a été gouverneur général de l'Indochine, lui laisseraient encore quelque espoir. Le mouvement national des peuples indigènes est inexistant ou à ses premiers balbutiements, il n'y prête pas attention, car pour le percevoir il aurait dû modifier sa démarche et non pas partir de la conscience du colonisateur, mais de celle du colonisé, ce qu'il n'est pas encore disposé à faire. Ce n'est plus le cas en 1935 où le mouvement national commence à s'affirmer avec force dans certaines colonies. Il va soutenir ce mouvement national et le bilan qu'il tire la colonisation est irréversible. Elle est mauvaise en elle-même, n'est pas susceptible d'être amendée et l'émancipation devient la solution.

L'ABSENCE DE LIBERTÉ POLITIQUE ET LE MOUVEMENT NATIONAL

La reconnaissance de la liberté politique pour les colonisés aurait-elle été une chance pour la colonisation qui y aurait gagné la sympathie des peuples colonisés ? Rien ne l'assure, mais en revanche il est évident que l'absence de liberté politique qui institutionnalisait l'inégalité ne pouvait qu'inciter les peuples colonisés à s'organiser eux-mêmes en dehors du cadre mis en place par le colonisateur.

Dans toutes les colonies, quel que soit le pays colonisateur, il n'y pas de liberté politique pour les indigènes, seuls les blancs, les Européens en bénéficient. C'est en Inde anglaise que l'auteur saisit l'importance de cette liberté politique. C'est elle qui est réclamée d'abord par les jeunes gens éduqués qui considèrent que tant qu'ils ne seront pas des hommes libres, ils ne seront pas des hommes et que tout en étant influencés par le libéralisme anglais, ils ne voient dans l'Angleterre qu'une puissance oppressive[35]. Lors de son premier séjour en Indochine il est plus sensible aux atteintes aux droits individuels de l'homme qu'à l'absence de liberté politique. Ce n'est plus le cas lors de son deuxième séjour. Il analyse

[34] CHALLAYE écrit : « Le Ministre des Colonies décida de faire faire une enquête sur la situation d'une colonie où se passaient des faits aussi étranges ; il chargea de cette tâche un grand explorateur célèbre par son esprit d'humanité, le noble Savorgnan de Brazza. Savorgnan de Brazza me demanda de l'accompagner. J'acceptai avec enthousiasme » (*Souvenirs*, p. 41). Brazza meurt lors du voyage de retour. Le rapport établi sur la base des informations fournies par sa dernière mission, a été publié en 2014 aux éditions Le Passager clandestin, avec une préface de Catherine COQUERY-VIDROVITCH, ce rapport ne tait pas les abus et critique vivement l'administration coloniale.

[35] *Souvenirs*, p. 9-10.

rigoureusement ce qu'est l'absence de liberté pour les Annamites, notamment l'absence de liberté politique. Il commence par l'absence de représentation véritable des Annamites que ce soit en Indochine même où les membres indigènes des assemblées sont choisis par l'administration française ou proviennent d'un collège électoral nullement représentatif ou que ce soit en France où le représentant de l'Indochine au Parlement est élu par un collège électoral de la seule Cochinchine, collège électoral où il n'y a que quelques centaines d'Annamites naturalisés à côté de quelques milliers de Français et d'Hindous.

Il poursuit par l'absence de liberté de la presse, la presse en langue annamite a été jusqu'en 1935 soumise à l'autorisation préalable et à la censure préventive et chaque numéro pour paraître devait être approuvé par un censeur. Les journaux annamites en français légalement paraissent plus libres, mais ils peuvent être persécutés en la personne de leurs imprimeurs et de leurs abonnés. Il en va de même pour la liberté d'association politique et aucune réunion publique n'est permise sauf depuis peu et exceptionnellement dans la ville de Saïgon. Quant à la liberté religieuse, une nouvelle religion, le caodaïsme a été interdit sous la pression des missionnaires catholiques en Annam et au Cambodge[36]. Les Annamites n'ont pas la liberté de déplacement à l'extérieur de leur pays. Félicien Challaye cite Léon Werth qui a appelé ce régime un « régime de Kommandatur », lui-même qualifie le régime de mussolinien.

Comment expliquer un tel régime de tyrannie ? L'auteur avance deux explications. La première est classique : la tyrannie est la poursuite de la guerre et comme une guerre de conquête a imposé la domination française aux Annamites, c'est une conséquence logique ramenant la colonisation à ce fait initial. Mais il établit aussi une relation dialectique entre ce régime et le mépris dont les Européens font preuve à l'égard des indigènes. Ce régime n'est possible que parce qu'il y a une discrimination envers une population considérée comme inférieure, mais il entretient aussi une telle discrimination, le mépris est la transposition psychologique d'un fait social. La pensée sur ce point de l'auteur affiche une complexité qui démontre sa propre mutation. L'analyse d'un régime sans liberté politique se fait à la fois en termes appartenant au libéralisme occidental, régime de dictature tel qu'il peut être pratiqué dans certains pays d'Europe dotés de pouvoir autoritaire et ils sont assez nombreux en 1935 et en termes intégrant la spécificité de la colonisation. L'auteur ne dégage pas une analyse qui considérerait que le régime colonial est un modèle en lui-même.

Il s'en approcherait un peu plus loin lorsqu'il parle de la répression qui s'abat sur les Annamites révoltés qui dévoile ce qu'est réellement la colonisation en matière de liberté. Pour se maintenir à tout prix, le régime politique colonial révèle sa nature profonde. Il s'appuie longuement sur le témoignage d'André Viollis qui détaille les tortures infligées, tortures classiques comme la privation de nourriture avec ration réduite, coups de rotin, tenailles appliquées aux tempes pour faire jaillir les yeux des orbites, poteau auquel est attaché à quelques centimètres du sol

[36] *Idem*, p. 111-112.

le supplicié, épingle sous les ongles… et tortures plus modernes, plus raffinées, couper la peau en longs sillons et brûler du coton à l'intérieur des plaies, toute la gamme des tortures à l'électricité…[37]

Même s'il ne dit pas explicitement, l'auteur souligne sur de nombreux points le contraste entre la démocratie libérale existant en métropole, avec la garantie des droits individuels qui y sont attachés, et le régime colonial où il n'y a ni démocratie et où les droits individuels sont bafoués et cela en toute légalité. La coexistence au sein d'une même puissance souveraine de deux régimes opposés relève de la schizophrénie politique. Et c'est cela la spécificité du régime politique colonial, il y a une seule entité traversée pourtant par une ligne de démarcation implacable séparant selon le territoire où l'on habite et surtout selon son origine ethnique deux populations auxquelles on applique des traitements différenciés. Lorsque Félicien Challaye caractérise la domination française de dictature policière et judiciaire et aussi militaire en sachant très bien qu'en métropole une telle dictature n'existe pas, il dégage l'essence de la domination coloniale qui ne peut plus se dissimuler derrière un idéal humanitaire et civilisateur puisque justement cette domination va contre l'humanité et la civilisation[38].

Cette essence de la colonisation est vérifiée par une domination qui n'est pas exercée par une nation blanche sur une population qui ne le serait pas, mais par une nation asiatique sur une autre nation asiatique. En Corée les Japonais ont placé les villes sous le régime de la loi martiale qui permet une répression impitoyable des Coréens contestataires avec un nombre élevé de tués. Ils utilisent eux aussi la torture. Les Coréens ne disposent pas de la liberté de déplacement, ils ne peuvent rentrer en Corée quand ils sont à l'extérieur qu'avec l'autorisation de la police japonaise et ne peuvent se déplacer en Corée qu'en fournissant les motifs du déplacement que la police vérifie. Il y a donc une absence de liberté politique. L'auteur conclut ainsi son chapitre sur la Corée japonaise : « En dépit de l'identité de race, cette colonie de jaunes subit les mêmes injustices et souffre les mêmes douleurs que les colonies de jaunes ou de blancs dominées par des blancs »[39].

Le protectorat, forme de colonisation indirecte, a intéressé Félicien Challaye à travers l'exemple de la Tunisie qu'il a visitée à deux reprises en 1924 et en 1934. La Tunisie ne connaît pas elle aussi la liberté politique. Les Tunisiens sont les

---

[37] La journaliste Andrée VIOLLIS, publia en 1935 *Indochine S.O.S* chez Gallimard, en 1931 elle avait accompagné comme journaliste Paul Reynaud, ministre des Colonies. Livre réédité en 2008 par l'éditeur Les bons caractères. Challaye l'utilise beaucoup, d'autant plus que son livre est sorti très peu de temps avant les Souvenirs, ce qui lui permet de disposer d'une documentation récente. Le cheminement d'Andrée Viollis est proche du sien, elle écrit aux p. 15-16 : « Je me suis naguère élevé contre les arrestations arbitraires qui, dans l'Inde, remplissent de nationalistes indiens les prisons de sa Majesté britannique. Mais j'ai pu constater par moi-même que ces derniers y sont traités décemment… Je vivais sur cette idée que la France use de méthodes colonisatrices plus humaines et plus intelligentes que l'Angleterre… Quelques jours d'Indochine auront suffi pour balayer brutalement cette illusion ». Challaye s'inspire aussi d'un autre journaliste, Louis ROUBAUD qui publia en 1931, *Viet Nam, La tragédie indochinoise*, ouvrage réédité par l'Harmattan en 2010.

[38] *Souvenirs*, p. 138.

[39] *Idem*, p. 146.

sujets du bey qui est irresponsable. Le pouvoir beylical est entre les mains du résident général qui dépend de loin du gouvernement français. Pour l'auteur, à l'instar de ce qu'il a dit de l'Indochine, le protectorat est un régime dictatorial appuyé sur les dictatures locales des contrôleurs civils français et de leurs agents tunisiens. Cette dictature qualifiée par l'auteur de tyrannie fasciste interdit la liberté de la presse, la liberté de manifester. Les décrets beylicaux successifs sont analysés avec précision, montrant l'intensification des mesures répressives[40]. Ce que note l'auteur, c'est que les mécanismes d'oppression n'ont cessé de se perfectionner Il s'intéresse plus particulièrement à la liberté de la presse, il part du décret du 14 octobre 1884 qui suit l'instauration du protectorat sur le pouvoir d'interdire la presse en langue arabe ou hébraïque pour en arriver aux décrets du 29 janvier 1926 qui aggravent la législation sur la presse et qui ont suscité la protestation de la Ligue des droits de l'homme qui les a qualifiés de scélérats. Le décret du 27 mai 1933 qui étend à la presse en langue française le pouvoir d'interdire certaines publications[41]. Et ces dispositions traduisant l'absence d'une liberté de la presse s'accompagnent de dispositions sur le maintien de l'ordre public négatrices des autres libertés.

Que ce soit pour l'Indochine ou pour la Tunisie, l'auteur abandonne la vision favorable qu'il avait adoptée pour la justice. Alors qu'elle s'opposait aux sévices de la colonisation ou du moins qu'elle les tempérait, elle devient un instrument de ce régime colonial dictatorial. Pour l'Indochine il parle d'une dictature policière et judiciaire. Si la police utilise les tortures déjà décrites, elle le fait dans un cadre judicaire. Les tortionnaires bénéficient visiblement de la bienveillance de la justice, ainsi sont acquittés ceux qui avaient torturé et assassiné neuf Annamites après avoir établi qu'ils en avaient reçu l'ordre. En revanche c'est une justice expéditive qui s'abat sur les Annamites soupçonnés à tort ou à raison d'activités contre la domination française. Cette justice peut être d'exception avec des juridictions *ad hoc,* mais il peut s'agir de la justice normale. En Tunisie les mesures liberticides s'appuient sur la répression judiciaire qui est largement mise à contribution à côté d'une répression purement administrative mise en place en 1934[42]. Bien évidemment cette intensification de la répression et cette négation accrue des libertés publiques accompagnent la montée du mouvement national.

Félicien Challaye n'évoque pas un mouvement national qui existerait dans toutes les colonies. Il y a d'abord les colonies dont il ne parle pas parce qu'il ne s'y est pas rendu, mais il y a des colonies qu'il connaît bien et pour lesquelles il ne dit mot du mouvement national. Cela tient au fait qu'il a pu se rendre dans une colonie à une époque déjà ancienne durant laquelle un mouvement national n'était pas encore organisé, c'est le cas des Indes néerlandaises. Cela tient aussi à l'absence d'un mouvement national suffisamment formé et identifiable dans les

[40] *Idem*, p. 166 et s.
[41] *Idem*, p. 170-174.
[42] *Idem*, p. 178-183.

années 1930, c'est le cas du Congo. Mais pour qu'il y ait mouvement national, encore faut-il qu'il y ait une nation.

Lorsqu'il traite de l'Inde anglaise du début du XXe siècle, il constate l'existence d'un mouvement national encore embryonnaire sans donner de fondement théorique à ce qu'il avance. L'élite de l'Inde qui a reçu une éducation européenne se réjouit des succès remportés par les Boërs contre les Anglais et admirent le Japon qui a gardé son indépendance. Elle est attristée du manque de patriotisme et estime que seule une organisation nationale serait la condition de la liberté politique[43]. L'Inde doit prendre conscience de sa personnalité et envisager à terme son indépendance. Mais Félicien Challaye n'utilise pas le terme nation ou l'expression nation indienne ou hindoue. Il se rend compte qu'une nation en Inde peut se construire de différentes façons qui traduisent les contradictions qui traversent le pays. Il perçoit que la nation peut s'édifier sur la religion, mais les deux religions principales existant en Inde peuvent être un facteur de cohésion pour leurs fidèles respectifs, mais au contraire un facteur de division pour le pays dans son ensemble. Le brahmanisme est le socle religieux le plus ancien, mais l'islam plus récent a des aspects plus démocratiques, car il ne se fonde pas sur les castes. Il sent bien que les religions sont un ferment de division ou plutôt qu'elles poussent à constituer deux nations différentes et c'est ce qui se passera au moment de l'indépendance. Il envisage aussi la construction d'une nation en référence à une réforme sociale qui élèverait la valeur morale de la population, tous sexes confondus, et dont le vecteur privilégié serait l'éducation, mais l'amélioration économique, vue comme prioritaire par certains, fournirait la base matérielle favorisant le progrès de la vie mentale et sentimentale. Ce sont l'intelligence et la moralité qui feront alors apparaître le sentiment national. Enfin certains se tournant résolument vers l'action politique qui reprend les revendications du peuple et susciterait une opinion publique nationale. Il est clair que le mouvement national en Inde est embryonnaire, car la construction d'une nation fait l'objet d'approches contradictoires et qu'il y a un fossé considérable entre une élite, empreinte de culture occidentale, mais acquise à l'idée d'indépendance et un peuple doté exclusivement de sa culture ancestrale et qui reste peu politisé[44].

Pour l'Indochine l'auteur a perçu une évolution entre son premier séjour en 1901 et son second séjour en 1918 et 1919, après ce second séjour il a continué à recueillir les témoignages « incontestables » sur l'Indochine, ce qui a fini de le convaincre de l'existence d'une nation annamite et d'un mouvement national annamite. En 1901 il constate bien l'existence d'une civilisation annamite avec ses caractéristiques propres, une civilisation ancienne qu'il n'hésite pas sur certains points à considérer comme supérieure à la civilisation française et de façon plus large à la civilisation européenne. Pour autant il ne parle pas de nation, et partant il ne parle pas de mouvement national. Dès le début du second chapitre consacré à l'Indochine où il évoque ses souvenirs de 1918 et 1919 et les

43 *Idem*, p. 9-10.
44 *Idem*, p. 180-182.

témoignages recueillis sur la situation postérieure, il place la nation au centre de ses réflexions il dit que : « l'Annam (qui comprend, bien entendu, le Tonkin et la Cochinchine), l'Annam est une patrie au vrai sens du mot ». Les Annamites sont animés d'un sens patriotique et souffrent de la domination étrangère. Il ne s'agit plus seulement des souffrances infligées par le colonisateur qui bafoue les droits élémentaires de l'individu, il s'agit surtout du non-respect par le colonisateur d'une entité humaine appelée la nation.

Et Félicien Challaye procède de façon didactique, il se réfère expressément à celui qui a canonisé la définition française de la nation, Ernest Renan et reprend les critères qu'il a proposés, un legs commun, le désir de vivre ensemble, etc. Et à l'appui de son affirmation que le peuple annamite présente les traits caractéristiques d'une vraie nationalité, il précise que ce peuple occupe un pays aux frontières clairement définies, qu'il a sa propre langue, une civilisation spécifique[45]. Cette nation a généré un patriotisme qui n'est pas le produit de l'oppression coloniale, mais qui s'est manifesté dès 1862, dès que l'envahisseur étranger est intervenu. Les nombreuses révoltes qui n'ont cessé de se succéder depuis sont la preuve tangible de ce patriotisme. Le mouvement national s'enracine donc dans ce patriotisme, l'auteur à la différence de ce qu'il dit de l'Inde anglaise, n'y voit pas la manifestation d'une élite, mais considère qu'il concerne le peuple dans son ensemble. Il réfute que la contestation de la présence française serait le fait d'éléments communistes qui même s'ils sont présents ne résument pas, tant s'en faut, le mouvement national. L'analyse de ce qu'est la nation annamite et du mouvement national qui en est issue est certainement la plus élaborée dans l'ouvrage. On peut même se demander si elle ne constitue pas la référence pour analyser la présence d'une nation et d'un mouvement national dans d'autres colonies.

Ainsi pour la Corée japonaise il n'est pas aussi didactique, mais c'est visiblement une grille d'analyse similaire que l'on décèle en filigrane. Il a visité la Corée en 1917 et en 1919, l'annexion par le Japon est récente puisqu'elle remonte à 1910. Les Coréens appartiennent eux aussi à une civilisation ancienne et ne se sont pas résignés à la perte de leur indépendance nationale. Leur patriotisme a été ravivé par l'annexion par le Japon, mais lui était antérieur. L'auteur lors de son second séjour est témoin de la vigueur du mouvement national dynamisé par ce qu'a dit le président Wilson sur le droit des peuples à disposer d'eux-mêmes[46].

Pour la Tunisie il n'évoque pas la nation tunisienne, mais s'étend longuement sur le mouvement national dont il connaît les chefs personnellement. S'il ne ressent pas le besoin de justifier l'existence d'une nation tunisienne, c'est que pour lui elle est une évidence, d'une part l'État tunisien subsiste dans le cadre du

---

[45] CHALLAYE cite RENAN et reprend les critères de la nation contenus dans sa conférence faite en Sorbonne le 11 mars 1882, intitulée *Qu'est-ce qu'une nation ?* (*Souvenirs*, p. 102-103).

[46] Dans les quatorze points du message du 8 janvier 1918, Wilson ne mentionne pas expressément ce droit mais implicitement il est à la base de plusieurs de ses propositions.

protectorat et les Tunisiens sont les sujets du bey et n'ont pas la nationalité française, d'autre part le mouvement national déjà ancien est la preuve manifeste de l'existence de cette nation. Est-elle associée à l'Islam qui lui donnerait sa cohésion ? Il n'aborde pas véritablement la question, car le mouvement national tunisien, sans être laïque, ne met pas spécialement en avant l'aspect religieux. Cependant il note que les Tunisiens s'indignent « du fait qu'un budget prélevé sur un peuple musulman serve à entretenir grassement un archevêché et des œuvres catholiques », ce qui est une provocation permanente et il ajoute que : « La colonisation française en Tunisie apparaît parfois comme une croisade de la Chrétienté contre l'Islam »[47]. Comme pour l'Indochine et la Corée le mouvement national tunisien, même si ses chefs sont médecins ou avocats, n'est pas coupé du peuple dont il reçoit largement l'appui. Comment le colonisateur accueille-t-il ce mouvement national dans les colonies où il est implanté ? Sa réponse est la répression.

Si pour l'Inde anglaise, il n'évoque pas la façon brutale avec laquelle les leaders nationalistes sont traités, en effet il parle de l'Inde de 1900 et il se contente brièvement de mentionner que depuis des événements, notamment les campagnes de Gandhi, ont fait connaître en Europe « les sentiments des habitants à l'égard de leurs maîtres ».

Bien évidemment il est beaucoup plus prolixe pour l'Indochine qu'il saisit au présent, en 1934, alors que la répression des nationalistes bat son plein. Il s'étend sur ce qui s'est passé après la mutinerie de Yen-Bay, il évoque la mort de plusieurs milliers d'Annamites, la répression ayant revêtu une forme judiciaire et une forme militaire. Il détaille les condamnations, estime que le nombre de prisonniers politiques s'élève probablement à 10 000 alors qu'officiellement il n'y en aurait que 7 000. Mais il fait état du bombardement aérien du village de Co-Am, de la destruction de villages rebelles, des manifestants massacrés par avions ou par mitrailleuses. Il évoque aussi le procès de Saïgon de mai 1933. Cette répression massive et brutale montre à ses yeux le peu de cas que le colonisateur français fait de la vie des Annamites, alors que la mutinerie de Yen-Bay n'a causé la mort que de quelques Français. Le compte est d'un ordre tout autre chez les Annamites puisqu'il y en aurait plusieurs milliers qui auraient été tués[48]. Il ne parle pas pour autant de guerre alors qu'il affirme sans ambages dans la conclusion de son ouvrage que la colonisation est la guerre et que la France utilise dans la répression des armes de guerre particulièrement meurtrières. Sans aucun doute pour lui la guerre, surtout telle qu'elle s'est pratiquée en Europe, suppose une certaine égalité entre les belligérants. En Indochine il n'y a pas d'égalité entre les combattants, du

---

[47] *Souvenirs*, p. 165. Même s'il n'y fait pas expressément référence, l'auteur écrit cinq ans après le Congrès eucharistique tenu à Carthage en 1930 et dont l'effet sur l'opinion tunisienne fut déplorable et renforça le sentiment national, cf. A. MAHJOUBI, *Origines du mouvement national*, Publications de l'Université de Tunis, 1982, p. 466-479 ; Jacques ALEXANDROPOULOS, *Entre archéologie, universalité et nationalismes : le trentième Congrès international eucharistique de Carthage (1930*), Anabases, Traditions et réceptions de l'antiquité, 9 :2009, p. 53.

[48] *Idem*, p. 135-138.

moins pas encore, il y a un dominateur qui utilise sa position de force face à un dominé qui est en position de faiblesse.

Ce qui vaut pour l'Indochine vaut aussi pour la Corée. Quand il la visite en 1917 et en 1919, Séoul est en état de siège sous le régime de la loi martiale. Il décrit des escouades japonaises avec des sentinelles baïonnette au canon, des manifestants inoffensifs frappés à coups de crosse et de plat de sabre, des foules désarmées sur lesquelles les Japonais tirent sans pitié. Mais pour la Corée aussi il s'abstient de parler de guerre, tant à ses yeux c'est une relation dominant/dominé dans laquelle le dominé n'a pas encore la possibilité d'affronter militairement le dominant[49].

En Tunisie l'agitation gronde en 1934-1935, le Destour et surtout le Néo-Destour dénoncent le traitement injuste dont le peuple tunisien est victime, contre les décrets du résident général Peyrouton de septembre 1934. Il le fait en organisant des manifestations, en poussant à la fermeture des boutiques arabes. Non seulement les dirigeants du Néo-Destour sont envoyés dans des camps de concentration dans le Sud tunisien par Peyrouton que l'auteur qualifie de dictateur, mais de plus et toujours la force armée (troupes noires, mitrailleuses, tanks, autos blindées, avions) est déployée partout. Même si c'est de façon moins intense qu'en Indochine ou en Corée, c'est un peu une guerre que mène le colonisateur. Mais d'un côté il y a un peuple colonisé qui se bat pacifiquement, de l'autre il y a le colonisateur qui montre toute sa force, en Tunisie aussi la relation dominant/dominé empêche Félicien Challaye de parler de guerre[50]. Le mouvement national est donc partout durement réprimé, mais l'auteur est convaincu que les choses n'en resteront pas là et que la lutte pour le droit de libre disposition l'emportera.

LA LUTTE POUR LE DROIT DE LIBRE DISPOSITION

Pour en arriver en conclusion à un appel pour la libre disposition des peuples colonisés à laquelle initialement il ne croyait pas, il a dû tirer sur la base de sa propre expérience et de l'expérience de témoins fiables un bilan général de la colonisation selon lequel, quoi qu'on fasse, elle n'est pas amendable. Dans ce bilan les atteintes répétées aux droits de l'homme stigmatisent la colonisation, mais pour autant ne la condamnent pas, car on pourrait imaginer qu'il soit mis fin à ces atteintes, ce que dit avoir compris l'auteur, c'est que ces atteintes ne sont qu'un signe évident d'un mal incurable. La première raison est que la colonisation est le produit de la guerre. Il n'y a pas eu une occupation pacifique acceptée par les colonisés. Le pacifiste convaincu qu'est Félicien Challaye affirme que la guerre est un crime parce qu'elle renverse les règles de la morale, en temps de paix on ne doit pas tuer ou voler, en temps de guerre, c'est le contraire, tous les

---

[49] CHALLAYE insiste sur la volonté des Coréens de reprendre leur indépendance nationale mais les présente comme victimes de la tyrannie militariste japonaise et opposant à cette tyrannie un idéal pacifiste, hostile à tout militarisme (*Souvenirs*, p. 144).
[50] *Idem*, p. 183-186.

coups portés à l'adversaire sont bons pour le dominer. Non seulement une guerre de conquête a été nécessaire pour se rendre maître du pays que l'on veut coloniser, mais de plus les rivalités coloniales ont été une des causes directes ou indirectes de la guerre entre puissances impérialistes. Mais la guerre, c'est aussi le régime colonial lui-même. L'auteur écrit : « Née de la guerre, la colonisation participe au caractère criminel et monstrueusement stupide de la guerre elle-même. Le régime colonial n'est qu'une autre forme de la guerre ». Le colonisateur, profitant de sa position de force, agit comme il ne cessait d'être en guerre contre les peuples colonisés, les asservissant, les spoliant de leurs terres, les privant de leurs droits les plus élémentaires. Dans cette vision de la colonisation, on peut déceler la guerre perpétuée qui permet au colonisateur d'agir comme s'il était toujours en état de guerre.

Mais qui est en guerre, sont-ce les peuples colonisateurs dans leur ensemble ? Non, Félicien Challaye, visiblement influencé par des idées marxistes dans le cadre d'un front populaire qui s'affirme, dit que les bénéficiaires de ce régime de guerre sont les classes capitalistes des métropoles qui tout en exploitant leurs compatriotes s'enrichissent aux dépens des peuples colonisés[51]. Mais curieusement après cette identification de la colonisation à la guerre, il ressent le besoin, pour démontrer que cette colonisation n'est pas amendable, d'établir un bilan avantages/inconvénients comme s'il devait convaincre les esprits partagés qui pensent encore que la colonisation a malgré tout une finalité humanitaire. Pour lui, l'humanité ne peut tirer qu'avantage « d'une vaste circulation des richesses et des idées »[52], on ne peut pas mettre à l'actif de la colonisation la paix, car la participation forcée des indigènes aux guerres entre nations occidentales a fait bien plus de morts chez eux que les luttes intestines entre tribus. En revanche ne pourrait-on pas penser que le développement intellectuel, une meilleure organisation, une meilleure hygiène entrent dans le bilan positif de la colonisation ? Ces avantages ne sont pas le résultat de la philanthropie, car « c'est toujours eux-mêmes que les dirigeants du régime colonial travaillent ; mais il se peut que sur certains points, leur intérêt coïncide avec l'intérêt des peuples soumis ». Mais prenant l'exemple de l'hygiène, il conclut que « Dès que n'intervient point la volonté d'assurer aux blancs une main d'œuvre saine, l'hygiène est lamentablement négligée »[53]. Et même si l'on admettait les bienfaits de la colonisation, que prouverait-on ? Puisque des pays non colonisés ont montré que sans colonisation ils pouvaient atteindre de tels bienfaits et peut-être faire mieux. Il cite l'exemple du Siam qui a un Institut Pasteur et un service des antiquités et surtout le Japon, dont il constate les remarquables progrès tout en déplorant l'esprit impérialiste qui s'est emparé de lui. Son jugement est donc définitif, « le passif l'emporte infiniment sur l'actif ». Il ne veut pas s'abandonner à une analyse subjective, toute faite d'émotions, il veut aller jusqu'au bout d'une

---

[51] *Idem*, p. 195.
[52] *Idem*, p. 194, Challaye dirait sans doute aujourd'hui que la colonisation favorise la mondialisation.
[53] *Idem*, p. 198.

démarche rationnelle pour condamner la colonisation, mais il finit pourtant son bilan en écrivant qu'après la guerre dont elle est d'ailleurs issue, elle est peut-être « l'institution qui a causé le plus de douleurs, fait verser le plus de larmes »[54]. Et il ne se contente pas de condamner, il propose une solution.

La solution, c'est le droit des peuples colonisés à la libre disposition. Félicien Challaye emploie bien le terme droit comme s'il s'agissait d'un droit humain fondamental concernant non pas des individus, mais tout un peuple. Il opère en quelque sorte une translation. Le droit des peuples à disposer d'eux-mêmes n'est pas une idée nouvelle, elle s'est imposée au XIXe siècle avec le mouvement des nationalités, mais pas pour les peuples indigènes qui, à la même qu'époque qu'apparaissait ce droit pour les peuples blancs, étaient soumis à la conquête coloniale. En reconnaissant aux « peuples de couleur », ce droit, il se réclame d'une extension fondée sur l'égalité entre les peuples. Si l'idée se trouvait dans les quatorze points de Wilson, elle n'y était pas explicitement exprimée. Les communistes, après le congrès de Bakou, en 1920 luttaient aussi pour l'indépendance des peuples, mais en l'associant au combat des prolétaires contre le capitalisme[55], notre auteur n'appartient pas à ce courant politique et idéologique et essaye donc de construire une libre disposition des peuples appuyée sur d'autres principes et existant en elle-même et pour elle-même. Il ne se fait aucune illusion sur la capacité et sur la volonté de la SDN à œuvrer pour ce droit. Il écrit : « La Société des Nations s'est montrée jusqu'ici incapable de sauvegarder l'indépendance de ses membres les plus faibles »[56]. Prône-t-il pour autant l'indépendance immédiate ? Il s'intéresse à ce qu'il appelle, citant Jaurès, une évolution révolutionnaire. D'abord il faut prendre en compte le niveau de développement différent des populations, les Noirs de l'Afrique centrale ne peuvent être traités « comme les vieux civilisés de l'Inde et de l'Indochine ». Cette hiérarchie entre les peuples colonisés reste présente dans le projet d'émancipation de ces peuples. Ensuite il envisage, mais on ne sait si c'est comme étape ou comme stade définitif, une fédération « où les peuples jadis soumis entreraient sur la base de l'égalité avec la métropole », un peu avec un demi-siècle d'avance la Communauté de 1958. Il prend à ce sujet l'exemple de l'URSS qui aurait agi ainsi à l'égard des peuples soumis au tsarisme. Il défend ainsi une proposition de son

---

[54] *Idem*, p. 202.

[55] ZINOVIEV dans son discours d'introduction du congrès de Bakou dit : « Nous disons qu'il n'y a pas seulement au monde des hommes de race blanche… Outre les Européens, des centaines de millions d'hommes d'autres races peuplent l'Asie et l'Afrique. Nous voulons en finir avec la domination du capital dans le monde entier… l'Internationale communiste est convaincue qu'elle ne sera pas seulement suivie par des prolétaires d'Europe, et que, formant comme une immense réserve de fantassins, les lourdes masses paysannes de l'Asie, du proche et du lointain Orient vont s'ébranler à leur suite », *L'internationale communiste et la libération de l'Orient. Le premier congrès des peuples d'Orient*, Milan, Feltrinelli, 1967

[56] *Souvenirs*, p. 204. Le pacte fondateur de la SDN ne contient pas de condamnation de la colonisation et l'article 22 sur les mandats met en place sans doute une nouvelle forme de colonisation en la justifiant ainsi : « Le bien être et le développement de ces peuples forment une mission sacrée de civilisation »

ami Gaston Bergery qui souhaite une telle solution pour l'Empire colonial français[57]. Bergery comme lui pacifiste, futur munichois, deviendra ambassadeur du gouvernement de Vichy[58]. Mais Félicien Challaye se doute qu'une marche par étapes est vouée à l'enlisement, L'obtention des libertés pour les colonisés ne doit pas se traduire par le prolongement de la domination blanche, mais doit la faire disparaître. Il ressort de cette évolution révolutionnaire proposée par l'auteur qu'il n'est pas favorable aux atermoiements et que la voie vers ce qu'il appelle l'entière libération des peuples colonisés ne peut se contenter de demi-mesures et qu'elle doit atteindre sa finalité. Mais comment parvenir à cette finalité ?

On retrouve sur ce point son esprit pragmatique, il ne s'agit de fixer un but sans préciser les moyens pour l'atteindre. Il pose clairement la question : « Quelles forces peuvent intervenir pour délivrer les peuples soumis et pour abréger la durée des étapes vers leur entière libération ? » il n'est pas certain qu'au début du XXe siècle sa réponse aurait été la même. Il insistait alors surtout sur les atteintes portées par le colonisateur aux droits des colonisés et il pensait qu'essentielle était la mobilisation pour la défense de ces droits de l'homme, transposer aux colonies l'esprit des dreyfusards. En 1935 il est pleinement conscient que l'avenir dans les colonies est le mouvement national qui lutte pour la libération des peuples colonisés. Il place donc au premier rang des forces libératrices l'action des indigènes. Il va même paraphraser Marx en appliquant sa formule destinée aux prolétaires aux indigènes dont l'émancipation doit être d'abord leur œuvre. Mais en bon pacifiste, et sans se référer spécialement à la lutte d'émancipation en Inde sous l'impulsion de Gandhi, il se prononce contre la lutte armée dont il conteste l'efficacité. En quoi, il se trompe puisque la lutte armée même si elle n'a pas été le vecteur de l'indépendance dans toutes les colonies, a joué un rôle majeur dans la libération des peuples colonisés. Ce qu'il pense déterminant est « l'union des indigènes entre eux ». S'il paraphrase Marx et de son union des prolétaires, il diverge de la vulgate communiste qui, dès le congrès de Bakou, avait pour mot d'ordre l'unité de tous les opprimés, des prolétaires et des colonisés. Cette union des colonisés s'imposera grâce à des actions de masse, les grèves, le refus de l'impôt. Mais cette union devra se faire à l'intérieur de chaque pays, mais aussi d'un pays à l'autre, l'union des peuples colonisés hâtera le processus[59]. À cette force des indigènes s'ajoutent, mais sur un mode mineur tous ceux qui dans les métropoles s'opposent à ce régime colonial, notamment les travailleurs qui n'en tirent pas profit et dont l'influence est grandissante. Et par quels moyens ? En faisant inlassablement connaître la vérité sur la colonisation contre le lobby

---

57 *Souvenirs*, p. 204. Bergery qui appartenait à la gauche du parti radical quitta ce parti en mars 1933 et créa par la suite un parti frontiste favorable au front populaire

58 Philippe BURRIN, *La dérive fasciste : Doriot, Déat, Bergery (1933-1945)*, Seuil, 2003. Bergery emprisonné durant cinq mois à la Libération fut acquitté en 1949.

59 *Souvenirs,* p. 206.

colonial qui fait de la propagande mensongère par l'intermédiaire des politiciens et des publicistes à leur solde[60].

De militant pour les droits de l'homme, Félicien Challaye est devenu un militant anticolonialiste dans un monde qui est loin encore d'être acquis à l'idée de la décolonisation.

[60] Challaye a été un militant de la cause d'abord à la Ligue de défense des indigènes qui ne survécut pas à la première guerre mondiale, puis il préside le Comité d'amnistie et de défense des Indochinois et peuples colonisés, créé en 1933.

UN SIÈCLE DE VIE POLITIQUE AU SÉNÉGAL. HISTORIQUE DES PARTIS POLITIQUES AU XXE SIÈCLE

Demba SY
Agrégé des Facultés de droit
Professeur à la FSJP de l'UCAD

Le Sénégal est une terre de « vieilles urnes ». Une vie politique intense s'y déroula tout au long du siècle dernier. Le multipartisme y est une donnée permanente. À l'heure actuelle l'explosion littérale des partis (325 en décembre 2018) incite à une réflexion sur le phénomène partisan. C'est que depuis un certain temps s'est ouvert le procès des partis politiques. Les avocats de l'accusation reprochent aux partis, entre autres, d'avoir échoué dans leurs objectifs, fonctions et rôles, de continuer à monopoliser la vie politique tout en étant coupés des populations et d'avoir peu de prise sur les événements, d'avoir pour seule préoccupation de trouver des postes juteux pour leurs dirigeants, d'être à la base d'une certaine corruption et d'être indigents au plan idéologique. Certains n'hésitent pas à parler de crise du système des partis politiques et des partis eux-mêmes. On est même allé jusqu'à se demander si les partis n'étaient pas un danger pour la démocratie.

Mais pour les avocats de la défense, le système partisan résiste dans l'ensemble à ces reproches. En effet, les partis, malgré les critiques qu'ils essuient, constituent des éléments fondamentaux du système démocratique du fait essentiellement que la légitimité démocratique provient des élections. Or ce sont les partis, reconnus par la Constitution, qui sélectionnent les dirigeants, soutiennent les candidats à l'élection et représentent l'opinion. De même, par leur jeu, ils assurent le fonctionnement des institutions.

Mais en Afrique, l'étude des partis ne peut être séparée de son environnement socio-culturel. Les relations parentales, l'appartenance ethnique et/ou religieuses, les relations affectives, les différentes solidarités de classe, de caste ou de catégorie exercent d'une manière ou d'une autre une influence sur l'organisation et les actions des partis. C'est ainsi que le caractère permanent des partis est très fortement bousculé par la personnalisation du pouvoir à l'intérieur des partis. Les relations de clientèle et d'allégeance personnelle induisent des attitudes et des comportements particuliers et imposent une autre grille de lecture[1].

La grande difficulté est de savoir par quel bout prendre une telle étude. Il existe plusieurs points de vue qui renvoient à d'autant d'approches[2].

On peut étudier d'abord l'origine des partis (selon l'approche du développement politique), ensuite les partis comme système d'encadrement (selon l'approche structurelle ou l'approche behavioriste), puis les objectifs des partis (selon l'approche idéologique). On pourrait également étudier les activités des partis (selon l'approche fonctionnelle ou l'approche behavioriste), l'environnement des partis (selon l'approche systémique ou l'approche marxiste) ou encore les systèmes de partis (selon l'approche systémique)[3]. Le problème est de savoir comment relier tous ces éléments. Quel est le fil conducteur qui permet d'unir ces éléments et de faire une théorie des partis politiques ?

Pourtant tel n'est pas notre objectif. Il est plus modeste. Il s'agit, en hommage au professeur Bernard Durand, éminent historien du droit, ancien professeur à la Faculté des sciences juridiques et économiques de l'Université de Dakar, de retracer l'évolution des partis politiques sénégalais tout au long du XXe siècle même si, pour certains spécialistes, le phénomène partisan ne semble pas absent du Sénégal précolonial. Ainsi le professeur Iba Der Thiam, dans une interview publiée au n° 25 du journal *Le Citoyen*, considère que, déjà au XVIe siècle, précisément en 1515, au Fouta Toro, un parti torodo d'inspiration musulmane, sous la direction de l'Almamy Souleymane Baal, aurait vu le jour. Mais force est de reconnaître que les organisations politiques précoloniales sont mal connues. Des recherches complémentaires sont donc nécessaires pour les cerner de plus près.

L'étude qui va suivre ne prétend pas à l'exhaustivité et ne vise pas l'élaboration d'une théorie des partis politiques. Comme une diagonale fulgurante, elle survole des questions que pose l'étude des partis politiques au Sénégal dans le but de donner des matériaux pour une meilleure compréhension du système multi partisan actuel[4]. C'est pourquoi elle

---

[1] I. FALL, « Le parti politique africain à la lumière des principes de gouvernement moderne et de la civilisation négro-africaine », *Annales Africaines*, 1976, p. 53-68.

[2] Sur les partis politiques, voir : G. ALMOND and J.S. COLEMAN, *The politics of the developing areas*, Princeton, Princeton University Press, 1960; J. BLONDEL, "Party system and Patterns of Government in Western Democraties", *Revue Canadienne de Science Politique*, Vol. 1, n° 2, 1968, p. 180-203 ; M. DUVERGER, *Les partis politiques,* Paris, Colin, 1951 ; J. JUPP, *Political Parties,* London, Routledge and Kegan Paul, 1968; J. LAPALOMBARA and M. WIENER, *Political Parties and Political Development*, Princeton, Princeton University Press, 1966 ; V. LEMIEUX, *Systèmes partisans et partis politiques*, Québec, Presses de l'Université de Québec, 1985 ; G. SARTORI, *Parties and Party system*, New York, Cambridge University Press, 1976.

[3] J. CHARLOT, *Les partis politiques*, 1971.

[4] Sur les partis politiques au Sénégal, voir B. TRAORE et M. LO, *Forces politiques en Afrique noire*, P.U.F., 1966 ; B. TRAORE, « Les partis politiques », in *Encyclopédie Juridique de l'Afrique*, Tome 1,

couvrira successivement la période coloniale (**I**) et la période postcoloniale (**II**).

I. LA PÉRIODE COLONIALE (1914-1960)

La période qui va du milieu du XIXe siècle à 1914 coïncide avec l'apparition de la vie politique au Sénégal[5]. Après la chute de l'Empire en France, la colonie du Sénégal obtient une représentation symbolique à la chambre des députés : un député en la personne de Durand Valentin. La reconnaissance de la citoyenneté française était, rappelons-le, limitée à quelques individus vivant dans les quatre vieilles communes (Saint-Louis, Gorée, Rufisque et Dakar). Malgré tout, une vie politique apparut, dominée naturellement par les Européens et les Mulâtres (commerçants ou anciens administrateurs). Ainsi, jusqu'en 1914, le député du Sénégal était Européen ou Mulâtre. Le dernier fut François Carpot. C'est cette apparition de la vie politique qui est à la base de la création des partis politiques dans la colonie. Pendant la période coloniale, l'évolution des partis et groupements politiques sénégalais s'est faite en deux phases : d'abord l'apparition des partis politiques, ensuite le foisonnement des partis politiques.

A. L'APPARITION DES PARTIS POLITIQUES (1914-1945)

Le premier député noir au Parlement français, Blaise Diagne, fut élu en 1914[6]. Ngalandou Diouf lui succéda en 1934. Si certains auteurs affirment que ces deux

---

p. 127-137 ; M.Nd. FALL, *Les Partis politiques au Sénégal de 1958 à 1978 à travers les journaux*, Dakar, Université de Dakar, 1985, 52 p. ; M. MAGASSOUBA, *Les Partis politiques sénégalais et la question musulmane de 1946 à 1983*, Paris, Université de Paris I, 55 p. ; O. SILLA, « Les partis politiques au Sénégal », *Revue française d'études politiques africaines*, 1968, n° 28, p. 78-94 ; B. TRAORE, « L'évolution des partis politiques au Sénégal depuis 1946 », Paris, 1964, in *Forces politiques en Afrique noire*, Paris, PUF 1966, p. 1-104 ; D.G. LAVROFF, *Les partis politiques en Afrique noire*, Paris, PUF, Coll. Que sais-je ?, 1978, 126 p. ; J.M. NZOUANKEU, *Les partis politiques du Sénégal*, Ed. Clairafrique, Dakar, 1984, 146, 490 p. ; S.M. SY, *Les régimes politiques sénégalais de l'indépendance à l'alternance politique. 1960-1988*, P. Iroko-Karthala-CREPOS, 2009, p. 224-243 ; A. LY, *Les regroupements politiques au Sénégal (1956-1970)*, Dakar, CODESRIA, 1992, 444 p. ; El. H. O. DIOP, *Partis politiques, Démocratie et Réalités sociales au Sénégal*, Dakar, CREDILA, 2011.

[5] Voir : I. FALL, *Sous-développement et démocratie multipartisane. L'expérience sénégalaise*, Dakar, NEA, 1977, 110 p. ; P.F. GONIDEC, *La République du Sénégal*, Encyclopédie politique et constitutionnelle, Série Afrique, 1968, 62 p. ; G. HESSELING, *Histoire politique du Sénégal – Institutions – Droit et société*, Karthala, 1985, 437 p. ; F. ZUCCARELLI, *La vie politique sénégalaise (1789-1940)*, Publications du CHEAM, 1988, 158 p. ; *Encyclopédie Juridique de l'Afrique*, Tome 1, Abidjan-Dakar-Lomé, N.E.A., 1985 ; F. ZUCCARELLI, *La vie politique sénégalaise (1940-1988)*, Publications du CHEAM, 1988, 208 p. ; *Encyclopédie Juridique de l'Afrique,* Tome 2, Abidjan-Dakar-Lomé, N.E.A. ; S. MBAYE, *L'Histoire des institutions coloniales françaises en Afrique de l'Ouest : 1816-1960* (1991) et *l'Histoire des institutions contemporaines du Sénégal : 1956-2000* (2012).

[6] B. MOLEUR, « L'indigène aux urnes. Le droit de suffrage et la citoyenneté dans la colonie du Sénégal » *Annales Africaines*, 1989-1990-1991, p. 13-46.

hommes n'ont pas créé de parti, mais seulement des comités électoraux ; d'autres estiment qu'ils ont bel et bien formé un parti dénommé Parti républicain socialiste (P.R.S.) qui luttait pour l'amélioration du système colonial.

Un autre parti aurait été créé à la même époque : il s'agirait de l'Union républicaine des jeunes sénégalais (U.R.J.S.) ou Mouvement jeune-Sénégal (M.J.S.) dont le dirigeant principal était Thiécouta Diop. Ce parti qui n'eut qu'une existence éphémère[7] s'était, semble-t-il, opposé au P.R.S.

Dans le même temps, un Sénégalais du nom de Lamine Ibrahima Arfang Senghor, militant du Parti communiste français, animait à partir de 1927, un Comité de défense de la race nègre. Il participa, la même année, à une rencontre internationale en vue de fonder une « Ligue contre l'impérialisme et l'oppression coloniale ». Il y fit, au nom de l'Afrique noire, une intervention fort remarquée. Il fut même élu au Conseil général de la Ligue. Arrêté par les autorités françaises en 1929, il mourra en prison.

Le troisième parti connu à cette époque est le Parti socialiste sénégalais (P.S.S.) de Maître Lamine Gueye. Ce parti a été créé selon les uns en 1929, selon les autres en 1935. Toujours est-il qu'il eut rapidement une grande audience dans les quatre communes dont les habitants avaient, depuis 1916, acquis la pleine citoyenneté française. Le professeur P.F. Gonidec considère que le P.S.S. n'était pas nationaliste, dans la mesure où il ne remettait pas en cause le système colonial. Au contraire, il s'inscrivait dans la logique du système[8]. D'ailleurs en 1938, le P.S.S. s'affilia à la Section française de l'Internationale ouvrière (SFIO) et en constitua la section sénégalaise. Signalons que Me Lamine Gueye a créé en 1940 un parti appelé Bloc africain.

En résumé, cette période est caractérisée d'une part par un nombre relativement peu important des partis et d'autre part par le caractère urbain de la vie politique dominée par les intellectuels et les notables. Le mouvement syndical était à ses débuts même s'il y a eu durant cette période quelques grèves - notamment en 1925 et en1938- qui témoignaient de la naissance du mouvement de lutte ouvrier.

B. LE FOISONNEMENT DES PARTIS POLITIQUES (1945-1960)

À partir de la fin de la Deuxième Guerre mondiale et les perspectives de l'indépendance, il y eut une accélération de l'histoire avec la multiplication des partis et mouvements politiques. On peut distinguer deux périodes : de la fin de la seconde guerre mondiale à l'autonomie interne symbolisée par la loi-cadre (1945-1956) et de l'autonomie interne à l'indépendance (1956-1960).

1. De la fin de seconde guerre mondiale à la loi-cadre (1945-1956)

---

[7] I Fall, *op. cit.*, p. 18.
[8] Voir P.F. Gonidec, *La République du Sénégal, op. cit., passim.*

Après la Deuxième Guerre mondiale, la citoyenneté française fut accordée, en 1946, à tous les ressortissants sénégalais. Cependant cette mesure ne deviendra effective qu'en 1956 avec l'adoption de la loi-cadre instituant l'autonomie interne dans les colonies françaises d'Afrique. Très vite le phénomène politique, qui s'était confiné dans les villes, gagne les zones rurales.

Cependant une précision est nécessaire pour la compréhension des partis sénégalais. Ceux-ci étaient intégrés dans de vastes regroupements inter-territoriaux de partis créés au cours de cette période. Avant 1946, les partis africains se répartissaient entre trois groupes français : Parti communiste français (PCF), Section française de l'Internationale ouvrière (S.F.I.O.) et Mouvement républicain populaire (MRP). Les partis africains n'étaient donc que des sections des partis métropolitains.

C'est en octobre 1946 que se tint le congrès du Rassemblement démocratique africain (R.D.A.) qui était un parti spécifiquement africain malgré les alliances qu'il noua avec le PCF puis avec l'Union démocratique et socialiste de la résistance (U.D.S.R.) de François Mitterrand. Désormais « la vie politique africaine cesse d'être uniquement orientée vers la métropole et ses problèmes. Les Africains savent que l'intégration ne peut pas être un remède à tous les maux et que, par conséquent, il faut créer des mouvements politiques proprement africains pour animer les masses africaines et leur donner des objectifs qui soient propres à l'Afrique »[9]. Le R.D.A. dominé par la personnalité de Houphouët-Boigny avait une ambition territoriale. Il avait de nombreuses sections territoriales qui devenaient de plus en plus autonomes.

Vers la même époque, Léopold Senghor contribua à la création du groupe parlementaire dit « Les indépendants d'outre-mer » (O.I.M.) qui fut rebaptisé « Convention africaine » le 13 mars 1957.

En 1947, fut créé le Mouvement des forces démocratiques de la Casamance par Emile Badiane.

Dès 1948, précisément le 27 octobre, Léopold Senghor, préconisant une autonomie des partis africains par rapport aux partis métropolitains, quitte la SFIO et crée le Bloc démocratique sénégalais (B.D.S.). Il prônait une République française fédérale et réclamait des réformes économiques et sociales. Il orienta l'action de son parti vers les zones rurales et remporta les deux sièges de députés en 1951, battant ainsi le parti de Maître Lamine Gueye confiné dans les villes et s'appuyant sur les notables ;

En 1950 fut créée l'Union démocratique sénégalaise (U.D.S.) dirigée par Abdoulaye Gueye et Thierno Ba. Ce parti était une section territoriale dissidente du R.D.A. après que celle-ci a rompu son alliance avec le P.C.F. L'U.D.S., semble-t-il, avait une orientation progressiste.

En 1955, une nouvelle section territoriale du R.D.A. fut créée : le Mouvement populaire sénégalais (M.P.S.), par Doudou Gueye qui quitta l'U.D.S. qu'il dirigeait. À la même période, vit le jour le Mouvement autonomiste casamançais

[9] D.G. LAVROFF, *op. cit.,* p. 13.

(M.A.C.) du professeur Assane Seck qui soutint la S.F.I.O. lors des élections de 1955, élections d'ailleurs émaillées de violences.

2. De l'autonomie interne à l'indépendance (1956-1960)

À partir de 1956, avec la loi-cadre et l'autonomie interne, la vie politique s'intensifia. Le 26 août 1956, une fusion entre différentes formations politiques donna naissance au Bloc populaire sénégalais (B.P.S.) qui devint la Section sénégalaise de la convention africaine (CAP) : il s'agissait du B.D.S., du M.A.C., de l'U.D.S. auxquels s'ajoutèrent une fraction dissidente de la SFIO dirigée par Abdoulaye Fofana et une autre fraction dissidente du M.P.S. avec à sa tête Abdoulaye Thiaw. Le B.P.S. s'affirma rapidement et obtint la majorité des sièges aux élections territoriales de 1957 (47 sièges sur 60).

Toujours en 1957, fut créé le Mouvement socialiste africain issu d'une fédération des anciennes sections territoriales de la S.F.I.O.

En septembre de la même année, naquit le Parti africain de l'indépendance (P.A.I.) composé de membres de l'Union générale des travailleurs d'Afrique noire (UGTAN), du Rassemblement de la jeunesse démocratique sénégalaise (R.J.D.S.) et de certains intellectuels. L'objectif du P.A.I. était la lutte pour l'indépendance nationale et la construction du socialisme, sur la base du socialisme scientifique. Il avait à sa tête Majmout Diop. Ce parti fera campagne contre la communauté franco-africaine et fera montre d'un anti-colonialisme virulent.

L'année 1958 verra la naissance du Parti du regroupement africain (P.R.A.) et l'année 1959, la création du Parti de la fédération africaine (P.F.A.). Le 8 avril 1958, une nouvelle fusion intervient entre le B.P.S. et le Parti sénégalais d'action socialiste (nouveau nom du P.S.S. de Lamine Gueye) et donna naissance à l'Union progressiste sénégalaise (U.P.S.). Le 20 septembre de la même année, une scission survient au sein de l'U.P.S. avec la création du P.R.A.-Sénégal qui devint la section territoriale du P.R.A. La cause de la rupture tournait autour de divergences relatives au problème de l'indépendance et à celui du statut des territoires d'outre-mer (T.O.M.). Le P.R.A.- Sénégal, qui avait à sa tête Abdoulaye Ly, prônait l'indépendance immédiate dès juillet 1958.

Au cours de la même année, on note la création du Parti de la solidarité sénégalaise (P.S.S.) du marabout Cheikh Tidiane Sy qui fit campagne pour le « oui » au référendum constitutionnel de 1958, donc pour la communauté franco-africaine. Ce parti était hostile à l'indépendance et luttait contre la laïcité de l'État.

Cependant, malgré le fait qu'il y eut de nombreux partis, c'est l'U.P.S., majoritaire à l'assemblée territoriale, qui dominait la vie politique. Ce parti fit campagne pour le « oui » au référendum de 1958. Il faut signaler qu'au cours de cette période, les syndicats (Union générale des travailleurs d'Afrique noire - UGTAN) et les organisations démocratiques (mouvements de jeunes et de femmes) jouèrent un rôle important. L'UGTAN par exemple, qui a participé à la campagne pour le « non » à la communauté franco-africaine, était partisane de l'indépendance immédiate.

Au Sénégal, entre 1946 et 1960, il existait une dizaine de partis. Certains ont connu des scissions, d'autres ont fusionné... L'histoire des partis n'est que l'histoire de scissions et de fusions. Au lendemain de l'accession à l'indépendance, la situation partisane évolua profondément.

II. LA PÉRIODE POST-COLONIALE (1960-2000)

Cette période de vie politique riche et mouvementée qui dura quarante ans, s'est terminée avec l'avènement de la première alternance démocratique de l'ère postcoloniale. Les partis politiques y jouèrent un rôle crucial[10]. Au cours de cette période, l'évolution des partis politiques s'est déroulée en deux phases en passant de l'établissement d'un système de parti unique à l'instauration progressive du multipartisme.

A. L'ÈRE DU PARTI UNIQUE (1960-1974)

Au moment de l'accession à l'indépendance, la situation politique était particulière avec notamment l'échec de la Fédération du Mali et le développement d'une opposition radicale à l'UPS. Le Sénégal, après l'éphémère Fédération du Mali, s'est doté de nouvelles institutions. Il adopta une Constitution en août 1960 proche de la Constitution française qui prévoyait un régime parlementaire avec l'institution, à côté du président de la République, chef de l'État (Léopold Sédar Senghor) d'un président du Conseil, chef du gouvernement (Mamadou Dia). Après « les événements de 1962 », une nouvelle Constitution de type présidentiel fut adoptée. Ces deux Constitutions prévoyaient le multipartisme. Dans cette phase, on peut distinguer deux périodes : une première période allant de 1960 à 1966 caractérisée par la réduction du nombre des partis et la domination de l'UPS et une seconde période allant de 1966 à 1974 caractérisée par l'instauration d'un parti unique de fait.

1. La diminution du nombre des partis et la domination de fait de l'U.P.S.[11].

Dès août 1960, à la suite des élections municipales émaillées d'incidents et de violence, surtout à Saint-Louis, le P.A.I. fut dissous. Cependant il continuera à vivre dans la clandestinité. Il a d'ailleurs subi en 1963 une sévère crise directionnelle.

L'année 1961 vit la création du Bloc des masses sénégalaises (B.M.S.) par certaines personnalités en désaccord avec la politique menée par le gouvernement

---

[10] Voir D. SY, « Brèves réflexions sur le système des partis politiques au Sénégal de 1960 à 2000 », dans Badji M. Diop A. A. et Ngom P. (dir.), *La trace et le sentier. Mélanges dédiés au professeur Dominique Sarr*, CREDILA-L'Harmattan, Dakar 2019.

[11] F. ZUCCARELLI, *Un parti politique africain : l'Union Progressiste Sénégalaise*, L.G.D.J., 1970, 401 p. ; id., « Au Sénégal, la démocratie d'un parti dominant », *R.J.P.I.C.*, 1966, p. 285 ; id., « L'Union progressiste sénégalaise (U.P.S.) », *Revue française d'Etudes Politiques Africaines*, n° 65, mai 1971.

sénégalais, et par certains éléments exclus de l'U.P.S. Ce parti serait né des suites de la création d'un mouvement dit de « Défense des intérêts de la région du Cap-Vert ». Il était dirigé par le savant Cheikh Anta Diop.

En 1962, après la crise au sein de l'U.P.S et l'arrestation du président Mamadou Dia, certains de ses fidèles quittèrent l'U.P.S.[12]. Le président Senghor fit adopter une nouvelle Constitution, par référendum, le 7 mars 1963 qui instaurait un régime présidentiel à la place du régime parlementaire.

À partir de cette époque, le président Senghor s'emploie à rallier les opposants en vue de créer un parti unifié pour la lutte pour l'unité et la construction nationales. Il réussit à réduire voire à faire disparaître toute opposition à son régime en usant de « la carotte et du bâton ». Ainsi, en 1963, moyennant quelques sièges de députés et deux portefeuilles ministériels, une partie du B.M.S. accepte de rejoindre l'U.P.S. L'autre partie reste dans l'opposition avec Cheikh Anta Diop. La même année, le B.M.S. est dissous.

Cette année-là fut également celle de l'élection présidentielle du 1er décembre 1963 caractérisée par une rare violence. Le P.R.A./Sénégal, seul parti légal autorisé à participer aux élections, présenta une liste « Démocratie et Unité Sénégalaise » (D.U.S) où on retrouvait des membres du B.M.S. dissous, du P.A.I. dissous, du P.R.A. et du P.S.S. de Cheikh Tidiane Sy. Ces partis constituèrent le Front démocratique national (F.D.N.) qui n'était pas un parti, mais un front électoral avec la participation de militants « diaistes » (partisans du président Dia emprisonné).

De nombreuses manifestations violentes et des heurts avec les forces de l'ordre eurent lieu dans tout le Sénégal et particulièrement à Dakar où des morts et beaucoup de blessés furent dénombrés. C'était une situation quasi insurrectionnelle. Finalement, le président Senghor et l'U.P.S. remportèrent les élections et le P.R.A. accusé de recevoir de l'argent de l'étranger fut dissous, son leader Abdoulaye Ly arrêté[13].

En juin 1964, les membres de l'ex-B.M.S qui n'avaient pas rejoint l'U.P.S. créèrent le Front national sénégalais (F.N.S.) avec les militants « diaistes ». Le ministre de l'Intérieur de l'époque refusa d'abord de lui délivrer le récépissé de déclaration et ensuite interdit le parti en octobre 1964, en violation de dispositions constitutionnelles et légales applicables à l'époque. La même année, une partie du P.R.A./Rénovation rejoint l'U.P.S. après un marchandage de postes politiques et gouvernementaux.

En 1966, le processus s'acheva par l'intégration totale du P.R.A. avec Abdoulaye Ly à l'U.P.S. puis la signature d'un protocole d'accord, le 13 juin 1966, comportant une participation aux directions politiques de l'U.P.S. et au

---

[12] Sur la crise de 1962, voir S. M. Sy, *Les régimes politiques sénégalais de l'indépendance à l'alternance politique. 1960-2000*, P. Karthala et CREPOS, 2009, p. 32 et s.

[13] Voir I. Diop, *Les élections législatives et présidentielles du 1er mars 1963*, thèse de doctorat en droit et sciences politiques, Université de Paris, 1965.

gouvernement. Désormais, c'est l'U.P.S. qui règne en solitaire sur la scène politique. Ce qui ouvre la deuxième période.

2. L'instauration d'un parti unique de fait

Cette deuxième période (1966-1974) est marquée par l'existence d'un seul parti qui se voulait non pas parti unique, mais un parti unifié. Ceci malgré le fait que la Constitution sénégalaise de 1963 prévoyait le multipartisme. Non seulement, le gouvernement refusait la légalisation de tout nouveau parti, mais l'adoption du scrutin majoritaire à un tour avec une seule circonscription électorale décourageait la création de partis. Pour couronner le tout, en 1967, une partie du F.N.S., interdit, rejoint l'U.P.S. (l'autre partie restée avec Cheikh Anta Diop refuse les postes de députés et ministres qui lui sont proposés).

L'U.P.S. régna ainsi sans partage sur la vie politique -l'Assemblée nationale était composée exclusivement de membres de l'U.P.S.-, tandis que les opposants, par la force des choses, étaient réduits à la clandestinité. Cependant des luttes de clans et de tendances ont miné le parti et conduit, en 1968, à l'assassinat du député Demba Diop. Signalons que le président Senghor a échappé la même année à une tentative d'assassinat. Par ailleurs, Le P.A.I., qui continuait de fonctionner, subit une nouvelle crise directionnelle : Majmout Diop est écarté de la direction en 1967. Notons qu'une formation dénommée Parti communiste sénégalais a existé de 1966 à 1971.

Cependant, durant cette période qui vit deux élections (en 1968 et en 1973) où seul l'U.P.S. était en lice, s'est produit un événement décisif pour la suite de l'évolution politique : il s'agit de l'explosion de mai 1968[14]. Mai 1968 n'est qu'un aboutissement. En effet, dès février 1966 des grèves se déclenchèrent à l'Université de Dakar. Il s'en suivit une période d'agitation estudiantine qui culmina en 1968. Le régime réprima durement les grèves : dissolution de l'Union des étudiants de Dakar (U.E.D.) et de l'Union démocratique des étudiants sénégalais (U.D.E.S.), arrestations et enrôlements dans l'armée, etc. Dans le même temps, l'opposition clandestine s'agitait (distribution de tracts et de journaux, etc.). Le climat social se dégrade, l'Union nationale des travailleurs du Sénégal (U.N.T.S), syndicat affilié à l'U.P.S. prend ses distances vis-à-vis du régime et organise les mouvements de grèves des ouvriers. Tout cela n'est que la conséquence de la concentration des pouvoirs entre les mains du président, de l'absence de démocratie, de l'étouffement des libertés et aussi de la situation catastrophique de l'économie. L'État, miné par la corruption et les détournements de deniers publics, perdait peu à peu de son crédit et de son autorité. C'est seulement à la faveur d'une scission opérée par un dirigeant syndical, Doudou Ngom, au sein de l'U.N.T.S. que le régime put desserrer l'étau et sortir de la crise.

Apparemment, le système du parti unique ou unifié (le résultat est le même) n'a pas justifié les espoirs placés en lui. L'U.P.S. dont l'exercice solitaire du

---

[14] A. BATHILY, *Mai 1968 à Dakar où la révolte universitaire et la démocratie*, Paris, Dakar, Editions Chaka, 186 p.

pouvoir commençait à peser fait un appel du pied à l'opposition clandestine en vue de désamorcer la bombe qui couvait. Le président Senghor disait déjà, le 8 mars 1968, dans une déclaration devant l'Assemblée nationale que « ...tout nouveau parti qui respecte la Constitution recevra du même coup le récépissé de sa déclaration, quelle que soit l'idéologie dont il pourra se réclamer : capitaliste, communiste, libérale ou autre... » Mieux, il se lançait dans une vaste campagne aux plans national et international, pour la création de partis politiques.

Notons qu'en 1970, un parti de « salon » le Sunugal fut créé par certains hommes d'affaires qui souhaitaient une ouverture plus grande du Sénégal au capital international. Il eut une existence éphémère.

B. L'AVÈNEMENT DU MULTIPARTISME (DEPUIS 1974)

La crise de 1968 a eu des conséquences importantes sur le régime. En 1970, une importante réforme constitutionnelle est menée avec la création d'un poste de Premier ministre et la déconcentration du régime présidentiel[15]. En 1974, on passe d'un système de parti unique à un système de partis multiples. Le multipartisme a évolué d'un multipartisme limité à un multipartisme intégral

1. Le multipartisme limité (1974-1981)[16]

C'est la période de l'ouverture démocratique qui vit la reconnaissance de trois puis quatre nouveaux partis. Les objectifs de cette ouverture démocratique sont bien connus : mettre fin à la lutte clandestine ; réanimer la vie politique légale et favoriser l'admission de l'U.P.S. à l'Internationale socialiste.

Le 8 août 1974, le Parti démocratique sénégalais (P.D.S.) de Maître Abdoulaye Wade, créé le 31 juillet 1974, obtient son récépissé[17]. Ce parti joua un rôle important dans la redynamisation de la vie politique légale et dans l'approfondissement de la démocratie naissante.

En mars 1975 débute le procès de certains militants de And-Jëf (ex-Reeni Réew), accusés de diffusion de journaux interdits et de constitution illégale de parti politique devant la Cour de sûreté de l'État. En novembre 1975, le P.A.I. demande sa légalisation.

En février 1976 un nouveau parti est créé : le Rassemblement national démocratique (R.N.D.) du professeur Cheikh Anta Diop, mais l'obtention de son récépissé fut subordonnée à la révision de la Constitution.

---

[15] Sur l'évolution constitutionnelle au Sénégal, voir M. SY, *Les régimes politiques sénégalais de l'indépendance à l'alternance*, Iroko-Karthala- CREPOS, 2009, *op. cit.* ; I. M. FALL, *Evolution constitutionnelle du Sénégal*, Karthala, 2009.

[16] B. FERRAND DE FOUCAULT, « Sénégal : Révision constitutionnelle et loi sur les partis politiques (1er avril 1976) », *Afrique Contemporaine* n° 85, mai-juin 1976 ; M. GOUNELLE, « Les effets pervers du multipartisme constitutionnellement limité », *Penant* n° 776, 1981, p. 41 ; S.M. SY, « La démocratie multipartisane à la lumière de la révision constitutionnelle de 1976 », *A.A.* 1976, p. 9-14.

[17] Ch. DESSOUCHES, *Le parti Démocratique Sénégalais : une opposition légale en Afrique*, Berger-Levrault, Coll. Monde en devenir, 1983, 241 p.

Cette révision, qui eut lieu le 19 mars par la loi n° 76-01, consacre que l'on a appelé la loi des trois courants ; en effet, l'article 3 modifié limitait le nombre des partis à trois (alors que l'ancien article en comportait aucune limitation) et assignait à chaque parti un courant de pensée parmi ceux-ci : libéral démocratique, socialiste démocratique, marxiste-léniniste ou communiste. L'U.P.S. choisit le socialisme démocratique ; le P.D.S., dirigé par Maître Abdoulaye Wade, qui avait opté pour le socialisme travailliste, est obligé de se rabattre sur le courant libéral. Le R.N.D. refuse de prendre l'étiquette communiste et ne fut donc pas reconnu. Cependant, il continuera son activité dans l'illégalité, après avoir été débouté par la Cour suprême de son recours tendant à l'annulation de la décision lui refusant la reconnaissance officielle. Ce parti, a, par sa lutte, incontestablement contribué de manière décisive à l'institution du multipartisme illimité au Sénégal. En juillet 1976, Majmout Diop qui était écarté de la direction du P.A.I. en 1967, demande et obtient la légalisation du P.A.I. le 14 août 1976 et prend l'étiquette communiste. Ce qui lui valut les foudres de ses anciens camarades. En décembre 1976, l'U.P.S. à l'issue de son congrès extraordinaire, change de nom et devient le Parti socialiste (P.S.). En 1977, les anciens camarades de Majmout Diop (P.A.I.-Sénégal) revendiquent, sans succès, devant le ministre de l'Intérieur, la place du P.A.I. de Majmout.

Le 28 décembre 1978, une nouvelle révision de l'article 3 de la Constitution porte le nombre des partis et des courants à quatre. Le courant conservateur est reconnu, courant que s'adjugea le Mouvement républicain sénégalais (M.R.S.) de Maître Boubacar Gueye, reconnu le 7 février 1979.

Durant cette période, il existait quatre partis légaux et de nombreuses formations dans la clandestinité ou la sémi-légalité : R.N.D., And-Jëf/MRDN, Ligue Démocratique (L.D./MPT), Ligue communiste des travailleurs (L.C.T.), Groupe ouvrier révolutionnaire (G.O.R.), P.A.I./Sénégal, etc.

En novembre 1978, une tentative d'union de la gauche s'opère par la création de la Coordination sénégalaise de l'opposition unie (C.O.S.U.) qui publie un programme très détaillé, fruit d'un compromis entre les différentes parties et se fixant comme objectif stratégique la Révolution nationale démocratique et populaire. Au départ, la C.O.S.U. était composée du parti auto-gestionnaire de Mamadou Dia devenu par la suite Mouvement pour le socialisme et l'unité (MSU), de la Ligue démocratique/Mouvement pour le Parti du travail (LD/MPT), de And-Jëf/MRDN. et de l'Organisation démocratique prolétarienne (O.D.P.) de Abdoulaye Ly (qui avait quitté le gouvernement depuis 1970)[18]. Il s'est ajouté à ce noyau le P.A.I.-Sénégal devenu aujourd'hui le Parti de l'indépendance et du travail (P.I.T.-Sénégal) et l'Union pour la démocratie populaire (U.D.P) aujourd'hui disparu par voie de fusion).

L'année 1978, rappelons-le, est l'année des élections législatives et présidentielle qui vit s'affronter le P.S., le P.D.S. et le P.A.I. (ce dernier seulement

[18] Ce dernier parti n'existe plus aujourd'hui, Abdoulaye Ly étant devenu membre de And-Jëf/MRDN devenu And-Jëf/PADS.

pour les législatives)[19]. À l'élection présidentielle, le président Senghor sort vainqueur devant Abdoulaye Wade avec 80 % des suffrages malgré une contestation de ce résultat devant la Cour suprême. Aux législatives, le P.A.I. n'a obtenu aucun siège : il n'a totalisé qu'environ 4 000 voix sur un corps électoral d'environ 1 000 000 d'électeurs. Le P.D.S. obtient 18 % des voix et le P.S. 82 %.

Au cours de cette période, proliférèrent des journaux d'opposition ou d'opinion : le *Démocrate* (PDS), *Taxaw* (RND), *And-Soppi* (COSU), *Vérité* (LD), *Jaay Doolé bi* (AJ/MRDN), le *Politicien*, *Promotion*, etc.

Au niveau des institutions, on assiste pour la première fois à des débats parlementaires avec un parti d'opposition, le P.D.S., qui, somme toute, joua un rôle important dans l'amélioration de la qualité du travail parlementaire notamment en relevant le niveau des débats. Mais en général, il fut submergé par le nombre et n'a pratiquement pas pu empêcher l'adoption d'un seul texte de loi. Même certains amendements, apparemment innocents, lui ont été refusés. Il a donc joué le rôle d'une opposition-témoin. D'ailleurs, à plusieurs reprises, le P.D.S. a menacé de quitter l'Assemblée. Il a eu d'ailleurs à boycotter certains votes. Cependant, par sa présence et ses critiques, il a pu, un tant soit peu, infléchir certaines décisions du parti majoritaire.

2. Le multipartisme intégral (1981- 2000)

La quatrième et dernière phase de l'évolution débute en 1981[20]. Elle coïncide avec la démission du président Senghor et son remplacement par M. Abdou Diouf en application de l'article 35 de la Constitution, qui permet au Premier ministre de continuer le mandat du Président en cas de décès, démission ou empêchement définitif (cet article a été supprimé en 1983)[21]. Cet artifice constitutionnel a fait l'objet de beaucoup de critiques, notamment du P.D.S. et de l'opposition, illégale ou clandestine.

Cette phase est caractérisée par l'instauration du multipartisme intégral, conséquence de la modification de l'article 3 de la Constitution mettant fin à la

---

[19] Le PAI ne participa qu'aux élections législatives. Le RND, non reconnu, appela au boycott.

[20] Sur la démocratie sénégalaise au cours de cette période, voir : M.C. Diop et M. Diouf, *Le Sénégal sous Abdou DIOUF*, Karthala, 1990, 436 p. ; A.B. Ba « La cohabitation au Sénégal : ouverture ou fermeture démocratique ? », *Revue Africaine de droit et de science politique*, déc. 1990, n°00, p. 44-70 ; A. Diaw, « La démocratie des lettrés » in *Sénégal : Trajectoire d'un État* (sous la direction de M.C. Diop) Dakar, CODESRIA, 1992, p. 299 à 329 ; B.B. Diop, « Les syndicats, l'État, et les partis politiques » in *Sénégal Trajectoire d'un État* (sous la direction de M.C. Diop) CODESRIA, 1992, p.479-500 ; S. Diop, « La transition démocratique : l'exemple du Sénégal » in « L'Afrique en transition vers le pluralisme politique » (sous la direction de G. Conac), P., Economica, 1993, p. 379-388.

[21] Sur le départ du président Senghor, voir M. Debene et M. Gounelle, « Le Sénégal du Président Senghor au président Abdou Diouf (janvier 1981-janvier 1984) », *RDP*, 1984, p. 1513-1552. ; Nzouankeu, « La passation de pouvoirs entre les Présidents L. S. Senghor et A. Diouf », *RIPAS* n° 1er avril-juin 1985, p. 8-46 ; M.C. Diop et M. Diouf, « Sénégal : par-delà la succession Senghor-Diouf, in *Les figures du politique en Afrique. Des pouvoirs hérités aux pouvoirs élus*, P. CODESRIA-Karthala, coll. Bibliothèque du CODESRIA, 1999, p. 139-188.

limitation des partis et supprimant la référence à des courants d'opinion[22]. Les raisons de l'élargissement de la démocratie tournent autour de plusieurs éléments convergents : la lutte des partis reconnus ou non, le climat social tendu et la volonté du gouvernement de désamorcer la crise qui couvait. Il s'en est suivi une prolifération des partis politiques et l'adoption de nouvelles règles régissant les partis politiques.

Ainsi, aux quatre partis déjà reconnus (PS, PDS, PAI, MRS) se sont ajoutés de nouveaux partis :

. quatre en 1981 : le R.N.D., la L.D./M.P.T., le Mouvement pour le socialisme et l'unité (M.S.U.), le Parti de l'indépendance et du travail (P.I.T./Sénégal), la LCT ;

. un en 1982 : le Parti africain de l'indépendance des masses (P.A.I.-M.) ;

. un en 1983 : le Parti pour la libération du peuple (P.L.P.) ;

. un en 1985 : l'Union démocratique sénégalaise/Rénovation (U.D.S./R.) ;

. un en 1987 : le Parti démocratique du Sénégal/Rénovation (P.D.S./R) ;

. quatre en 1992 : A.J./P.A.D.S., le Parti républicain du Sénégal (P.R.S.), la Convention des démocrates et des patriotes (C.DP./Garab gui), le Parti africain écologiste du Sénégal (P.A.E.S.) ;

. deux en 1994 : le Rassemblement pour la démocratie et le changement (R.D.C.) et l'Union pour la démocratie et le fédéralisme/Mbooloo Mi (U.D.F./Mbooloo mi) ;

. deux en 1995 : le Rassemblement patriotique sénégalais (R.P.S.), le parti des travailleurs ;

. quatre en 1996 : Bloc des centristes Gaïndé (BCG), Front pour le socialisme et de démocratie/Bennoo Jubël (FSD/BJ), Action pour le développement national (ADN) ;

. un en 1997 : Rassemblement des travailleurs africains/S (RTA/S), le Rassemblement pour le progrès, la justice et le socialisme (RPJS) ;

. huit en 1998 : Parti de l'unité et du rassemblement (PUR), Alliance pour le progrès et le justice Jëf Jël (APJ/Jëf Jël), Mouvement national des serviteurs des masses (MNSM), Union pour le renouveau et la démocratie (URD), Mouvement libéral du peuple sénégalais (MLPS), Parti de l'espoir et du progrès (PEP), Rassemblement démocratique populaire (RDP) ;

. cinq en 1999 : le Parti sénégalais du progrès (PSP), le Parti nouvelle solidarité (PNS), le Rassemblement des écologistes du Sénégal « Les Verts » (RES),

[22] M. GOUNELLE, « L'institution du multipartisme illimité et le nouveau statut des partis politiques au Sénégal », *Penant* n°779, 1982, p. 14 et s. ; J.P. HOSS, « La révision constitutionnelle du 6 mai 1981 au Sénégal », *Ethiopiques* n° 27, juillet 1981, p. 21-31 ; J.M. NZOUANKEU, « La consolidation et le renforcement de la démocratie au Sénégal. La révision constitutionnelle du 6 mai 1981 et le multipartisme illimité », *R.I.P.A.S.* n° 2, oct.-déc. 1981, p. 323-384 ; M. DEBENE et M. GOUNELLE, « Le Sénégal, du Président L.S. Senghor au président Abdou Diouf (janvier 1981 - janvier 1986) », RDP 1984, p.1513-1552 ; S.M. SY, « Le pluralisme au Sénégal », in *Mélanges Gonidec*, P., L.G.D.J., 1985, p. 245 et s.

l'Alliance des forces de progrès (AFP), le Front d'action pour le renouveau Yoon Wi (FAR/Yoon Wi)[23].

Ces partis sont soumis à un ensemble de règles qui régissent leurs activités et leurs rapports avec le système politique : il y a des règles de nature constitutionnelle, des règles qui s'appliquent aux partis eux-mêmes et des règles qui définissent le système électoral. Le statut légal des partis est régi par les deux premières séries de règles. Ainsi l'article 3 de la Constitution dispose : « Les partis politiques concourent à l'expression du suffrage. Ils sont tenus de respecter la constitution ainsi que les principes de la souveraineté nationale et de la démocratie. Il leur est interdit de s'identifier à une race, à une ethnie, à un sexe, à une religion, à une secte, à une langue et à une région. Les conditions dans lesquelles les partis politiques sont formés, exercent et cessent leurs activités, sont déterminées par la loi ». Le statut légal des partis est régi par, la loi n°81-17 du 6 mai 1981. Elle réglemente les conditions de création des partis, leur fonctionnement, leur financement et leur dissolution. Cette loi a été modifiée par la loi n°89-36 du 12 octobre 1989 qui aggrave les conditions de dissolution des partis et qui aménagent leur accès aux media publics. Ces règles régissent la constitution des partis, leur fonctionnement, leur financement, leur accès aux media et leur dissolution[24].

La multiplication des partis a abouti à l'organisation d'élections disputées[25] notamment en 1983 (élections présidentielles, législatives et locales), en 1988, en 1993, en 1996 (élections locales), en 1998 (élections législatives) et en 2000 (élection présidentielle). Mais le premier grand problème que posent les élections est la détermination des règles du jeu : l'élaboration d'un Code électoral assurant la sincérité du scrutin et prévoyant un mode de scrutin garantissant une large représentation des partis. Or les règles du jeu ont toujours été contestées. Le pouvoir en place a toujours fait voter des codes électoraux qui lui étaient favorables et qui laissaient des possibilités de trucage énormes : non-identification

---

[23] Ce qui fait au total 38 partis politiques.

[24] Le statut légal des partis a fait l'objet de plusieurs réglementations. Le premier statut légal des partis date de 1964 : il s'agit de la loi n° 64-01 du 24 janvier 1964. Ce texte fut abrogé par la loi n° 75-68 du 9 juillet 1975, qui tenait compte de la nouvelle situation partisane, avec son décret d'application n° 75-1088 du 23 octobre 1975. En 1976 avec la loi sur les trois courants, la loi n° 76-26 du 5 avril 1976 est venue modifier l'article 2 de la loi de 1975 et a introduit le tripartisme à orientation idéologique.

[25] M. DIOUF, « Chronique des élections présidentielles de février 1993 : les nouvelles figures du contentieux politique au Sénégal » in *Bulletin du CODESRIA*, n° 2, 1993, p. 4-7 ; E.H. MBODJ, « La démocratie multipartisane à la lumière du nouveau Code électoral », in *Alternative Démocratique dans le Tiers-Monde* n° 6, juillet-déc. 1992 p. 73 à 90 ; M. GOUNELLE, « Les élections présidentielles et législatives du 27 février 1983 au Sénégal », *Penant* n° 785, 1984, p.357 ; B. GUEYE, « Les élections législatives au Sénégal à travers le code électoral du 30 juin 1982 », *Revue de droit et de science politique*, déc. 1990, n° 00, p. 28-42 ; B. KANTÉ, « Les élections présidentielles et législatives du 28 février 1988 au Sénégal » *Annales* 1989-1990-1991, p. 163-192 ; D.C. O'BRIEN, « Les élections sénégalaises du 27 février 1983 », *Politiques Africaine* n° 11, sept. 1983, p. 12 ; S. SYLLA, « Les leçons des élections sénégalaises du 27 février 1983 » *A.A.* 1983-1984, p. 230 à 265 ; I. M. FALL, *Les élections présidentielles au Sénégal de 1963 à 2012*, l'Harmattan, 2018, 462 p.

de l'électeur, vote public, absence de contrôle des élections, accès aux médias limité, rôle partisan de l'administration, etc. C'est pourquoi les résultats des élections ont toujours été contestés par ceux qui y participent ou boycottés par d'autres qui invoquent le caractère non démocratique du code électoral. Ainsi en 1988, des violences ont suivi les élections législatives et présidentielles nécessitant l'instauration de l'état d'urgence à Dakar.

C'est seulement en 1992 qu'un Code électoral dit de consensus a été adopté dans le cadre d'une commission nationale de réforme du Code électoral (le consensus a d'ailleurs été rompu dans la mesure où le Code a été, par la suite, modifié unilatéralement par le gouvernement. Ce Code, considéré par tous les protagonistes, comme excellent a révélé dans la pratique des failles avec l'utilisation massive d'ordonnances lors des élections de 1993, entraînant des contestations, un blocage de la Commission nationale de recensement des votes et la démission du président du Conseil constitutionnel et plus tard l'assassinat de son vice-président. À partir de ce moment, l'opposition réclame la refonte du fichier électoral et la création d'une Commission électorale indépendante. Elle obtint partiellement satisfaction avec la création en 1997 de l'Observatoire national des élections (ONEL).

Pour ce qui est des élections, les partis politiques oscillent entre trois, voire quatre attitudes : la participation, le boycott, l'indifférence et la contestation. Il faut souligner que pour diverses raisons (politiques ou financières), les partis ne présentent pas toujours des candidats aux élections. Ainsi, en 1983, sur quinze partis politiques, seuls cinq partis ont présenté des candidats à l'élection présidentielle et huit aux législatives. En 1988, sur 17 partis, ils étaient respectivement quatre et six. En 1993, sur 18 partis, ils étaient sept et neuf dont trois dans le cadre d'une coalition. Il faut signaler que depuis leur reconnaissance certains partis n'ont jamais présenté de candidats à aucune élection (P.A.I.-M., M.R.S., L.C.T., P.R.S.) ; d'autres ne sont présents qu'à certaines élections : R.N.D., M.S.U., A.J./P.A.D.S., P.L.P. D'autres en revanche ont participé à toutes les élections : P.S. et P.D.S.

Les modalités de la participation sont diverses : soit une participation en solitaire soit en coalition, soit en soutien de candidatures. Ainsi, en 1983, quatre partis ont soutenu la candidature du président Mamadou Dia (L.D./M.P.T., U.D.P., L.C.T. et M.D.P.) deux partis celle de Abdoulaye Wade (P.I.T. et P.D.S.). En 1988, Abdoulaye Wade a été soutenu en dehors de son propre parti par la L.D./M.P.T. et le P.I.T. tandis que l'O.S.T. soutenait la candidature de Landing Savane et le P.D.S./R celle de Abdou Diouf. En 1993, Landing Savane était soutenu par une coalition dénommée "Bokk Yaakaar" et regroupant A.J./P.A.D.S., le M.S.U., L'U.D.F./Mbooloo mi, le Journal *Xal wi* et des personnalités indépendantes et le président Abdou Diouf par le P.I.T., le P.A.I., le P.A.I.-M., l'U.D.S./R., le P.D.S./R. et le M.R.S. Pour les élections législatives de 1993, on a noté la première coalition électorale qui ait jamais participé aux élections depuis 1987. Elle était dénommée "Jappoo Liggeyal Senegaal" (J.L.S.) et était composée de A.J./P.A.D.S., de la C.D.P./Garab gi, du R.N.D., du M.S.U., de l'U.D.F./Mbooloo mi, du journal *Xal wi,* de la Société civile 2000 et d'indépendants.

Les résultats des élections -toujours contestés- ont entraîné une certaine bipolarisation de la vie politique avec la présence permanente du P.S. (avec une écrasante majorité) et du P.D.S. (avec un nombre appréciable de députés). Le R.N.D. n'a pu avoir qu'un seul député en 1983 (siège qu'il n'a pas occupé, le P.L.P. le fera à sa place). En 1993, huit partis sont représentés de façon inégale au Parlement (P.S., P.D.S., J.L.S., [R.N.D., C.D.P./Garab gi, A.J./P.A.D.S.], U.D.S./R., P.I.T., L.D./M.P.T.). Les contestations des élections ont conduit le pouvoir, après des concertations non abouties, à créer, à défaut d'une commission électorale indépendante, un Observatoire national des élections (ONEL). En 1998, les premières élections législatives organisées sous la supervision de l'ONEL, ont permis l'entrée au parlement de onze formations politiques (PS, PDS, Alliance Jëf Jêl/URD, AJ/PADS, LD/MPT, CDP/garab gi, FSD/BJ, PDS/R, PIT, RND, BCG).

À l'égard du gouvernement les partis ont, *grosso modo*, trois attitudes : soit ils négocient avec le gouvernement et l'intègrent, soit ils le soutiennent, soit ils s'opposent à lui. On a donc d'un côté ce qu'on peut appeler la mouvance présidentielle comprenant des partis qui participent au gouvernement (P.S., P.D.S., L.D./M.P.T., P.D.S./R) et des partis qui le soutiennent tout en étant dehors (M.R.S., P.A.I., P.A.I.-M., U.D.S./R.). De l'autre côté, il y a l'opposition regroupée ou non dans un cadre unitaire[26]. Cette opposition existe depuis 1974. Mais elle est caractérisée par une instabilité de ses composantes. C'est ainsi certains partis de l'opposition, à la suite d'une invite ou non du président de la République, ont pour des raisons déterminées fait le constat de l'impossibilité de l'alternance et ont rejoint le pouvoir en place. Ils ont suscité un débat sur « l'entrisme » et la « transhumance ».

Au début des années 1990, ceux qui étaient restés dans l'opposition proposèrent, à l'instar des conférences nationales, une concertation nationale. Mais cette tentative échoua lorsque l'un des partis promoteurs (PDS) accepta des postes ministériels au gouvernement.

Enfin, d'autres partis qui ne sont pas nécessairement différents ont opté pour l'alternance démocratique par la voie des urnes. C'est ainsi que l'opposition a pu pour l'élection présidentielle de 2000 constituer des coalitions électorales solides (CA 2000 autour de Abdoulaye Wade, CODE 2000 autour de Moustapha Niasse)

[26] Deux cadres d'unité d'action se sont constitués après les élections de 1993 : la Coordination des forces démocratiques (C.F.D.) regroupant des partis légaux, un parti non encore reconnu, une association et un syndicat et le Carrefour des forces de résistance regroupant un parti reconnu, un parti non encore reconnu, une association et des indépendants. D'autres partis ne sont dans aucun cadre : A.J./P.A.D.S., P.I.T., R.D.C., P.R.S., P.A.E.S., R.P.S. Il faut signaler que les expériences unitaires de l'opposition sont très nombreuses : on peut citer entre autres : la COSU, l'ADS, le Cadre des 11, le Font Suxxali Reew mi, la CUAPO, l'Alliance Soppi, la CONACPO, le CPO, Bokk Soppi Senegaal.

qui aboutirent au départ du président Abdou Diouf lors de l'élection présidentielle de 2000…

« *LEADERSHIP* HÉROÏQUE » ET MODERNISATION SOCIALE EN AFRIQUE NOIRE (1960-1990)[1]

Pr. Koffi AHADZI
Président honoraire de l'Université de Lomé

« Il faut établir comme règle générale que jamais ou bien rarement du moins, on n'a vu une République ni une monarchie être bien constituée dès l'origine... si ce n'est par un seul individu, il lui est même nécessaire que celui qui a conçu le plan fournisse lui seul les moyens d'exécution... Moïse, Lycurgue, Solon et autres fondateurs... tous ne sont parvenus à donner de bonnes lois qu'en se faisant attribuer une autorité exclusive »[2]

On ne saurait mieux définir le concept de *leadership* héroïque développé dans l'œuvre de Thomas Carlyle et, dans une certaine mesure, de Max Weber[3]. Cette conduite d'un peuple naissant par un homme extraordinaire a dominé la pensée politique africaine pendant les trois premières décennies des indépendances sub-sahariennes. Cette idée continue encore aujourd'hui de circuler dans certains cercles intellectuels et politiques du continent noir, voire au-delà, qui ne cachent pas leur admiration pour le despotisme éclairé malgré l'instauration généralisée des systèmes de démocratie libérale en Afrique depuis 1990[4].

En effet, déstructuré profondément par la traite des esclaves et la colonisation, puis confronté, après l'indépendance à partir de 1960, aux nécessités de la modernisation sociale[5], le continent a eu recours à la théorie du *leadership*

---

[1] Pour une étude plus approfondie de cette thématique, voir notre thèse de doctorat d'Etat. *Essai de réflexion sur les régimes de fait. Le cas du Togo,* thèse d'Etat, droit, Université de Poitiers, 1985.

[2] Cf. *Discours sur la première décade de Tite-Live*, cité par Jean-Jacques CHEVALLIER, « La personnalisation du pouvoir chez les auteurs anciens, d'Hérodote à Machiavel » in Léo HAMON et Albert MABILEAU, *La personnalisation du pouvoir, entretien de Dijon*, Paris, PUF, 1964, p. 66.

[3] Thomas CARLYTE, *Les héros*, Paris, Maisonneuve et Larose, 1998 ; Max WEBER, *Economie et société*, Paris, Plon, 1971 ; Max WEBER, *Le savant et le politique*, Paris, Plon, 1959 ; Roger-Gérard SCHWARTZENBERG, *L'Etat spectacle. Essai sur et contre le star system en politique*, Paris, Flammarion, 1977, p. 16-44.

[4] Sur ce nouveau cours politique, cf., entre autres Koffi AHADZI, « Les nouvelles tendances du constitutionnalisme africain : le cas des Etats d'Afrique noire francophone », *Revue du CERDIP*, vol. 1, n° 2, juillet-décembre 2002, p. 35 et s. ; André CABANIS et Michel Louis MARTIN, *Le constitutionnalisme de la troisième vague en Afrique francophone*, Paris, L'Harmattan, 2010.

[5] Concept né aux USA dans les années 1950, la modernisation sert à désigner diverses transformations politiques, économiques et sociales conduisant une société vers un futur vu comme moderne et progressiste et opposé à un passé jugé conservateur et arriéré (*Dictionnaire historique de la Suisse*) ; voir notamment, Roger-Gérard SCHWARTZENBERG, *Sociologie politique*, Paris, Montchrestien, 5e éd., 1998, p. 141 et s.

héroïque considérée comme un levier d'accélération de son histoire. En effet dans des situations historiques de ce genre, « on fait appel au surhomme qui tient sa légitimité du fait qu'il est un surhomme, qu'il est un homme exceptionnel. Cette sorte d'unanimité sur sa personne va lui permettre de recréer un consensus relatif. L'unanimité se fait alors sur l'homme et non plus sur des institutions politiques… La personnalité du chef devient ainsi l'élément fondamental de l'autorité… »[6]

C'est ainsi que les premiers dirigeants qui ont conduit leurs pays à la libération, ou qui ont accédé au pouvoir quelque temps après, se sont autoproclamés « Guides » ou « Pères de la Nation », chargés de conduire leurs peuples sur la voie du modernisme. En vue d'asseoir leur autorité, ils ont naturellement invoqué la transcendance divine, car, comme le disait Rousseau, « il n'a jamais en effet existé de législateur qui n'ai eu recours à l'entremise d'un dieu pour faire accepter des lois exceptionnelles, inadmissibles autrement : en effet, nombreux sont les principes utiles dont un sage législateur connaît toute l'importance et qui ne portent pas avec eux des preuves évidentes qui puissent frapper les autres esprits ; l'homme habile qui veut faire disparaître la difficulté, a recours aux dieux, ainsi firent Lycurgue, Solon et beaucoup d'autres qui tous tendaient au même but »[7].

En tant donc qu'« Envoyés de Dieu », ces « Héros » africains ne pouvaient qu'exercer un pouvoir sacré et sans partage à l'image de la totalité à laquelle renvoie la notion de Dieu. Comment s'y sont-ils pris ? Quelles voies ont-ils utilisées ? Quelles conséquences peut-on constater sur la gouvernance ? Bénéfiques ou maléfiques ? Les objectifs visés ont-ils été atteints ?

Au moment où se fait jour de nouveau, la tentation de l'appel au sauveur face aux déconvenues de plus en plus grandes de la démocratie libérale, il apparaît nécessaire d'apporter une réponse à ces interrogations pour en tirer quelques enseignements. Nous tenons pour acquis que, sur le continent africain, l'idéologie du despotisme éclairé constitue une impasse, une voie dangereuse. En Afrique sub-saharienne, un peuple qui abandonne son destin entre les mains de prétendus démiurges est voué à l'exploitation et à la misère.

Dans cette perspective deux pistes de recherche seront explorées : la première nous permettra de découvrir les artifices mis en scène pour faire passer le pouvoir du monde profane saisissable au domaine mystique et irrationnel du religieux **(I)** ; la seconde nous conduira à prendre connaissance des effets que produit un tel pouvoir sur son mode d'organisation et de fonctionnement **(II)**.

I. LA SACRALISATION DU POUVOIR POLITIQUE

Le recours au sacré pour légitimer le pouvoir des chefs d'Etat négro-africains se manifeste généralement par un discours messianique qui emprunte au verbe

---

[6] Cf. Maurice DUVERGER, « Institutions politiques et personnalisation du pouvoir », in Léo HAMON et Albert MABILEAU, *La personnalisation du pouvoir, op. cit.*, p. 429-430.

[7] *Du contrat social,* L. III, *Œuvres complètes*, T. III, Paris, La Pléiade, p. 104.

divin. Dès lors le détenteur du pouvoir devient le grand prêtre d'une religion politique dédiée à sa glorification.

A. L'INVOCATION DU DIVIN

Elle était sans fard. Elle amalgamait aussi bien la symbolique des religions traditionnelles que chrétiennes avec une insistance particulière accordée aux premières qui touchent la plus grande partie des populations africaines[8].

Par exemple, le premier président malgache, Philibert Tsiranana (1960-1972), s'interpelait en se demandant : « Pourquoi Dieu a-t-il choisi l'humble bouvier d'un village perdu de Madagascar pour devenir le chef d'un peuple tout entier ? » Dans le même ordre d'idée, un de ses ministres écrivait : « Tsiranana, c'est l'homme que Dieu et les ancêtres ont désigné pour faire de Madagascar une grande patrie. Celui qui le remplacera n'est pas encore né, et s'il est né, nous l'ignorons, car Dieu et nos ancêtres ne l'ont pas encore désigné ». C'est sur le même ton d'adulation que s'exprimait un dignitaire politique camerounais en parlant du premier président de son pays : « Dieu en nous donnant cette Nation l'a dotée d'un Chef illustre... Hosanna, gloire à celui qui fut, qui est et qui sera notre berger... vive le Président Ahidjo ». On retrouvait aussi pareille litanie en Côte-d'Ivoire où le premier chef de l'État (1960-1993) était invoqué en ces termes : « Houphouët-Boigny, Ô don divin de la Côte d'Ivoire ». Le Ghana de N'Krumah (1957–1966) n'échappait pas non plus à la dévotion envers son président présenté comme « le Christ d'Afrique scrutant les étoiles »[9]. Au Togo, dernier exemple, le général Eyadema (1967–2005) était apostrophé dans des termes explicites ne laissant aucun doute sur le caractère divin de son pouvoir : « Vous avez été choisi par le Dieu Tout-Puissant dans les moments sombres et difficiles de l'histoire du pays pour le faire sortir du chaos »[10].

Cet encensement du surhomme visait à établir un lien privilégié entre lui, la divinité et les ancêtres. L'objectif était d'en faire l'étalon, l'archétype, le modèle par excellence auquel tout le groupe national devait ressembler. C'est bien connu qu'« il y a dans les dons personnels et les aspirations des individualités marquantes un facteur transculturel qui ne doit pas être négligé... C'est dans le cours de ce processus... que la masse vient à s'identifier spontanément et ardemment à un être visible, prestigieux, dont l'éclat et la gloire seront immédiatement infusés en chacun des citoyens. Ce plus grand dénominateur commun est à la fois une preuve d'existence individuelle et collective, et une certitude d'identité culturelle et d'unité politique : il est vous et moi, donc entre vous et moi, existe une relation, un trait commun. Le leader est à la fois le lieu

---

[8] Cf. Maurice AHANHANZO-GLELE, *Religion, culture et politique en Afrique noir*, Paris, Economica, Présence Africaine, 1981 ; COLLOQUE DE COTONOU, *Les religions africaines comme source de valeurs de civilisation,* Paris, Présence Africaine, 1972.

[9] Toutes ces citations sont extraites de Bernard ASSO, *Le Chef d'Etat africain*, Paris, Albatros, 1976, p. 171-172.

[10] Cf. *Togo Presse,* quotidien national, du 25 avril 1978.

géométrique et l'étalon-mètre du groupe ; en lui s'accomplit une aspiration à l'identité du citoyen et à l'identification des citoyens »[11].

L'on comprend ainsi mieux pourquoi le discours sur le caractère sacré du pouvoir du chef d'État négro-africain des premières décennies des indépendances s'accompagnaient d'une politique de récupération du rituel qui entoure généralement le chef traditionnel africain. Il s'agissait de capter l'adhésion de la grande majorité des Africains qui vivaient à la campagne et qui se reconnaissaient encore dans les normes et valeurs des sociétés traditionnelles. Cette politique s'intégrait dans le cadre de l'idéologie dite « du recours » ou « retour à l'authenticité » dont le Zaïre du président Mobutu a été le chantre privilégié. Ainsi « dans la ligne de ce retour à l'authenticité, Mobutu veut-il avoir, à la tête de l'État, l'image d'un chef traditionnel. La lourde canne de bois sculptée, à double tête d'oiseau, qu'il conserve à la main lui a effectivement été donnée dans sa région d'origine ; là-bas, comme dans tout le Zaïre, elle est l'attribut du chef coutumier… et confère l'autorité. Cette canne… s'apparente au sceptre de la royauté… »[12]

Initiée au Zaïre, cette politique s'acclimatera au Togo, au Tchad, au Gabon, etc. Ainsi au Tchad, le premier président François Tombalbaye (1960-1975), soucieux de légitimer son régime fragilisé par les contestations, imposera à toutes les populations du sud de son pays, le rite initiatique yondo pratiquée dans son ethnie d'origine, les Saras. Sous prétexte d'une revivification du glorieux passé ancestral, « Tombalbaye voulait façonner des hommes soumis inconditionnellement à un seul chef, à un seul ''dieu'' : le grand compatriote Ngarta Tombalbaye. L'initiation, telle qu'elle était pratiquée… était en fait une déviation de l'initiation traditionnelle. Ce n'était plus un effort de socialisation des jeunes, de formation des adolescents en vue de les intégrer dans leur communauté locale, de faire d'eux des hommes adultes et responsables, selon les règles et les lois en vigueur dans l'ethnie. Le yondo politique voulait forger des automates… faisant acte d'allégeance au président de la République, afin d'être insérés dans le cadre d'un État moderne »[13].

Au Gabon, sous feu Omar Bongo, deuxième président de la République de 1967 à 2009, tout nouveau ministre nommé devait se soumettre à l'initiation au « ndjobi », une société secrète. Pratiqué à Franceville, ville natale du chef de l'État, ce rituel voyait sa participation personnelle. Selon Pierre Péan, à un moment de la cérémonie, Omar Bongo « se lave les pieds dans une cuvette d'eau, l'impétrant est censé ensuite boire cette eau. Le rituel se déroulerait en présence du père de Marie-Joséphine Kawa, femme de Bongo, de qui il tient sa puissance africaine. Assisteraient également à ce cérémonial des notables batékés de la

---

[11] Cf. Jean LACOUTURE, *Quatre hommes et leurs peuples. Sur-pouvoir et sous-développement*, Paris, Seuil, 1969, p. 53.

[12] Pierre BIARNES, *L'Afrique aux Africains*, Paris, Armand Colin, 1980, p. 414.

[13] Haggar BICHARA IDRISS, *La situation politique du Tchad, de l'indépendance à la chute de Tombalbaye,* Thèse de doctorat d'Etat, politique et droit du développement, Université de Poitiers, 1982, p. 414.

région. L'initié serait ensuite tenu au secret le plus absolu, tout manquement étant, dit-on, puni de mort' »[14].

Toute cette mise en scène orchestrée à travers une grande partie de l'Afrique sub-saharienne entre 1960 et 1990, était destinée à marquer l'imaginaire des populations locales et à obtenir leur mobilisation autour de la politique de modernisation sociale menée par le « Guide providentiel ». Savamment entretenue, cette atmosphère de sacralité appelait tout naturellement la célébration de l'Homme oint de Dieu et des ancêtres.

B. L'INSTAURATION DU CULTE DE LA PERSONNALITÉ

La référence à la dimension sacrée du principal personnage de l'Etat entraînait l'organisation autour de lui de manifestations qui n'avaient rien à envier au culte célébré en dévotion à Dieu ou aux ancêtres. Cette glorification prenait plusieurs formes.

Elle s'exprimait d'abord à travers un certain nombre d'appellations dithyrambiques telles que le « Guide » auquel on accolait un certain nombre de qualificatifs comme « incontestable », « incontesté », « bien-aimé », « éclairé ». C'était aussi le « Sage », le « Timonier national », le « Héros national », le « Miraculé », le « Messie », le « Rédempteur », le « Sauveur », le « Grand Stratège », le « Grand Camarade », le « Béni des dieux », le « Christ », « Moïse », etc.[15]

Cette célébration se manifestait ensuite à travers les médias qui amplifiaient démesurément chaque geste, chaque parole du Guide. Les médias audiovisuels, notamment, permettaient à sa voix et à son image d'atteindre tous les foyers et hameaux même les plus reculés. Ils concourraient ainsi puissamment à imprimer sa personne dans toutes les consciences. Le Zaïre de Mobutu était véritablement passé maître dans l'art de cette glorification médiatique. En effet, « du matin au soir, la radio nationale, la voix du Zaïre, lui rend un véritable hommage à l'africaine. ' »Tu es mon père –Mobutu Sésé Séko– Tu es mon dieu kuku Ngbendu Wa Zabanga », psalmodient des groupes de chanteurs qui célèbrent sa vie et ses combats. Chaque soir, avant le journal télévisé de vingt heures, des nuages défilent sur l'écran pendant soixante secondes, laissant apparaître par intermittence la céleste figure du « Guide clairvoyant ». C'est le dieu Mobutu[16].

Ce culte de la personnalité trouvait enfin son apothéose dans la commémoration sous forme de fêtes nationales des anniversaires de naissance et des moments marquants du règne du « Moïse noir ». Ces fêtes débutaient généralement par des offices religieux chrétiens ou des prières musulmanes afin

---

[14] *Affaires Africaines*, Paris, Fayard, 1983, p. 35.

[15] Cf. Koffi AHADZI-NONOU, *Essai de réflexion sur régimes de fait, le cas du Togo, op. cit.*, 109.

[16] Roger-Gérard SCHWARTZENBERG, *op. cit.*, p. 42. De son vrai nom Joseph Désiré Mobutu, l'homme à la toque de Léopard, autre symbole royal local, a pris le nom authentique ci-dessus cité qui signifie littéralement : Mobutu, le guerrier qui vole de victoire en victoire sans que personne ne puisse l'arrêter

de demander au Seigneur de continuer non seulement à guider et à inspirer son « Envoyé », mais aussi de le protéger contre ses ennemis mus par le diable. Elles se poursuivaient par des défilés militaires et civils et des mouvements d'ensemble, dénommés séances d'animation au Togo et au Zaïre. Accompagnées de chants et de slogans à la gloire du « Héros national », ces manifestations se poursuivaient par des décorations de personnalités nationales ou étrangères dans les ordres nationaux, les inaugurations des grands travaux entrepris ou achevés sous la conduite inspirée du ''Grand Camarade''. Elles se terminaient par des festins dionysiaques et des danses populaires exécutées dans toutes les localités du pays.

Une seule figure dominait toutes ces cérémonies : celle du Démiurge, soit en personne, soit en images, car les manifestants étaient habillés de tissus à son effigie. Les lieux de célébration étaient également décorés d'arcs de triomphe portant des inscriptions à la gloire de l'« Homme providentiel », de ses photos géantes sans compter ses statues aussi géantes.

Ce culte est parfois complété par la sanctuarisation de certains hauts lieux de l'histoire du « Grand Timonier » tels que son « village » natal. Ainsi, sous Félix Houphouët-Boigny, Yamoussoukro était devenu non seulement la capitale politique de la Côte d'Ivoire, mais aussi et surtout une ville de pèlerinage laïc ou chrétien par la construction sur son site de la basilique Notre-Dame de la Paix, l'édifice catholique le plus grand du monde. Par ses dimensions, elle attirait des touristes du monde entier ; surtout elle était devenue un lieu fervent de la foi catholique en Afrique. On n'y adorait, certes, pas le premier président ivoirien, mais son érection en terre présidentielle y drainait des foules qui, d'une certaine façon, rendait ainsi hommage au « Père de la Nation » ivoirienne.

Au Zaïre, sous la présidence du maréchal Mobutu, Gbadolite, son « village natal » fut pareillement érigé en un lieu de pèlerinage. Simple hameau transformé en quelques années en ville luxueuse dénommée « Versailles de la jungle », la localité était devenue le centre névralgique du Zaïre. Des foules de Zaïrois s'y rendaient en pèlerinage pour aller à la rencontre du « Sauveur de la Nation » habillé en « abacost », version authentique de la veste occidentale.

Au Togo, dernier exemple, Pya, le canton d'origine du général Eyadéma, avait connu la même promotion quasi religieuse. Son temple œcuménique accueillait les services religieux des différentes confessions à l'occasion de la commémoration de quelques dates clefs de l'histoire du régime du « Timonier », à savoir, notamment, le 13 janvier, jour anniversaire de son arrivée au pouvoir.

En fait, l'érection de ces différentes villes en sanctuaires répondait au souci des dirigeants des pays cités en exemples, d'offrir aux pèlerins qui s'y rendaient individuellement ou collectivement un cadre propice de recueillement, de réflexion sur les réalités de la mission de l'« Homme providentiel ». Ils pouvaient y louer tout à la fois celui-ci et Dieu qui l'inspirait et lui permettait de remporter des victoires dans sa complexe mission de modernisation sociale. Ces métropoles natales avaient ainsi pris un caractère sacré et par le pèlerinage qu'elles suscitaient, étaient devenues des équivalents de la Mecque ou de Nazareth pour les peuples concernés. Elles attestaient, si besoin en était encore, du caractère quasi divin des « Grands Stratèges ». Sur les lieux qui les ont vus naître, on célébrait donc leur liturgie en y chantant leur « omniscience », leur « omnipotence » et leur « amour de la justice ». De même que les croyants attribuent à Dieu toutes les qualités, de même parait-on, Houphouët-Boigny, Mobutu, Tombalbaye, Bongo, Eyadema, etc. de toutes les vertus[17].

Face à ce culte dithyrambique de la personnalité, on ne peut que rejoindre Nietzsche en disant « le surhomme détruit les idoles, se pare de leurs attributs. L'apothéose de l'aventure humaine, c'est la glorification de l'Homme-Dieu »[18]. Cette aspiration à la divinité produit inéluctablement des effets quant au mode d'organisation et de fonctionnement du pouvoir politique.

II. L'UNIFICATION DU POUVOIR POLITIQUE

La sacralisation du pouvoir du « Héros » obéit à des préoccupations d'instrumentalisation. Les prérogatives que Dieu et les ancêtres sont censés lui avoir confiées sont les outils grâce auxquels il doit pouvoir remplir sa mission de modernisation sociale. Dès lors, il doit en détenir le monopole. Cette « concentration opérationnelle »[19] du pouvoir vise un double objectif : d'abord, donner au peuple un symbole qui lui renvoie l'image anticipée de son unité ; ensuite écarter toute idée de partage des responsabilités susceptible de contrecarrer l'autorité indivise du Sauveur.

A. UN SYMBOLE DE L'UNITÉ DU PEUPLE

Le pouvoir du « Prométhée » négro-africain était censé symboliser l'unité nationale à deux niveaux : dans le temps et dans l'espace.

Dans le temps, d'abord. Dans la mesure où le Guide était présenté comme tenant son pouvoir des ancêtres, il apparaissait, en effet comme le continuateur de leur œuvre, au même titre que le chef traditionnel qui prend la succession de ses prédécesseurs. Il n'y avait donc aucune rupture entre la mission accomplie par cet « Homme providentiel » et l'action menée dans le passé par les aïeux. Les Mobutu, Sekou Touré, Tsirana et autres « Envoyés » des dieux apparaissaient « ainsi comme le dernier chaînon de toute une série de patriarches auxquels ils s'identifient »[20].

Dans l'espace, ensuite. À ce titre, « le Sage » était le fédérateur du peuple. C'est ce second rôle que résumait excellemment un dignitaire togolais lorsque,

---

[17] Sur tous ces points voir notre thèse précitée, p. 109 et suivantes. Voir aussi Roy MEDVEDEV, *Le stalinisme*, Paris, Seuil 1972 cité par Roger-Gérard SCHWARTZENBERG, *L'Etat spectacle…*, *op. cit.*, p. 33.

[18] Cité par René-Jean DUPUY, Le thème de la personnalisation du pouvoir dans la pensée politique de Tocqueville à nos jours in Léo HAMON et Albert MABILEAU, *op. cit.*, p. 143.

[19] Cf. *supra.*

[20] Bernard SOMÉ, « La religion traditionnelle mossi comme source de valeurs de civilisation politique » in Colloque de Cotonou, *op. cit.*, p. 327.

parlant du chef de l'État, il écrivait : « Eyadema réconcilie les fils d'hier divisés en rassemblant tous les citoyens dans un seul et même creuset national en faisant taire les dissensions du passé' »[21]. Ainsi, selon lui, « justifie-t-il pleinement son titre de ''Père de la nation'' qui apaise les querelles opposant les fils et filles entre eux et qui, ce faisant, renforce leurs sentiments d'appartenance à une même famille. Comment dans ces conditions, les enfants ne se reconnaitraient-ils pas dans ce Père dont la présence est synonyme de communion fraternelle ? » « Qui d'entre nous ne se reconnaît en lui ? » s'interrogeait le dignitaire précité. Et de poursuivre : « Au Togo, ce n'est pas un homme seul qui se bat, mais deux millions cinq cent mille Eyadema mobilisés regardant dans la même direction » ; avant de conclure dans le même esprit « tous les Togolais sont autant d'Eyadema »[22].

Dans le même ordre d'idée, Sékou Touré, premier président de la Guinée indépendante, soulignait son rôle de père unificateur incarnant tous les Guinéens en ces termes : « Je suis Diallo, le berger de Fouta, je suis Mamba le planteur de N'Zérékori, Kéita, l'agriculteur de Siguori, Soumah le pêcheur de la Côte. Je suis Guinéen, je suis chacun d'entre vous »[23].

Et c'est parce qu'elle était unificatrice que la présence du « Messie » à la tête de l'État s'accommodait, tout naturellement de l'existence d'un parti unique. La floraison de ce type de formations politiques entre 1960 et 1990 se situait donc dans ce contexte de phagocytose du pouvoir par un seul homme érigé en archétype ou en étalon du groupe. Le parti unique faisait alors figure de grande famille unie dont l'« Eclairé des dieux » représentait à la fois le « Père » et le « Guide ». On pouvait donc établir l'équation suivante : pouvoir du « Guide » = symbole de l'unité nationale = parti unique[24].

On comprend dès lors que c'est en leurs qualités de symboles de l'unité nationale, de grandes familles unies autour de leurs pères respectifs, que le Rassemblement du peuple togolais, le Parti démocratique de Côte d'Ivoire, le Parti démocratique de Guinée, le Mouvement populaire de la Révolution, (Zaïre), etc., s'identifiaient à tout le peuple, se confondaient entièrement avec lui en englobant complètement toute la population. Ainsi au Zaïre, par exemple, sous Sésé Séko Mobutu, aux termes de l'article 5 des statuts du parti unique « tout Zaïrois est de plein droit membre du Mouvement Populaire pour la Révolution ». En 1985, le pays comptait 31 500 000 habitants. Le parti avait par voie de conséquence autant de membres, dont plusieurs millions au berceau.

Cette re-création de la société unanimiste ancestrale excluait, *ipso facto*, toute opposition ouverte, surtout lorsque celle-ci prenait la forme d'une contestation

---

[21] Cf. Akakpo AHIANYO, « Eyadéma, symbole du nationalisme et du patriotisme comme facteurs de stabilité, Actes du deuxième séminaire national de formation politique », 21-24 avril 1979, Document multigraphié, 1979, p. 94

[22] *Id.*

[23] Cité par Bernard ASSO, *op. cit.*, p. 172.

[24] Sur le rôle du 'Père de la Nation' dans les Etats africains, lire André BADIBANGA, « Je suis le 'Père de la Nation' », *Le Mois en Afrique*, décembre 1980, janvier 1981, p. 103-116. Sur le parti unique, voir Ahmed MAHIOU, *L'avènement du parti unique en Afrique noire*, Paris, LGDJ, 1969.

menée de l'extérieur du parti par un individu ou un groupe d'individus organisés en partis dissidents. À l'instar de ce qui se passait dans les sociétés ancestrales, les membres de la communauté nationale qui prendraient la responsabilité d'entretenir la dissidence, seraient perçus comme de « mauvais citoyens », des « diviseurs », des « traitres », des « ennemis », des « valets locaux de l'impérialisme ». Ils s'exposeraient par conséquent à subir sous une forme ou une autre l'ostracisme pouvant aller de la contrainte à l'exil à l'emprisonnement pour une plus ou moins longue période. Ainsi en Guinée, en Côte d'Ivoire, au Zaïre, au Bénin, au Rwanda, etc., des milliers d'opposants supposés ou réels ont pu endurer l'exil ou la prison dans les pires conditions possibles[25].

En effet comme le soulignait très justement le doyen Sylla « dans les sociétés africaines traditionnelles unanimitaires, l'opposition était synonyme d'inimitié ; d'une hostilité dont nous pouvons comprendre la nature dans une étude du gouvernement tribal. Ce n'est peut-être pas par hasard que le mot opposition n'a pas dans les langues africaines, d'équivalent exact, le plus proche étant ennemi, ennemi en armes. Tout chef politique devait convaincre ou rallier les opposants. Si les opposants persistaient, ils étaient voués à l'exil »[26]. En définitive, la communauté tolère les discussions contradictoires (arbre à palabre), mais celles-ci « doivent aboutir nécessairement au ralliement de tous à la décision commune »[27].

Cette nécessité du consensus final était le gage de l'unité des sociétés ancestrales. Elle demeurait, disait-on au temps de gloire des partis uniques, le gage de l'unité des sociétés africaines en voie de modernisation.

Cette vision unanimitaire de la société n'a pas manqué d'influencer l'ordonnancement du pouvoir détenu par les « Messies noirs ».

B. UN POUVOIR INDIFFÉRENCIÉ PAR ESSENCE

La mystique de l'autorité politique dans l'Afrique des coutumes et traditions ancestrales est empreinte d'absolutisme. C'est sans doute pourquoi « il est souvent difficile même idéalement de séparer les fonctions politiques des fonctions rituelles ou religieuses. Ainsi dans les sociétés africaines, on peut dire que le roi est le chef de l'exécutif, le législateur, le juge suprême, le commandant en chef de l'armée, le chef des prêtres ou le maître suprême du rituel et même peut-être le capitaliste principal. Mais il est faux de l'imaginer comme combinant en lui-même un grand nombre de charges séparées et distinctes. Il n'y a qu'une seule

[25] Cf. par exemple, Sidiki Kobélé KEITA, *La Guinée de Sékou Touré, Pourquoi la prison du camp Boiro ?* Paris, l'Harmattan, 2014 ; Marcel AMONDJI, *Félix Houphouët et la Côte d'Ivoire. L'envers d'une légende*, Paris, Karthala, 1984.

[26] Cf. *Tribalisme et parti unique en Afrique noire*, Paris, FNSP, 1977, p. 265.

[27] Cf. Pierre François GONIDEC, « Traditionalisme et modernisme en matière d'institutions publiques africaines », *RJPIC*, 1966, p. 82.

charge, celle de roi. Les devoirs et activités différents, les droits, prérogatives et privilèges qui s'y rattachent en font un tout unifié »[28].

Hormis les charges religieuses, c'était le même pouvoir unifié qu'exerçaient les « Guides providentiels » entre les années 1960 et 1990. En effet, en leurs qualités de continuateurs de l'œuvre des ancêtres, il était tout à fait logique qu'ils cumulent entre leurs mains le pouvoir d'État, le pouvoir partisan et le pouvoir militaire. Mais à un autre titre, celui de Fondateurs de la nouvelle société postcoloniale, ils devaient assumer la totalité du pouvoir pour poser les fondations des institutions là où il n'en existait pas vraiment.

En cette qualité, chaque Guide en son pays, apparaissait comme la « Constitution réelle, vivante, dynamique »[29], car c'était lui qui devenait la référence, la norme au niveau des pouvoirs publics. C'était lui, en effet, qui donnait les directives tant en ce qui concerne l'organisation que le fonctionnement des rouages de l'État. C'était lui qui les créait, et qui par sa présence, leur insufflait l'énergie motrice. Et dans la mesure où il concentrait en sa personne le principe vivificateur de toute la vie politique, il se produisait une sorte de fusion entre sa personne et le pouvoir. C'était donc l'Homme-Pouvoir, l'autorité de l'État incarnée. En tant que telle, aucune parcelle de cette autorité ne pouvait logiquement lui échapper, du moins théoriquement. C'est donc tout naturellement qu'il concentrait entre ses mains tous les pouvoirs. Par ce double phénomène d'« incarnation mythique » et de « concentration opérationnelle »[30], tout l'appareil d'État et l'appareil partisan s'effaçaient dans une large mesure derrière un seul individu, le « Guide ».

Face à une telle concentration de pouvoir au profit d'un seul individu, fût-il l'« Inspiré de Dieu », le professeur Gonidec se demandait, à juste titre, si l'hypertrophie qui en résultait ne risquait pas « de conduire à la dictature d'un homme, au rétablissement d'une sorte de monarchie de droit divin qui se trouverait ainsi ressuscitée en plein vingtième siècle »[31]. Mais en entrant dans la logique du discours de légitimation des régimes des « Guides providentiels », on peut répondre avec Platon : « Du moment qu'un Chef est sage et bon, que son attention est toujours fixée sur le bien de la cité, comme celle du pilote sur le bien du navire, du moment qu'il gouverne utilement, qu'il mène à souhait le navire, laissons-le donc s'inspirer uniquement de son art, de même qu'on laisse le pilote… certains individus ont des titres si éminents, excellent tellement en

---

[28] Cf. Alfred Reginald RADCLIFFE-BROWN, préface à Meyer FORTES et Edward Evan EVANS-PRITCHARD, *Les systèmes politiques africains*, Paris, PUF, 1960, p. 274.

[29] L'expression est de Raymond VERDIER. Cf. « Le Rassemblement du Peuple Togolais », *R.F.E.P.A.*, janvier 1978, p. 90.

[30] Cf. Jean LACOUTURE, *Quatre hommes et leurs peuples. Sur-pouvoir et sous-développement*, Paris Seuil, 1969, p. 1. L'auteur définit « la concentration opérationnelle comme le processus par lequel un chef ou un groupe de dirigeants rassemble et contrôle la totalité des rouages de l'appareil d'Etat… L'incarnation mythique est d'une autre nature… Elle s'opère quand un personnage en arrive plus ou moins consciemment à symboliser un pouvoir, quand une politique prend un visage, un nom ».

[31] Cf. « Traditionalismes et modernisme », art. cit., p. 83.

mérite… qu'ils s'imposent sans discussion, comme maître absolu. Un être aussi doué ne saurait… être soumis à l'alternance du commandement et de l'obéissance. Il serait comme un dieu entre les hommes… Il serait à lui-même sa loi… Prétendre le soumettre à un pouvoir supérieur ne serait que ridicule… Il ne reste donc qu'un parti à prendre : que tous, comme semble le dicter la nature, obéissent de plein gré à un homme de cette trempe et qu'il règne à perpétuité dans l'État… Que seul, il commande à tous et pour toujours comme maître absolu de l'administration »[32].

On suivrait assurément Platon si son portrait du chef idéal pouvait se matérialiser ici bas sur terre. Mais l'expérience nous a appris, avec Montesquieu, que tout homme qui a du pouvoir est porté à en abuser. Les « Grands Camarades » négro-africains n'ont pas su dominer les immenses pouvoirs qu'ils se sont attribués sous le prétexte de la modernisation sociale. Celle-ci ne s'est nulle part réalisée. L'unité nationale promise n'a été qu'un mirage ; jamais les clivages ethniques n'ont été si accentués. Les volcans sociaux bouillonnent partout, explosant çà et là, à la faveur de la compétition pour le pouvoir induite par l'instauration de la démocratie libérale à partir de 1990. La construction d'États modernes demeure un leurre. Combien peuvent se vanter d'être dotés d'un pouvoir stable remplissant ses fonctions essentielles de contrôle des frontières, de défense de la sécurité interne et externe du territoire ?

Combien ont institué un service de la justice digne de ce nom ? En matière de développement économique et social, combien d'États depuis 1960 peuvent se targuer d'avoir atteint le Graal ? Un système de santé défaillant, une éducation nationale et un enseignement supérieur aux performances très faibles, une économie à peine en friche placée sous perfusion par les institutions internationales et les pays ex-colonisateurs. Tel se présente le bilan sombre de près de trente ans de régimes des « Guides éclairés ».

*

* *

Comme le souligne Jean Lacouture, « ce type de régime doté ou non d'une idéologie de justification, peut être propre à susciter la Nation-Etat. Il n'est pas propre à la faire durer. Il n'offre pas de véritable solution au problème de fond qui est celui de la substitution à la société aliénée par… la colonisation, d'une société politique fondée sur la concertation et la responsabilité. Les détenteurs du pouvoir personnalisé peuvent soutenir que c'est précisément l'absence d'une telle société politique qui rend leur tâche indispensable et que s'ils exercent des pouvoirs exceptionnels, c'est précisément pour amorcer une telle évolution. À quoi l'on

[32] Cité par Jean Jacques CHEVALLIER, « La personnalisation du pouvoir chez les auteurs anciens, d'Hérodote à Machiavel », *op. cit.*, p. 57 et 62.

peut leur répondre que la nature et l'ampleur des pouvoirs qui tiennent du prodige sont comme ces arbres tropicaux dont l'ombre interdit alentour la vie »[33].

Écrites il y a près de cinquante ans pour mettre en garde les Nasser, N'Krumah, Sihanouk, Bourguiba et consorts contre les risques d'autodéification d'un homme sous prétexte de modernisation sociale, ces lignes mériteraient d'être gravées en lettres d'or aux frontons des palais présidentiels africains où l'on caresse encore aujourd'hui le rêve du « Héros éclairé » qui va sortir l'Afrique de la misère d'un coup de baguette magique. L'expérience malheureuse du passé doit seule indiquer le chemin à suivre pour atteindre la terre promise, celui de la démocratie. Malgré les déconvenues des régimes du Renouveau démocratique, tout retour au passé catastrophique des « Hommes » soi-disant « providentiels » constitue une chimère.

Le ressort de la démocratie, c'est la vertu comme respect de la constitution, respect des institutions, respect du bien public ; c'est la vertu aussi comme sens de l'effort et du travail. Pratiquée sans modération par les gouvernants ainsi que les gouvernés, elle, seule, constitue la clef qui peut ouvrir la porte donnant sur la modernisation sociale.

[33] Cf. *Quatre hommes et leurs peuples, op. cit.,* p. 264.

COUPS DE FORCE ET RECOMPOSITIONS DE L'ESPACE POLITIQUE AU MALI : 1968—2015*

Bakary CAMARA
Professeur titulaire en histoire du droit et des institutions,
Université des sciences juridiques et politiques de Bamako (USJPB) Mali

Résumé :
À la différence du coup d'État militaire de 1968, ceux de 1991 et 2012 ont été occasionnés en amont ou en aval par des mouvements sociaux contestataires. Celui de 1991 a favorisé l'amorce du processus démocratique au Mali en 1992. Le mouvement démocratique de la fin des années 1980 était composé de plusieurs associations et groupements d'intérêts opposés au régime dictatorial du général Moussa Traoré. Cette opposition et les luttes de diverses formes contre le régime a donné naissance au coup d'État en 1991 suivi d'une transition et des élections libres. De 1992 à 2014, plusieurs « élections démocratiques » ont eu lieu. Des partis politiques sont nés, des coalitions de partis et d'associations ont vu le jour pour la conquête du pouvoir. En fait, depuis 2006, le Mali est confronté à l'une des graves crises de son existence : la mal gouvernance, des trafics de tous ordres, la rébellion et le terrorisme au nord du pays, la débandade de l'armée face à l'irrédentisme touareg et le coup d'État de mars 2012. Des partis politiques se sont disloqués, d'autres sont nés et de nouvelles associations (religieuses, politiques ou apolitiques), des groupes d'intérêts et de coalitions de partis ou d'associations ayant des intérêts divergents et des objectifs différents ont vu le jour. Ces groupes d'intérêt politique ou non ont tous lutté pour le changement ou ont combattu le pouvoir en place pour atteindre des objectifs politiques religieux ou territoriaux. La question centrale est de savoir comment l'espace politique malien s'est recomposé après la révolution et le coup d'État de 1991 et le coup de force de 2012. Quel était l'objectif général des différents groupes d'intérêt qui se sont formés après ces crises majeures ?

Mots clés : révolution-coup d'État-démocratie-associations-partis politiques-violence-négociations-élections-transition

---

* Certaines sections de cet article sont extraites de : Camara BAKARY, « Le processus démocratique et la performance économique au Mali depuis 1991 », *Revue internationale de droit africain* (*EDJA*), no. 94, 3ème trimestre, 2012, Dakar, Sénégal.

Depuis l'indépendance du Mali jusqu'à nos jours, le Mali a connu trois crises graves qui ont débouché sur l'installation d'un nouveau régime au pouvoir : le coup d'État militaire de Moussa Traoré en 1968 ; la révolution populaire de 1991 suivie d'un coup d'État dans la même année et le coup d'État militaire de 2012. À la différence du coup d'État militaire de 1968, ceux de 1991 et 2012 ont été occasionnés en amont ou en aval par des mouvements sociaux contestataires. Celui de 1991 a favorisé l'amorce du processus démocratique au Mali en 1992 (Camara 2008). Le mouvement démocratique de la fin des années 1980 était composé de plusieurs associations et groupements d'intérêts opposés au régime dictatorial du général Moussa Traoré. Cette opposition et les luttes de diverses formes contre le régime ont donné naissance au coup d'État en 1991 suivi d'une transition et des élections libres. De 1992 à 2014, plusieurs « élections démocratiques » ont eu lieu. Des partis politiques sont nés, des coalitions de partis et d'associations ont vu le jour pour la conquête du pouvoir (Camara 2011). En fait, depuis 2006, le Mali est confronté à l'une des graves crises de son existence : la mal gouvernance, des trafics de tous ordres, la rébellion et le terrorisme au nord du pays, la débandade de l'armée face à l'irrédentisme touareg et le coup d'État de mars 2012.

Ainsi, après plus de vingt ans de pratique démocratique, suite à la mal gouvernance et le non-respect de certaines règles démocratiques fondamentales, un autre coup d'Etat est survenu le 22 mars 2012. C'est suite à une décennie de gestion consensuelle du pouvoir, de la rébellion touareg, de la présence des djihadistes et du laisser-aller et le laisser-faire dans l'ignorance totale de la loi, qu'une mutinerie a eu raison du régime de Amadou Toumani Touré. Le pays était déjà en guerre, car les trois quarts du pays étaient occupés par des forces armées étrangères et des rebelles touaregs (MUJAO, Ansardine et MNLA). L'armée avait déserté le Nord laissé à la merci des groupes armés. Le coup d'État a donné naissance à un chaos total. L'armée était divisée : une grande partie composée essentiellement de « bérets verts » qui est à l'initiative du coup de force combattait une minorité appelée « bérets rouge » ancienne garde prétorienne du président déchu. La négociation se fait avec des armes lourdes et des chars. Plusieurs dizaines de morts ont été enregistrés et des violations graves des droits de l'homme ont été commises. Des pillages ont eu lieu. Certains politiciens, dans le but d'avoir les mains libres après le chaos utilisent à travers la junte, la stratégie d'élimination physique des opposants potentiels de taille. Des agressions contre les personnalités du pouvoir déchues et des candidats aux futures élections présidentielles sont organisées. Des négociations sont faites et des institutions transitoires sont mises en place en vue d'élections libres.

Parallèlement à ces évènements, plusieurs associations de soutien au coup d'État sont créées. Ces associations de soutien sont d'ordre divers et certaines sont créées par la junte ou par ses sympathisants pour appuyer ses actions. Par exemple, en 2012, après le coup d'État de mars et suite à la condamnation quasi unanime de la communauté internationale, la junte organise une marche de protestation contre une intervention possible et contre l'embargo imposé contre le

Mali. La majeure partie des manifestants était composée de militaires, gendarmes et policiers en civil. Ce qui constitue une stratégie qui pouvait s'avérer dangereuse pour la junte et probablement pour le Mali.

Depuis les premières élections de 1992 jusqu'au coup d'État de 2012, des partis politiques se sont disloqués, d'autres sont nés et de nouvelles associations (religieuses, politiques ou apolitiques), des groupes d'intérêts et de coalitions de partis ou d'associations ayant des intérêts divergents et des objectifs différents ont aussi vu le jour. Ces groupes d'intérêts politiques ou non ont tous lutté pour le changement ou ont combattu le pouvoir en place pour atteindre des objectifs politique religieux ou territoriaux. La question centrale est de savoir comment l'espace politique malien s'est recomposé après la révolution et le coup d'État de 1991 et le coup de force de 2012. Quelle étaient les stratégies des différents acteurs ? Quel était l'objectif général des groupes d'intérêt qui se sont formés après ces crises majeures ? Pour répondre à ces questions, notre réflexion portera sur trois axes principaux : les recompositions de l'espace politique au Mali après le coup d'État de 1968 **(I),** les alliances, le consensus de l'ère démocratique et la crise du Nord **(II)** et le coup d'État de 2012 et la recomposition de l'espace politique au Mali **(III)**.

I. LA RECOMPOSITION DE L'ESPACE POLITIQUE MALIEN APRÈS LE COUP DE 1968

La recomposition politique survient au Mali après des coups de force et des élections libres suite auxquels nous assistons à la fragmentation du système politique. La fragmentation désigne un processus par lequel un objet est divisé en un grand nombre de petits morceaux. La fragmentation du système politique au Mali constitue un processus par lequel le régime socialiste de Modibo Kéïta dominé par l'USRDA dans les années 1960 et celui du dictateur de Moussa Traoré dominé par l'UDPM parti unique dans les années 1970 et 1980, implosent pour donner naissance à de multiples associations et partis politiques clandestins qui luttent pour la liberté et le multipartisme. La fragmentation du système politique suppose donc au préalable l'existence d'un ordre juridique et politique national établi. Quand l'ordre juridique et politique établi en 1960 disparaît et le nouveau régime devient hostile au pluralisme politique, la seule stratégie pour les associations et les groupes politiques demeure la clandestinité. C'est pourquoi les associations et les partis politiques clandestins qui étaient étouffés sous le régime socialiste ont commencé, deux ans après le coup d'Etat du 19 novembre 1968 à se mettre en activité clandestine. Ce coup d'État fut salutaire pour la population, car les actes de répression et d'exactions du régime socialiste de Modibo Keita avaient atteint le paroxysme. Le peuple était soulagé et croyait à une possibilité de libéralisme politique et de développement économique. Mais deux années ont suffi à désenchanter la population essentiellement composée de paysans. Ainsi, le Mali est entrée dans une longue période de composition et de recomposition de son espace politique.

LE PROCESSUS DE LA RECOMPOSITION DE L'ESPACE POLITIQUE : 1968-1991

Deux ans après le coup de force de 1968, sous la dictature de Moussa Traoré, le processus de la recomposition de l'espace politique au Mali avait commencé. Le coup d'État du 19 novembre a marqué un tournant important dans la lutte pour la démocratie au Mali. Dès le début des années 1970, le PMT (Parti malien du travail) avait placé la lutte politique sur le plan de la défense des libertés individuelles. L'objectif était de constituer un large front pour la conquête des libertés et l'instauration d'une démocratie réelle. Pour atteindre cet objectif, la lutte politique revêtant plusieurs formes fut menée sur tous les fronts. C'est ainsi que le P.M.T. s'est impliqué à travers ses militants dans la préparation du deuxième congrès statutaire de l'UNTM (Union nationale des travailleurs du Mali). Au cours du deuxième congrès statutaire de l'UNTM appelé « congrès de revitalisation des travailleurs maliens », les travailleurs ont exigé que les militaires rejoignent leurs casernes (Seydou M. Diarra 1991 : 14). Pour répondre à cette exigence, la junte militaire fit dissoudre la nouvelle direction de l'UNTM et fit arrêter les membres du bureau syndical. Une nouvelle Constitution fut adoptée en juin 1974 par référendum. Une période transitoire de cinq ans fut observée (absences d'activités politiques). Le CMLN (Comité militaire de libération nationale) n'a pas pu tenir ses promesses d'assainissement de l'économie et de lutte contre la corruption. Parce que la Constitution de 1974 autorisait la création d'un parti politique, la junte militaire profita de ces dispositions législatives pour créer un parti unique appelé l'UDPM (Union démocratique du peuple malien) en 1979.

En février 1977, l'UNEEM (Union nationale des élèves et étudiants du Mali) déclencha une grève sectorielle d'avertissement pour demander l'abrogation d'un décret gouvernemental instituant des concours d'entrée dans les établissements supérieurs. À partir du 25 avril, le pouvoir accentua la répression policière et ferma tous les établissements secondaires et supérieurs du pays. Des arrestations massives dans le cercle des intellectuels s'en suivirent. Dans le but de dissoudre le CMLN et de le remplacer par un parti politique qui lui donnerait une assise plus crédible au sein de la jeunesse, le régime du général Moussa Traoré crée l'Union nationale des jeunes du Mali (UNJM). C'est une organisation unique de la jeunesse qui devait supplanter l'UNEEM. À l'époque, l'UNEEM avait des attaches avec des groupes politiques clandestins comme le PMT, le PMDR (Parti malien pour la démocratie et la révolution) et le CDLDM (Comité de défense des libertés démocratiques au Mali) (Seydou M. Diarrah 1991 : 17). Les opposants ont compris que le régime, malgré son impopularité se maintenait parce que les forces démocratiques étaient faibles et mal structurées. Pour eux, un front démocratique bien organisé et bien structuré aurait non seulement détruit le régime, mais crée les bases d'une société démocratique au Mali. Le PMDR lors de sa conférence de Tombouctou en 1979, a appelé « les patriotes et démocrates maliens » à s'unir pour combattre le régime militaire qui essayait de « se civiliser » à travers la mise en place du parti UDPM. Des contacts entre les opposants au régime ont eu lieu en 1980 et se sont terminés par des ententes qui donnèrent naissance en 1984 au Front démocratique des patriotes maliens (FDPM), à la formation du front national démocratique en 1986 et le Front national démocratique populaire (FNDP) comprenant le PMT, le PMDR et le PDPM qui seront rejoints en 1989 par l'US-RDA (Union soudanaise - Rassemblement démocratique africain) avec laquelle les contacts se poursuivaient depuis 1980 (*Ibid.* 1991 : 28). Un grand débat national organisé au cours du premier trimestre 1987 suivit et dénonça « les déficiences du pouvoir, les malversations d'Etat, le non-paiement des salaires, la corruption et la démoralisation généralisée. » Le 28 mars 1987, Moussa Traoré profita de la charte d'orientation nationale et de conduite politique pour installer une « commission nationale d'enquête sur le crime d'enrichissement illicite de corruption » dont les auteurs étaient passibles de la peine de mort. Malgré ces tentatives d'affaiblissement de l'opposition, le mouvement continua, car depuis l'effondrement du communisme en Europe de l'Est et la conditionnalité des programmes d'ajustement structurel des années 1990, les termes « démocraties » et « d'État minimal » étaient devenus des modèles politiques de bonne gouvernance en Afrique noire. Ils traduisaient la volonté de bâtir des États de droit et d'amorcer le développement économique. Après les échecs de démocratisation dès les années d'indépendance, la question qui paraissait incontournable était comment refonder la démocratie nécessaire à l'impulsion du développement devant l'opacité des phénomènes sociaux et politiques ? Et quel pourrait être le sens de cette refondation ? (Rodrigue, J. & Eyenemba, E. 2001 : 17).

Bien avant que « le vent de l'Est » souffle, la faiblesse des régimes dits de parti unique était déjà manifeste en raison des contestations émanant de la société civile. Néanmoins ces mécontentements étaient mineurs donc ne suffisaient pas à eux seuls, pour apporter des changements politiques malgré l'affaiblissement et le manque de crédits des gouvernements au pouvoir. Ces pouvoirs dictatoriaux étaient corruptifs et appliquaient le culte de la personnalité… Assimilant le parti unique à la tyrannie et au despotisme, les populations revendiquaient le multipartisme. Des conférences nationales furent organisées dans les pays concernés et aboutirent au multipartisme. Au Mali, de décembre 1990 en mars 1991, Bamako la capitale et les régions de l'intérieur furent secouées par des grèves, des marches et des meetings organisés par des associations démocratiques et de défense des droits de l'homme (Kamaté, E. 1997 : 71). C'est ainsi que le régime de Moussa Traoré, qui tenait le pouvoir d'une main de fer fut renversé par une révolution populaire : le 25 mars 1991 après les tueries des enfants et des femmes, l'UNTM déclencha une grève illimitée jusqu'à la chute du régime du général Moussa Traore le 26 mars 1991 par le C.T.S.P. (Comité de transition et pour le salut du peuple) dirigé par le lieutenant-colonel Amadou Toumani Touré. Après le coup d'État, des partis politiques furent officiellement créés, la conférence nationale souveraine fut le plus grand débat démocratique que le Mali n'ait jamais connu. Puis vinrent la transition, le référendum constitutionnel et les élections législatives et présidentielles financées à coût de millions de dollars par l'occident (*Ibid.*). À l'issue des élections présidentielles de 1992, l'ADEMA/PASJ (Association démocratique pour le Mali/Parti africain pour la solidarité et la justice) remporta le scrutin marquant la naissance d'un régime démocratique au Mali. En dépit des efforts consentis pour l'instauration de la démocratie au Mali, après l'investiture d'Alpha Omar Konaré, les revendications sociales et les critiques continuèrent en se multipliant.

L'ÈRE DE LA DÉMOCRATIE ET LA FRAGMENTATION DU SYSTÈME DE PARTIS : 1992-2002

comme nous l'avons dit plus haut, avant le coup d'État de mars 1991, l'environnement sociopolitique du Mali était fragmenté. Des associations et partis politiques étaient actifs dans la clandestinité. Des mouvements de rébellions perpétraient ou préparaient des attaques au Nord Mali. La conjugaison des efforts de tous ces mouvements a conduit à l'avènement du coup d'État et au processus démocratique de 1992. Entre le coup d'État en 1991 et l'année 1996, plus de soixante partis politiques avaient été créés ; huit ans après, en 2004 il y avait 94 partis politiques au Mali (CPPRCPPM-IMD 2004). De 2004 à maintenant, des partis politiques continuent d'être créés pendant que d'autres disparaissent, accentuant ainsi la situation de fragmentation de l'espace politique et social malien. Certes, à la différence de certains pays, au Mali les partis politiques ne sont pas créés sur la base d'appartenance ethnique ou régionale. Ils sont le plus souvent créés pour l'appât du gain et de postes administratifs (nominations à des postes politiques, etc.)[1] De ce constat, nous pouvons dire que le Mali connaît un niveau moyen de fragmentation, car à la date d'aujourd'hui, parmi la presque centaine de partis politiques, il n'y a que cinq grands partis politiques (ADEMA, URD, RPM, CNID, MPR) qui sont solidement enracinés dans le pays : l'ADEMA, l'URD et le RPM ont leurs représentations sur toute l'étendue du territoire tandis que le MPR et le CNID ont de fortes représentations dans la capitale et les grandes villes du pays. Les autres partis sont des micro partis qui n'existent souvent que par leurs présidents. C'est pourquoi à partir de 1997, à chaque échéance électorale, les partis les plus importants parmi les micros partis se rallient avec d'autres grands partis pour former des coalitions. Ainsi, lors des élections précédentes (1997-2002-2007-2013), nous avons assisté à des coalitions de partis politiques que rien n'unissait sauf l'intérêt commun de la conquête de la présidence de la République ou des postes à l'Assemblée nationale et au gouvernement.

---

[1] Aux élections législatives de 2007, l'ADP (Alliance pour la démocratie et le progrès) composée de partis politiques et d'associations a obtenu des députés comme suit : URD (34 députés) ; ADEMA (51 députés) ; RND (1) ; BDIA (1) ; CNID (7) ; MPP (8) ; UDD (3) ; MIRIA (2) ; BARICA (2) ; PSP (2) ; PCR (1) ; US-RDA (1). Le FDR (Front pour la démocratie et la République) : RPM (11 députés) ; PARENA (4 députés). Les Indépendants (15 députés). Au total, 147 députés à l'Assemblée nationale.

À l'issue des élections présidentielles de 1992[2], l'ADEMA/PASJ (Association démocratique pour le Mali/Parti africain pour la solidarité et la justice) remporta le scrutin, marquant la naissance d'un régime démocratique au Mali. Les élections municipales se sont déroulées au scrutin proportionnel dans dix-neuf communes, et dix-sept partis politiques ont été représentés dans les Conseils communaux. Les législatives se sont déroulées entre février et mars 1992 selon le système du scrutin de liste majoritaire à deux tours[3]. Une ordonnance du CTSP du 16 octobre 1991 a dégagé 116 sièges de députés pour l'intérieur du pays et 13 sièges de députés pour les Maliens de l'extérieur. À la fin du deuxième tour, l'ADEMA-PASJ a obtenu la majorité absolue des sièges à l'Assemblée nationale avec 76 députés tandis que neuf autres partis politiques (CNID-FYT, USRDA, RDP, UMADD, PMD, PDP, UDD, RDT et UFDP) se partageaient les quarante sièges restants. Le taux de participation était d'environ 21,28 % au second tour. Dès lors, l'ADEMA s'est ainsi positionné comme le plus grand parti politique du Mali pendant les deux mandats de Alpha O. Konaré jusqu'aux élections de 2002.

En dépit des efforts consentis pour l'instauration de la démocratie au Mali, après l'investiture d'Alpha Omar Konaré, les revendications sociales et les critiques continuèrent en se multipliant jusqu'aux élections de 1997. Deux ans après les élections présidentielles, à cause de considérations idéologiques et d'intérêts politiques, en 1994, l'ADEMA/PASJ implose pour donner naissance à un nouveau parti politique appelé MIRIA (Mouvement pour l'indépendance, la renaissance et l'intégration africaine). Sept ans après, l'ADEMA implose à nouveau et donne naissance au RPM en 2001. La deuxième implosion de l'ADEMA est survenue le 25 juin 2003, laquelle donna naissance à l'URD, parti créé par Soumaïla Cissé[4] et ses partisans. À côté de l'ADEMA, d'autres partis comme le CNID ont donné naissance à de micros partis qui ont été à leur tour absorbés par d'autres.

À l'approche des élections de 1997, les partis qui ont connu l'implosion ont ressenti la nécessité de se regrouper dans des alliances politiques vers la fin de

---

[2] Au premier tour, neuf candidats s'affrontent : Alpha Omar Konaré de l'ADEMA-PASJ, Mountaga Tall du CNID-FYT (Convention nationale d'initiative démocratique), Tiéoulé Konaté de l'USRDA, Almamy Sylla du RDP (Rassemblement pour la démocratie et le progrès), Baba Akhib Hïdara de l'USRDA, Amadou Aly Niangadou du RDT (Rassemblement pour la démocratie et le travail), Idrissa Traoré du PDP, Demba Diallo de l'UFD (Union des forces démocratiques) et Mamadou dit Maribatrou Diaby du PUDP (Parti pour l'unité, la démocratie et le progrès). A l'issue du premier tour, Alpha Omar Konaré et Tiéoulé Konaté arrivent en tête avec respectivement 44 % et 14 % des suffrages exprimés. Le second tour du scrutin se résume par la victoire d'Alpha Omar Konaré qui l'emporte très largement sur Tiéoulé Konaté en obtenant 69 % des suffrages exprimés contre 30 % pour son concurrent et un taux de participation d'environ 20 %.

[3] Aux élections législatives de 1992, 19 partis se partagent 95 273 suffrages exprimés. Sur 10 partis qui obtiennent une représentation nationale, les six premiers sont : l'ADEMA (76 députés) ; le CNID (9 députés) ; l'US-RDA (8) ; le PMD (6) et le RDP (4) ex æquo avec l'UDD ; le RDT (3) ; l'UFDP (3) ; le PSP (2) et l'UMADD (1).

[4] Soumaïla Cissé est ancien ministre de Alpha O. Konaré et candidat malheureux aux présidentielles de 2002. Il est présentement président de l'UEMOA (Union économique et monétaire Ouest africaine) à Ouagadougou au Burkina Faso.

1996. C'est ainsi que trois regroupements sont nés : le premier est la Convergence nationale pour la démocratie et le progrès (CNDP) qui voit le jour le 26 octobre 1996. Ce regroupement était composé de l'ADEMA, le PARENA, l'ADES, la CDS, le MC-CDR, le RAMAT et le PDJ. Dans ce groupe, l'ADEMA constituait le plus grand parti ; le deuxième était le RFP (Rassemblement des forces patriotiques) qui vit le jour le 17 novembre 1996. Originellement, ce regroupement était composé du BDIA, le PDP, l'UDD et le PMDR. Il s'est élargi au CNID, PSP, MPR et l'UFDP. Avec l'entrée du MPR et du CNID, l'UDD quitte le groupe pour rejoindre le FCD (Front pour le changement et la démocratie) ; le troisième regroupement est le Front pour le changement et la démocratie (FCD) qui fut créé le 12 décembre 1996 et qui englobe en son sein le MIRIA, l'US-RDA, le RDP, l'UDD, le PRDT, et le PMPS (Diakité 2005). À partir de ces élections, la pratique des coalitions et des alliances est rentrée dans la pratique démocratique au Mali. C'est ainsi qu'après l'échec des élections législatives du 13 avril 1997, une coalition de partis politiques est née le lendemain 14 avril au siège du MIRIA. Cette coalition prit le nom de COPPO (Collectif des partis politiques de l'opposition) et exigeait des conditions acceptables pour la tenue des élections programmées sous peine de boycott. Elle regroupait les membres des deux grands regroupements de l'opposition auxquels s'étaient ajoutés la COPP, le PARI et le PUDP. À part quelques partis (UDD, COPP et PDP), tous les membres du COPPO ont boycotté les législatives du 20 juillet 1997, car ils trouvaient que les conditions n'étaient pas réunies pour des élections libres et transparentes. Au terme du second tour, le 3 août, l'opposition était quasiment absente à l'Assemblée nationale qui était essentiellement composée de députés ADEMA et des membres de l'alliance CNDP[5]. Quatre ans plus tard, en 2002, le même scénario de coalitions et d'alliances se reproduit sous une autre forme : le 31 mars 2002 le RPM, né de la seconde implosion de l'ADEMA s'allie avec le CNID, le MPR et douze autres partis politiques[6] pour créer « Espoir 2002 » qu'ils qualifient de « front de stabilité et d'alternance ». Aux élections présidentielles de 2002, tout comme au sein du parti majeur ADEMA, et la coalition opposante le COPPO et l'« Espoir 2002 », l'unanimité ne s'est pas fait autour d'une seule candidature de part et d'autre. Un conflit interne éclate une fois de plus au sein de l'ADEMA, mais qui, au *finish* présente un candidat unique Soumaïla Cissé. Des candidatures indépendantes parmi lesquelles Amadou Toumani Touré apparaissent.

Comme conséquences de l'implosion des partis majeurs et de la fragmentation de l'espace politique, nous assistons à la transhumance des militants et l'installation de l'instabilité. La stratégie utilisée par les différents protagonistes est le boycott, les grèves, des marches de protestation et de conflits. D'abord, le premier mandat d'Alpha O. Konaré (1992-1997) fut un mandat de revendication, de grèves et d'instabilité et de conflits au nord du Mali. En 1997, après le boycott

[5] Sur 147 députés élus, 129 étaient ADEMA, 8 députés pour le PARENA, 4 pour la CDS, 3 pour l'UDD, 2 pour le PDP et 1 pour le COPP.

[6] RDP, RDT, PPP, UNDP, RDR, PEI, RJP, PLM, CD, PRDT, MPDD et MPLO.

des élections présidentielles par l'opposition (le COPPO) en mai 1997, il n'y avait plus de challenger crédible[7] pour faire face au président sortant Alpha O. Konaré qui remporta l'élection avec 84,36 % des suffrages exprimés. AOK fut donc « reconduit » pour un deuxième mandat. Les élections municipales dans 19 communes et dans le district de Bamako en juin 1998 ont aussi connu de nombreux soubresauts comme la dissolution de Conseils municipaux, la reprise de certaines élections, contestation de bureaux municipaux et de maires. En 1999, la période des élections a été décomposée et elles se sont déroulées en mai et juin : le 2 mai dans les régions de Ségou, Sikasso, Koulikoro et Kayes ; et le 6 juin, dans les régions de Mopti, Tombouctou, Gao et Kidal. Les élections conduites par la Commission électorale indépendante (CENI) sur une période de trois ans au lieu d'un an ont été fortement contestées. L'opposition qui a boycotté ces élections est absente de l'Assemblée nationale et des Conseils municipaux. Cette situation a posé le problème de la légitimité des institutions de l'État issues de ces élections ; une légitimité contestée qui provoque la persistance d'un malaise social (contestations, répressions, intimidations), de transhumance politique (création de partis ou changement de parti politique perpétuel suite à un mécontentement, une insatisfaction matérielle ou promotionnelle) et de crises politiques[8] jusqu'en 2002.

II. LES ALLIANCES ET LE CONSENSUS DE L'ÈRE DÉMOCRATIQUE ET LA TENTATIVE DE RECOMPOSITION DE L'ESPACE POLITIQUE APRÈS LE COUP DE FORCE DE 2012

Suite à l'implosion des partis politiques majeurs et de la fragmentation du système politique malien, des dizaines de partis politiques sont nés. La multiplication de petits partis politiques et le manque de cohésion au sein des partis ont favorisé la transhumance politique. À côté de la transhumance politique, un autre phénomène vit le jour : c'est la stratégie des alliances et des coalitions de partis politiques et d'associations. Les partis politiques ayant des intérêts divergents et n'ayant pas les moyens pour conquérir le pouvoir sont obligés de se rassembler au sein de coalitions selon leurs affinités et leurs intérêts politiques. Parfois, ces partis se coalisent avec des associations qui n'ont pas normalement vocation la conquête du pouvoir.

LA MANIFESTATION DES ALLIANCES ET DES COALITIONS D'ASSOCIATIONS ET DE PARTIS POLITIQUES

La fragmentation du système des partis et la faiblesse de ces partis politiques constituent les causes profondes des alliances et des coalitions de partis politiques et d'associations. Comme nous l'avons vu, après 1991, quelques dizaines de partis

[7] C'est Mamadou B. Diaby, président d'un parti mineur (PUDP) qui s'est présenté contre le parti sortant.

[8] Les deux mandats de Alpha O. Konaré (9 juin 1992-9 juin 2002) ont connu cinq premiers ministres.

politiques sont nés et chacun voulait gagner les élections ou des postes politiques. À la veille des élections présidentielles de 2002, que ce soit du côté du parti majeur ADEMA[9] ou des alliances de l'opposition le COPPO et l'« Espoir 2002 », l'unanimité ne se fait pas autour d'une seule candidature de part et d'autre. Au sein de ces différents regroupements, des querelles internes se font jour et des candidatures indépendantes apparaissent. C'est ainsi que l'ancien président de la transition en 1991-1992 Amadou T. Touré se présente comme candidat indépendant aux présidentielles. Des associations, dont « le Mouvement Citoyen », se créent pour le soutenir. Une coalition appelée Convergence pour l'alternance et le changement (ACC) est créé. L'association le Mouvement citoyen et d'autres partis politiques composent l'ACC. Au premier tour des présidentielles le 28 avril 2002, il y'avait 24 candidats. Au terme de ce scrutin, cinq premiers en émergent dont le premier est Amadou T. Touré candidat indépendant sans parti politique avec 27,98 % des suffrages exprimés ; Soumaïla Cissé (ADEMA) avec 22,74 % ; Ibrahim B. Keïta (RPM) avec 20,65 % ; Tiéblé Dramé (PARENA) avec 3,93 % ; Mountaga Tall (CNID), 3,86 % ; Moussa B. Coulibaly (UDD), 3,41 %). Le taux de participation était de 38,58 %. Des militants de l'ADEMA et d'autres partis politiques ont voté pour ATT. Ces résultats ont été fortement contestés avant d'être acceptés par l'ensemble de la classe politique dans un souci d'apaisement. Il faudra noter qu'avant le premier tour, ATT avait déclaré dans sa déclaration de candidature en mars 2002 que son « […] ambition première était de réconcilier son pays avec ses cinquante ans d'histoire politique tumultueuse émaillée de luttes fratricides avec son lot de douleurs, d'exclusion, de tragédies, d'intolérance et de déficit de consensus […] ». Au deuxième tour des présidentielles le 12 mai 2002, l'opposition avait rallié le candidat indépendant contre Soumaïla Cissé. ATT remporta la victoire avec 64,35 % contre 35,65 % des suffrages exprimés à M. Soumaïla Cissé.[10] Le taux de participation au scrutin était 30,17 %[11].

Comme conséquences de ces alliances et ces coalitions, un candidat indépendant accède au pouvoir et contribue plus tard, à non seulement affaiblir la démocratie malienne, mais aussi, à instaurer la corruption, l'incivisme, le manque d'autorité et la faiblesse de l'État. Après la victoire du général ATT, comme il l'avait annoncé avant le deuxième tour, en 2002, il adopta une politique de consensus en associant tous les partis politiques et associations à la formation de son gouvernement. Cette politique consistant à associer tous les acteurs politiques à la gestion du pouvoir a été bénéfique pour ATT, car aux élections présidentielles

[9] L'ADEMA divisé va aux élections avec trois candidats : Soumaïla Cissé, candidat officiel ; Mandé Sidibé et El Madani Diallo candidats indépendants.

[10] Organisation internationale de la Francophonie : les résultats officiels du premier tour qualifient pour le deuxième tour MM. Amadou Toumani TOURE avec 449 176 voix et Soumaïla CISSE avec 333 525 voix. Sur Web. : http://democratie.francophonie.org/IMG/pdf/MALI_RMO2804_12052002.pdf

[11] *Ibid.* : au premier tour, le taux de participation était : 38,31 %.

de 2007, une large coalition était rassemblée autour de lui pour réussir à un deuxième mandat.

LES ÉLECTIONS PRÉSIDENTIELLES DE 2007

Continuation des alliances dans la contradiction : après cinq ans de gestion consensuelle du pouvoir, en 2007 ATT était candidat pour un deuxième mandat. Les partis politiques malgré leurs contradictions et les querelles passées se regroupent pour assurer l'alternance. C'est ainsi qu'une large coalition se forma une fois de plus autour de ATT. Sa réélection était appuyée par la coalition de partis politiques appelée ADP (Alliance pour la démocratie et le progrès) qui regroupe en son sein quinze partis politiques. À côté de l'ADP, une autre coalition s'était formée et qui s'appelait FDR (Front pour la démocratie et la République)[12]. D'autres candidats, ne faisant pas partie des deux regroupements de partis politiques, se sont présentés sous l'emblème de leurs partis politiques respectifs[13].

Les élections présidentielles ont eu lieu le 29 avril 2007. Il n'y a pas eu de deuxième tour, car le candidat indépendant Amadou Toumany Touré qui a recueilli 1 612 912 suffrages soit 71,20 % a été déclaré élu dès le premier tour par la Cour constitutionnelle. Il se succède ainsi à lui-même pour un nouveau mandat de cinq ans[14].

De 1992 à 2013, au Mali, le pluralisme politique a non seulement favorisé un niveau élevé de fragmentation du système de partis, mais aussi des partis politiques qui, confrontés à des querelles internes entre clans, se désagrègent pour donner naissance à d'autres partis. Comme l'une des conséquences de cette fragmentation de l'espace politique, en 2006, une nouvelle rébellion touareg éclate au nord du Mali et se renforce avec le conflit libyen et la mort Mouammar Kadhafi en 2012 mettant en danger l'unité nationale et la stabilité du pays.

---

[12] Au sein du FDR, nous avons quatre candidats : Ibrahim Boubacar Keïta, ancien premier ministre sous la présidence d'Alpha Omar Konaré (AOK) et candidat malheureux des élections présidentielles de 2002 était une fois de plus le candidat de son parti politique le RPM (Rassemblement pour le Mali) contre Amadou Toumany Touré connu sous l'abréviation ATT aux élections de 2007 ; Tiéblé Dramé du PARENA (Parti pour la renaissance nationale) qui est aussi ancien ministre de AOK et qui était chargé de l'organisation de la conférence internationale du 23ème sommet Afrique France tenu à Bamako en décembre 2005 ; Soumeylou Boubeye Maïga de l'« Association Convergence 2007 » ; et Blaise Sangaré de la Convention démocratique et sociale (CDS) ancien ministre de AOK.

[13] Ces candidats sont : madame Sidibé Aminata Diallo qui est à sa première sortie dans l'arène politique malienne. Elle est la candidate du parti Rassemblement pour l'éducation à l'environnement et au développement durable (REDD) et est enseignante chercheur à la Faculté des sciences économiques et de gestion de l'Université de Bamako ; Mahamadou Maguiraga du Parti populaire progressiste (PPP), ancien scientifique de la NASA des Etats-Unis ; et enfin, Oumar Mariko ancien leader estudiantin et ancien membre du gouvernement de transition de 1992 qui s'est présenté sous les couleurs de son parti politique Solidarité africaine pour la démocratie et l'indépendance (SADI).

[14] ATT est suivi de loin par Ibrahim Boubacar KEITA qui a obtenu 433 897 soit 19,15 %. Tieblé DRAME vient en 3e position avec 68 956 voix soit 3,04 %. Oumar Mariko récoltant 61 670 électeurs soit 2,72 %. Mamadou Blaise SANGARE avec 35 776 vois soit 1,58 %. Soumeilou Boubeye MAIGA qui a obtenu 32 973 voix soit 1,46 %, Madame Sidibé Aminata DIALLO avec 12 443 voix soit 0,55 %. Enfin, Madiassa MAGUIRAGA avec 6 856 voix soit 0,30 %.

LES MOUVEMENTS SÉPARATISTES ET ISLAMISTES

La rébellion existe au Mali depuis la première décennie de l'indépendance.[15] Après avoir entamé en novembre 1994 un dialogue qui semblait être prometteur avec les autorités maliennes qui aboutira à une série d'accords de paix entre 1992 et 1996 (le pacte national en 11 avril 1992 et la flamme de la paix le 27 mars 1996), les différents fronts touaregs cesseront leurs luttes fratricides. Pour une paix durable, un plan ambitieux a été mis sur pieds : 1°) la réinsertion de 1 500 anciens combattants au sein des corps en uniforme de la fonction publique (armée, gendarmerie, garde nationale, police, douane, service des eaux et forêts) ; plus de 9 000 autres anciens combattants devraient aussi bénéficier d'un Programme d'appui à la réinsertion des Nations unies. Cet appui était destiné à permettre aux ex-combattants de se reconvertir dans des projets socio-économiques de leur choix (l'agriculture, l'élevage, l'artisanat, le commerce, etc.). L'objectif était aussi de redynamiser l'économie des régions du septentrion malien ; 2°) le retour des réfugiés internes et externes (160 à 170 000 personnes) ; 3°) la restauration de la sécurité avec le soutien de la France : le retrait de l'armée du nord-Mali et le déploiement d'unités « mixtes » comprenant d'anciens rebelles. Ce plan de paix a favorisé une meilleure participation de la minorité touarègue à la vie politique malienne (à partir de 1998 des ministres et des premiers ministres ont été nommés dans cette communauté. Des députés et des conseillers communaux aussi ont été élus).

Comme nous l'avons avancé plus haut, à cause de la mal gouvernance et de la corruption, en 2006, une nouvelle rébellion éclate et coïncide avec la crise libyenne. Cette rébellion constitue la troisième après celle de 1963-1964. Vu que le pacte national, à cause de lourdeurs administratives, n'arrivait pas à être appliqué convenablement même avec l'intégration des rebelles dans l'administration ; vu aussi et surtout que les gros investissements annoncés n'ont pas été réalisés suffisamment, le 26 mars 2006, une troisième rébellion éclata avec la création de l'Alliance démocratique pour le changement (ADC). Emmanuel Grégoire a fait une étude assez intéressante sur cette crise et l'implication des islamistes au nord Mali. Selon lui, tout comme celle de 1963-1964, cette révolte fut l'initiative des Kel Adagh, à laquelle adhérèrent cette fois-ci les autres groupes touaregs. Comme les mouvements antérieurs, elle ne remettait pas en cause les frontières du pays. En revanche elle s'inscrivait dans une conjoncture nouvelle née de l'installation d'AQMI dans la zone, mais elle se démarqua de l'organisation, allant jusqu'à l'affronter pour tenter de l'en chasser. Cette nouvelle donne et la menace qu'elle représentait pour la stabilité du pays obligèrent les autorités maliennes à résoudre rapidement la crise en s'appuyant de nouveau sur la médiation algérienne qui déboucha sur les accords d'Alger en juillet 2006. Cet accord reprenait plusieurs dispositions du pacte national, véritable accord qui

---

[15] Voir Emmanuel GRÉGOIRE, « Islamistes et rebelles touaregs maliens : alliances, rivalités et ruptures », EchoGéo [En ligne], sur le vif, mis en ligne le 03 juillet 2013, consulté le 20 janvier 2015, URL : http//echogeo.revues.org/13466, DOI : 10.4000/echogeo.13466

pouvait devenir la base des relations entre les populations du Nord et le reste du pays, car il rendait possible l'intégration des populations touarègues et maures au sein de la nation malienne (Boilley, 1999 rééd. 2012, cité par Emmanuel Grégoire). Tout comme les accords précédents, les accords d'Alger tardèrent à se concrétiser. Les opérations de développement furent insuffisantes pour relancer l'économie du Nord et créer des emplois. Toujours avec l'argument de laxisme, de mauvaise volonté politique et de corruption de la part du gouvernement, Ibrahim ag Bahanga de la tribu des Kel Adagh fonda en 2008 l'Alliance des Touaregs du Nord-Mali pour le changement (ATNMC). Ce mouvement reposa le problème du rapport des Touaregs à l'État central. Jusqu'au déclenchement du conflit actuel, aucune solution consensuelle n'avait été trouvée.[16] Bien qu'AQMI soit présent au nord du Mali, aucune collusion entre rebelles touaregs et islamistes n'eut lieu cette année.

Au cours de ces dernières rebellions, des processus d'alliances autour de revendications communes et d'intérêts partagés au eu lieu. Mais à cause de la stratification de la communauté touareg et de mécanismes de fragmentation des mouvements (certains sont calqués sur les grands lignages qui forment la société touarèg), les alliances ont toujours échoué. Les divisions, les luttes et les ressentiments entre tribus font que les communautés touareg n'arrivent pas à parler d'une même voix. Ces nombreux clivages, qui renvoient aux dynamiques internes de la société rendent difficile la construction d'un État central indépendant d'autant plus qu'à ces clivages horizontaux s'ajoutent des clivages verticaux entre nobles *(imajeren)*, vassaux *(imrad)* et esclaves (*iklan*, souvent appelés *Bellas*). Ces deux derniers groupes sont généralement hostiles aux revendications indépendantistes et jihadistes, dont les leaders sont tous nobles.[17]

En fait, c'est une petite élite politico-militaire parfois lettrée, sans légitimité politique ou élective qui est à la base de ces rébellions. Par exemple, les chefs qui se sont imposés lors des rébellions des années 1990 n'ont jamais été mandatés par les populations dont ils s'autoproclament porte-parole. La majorité des Touaregs ne cautionne ni n'approuve leurs revendications et la lutte armée. Depuis des millénaires, ces populations cohabitent pacifiquement avec les autres groupes ethniques (Songhaï, Peul, Bozo, Dogon, Bambara, Maures et Arabes). Elles sont les premières victimes de l'agissement des élites politico-militaires et sont condamnées à subir les évènements et leurs conséquences. Les populations touareg et autres communautés de la région ne sont jamais consultées dans les négociations de paix qui se sont toujours déroulées entre les chefs rebelles et le pouvoir central de Bamako alors que les chefs de villages et de tribus, les élus nationaux et locaux ainsi que les représentants de la société civile auraient pu être associés. Beaucoup de Maliens critiquent ce dialogue unilatéral avec les seuls responsables rebelles, qui ne tient pas compte des autres communautés régionales ni de la majorité des Touaregs hostiles à leur projet indépendantiste. Pour ces

[16] *Ibid.*
[17] *Ibid.*

Maliens, les concessions qui leur ont été faites, au fil des conflits, sous la forme d'un retrait progressif de l'État du Nord Mali, sont à l'origine du cycle de rébellions et de surenchères auquel on assiste, et finalement de la crise actuelle.[18]

LA QUATRIÈME RÉBELLION : 2012-2013

En réalité, la quatrième rébellion est le prolongement de la troisième bien que le coup d'État du 22 mars ait précipité l'annexion de tout le nord du pays par les séparatistes. Cette nouvelle révolte a pris une grande ampleur parce que le contexte régional a profondément changé depuis 2007, car non seulement AQMI[19] est présent au nord Mali, mais la chute du colonel Kadhafi a favorisé la circulation des armes de guerre. Par ailleurs, l'essor du trafic de drogue a permis aux Touaregs de disposer de moyens financiers importants.

C'est le MNLA[20] qui est à l'origine de la rébellion. C'est le Mouvement national de l'Azawad (MNA), composé de jeunes Touaregs urbains et scolarisés et du Mouvement touareg du Nord-Mali (MTNM) d'Ibrahim ag Bahanga qui ont fusionné pour le concevoir. Le même discours est utilisé contre le gouvernement central de Bamako qui est accusé par le MNLA de ne pas respecter les engagements pris lors des accords d'Alger, notamment concernant la décentralisation et le développement des régions nord du pays[21]. Le MNLA dénonçait également le chômage et la remilitarisation de la région nord. Le mouvement est animé par les Touaregs militairement bien entraînés et lourdement armés revenus de Libye et aussi des ressortissants de Kidal. Comme les rébellions passées, ce mouvement n'était pas représentatif de l'ensemble de la communauté touareg qui n'avait même pas été consulté quant au bien-fondé de la révolte.[22]

---

[18] *Ibid.*

[19] A l'origine, AQMI s'est construite sur les cendres du Groupe salafiste pour la prédication et le combat (GSPC), qui luttait contre le gouvernement dans la guerre civile en Algérie. En 2007, l'organisation islamiste revendique son affiliation au réseau terroriste al-Qaïda. Elle élargit, par la même occasion, son aire de combat à tout le Sahel. Le groupe s'y organise en plusieurs katibas (brigades), qui multiplient des attentats et des enlèvements. Celle de Mokhtar Belmokhtar a fait scission depuis (cf. ci-dessous), tandis que celle d'Abou Zeid, tué dans l'opération Serval, s'est éparpillée.

[20] Le MNLA (Mouvement national pour la libération de l'Azawad) est né à Kidal le 15 octobre 2011. Le MNLA est laïc et milite depuis 2010 pour l'indépendance de la région de l'Azawad. C'est en début 2012 que le MNLA amorce la dégradation de la situation au nord du Mali grâce aux renforts venus de la Libye après la chute de Kadhafi. Ce mouvement initie le soulèvement touareg contre Bamako. Après avoir pris les villes principales du Nord (Kidal, Tombouctou et Gao), le MNLA proclame en avril l'indépendance de l'Azawad. Mais les groupes islamistes rivaux (Ansar Dine, Mujao et Aqmi) profitent également de la débandade libyenne et marginalisent rapidement le MNLA en lui reprenant notamment son fief de Gao. Quand la France décide d'intervenir, le MNLA affaibli tente de revenir dans le jeu politique, en se montrant prêt à combattre les islamistes à Kidal et à négocier avec le pouvoir central de Bamako. L'Etat malien et l'armée française choisissent alors de lui laisser Kidal.

[21] Dans ces régions, la sécheresse sévissait aussi et avait des conséquences catastrophiques sur récoltes et les pâturages.

[22] *Ibid.* Emmanuel Grégoire.

Cette fois-ci, le mouvement rebelle, laïque réclamait l'autodétermination du peuple de l'Azawad afin de prendre en compte les préoccupations de toutes les sensibilités présentes sur le terrain et aussi celles de la population locale. Au départ, le MNLA était ouvert au dialogue avec Bamako, mais probablement à cause de sa frange militaire composée d'hommes d'expérience de la Libye et des militaires déserteurs de l'armée régulière malienne, il optait pour l'option militaire en cas d'échec du dialogue. La concentration des troupes dans le nord du Mali par le gouvernement malien a conduit le MNLA aux hostilités. À la différence des autres rébellions passées, le MNLA était mieux équipé et s'opposa directement à l'armée malienne. Menaka tombe dans les bras du MNLA en janvier 2012. Le lendemain, Tessalit tomba. Puis ce fut Aguelhok, où une centaine de soldats maliens faits prisonniers furent égorgés.[23] L'attaque d'Aguelhok a été menée en coordination avec les islamistes. Vu la pression des rebelles et des islamistes, l'armée malienne adopta la tactique du « repli stratégique » à chaque avancée des rebelles si bien qu'il n'y eut pas de véritables batailles quand les rebelles arrivaient dans une localité. C'est ainsi que Kidal, Gao et Tombouctou tombèrent aux mains du MNLA dès la fin du premier trimestre 2012. C'est cette conquête qui a précipité le coup d'État survenu à Bamako le 22 mars 2012. L'armée malienne était désorganisée et démobilisée. Fort de sa victoire, le MNLA proclama l'indépendance de l'Azawad le 6 avril 2012.

Certes le MNLA combattit avec le groupe Ansar Eddine[24], mais les deux mouvements n'ont pas les mêmes idéologies et les mêmes objectifs : le MNLA est indépendantiste et laïque alors que Ansar Eddine est islamiste et veut appliquer la sharia au Nord à défaut de l'appliquer sur toute l'étendue du territoire du Mali. Selon Emmanuel Grégoire, « après d'âpres négociations pour se fédérer en un seul mouvement, Iyad ag Ghali, chef d'Ansar ed-Dine et personnage influent des Ifoghas, et Mohammed Najim, chef d'état-major du MNLA, ne purent s'entendre quant aux objectifs religieux de leurs mouvements, Iyad ag Ghali refusant de rompre ses liens idéologiques et militaires avec AQMI comme le lui demandait le MNLA. Dès lors, alliés pour affronter l'État malien, les deux mouvements devinrent rivaux : une fois encore, la rébellion touarègue était désunie. »[25] Ainsi, avec l'aide d'AQMI et du MUJAO[26], Iyad ag Ghali chasse le MNLA des villes

---

[23] *Ibid.*

[24] C'est l'un des mouvements rivaux du MNLA dans le Nord du Mali. "Ansar Dine ' signifie en arabe "partisans de la religion". Son chef, le colonel déserteur Iyad ag Ghaly, est une figure historique de la rébellion touareg. Mais il s'est radicalisé et son mouvement est apparu en 2012. Il milite pour l'instauration de la charia au Mali et n'est pas favorable à l'indépendance du Nord Mali. Quand le Nord tombe aux mains des islamistes, Ansar Dine se rend coupable de nombreuses exactions. Devant l'avancée de l'armée française, le groupe prend ses distances médiatiques avec les autres mouvances islamistes de la région, en proclamant refuser le terrorisme. Mais ses liens avec Aqmi ne sont pas clairs. Repoussé hors de Kidal, Ansar Dine reste puissant dans la région alentour.

[25] *Ibid.*

[26] Le Mouvement pour l'unicité et le jihad en Afrique de l'Ouest (MUJAO) est né en 2011 d'une scission avec Aqmi. Après la prise du Nord-Mali par le MNLA, le Mujao lui prend la ville de Gao, y appliquant la charia. En novembre 2012, le groupe revendique l'enlèvement du Franco-Portugais,

conquises. Une partie de ses combattants désertent et rejoignent Ansar Eddine.[27] À côté de ces mouvements, il y a aussi un groupe de Touaregs opposés au MNLA et fidèle au gouvernement de Bamako. C'est le groupe du colonel El Hadj ag Gamou qui avait quatre cents à cinq cents combattants. Il commandait la zone de Kidal au début de l'année 2012. Après la débandade de l'armée nationale malienne, Gamou et sa troupe restés fidèles au pouvoir central furent stationnés près de Niamey, où ils s'étaient réfugiés. Après l'opération serval de la France et la reprise de Gao, ils retournèrent au Mali. Selon Emannuel Grégoire, au début de l'année 2013, la communauté touarègue se subdivisait en trois blocs : une rébellion « traditionnelle », une rébellion islamiste et des militaires restés fidèles à Bamako. Un quatrième bloc pourrait être ajouté et elle est constituée par les populations qui sont les premières victimes du conflit. En 2012, les Arabes maliens s'organisent et créent le Mouvement arabe de l'Azawad probablement pour être comptés parmi ceux qui seront invités autour de la table de négociation.

À cause des atrocités commises au nord Mali et à ses alliances avec les islamistes l'image du MNLA avait commencé à se ternir. Vu que la France a décidé d'intervenir, le mouvement séparatiste qui entendait redorer son blason a déclaré prêt à négocier avec les autorités de Bamako et à aider la France à chasser les islamistes et à récupérer les sept otages français.

Le 24 janvier 2013, des membres d'Ansar ed-Dine entrent en dissidence le 24 janvier 2013 et créent le Mouvement islamique de l'Azawad (MIA) dirigé par Alghabass ag Intalla, un des fils de l'Aménokal des Ifoghas. Il est successeur potentiel de son père. Il est le négociateur d'Ansar ed-Dine lors des pourparlers de Ouagadougou vers la fin de l'année 2012. Son groupe constituait l'aile modérée du mouvement islamiste. Le MIA déclara être partisan d'une solution politique à la crise malienne et prêt à combattre les autres groupes « terroristes ». Selon Emmanuel Grégoire, ce coup de théâtre s'explique en partie par la rapide percée de l'opération Serval qui a facilité la tâche aux armées française, malienne, tchadienne et nigérienne qui progressaient dans le nord-est du pays. La majorité des hommes de Iyad Ag Aly avait rejoint le MIA ou le MNLA. L'ennemi demeurait l'AQMI, le MUJAO et le reste des combattants restés fidèle à Iyad ag Ghali. La création du MIA qui prônait des positions radicalement opposées à celles que ses dirigeants défendaient quelques semaines plus tôt, marquait une nouvelle fois la fragmentation de la rébellion et son incapacité à rester unie.[28]

Gilberto Rodriguez Leal. Après la libération de Gao par l'armée française, le Mujao n'abandonne pas le combat, menant notamment des attaques-suicides. Cet été, l'organisation s'est rapprochée des "Signataires par le sang", une autre émanation d'Aqmi dirigée par Mokhtar Belmokhtar (responsable, entre autres, de la prise d'otages sanglante d'In Amenas, en Algérie). En août dernier, un communiqué du dirigeant du Mujao, le Touareg Ahmed Ould Amer, annonce ainsi la fusion des deux mouvements en un seul, baptisé "Al Mourabitoune" ("Les Almoravides"). S'inspirant d'al-Qaïda, la nouvelle entité promet à la France et à ses alliés dans la région "la débâche de leurs troupes".

[27] Ansar Eddine offrait des conditions financières plus avantageuses (un nouvel adhérent recevait 300 000 francs cfa plus des primes lors d'opérations militaires) en raison de l'implication de son chef dans le convoyage de la drogue et la libération d'otages occidentaux.

[28] *Ibid.* Emmanuel Grégoire.

Cette situation bouleversa le rapport de forces et la France s'appuya sur ces nouveaux alliés touaregs et le réseau de renseignements qu'ils ont pour anéantir les « terroristes » et tenter de récupérer les otages. Certes, les terroristes ont été vaincus et chassés des grandes villes du nord Mali, mais la France ne réussit toutefois pas à libérer les otages.

Suite aux succès des militaires français et les troupes tchadiennes et à la restauration progressive de la souveraineté du Mali sur le Nord, les chefs de fractions et les notables touaregs créent le Haut conseil pour l'unité de l'Azawad (HCUA) à l'issue d'une assemblée générale organisée à Kidal le 5 mai 2013. Vu le renversement de la situation et conscient de la fragilité militaire de la rébellion, Mohammed ag Intalla, président du Haut conseil déclara qu'ils appuient tous les efforts en vue de trouver par le dialogue une solution politique négociée à la crise que traverse l'Azawad. La solution politique fut trouvée au terme des négociations de Ouagadougou où un accord de paix a été signé le 18 juin 2013 entre les représentants du gouvernement putschiste, du MNLA et du HCUA. Au même moment, l'armée malienne s'approchait de Kidal. Cet accord a ouvert la voie à l'organisation de l'élection présidentielle de novembre 2013 sur l'ensemble du territoire national.

LES MOUVEMENTS ISLAMISTES : ENTRE IMPLANTATION, RIVALITÉS, EXPANSION ET AFFAIBLISSEMENT

Selon Emmanuel Grégoire (2013), ce sont les dissensions au sein du GIA (Groupe islamique armé) qui commit les pires massacres de la guerre civile algérienne, qui conduisirent à son éclatement en 1998 et à la création du GSPC (Groupe salafiste pour la prédication et le combat) par Abdel Malek Droukdal. Ce dernier entendait poursuivre le jihad contre les militaires afin d'établir un État islamique. En 2006, le GSPC fit allégeance à Al-Qaïda d'Oussama Ben Laden et devînt, en 2007, AQMI (Al-Qaïda au Maghreb islamique) avec pour émir Abdel Malek Droukdal, véritable penseur du mouvement.

Suite à ses revers militaires dans le nord de l'Algérie, une frange d'AQMI s'est repliée sur le flanc sud du pays et au Sahel malien. Son objectif n'était pas de conquérir le pouvoir, mais d'instaurer une zone de non-droit pour se livrer à toutes sortes de trafics et appliquer la sharia dans toute la bande sahélo-saharienne. Il voulait constituer un émirat doté d'un immense territoire qui couvrirait une large partie de l'extrême sud-ouest algérien, du nord de la Mauritanie, du Mali et du Niger jusqu'aux confins du lac Tchad. Dans cette configuration, selon André Bourgeot (2011) cité par Emmanuel Grégoire, trois grandes katibas (bataillons) furent mises en place : « à l'Ouest, celle de Mokhtar Ben Belmokhtar, trafiquant connu de cigarettes et de drogue ; à l'Est (massif des Ifoghas), celle d'Abou Zeid, contrebandier et preneur d'otages notoire ; au Nord, dans l'oasis de Taoudéni, celle de Yahia Djouadi (alias Abou Hammar), qui devint le bras droit d'Abdel Malek Droukdal puis fut nommé émir du Sahara en septembre 2012 ».

En fait, il y a dix ans que ces salafistes algériens sont implantés dans le septentrion malien au vu et au su du gouvernement malien dirigé par le général président Amadou Toumani Touré. Dès leur installation, ATT aurait dû entreprendre des actions militaires pour les chasser, car ils n'étaient pas encore nombreux et ne s'étaient pas encore enrichis de l'argent de la drogue et des autres trafics. Ils étaient environ 300 à 500 hommes. Ce laisser-aller et « laissez-faire leur a permis d'y faire parfois souche en épousant des femmes touarèg ou arabes maliennes, comme c'est le cas de Mokhtar Ben Belmokhtar, de grossir leurs rangs en recrutant des subsahariens et d'accroître leur emprise territoriale. Parallèlement, ils renforcèrent leur armement grâce à l'argent gagné sur le paiement de rançons en contrepartie de la libération d'otages occidentaux, sur divers trafics et à partir de la distribution massive d'armes à laquelle le colonel Kadhafi se livra, en 2011, pour lutter contre les insurgés de Benghazi et les forces de l'OTAN. AQMI se dota alors d'armes lourdes et de moyens de transmission sophistiqués tandis que les Touaregs maliens et nigériens, dont plusieurs centaines combattirent aux côtés des partisans du guide de la révolution, s'équipèrent en armes légères avec l'objectif de s'en servir de retour au pays » (Grégoire & Bourgeot, 2011).[29]

Les rivalités et dissensions au sein du mouvement islamiste a eu raison de lui et vers la fin de 2011 un nouveau groupe appelé Mouvement pour l'unité et le jihad en Afrique de l'Ouest (MUJAO) est né à la suite de l'enlèvement en Algérie de trois Européens en octobre 2011 à l'initiative du Mauritanien Hamada Ould Mohamed Kheira.

Apparemment, Abou Zeid et Yahia Djouadi ne voulaient pas que des éléments d'AQMI interviennent en Algérie. C'est pourquoi, lorsque Hamada O. M. Kheira et son second, Abou Ali, un Algérien d'origine malienne, présentèrent les trois otages aux émirs installés dans les montagnes de Tigharghar dans le massif des Ifoghas, une violente dispute éclata. Ils désapprouvèrent l'opération et donnèrent l'ordre à leurs auteurs de rapatrier les otages de l'autre côté de la frontière. Ould Mohammed Kheira et Abou Ali accusèrent ces émirs comme étant de mauvais djihadistes qui ne font qu'exploiter les non-Algériens qui ne profitent pas des avoirs de leurs activités. Ils partirent s'installer avec leurs partisans et leurs otages dans la région de Gao qui devint leur fief et occupèrent aussi Ménaka.

Suite à cette rupture, dans leurs nouveaux fiefs, des Arabes maliens les rejoignent. Le nouveau groupe agissait désormais pour son propre compte. Ces actions étaient basées sur les rapts d'Occidentaux, le trafic d'armes et de drogue, etc. Il procéda à de nombreux recrutements parmi les Peuls du bassin du fleuve Niger et des Nigériens sur une base à la fois islamiste et anti-touareg ou anti-MNLA[30].

Le 9 décembre 2012, le MUJAO fut à son tour touché par un mouvement de dissidence avec l'apparition d'Ansar al-Sharia (défenseurs de la loi islamique)

---

[29] *Ibid.* Emmanuel Grégoire.

[30] *Ibid.*

fondé à Gao par des islamistes membres de la tribu barabiche de Tombouctou liés à une milice libyenne du même nom. Au même moment, Mokhtar Ben Belmokhtar créait son propre groupe appelé les « Signataires par le sang », s'émancipant ainsi d'AQMI qu'il ne se privait pas de critiquer sur des forums et de court-circuiter, en tentant d'entrer directement en contact avec les hauts responsables d'Al-Qaïda en Afghanistan. Il se rapprocha du MUJAO et rompit ses relations avec Abou Zeid, avec lequel il était en désaccord et se livrait à une véritable course à la prise d'otages. Ces scissions en cascade montrent que le mouvement salafiste et djihadiste n'est ni homogène ni uni.[31] Au sein du mouvement islamiste, ce sont les Algériens, les Marocains et les Libyens qui contrôlent les grandes katibas (bataillons) en occupant des postes importants. Les Subsahariens et les Sahraouis n'occupent pas de postes importants et constituent ceux qui occupent les premiers rangs quand il s'agit d'offensive ou de défensive. Ces derniers s'estiment lésés quant à la répartition des rentes monopolisées par les premiers. Ils perçoivent les miettes. Il est important de noter que la mouvance islamiste est hiérarchisée entre ceux (les Blancs) qui commandent et ceux (les Noirs) qui sacrifient leur vie au combat au nom de l'islam. Pour illustrer cet état de fait, Judith Scheele (2012) cité par Emmanuel Grégoire décrit les hiérarchies raciales qui prévalent à Tamanrasset : « au sommet de la pyramide se trouvent les Algériens blancs puis les Touaregs, les Arabes maliens et les Maures, les Algériens noirs et enfin les Subsahariens qui en occupent la base. Ces hiérarchies qui renvoient à l'histoire précoloniale régionale (traite des esclaves) structurent aussi les groupes islamistes : le racisme a poussé de nombreux subsahariens à déserter, ne voulant pas servir de chairs à canon comme cela se serait produit lors de l'offensive d'AQMI sur l'aéroport de Sévaré (début janvier 2013), où des combattants noirs auraient été placés en première ligne en raison du risque d'intervention étrangère. De même, des subsahariens ont été abandonnés dans l'Adrar des Ifoghas par leurs chefs algériens qui avaient pris la fuite. Ils furent faits prisonniers par les militaires français, les enfants soldats capturés étant remis à des ONG ».[32]

Les salafistes étaient considérés à Gao et à Tombouctou comme des étrangers. C'est pourquoi, après l'intervention française, des scènes de liesse ont eu lieu à Gao et à Tombouctou. Si, dans un premier temps, les habitants ne marquèrent pas de franche opposition à l'égard des islamistes, attendant probablement de « voir » les nouveaux venus après avoir subi les pillages et les exactions des Touaregs du MNLA, très vite les châtiments perpétrés le plus souvent contre des « Noirs », les destructions à Tombouctou d'édifices religieux et de livres anciens, symbole de l'islam local (malékite), l'obligation faite aux femmes de porter le voile et l'interdiction de fumer, de jouer de la musique et de se livrer à des jeux (football,

[31] *Ibid.*
[32] *Ibid.*

loterie, etc.) suscitèrent un sentiment d'hostilité qui ne pouvait s'exprimer au grand jour par peur de représailles.[33]

Ainsi, comme l'a avancé Emmanuel Grégoire, l'attitude d'AQMI à l'égard des mouvements touaregs fut différente, car il ne s'agissait pas de populations sans défense, mais plutôt de groupes armés qui avaient, les premiers (MNLA), pris les armes contre l'État malien. En raison de son idéologie laïque, il ne pouvait être un allié et devait par conséquent être combattu. Mieux organisés et équipés, comme annoncé plus haut, les salafistes chassèrent le MNLA des villes du Nord-Mali dont il s'était emparé au début de l'année 2012. En revanche, l'alliance avec les islamistes touaregs d'Ansar Eddine était essentielle, car elle permettait aux émirs de renforcer leur ancrage dans le massif des Ifoghas et de disperser les pressions de la communauté internationale en cas d'intervention militaire. La création le 24 janvier 2013 du MIA (Mouvement islamique de l'Azawad) par des membres d'Ansar ed-Dine déjoua ce plan. AQMI et le MUJAO affrontèrent seuls les troupes françaises, maliennes, tchadiennes et nigériennes. Ansar Eddine ayant vu la plupart de ses hommes rallier le MIA s'était aussitôt déclaré prêt à collaborer avec l'armée française. Les cartes furent donc redistribuées au détriment des islamistes, privés d'un précieux allié. Ce renversement d'alliance bénéficia aux forces françaises, qui trouvèrent là un nouvel appui.[34]

III.- LE COUP D'ÉTAT DE 2012 ET LA RECOMPOSITION DE L'ESPACE POLITIQUE

Constitutionnellement, les élections présidentielles étaient prévues au Mali en 2012.[35] Mais dans l'environnement socio-politique et sécuritaire de 2012, le Mali faisait face à des attaques des rebelles et à des crises sociales sans précédent. Depuis les massacres d'Aguelhok de janvier 2012, des grognes s'étaient multipliées dans les différentes garnisons du pays. Et, devant l'immobilisme des autorités en place, la situation avait atteint son paroxysme lorsqu'une mutinerie violente en provenance de la garnison de Kati à quinze kilomètres de Bamako avait atteint une grande partie de l'armée. Le jeudi 22 mars 2012 en violation de l'article 121 de la Constitution qui dispose : « Tout coup d'État ou putsch est un crime imprescriptible contre le peuple malien ». Une mutinerie d'une partie du camp militaire de Kati a empêché Amadou Toumani Touré d'exercer ses fonctions de président de la République. Dans la foulée, un Comité national pour le redressement de la démocratie et la restauration de l'État (CNRDRE) fut formé par un groupe de militaire dirigé par le capitaine Amadou Haya Sanogo. Sur l'ORTM (Office de radio diffusion et télévision du Mali), ce Comité par la voix

---

[33] *Ibid.*

[34] *Ibid.*

[35] Le premier tour était fixé au 29 avril et, si aucun candidat n'obtenait la majorité absolue des suffrages exprimés à l'issue du premier tour, le second tour devait se tenir le 13 mai suivant. Le premier tour était couplé avec le référendum sur la révision de la Constitution.

de son porte-parole le lieutenant Amadou Konaré annonçait la suspension des institutions de la République. Ce coup de force a fait naître une crise militaro-politique et occasionné la naissance de plusieurs « fronts politiques, mouvements et regroupements ». Toutefois, les militaires qui semblent ne point savoir que faire de ce pouvoir dont ils se sont emparés à la pointe de leurs fusils et qui sont bien en peine d'imposer à leurs troupes un minimum de discipline, à défaut de pouvoir coopter des personnalités politiques susceptibles de blanchir leur entreprise et de leur donner les moyens de gouverner.

L'article 36 de la Constitution dispose : « lorsque le Président de la République est empêché de façon temporaire de remplir ses fonctions, ses pouvoirs sont provisoirement exercés par le Premier ministre. Selon le même article, en cas de vacance de la Présidence de la République pour quelque cause que ce soit ou d'empêchement absolu ou définitif constaté par la Cour constitutionnelle saisie par le Président de l'Assemblée nationale et le Premier Ministre, les fonctions du Président de la République sont exercées par le Président de l'Assemblée Nationale. Il est procédé à l'élection d'un nouveau Président pour une nouvelle période de cinq (5) ans. L'élection du nouveau Président a lieu vingt-et-un (21) jours au moins et quarante jours au plus après constatation officielle de la vacance ou du caractère définitif de l'empêchement. Dans tous les cas d'empêchement ou de vacance, il ne peut être fait application des articles 38, 41, 42 et 50 de la Constitution ». Le dimanche 8 avril, Amadou Toumani Touré démissionne officiellement de ses fonctions de président de la République. Conformément à la Constitution du 25 février 1992, la Cour constitutionnelle a constaté la vacance de la présidence de la République par l'arrêt n° 2012-001/CC/ VACANCE du 10 avril 2012. En exécution de cet arrêt, le président de l'Assemblée nationale a été investi pour assurer l'intérim du président de la République.

Le 6 avril 2012, sous la pression de la CEDEAO, le CNRDRE rétablit l'ordre constitutionnel à travers la signature d'un accord-cadre avec le médiateur de la CEDEAO. Ce processus de mise en œuvre de l'article 36 de la Constitution du 25 février 1992, permettant ainsi le retour à l'ordre constitutionnel qui a vu la nomination du premier ministre de Cheick Mohamed Abdoulaye Souad dit Modibo Diarra par décret n° 2012-193/P-RM du 17 avril 2012. Dans ce même processus, sont nommés ministres selon le décret n° 2012-194/P-RM du 24 avril 2012 portant nomination des membres du gouvernement, entièrement composé de technocrates ou de personnages peu connus du monde politique. Dans cet environnement politique marqué par une crise politico-institutionnelle et sécuritaire, la société civile s'est montrée très active durant la transition et maintiendra sa mobilisation pour un retour total à la normale.

Après le coup d'État militaire perpétré par la junte le 22 mars 2012, la classe politique et la société civile malienne sont entrées en pleine ébullition. Ce coup de force a engendré la naissance de plusieurs fronts politiques, des mouvements et des regroupements d'associations. Depuis le coup d'État de mars 2012, jusqu'à la signature de l'accord-cadre et les élections présidentielles, les différentes associations et regroupements politiques ont adopté des stratégies de positionnement et de repositionnement en faisaient des démonstrations de force. Chaque regroupement voulait faire croire qu'il avait la majorité du peuple. Visiblement, ce peuple, les partis politiques, les associations et la société civile sont divisés par ce coup d'État, avec, en toile de fond, la traditionnelle division entre les deux principales centrales syndicales des travailleurs du pays, la CSTM et l'UNTM.

LE MÉCANISME DE FORMATION DES ASSOCIATIONS ET MOUVEMENTS

Afin de voire clair cette situation, il convient de décrire les mécanismes de formation des différentes organisations et mouvements, et de faire état de leurs actions entreprises durant la période troublée afin d'évoquer le processus de rétablissement de l'ordre constitutionnel.

Constitution du front anti-putschiste : FDR

Au lendemain du coup d'État, une vingtaine d'associations et de syndicats se regroupent au sein du Front uni pour la sauvegarde de la démocratie et la République (FDR) et réclament le départ des militaires mutins. Si la liste des organisations de la société civile ayant opté pour le FDR n'est pas exhaustive, force est de constater que certaines d'entre elles se sont montrées plus actives dans la restauration de l'ordre constitutionnel, parmi lesquelles : l'UNTM (la principale centrale syndicale), le Conseil national de la jeunesse (CNJ), la principale organisation de la jeunesse, les trois principales organisations de femmes du Mali (APDF, FENACOF, AESF), la CAFO. Dans un manifeste du Front uni pour la sauvegarde de la démocratie et la République en date du 24 mars 2012, il a dévoilé ses objectifs et ses plans d'action. Le Front uni pour la sauvegarde de la démocratie et de la République (FDR) a pour objectifs :

- la défense de la Constitution du 25 février 1992
- la restauration de la légalité constitutionnelle
- la libération immédiate et sans condition des détenus politiques civils et militaires
- le retour des Forces armées et de Sécurité dans leurs casernes pour s'acquitter de leurs missions de défense du territoire
- le respect des libertés publiques et la fin des violations des droits de l'homme
- le rétablissement de la paix et de la sécurité au nord du Mali en vue du retour des réfugiés et déplacés internes, et de l'organisation d'élections libres et transparentes dans les meilleurs délais.

Dans ce manifeste, le Front uni pour la sauvegarde de la démocratie et de la République (FDR) exhorte le peuple malien tout entier à se mobiliser pour la restauration de l'ordre constitutionnel et le retour immédiat des Forces armées dans leurs casernes. Il invite les peuples et les États de la sous-région, ceux du continent africain, ainsi que la Communauté internationale, à réaliser que le Mali traverse une des périodes les plus sombres de son histoire. Nous avons besoin de manière pressante de leur solidarité.

Mode d'action des anti-putschistes

Contrairement aux pro-putschistes qui, dans leur stratégie optent pour une violence politique, les OSC (organisations de la société civile) comme l'APDF, FENACOF, AESF), la CAFO l'Association des élèves et étudiants du Mali (AEEM) proches du pouvoir politique évoluant au sein du FDR ont toujours adopté une stratégie plus diplomatique non violente. À travers des déclarations médiatiques, cette coalition parvient à se faire une place de choix dans l'opinion internationale. Cette démarche diplomatique et légale leur a permis d'avoir l'estime de la communauté internationale dans le combat du retour à l'ordre constitutionnel. Comme on pouvait le constater, le combat des organisations de la société civile au sein du FDR contrairement à celui de la COPAM, du MP 22, de Yerewoloton fut le retour à l'ordre constitutionnel. Dans leur combat, elles ont exigé le retour à l'ordre constitutionnel définitif et ont refusé que les Maliens vivent sous un régime d'exception. « Les militaires au front, le pouvoir aux civils », « non au bicéphalisme au sommet de l'Etat », etc.[36] Cette option a toujours été défendue par les leaders du mouvement au moment des périodes les plus cruciales de la crise politico-institutionnelle et sécuritaire. Tel fut le combat du président du FDR, Siaka Diakité, qui est également le secrétaire général de l'Union nationale des travailleurs du Mali (UNTM), la plus puissante des centrales syndicales du pays. Les leaders du FDR ont réitéré leur soutien au président de la République par intérim et au premier ministre de la transition contrairement à la vision des pro-putschistes qui ont toujours œuvré à ce que la transition soit dirigée par le capitaine Amadou Haya Sanogo. Pour ces organisations, le retour réel à l'ordre constitutionnel et la libération des régions du nord occupées par des rebelles touaregs et des salafistes demeurent les principales priorités. Cette coalition maintient son non ferme et résolu au coup d'État même si elle demeure fidèle au mécanisme d'un dialogue citoyen et républicain.

Si les pro-putschistes misaient sur une gestion nationale de la crise, les organisations de la société civile comptaient sur le soutien international en l'occurrence la CEDEAO. D'ailleurs leur appel à l'endroit de l'armée et de la CEDEAO est une parfaite illustration. Dans cet appel, le secrétaire général du FDR s'adresse à toute l'armée malienne pour qu'elle se remobilise pour libérer le nord et soulager les populations. Comme l'armée, le FDR appelle aussi la CEDEAO à renforcer les capacités d'intervention de l'armée nationale pour lui permettre d'assumer sa mission républicaine et patriotique. Comme la CAFO et l'UNTM, le Conseil national de la jeunesse (CNJ-Mali) a toujours souhaité accompagner les gouvernements dans l'accomplissement de leurs missions tout en restant dans leur position d'anti-putschiste.

---

[36] Le quotidien *Le 22 Septembre* du 23 avril 2012.

Constitution du mouvement pro-putschiste : COPAM

Dans le même temps, Oumar Mariko (ancien secrétaire général de l'AEEM en 1991 passé alors dans l'opposition depuis avril 2011), député, candidat à la présidentielle et secrétaire général de la Solidarité africaine pour la démocratie et l'indépendance (SADI) annonce la création du MP22, le mouvement populaire du 22 mars en soutien aux putschistes. Plusieurs associations opportunistes et organisations désœuvrées ou victimes d'injustice de la part du pouvoir en place le rejoignent : l'Association Yerewoloton, l'Association malienne des expulsés (AME), le Syndicat des paysans du Mali (SYPAM TTD), l'Association des rapatriés de Libye. À côté de ces mouvements, il y a aussi la COPADEM et le RPDP qui sont aussi pro putschistes. C'est ainsi que le 6 avril 2012, un regroupement de onze différents mouvements (syndicats, associations et partis politiques) crée une Coordination des organisations patriotiques du Mali (COPAM). Quant au Mouvement populaire du 22 mars (MP22) qui est membre de la COPAM, il regroupe à lui seul des partis politiques et des organisations de la société civile et d'autres mouvements associatifs de soutien à la junte militaire.

La COPAM ne souhaitant pas le maintien du président de la République par intérim, Dioncounda Traoré à la tête du pays aux termes des quarante jours conformément à la Constitution, elle affiche clairement qu'elle désire que le CNRDRE dirige le Mali pendant la période transitoire. Ce désir est perceptible dans les considérants de la charte de sa création :

- « Considérant que le redressement de la démocratie est une nécessité absolue pour notre pays ;
- « Considérant que le libre choix de sa propre destinée est un droit indéniable à tout peuple ;
- « Conscient du chaos national entraîné par le laxisme et la gabegie de l'ex-président de la République Amadou Toumani Touré, des membres de l'ancien gouvernement et du Parlement. »

Dans les colonnes du journal *Le républicain* en date du 19 juin 2012, on pouvait recenser les objectifs de l'organisation qui se résument en ce qui suit : « Garantir l'accès des paysans aux intrants agricoles à temps et à moindre coût, la promotion de l'épanouissement des travailleurs des secteurs de l'agriculture, l'accès des paysans aux crédits agricoles à un taux incitatif, l'appui soutenu et durable aux femmes paysannes, etc. » Si avant le coup d'État ces objectifs défendus par le SADI et les syndicats des paysans et éleveurs étaient professionnels, ils deviennent rapidement politiques après le 22 mars 2012, car les leaders de la COPAM savent que la situation sécuritaire au nord du Mali préoccupe profondément les paysans et que ces questions liées à l'intégrité du territoire réveillent leurs sentiments nationalistes.

Dans un tel environnement chaotique du Mali en 2012, les violences massives, les déplacements des populations à l'intérieur comme à l'extérieur du pays constituent des menaces réelles pour la stabilité du pays et compromettent dangereusement la poursuite des activités agricoles et la transhumance du bétail.

On serait d'ailleurs tenté de conclure que ce fut l'une des raisons fondamentales que les syndicats des paysans et éleveurs du Mali ont demandé aux autorités maliennes sous le régime d'Amadou Toumani Touré de prendre toutes les dispositions pertinentes et nécessaires pour protéger toutes les Maliennes et tous les Maliens. Compte tenu de l'incapacité des autorités politiques à l'époque d'accomplir cette mission régalienne, le SYPAM s'est retrouvé dans l'opposition. Si cette thèse peut être qualifiée d'actes patriotiques, il est à noter aussi que l'activisme de ce mouvement au sein de la COPAM et du MP22 s'explique fondamentalement par le degré d'implantation du parti SADI dans les régions rurales.

Au-delà, le traitement différentiel opéré par les autorités en place à l'égard des rapatriés et des expulsés de la Libye, a occasionné un certain nombre de frustrations dans les rangs de ceux-ci et la conviction pour bon nombre d'entre eux, que leur situation fait l'objet d'une gestion ethnique et clientéliste. Le reportage de l'Office de radio et télévision du Mali (ORTM) sur l'accueil des rapatriés touaregs parmi lesquels tout un bataillon lourdement armé à Kidal, le cortège des ministres de la République qui les ont rendus visite, et les aides de l'État à hauteur de cinquante millions de francs CFA cash qui leur ont été remis constituent les raisons de ces frustrations. Une délégation de ces groupes de Touaregs a été reçue par la présidence et transportés de l'aéroport au palais présidentiel tandis que d'autres étaient entassés à la place publique FEBAK sans aucune assistance de l'État. C'est donc dire que l'insuffisance du dispositif d'accueil a révélé le manque d'attention des autorités face aux préoccupations des milliers de personnes qui ont transité par la place publique qui constitue le lieu de regroupement des rapatriés à Bamako. Par ailleurs, le gouvernement ATT a dépêché trois ministres escortés de bonnes intentions pour aller accueillir les rapatriés touaregs et discuter avec ces anciens combattants libyens avec des mallettes d'argent pour financer leur réintégration sociale au Mali.

Sans s'en rendre compte, l'affiliation implicite au parti SADI au détriment des partis de la mouvance présidentielle avant le coup d'État les avait relégués dans une catégorie de ''parias''. Ainsi, l'évocation du terme « opposants » qui était utilisé pour les désigner servait à la fois d'index social que l'État leur attribuait et d'identité qu'on voulait leur assigner pour les stigmatiser, pour les exclure de façon insidieuse des privilèges que l'État aurait pu les accorder en fonction de leur statut de rapatriés. L'association AMARLIM (Association des Maliens rapatriés de la Libye au Mali) en se rapprochant de la Radio Kayira appartenant au parti SADI, s'était empêtrée dans l'identité d'opposants sans le vouloir. Trois faits méritent qu'on s'y attarde : premièrement, certains rapatriés logeaient dans les locaux de la Radio Kayira depuis leur rapatriement de la Libye ; deuxièmement, quand Oumar Mariko, président du parti SADI a été une fois en Libye, certains étaient devenus proches de lui et avaient par la même occasion créé des clubs de soutien en son nom en Libye ; enfin, il y avait une troisième catégorie de rapatriés constituée de proches de Oumar Mariko et de son parti. Visiblement, ce sont donc ces trois groupes qui se sont mis ensemble en plus des autres expulsés de la Libye pour créer l'AMARLIM, et de ce fait, l'association était devenue trop proche du parti SADI.

Tout semble indiquer qu'un travail de fond a été fait par Oumar Mariko pour coopter les ressortissants maliens de la Libye. Les voyages que le secrétaire général du Sadi a effectués en Libye lui ont servi à se rapprocher davantage des ressortissants maliens de la Libye et à forger leur estime. C'est cette filiation qui s'est continuée une fois qu'ils ont été rapatriés. À cet effet, l'on est tenté de dire que les relations entre le SADI et la diaspora malienne de la Libye ont été scellées à la suite d'un voyage qu'Oumar Mariko a effectué à Tripoli. Au cours de cette visite, l'implication d'Oumar Mariko a été déterminante pour la libération de tous les prisonniers maliens et noirs détenus en Libye. Les rapatriés reconnaissent tous que ce que le président de parti SADI a su réaliser pour eux en Libye, les services diplomatiques n'ont pu le faire. Comme les rapatriés de la Libye, l'association malienne des expulsés (AME) organisait une conférence-débat sur la situation des déplacés. Au nombre des préoccupations soulignées, figure la question du retour des déplacés qui pour la plupart doivent tout reprendre à zéro. Ils ont ainsi lancé un appel aux autorités de prendre toutes les dispositions nécessaires pour assurer leur retour tout en leur apportant un accompagnement technique et financier.

Concernant le mode de mobilisation des différents mouvements, il convient de noter que le contexte national dans lequel s'insère le retour des rapatriés de la Libye est très différent de celui des années 2002-2005. Les rapatriés de la Libye sont arrivés à un moment où toute l'attention des pouvoirs publics était tournée vers une rébellion naissante et les élections générales de 2012 qui s'annonçaient. Ailleurs, leur proximité avec les lieux d'opposition les ont handicapés. Ce sont bien ces actions qui ont favorisé le rapprochement des rapatriés du Sadi de Oumar Mariko, un rapprochement qui est à l'origine de nombre de leurs difficultés. On doit aussi admettre que le rapprochement de ces associations au MP 22 était une sorte de survie politique conçue par le leader du SADI qui, ne pouvant pas engager directement son parti dans la défense de ces associations contre l'État, a voulu créer ce mouvement pour en faire un élément de politique nationale. Car, compte tenu de la situation socio-politique de l'époque, ces organisations ont été appuyées dans leur lutte contre le gouvernement d'Amadou Toumani Touré par Oumar Mariko.

Le mode d'action des pro-putschistes

Durant toute la crise politico-institutionnelle et sécuritaire, toute la stratégie du mouvement pro-putschiste a consisté à intimider les autres acteurs au nom de la puissance des armes et de la complicité de la junte militaire. La Coordination des organisations patriotiques du Mali, la COPAM est vraiment douée et habile. Elle se présente comme le défenseur de l'armée tout en oubliant ses accointances non pas avec l'armée, mais avec la junte militaire. C'est dire que la violence politique fut le mode d'expression des mouvements pro-putschistes du début de la crise à la fin de la transition politique. Ainsi, il convient de noter que la première violence intervient lorsque la décision du maintien de Dioncounda Traoré président de l'Assemblée nationale comme président intérimaire du pays en dehors de la période de quarante jours prévue par la Constitution et supportée par la CEDEAO et le CNRDRE, a été décidé. En effet, cette décision n'ayant pas été appréciée par les mouvements pro-putschistes, de milliers de personnes ont répondu le lendemain à l'appel de la Coordination des organisations patriotiques du Mali (COPAM) et du Mouvement populaire du 22 mars (MP22) d'Oumar Mariko du SADI. Conduite à la présidence le 21 mai, la manifestation s'achève par l'agression du président dans son bureau qui fut par la suite évacué sur la France pour lui administrer des soins. Si la COPAM a ouvert la voie aux dérives, lors de son retour de Paris le 28 juillet 2012, des associations comme Yèrèwoloton ont repris les hostilités. Ainsi, malgré les efforts consentis dans ce sens, le retour du président de la République, Dioncounda Traoré, notamment son pardon à ses agresseurs et les propositions de sortie de crise contenues dans son discours à la nation, les militants de cette organisation ont en organisé de nouvelles marches de protestation.

Mécanisme de formation des centristes : CSM

Au lendemain du coup d'État du 22 mars 2012, l'opinion nationale était partagée, de manière générale, entre les partisans du putsch regroupés au sein du MP22 et les anti-putschistes qu'on retrouve au sein du FDR. Cette position d'antagoniste a été jugée dangereuse par quatre cents associations et organisations de la société civile qui ont donc décidé de créer un front intermédiaire dont l'objet serait de servir de cadre fédérateur entres les deux autres diamétralement opposés dans leurs principes[37]. Avec cette position, les centristes ont voulu éviter une fracture au pays.

Mode d'action en faveur du rétablissement de l'ordre constitutionnel

Dans leur stratégie, les leaders de la Convergence pour sauver le Mali (CSM) ont fait le choix de promouvoir un dialogue national inclusif pour permettre au Mali d'avoir un gouvernement et des institutions capables de collaborer avec la communauté internationale. Cette coalition, depuis sa création, a par principe condamné le coup d'État et réaffirmé qu'il était contraire aux principes démocratiques et républicains. Elle a tour à tour rencontré le CNRDRE, le FDR, le président par intérim et est restée disponible et ouverte à toutes consultations allant dans le sens d'une sortie de crise. C'est ainsi que le dimanche 29 juillet 2012, les militants de la convergence pour sauver le Mali (CSM) avaient pris d'assaut le palais de la culture. Cette organisation pro-putsch, affiliée à la COPAM au lendemain du coup d'État du 21 mars, a changé le fusil d'épaule et prône l'union sacrée autour du président Dioncounda Traoré[38]. Forte de ses 33 partis politiques et plusieurs mouvements, la convergence a été l'une des organisations à battre le pavé pour dire non à la prolongation du mandat du

---

[37] Le quotidien *Le Républicain* du lundi 30 avril 2012.

[38] Le quotidien *La Nouvelle Patrie* du 1er août 2012.

professeur Dioncounda Traoré comme président de la République par intérim. Cette décision de la CEDEAO qualifiée de diktat, les avait mis dans tous leurs états et ils prendront activement part à une convention dite nationale pour désigner un président devant conduire la transition. Depuis ladite convention, la CSM s'est démarquée de la COPAM avec laquelle elle ne semble plus partager le même mobil de lutte. Mieux, ils sont désormais les défenseurs de celui-là même dont la reconduction a failli plonger le pays dans le noir par son comportement. Une position qui se justifie probablement, par l'appel à eux lancé par les femmes du Mali.

De l'antagonisme au rétablissement de l'ordre constitutionnel

Le retour à l'ordre constitutionnel a été un combat politique intense entre les pro-putschistes, les centristes et les anti-putschistes. Tous ces regroupements ont un trait commun, sauf le MP22, qui a applaudi le coup d'État. Ils ont tous condamné le putsch et ont appelé au rétablissement de l'ordre constitutionnel. Dans le combat pour la restauration de la Constitution, les organisations féminines ont joué un rôle important. Les femmes du Mali à travers les différentes organisations féminines et autres mouvements ont pu réunir les hommes autour d'une même table sous l'égide des familles fondatrices de Bamako (familles Touré et Niaré). Dans la situation cruciale de l'heure, chacun de son côté s'est engagé à privilégier le Mali, rien que le Mali. Dès lors les différents protagonistes ont estimé que la crise institutionnelle était résolue et qu'ensemble ils devraient travailler pour la reconquête du nord. On est tenté de dire que tous les acteurs de la crise politico-institutionnelle et sécuritaire semblaient finalement comprendre que la politique de l'autruche, ou la simple incantation en faveur des principes démocratiques ne suffisaient pas pour sortir le Mali de l'ornière. Il s'agissait de procéder à des compromis politiques. Ainsi, l'analyse de la situation politique, sociale et sécuritaire, pendant la période intérimaire, prouve à suffisance l'enlisement du Mali dans une instabilité politico-institutionnelle chronique qui menaçait l'unité et la cohésion nationale. Comme les centristes, à un moment donné de la lutte, la COPAM et ses partenaires appelaient toutes les forces sociales, politiques et économiques du pays à saisir l'opportunité d'une transition pour poser les fondations de l'émergence d'un Mali comme un État responsable, comptable et capable. Si les associations évoluant au sein du FDR voyaient le rétablissement de l'ordre constitutionnel, la Coordination des organisations patriotiques du Mali souhaitait que la transition soit dirigée par le Comité national pour le redressement de la démocratie et la restauration de l'État (CNRDRE, junte militaire qui a renversé le 22 mars l'ancien président Amadou Toumani Touré).

C'est dans cette situation sociopolitique que les élections présidentielles furent organisées en novembre 2013. Une nouvelle reconfiguration de l'espace politique se dessinait à travers des alliances, des allégeances et des coalitions.

LES ÉLECTIONS PRÉSIDENTIELLES DE 2013 ET LES ALLIANCES

Suite au coup d'État du 22 mars 2012, Ibrahim Boubacar Kéita (IBK) et Soumaïla Cissé ont adopté des positionnements divergents. IBK est passé de la coalition anti-putschiste à une attitude plus neutre, avant d'opérer un rapprochement avec la junte militaire et ses soutiens politiques via notamment sa cellule d'appui (IBK 2012). Du début de la crise jusqu'aux élections, on a assisté à un ensemble d'ajustements tactiques dans les prises de positions des uns et des autres. Après l'État d'urgence imposé le 12 janvier 2013 après l'intervention Serval, une période de stabilité relative s'était installée et les activités politiques avaient commencé. C'est à ce moment que des renégociations des configurations politiques issues de la crise ont commencé. Les différents groupes en présence constitués d'associations, de syndicats et de partis politiques étaient en fait plutôt hétérogènes. Beaucoup se sont délités ou recomposés à l'arrivée de la période électorale, puis dans les ralliements de l'entre-deux tours. Comme nous l'avons avancé plus haut, l'espace politique malien de l'après-coup d'Etat était composé de pro-putschistes, d'anti-putschistes, de centristes et d'associations islamistes. Tous ces groupes ont joué des rôles dans les élections présidentielles de 2013.

D'abord les Pro-putschistes et les élections : les deux principales centrales syndicales ont été des acteurs structurants du champ politique après le coup d'État. Pendant que le secrétaire général de la CSTM (Confédération syndicale des travailleurs du Mali) prenait la tête de la COPAM (Coordination patriotique du Mali), un regroupement ouvertement pro-putschiste, l'UNTM (Union nationale des travailleurs du Mali) prenait position au sein du FDR (Front uni pour la sauvegarde de la démocratie et de la République), le mouvement légaliste appelant au respect de la Constitution. Il est important de souligner que bien qu'adhérant aux deux groupes différents, les deux centrales syndicales ont adopté une position de retrait pendant la période électorale, ce qui constitue probablement une stratégie de neutralité pour se préparer à des élections en leur sein dans les mois à venir pour l'UNTM, et pour le CSTM, les dissensions existant entre la composante associative et syndicale de la COPAM et les partis politiques y adhérant. Parmi les associations et les mouvements membres de la COPAM qui avaient inégalement constitué la base civile de soutien aux putschistes au cours des premiers mois, certains ont manifesté leur soutien à la Convergence pour le développement du Mali (CODEM), un parti en pleine ascension au cours des cinq dernières années. Ce petit parti a obtenu 4,75 % des votes lors du premier tour et s'est placé 5e. D'autres associations regroupées au sein du Mouvement Populaire du 22 mars (MP22) par exemple le *Yere wolo ton* (l'Association des dignes fils du Mali) ont soutenu Oumar Mariko, le candidat du SADI (parti Solidarité africaine pour la démocratie et l'indépendance). Ce parti est de la gauche et se trouve dans la mouvance « altermondialiste ». Depuis 2002, Mariko est considéré comme l'un des véritables opposants au régime d'Amadou Toumani Touré avant sa chute. Il a soutenu ouvertement la junte pendant la crise. Après avoir obtenu 2,57 % des votes au premier tour et s'étant placé 6e sur 27 candidats, Mariko a soutenu IBK au deuxième tour tout en précisant le faire par défaut.

Ensuite les « centristes » : la Convergence pour sauver le Mali (CSM) inclut des candidats à la présidentielle tels que Mountaga Tall et Moussa Mara. Elle inclut aussi des formations politiques qui face aux partis, se sont farouchement opposés au coup d'État du 22 mars et ont eu le courage d'assumer leur participation à la gestion des affaires sous ATT. Vont se dresser les formations qui voilent leur participation à la gouvernance passée[39]. Ces derniers acteurs politiques cherchaient visiblement à contrebalancer le jeu politique que laissait entrevoir l'union sacrée projetée par le premier groupe incarné essentiellement par le FDR (voir plus bas). Voyant la nécessité de resserrer leurs rangs pour soutenir un des leurs au second tour de l'élection présidentielle du 28 juillet, des partis comme le RPM, le CNID-Faso Yiriwa Ton, la CODEM, YELEMA, le PCR, la CARE, l'APR forment une plateforme à l'image du FDR.

La CSM incarne une alternative d'apparence plus modérée pendant la crise. Ces membres condamnent le coup d'État, mais soutiennent que les justifications qui ont conduit au putsch sont réelles. Cette position est non seulement appuyée par des organisations de la société civile comme le FOSC (Forum des organisations de la société civile), mais aussi par les paysans des régions rurales. La CSM s'est divisée suite à l'intervention française et s'est refondée partiellement dans le PUR (Partis unis pour la République). Le PUR est un groupement de onze petits partis politiques autour de la CODEM. En vue des élections prochaines, ses membres ont signé un pacte en faveur du président et candidat de la CODEM Housseini Amion Guindo dit Poulo. Ainsi, l'exclusivité des soutiens apportés à ce candidat a exclu d'emblée les autres figures politiques de la CSM aux ambitions électorales comme Moussa Mara candidat du parti Yelema qui a obtenu 1,53 % ou Mountaga Tall du CNID qui a bénéficié de 1,54 %.

Quant aux antis putschistes du FDR, ils ont mis en place une plateforme électorale dont la convention a été signée le 31 mai 2013. Le nom donné à la plateforme est Alliance pour la démocratie et la République—Front uni pour la sauvegarde de la démocratie et de la République (ADR/FDR). Vingt-trois partis et associations politiques sont cosignataires. Le parti URD de Soumaïla Cissé et l'ADEMA-PASJ qui sont les partis majeurs sur l'échiquier politique malien en sont membres. Les membres de la plateforme s'engagent à soutenir le candidat issu de leurs rangs qui passera le premier tour. Mais après le premier tour des élections, le candidat de l'ADEMA trahit la convention et s'allie au candidat du RPM IBK. Moins d'un mois après la signature de la plateforme, le 19 juin, le PDES (Parti pour le développement économique et la solidarité), considéré

[39] Presque tous les partis politiques ont contribué à la gestion consensuelle du pouvoir d'ATT.

comme héritier politique du président déchu ATT s'engage derrière le candidat de l'URD Soumaïla Cissé. Ce ralliement a évidemment entraîné des craintes de la part du MP22 et des associations anti ATT comme *Yerewolo ton* qui en avaient les premiers souligné les risques.

Enfin, la jeunesse islamique et le mouvement « Sabati » : ces deux dernières décennies, certaines figures ou institutions religieuses continuent de politiser leur présence. Depuis les élections de 2002, ils sont visibles à la veille des élections et surtout en 2012 pendant la crise malienne à travers le Haut conseil islamique du Mali (HCIM) et son président wahhabite Mohamoud Dicko. Ce dernier s'est illustré par sa capacité de mobilisation populaire dès 2009 contre le projet du gouvernement de réforme du Code de la famille malien puis par un rassemblement identique en 2012 en appui au Premier ministre de la transition, Cheick Modibo Diarra (ce candidat n'a obtenu que 2,14 % aux élections présidentielles de 2013). Dans la gestion de la crise du Nord, surtout avec les islamistes, les hésitations du président du HCIM ont été considérées par beaucoup d'acteurs politiques comme suspectes. À la veille des élections de 2013, il rééquilibre son discours en se limitant à encourager le devoir de vote auprès des croyants. Mais à côté du HCIM, des figures confrériques et charismatiques plus autonomes s'affirment. C'est le cas du chérif hamalliste de Nioro, Mohamed Ould Cheickne Haïdara dit Bouyé. Tout au long de la crise, il s'est exprimé plus explicitement en faveur des putschistes puis des mouvements civils s'y étant associés. « Bouyé, aux inclinaisons pro-putschistes reconnues, se réintroduit dans le débat électoral via des groupements dits de « jeunesse islamique » (dont les membres ont en moyenne 35-40 ans). L'un des plus remarqués remonte à fin 2011 en prévision des élections de l'année suivante : Sabati 2012. Sa première grande mobilisation le 23 juin 2013 à la grande mosquée de Bamako égraine via différents intervenants « invités » (descendants de familles fondatrices, président du HCIM, fils du chérif de Nioro, leaders d'associations militantes…) un discours anti-FDR à peine voilé. Ces derniers dénoncent les dérives du système depuis 1991 tout en énonçant les qualités attendues -notamment piétistes- du candidat idéal. Sans que son nom n'ait été prononcé lors des discours, la figure d'IBK est discutée à la sortie de la mosquée. Le 13 juillet 2013, IBK est à Nioro où il rencontre le chérif de la ville, bailleur de Sabati. Le 19 juillet, Moussah Bah, président de Sabati 2012, se fait portevoix du chérif de Nioro et déclare son soutien à IBK ». Ainsi, pendant toute la campagne, les émissaires de Sabati ont sillonné toutes les mosquées pour annoncer que tous les musulmans votent IBK.

Par ailleurs, la branche politique de la junte, anciennement Comité national pour le redressement de la démocratie et la restauration de l'État (CNRDRE), se positionne en faveur du candidat IBK dans la continuité des rapprochements de 2012. Les militaires font campagne pour IBK dans leurs différentes casernes à travers le pays.

*

* *

Ainsi, à travers ce que nous venons de voir, il apparaît que, depuis le coup de force de 1968, l'espace politique malien est en perpétuelle recomposition. Ces séries de recompositions politiques surviennent non seulement au cours de chaque échéance d'élections libres et démocratiques depuis 1992, mais aussi après les coups d'État militaires (1968, 1991 et 2012), les rébellions (1963-1964 ; 1990-1992 ; 2006 et 2012-2013) et les incursions islamiques (2007-2013). Si le coup d'État militaire de 1968 était dû au rejet du régime totalitaire socialiste du premier président du pays Modibo Kéita, le deuxième (1991) était dû au rejet de la dictature de Moussa Traoré qui n'a pas su instaurer le libéralisme économique qu'il prônait pour amener le pays à la prospérité économique.

Quant au troisième coup d'État (2012), selon un leader politique malien, c'est le coup d'État le plus bête et le plus stupide jamais vu, car le pays, malgré la mal gouvernance et la corruption était considéré comme l'un des pays africains qui avait réussi le mieux son processus démocratique à travers des élections libres et démocratiques. D'ailleurs, le coup d'État est survenu quelques semaines avant les élections présidentielles. Ce coup d'État n'était pas réellement préparé, mais est survenu dans un climat d'instabilité où l'armée avait essuyé des défaites sanglantes et avait déserté le nord du pays où sévissait non seulement la rébellion touareg, mais aussi, où s'étaient installés des djihadistes lourdement armés qui combattaient auprès des rebelles. Après le coup d'État de 2012 et la période qui se situe entre la signature de l'accord entre la junte et la communauté internationale, une renégociation complexe de l'espace politique et militaire s'était déclenchée. La renégociation de l'espace politique a donné naissance à la venue en force des islamistes dans la sphère du pouvoir. Ils ont démontré qu'à 95 % de la population malienne, s'ils accordent leur soutien à un candidat aux présidentielles, c'est ce candidat qui est élu. La renégociation se retrouve aussi au niveau de l'intégrité territoriale où pour la première fois, les rebelles touaregs demandent l'indépendance du Nord Mali. La renégociation se complexifie davantage quand les islamistes rentrent dans la danse et exigent l'application de la charia sur toute l'étendue du territoire et à défaut sur les régions du Nord.

Bref, tous ces groupes d'intérêts politiques ou non ont lutté pour le changement ou ont combattu le pouvoir en place pour atteindre des objectifs politiques religieux ou territoriaux. Après l'intervention musclée de la force Serval et l'affaiblissement des groupes terroristes, ces derniers sont pour le moment « hors-jeu ». C'est la revendication territoriale des rebelles Touaregs qui pour le moment est à l'ordre jour, car les deux protagonistes, l'État malien et les groupes rebelles sont en pourparlers à Alger depuis juillet 2014. Les négociations à Alger sont à leur cinquième round au mois de février 2015 après la reprise des négociations. En novembre, à Alger, les groupes séparatistes (MNLA-HCUA-MAA-dissident et la mouvance de la CPA[40] restée fidèle à Ibrahim Ag Assaleh)

---

[40] Coalition pour le peuple de l'Azawad.

avaient en plus de l'exclusion des mouvements non-signataires du protocole divisant le Mali, demandé de trancher d'abord les questions politico-institutionnelles avant de discuter des autres thèmes. Dans le document qu'ils ont transmis à la médiation, les séparatistes ont réitéré leur revendication relative à un État fédéral avec deux entités. Bien qu'ayant déploré cette attitude considérée comme non conforme à la feuille de route signée en juillet dernier, la médiation estime que c'est néanmoins une « avancée majeure ». Les mois à venir nous édifieront sur le résultat de ces négociations et renégociations politico-militaires, institutionnelles et territoriales au Mali. Cette situation au Mali constitue un champ d'études et de recherche future important à plusieurs niveaux.

BIBLIOGRAPHIE

-Albert O. Hirschman, *Défection et prise de parole*, Paris, Fayard, 1995 (1970)

-Ba, A. Konaré (2000). *Dictionnaire des femmes célèbres du Mali*, Bamako : éditions Jamana

-Cotteret, J. M. (1973), *Gouvernants et gouvernés, la communication politique*, Paris : éditions PUF

-2012 : « Le processus démocratique et la performance économique au Mali depuis 1991 », *Revue internationale de droit africain* (*EDJA*), n° 94, 3e trimestre, 2012, Dakar, Sénégal

-Camara Bakary, « The 2007 free elections in Mali : between dissatisfaction and optimism » In *Elections and democratisation in West Africa*, Abdoulaye Saine, Boubacar N'Diaye & Maturin Houngnikpo (Eds), Trenton (NJ): Africa World Press, 2011

-Camara Bakary, « Le processus démocratique au Mali depuis 1991—Entre fragmentation de l'espace politique et coalitions : Quels sont les impacts de la démocratisation sur la condition de vie des maliens ? » (Publié par Association Américaine de Sciences Politiques—APSA), 2008. En ligne : http://www.apsanet.org/~africaworkshops/media/Bakary%20Camara.pdf

-CERDES, (1995). *Le processus démocratique malien de 1960 à nos jours*, Bamako : éditions Donniya

-Carbone, G. M. « Comprendre les partis et les systèmes de partis Africains : entre modèles et recherches empiriques », *Politique Africaine*, 104, 18-35, 2006

-Carew, G. M. "Development theory and the promise of Democracy: the future of postcolonial African states", *Africa Today*, vol. 40, 01-01-1993, p 31. http://www.rrojasdatabank.org/foh11.htm

-Cissé Ali (2006). *Mali : une démocratie à refonder*, Paris : éditions L'Harmattan

-Comité de Pilotage du Partenariat pour le Renforcement des Capacités des Partis Politiques au Mali, Juillet 2004. *Répertoire des Partis Politiques au Mali*, CPPRCPPM-IMD : Bamako, Mali

-Dahl, Robert A. (1998). *On democracy*, Yale University Press

-Diakité M. *L'avenir politique au Mali—le multipartisme à l'heure du bilan*, p. 15, mars 2005, PPRCPP/NIMD : Bamako, Mali

-Diarra S. O.-SOD. (2009). *Agence de notation Fitch : Le Mali exclu pour manque de résultat* Lundi, 07 Décembre 2009. Sur Web. Le 22 juin 2010 : http://www.bamanet.net/index.php/actualite/info-matin/6659-agence-de-notation-fitch-le-mali-exclu-pour-manque-de-resultat-.html

-Diarrah S. M. ToToH (1991). *Le mouvement démocratique malien, itinéraire de l'ADEMA*, Bamako : éditions Graphique Industrie S.A.

-Diarrah C. O. (1996). *Le défi démocratique au Mali*, Paris : éditions L'Harmattan

-Doug Mc Adam, Sidney Tarrow, « Ballots and barricades. On the reciprocal relationship between Elections and social Movements", *Perspectives on Politics*, 8 (2), 2010, p. 529-542

-Dumont R. (1991). *Démocratie pour l'Afrique*, Paris : éditions Seuil

-Gaston, B. (1962). *L'art de la politique*, Paris : éditions Seghers

- Goldstone Jack A. (ed.) *States, Parties, and Social Movements*, Cambridge, Cambridge University Press, 2003

-Huntington, P. S. (1991). *The Third Wave—Democratisation in the late twentieth century*, University of Oklahoma Press

-Jean François (1992). *La politique par le bas en Afrique Noire, contribution à une démocratie*, Paris : éditions Khartala

-Julien, F. (1965). *Qu'est ce que la politique*, Paris : éditions Sirey

-Kamaté E. (1997). *Quel développement pour l'Afrique*, Bamako : édition Jamana

-Kennedy, J. (1976). *Le courage dans la politique*, Paris : éditions nouveaux Horizons

-Konaté D. (2009). *Le Mali peut-il devenir un pays émergeant ?* Sur Web. Le 22 juin 2010 : http://occitan-touareg.over-blog.com/article-mali-le-mali-peut-il-devenir-un-pays-emergeant-44796319.html

-Le Bras, A. (1997). *Les femmes et la politique*, Paris : éditions L'Harmattan

-Léo, H. (1964). La personnalisation du pouvoir, Paris éditions Puf

-Markwell D. (2006), *John Maynard Keynes and International Relations : Economic Paths to War and Peace*, Oxford & New York: Oxford University Press

-Meyer N ; Perrineau P. (1992). *Les comportements politiques*, Paris : éditions Arman Colin

-Ministère de l'économie et des finances, « Mali premier rapport sur le suivi de la mise en œuvre des objectifs du Millénaire pour le développement (OMD) », août 2005

- Ministère de l'économie et des finances, *Mali—Banque Mondiale 2005, pour un combat commun contre la pauvreté*

-Moulaye Z. (2005). *Gouvernance démocratique de la sécurité au Mali—un défi du développement durable,* Bamako : Fondation Friedrich Hébert

-Novak, M. (1991). *Démocratie et bien commun*, Paris : éditions du cerf

-Olivier Fillieule, "The independent psychological effects of participation in demonstrations", *Mobilization, An International Journal*, 17 (3), 2012, p. 489-502

-Orsnstein, N. (1982). *Politique et groupe de pression*, Paris : éditions Nouveau Horizon

-Pierre, B. (1975) : *Le pouvoir politique*, Paris : éditions Dalloz

-Rapport du vérificateur général (2007). http://initiatives.net.ml/article.php3?id_article=1009

-Rapport général de l'Etude Nationale Prospective « Mali 2025 », étude faite par une équipe pluridisciplinaire de 1997 à1999

-Rapport mondial sur le développement humain 1999, publié par le programme des Nations unie pour le développement (PNUD), Bruxelles, éditions de Boeck et Larcier, 1999.

-Rapport général de l'étude nationale prospective « Mali 2025 », étude faite par une équipe pluridisciplinaire de 1997 à1999

-Rodrigue Jean, Eyenemba E. (2001). *Démocratie en Afrique face au libéralisme, essai sur la ré fondation politique,* Paris : éditions Harmattan
-Touraine, A. (1994). *Qu'est-ce que la démocratie*, Paris : éditions Fayard
-Touré A. Baba ; Bamba K. (2002). *La contribution du parti malien du travail à l'instauration de la démocratie pluraliste au Mali,* Bamako : éditions Jamana
-Traoré, B. (1996). *Les forces politiques en Afrique noire*, Paris : éditions PUF
-Tukumbi Lumumba-Kasongo (ed.) (2005). *Liberal democracy and its critics in Africa—Political dysfunction and the Struggle for Social Progress,* CODESRIA, Dakar
-Zahir F. (1993). Afrique et Démocratie espoirs et illusions, Paris : éditions Harmattan

Les quotidiens :

L'Essor (numéros du 4 et 5 janvier 1992) :
-les numéros du 7, 10, 12, 13, 17,18 et 19, 22, 24, 26 et 27, 28 janvier 1992
-les numéros du 1 et 2, 4, 5 et 6, 8 et 9, 18, 19, 24, 25, 26, 27, 28 février 1992
-les numéros du 2, 7 et 8, 9, 10, 11, 12, 13, 15 et 25 mars 1992
-les numéros du 8, 9, 10, 11 et 12, 13, 14, 15, 16, 17, 18 et 19, 23, 24, 25 et 26, 27, 28, 29, 30 avril 1992
L'Essor : les numéros du 15, 19, 26, 28 mai 1997
Aurore (numéro du 20 novembre 2006)
L'Essor (numéro du 28 juillet 2007 et du 8 août 2007)
L'Essor (numéro du 14 Mai 2007)
Les Echos (numéro du 2 avril 2007) ;
Les Echos (numéro du jeudi 3 mai 2007)
Indépendant (numéro du 5 juillet 2005)
Le Républicain du lundi 30 avril 2012
La Nouvelle Patrie du 1er août 2012
Le 22 Septembre du 23 avril 2012

QUELQUES CONSIDÉRATIONS SUR L'EXÉCUTION DES DÉCISIONS DES JURIDICTIONS CONSTITUTIONNELLES AFRICAINES

El Hadji Omar DIOP,
docteur en droit public, enseignant à l'Université Cheikh Anta Diop de Dakar et directeur des études de l'Institut des droits de l'homme et de la paix

> « Vous semblez penser qu'il revient aux juges de décider de la validité de la loi sur la sédition. Mais rien dans la Constitution ne leur donne un droit de décider pour l'Exécutif, pas plus qu'elle n'en donne à l'Exécutif de décider pour eux [...] Les juges, croyant une loi constitutionnelle, avaient le droit d'adopter une sentence [...] parce que ce pouvoir a été placé entre leurs mains par la Constitution. Mais l'Exécutif, croyant la loi inconstitutionnelle, devait dispenser de son exécution, parce que ce pouvoir lui a été confié par la Constitution [...] L'opinion qui donne aux juges le droit de décider quelles lois sont constitutionnelles et quelles lois ne le sont pas, non seulement pour eux-mêmes dans leur propre sphère d'action, mais également pour la Législature et pour l'Exécutif, dans leur sphère, ferait du judiciaire une branche despotique ».
> Th. Jefferson to Mrs John Adams, Sept. 11, 1804, in *Jefferson*, 1907, p. 50-51.

Gardien juridictionnel de la Constitution[1] ou acteur clé de la vérification judiciaire de la constitutionnalité des lois, la juridiction constitutionnelle est devenue l'une des figures emblématiques des démocraties contemporaines. En Afrique, elle est considérée dans certains pays comme la plus haute juridiction de l'État en matière constitutionnelle. Elle est juge de la constitutionnalité de la loi et elle garantit les droits fondamentaux de la personne humaine et les libertés publiques. Elle est l'organe régulateur du fonctionnement des institutions et de l'activité des pouvoirs publics[2]. Adulé par les uns, il fait l'objet de qualificateurs

---

[1] H. KELSEN, « La garantie juridictionnelle de la Constitution. La justice constitutionnelle », *RDP* 1928 ; Voir aussi, Ch. EISEMANN, *La Haute Cour constitutionnelle d'Autriche*, Paris, Aix-Marseille, Economica, PUAM, 1986, 295 p.

[2] Article 114 de la Constitution du Bénin du 2 décembre 1990.

flatteurs : modèle[3], avant-garde[4], acteur incontournable de la démocratie[5]. Il est aussi critiqué pour son autoritarisme, son zélé[6], voir même sa « jurisprudence fougueuse… »[7] et fantaisiste[8]. On s'est même demandé s'il « n'en fait pas trop »[9].

À la lumière de ces prémices, le juge constitutionnel ne laisse pas indifférent. Son apparition dans des sociétés politiques africaines en pleines mutations où la figure du juge et sa fonction correspondaient autrefois à la prédiction de Montesquieu considérant la fonction judiciaire comme « nulle »[10]. Il marque la nouvelle trajectoire empruntée par les systèmes juridiques et politiques africains issus du renouveau démocratique des années 1990.

Le rôle du juge constitutionnel dans la construction et la consolidation de l'État de droit et de la démocratie est devenu l'une des problématiques majeures des pays africains. Ainsi focalise-t-il l'attention de la doctrine constitutionnelle africaine qui, par la richesse et l'abondance de sa production, explore tous les méandres de cette problématique[11]. Le juge constitutionnel est devenu le tiers

---

[3] Jean-Louis Atangana AMOUGOU, « La Cour constitutionnelle béninoise : un modèle de justice constitutionnelle en Afrique ? » Etudes coordonnées par F. J AÏVO, *La Constitution béninoise du 11 décembre : un modèle pour l'Afrique ? Mélanges en l'honneur de Maurice Ahanhanzo-Glélé*, Paris, L'Harmattan, 2014, p. 647-660.

[4] A. B. FALL, « Le juge constitutionnel béninois, avant-garde du constitutionnalisme africain ? », in Etudes coordonnées par F. J AÏVO, *La Constitution béninoise du 11 décembre : un modèle pour l'Afrique ? Mélanges en l'honneur de Maurice Ahanhanzo-Glélé*, Paris, L'Harmattan, 2014, p. 717-728.

[5] E. H. O. DIOP, *La justice constitutionnelle au Sénégal. Essai sur l'évolution, les enjeux et les réformes d'un contre-pouvoir juridictionnel*, Dakar, CREDILA-OVIPA, 2013, p. 1.

[6] I. SALAMI, « Le pouvoir constituant dérivé à l'épreuve de la justice constitutionnelle », *Revue togolaise de science juridique,* 2011 n°0000, p. 45-65.

[7] F. J. AÏVO, « La Cour constitutionnelle du Bénin », *RFDC*, 99, 2014, p. 716.

[8] Joseph DJOGBENOU, « Le contrôle de constitutionnalité des décisions de justice : une fantaisie de plus ? », p. 1-27, in revue électronique www.afrilex.u-bordeaux 4.fr (consulté le 5 février 2018).

[9] D. GNAMOU, « La Cour constitutionnelle du Bénin en fait-elle trop ? », in Etudes coordonnées par F. J AÏVO, *La Constitution béninoise du 11 décembre : un modèle pour l'Afrique ? Mélanges en l'honneur de Maurice Ahanhanzo-Glélé*, Paris, L'Harmattan, 2014, p. 701.

[10] *L'esprit des lois.*

[11] P. M. SY, *Le développement de la justice constitutionnelle en Afrique noire francophone : les exemples du Bénin, du Gabon et du Sénégal*, thèse de doctorat d'Etat, ès sciences juridiques, Université Cheikh Anta Diop de Dakar, 1998, 413 p ; Luc SINDJOUN, *Les grandes décisions de la justice constitutionnelle africaine. Droit constitutionnel jurisprudentiel et politiques constitutionnelles au prisme des systèmes politiques africains*, Bruxelles, Bruylant, 2009, 589 p ; Aboudou Ibrahima SALAMI, *La protection de l'Etat de droit par les Cours constitutionnelles africaines. Analyse comparative des cas Béninois, Ivoirien, Sénégalais et Togolais*, Paris, ANRT, 2005, 397 p ; J.-C. NZE-BITEGHE, *Le système gabonais de justice constitutionnelle. L'exemple de la Cour constitutionnelle*, Thèse de doctorat de droit public, Université de sciences sociales de Toulouse, 2000 ; *Les décisions et avis du Conseil constitutionnel du Sénégal*, rassemblés et commentés sous la direction de Ismaïla Madior FALL, Dakar, Crédila, 2008, 558 p ; S. BALDÉ, « Le statut des membres des juridictions constitutionnelles africaines », www.laconstitutionenAfrique.org ; M. DIAGNE, *Le Conseil constitutionnel Sénégalais. L'institution et ses méthodes*, Dakar, Les éditions TCM, 2012 ; F. HOUNAKÉ, *Les juridictions constitutionnelles dans les démocraties émergentes de l'Afrique noire francophone. Les cas du Bénin, Gabon, Niger, Sénégal, Togo, Thèse,* Université de Lomé, Togo, avril 2012 ; O. DIA, *Le contrôle de*

modérateur introduit dans la procédure de fabrication de la loi. Le Conseil constitutionnel français justifie ainsi la légitimité de la justice constitutionnelle dans une formule devenue célèbre : « La loi votée n'exprime la volonté générale que dans le respect de la constitution »[12].

La justice constitutionnelle fait l'objet de multiples acceptions. Les auteurs lui donnent un contenu en fonction de la leur préoccupation scientifique. Dans ce cadre, elle être définie comme une justice rendue entre deux parties en vue de résoudre un litige et fondée sur l'application de règles de droit constitutionnel[13]. Ainsi entendue, la justice constitutionnelle n'a de véritable signification que lorsqu'elle sanctionne les violations de la Constitution, faisant du droit constitutionnel un véritable droit[14].

Dans cette perspective, elle est entendue comme celle qui « connaît de l'ensemble de l'activité des pouvoirs publics au regard de la Constitution » ; autrement dit, celle qui « a pour fonction d'assurer la constitutionnalité de l'ensemble de l'activité des pouvoirs publics »[15].

Le doyen Favoreu apporte quelques précisions supplémentaires. La complexité de la notion résulte en réalité de ce qu'elle est à la fois un juge constitutionnel et un pouvoir constitutionnel. La Cour constitutionnelle comme juge constitutionnel a pour principales caractéristiques d'être un juge, un juge constitutionnel et un juge constitutionnel unique. L'exercice du pouvoir constitutionnel fait de lui un quatrième pouvoir ou contrôleur des trois pouvoirs et il exerce un pouvoir légitime[16]. La justice constitutionnelle renvoie souvent à une fonction de l'État destinée à garantir le fonctionnement régulier des organes étatiques par le respect de la Constitution[17].

---

constitutionnalité des lois au Sénégal : analyse jurisprudentielle du processus de vérification des lois à la Constitution, Thèse, Université Gaston Berger de Saint-Louis, 2011, 507 p ; C.P.T SOGLOHOUN, *Le rôle du juge constitutionnel dans le processus de démocratisation en Afrique. Les cas du Bénin, du Mali, du Sénégal et du Togo,* Thèse de doctorat en droit public, Université d'Abomey-Calavi 2011 ; Augustin LOADA, Abdoulaye Soma et autres, *Avis et décisions commentés de la justice constitutionnelle burkinabé de 1960 à nos jours*, Ouagadougou, CGD, 2009 ; E. H. O. DIOP, *La justice constitutionnelle au Sénégal. Essai sur l'évolution, les enjeux et les réformes d'un contre-pouvoir juridictionnel*, Dakar, CREDILA, 2013, 298 p. ; Boubacar Hassane AMADOU, *Justice constitutionnelle et démocratie dans les Etats d'Afrique noire francophone : cas du Bénin, du Mali et du Niger*, Thèse de doctorat en droit, Université Cheikh Anta Diop de Dakar, 2014, 388 p. Cette liste est loin d'être exhaustive.

[12] Décision CC. du 23 août 1985.Voir l'analyse de D. ROUSSEAU, « Constitutionnalisme et Démocratie », *Leçon prononcée à l'Académie des sciences morales et politiques*, juillet 2008, p. 4, in www.laviedesidées.fr (consulté le 20 décembre 2018).

[13] M. FROMONT, « La notion de justice constitutionnelle et le droit français », in *Renouveau du droit constitutionnel, Mél. Louis Favoreu*, Paris, Dalloz, 2007, p. 155.

[14] L. FAVOREU, « Le droit constitutionnel, droit de la constitution et constitution du droit », *RFDC* n° 1, 1990.

[15] F. Rubio LLORENTE, « Tendances actuelles de la juridiction constitutionnelle en Europe », *Annuaire internationale de justice constitutionnelle (AIJC),* XII-1996, p. 13.

[16] L. FAVOREU, « La notion de Cour constitutionnelle », in *De la Constitution, études en l'honneur de J.F. Aubert,* Bâle et Francfort-sur-le Main, 1996, pp. 15-27.

[17] G. DRAGO, *Contentieux constitutionnel français*, 2ème édition, Paris, P.H.F, 1998, p. 32.

Les différentes terminologies utilisées visent toujours à assurer la suprématie de la Constitution. Ainsi, « ''Justice constitutionnelle'', ''contrôle de constitutionnalité'', ''garantie ou défense de la Constitution'' sont généralement des expressions équivalentes. Toutefois, au sens propre, les expressions de ''justice constitutionnelle'' ou de ''garantie de la Constitution'' sont plus larges que celui de ''contrôle de constitutionnalité''. La justice constitutionnelle désigne les normes d'organisation des organes de contrôle de la constitutionnalité et elle porte aussi sur d'autres matières qui ne renvoient pas expressément au contrôle de la constitutionnalité (par exemple, le contentieux électoral au sujet des partis politiques, etc.). L'idée de garantie ou de défense de la Constitution peut être conçue encore de manière plus large, plus politique, elle peut même englober la justice constitutionnelle elle-même »[18].

La définition qui semble proche de notre compréhension de la justice constitutionnelle est celle fournit par Michel Fromont. Ainsi il serait emprunté pour mieux saisir le contenu des développements qui suivent et elle fera office de concept opératoire. « *A priori* deux définitions de la justice constitutionnelle peuvent être envisagées. La première consiste à faire du juge constitutionnel le juge des pouvoirs publics constitutionnels, spécialement des pouvoirs législatif et exécutif. La seconde conception consiste à faire du juge constitutionnel le juge qui applique les règles constitutionnelles »[19].

Deux modèles de justice constitutionnelles sont distingués par la doctrine constitutionnelle : le modèle américain et le modèle européen[20]. En Afrique, une partie des auteurs range les juridictions constitutionnelles dans le modèle européen[21]. Pour d'autres, c'est un modèle importé, mais reconstruit[22]. La question est beaucoup plus délicate que la distinction semble aujourd'hui dépassée, voir en « faillite » comme le soutiennent certains auteurs[23]. En réalité, le modèle de justice constitutionnelle africain emprunte des côtés des modèles existants au point qu'il semble plus à un modèle hybride, « métissé », qu'une reproduction d'un quelconque modèle à l'état pur[24].

---

[18] P. F DA CUNHA, *Traité de droit constitutionnel. Constitution universelle et mondialisation des valeurs fondamentales*, Buenos Books International, p. 237.

[19] M. FROMONT, *La justice constitutionnelle comparée*, Paris, Dalloz, 2014, p. 6.

[20] Pour une présentation de ces deux modèles, Voir Marie-Claire PONTHOREAU, *Droit (s) constitutionnels (s) comparé(s)*, Paris, Economica, 2010, p. 193-194.

[21] J.-L. Atangana AMOUGOU, « La Cour constitutionnelle béninoise : un modèle de justice constitutionnelle en Afrique ? », *op. cit.*, p. 647.

[22] I. DIALLO, « A la recherche d'un modèle africain de justice constitutionnelle », *A. I.J.I*, vol. XX, 2004, p. 93-120.

[23] F.-F. SEGADO, « La faillite de la bipolarité « Modèle américain- Modèle européen » en tant que critère analytique du contrôle de la constitutionnalité et la recherche d'une nouvelle typologie explicative », in *Mouvement du droit public : du droit administratif au droit constitutionnel, du droit français aux autres droits, Mélanges en l'Honneur de Franc Moderne*, Paris, Dalloz, 2004, p. 1077-1116. Voir aussi les éclairages de M. VERDUSSEN, *Justice constitutionnelle*, *op. cit.*, p. 39-49.

[24] E. H. O. DIOP, *La justice constitutionnelle au Sénégal. Essai sur l'évolution, les enjeux et les réformes d'un contre-pouvoir juridictionnel*, Dakar, CREDILA, 2013, p. 40.

Par ailleurs, la notion d'*exécution* apparaît comme une réalité difficilement saisissable[25]. L'étymologie n'aide guère à la compréhension. La signification du verbe *exsequor*, comme ses dérivés est large : aller jusqu'au bout, poursuivre – y compris en justice- venger même. Le caractère vague de la notion fait que le *Vocabulaire juridique* lui trouve trois sens principaux : accomplissement par le débiteur de la prestation due, en renvoyant au paiement, application (d'une convention ou d'un acte) et sanction, au sens de coercition, avec un renvoi aux voies d'exécution.

L'exécution revêt plusieurs aspects : l'exécution peut être volontaire ou forcée, en nature ou par équivalent, individuelle ou collective, publique ou privée, provisoire ou définitive ; il y a exécution des peines, exécution des jugements[26], exécution des titres exécutoires…

Dans la doctrine classique, l'exécution n'a pas fait l'objet d'une réelle systématisation par les auteurs[27]. Présentée comme un « mot valise », l'exécution est « l'indéterminé et l'introuvable qui pourtant fait fonctionner ce discours », selon les mots de Jouanjan[28]. Examinant la notion d'exécution dans la doctrine classique, le même auteur souligne les divergences de perception entre Carré de Malberg, Duguit et Hauriou. Pour s'en tenir au premier cité,

Pour Carré de Malberg, « Il [le mot exécution] désigne d'abord l'opération qui consiste simplement à mettre à effet, par voie d'accomplissement positif, une décision qui se trouve déjà entièrement formée et arrêtée, ou un commandement qui s'est manifesté par des ordres précis et formels. L'agent d'exécution n'a ici qu'un rôle d'obéissance ponctuelle ou de réalisation matérielle ; il n'exerce qu'une activité toute subalterne, il n'est qu'un instrument mis au service d'une volonté supérieur et fonctionnant docilement sous l'empire exclusif et absolu de cette volonté »[29]. C'est bien ce sens traditionnel qui exclut toute volonté propre. Mais le maître de Strasbourg précise qu'il existe un autre sens dans le langage ordinaire, qui n'a pas un « sens toujours humble ». « Quand on dit d'un sculpteur qu'il exécute l'œuvre d'art qui a été demandée à son talent, ou d'un général qu'il exécute un plan de campagne, ou d'un Cabinet ministériel qu'il exécute le programme politique qui lui a été assigné par les votes parlementaires, il est manifeste que l'espèce d'exécution dont il s'agit ici, n'est plus de même nature que celle par laquelle un agent de la force publique exécute un jugement ou par laquelle un fonctionnaire administratif exécutif un ordre de service »[30].

---

[25] P. THERY, « Rapport introductif : la notion d'exécution », in *L'exécution*, XXIIIème Colloque des Instituts d'Etudes Judiciaires, Lyon, vendredi 19 et samedi 20 novembre 1999, Paris, L'Harmattan, 1999, p. 10.

[26] HÉBRAUD, « L'exécution des jugements civils », *RIDC*, 1957, p. 170.

[27] S. ROLAND, « La notion d'exécution dans la doctrine du XIXe siècle », *Revue française d'histoire des idées politiques*, 2011/2 n° 34, p. 311-342.

[28] O. JOUANJAN, « La notion d'exécution dans la doctrine classique », *Revue française d'histoire des idées politiques*, 2011/2 n° 34, p. 343-360.

[29] René CARRÉ de MALBERG, *Contribution à la théorie générale de l'Etat*, Paris, Dalloz, 2003, 1ère édit, 1999-1922.

[30] *Contribution à la théorie générale de l'Etat…, op. cit.*

La difficulté d'appréhender la notion apparaît à travers la conclusion du même auteur, « Prise dans son contenu, la notion d'exécution est soit impossible, soit modeste, soit distendue jusqu'à en devenir informe et inconsistante. Prise dans ses effets discursifs, elle semble susciter l'un des plus remarquables embarras que rencontre la « doctrine classique », qui trouble tout son effort de systématisation du droit public en général et du droit constitutionnel en particulier »[31].

En droit administratif, les difficultés d'exécution de la norme n'ont pas contribué à rendre opérationnel une définition de la notion l'exécution[32].

D'une manière générale, l'exécution est communément comprise comme « la réalisation d'une obligation ou d'un devoir juridique, le processus qui permet de faire passer le droit dans les faits, de faire coïncider ce qui est et ce qui doit être »[33]. L'exécution consiste à « réaliser » *in concreto* les effets d'une règle juridique[34]. Selon le *Vocabulaire juridique*, la réalisation est « l'accomplissement matériel » ou encore la « mise en œuvre du droit » par « l'ensemble des opérations qui assurent, en pratique, la mise en application des règles de droit »[35]. De même, « l'exécution consiste à rendre effective la loi par le moyen de la puissance publique et dans une soumission plus ou moins grande à celle-ci »[36].

Ainsi entendue, la notion d'exécution des décisions de justice renvoie d'abord à l'idée de donner plein effet aux arrêts, jugements rendus au terme d'un procès ayant rempli les conditions suivantes : équitable, libre, contradictoire et respectueux des droits de la défense. En droit constitutionnel, la notion d'exécution des décisions du juge constitutionnel a été présentée par Guillaume Drago comme « l'ensemble des mécanismes de procédure assurant la mise en œuvre d'une décision juridictionnelle ou non, par ses destinataires, en fonction de l'autorité de celle-ci, afin d'assurer l'effectivité de cette décision »[37].

Enfin, « [...] il est souhaitable que, pour la survie des Constitutions qu'elles sachent s'adapter aux circonstances et à l'évolution des mentalités ; or la fonction des juridictions constitutionnelles aboutit normalement, en comblant les lacunes et en clarifiant les équivoques des textes constitutionnels, à conférer au droit constitutionnel une rigidité extrême. Le contrôle de constitutionnalité conduit à une ossification du droit, alors que les rapports de force et les mentalités au sein de la société ne cessent d'évoluer : on se trouve donc devant un véritable

---

[31] O. JOUANJAN, « La notion d'exécution dans la doctrine classique », *op. cit.*, p. 359.

[32] P. CHRÉTIEN, « La notion d'exécution dans l'élaboration de la jurisprudence administrative », *Revue française d'histoire des idées politiques*, 2011/2 n° 34, p. 366.

[33] P. THÉRY, « Exécution », *Dictionnaire de la culture juridique*, (dir. D. ALLAND et S. RIALS), Lamy, PUF, 2003.

[34] C. MILHAT, *Recherches sur l'exécution des actes administratifs par voie de justice*, Thèse pour le doctorat en droit, Université Montesquieu-Bordeaux IV, 2003, p. V.

[35] G. CORNU (dir.), Association Henri Capitant, Paris, PUF, 1987.

[36] O. MAYER, *Deutsches Verwaltungsrecht*, t. 1, 3e ed. Münch&Leipzig, Drunker& Humblot, 1924, cité par O. JOUANJAN, *op. cit.*, p. 348.

[37] G. DRAGO, *L'exécution des décisions du Conseil constitutionnel. L'effectivité du contrôle de constitutionnalité des lois*, Paris, Economica, 1991, p. 15.

dilemme : s'il n'y a pas de contrôle, les règles constitutionnelles risquent fort de n'être pas respectées. S'il y en un, elles deviennent encombrantes »[38].

La garantie juridique de la Constitution par une juridiction spéciale apparaît à cet égard comme un trait dominant des démocraties contemporaines[39]. La justice constitutionnelle exerce plusieurs fonctions. Primo, comme le souligne Habermas, « [...] la concrétisation du droit constitutionnel par une justice constitutionnelle qui décide en dernière instance sert à clarifier le droit et à sauvegarder la cohérence de l'ordre juridique »[40].

Les fonctions de la justice constitutionnelle sont systématisées par Grewe et Jouanjan[41]. L'émergence de la justice constitutionnelle en Afrique, surtout dans sa partie francophone, remonte à l'accession aux indépendances en 1960. À cette époque, la volonté des dirigeants africains de mettre en place des systèmes juridiques et politiques garantissant le respect des droits de l'homme était manifeste. C'est dans ce cadre que les Constitutions africaines comportaient un préambule ou un catalogue qui énumère les droits et libertés de la personne humaine. Ces textes faisaient souvent référence aux déclarations de droits et instruments internationaux des droits de l'homme. Cette dynamique est aussi perceptible dans les possessions britanniques comme le Nigeria[42].

---

[38] B. CHANTEBOUT, « Contrôle de constitutionnalité et démocratie », *Mél. Moustapha Chaker, Revue tunisienne de droit*, 1985, p. 184.

[39] Le gardien de la Constitution n'a pas toujours fait l'unanimité dans la doctrine constitutionnelle. En témoigne la célèbre controverse entre le juriste allemand Carl Schmitt et l'autrichien Hans Kelsen. Alors que pour le premier le gardien de la Constitution doit être un organe neutre, le président de la République, le second réfute cette thèse et milite en faveur de la création d'une juridiction spéciale qui aura pour principale compétence de trancher les questions de constitutionnalité. Cette controverse a le mérite de mettre en évidence, au-delà de la triomphe de Kelsen à cause du développement des Cours constitutionnelles, les limites de la justice constitutionnelle. Sur cette question voir : N. ZANON, « La polémique entre Hans Kelsen et Carl Schmitt sur la justice constitutionnelle », *AIJC*, Vol. V. 1989, p. 177-189 ; Hans KELSEN, *Qui doit être le gardien de la Constitution ?* Traduction et introduction de Sandrine Baume, Paris, Michel Houdiard édit., 2006, 138 p.

[40] J .HABERMAS, *Droit et démocratie : entre faits et normes*, Paris, Gallimard, col. Essais, 1997, p. 266.

[41] *La notion de justice constitutionnelle*, sous la direction de C. GREWE, O. JOUANJAN, E. MAULIN, Paris, Dalloz, 2005.

[42] N. Azikiwé, un des premiers dirigeants politiques du Nigeria, prônait le régime parlementaire qu'il justifiait ainsi : « L'expression d'une telle fois dans la démocratie parlementaire doit revêtir les formes suivantes : 1° Le gouvernement reconnaîtrait dans l'existence de l'opposition un élément essentiel de la démocratie… 2° Le gouvernement proclamerait publiquement son adhésion aux dispositions de la loi et son respect pour la dignité humaine, puis il se comporterait scrupuleusement en conséquence. 3° Le gouvernement serait à tout moment disposer à agir et à faire valoir sans hésitation les droits élémentaires de l'homme, afin d'assurer surtout la liberté d'expression, la liberté de réunion pacifique, la liberté d'association et la liberté de mouvement. 4° Le gouvernement protégerait les biens du citoyens en garantissant et en faisant valoir le droit qu'à l'individu de jouir de sa propriété privée et d'être équitablement et amplement dédommagé s'il en est privé de force [...] », AZIKIWÉ, « La part du Nigeria dans la politique mondiale », *Présence africaine*, octobre 1960-janvier 1961, p. 8.

Les Constitutions dites de la première génération[43] prévoyaient une section ou une chambre constitutionnelle au sein des Cours suprêmes et qui faisait office de juridiction constitutionnelle[44]. Mais, l'évolution laisse apparaître un relatif ralentissement de la marche du modèle africain de justice constitutionnelle. Selon le professeur F. Moderne, il existe un déclin relatif de la justice constitutionnelle en Afrique. Pour cet auteur, ce sont les difficultés d'ordre politique (choix idéologiques, coups d'État militaires) et les obstacles d'ordres techniques (problèmes de compétence, faiblesse des procédures de contrôle, etc.) qui avaient empêché son épanouissement[45]. Le professeur Favoreu en revanche, estimait que l'absence de réflexion et le manque d'approfondissement du modèle africain de justice constitutionnelle étaient certainement les causes de la mauvaise adaptation de l'institution au moment où de nouvelles Constitutions ont été adoptées sur le continent[46].

Dès lors, l'exécution des décisions des juridictions constitutionnelles est devenue une question cruciale. Elle apparaît comme l'instrument de mesure de l'effectivité et de la crédibilité de la justice. À cet égard, la décision rendue par le juge revêt une dimension morale. Elle permet au vainqueur du procès d'être rétabli dans ses droits. Elle participe aussi au maintien de l'ordre public et au-delà de la régulation des comportements sociaux.

En Afrique, l'exécution des décisions du juge en général comme le recours au juge soulève des difficultés de toutes sortes. Habitués au règlement pacifique de leurs différents par le recours à la négociation, à la médiation ou à l'arbitrage, les citoyens rechignaient à aller devant le juge pour la résolution de leurs différends[47]. Le recours au chef de village, au patriarche était privilégié afin d'éviter de donner l'image d'une confrontation qui au final désigne un vainqueur et un vaincu[48]. Ce moyen de résolution participait au maintien de l'ordre et de l'équilibre social.

En second lieu, nombre d'individus se glorifient de ne jamais avoir de problème avec la justice. Kéba Mbaye montre, dans une étude célèbre, que la fierté d'un chef de famille est de ne jamais être convoqué à la police ou attrait devant la justice. Être convoqué à la police ou être emprisonné à l'issue d'un

---

43 André CABANIS et Michel-Louis MARTIN, *Le constitutionnalisme de la troisième vague en Afrique francophone*, Buxelles, Bruylant, col. Académia, PUR, 2010, 200 p.

44 Voir les Constitutions du Sénégal, de la Côte d'Ivoire, du Cameroun, etc.

45 F. MODERNE, « L'évolution des juridictions constitutionnelles dans les Etats francophones et la République malgache », in *Les institutions constitutionnelles d'Afrique francophone et la République Malgache*, Paris, Economica, 1979, p. 185.

46 L. FAVOREU, « Brèves réflexions sur la justice constitutionnelle en Afrique », in *Les Cours suprêmes en Afrique »*, Tome 2, Paris, Economica, 1989, p. 40.

47 A. B. FALL, « Le règlement juridictionnel des différents entre particuliers », in Jean du BOIS de GAUDUSSON, Dominique DARBON (dir), *La création du droit*, Paris, Karthala, 1997.

48 I. FALL, « Le droit constitutionnel au secours de l'authenticité », in *Annales africaines*, 1973, p. 203-218.

procès est souvent perçu négativement par la société[49]. Dans le même ordre d'idée, A. B. Fall souligne que la crainte de l'administration et de son chef, le président de la République avait pour conséquence une réticence des administrés à poursuivre l'Etat devant ses propres tribunaux[50]. Ce qui justifiait au lendemain des indépendances la faiblesse de la jurisprudence administrative. Cet héritage d'une crainte révérencielle de l'administration et les représentations sociales défavorables à l'image de la justice n'ont pas manqué de produire des effets sur l'exécution des décisions du juge.

Cette situation n'en pose pas moins la question de la pertinence de l'exécution des décisions du juge constitutionnel qui monte en puissance dans les Etats de droit en construction en Afrique. Cette présente réflexion se veut une nouvelle contribution dans ce débat. Mais elle aura une ambition plus modeste et concrète. C'est la raison pour laquelle elle porte sur l'exécution des décisions des juridictions constitutionnelles africaines. Elle revêt ainsi plusieurs intérêts. D'abord, elle participe de l'effectivité de la justice constitutionnelle. Le rôle du juge constitutionnel n'a de sens que si la jurisprudence est connue et étudiée. De même, l'affirmation de l'autorité des décisions du juge constitutionnel ne peut se concrétiser que si celles-ci sont respectées. Enfin, l'étude permettra de mettre en exergue les difficultés pratiques du juge constitutionnel et ses relations avec ses partenaires sans lesquels la mission du juge constitutionnel ne saurait atteindre ses objectifs dans la consolidation de l'État de droit et de la démocratie pluraliste.

Cette étude sera circonscrite à la phase ultime du processus de la décision constitutionalité. En effet, l'autorité des décisions est affirmée. L'intervention du juge constitutionnel, sa saisine, le délibéré et la décision constituent les temps forts du processus de décision. Après la prise de décision, celle-ci est rendue publique par une publication au *Journal officiel* et notifiée aux plus hautes autorités de l'État. C'est à ce moment que se pose la question de l'exécution des décisions des juridictions constitutionnelles.

La décision du juge constitutionnel, les motivations et les modes de décisions ainsi que les procédures ne seront pas examinées dans le cadre de cette contribution. L'autorité des décisions sera étudiée à titre incident[51]. Les décisions des juridictions constitutionnelles sont parfois exposées aux réticences des pouvoirs constitués dont la collaboration est indispensable pour donner plein effet à celles-ci. La consécration de l'autorité des décisions, fût-elle constitutionnelle, ne suffit pas à garantir la force exécutoire qui s'attache à ces décisions.

À titre préliminaire, deux remarques s'imposent, le juge constitutionnel rend des avis en matière de référendum comme dans le cadre des pouvoirs

---

[49] « Le droit au développement comme un droit de l'homme », *Revue des droits de l'homme*, 1972, vol. 2, p. 505-534 ; reproduit *in* E. H. O. DIOP, *Le juge Kéba Mbaye, une vie au service des droits de l'homme*, Dakar, CREDILA-OVIPA, 2018, p. 131-168.

[50] « Préface », in E. H. O. DIOP, *La justice constitutionnelle au Sénégal : essai sur l'évolution, les enjeux et les réformes d'un contrepouvoir juridictionnel*, Dakar, CREDILA, 2013, 315 p.

[51] Delphine Emmanuel ADOUKI, « Contribution à l'étude de l'autorité des décisions du juge constitutionnel en Afrique », *Revue française de droit constitutionnel* 2013/3 (n° 95), p. 611.

exceptionnels. Ces avis seront exclus de l'étude. D'autre part, il convient de signaler la diversité des termes utilisés pour désigner les décisions du juge constitutionnel : arrêt, jugement, décision. Mais dans le cadre de la présente étude, le terme décision semble plus simple, général et plus neutre. Ainsi sera-t-il utilisé pour rendre compte des actes pris par le juge constitutionnel dans l'exercice de sa fonction juridictionnelle.

La démonstration réservera une large part à la jurisprudence. En effet, le droit constitutionnel est devenu aujourd'hui un droit jurisprudentiel[52]. Le rôle du juge constitutionnel dans l'application et l'interprétation de la Constitution croît de jour en jour[53]. L'exécution des décisions du juge constitutionnel revêt une importance particulière pour l'effectivité de la justice constitutionnelle. Elle constitue l'instrument de mesure de la crédibilité de ces institutions. Concrètement, pour mieux appréhender l'exécution des décisions du juge constitutionnel, « c'est sur le terrain de l'efficacité, de la performance, du bon fonctionnement de la justice et du service rendu aux citoyens qu'il faut placer la réflexion [...] La justice apparaît alors d'autant plus légitime qu'elle est efficace, c'est -à-dire répondant tout à la fois aux aspirations de la démocratie et assurant dans son organisation l'application des principes de la démocratie »[54].

De même, elle contribue à asseoir l'autorité de leurs décisions. L'autorité des décisions des juridictions constitutionnelles est affirmée par les Constitutions, les lois organiques et par la plupart des règlements intérieurs qui régissent leur organisation et leur fonctionnement. Le plus souvent c'est la disposition de la Constitution de 1958 qui est reprise et parfois avec certaines variantes. Ainsi est-il précisé que « les décisions des juridictions constitutionnelles s'imposent à toutes les autorités... de l'État. Elles sont insusceptibles de recours ». Cette disposition n'en soulève pas moins des difficultés pratiques. En effet, l'expérience révèle que la réalité n'épouse pas toujours le droit. À travers des illustrations jurisprudentielles, les développements tenteront de montrer l'écart entre les prescriptions juridiques et la pratique.

L'exécution de la décision de constitutionnalité peut être entravée par de multiples facteurs. Sans être exhaustif, on peut retenir la réaction hostile des partenaires du procès constitutionnel, la nature de la décision qui, par sa qualité rédactionnelle, présente des difficultés d'application, le contexte politique notamment dans les situations de crises politiques aigües, la place, le rôle et la perception du juge dans le système politique considéré, etc.

Cette réflexion n'examine pas principalement l'autorité des décisions qui peut, à titre incident intervenir dans la démonstration, mais elle sera axée sur

---

[52] L. FAVOREU, *Droit constitutionnel*, Paris, Dalloz, 12ème édit., 2009.

[53] L. FAVOREU, « Le droit constitutionnel, droit de la Constitution et constitution du droit », *RFDC* n° 1, 1981, p. 71-89: D. ROUSSEAU, « Constitutionnalisme et Démocratie », *Leçon prononcée à l'Académie des sciences morales et politiques*, juillet 2008, p. 4.

[54] F. HOURQUEBIE, « Justice, et Démocratie, questions de légitimité et de constitutions », Introduction, in (sous la direction de) Xavier BIOY et Fabrice HOURQUEBIE, *Constitutions, Justice et Démocratie*, Paris, L'Harmattan, col. Logiques juridiques, 2011, p. 17.

l'exécution des décisions juridictionnelles. Ainsi cette étude ambitionne d'apporter des éclairages sur les causes de l'exécution des décisions des juridictions constitutionnelles (**I**) et les conséquences qu'engendrent cette exécution (**II**).

I. Les causes de l'inexécution des décisions juridictionnelles

Plusieurs causes peuvent être à l'origine d'une inexécution des décisions des juridictions constitutionnelles. Certaines résultent du comportement des partenaires du juge constitutionnel qui se montreraient réticents à donner une suite favorable à une décision de constitutionnalité. D'autres cas d'inexécution trouvent leurs sources dans la décision même de constitutionnalité qui, par manque de clarté ou par ses effets, engendre des difficultés d'application corrélativement au respect de l'orthodoxie constitutionnelle.

A. L'attitude des partenaires des juridictions constitutionnelles

Par partenaires du juge constitutionnel, il faut entendre l'ensemble des autorités politiques qui, à un titre ou à un autre, interviennent dans le procès constitutionnel. Outre les autorités exécutives de l'État, cela peut renvoyer aux parlementaires, aux juges ordinaires, aux organes de régulation, etc. On visera ici successivement les pouvoirs constitutionnels (*1*) et l'exécution des décisions par le juge ordinaire (*2*).

1. Les pouvoirs publics constitutionnels

L'exécution des décisions des juridictions constitutionnelles intéresse au premier chef le président de la République, chargé de promulguer la loi, mais aussi auteur d'un pouvoir de saisine de nature à faire vérifier si la loi est conforme à la Constitution. Ensuite, cela revient aussi au Parlement en tant qu'organe de fabrication de la loi et chargé de tirer les conséquences des décisions d'inconstitutionnalité.

L'exécution des décisions de constitutionnalité par le président de la République. À première vue, il ne devrait pas y avoir de difficultés particulières en matière d'exécution des décisions du juge constitutionnel par le président de la République. En effet, la plupart des Constitutions africaines font du chef de l'État le garant ou le gardien de la Constitution. À ce titre, il doit veiller au respect des dispositions de la charte fondamentale. Chargé de promulguer la loi, il peut saisir lui-même la Haute juridiction afin de faire contrôler la constitutionnalité de la loi. De même, il peut demander une seconde lecture.

Cependant, une difficulté peut se poser dans l'application des décisions du juge constitutionnel dans le cas où la Haute juridiction déclare une disposition de la loi soumise à son contrôle non conforme à la Constitution. Dans ce cas, le chef de l'État a le choix entre promulguer la loi amputée de la disposition litigieuse ou renvoyer le texte à l'Assemblée nationale en vue d'une reprise du texte intégrant les directives du juge constitutionnel. En France, c'est à l'occasion d'un contrôle de ce type que le Conseil constitutionnel a élaboré une véritable théorie de l'exécution des décisions d'annulation partielle. Selon le juge de la constitutionnalité : « L'objet de ce contrôle de constitutionnalité [...] lorsqu'une loi n'est pas déclarée dans sa totalité contraire à la Constitution (est) d'en permettre la promulgation, soit après amputation des dispositions déclarées contraires à la Constitution, soit après substitution à celles-ci de nouvelles dispositions réalisant une mise en conformité avec la Constitution ;

« Considérant que si, choisissant le premier terme de cette option, le président de la République décide de promulguer la loi amputée de la ou des dispositions déclarées non conformes à la Constitution, la procédure législative est close par la promulgation, de telle sorte qu'il est nécessaire de recourir à une nouvelle procédure législative pour compléter, le cas échéant, la loi promulguée par des dispositions se substituant à celles déclarées non conformes à la Constitution.

« Considérant au contraire que, lorsque le président de la République décide de recourir à la seconde lecture prévue par l'article 23 de l'ordonnance du 7 novembre 1958, cette décision a évidemment pour objet de réaliser la mise en conformité de la loi votée avec la Constitution en substituant aux dispositions non conformes à celle-ci des dispositions nouvelles faisant droit à la décision du Conseil constitutionnel ; que, dans ce cas, il ne s'agit pas du vote d'une nouvelle loi, mais de l'intervention dans la procédure législative en cours, d'une phase complémentaire résultant du contrôle de constitutionnalité »[55].

En dehors des cas de collaboration harmonieuse entre le gardien politique et le gardien juridique de la Constitution, force est de reconnaître que ces relations peuvent être heurtées. C'est le cas lorsque le chef de l'État demande des explications sur une décision rendue par le juge constitutionnel dans l'exercice de ses attributions électorales alors que celui-ci avait interdit au président de la République d'intervenir dans une campagne électorale qui ne le concernait pas directement. Après la décision du juge constitutionnel, la mouvance présidentielle [Coalition Wade] a enlevé la photo du président Wade et a mis son ombre à la place[56].

Dans le même ordre d'idées, le juge constitutionnel a pris et fait cause pour l'opposition parlementaire dans son bras de fer avec le président de la République en proclamant l'empêchement de celui-ci à Madagascar. La Cour constitutionnelle a estimé que le président de la République a violé la Constitution pour non-respect des principes régissant la promulgation des lois et pour avoir à tort rattaché l'inspection générale de l'État à la présidence de la République. Ainsi elle déclare la vacance du poste de président de la République, désigne un Premier

---

[55] CC. Décision 85-196 DC, 8 août, 1985, Découpage électoral en Nouvelle-Calédonie, *JO* 9 août 1985, p. 9125.

[56] Conseil constitutionnel, Sénégal, Décision n° 81, affaire N° 2/E/2001..., 26 mars 2001, Interdiction du nom « Wade » et de la photographie du président de la République sur le bulletin de vote de la « Coalition WADE », in *Les décisions et avis du Conseil constitutionnel du Sénégal*, *op. cit.*, p. 415-417.

ministre intérimaire et charge le gouvernement d'organiser de nouvelles élections[57].

En revanche, saisi de la même question relative au refus de promulgation de la loi par le président de la République, le juge constitutionnel du Niger a jugé qu'à défaut « [...] de leur promulgation dans les délais prévus par la Constitution, ces lois y compris la loi de finances de 1996 doivent être considérées comme promulguées de plein droit et entrent en vigueur dès leur publication au *Journal officiel* »[58].

Outre le chef de l'État, les difficultés d'exécution peuvent provenir d'autres membres de l'exécutif, fragilisant ainsi les décisions du juge constitutionnel. En RDC, la Constitution interdit expressément l'injonction des autorités administratives au juge et proscrit le refus d'exécution des décisions juridictionnelles. À cet égard, l'article 151 de la Constitution dispose que « le pouvoir exécutif ne peut donner d'injonction au juge dans l'exercice de sa juridiction, ni statuer sur les différends, ni entraver le cours de la justice, ni s'opposer à l'exécution d'une décision de justice. Le pouvoir législatif ne peut ni statuer sur les différends juridictionnels, ni modifier une décision de justice, ni s'opposer à son exécution ». En dépit de cette prescription, le vice-premier ministre, ministre de l'Intérieur et de la Sécurité a notifié à la Commission électorale nationale indépendante les vacances créées dans les exécutifs provinciaux dont ceux du Haut-Katanga et de la Tshuapa, en violation de deux arrêts de la Cour constitutionnelle ayant réhabilité leurs gouverneurs respectifs susvisés. Il s'agit là d'une ignorance coupable des arrêts de la Cour, mieux et par ricochet, d'une violation intentionnelle de la Constitution »[59].

L'exécution des décisions de constitutionnalité par le Parlement.

« L'application des décisions du Conseil constitutionnel par le Parlement n'appelle pas d'observations très détaillées, car le Parlement respecte de manière tout à fait satisfaisante les décisions du Conseil constitutionnel grâce à l'existence d'un certain nombre de mécanismes qui se sont mis en place et qui se sont révélés efficaces »[60].

Cette position de notre regretté doyen Louis Favoreu, fort appréciable dans la consolidation de l'État de droit n'est applicable en Afrique francophone. Les juridictions constitutionnelles africaines sont confrontées à une situation ambivalente quant au respect de leur décision par le législateur. Tantôt le

[57] Voir sur cette question : J. du BOIS de GAUDUSSON, « Les solutions constitutionnelles des conflits politiques », *Afrique contemporaine*, p. 253 ; R.A. RAVELONA, « La destitution du chef de l'Etat à Madagascar », *RFDC*, 1998, p. 360 ; I. M. FALL, *Le pouvoir exécutif dans le nouveau constitutionnalisme des Etats d'Afrique*, Paris, L'Harmattan, 2008, p. 182-191.

[58] Cf. arrêt n° 96-003/Ch. Cons. 16 janvier 1996. *JORN*, du 18 janvier 1996, p. 3.

[59] Samba MUKIRAMFI, « Réflexions prospectives sur un contentieux d'exécution des arrêts de la Cour constitutionnelle », *Annuaire congolais de justice constitutionnelle*, vol. 2, 2017, p. 44.

[60] L. FAVOREU, « La décision de constitutionnalité », RIDC n° 2, 1986, p. 611-633, reproduit in *La Constitution et son juge*, Paris, Economica, 2014, p. 223.

parlement exécute convenablement la décision du juge constitutionnel, tantôt les députés montrent des réticences à la mise en application des décisions de constitutionnalité.

En premier lieu, le contrôle de constitutionnalité des règlements intérieurs des Assemblées parlementaires est obligatoire dans presque tous les pays sous examen. À l'occasion de ce contrôle, le juge constitutionnel délivre souvent des brevets de constitutionnalité au texte soumis à son contrôle.

Par ailleurs, le juge constitutionnel a déclaré conforme à la Constitution la loi portant augmentation du nombre de députés de 120 à 140[61]. De même, la loi organique du 13 avril 1998 complétant le Code électoral et relative à l'élection des sénateurs a été déclaré conforme à la Constitution[62]. Le juge constitutionnel, à la suite d'un avis sollicité par le chef de l'État pour savoir si le défaut d'élection, dû à la situation de crise que connaît la Côte d'Ivoire, entraîne la dissolution et la fin des pouvoirs de l'Assemblée nationale, a estimé nécessaire de prolonger le mandat des députés en raison des principes et règles à valeur constitutionnelle tels que la séparation et l'équilibre des pouvoirs, l'exercice de la souveraineté du peuple par ses représentants élus, la continuité de la vie de la nation et l'accomplissement de la mission du contrôle de la mise en œuvre des mesures exceptionnelles par le président de la République[63].

Dans la même mouvance, le juge constitutionnel africain a eu à élaborer un véritable cours de droit parlementaire dans le cadre d'une saisine sollicitant des éclairages sur certaines dispositions du règlement intérieur de l'Assemblée nationale relative à l'élection du bureau. Après avoir reconnu sa compétence, le Haute juridiction a considéré que l'élection des vice-présidents et autres membres du bureau de l'Assemblée nationale a lieu à l'ouverture de la session ordinaire d'octobre de chaque année ; que cette élection est une activité du pouvoir public qu'est[64] l'Assemblée nationale ; qu'elle est régie par le règlement intérieur de l'Assemblée nationale lequel est voté par les députés et déclaré conforme à la Constitution par la Cour constitutionnelle avant sa mise en application. Considérant que, comme telle, l'élection annuelle des autres membres du bureau de l'Assemblée nationale peut être régulée par la Cour constitutionnelle ».

La Cour précise avant le rejet de la requête que « la nullité du mandat impératif signifie que le député ne peut être contraint à voter dans tel ou tel sens fixé soit

---

[61] Conseil constitutionnel du Sénégal, Décision n° 31/98, affaire n° 6/C/98, séance du 10 mars 1998, Augmentation du nombre de députés de 10 à 140 ; in *Les décisions et avis du Conseil constitutionnel du Sénégal*, Dakar, CREDILA, 1998, pp. 195-1997 avec un commentaire de P.M. Sy.

[62] Conseil Constitutionnel du Sénégal, Décision n° 30/98, affaire n° 3/C/98, séance du 9 mars 1998, Election des sénateurs ; in *Les décisions et avis du Conseil constitutionnel du Sénégal*, Dakar, CREDILA, 1998, p. 189-194 avec un commentaire de A. Ndiaye.

[63] Conseil constitutionnel de Côte d'Ivoire, avis n° 2005-013/CC/SG du 15 décembre 2005, reproduit et commenté par L. Sindjoun, *Les grandes décisions de la justice constitutionnelle africaine. Droit constitutionnel jurisprudentiel et Politiques constitutionnelles au prisme des systèmes politiques africains*, Bruxelles, Bruylant, 2009, p. 122-126.

[64] Cour constitutionnelle du Mali, arrêt n° 06-173 du 15 septembre 2006, reproduit in L. Sindjoun, *Les grandes décisions de la justice constitutionnelle africaine…*, *op. cit.*, p. 126-132.

par les ou des électeurs de sa circonscription électorale, soit par une organisation sociale ou par un parti politique ou un groupe de partis politiques »[65]. De même, il considère que « cette nullité du mandat impératif a pour conséquence directe que le vote du député est personnel et que c'est exceptionnellement que la délégation de vote (vote par procuration) est autorisée dans les conditions fixées par une loi organique[66].

De plus, dans le cadre de la répression de l'absentéisme dans l'institution parlementaire, le juge constitutionnel est appelé à clarifier l'alinéa 4 de l'article 68 de la Constitution qui dispose : « Il (le député) est astreint à l'obligation d'assiduité. En cas d'absence injustifiée, l'indemnité est supprimée de plein droit ». Ainsi la juridiction constitutionnelle constate-t-elle que l'exercice des compétences de l'Assemblée nationale requiert la participation du plus grand nombre de députés plus particulièrement lors des sessions et à tous les stades des travaux parlementaires, notamment aux travaux de commissions permanentes[67]. De plus, force est de constater qu'au fil des législatures successives, l'absentéisme tend à s'installer et à se pérenniser au sein de l'Assemblée, absentéisme susceptible d'entraver le fonctionnement normal de l'institution et de dévaloriser le mandat représentatif. Par le mandat représentatif, chaque parlementaire n'a d'ordre ni d'instruction à recevoir des électeurs qui l'ont élu ou d'un parti politique qui l'a investi. Certes, le député est censé exercer son mandat suivant sa conscience et dans le respect des règles d'éthique ; qu'à ce titre et à l'occasion des débats au sein de l'institution, il a la liberté de parole ainsi que celle de voter dans le sens qu'il estime correspondre à l'intérêt général, mais que l'exercice des libertés requiert sa présence aux séances programmées. Que c'est dans le but d'aboutir à la présence effective du plus grand nombre de députés tant aux sessions qu'aux séances qui y sont rattachées que le constituant a tenu à insister spécialement sur l'obligation d'assiduité et la suppression du droit à l'indemnité en cas d'absence injustifiée. Que la constitutionnalisation de ladite règle vise à responsabiliser davantage et le député et l'organe d'administration qu'est le bureau permanent de l'Assemblée qui, chacun en ce qui le concerne, doit respecter les dispositions constitutionnelles et doit prendre les mesures qui s'imposent[68].

Enfin, « d'éminentes autorités politiques, administratives et juridictionnelles se sont dressées, certaines par action d'autres par omission coupable, de manière spectaculaire, continue et en toute impunité, sur la base de l'application de deux arrêts de la Cour [...] exposant ainsi l'opinion à des spéculations sur un ''complot réfléchi'' contre le juge constitutionnel congolais, partant contre la Nation »[69].

---

[65] *Ibidem*, p. 130.
[66] *Ibidem*, p. 130.
[67] Cour constitutionnelle de Madagascar, Avis n° 01-HCC/AV du 16 mai 2007, L. SINDJOUN, *Les grandes décisions de la justice constitutionnelle africaine... op. cit.*, p. 135-139.
[68] *Idem*, p. 139.
[69] Samba MUKIRAMFI, « Réflexions prospectives sur un contentieux d'exécution des arrêts de la Cour constitutionnelle », *Annuaire congolais de justice constitutionnelle*, vol. 2, 2017, p. 28.

Outre l'efficacité de ces décisions qui renforcent l'État de droit, il arrive aussi des situations où le Parlement oppose un refus à l'exécution des décisions du juge constitutionnel.

2. L'exécution des décisions de constitutionnalité par les juges ordinaires

Le juge constitutionnel africain dans l'exercice de sa mission de régulation du fonctionnement régulier des institutions entretient des relations avec les juridictions suprêmes de l'ordre judiciaire comme de l'ordre administratif. Il revient à ces juridictions ordinaires de donner plein effet aux décisions du juge constitutionnel rendues en matière d'exception d'inconstitutionnalité et revêtues de l'autorité de chose jugée. Les relations peuvent se révéler plus tendues lorsque le juge constitutionnel, en dehors de toute habilitation expresse, s'érige en juge de cassation des Cours suprêmes ou en donneur d'ordre à exécuter. De plus, des contrariétés de décisions entre les juridictions ordinaires et la Haute juridiction sont observées dans certains pays. La situation peut également être rendue plus difficile en cas de revirement de jurisprudence opéré par le juge constitutionnel. Toutes ces situations ont un impact sur la sécurité juridique des citoyens.

Dans l'exercice de son office, le juge constitutionnel se montre pointilleux du respect des conditions formelles de sa saisine en matière de contrôle de la loi promulguée. C'est ainsi qu'il lui arrive de renvoyer au juge administratif suprême une requête en ce sens non sans préciser que « [...] le Conseil d'État doit se prononcer avant toute saisine du Conseil constitutionnel, sur sa compétence et sur la recevabilité du recours ou la déchéance, tout examen de la « solution du litige » leur étant subordonné, comme le Conseil d'État en donne l'illustration en décidant de « surseoir à statuer au fond... » ; qu'un pourvoi non purgé de toutes les fins de non-recevoir ou simplement fantaisiste, ne saurait servir de prétexte pour saisir le Conseil constitutionnel d'une exception d'inconstitutionnalité qui, si elle devait être reçue et examiner par le Conseil constitutionnel, constituerait un véritable détournement de procédure [...] »[70].

De même, quand la Haute juridiction s'arroge un pouvoir d'injonction non prévu par l'arsenal juridique qui régit son action, les juridictions ordinaires suprêmes peuvent montrer des résistances à l'exécution de telles décisions. C'est ainsi la Cour de cassation, agacé rappelle au juge de la constitutionnalité l'absence de pouvoir d'injonction à son égard. Sensible à la réaction du juge judiciaire suprême, la juridiction constitutionnelle assouplit sa position. Elle précise que « [...] par sa décision, le Conseil constitutionnel voulait signifier, tout simplement, que la recevabilité du pourvoi ne résultant du dispositif, le doute pouvait exister sur l'examen de toutes les fins de non-recevoir susceptibles d'entacher le recours avant saisine du Conseil constitutionnel ; que cette préoccupation est très éloignée d'une « injonction » que le Conseil constitutionnel

---

[70] Conseil constitutionnel du Sénégal, Décision n° 17/95, affaire n°2/C/95, Moussa Ouattara et autres, in *Les décisions et avis du Conseil constitutionnel du Sénégal*, Renvoi au Conseil d'Etat d'une exception d'inconstitutionnalité, *op. cit.*, p. 125-126.

n'a aucun pouvoir de donner sauf dans certaines hypothèses résultant de l'application de l'article premier de la loi organique sur le Conseil constitutionnel »[71].

Dans le même ordre d'idées, le juge constitutionnel sénégalais a pris le contre-pied du juge judiciaire. En effet, la chambre criminelle de la Cour suprême qui avait renvoyé l'exception d'inconstitutionnalité avait estimé que : « [...] attendu qu'aux termes des dispositions de l'article 13 de la loi n° 81-54 du 10 juillet 1981 créant une Cour de répression de l'enrichissement illicite « les décisions de la Commission d'instruction ne sont susceptibles d'aucun recours » ; attendu cependant que l'exercice du droit de se pourvoir en cassation y compris les motifs pour lesquels il peut être exercé sont régis par la loi, entendue au sens de lois constitutionnelles, traités, conventions internationaux et principes généraux du droit ; attendu que la loi doit être la même pour tous ; que si le législateur peut prévoir des règles de procédures différentes c'est à la condition que cela ne porte pas atteinte aux principes précités et que soient assurés aux justiciables des garanties égales notamment quant au respect du principe des droits de la défense, qui implique en particulier l'existence d'une procédure juste et équitable ; et attendu que l'article 13 alinéa 1er de la loi n° 81-54 du 10 juillet 1981 créant la Cour de répression de l'enrichissement illicite, en excluant tout recours contre les décisions de la Commission d'instruction, ne s'aurait s'opposer à la recevabilité du pourvoi manifesté de manière non équivoque ; qu'il s'ensuit que le recours formé contre une décision de rejet d'un déclinatoire de compétence est irrecevable ».

Le Conseil constitutionnel sénégalais rejette cette position de la juridiction judiciaire. En effet, il a affirmé que « 29/- [...] le renversement de la charge de la preuve ne constitue pas une situation juridique inédite qui porte atteinte, *a priori*, à la présomption d'innocence ; que le législateur y a parfois recours dans plusieurs disciplines, notamment, en droit pénal, en droit fiscal, en droit douanier ; que ce principe se retrouve aussi dans d'autres systèmes juridiques étrangers, tout autant soucieux du respect des droits de la défense... ; qu'il est essentiellement motivé par un souci d'efficacité de l'objectif poursuivi ;

« 30/- Considérant que le législateur, en principe, ne saurait instituer des présomptions de culpabilité en matière répressive ; que toutefois, à titre exceptionnel, de telles présomptions peuvent être établies, dès lors qu'elles ne revêtent pas un caractère irréfragable, et que le respect des droits de la défense est assuré ;

« 31/- Considérant, en l'occurrence, que la présomption d'innocence est préservée dès l'instant que la personne poursuivie n'est ni détenue arbitrairement, ni condamnée définitivement ; qu'elle a la possibilité de se défendre, d'apporter la preuve contraire, par tous moyens, des faits qui lui sont reprochés, et de se faire

[71] Conseil constitutionnel Sénégal, Décision n° 18/95, Affaire n° 3/C/95, Exception d'inconstitutionnalité de l'article 140 du CPP, reproduit in *Les décisions et avis du Conseil constitutionnel du Sénégal*, *op. cit.*, p. 129-132.

assister depuis la phase d'instruction jusqu'à la juridiction de jugement ; qu'il y a lieu, par conséquent, de déclarer l'article 3 de la loi n° 81-53 du 10 juillet 1981 conforme à la Constitution (article 163 bis du Code pénal) ;

« 32/- Considérant, par ailleurs, qu'après examen de l'ensemble des dispositions de la loi 81-53 relative à la répression de l'enrichissement illicite, et de la loi 81-54 portant création de la Cour de répression de l'enrichissement illicite, le Conseil constitutionnel ne relève aucune violation de la Constitution »[72].

Ces positions divergentes des deux juridictions sont le lit des difficultés d'exécution constatées ici ou là. La doctrine ne manque pas de stigmatiser la position du juge constitutionnel[73]. L'audace du juge constitutionnel et sa hardiesse tant vantée par la doctrine sont perceptibles dans ses relations avec les juridictions ordinaires. En effet, le juge constitutionnel en dehors de toute disposition juridique s'est reconnu compétent pour exercer un contrôle de constitutionnalité des décisions rendues par les juges ordinaires. C'est dans ce contexte que la Cour constitutionnelle du Bénin a décidé que « L'arrêt n° 13/CT-CJ6CT du 24 novembre 2006 de la Chambre judiciaire de la Cour suprême… est contraire à la Constitution »[74]. Alors que les décisions de la Cour suprême sont insusceptibles de recours, le juge constitutionnel censure le recours au droit coutumier qu'elle avait déclaré sans force exécutoire par décision DCC 96-063 du 30 septembre 1996 faisant grief à la Cour suprême de ne pas respecter l'autorité de ses décisions[75]. En clair, la première décision rendue par la Cour constitutionnelle avait clairement rappelé dans une première décision que « le coutumier ne peut servir de base légale à une décision judiciaire ; qu'en tout état de cause, aucune juridiction ne saurait assoir sa décision sur une loi, un texte règlementaire, un acte administratif censé porter atteinte aux droits fondamentaux de la personne humaine et des libertés publiques ; qu'il s'ensuit que les décisions du Tribunal de première instance de Ouidah et de la Cour d'appel de Cotonou qui ont invoqué une disposition du droit coutumier qui fait état du statut d'esclavage d'une des parties au procès violent la Constitution »[76]. Cette décision de la juridiction constitutionnelle n'a pas été respectée par la chambre judiciaire de la Cour suprême qui a refusé de tirer les conséquences juridiques de la décision de la Cour constitutionnelle. Ainsi, la Haute instance saisie de nouveau pour violation de l'article 124 de la Constitution, rappelle qu'en matière « des droits de l'homme, les décisions de la Cour constitutionnelle priment sur celles de toutes les autres

---

[72] Décision 1/C/2014 du 3 mars 2014 relative aux lois portant répression de l'enrichissement illicite au Sénégal.

[73] O. Dia, « L'exception d'inconstitutionnalité et le procès juste et équitable. A propos de la décision du Conseil constitutionnel sénégalais/ Décision 1/C/2014 du 3 mars 2014 relative aux lois portant répression de l'enrichissement illicite au Sénégal », *Revue africaine de sciences politiques et sociales (RASPOS)* numéro 4, janvier-février-mars 2015, p. 317-3, p. 325-326.

[74] Décision DCC 09-087 du 13 août 2009.

[75] J. Djogbenou, « Le contrôle de constitutionnalité des décisions de justice : une fantaisie de plus ? », p. 1- 27, in revue électronique www.afrilex.u-bordeaux 4.fr (consulté le 05 février 2015).

[76] Bénin, CC.DCC 06-076 du 27 juillet 2006.

juridictions ». Il conclut que « l'arrêt n° 13/CJ-CT du 24 novembre 2006 de la Chambre judiciaire de la Cour suprême rendu dans l'affaire opposant les consorts ATOYO Alphonse aux consorts Sophie AIDASSO est contraire à la Constitution »[77].

Cette décision renseigne sur l'attitude du juge ordinaire refusant d'assurer l'exécution des décisions de la Cour constitutionnelle[78]. Elle révèle aussi un aspect des rapports entre les deux juridictions et désoriente les particuliers qui s'attendent à des décisions claires et des positions cohérentes des différentes juridictions.

En dernière analyse, il faut souligner les conflits de compétence susceptibles de surgir entre les juridictions ordinaires suprêmes et les revirements de jurisprudence. En matière de conflit de compétence entre plusieurs ordres juridiques, les textes constitutionnels apportent des réponses variées selon les pays d'Afrique francophone. Certains ont donné compétence à la juridiction constitutionnelle pour connaître des conflits de compétence alors d'autres ont créé une juridiction spéciale de la question. Une troisième catégorie laisse la question en suspens, ce qui ne manque pas d'entretenir la confusion.

La République démocratique du Congo dispose en ce domaine d'un système assez perfectionné. La loi organique relative à la Cour constitutionnelle semble être plus exhaustive dans le domaine de la résolution des conflits de compétence. La section 3 intitulée « Entre les ordres de juridictions » est régie par les articles 65 à 71. La Cour connaît des conflits d'attribution entre les ordres de juridiction[79].

Aux termes de la loi, il y a conflit d'attribution, lorsque la Cour de cassation et le Conseil d'État déclarent tous une juridiction de l'ordre judiciaire et une juridiction de l'ordre administratif compétente ou incompétente pour connaître d'une même demande mue entre les mêmes parties[80]. Le recours n'est recevable que si une exception d'incompétence a été soulevée par ou devant la Cour de cassation ou le Conseil d'État au motif que la demande relève en tout ou en partie de l'autre ordre[81]. La demande n'est recevable que dans les deux mois de la signification de la décision d'où résulte le conflit[82].

Lorsque la Cour de cassation et le Conseil d'État ont, l'une et l'autre, déclaré une juridiction de l'ordre judiciaire et une juridiction de l'ordre administratif compétente, celle-ci sursoit à statuer quant au fond jusqu'à l'expiration du délai prévu à l'article précédent et, en cas de recours, jusqu'à la décision sur le conflit[83].

---

[77] Bénin, CC. Décision DCC 09-087 du 13 août 2009.

[78] A.-L. SIDI, « La mise à exécution effective des décisions de la Cour constitutionnelle », communication lors du Séminaire sur « *La Cour constitutionnelle et le pouvoir judiciaire* » du 18 au 19 décembre 2017, p. 16-17.

[79] Article 65 de la loi organique n° 13/026 du 15 octobre 2013 portant organisation et fonctionnement de la Cour constitutionnelle de la République démocratique du Congo.

[80] *Id.*, article 66.

[81] *Id.*, article 67.

[82] *Id.* article 68.

[83] *Id.*, article 69.

Lorsque la Cour a vidé le conflit, la juridiction de l'ordre qui n'a pas été reconnu compétente est dessaisie de plein droit de l'action pendante devant elle. La juridiction de l'ordre reconnue compétente est seule habilitée à trancher le fond du litige sur une nouvelle demande de la partie la plus diligente dans le respect des règles prévues par la loi. La prescription est suspendue pendant la procédure de règlement du conflit[84]. L'arrêt de règlement de conflit s'impose aux deux ordres de juridiction[85].

Au Mali, la juridiction, par un arrêt n° CC 96-003 du 25 octobre 1996, a déclaré non conforme à la Constitution, une disposition d'un projet de loi électorale qui excluait les candidatures indépendantes, projet déféré à sa censure par des députés de l'opposition, soutient « que dans un système de démocratie pluraliste, les candidatures, sous réserve de conditions d'éligibilité définies par la loi, sont libres c'est-à-dire que chacun a le droit de se présenter fût-ce de son propre chef ; que l'adhésion d'un citoyen à un parti est libre, que par conséquent la mise en œuvre des droits politiques d'un citoyen n'est pas fonction de son adhésion à un parti ; que selon les dispositions de l'article 28 de la Constitution, les partis politiques concourent c'est-à-dire participent à l'expression du suffrage donc ne peuvent être les seuls à concourir à l'expression du suffrage ».

Cette décision de la Cour constitutionnelle qui interdit la subordination de l'exercice des droits politiques des citoyens à l'adhésion à un parti politique est claire dans sa formulation. Cependant, la section administrative de la Cour suprême, statuant en dernier ressort a, par deux arrêts n° 36 et 37 du 23 juillet 1998, confirmé la décision du Tribunal administratif de Bamako qui avait invalidé une liste de candidats indépendants à Ségou et à Bamako au motif que certains candidats inscrits sur lesdites listes électorales étaient militants du parti ADEMA-PASJ parce que n'ayant pas officiellement démissionné de leur parti et qu'à ce titre ils ne pouvaient être reçus comme « indépendants ».

La haute juridiction administrative a considéré « que si on peut admettre avec le conseil des appelants qu'une liste de candidature est indépendante dès lors que les candidats ne se présentent pas avec le sceau d'un parti politique, il n'est pas moins vrai que cette conditionnalité est insuffisante si elle n'est pas accompagnée d'une autre qui est non la non appartenance à un parti politique légalement et librement constitué ».

« Qu'il est constant « que l'adhésion d'un citoyen à un parti politique est libre [...] ; que la mise en œuvre des droits politiques d'un citoyen n'est pas fonction et ne saurait être fonction de son adhésion à un parti politique [...] ;

« Que les partis politiques ne peuvent pas être les seuls à incarner l'expression du suffrage... » comme dit l'arrêt n° CC 96-003 du 25 octobre 1996 de la Cour constitutionnelle (p. 8-10), il est aussi constant que pour le libre jeu de la concurrence, fondement de la démocratie, on ne peut être candidat à une élection

---

[84] *Id.*, article 70.
[85] *Id.*, article 71.

face à son parti dans les conditions fixées par les statuts et règlement intérieur dudit parti ;

« Qu'il n'y a pas de candidature indépendante, en matière d'expression de suffrage que par rapport aux partis politiques ou groupement de partis politiques »[86].

À la lumière de ce considérant, la juridiction administrative suprême révise la jurisprudence de la Cour suprême. Elle subodore l'exercice d'un droit fondamental [la liberté de candidature (indépendante)] consacré par la Constitution et les instruments juridiques internationaux à l'adhésion à un parti politique.

B. LES CAUSES INHÉRENTES À LA DÉCISION DE CONSTITUTIONNALITÉ

Le refus d'exécution des décisions des juridictions constitutionnelles peut être fondé sur les imprécisions mêmes de la décision. Il arrive que les destinataires s'adressent de nouveau aux juges de la constitutionnalité pour avoir des éclairages sur les modalités d'exécution des décisions de constitutionnalité. D'autres difficultés peuvent surgir en raison des pouvoirs que le juge s'octroie dans le cadre de son office et qui mettent mal à l'aise ses destinataires. Enfin, certaines décisions juridictionnelles bouleversent l'orthodoxie constitutionnelle de par l'activisme du juge constitutionnel qui s'érige à l'occasion en constituant.

1. Des décisions imprécises

Des difficultés inhérentes à la décision constitutionnelle *stricto sensu* sont relevées ici ou là. La décision rendue par le juge constitutionnel peut être source de difficultés qui limitent ou empêchent son exécution. D'abord, le pouvoir d'injonction que le juge constitutionnel s'arroge n'est pas de nature à faciliter l'application de la décision de constitutionnalité. La situation est d'autant plus délicate qu'il existe rarement des fondements juridiques à l'injonction du juge constitutionnel. De tels ordres donnés aux pouvoirs publics (Parlement ou pouvoir exécutif) peuvent être à l'origine de réticences susceptibles de conduire à un blocage des institutions.

On peut également relever une exécution partielle de la décision juridictionnelle du fait de l'injonction que s'approprie le juge constitutionnel. En ce qui concerne le contenu de la décision de constitutionnalité, il est vrai qu'une décision rendue par le juge constitutionnel sur une situation juridique donnée qui a commencé à produire ses effets depuis longtemps ne sera pas applicable

[86] Voir l'analyse de Maître A. DIABATÉ, « Contrariétés de décisions entre hautes juridictions constitutionnelle, administrative et judiciaire : expériences africaines », *Les Actes du Colloque international sur « Les contrariétés de décisions entre Hautes juridictions constitutionnelle, administrative et judiciaire », Bamako, 15-17 juillet 2004*, in *Les Cahiers de l'Association Africaines des Hautes juridictions francophones*, 5ème édition, p. 88-89.

aisément. C'est le cas de la décision de la Cour constitutionnelle du Congo qui exige la réintégration des députés.

De même, la décision du 30 décembre 2013 de la Cour constitutionnelle du Bénin qui impose que « l'Assemblée nationale doit prendre toutes les dispositions pour voter impérativement ladite loi » n'est pas claire. Les termes « devoir » et « impérativement » imposent une conduite à tenir. C'est une obligation d'agir que le juge constitutionnel fixe. Or, au regard du délai très court, il ne s'agit plus de voter le budget, mais de l'adopter. C'est ce que semble précisé le secrétaire général de la Cour constitutionnelle.

Enfin, il arrive que la juridiction constitutionnelle rende des décisions dont la compréhension pose problème. En effet, le juge constitutionnel utilise souvent des notions floues, vagues et dont le contenu est difficilement saisissable. Il en va ainsi de la notion de « continuité des institutions », de « configuration politique », de « consensus national », etc.

De même, lorsque le juge constitutionnel annule la loi sur la polygamie pour violation du principe d'égalité, l'exécution pose problème. En effet, l'égalité entre homme et femme postule que celle-ci ait les mêmes possibilités de choisir plusieurs maris comme l'homme peut avoir plusieurs femmes. Dans un pays où les conventions sociales séculaires reposent sur la polygamie. De ce fait, préconiser une telle conception de l'égalité homme/femme, si elle est juridiquement fondée, fait désordre.

Au surplus, les décisions rendues par les juridictions constitutionnelles peuvent violer le cadre juridique qui régit l'organisation et le fonctionnement de ses instances. Dans ce cadre, la confusion qui règne n'est pas de nature à sauvegarder la cohérence de l'ordre juridique qui est une des missions la Haute juridiction. L'interrogation classique consistant à se demander « qui gardera les gardien » une d'une importance particulière pour la sauvegarde de l'État de droit. À l'instar de la Cour constitutionnelle du Niger qui, dans trois de ses décisions rendues en 2002 a violé la loi fondamentale. En l'espèce, les arrêts n° 2002-14/CC du 4 septembre 2002 sur le Code CIMA, n° 2002-15/CC du 06 septembre 2002 sur l'ordonnance portant Code des marchés publics et n° 2002-16 du 6 septembre 2002 sur les décret n° 2002-208 du 31 juillet 2002 portant mesures particulières dans le cadre de la mise en garde[87].

Ces différentes décisions n'ont pas semblé respecter la Constitution. C'est la raison pour laquelle, le président de la République, en vertu de son statut de garant du respect de la Constitution du Niger a saisi la Cour constitutionnelle en vue du contrôle de ses propres arrêts. Le juge constitutionnel a dans sa décision soutenu que : « Considérant qu'aux termes de l'article 35 alinéa 4 de la Constitution le président de la République est le garant du respect de la Constitution ; Considérant que l'article 29 de la Constitution dispose : « La justice est rendue sur le territoire

[87] B. Hassane AMADOU, *Justice constitutionnelle et démocratie dans les Etats d'Afrique noire francophone : cas du Bénin, du Mali et du Niger*, Thèse de doctorat en droit, Université Cheikh Anta Diop de Dakar, 2014, p. 345-346.

national au nom du Peuple et dans le respect strict de la règle de droit… Considérant que l'article 15 de la loi n° 2000-11 du 14 août 2000 dispose : « les délibérations et avis de la Cour constitutionnelle sont rendus par cinq membres au moins » ; Considérant que la Cour constate que les arrêts n° 2002-14/CC du 04 septembre 2002 sur le Code CIMA, n° 2002-15/CC du 6 septembre 2002 sur l'ordonnance portant Code des marchés publics au Niger et n° 2002-16/CC du 06 septembre 2002 sur les décrets n° 2002-208/PRN/MDN du 31 juillet 2002 proclamant la mise en garde dans la région de Diffa et n° 2002-210 PRN/MDN du 5 août 2002 portant mesures particulières dans le cadre de la mise en garde, ont été rendus par quatre (4) membres de la Cour en violation de l'article 15 précité ;

« Considérant que les arrêts déférés n'invoquent pas le cas de force majeure pour dispenser la Cour du quorum de cinq (5) membres ; Considérant qu'au vu de tout ce qui précède, la Cour constate l'inexistence juridique des arrêts [précités], rendus sans quorum et les déclare par conséquent nuls et de nul effet »[88].

Par ailleurs, rentrent dans cette même catégorie, la décision de la Cour constitutionnelle du Gabon annulant les ordonnances portant Code pénal et Code de procédure pénale. Ces textes n'ont pas été ratifiés par le Parlement pendant la durée des sessions parlementaires. La clôture de la session entraîne automatiquement la caducité desdites ordonnances. « En conséquence, les juridictions de l'ordre judiciaire constituent d'exercer la plénitude de leurs compétences telles que les lois en vigueur les leur attribuent, jusqu'à nouvel ordre »[89].

Outre les difficultés liées à l'imprécision de certaines décisions et au caractère vague de certaines notions utilisées par le juge constitutionnel dans ses décisions, il faut relever le fait qu'en matière de protection des droits fondamentaux, l'importante jurisprudence rendue est ineffective dans la mesure où les sanctions du juge constitutionnel ne sont pas accompagnées de détermination du quantum en vue de la réparation. En effet, « lorsque le droit à réparation prescrit par le juge est une indemnisation, ou une compensation, son exécution nécessite la précision du quantum. L'efficacité de ces types de réparation est tributaire d'une quantification sans équivoque du droit à réparation. Souvent, l'absence de quantification prive pratiquement le droit à réparation de son objet et, par conséquent, ne permet pas au justiciable bénéficiaire de ce droit d'en jouir »[90]. Par exemple, dans l'arrêt Fanon[91] qui inaugure le droit à réparation, la Cour

[88] Voir D. ABRARCHI, Arrêt n° 2003-12/CC du 29 décembre 2003, in *Revue Nigérienne de droit,* n° 7, décembre 2004, p. 37-40.

[89] Décision n° 047/CC du 31 décembre 2015 relative aux requêtes présentées par le barreau du Gabon.

[90] Gérard AÏVO, « Les recours individuels devant le juge constitutionnel béninois », in Etudes coordonnées par F. J AÏVO, *La Constitution béninoise du 11 décembre : un modèle pour l'Afrique ? Mélanges en l'honneur de Maurice Ahanhanzo-Glélé*, Paris, L'Harmattan, 2014, p. 556.

[91] Cour constitutionnelle du Bénin, DCC 02-052 du 17 avril 2002.

constitutionnelle n'a pas déterminé le contenu du droit à réparation. Selon le juge de la constitutionnalité, « … il ressort tant de la lecture combinée et croisée de ces dispositions que de la doctrine et de la coutume internationale que de tels préjudices subis par toute personne ouvrent droit à réparation ; que dans le cas d'espèce Monsieur Fanon a droit à réparation pour les préjudices subis »[92]. De même, dans l'affaire *Tavarès*, elle adopte la même solution tout en déterminant la base juridique de son incompétence à octroyer et à quantifier les dommages et intérêts. Dans cet arrêt, la Cour a admis le préjudice subi par le requérant en qualifiant son emprisonnement de « politique » ; d'« arbitraire » et de contraire à la Constitution et à la Charte africaine des droits de l'homme et des peuples. Mais le juge reste aphone sur le droit à réparation en estimant que « les articles 114 et 117 de la Constitution ne donne pas compétence à la Cour pour allouer des dommages et intérêts en réparation d'un préjudice ; qu'il y a lieu, dès lors, de se déclarer incompétente en ce chef ».[93]

Dans le même ordre d'idées, les difficultés d'exécution peuvent provenir des pouvoirs que le juge constitutionnel s'arroge dans le cadre de l'exerce de son office[94]. À cet effet, il arrive au juge constitutionnel d'élargir ses compétences par le biais d'un contrôle d'opportunité. Considérant que les députés ont abusé de leur droit de légiférer. Le juge estime qu'aucune « étude n'a conclu à la nécessité d'abroger la loi n° 2009-10 et que la relecture proposée au conditionnel l'a été à titre de mesure politique ; qu'au plan du droit, seules sont proposées comme solutions : l'interprétation par une instance compétente et le recours aux actes réglementaires »[95]. Le juge constitutionnel exerce ainsi un contrôle d'opportunité de légiférer alors que rien n'impose aux députés de procéder à une étude.

De même, la Cour ajoute : « s'il est exact que le Parlement a le pouvoir de voter une loi, puis de l'amender ou de l'abroger par la suite, l'exercice de ce pouvoir ne peut se faire au bon vouloir et au gré d'une composante (fût-elle majoritaire) de l'Assemblée nationale, qu'un pouvoir conféré par la Constitution »[96].

Dans ses décisions, le juge constitutionnel invente des décisions de conformité sous réserve qui ne sont pas prévue dans les textes. Dans ce cadre, il ne s'embarrasse pas de certaines considérations. Au lieu de se contenter de l'alternative validation/invalidation, ou des réserves d'interprétation, elle a simplement créé « la déclaration de constitutionnalité sous réserve d'observation ». Ainsi la Cour constitutionnelle impose-t-elle son interprétation

---

[93] Cour constitutionnelle du Bénin, DCC 02-037 du 17 avril 2002.

[94] G. BADET, « Le pouvoir du juge constitutionnel sur les décisions de justice », communication prononcée lors du séminaire sur *La Cour constitutionnelle et le pouvoir judiciaire*, du 18 au 19 décembre 2017, 20 p.

[95] Cour constitutionnelle Bénin, DCC 10-049 du 5 avril 2010.

[96] *Ibidem*.

qui se substitue à celle du législateur, puisqu'il lui enjoint formellement les modifications à faire[97].

Mme Dandi Gnamou relève qu'« avec la technique de la déclaration sous réserve d'observations, le juge constitutionnel apparaît comme co-auteur des lois. Il apporte des amendements à la loi votée le Parlement, propose des corrections syntaxiques ou orthographiques pour qu'à bien des égards il n'y ait pas de contrariété avec la Constitution. La Cour constitutionnelle du Bénin devient une seconde chambre, bénéficiant du droit d'amendement. Mieux, elle supplante une seconde chambre dans la mesure où dans une procédure d'amendement on attend la validation des autres membres du Parlement par le vote d'amendements ainsi formulés, qui peuvent subir encore de nouvelles modifications »[98].

Ces développements montrent que des difficultés résultent aussi bien des décisions même de constitutionnalité, mais aussi de l'inexécution qui peut avoir pour origine les pouvoirs du juge constitutionnel dans le cadre de son office. En tout cas, il se développe aujourd'hui une tendance pour le juge constitutionnel de rendre des décisions plus interventionnistes de nature à bouleverser l'orthodoxie constitutionnelle.

2. Des décisions bouleversant l'orthodoxie constitutionnelle

Les décisions récentes rendues par certaines juridictions constitutionnelles africaines soulèvent de nombreuses controverses relatives à l'activisme du juge constitutionnel, mais aussi sur la place de la norme constitutionnelle. C'est ainsi qu'au Gabon, saisi d'une requête du Premier ministre pour la conduite à tenir à l'expiration du délai d'un an (30 avril 2018) alors que l'Assemblée nationale n'est pas renouvelée du fait de la non-tenue des élections législatives et de la mise en place tardive du Conseil national électoral, la Cour constitutionnelle a tout simplement prononcé la dissolution de l'Assemblée nationale et du gouvernement tout en enjoignant au Sénat de continuer à exercer la fonction législative jusqu'à l'organisation de nouvelles législatives à une date fixée par la Cour constitutionnelle.

Selon la Cour constitutionnelle, « les articles 4, 34 et 36 de la Constitution, en revanche, présentent des lacunes qu'il convient de combler en complétant lesdits articles par les dispositions suivantes : « Article 4 *in fine* : Si à l'expiration de ces délais, l'élection n'a pas été organisée et aucun cas de force majeure dûment constatée par la Cour constitutionnelle, les fonctions du ou des membre(s) de l'institution concernée cessent immédiatement. Il est procédé à des élections organisées dans les délais fixés par la Cour constitutionnelle saisie par le président de l'autorité administrative chargée de l'organisation des élections en République gabonaise. »

---

[97] D. GNAMOU, « La Cour constitutionnelle du Bénin en fait-elle trop ? », in Etudes coordonnées par F. J. AÏVO, *La Constitution béninoise du 11 décembre : un modèle pour l'Afrique ? Mélanges en l'honneur de Maurice Ahanhanzo-Glélé*, Paris, L'Harmattan, 2014, p. 701.

[98] *Ibid.*, p. 702.

« Article 34, alinéa premier : les fonctions du Gouvernement cessent à l'issue de la prestation de serment du président de la République, de la proclamation des résultats des élections législatives par la Cour constitutionnelle, en cas de non-renouvellement du mandat de l'Assemblée nationale dans les délais constitutionnels ou dans les délais fixés par la Cour constitutionnelle et en cas de vacance de la présidence de la République pour quelque cause que ce soit ou d'empêchement définitif du président de la République.[99]»

« Article 36, alinéa 2 : Lorsque les pouvoirs de l'Assemblée nationale ou du Sénat cessent pour quelque cause que ce soit, la chambre dont la législature reste à courir exerce la plénitude des compétences dévolues au Parlement jusqu'à la proclamation par la Cour constitutionnelle des résultats des élections organisées pour le renouvellement de la chambre concernée dans les délais fixés par ladite juridiction, à l'exception de la révision de la Constitution par voie parlementaire. Toutefois, lorsque la vacance concerne l'Assemblée nationale, le Sénat ne peut exercer les compétences prévues aux articles 63, alinéa 1er et 64, alinéa 1er de la Constitution, relatives respectivement à la question de confiance et à la motion de censure. »

« [...]En application des solutions juridiques découlant de l'interprétation des articles 4, 34 et 36 de la Constitution à la situation actuelle, et dans le souci d'assurer le fonctionnement régulier des pouvoirs publics ainsi que la continuité de l'Etat :

« – les pouvoirs de la douzième législature de l'Assemblée nationale prennent fin dès la notification de la présente décision aux autorités publiques dont le président de l'Assemblée nationale ;

« – le pouvoir législatif sera représenté par le Sénat qui va exercer toutes les compétences dévolues au Parlement jusqu'à la proclamation par la Cour constitutionnelle des résultats de l'élection des députés à l'Assemblée nationale, à l'exception de la révision de la Constitution par voie parlementaire et des compétences prévues aux articles 63, alinéa 1er et 64, alinéa 1er de la Constitution, relatives respectivement à la question de confiance et la motion de censure ;

« – tous les projets et propositions de loi en examen, ainsi que les ordonnances en cours de ratification à l'Assemblée nationale seront transmis sans délai au Sénat ;

« – les fonctions du Gouvernement en place cessent par la démission présentée par le Premier ministre dès notification de la présente décision au président de la République ;

« – le président de la République doit nommer, dans les meilleurs délais, un nouveau gouvernement qui ne sera responsable que devant lui ;

« – les fonctions de ce nouveau gouvernement, qui est exempté de la présentation d'un programme de politique générale devant le Sénat, prennent fin

---

[99] Cour constitutionnelle du Gabon, Décision N°022 /CC DU 30 avril 2018 relative à la requête présentée par le premier ministre aux fins d'interprétation des articles 4, 28, 28a, 31, 34, 35 et 36 de la Constitution.

à la proclamation par la Cour constitutionnelle des résultats des élections des députés à l'Assemblée nationale.

« [...] Une fois la mise en place du Centre gabonais des élections achevée et le serment des membres de son bureau reçu, la Cour Constitutionnelle, saisie par le président du Centre gabonais des élections, fixera les nouveaux délais d'organisation des élections des députés à l'Assemblée nationale ».

Cette décision est inédite dans l'histoire de la justice constitutionnelle en Afrique. Le juge interprète la Constitution non seulement de manière audacieuse et constructive, mais encore, il applique sa conception au cas d'espace. Mieux encore : il dicte aux pouvoirs publics constitutionnels la conduite à tenir, leur adresse des injonctions, leur accorde des délais. Dans ces conditions, n'est-on pas fondé à se demander si le juge constitutionnel « n'en fait pas trop »[100] ?

Dans une autre décision récente, la même Cour constitutionnelle est saisie par le Premier ministre en vertu de l'article 88 de la Constitution en interprétation des dispositions des articles 13 et 16 de la Constitution au regard de l'indisponibilité temporaire du chef de l'État hospitalisé à l'étranger. Le Premier ministre invoque l'impossibilité de différer des dossiers dont l'examen est pendant au gouvernement. De même, l'adoption d'importants textes réglementaires et législatifs ne peut se faire qu'en réunion du conseil des ministres. Mais cette instance est constitutionnellement présidée par le président de la République, qui seul dispose du pouvoir de convoquer et de présider le conseil des ministres. Ainsi le cas d'indisponibilité temporaire n'étant pas prévue par la Constitution, quelle doit être la conduite à tenir.

Cette requête en interprétation est l'occasion pour la Cour constitutionnelle de décider que « l'article 13 de la Constitution comporte une lacune qu'il convient de combler en lui ajoutant un autre alinéa ainsi libellé : « En cas d'indisponibilité temporaire du président de la République pour quelle que cause que ce soit, certaines fonctions dévolues à ce dernier, à l'exception de celles prévues à l'article 18, 19 et 109, alinéa 1er, peuvent être exercées, selon les cas, soit par le vice-président de la République, soit par le Premier ministre, sur autorisation spéciale de la Cour constitutionnelle saisie par le Premier ministre ou par un dixième des membres du gouvernement, chaque fois que nécessaire »[101].

En outre, dans le souci d'assurer la continuité de l'État et du service public, ainsi que le fonctionnement régulier du gouvernement, et en application des dispositions de l'alinéa ajouté à l'article 13 de la Constitution, « la Cour constitutionnelle, en sa qualité d'organe régulateur du fonctionnement des institutions, autorise le vice-président de la République à convoquer et à présider

---

100 D. Gnamou, « La Cour constitutionnelle en fait-elle trop » ? Etudes réunies par F.-J. Aïvo, *La constitution du 11 décembre 1990 : un modèle pour l'Afrique, Mélanges en l'honneur de Maurice Ahanhanzo Glélé*, Paris, L'Harmattan, 2014, p. 705.

101 Gabon. Décision n° 219/CC du 14 novembre 218 relative à la requête du Premier Ministre tendant à l'interprétation des dispositions des articles 13 et 16 de la Constitution.

un conseil des ministres qui portera exclusivement sur l'ordre du jour joint à la requête du Premier ministre »[102].

À Madagascar, la Haute cour constitutionnelle est saisie par une requête des députés en déchéance du président de la République qui tardait à mettre en place la Haute cour de justice. Pour résoudre la crise constitutionnelle susceptible de mener à la déchéance du chef de l'État, la Cour constitutionnelle constate la non-mise en place de la Haute cour de justice (HCJ) et elle enjoint au président de la République de prendre les mesures suivantes : « [...] Dans les cinq (05) jours suivant la présente décision, le président de la République prend le décret de constatation de la désignation des représentants de l'Assemblée nationale, du Sénat et du Haut conseil pour la défense de la démocratie et de l'État de droit, à l'exception des membres de droit prévus par les articles 136.1°, 2° et 3°de la Constitution et le transmet immédiatement au premier président de la Cour Suprême. Dans les délais les plus brefs, la Cour suprême, responsable de la mise en place effective de cette juridiction d'exception, organise la cérémonie de prestation de serment de la Haute cour de justice [...] Le président de la République met fin aux fonctions du gouvernement et procède à la nomination d'un Premier ministre de consensus, dans un délai de 7 jours pour compter de la publication de la présente décision, sur une liste d'au moins trois noms, conformément aux dispositions de l'article 54 de la Constitution et aux termes de l'avis n° 01-HCC/AV du 17 février 2014 portant interprétation des dispositions de l'article 54 de la Constitution et sur la base de l'arrêt n° 11-CES/AR.14 du 6 février 2014 portant proclamation officielle des résultats définitifs des élections législatives de la 4e République [...] Le Premier ministre, chef du gouvernement, exerce ses attributions prévues par la loi fondamentale et reste en fonction jusqu'à l'investiture du nouveau président de la République et ne peut être révoqué que par faute grave ou défaillance manifeste constatée par la Cour de céans ».

En plus de la dissolution du gouvernement, la juridiction constitutionnelle détermine la répartition des portefeuilles ministériels, impose un gouvernement de consensus et s'érige en juge de l'inexécution de sa décision. Pour la Haute cour constitutionnelle, « [...] Le président de la République nomme les ministres sur proposition du Premier ministre, dans un délai de sept jours pour compter de la nomination du premier ministre, conformément aux dispositions de l'article 54 de la Constitution et aux termes de l'avis n° 01-HCC/AV du 17 février 2014 portant interprétation des dispositions de l'article 54 de la Constitution et sur la base de l'arrêt n° 11-CES/AR.14 du 6 février 2014 portant proclamation officielle des résultats définitifs des élections législatives de la 4e République. [...] Le président de la République nomme les ministres de souveraineté sur la base d'une clé de répartition convenue avec les forces politiques, proportionnellement aux dispositions de l'arrêt n° 11-CES/AR.14 sus visé. [...] Le gouvernement de consensus mis en place arrête avec la CENI, l'organisation d'une élection anticipée durant la saison sèche au cours de cette année 2018, mais sous réserve

102 *Ibid.*

des possibilités techniques, matérielles et financières réelles assurant des élections libres, honnêtes et transparentes. [...] En application des dispositions de l'article 39 de la Constitution et de l'article 60 de la loi n° 2018-008 relative au régime général des élections et des référendums, le gouvernement de consensus assure la neutralité de l'administration tout le long du processus électoral [...] Le président de la République en exercice qui se porte candidat à l'élection présidentielle de 2018 démissionne de son poste 60 jours avant la date 1er tour du scrutin [...] Les institutions de la République et les organes constitutionnels exercent pleinement leurs fonctions conformément à la Constitution ; le président de la République ne peut pas faire application de l'article 60 alinéa premier de la Constitution jusqu'à la mise en place de la nouvelle Assemblée nationale [...] L'exécutif et le législatif respectent les principes de la séparation et de la collaboration des pouvoirs, fondements du régime semi-présidentiel de la Quatrième République [...] En cas de litige dans l'exécution des dispositions de la présente décision, la Cour de céans statue en dernier ressort [...] Sauf accord politique dans un délai de dix jours, les dispositions de la présente décision sont applicables dans leur intégralité ».

Ces différentes décisions témoignent-elles d'une nouvelle orientation de la jurisprudence constitutionnelle en Afrique ? En effet, le juge constitutionnel s'évertue à réécrire les dispositions constitutionnelles. Il pointe les lacunes constitutionnelles, propose son interprétation et impose aux autres partenaires du procès constitutionnel sa propre appréciation.

Quand le juge constitutionnel devient un constituant dynamique, il y a un risque pour la stabilité de la norme constitutionnelle qui n'est plus exclusivement la Constitution adoptée par le peuple, constituant originaire, mais la Constitution interprétée et réécrite par la juridiction constitutionnelle. Dans ce cas, l'orthodoxie constitutionnelle est mise à rude épreuve.

Lorsque le juge constitutionnel crée la norme et l'applique au cas d'espèce, il y a des risques de réticence dans l'exécution ou des lenteurs qui pointent à l'horizon. C'est ainsi qu'à Madagascar, malgré les délais fixés par la Haute cour constitutionnelle, l'exécution a été retardée. La juridiction est de nouveau intervenue sur une requête relative à une interprétation et une explication de sa décision[103].

De même, au Gabon, l'annulation des ordonnances relatives à l'organisation judiciaire a posé d'énormes difficultés. En effet, certaines juridictions étaient déjà mises en place et avaient commencé à fonctionner en dépit de la décision de la Cour constitutionnelle déclarant l'ordonnance « nulle et de nul effet.

Ces décisions bouleversent les cadres constitutionnels classiques en ce qu'elles font du juge constitutionnel un co-constituant qui réécrit la Constitution

---

[103] Voir avis n° 03-HCC/AV du 1er juin 2018 concernant une demande d'avis sur la signification de la décision n° 18-HCC/D3 du 25 mai 2018 relative à une requête en déchéance du président de la République ; avis n° 07-HCC/AV du 7 septembre 2018 relatif à une demande d'avis sur les attributions courantes du président de la République.

en fonction des circonstances et de l'inertie des autorités politiques. Elles peuvent entraîner des difficultés d'exécution. Ainsi l'ensemble des causes évoquées produisent des conséquences de nature à mettre en lumière les limites du contrôle de constitutionnalité.

II. LES CONSÉQUENCES DE L'INEXÉCUTION DES DÉCISIONS JURIDICTIONNELLES

Les décisions rendues par les juridictions constitutionnelles produisent de multiples conséquences. Les plus visibles résident dans l'appropriation d'un pouvoir d'injonction. Il s'y ajoute une défiance du juge constitutionnel qui hypothèque l'État de droit. Ces facteurs constituent les fondements de la fragilité du système démocratique.

A. L'APPROPRIATION D'UN POUVOIR D'INJONCTION CONSTITUTIONNELLE

Dans l'entendement général, l'injonction est un ordre donné d'accomplir une action ou de la faire cesser, d'élaborer un acte. Dans ce cadre, l'administration dispose d'un pouvoir d'injonction à l'égard des administrés qui se traduit le plus souvent par l'édiction d'une mise en demeure. Souvent utilisée en droit administratif, l'injonction est de plus en plus utilisée par le juge constitutionnel africain. Un tel recours à un pouvoir aussi redoutable ne manque pas de soulever des controverses à l'instar de l'erreur manifeste d'appréciation. Comment peut-on admettre qu'un juge constitutionnel qui ne dispose d'aucune légitimité populaire, peut-il formuler des injonctions à l'égard du Parlement ou d'autres institutions de la République ? La question est d'autant plus délicate que ce pouvoir d'injonction n'est prévu par aucun texte. Il résulte souvent d'une construction prétorienne.

1. Envers les pouvoirs publics

L'injonction du juge constitutionnel au gouvernement

À la veille des élections présidentielles, le gouvernement ne met pas à la disposition de la CENA les fonds nécessaires à l'organisation des élections. Afin d'éviter un report des élections, des citoyens saisissent la Cour constitutionnelle[104]. Le juge constitutionnel invoque l'article 114 de la Constitution qui fait de la Haute instance « l'organe régulateur du fonctionnement et de l'activité des pouvoirs publics ». Elle ajoute « qu'en cette qualité, elle a compétence pour prendre toute susceptible d'éviter la paralysie du fonctionnement des institutions et des pouvoirs publics ». Après avoir convoqué un ministre du gouvernement qui a confirmé que les moyens financiers n'avaient

---

[104] G. BADET, *Bénin. Démocratie et Participation au processus électoral : une évaluation de 20 ans de « Renouveau démocratique »,* Open Society initiative for West Africa, 2010, p. 114-115.

pas encore été mis à la disposition de la CENA à la date du 17 septembre 2005, la Cour constate qu'il résulte des faits que « depuis son installation le 23 septembre 2005, la CENA ne dispose pas encore de moyens financiers pour démarrer ses activités ; [...] le terme du mandat présidentiel en cours, organe régulier du fonctionnement des institutions et de l'activité des pouvoirs publics, demande au gouvernement et à l'Assemblée nationale de prendre en urgence toutes les mesures administratives et législatives nécessaires au déroulement harmonieux du processus électoral pour l'élection du président de la République en mars 2006, ordonne au gouvernement spécialement au ministre des Finances et de l'Économie de mettre dans les vingt- quatre (24) heures de la présente décision à la disposition de la CENA une avance substantielle de fonds pour assurer le démarrage immédiat de ses activités, dit et juge que la CENA devra gérer ses fonds conformément aux règles de l'orthodoxie financière »[105].

Trois semaines plus tard, le gouvernement n'ayant pas toujours débloqué de fonds pour la tenue de scrutin. Saisie de nouveau, la Cour constate que sur la base de l'article 34 de la loi organique sur la Cour constitutionnelle que ces « [...] décisions doivent être exécutées avec la diligence nécessaire ». Elle en déduit que « le gouvernement est tenu d'exécuter la décision DCC 05-139 en mettant une avance substantielle à la disposition de la CENA ». La Cour ajoute « qu'en se comportant comme ils l'ont fait, le gouvernement et le ministre des Finances et de l'Économie ont violé par ailleurs l'article 35 de la Constitution aux termes duquel « les citoyens chargés d'une fonction publique ont le devoir de l'accomplir avec conscience, compétence, probité, dévouement et loyauté dans l'intérêt et le respect du bien commun » »[106]. Finalement, le gouvernement se plie à la décision de la Cour constitutionnelle.

L'injonction du juge constitutionnel à l'Assemblée nationale

Lors du renouvellement du bureau de l'Assemblée nationale le 25 avril 2003, la doyenne d'âge invoque le non-respect par la majorité du principe de la configuration politique de la chambre législative, alors que le président avait été désigné, pour suspendre la séance. Face au risque de blocage de l'institution parlementaire, la Cour constitutionnelle saisie décide qu'« en procédant aux suspensions de séance de répétées aux fins de recueillir de nouvelles candidatures », « en se comportant comme elle l'a fait », la doyenne d'âge a violé la Constitution »[107].

Face à la persistance des blocages, la Haute Cour saisie de nouveau décide que « la doyenne d'âge doit convoquer l'Assemblée nationale dès la date de la présente décision et poursuivre sans discontinuité, c'est-à-dire au cours de la même séance, l'élection des autres membres du bureau [...] en cas de résistances, il sera procédé immédiatement à son remplacement par le doyen d'âge suivant, et

[105] DCC 05-139 du 17 novembre 2005, *Recueil* 2005, p. 681.
[106] Décision DCC 05-145 du 1er décembre 2005, *Recueil* 2005, p. 721.
[107] Voir DCC 03-077 du 7 mai 2003.

ainsi de suite jusqu'à l'épuisement du processus électoral, le tout devant s'accomplir impérativement dans les 48 heures de la date de la présente décision [...]en tout état de cause, le bureau de l'Assemblée nationale devra être installé au plus tard le mercredi 14 mai 2003 à minuit »[108]. Cette décision a été respectée et le bureau de l'Assemblée nationale mis en place dans le délai prévu par la Cour constitutionnelle.

Il arrive que l'injonction du juge constitutionnel s'adresse à la fois au Parlement et à l'Assemblée nationale. Le professeur Luc Sindjoun relève à cet effet que la Cour constitutionnelle « assure le suivi de l'exécution des décisions afin de garantir l'autorité de la chose jugée face à deux institutions par le biais desquelles le peuple exerce sa souveraineté. Dans le cas d'espèce, la protection de l'autorité de la chose jugée va de pair avec l'exercice d'un pouvoir d'injonction à l'égard de l'Assemblée nationale et du gouvernement ; c'est un pouvoir d'injonction qui se traduit par la prescription du comportement approprié et du délai de réparation du manquement ».[109]

Il arrive par moment que l'Assemblée nationale ne respecte pas la décision du juge constitutionnel. Il se contente simplement de voter à nouveau une loi similaire à celle ayant déjà fait l'objet de censure. La Cour constitutionnelle du Mali, après avoir rappelé ladite décision et l'autorité attachée à celle-ci, fait remarquer que la représentation nationale n'a pas observé cette jurisprudence[110]. De même, il considère que les dispositions de la loi qui lui sont soumises avaient été sanctionnées par la Cour suprême. Qu'en cela le législateur organique méconnaît l'autorité de la chose jugée et viole la Constitution[111].

De plus, dans sa décision du 26 octobre 2006[112], le juge constitutionnel béninois fait recours à sa décision DCC 05-121 du 4 octobre 2005. À cette occasion, il avait dit et jugé que le décret n° 2002-382 du 28 août 2002 portant nomination de M. Denis Sagbo Ogoubiyi est nul. Par la même occasion, il a enjoint à l'Assemblée nationale de procéder dans les huit jours qui suivent la décision, au remplacement de celui-ci ; le remplaçant devant prêter serment devant la Cour constitutionnelle le jeudi 13 octobre 2005. Nonobstant cette injonction, le juge constitutionnel fait le constat que le remplacement de M. Ogoubiyi n'a été fait que le 14 octobre 2005, et que « depuis cette date... le gouvernement n'a pas cru devoir prendre le décret portant nomination » de celui-ci, « l'empêchant ainsi de prêter serment pour entrer en fonction ». Dès lors, il considère « qu'en agissant comme ils l'ont fait, l'Assemblée nationale et le gouvernement ont violé l'autorité de chose jugée attachée à la décision DCC 05-121 du 4 octobre 2005 ».

---

[108] DCC 03-078 du 12 mai 2003.

[109] *Les grandes décisions de la justice constitutionnelle en Afrique..., op. cit.*, p. 352.

[110] Arrêt n° 07-178/CC du 1er août 2007.

[111] Arrêt n° 00-122/CC du 6 novembre 2000.

[112] Décision DCC 05-132 du 26 octobre 2005.

Ainsi, dans sa décision du 30 décembre 2003, la Cour constitutionnelle du Bénin décide d'enjoindre à l'Assemblée nationale de « voter impérativement le budget le 31 décembre 2013 »[113]. Si la décision du juge constitutionnel peut se justifier par le respect du principe de l'antériorité du budget et le principe de la continuité du service public[114], il n'en demeure pas moins que le pouvoir du juge constitutionnel est exorbitant. Au demeurant, le pouvoir d'injonction du juge constitutionnel, qui le souvent apparaît comme le résultat d'une construction prétorienne lui permet de donner des ordres aux pouvoirs publics constitutionnels que sont l'exécutif, le législatif et le pouvoir judiciaire.

Donner des ordres d'exécuter ou de ne pas exécuter à l'Assemblée nationale est une décision à première vue surprenante dans une démocratie. Surtout lorsque ce pouvoir n'est fondé sur un aucun texte. En effet, dans le cadre du Bénin, les dispositions juridiques ne confèrent pas à la Haute instance d'enjoindre quoi que ce soit aux autres pouvoirs d'État. C'est par le biais d'une interprétation téméraire de la Constitution qu'elle s'arroge cette prérogative. En effet, le juge constitutionnel s'est fondé sur le pouvoir d'interprétation dont la Constitution lui attribue le monopole pour en tirer la faculté de prescrire des ordres aux autres pouvoirs de l'État.

Si l'acceptation des autres pouvoirs renforce l'État de droit permet d'éviter une épreuve de force voire même le blocage des institutions, il n'en demeure pas moins que l'exercice du pouvoir d'injonction du juge constitutionnel ne manque pas de soulever des controverses. De même, il permet de s'interroger sur la légitimité du juge constitutionnel et pourrait fonder la contestation et les critiques acerbes dont il fait l'objet.

Dans une conception classique de la démocratie, le représentant est l'élu du peuple ou de la nation qui est chargé de vouloir et de pouvoir pour le compte de la nation. L'œuvre législative s'en trouve ainsi, dans une lecture rousseauiste, sacralisée. Dès lors, on ne peut mettre en cause la loi. Toutefois, si le mythe de l'infaillibilité de la loi est complètement dépassée surtout avec la généralisation des juridictions constitutionnelles, force est de reconnaître qu'en continuant de pousser les autres pouvoirs à la résistance, le juge finit par crisper leurs positions et surtout par conduire à la résistance. Dans une telle hypothèse, c'est le fonctionnement régulier des institutions – qui est l'une des missions des juridictions constitutionnelles- qui risquerait d'être hypothéqué. Dans ce cadre, le juge en portera la principale responsabilité surtout que sa position reste fragile. En effet, dans un État de droit et de démocratie pluraliste, les actes des autorités politiques de l'État comme des juges constitutionnels doivent toujours se fonder sur un texte et notamment sur la Constitution. Or, dans le cadre de l'exercice du

---

[113] Décision DCC 13-171 du 30 décembre 2013.

[114] D. OUEDRAOGO, « L'annulation par la Cour constitutionnelle du Bénin du rejet du budget de 2014 par l'Assemblée nationale : essai d'analyse d'une décision controversée (DCC 13-171 du 30 décembre 2018) », in www.afrilex-u.bordeaux.fr (consulté 12 janvier 2018).

pouvoir d'injonction, la loi fondamentale ne confère pas expressément une telle prérogative aux Cours et Conseils constitutionnels.

De même, quand elle s'arroge un pouvoir d'injonction dont le fondement est discutable, le juge constitutionnel semblerait mettre en cause la séparation des pouvoirs. En effet, selon Montesquieu il faudra veiller à ce qu'aucun pouvoir ne puisse empiéter sur les prérogatives d'un autre pouvoir. Mais en agissant comme elle le fait, la Cour constitutionnelle s'inscrit dans une logique de négation même indirecte de la séparation des pouvoirs qui est l'un des piliers de l'État.

On peut dès lors conclure avec Soglohoun que « la condamnation d'une institution pour violation de la Constitution est certes morale, vu les effets des décisions du juge constitutionnel. Cependant, il y va du prestige de l'institution qui ne respecte pas les dispositions constitutionnelles, qui pourtant font sa légitimité »[115].

En plus du gouvernement et du Parlement, le pouvoir d'injonction du juge constitutionnel s'adresse aussi aux organes de régulation.

2. Envers les organes de régulation

Dans d'autres décisions, le même juge constitutionnel a usé de ce pouvoir d'injonction.

Le juge constitutionnel dans l'exercice de ses attributions électorales avait décidé lors des élections présidentielles du 21 février 1993 au Sénégal de retourner les procès-verbaux à la Commission nationale de recensement des votes[116]. De plus, le juge constitutionnel a déclaré que la Commission nationale de recensement des votes dispose d'un délai de soixante-douze heures à compter du 2 mars 1993 à quinze heures pour procéder à la proclamation prévue par la Constitution et le Code électoral. Le Conseil constitutionnel estime nécessaire de préciser que « passé ce délai, le Conseil constitutionnel procédera [...] ». La persistance des blocages par la Commission précitée amène le juge constitutionnel saisi à nouveau par la présidente de la CNRV à proclamer les résultats définitifs de l'élection présidentielle[117]. Face aux blocages de la CNRV lors du 1er tour de scrutin du 21 février 1993, le Conseil constitutionnel, en l'absence de disposition spécifique du Code électoral, recourt au principe fondamental de la continuité du fonctionnement des institutions » pour se déclarer compétent.

En République démocratique du Congo, la Cour constitutionnelle, devant les retards du chronogramme en vue des élections politiques a enjoint la Commission

---

[115] *Le rôle du juge constitutionnel dans le processus de démocratisation en Afrique. Les cas du Bénin, du Mali, du Sénégal et du Togo*, Thèse de doctorat, Université d'Abomey-Calavy, 2001, p. 295.

[116] Décision n°5/1993, affaire n°6/E/93, transmission des procès- verbaux de la Commission nationale de recensement des votes, *Voir Les décisions et avis du Conseil constitutionnel du Sénégal, (*sous la dir. De I.-M. FALL), Dakar, CREDILA 2008, p. 49.

[117] Décision n°6/1993, affaire n°7 à 12/E/93 su13 mars 1993, Proclamation des résultats de la présidentielle, Voir *Les décisions et avis du Conseil constitutionnel du Sénégal,* (sous la dir. de I.-M. FALL), Dakar, *op. cit.,* p. 51.

électorale de prendre certaines mesures urgentes afin de remédier à cette situation. « En conséquence, elle : - constate le dépassement du délai de cent vingt jours prévu à l'article 10 de la loi de programmation n° 14/004 du 28 février 2015 déterminant les modalités d'installation de nouvelles provinces ; - affirme, le caractère irréversible du processus d'élection des gouverneurs et vice-gouverneurs des provinces concernées par la loi de programmation n° 15/004 du 28 février 2015 ; - constate, néanmoins, la force majeure empêchant la Commission électorale nationale indépendante d'organiser, dans les délais légaux, lesdites élections en l'absence d'installation des bureaux définitifs des Assemblées provinciales de nouvelles provinces. Il s'agit des provinces ci-après : Bas-Uele, Equateur, Haut-Katanga, Haut-Lomami, Haut-Uele, Ituri, Kasaï, Kasaï Central, Kasaï Oriental, Kwango, Kwilu, Lomami, Lualaba, Mai-Ndombe, Mongala, Nord-Ubangi, Sankuru, Sud-Ubangi, Tanganyka, Tshopo et Tshuapa. - ordonne, en conséquence, à la Commission électorale nationale indépendante d'évaluer, en toute indépendance et impartialité, tout le processus électoral conduisant aux élections prévues dans son calendrier global du 12 février 2015 et, notamment, celle des gouverneurs et vice-gouverneurs de nouvelles provinces avant la tenue des élections provinciales »[118].

Le recours à l'injonction constitutionnelle peut apparaître comme un moyen d'assurer l'exécution des décisions des juridictions constitutionnelles. Mais tout est subordonné à la bienveillance des partenaires du juge constitutionnel dans le procès constitutionnel. Toute réticence de leur part mettrait en cause l'autorité des décisions juridictionnelles et plus globalement la crédibilité du juge constitutionnel.

Démuni des moyens traditionnels d'exécution des décisions juridictionnelles, le juge constitutionnel use du pouvoir d'injonction. Cette situation qui parfois le met dans des positions inconfortables pourrait fragiliser le système démocratique.

B. LA FRAGILISATION DU SYSTÈME DÉMOCRATIQUE

La solidité du système démocratique repose sur le respect des décisions prises par les institutions et organes de l'État, quel que soit leur niveau de responsabilité. Toute hostilité à l'égard de la décision juridictionnelle pourrait saper la crédibilité du système démocratique et crisper les animateurs des institutions. Le juge étant le poumon du système démocratique tous les moyens devraient être mobilisés pour assurer l'effectivité de ses décisions. Mais la persistance des cas d'inexécution entraîne la défiance du juge constitutionnel d'une part, et fait peser une hypothèque sur l'État de droit d'autre part.

1. La défiance du juge constitutionnel

Il arrive souvent que le juge constitutionnel rende une décision et que ces destinataires refusent de l'exécuter ou il prend une décision similaire et orientée

[118] R.Const.0089/2015, publié le 10 septembre 2015 par *Grand Beau et Riche Pays*.

en fonction de sa propre appréciation. C'est ainsi que lors de l'examen du règlement intérieur de la l'Assemblée nationale, le juge constitutionnel a relevé que « Les articles 106.2 à 106.6 ont été maintenus sans changement alors que la décision 3 DC les a déclarés non-conformes à la Constitution eu égard aux dispositions de l'article 82 de la Constitution »[119]. Et d'ajouter « l'article 108, déclaré non conforme à la Constitution par la décision 3DC, mais maintenue sans changement, doit être reformulé [...] ». De même, « les articles 89 à 92 inclus ne tiennent aucun compte de la décision 3DC précitée qui les a déjà déclarés non-conformes à la Constitution ; il y a donc lieu de les supprimer »[120].

Par ailleurs, il peut arriver que les destinataires de la décision du juge constitutionnel refusent non seulement de l'exécuter, mais encore engagent un bras de fer avec le juge. Ainsi dans sa décision n° 001/01/CC du 17 janvier 2001, la juridiction constitutionnelle a déclaré les dispositions de la loi de finances de 2001 conforme à la Constitution à l'exception notable du chapitre portant dotation budgétaire à la Cour constitutionnelle. Répondant sur ce point, le juge constitutionnel a considéré qu'« au regard des dispositions de l'article 93 susvisé, la non-inscription dans la loi de finances des crédits nécessaires au fonctionnement de la Cour pour 2001, constitue une violation manifeste de la Constitution entachant la loi en cause d'inconstitutionnalité ». En conséquence, la Haute instance conclut « qu'il convient de déclarer ladite loi de finances conforme à la Constitution, sous réserve qu'il y soit inscrit les crédits mentionnés ci-dessus, alloués à la Cour constitutionnelle ».

En dépit de la hardiesse du juge constitutionnel, le gouvernement gabonais s'est montré réticent à exécuter la décision de constitutionnalité. Les critiques de l'opposition ont amené le gouvernement à réagir. Ainsi elle a présenté devant le Parlement, la loi n° 017/2000 déterminant les ressources et les charges de l'État pour l'année 2001. Dans une nouvelle requête, la Haute juridiction estime que « l'ensemble des dispositions de ladite loi, compte tenu des corrections qui y ont été apportées en exécution de la décision n° 01/CC du 17 janvier 2001... de la Cour constitutionnelle, est conforme à la Constitution ».

Dans le même ordre d'idées, saisi de requête en annulation d'arrêts du ministre de la Culture et de la Communication suspendant le directeur de la télévision et nommant un nouveau dirigeant, la juridiction constitutionnelle pose que « conformément à la doctrine et à une jurisprudence constante, à défaut de dispositions expresses déterminant l'autorité compétente pour suspendre ou mettre fin aux fonctions de directeur, au demeurant un emploi supérieur, ce pouvoir appartient à l'autorité investie du pouvoir de nomination ; que dès lors, le ministre de la Culture et de la Communication n'a pas compétence pour prendre les deux arrêtés querellés, celui de la suspension et celui de la nomination d'un

---

[119] Cour constitutionnelle du Bénin, Décision DCC 95-010 du 21 février 1995.
[120] *Ibidem.*

directeur par intérim, compétence dévolue au président de la République »[121]. Sur la base de cette décision, du juge constitutionnel, le chef de l'État prend un décret n° 026 du 22 janvier 1999, qui abroge le décret de nomination de M. Clément Houenomontin, directeur de la télévision.

Cette défiance du juge constitutionnel est à relativiser dans la mesure où il existe des pays qui offrent des pistes de solutions.

-La sanction du refus d'exécution de la décision de constitutionnalité

Il arrive dans de rares cas que l'arsenal juridique prévoie une sanction à l'encontre de l'autorité qui refuse d'exécuter une décision de la juridiction constitutionnelle. Situation rare, mais pas inédite, l'inexécution d'une décision de constitutionnalité met le juge dans l'embarras s'il n'a pas d'autres armes que de compter sur la bienveillance et l'élégance républicaine des partenaires du procès constitutionnel en vue de donner plein effet à ses décisions. Pour tirer les conséquences de la crise politique et institutionnelle qui a conduit au coup d'État en 2010, le constituant du Niger a préféré mettre à la disposition du juge constitutionnel des moyens de contraindre l'autorité suprême, le chef de l'État. Aux termes de l'article 53 de la Constitution, « En cas de vacance de la présidence de la République par décès, démission déchéance ou empêchement absolu, les fonctions de président de la République sont provisoirement exercées par le président de l'Assemblée nationale et, si ce dernier est empêché, par les vice-présidents de l'Assemblée nationale dans l'ordre de préséance ».

De plus, le constituant du Niger a défini les conditions permettant de résorber la vacance du pouvoir politique. Aux termes de l'article 53 de la Constitution de 2010, « [...] Est considéré comme empêchement absolu l'incapacité physique ou mentale du président de la République le rendant inapte à exercer les charges de sa fonction. » De même, pour tirer les conséquences de la crise politique et constitutionnelle qui a été à l'origine de la réforme constitutionnelle, la nouvelle loi fondamentale assimile la défiance de la Cour constitutionnelle par le président de la République à une violation de la Constitution équivalant à un empêchement. Sur la base de la définition précédemment évoquée, « Est passible des mêmes conséquences que l'empêchement absolu, le refus du président de la République d'obtempérer à un arrêt de la Cour constitutionnelle constatant une violation par celui-ci des dispositions de la présente Constitution. »

De même, pour un renforcement de l'autorité de la Cour constitutionnelle, il est prévu que « Les arrêts de la Cour constitutionnelle ne sont susceptibles d'aucun recours. Ils lient les pouvoirs publics et toutes les autorités administratives, civiles, militaires et juridictionnelles. Tout projet de discrédit sur les arrêts de la Cour est sanctionné conformément aux lois en vigueur. »[122] Enfin,

---

[121] Cour constitutionnelle du Bénin, Décision DCC 99-026 du 11 mars 1999, *Recueil des décision et avis*.

[122] Article 134 de la Constitution du Niger de 2010.

la Cour constitutionnelle ne peut être dissoute et aucune disposition de la présente Constitution relative à la Cour ne peut être suspendue[123].

La solution adoptée par le Niger n'est pas un cas isolé. Dans certaines démocraties occidentales, des mécanismes ont été mis en place pour assurer l'exécution des décisions des juridictions constitutionnelles. Ainsi en est-il de la Belgique. La loi spéciale du 6 janvier 1989 comporte des directives à l'endroit du législateur récalcitrant dans la mise en application d'une décision de Cour constitutionnelle. En vertu de l'article 20, 2° de la loi spéciale du 6 janvier 1989 un législateur ne peut pas adopter une norme identique ou similaire à une norme qu'il a adopté précédemment et qui a été annulée par la Cour. En clair, il ne peut récidiver. S'il le fait non seulement la norme législative pourra faire l'objet d'un recours en annulation, mais le requérant pourra en demander la suspension selon la procédure assouplie de l'article 20, 2°, de la loi spéciale précitée[124].

Outre les contraintes juridiques dégagées par la loi spéciale du 6 janvier 1989, la question de savoir si le législateur doit donner une suite à un arrêt de la Cour constitutionnelle relève de sa responsabilité politique et est réglée par la loi du 25 avril 2007. Ce texte instaure un comité parlementaire chargé du suivi législatif. Selon l'article 9, « une fois par mois, le comité prend en considération les arrêts de la Cour constitutionnelle qui ont une influence sur l'efficacité de l'ordonnancement juridique. Cette prise en considération fait l'objet d'un rapport auquel, le cas échéant, peut-être annexé, par consensus, toute proposition d'initiative législative ». L'article 10 ajoute que « le cas échéant, le rapporteur informe la Chambre des représentants, le Sénat ainsi que le ministre qui a la matière dans ses attributions de la nécessité de modifier, en tout ou partie, la législation mise en cause par la Cour constitutionnelle »[125].

-L'inexécution résultant de considérations strictement politiques

La Cour constitutionnelle de la République centrafricaine, dans sa décision n° 003/CC/98 du 9 juin 1998, avait déclaré à la suite d'un contrôle *a posteriori*, les articles 259, 260 et 264 du Code CIMA non conformes à la Constitution. À la suite des critiques engendrées par cette décision, dans les milieux juridiques et professionnels d'assurance nationaux et internationaux. Pour résoudre le problème, la Cour de cassation centrafricaine, par délibération n° 001/2000, après avoir retenu la supériorité internationale des traités sur la Constitution et conclu à l'incongruité de leur contrôle de constitutionnalité *a posteriori*, a recommandé aux juridictions de l'ordre judiciaire d'appliquer le Code CIMA dans toutes ses dispositions, en dépit du principe constitutionnelle de l'autorité de chose jugée

---

123 Article 135 de la Constitution du Niger de 2010.

124 M. VERDUSSEN, *Justice constitutionnelle*, Précis de la Faculté de droit de l'Université catholique de Louvain, Bruxelles, Larcier, 2012, p. 373.

125 Voir N. BERNARD, « La loi du 25 avril 2007 instaurant un Comité parlementaire chargé du suivi législatif : un premier pas, mais dans la bonne direction ? », *ATP*, 2007-2008, p. 21-40.

attachée aux décisions de la Cour constitutionnelle[126]. On relève les considérations relatives au respect des engagements internationaux qui, en filigrane, sous-tendent le non-respect de la décision de la Cour constitutionnelle[127].

Toujours en Centrafrique, la Cour constitutionnelle de transition, dans l'exercice de ses attributions électorales avec proclamé la liste des candidats à l'élection présidentielle en 2004. Dans ce cadre, il a exclu de la course à la magistrature suprême neuf des treize rivaux du président de la République pour les motifs les plus variés : certificat médical insuffisamment « explicite » ; réserves sur la régularité des pièces d'état civil versées au dossier ; absence d'arrêté de mise en disponibilité ; et, surtout, titre non valide de propriété bâtie portant sur un bien indivis, affecté d'une hypothèque bancaire ou d'une étendue inconnue[128].

Pour sortir de la crise politique engendrée par cette décision, la diplomatie sous-régionale est finalement parvenue à un accord entre les protagonistes. Ainsi la décision de la juridiction constitutionnelle transitoire a pourtant été « cassée » par le président Bozizé qui a « repêché » trois candidats, par une simple allocution à la nation, le 4 janvier 2005, avant qu'en vertu des accords de Libreville du 22 janvier 2005, tous les postulants soient admis à compétir, tous sauf l'ex-président Patassé poursuivi pour crimes de sang. Le juge a donc été écarté du règlement de la crise qu'il avait provoquée[129].

Ailleurs, la Cour constitutionnelle du Congo Brazzaville est saisie d'une requête sollicitant la prorogation du mandat des députés des circonscriptions 1 et 2 de l'arrondissement 6 Talangaï et de la première circonscription de l'arrondissement 5 Ouenzé. À la suite des explosions survenues à la caserne de Mpila le 4 mars 2012, les circonscriptions électorales 1 et 2 de l'arrondissement 6 Talangaï et la circonscription électorale 1 de l'arrondissement 5 Ouenzé sont vidées de leurs populations. Ainsi les survivants de cette tragédie résident, pour certains, dans les familles d'accueil et, pour d'autres, majoritairement, dans des sites d'hébergement des sinistrés situés dans les autres arrondissements de Brazzaville. Dans ces conditions, les électeurs de ces circonscriptions n'ont pu exercer leur droit de suffrage lors du scrutin législatif organisé le 15 juillet 2012.

Sur le fondement de l'article 2 alinéa 4 de la Constitution du 20 janvier 2002[130], la Cour constitutionnelle considère que « [...] le drame vécu le 4 mars

---

126 E. BIZON, « A propos de la divergence entre la Cour constitutionnelle et la Cour de cassation centrafricaine sur la constitutionnalité des articles 259, 260 et 264 du Code CIMA », *Penant*, n° 861, octobre-décembre 2007, p. 477-491.

127 T. ONDO, « L'autorité des décisions des juridictions constitutionnelles en Afrique noire francophone », *Revue juridique et politique*, 2012, n°4, p. 471-472.

128 Cour constitutionnelle de transition de Centrafrique, Décision du 30 décembre 2004, *Le Citoyen*, n° 2069-31, décembre 2004.

129 S. BOLLE, « Les juridictions constitutionnelles africaines et les crises politiques », ACPUF, 5ème Congrès, Cotonou, 22-28 juin 2009, p. 9.

130 « Les mandats de député et de sénateur peuvent être prolongés par la Cour constitutionnelle en cas de circonstances exceptionnellement graves empêchant le déroulement normal des élections».

2012, en raison des pertes en vies humaines et des destructions massives occasionnées, revêt le caractère d'événement exceptionnel d'une gravité telle qu'il n'a pu permettre l'organisation des élections législatives du 15 juillet 2012 dans les circonscriptions électorales 1 et 2 de l'arrondissement 6 Talangaï et la circonscription électorale 1 de l'arrondissement 5 Ouenzé ; […] que la prolongation du mandat de député, équivalant à un report d'élection qui ne dénature nullement le droit de suffrage des électeurs suivant une périodicité régulière, n'a pas pour objet d'allonger, de façon permanente, la durée du mandat de député qui demeure fixée à cinq ans ; - qu'il convient, dans ces conditions, d'ordonner la prolongation sollicitée du mandat des députés des circonscriptions électorales 1 et 2 de l'arrondissement 6 Talangaï et de la circonscription électorale 1 de l'arrondissement 5 Ouenzé »[131].

Ces décisions montrent que des considérations politiques peuvent guider certaines décisions. Dès lors, il ne serait pas surprenant que leur exécution soit retardée par des autorités qui ne partagent pas la conception dégagée par la juridiction constitutionnelle. Ce qui ne manque pas l'altérer l'autorité de celle-ci.

-L'autorité des décisions des juridictions constitutionnelles mise à rude épreuve

Le juge constitutionnel est souvent exposé à des situations délicates qui sont de nature à altérer sa crédibilité et l'autorité de ses décisions. L'autorité des décisions des juridictions constitutionnelles est « discutable[132] » pour certains et elle est « mutilée »[133] pour d'autres. Les décisions des juridictions constitutionnelles ne sont susceptibles d'aucun recours. Elles s'imposent à l'ensemble des autorités politiques, administratives et juridictionnelles de l'État. En dépit de cette proclamation constitutionnelle que l'on trouve dans la plupart des lois organiques et règlements intérieurs qui régissent le fonctionnement des juridictions constitutionnelles, il arrive souvent que les décisions du juge de la constitutionnalité des lois ne reçoivent pas une application effective[134]. Si le président de la République, le Parlement ou les autorités gouvernementales ne donnent pas plein effet aux décisions de la Cour constitutionnelle, on relève aussi l'existence d'une voie de contournement permettant de ne pas appliquer une décision juridictionnelle passée en force de chose jugée. Ainsi, « le juge constitutionnel n'a pas toujours le dernier mot. Le contrôle qu'il exerce et la censure qu'il peut prononcer à l'encontre d'un texte ne s'analysent pas comme un

---

[131] Congo Brazzaville, Décision n° 001/DCC/EL/L/12, séance du 17 août 2012.

[132] K. D. KOKOROKO, « L'apport de la jurisprudence constitutionnelle africaine à la consolidation des acquis démocratiques », *op. cit.*, p. 112.

[133] K. HOUNAKÉ, *Les juridictions constitutionnelles dans les démocraties émergentes de l'Afrique noire francophone…*, *op. cit.*, p. 441.

[134] Voir les multiples exemples évoqués par A. A.-J. ADELOUIS, « L'autorité de la chose jugée par les juridictions constitutionnelles en Afrique », *Revue Togolaise des Sciences Juridiques,* n° 2, juin 2012, p. 59-74.

verrou ou un barrage, mais comme un aiguillage susceptible d'être levée par le vote d'une loi constitutionnelle »[135].

Dans cette perspective, la décision du 29 avril 2007 du Conseil constitutionnel sénégalais censure la loi n° 23/2007 du 27 mars 2007 portant sur la parité homme/femme dans les instances de décisions politiques. Elle se fonde sur une violation du principe d'égalité en déclarant que « ...toute discrimination fondée sur le sexe est expressément exclue ; que le principe d'égal accès au pouvoir, bien que de valeur constitutionnelle, ne saurait déroger à cette règle [...] ». En conséquence, « [...] il résulte de ce qui précède que la qualité de citoyen qui ouvre le droit d'être candidat aux élections politiques, sous réserve des incapacités prévues par le code électoral, est indivisible ; que les candidats sont égaux devant le suffrage universel ; que les principes de valeur constitutionnelle ci-dessus rappelés s'opposent à toute division par catégories des citoyens éligibles ; que, dès lors, la loi qui impose une distinction entre candidats en raison de leur sexe est contraire à la Constitution [...] »[136].

Insatisfait de cette décision du Conseil constitutionnel, les pouvoirs publics recourent à une révision de la Constitution opérée par la loi constitutionnelle n° 30/2007 du 13 novembre 2007 modifiant les articles 7, 63, 68, 71 et 82 de la Constitution relative à l'insertion de la parité hommes/femmes dans la loi fondamentale. L'article unique dispose à cet effet : « [...] il est inséré après l'alinéa 4 de l'article 7 de la Constitution un nouvel alinéa ainsi conçu : La loi favorise l'égal accès des femmes et des hommes aux mandats et fonctions ».

Cette réforme constitutionnelle est justifiée par la doctrine qui évoque la théorie de « l'aiguilleur ». Le doyen Vedel a eu à écrire à ce propos que : « c'est la plénitude du pouvoir de révision constitutionnelle qui légitime le contrôle de constitutionnalité des lois (...) l'obstacle que la loi rencontre dans la Constitution peut être levé par le peuple souverain ou ses représentants s'ils recourent au mode d'expression suprême : la révision constitutionnelle. Si les juges ne gouvernent pas, c'est parce que, à tout moment, le souverain, à la condition de paraître en majesté comme constituant, peut, dans une sorte de lit de justice, briser leurs arrêts »[137].

Mais, le juge constitutionnel peut disposer d'un pouvoir de dernier mot en matière de contrôle de constitutionnalité des lois ordinaires. En effet, lorsqu'il est demandé à un juge constitutionnel de vérifier la constitutionnalité d'une loi, toujours votée par les assemblées sur l'initiative ou avec l'accord du gouvernement, et que le juge est en mesure d'en censurer ou d'en annuler les dispositions non conformes, il est incontestable qu'il dispose d'un pouvoir de dernier mot puisqu'il peut tenir en échec la volonté du pouvoir politique[138]. Par

---

[135] *Ibid.*, p. 71.
[136] Affaire n° 1/C/ du 27 avril 2007.
[137] G. VEDEL, « Schengen et Maastricht », *RFDA 1992*, p. 173.
[138] P. PACTET, « Brèves remarques sur le pouvoir de dernier mot en droit constitutionnel », *Mél. J.-F. Aubert*, p. 81.

ailleurs, ces décisions peuvent trouver souvent leur origine dans l'application de certaines dispositions de la législation électorale dont la juridicité est loin d'être évidente. C'est le cas des conditions relatives à la bonne moralité et à la probité des candidats pour être éligibles à l'élection présidentielle.

Ainsi, la Cour suprême de Côte d'Ivoire a eu à reconnaître les difficultés relatives à ces notions complexes à cerner au plan juridique. Elle considère que « la moralité est au-delà du droit, puisque sa perception embrasse les rayonnages de l'éthique et de la conscience, si bien qu'elle est plus le reflet du subjectif collectif par rapport au comportement, à l'attitude, à la conduite qu'une simple résultante objective de l'action judiciaire- [Elle] ne saurait suivre les simples configurations des actions judiciaires, encore moins celles des résultats desdites actions parfois fonction uniquement des vicissitudes procédurales »[139].

Dans le même esprit, le Conseil constitutionnel de transition au Niger a fait une application de cette clause qui n'est pas exempte de critiques. S'appuyant sur le rapport des « services compétents » et en exécution de l'enquête diligentée par les services de la police nationale, le juge constitutionnel a estimé que « certains candidats sont inconnus des services de police et sont de bonne moralité ; d'autres ont fait l'objet de convocation par la Commission de lutte contre la délinquance économique, financière, et fiscale et pour la promotion de la bonne gouvernance dans la gestion des biens publics, pour justifier des sommes et/ou des biens présumés détournés au détriment de l'État ou de ses démembrements ; d'autres encore font l'objet de poursuites judiciaires pour les mêmes raisons. Considérant néanmoins que l'enquête diligentée a conclu à leur bonne moralité. Qu'ils satisfont donc aux conditions exigées par l'article 47 al. 4 de la Constitution ».

Mais le juge constitutionnel électoral a, dans la même décision, disqualifié un autre candidat sur la base de la bonne moralité douteuse : « Considérant que s'agissant du sieur (I.S.M), l'enquête a révélé des faits défiant toute bonne moralité contenue dans le procès-verbal n° 398/1/DPJ du 8 septembre 2001, à savoir : escroquerie, abus de confiance par salarié, faux et usage de faux reconnus par l'intéressé qui, par ailleurs, a signé avec son employeur d'alors une transaction aux termes de laquelle il s'est engagé à démissionner et rembourser les sommes dont le détournement a été par lui reconnue ; considérant dès lors que la candidature du sieur (I.S.M) ne satisfait pas aux conditions exigées par l'article 47 al.4 sus indiqué ; qu'elle doit donc être rejetée »[140].

Le fait d'être inconnu des services de police ou la simple convocation par la Commission de lutte contre la corruption sont suffisants pour établir la moralité d'un candidat. Cette justification semble assez limitée pour prouver la bonne moralité.

---

[139] CS de Côte d'Ivoire, arrêt n° E 001, Voir aussi l'analyse de S. Bolle, « Être de bonne moralité, la clause dangereuse », in www.laconstitution-en-afrique.org.

[140] Conseil constitutionnel de transition du Niger, arrêt n° 02/10/CCT/ME du 22 décembre 2010. Voir l'analyse de M. Issaka, *Le juge constitutionnel et la protection des droits de l'homme : le cas du Niger*, mémoire master II, « Citoyenneté, droits de l'homme et action humanitaire », Université Cheikh Anta Diop, 2011-2012, p. 35-36.

Ces difficultés rencontrées par le juge constitutionnel électoral poussent une partie de la doctrine à proposer le dépouillement du Conseil constitutionnel des compétences électorales. Cette rationalisation des compétences de la juridiction aiderait à mieux se concentrer dans l'exercice de ses compétences contentieuses, notamment dans le cadre du contrôle de constitutionnalité des lois[141].

2. L'hypothèque sur l'État de droit

L'instauration d'une justice constitutionnelle vise globalement l'encadrement et le contrôle du pouvoir politique afin d'instaurer des limites et des contrepoids à l'action des autorités politiques de l'État. Dans ce contexte, l'État de droit[142] nécessite un système permettant de sauvegarder la Constitution contre les atteintes de l'exécutif, du législateur et du pouvoir judiciaire. L'État de droit suppose également l'existence de voie de recours contre les pouvoirs publics, le cas échéant. Si pour le pouvoir exécutif, en particulier pour l'administration, l'application du principe de légalité n'a pas soulevé de difficulté majeure, il n'en a pas été de même pour le pouvoir législatif.

Assurer la primauté juridique de la Constitution devient une exigence fondamentale de l'État de droit[143]. En d'autres termes, un système dans lequel l'État est soumis au droit, voit son action régie, encadrée par le droit[144]. La suprématie de la Constitution passe par l'installation d'un organe (Cour, Conseil, Tribunal constitutionnel) chargé de protéger ce texte ; et par la mise en place d'un contrôle de constitutionnalité sanctionnant les violations du texte fondamental. Ainsi que le remarque le doyen Duguit, « [...] les hommes qui détiennent le pouvoir sont souvent soumis au droit et liés par le droit. L'État est soumis au droit ; c'est, suivant l'expression allemande, un État de droit, un *Rechtsstaat*. Du jour surtout où l'on a compris cette notion de l'État de droit, le besoin s'est fait très

141 F. MÉLIN-SOUCRAMANIEN soutient que : « [...] le Conseil même dans sa mission de contrôle de constitutionnalité de la loi est l'objet d'attaques relatives à sa composition, au caractère conservateur de sa jurisprudence, on en passe des meilleures. Qui plus est, dans le domaine électoral, le contentieux est personnifié, des parties s'opposent [...] Dans ces conditions, toute validation ou invalidation est susceptible d'être interprétée comme ayant une signification partisane » (« Le Conseil constitutionnel, juge électoral », Pouvoirs n° 105, 2003, p. 124).

142 Sur l'Etat de droit en Afrique le lecteur consultera utilement : L. GABA, « L'Etat de droit et la démocratie en Afrique subsaharienne », in *Mondialisation et Etat de droit,* sous la direction de D. MOKLE, Bruxelles, Bruylant, 2002, p. 199-272 ; M.-A. GLÉLÉ, « Pour l'Etat de droit en Afrique », in *L'Etat moderne horizon 2000 : Aspects internes et externes, Mélanges offerts à P-F Gonidec*, Paris, LGDJ 1985, p. 192 ; « L'Etat de droit en Afrique », D.-F. MÉLÉDJE, « L'Etat de droit, nouveau au nom du constitutionnalisme en Afrique ? », in Etudes coordonnées par F. Joël AÏVO, *La Constitution béninoise du 11 décembre 1990 : un modèle pour l'Afrique ? Mélanges en l'honneur de Maurice Ahanhanzo-Glélé*, Paris, L'Harmattan, 2014, p. 589 ; D. SOKENE, « L'Etat de droit », *Afrique juridique et politique.*

143 Sur cette question se référer à J.-F. KERVÉGAN, « L'Etat de droit dans l'idéalisme allemand : Kant, Fitche, Hegel », in *Figures de l'Etat de droit*, Strasbourg, Presses Universitaires de Strasbourg, 2001, p. 101-123 : M. CHEMILLIER-GENDREAU, « L'Etat de droit au carrefour des droits nationaux et du droit international », *Mélanges en l'honneur de Guy Braibant. L'Etat de droit,* L.G.D.J., 1996, p. 57.

144 J. CHEVALLIER, *L'Etat de droit*, Paris, Monchrestien, 1996, 2ème éd.1994, p. 11-13.

énergiquement sentir à tous les esprits d'édifier la construction juridique de l'État. C'est sous l'empire de ce besoin très légitime au reste, qu'est née la théorie qui compte encore aujourd'hui beaucoup de partisans et qu'on peut appeler la théorie de l'État sujet de droit ou théorie de la personnalité juridique de l'État »[145].

Les États africains ont adopté des systèmes juridiques et politiques fondés sur l'État de droit. Dès lors la soumission de tous les autres organes de l'État devrait être garantie. Cependant, le constat est fait que « dans l'ensemble l'Etat de droit a été pendant longtemps absent de l'Afrique »[146]. Après un regain d'intérêt à la suite du renouveau démocratique[147] et des pressions internationales, les avancées demeurent timides. Aujourd'hui, « l'un des obstacles qui paraît insurmontable dans un continent qui fait pourtant depuis plus de deux décennies maintenant l'expérience du pluralisme, c'est la culture de l'autoritarisme et le déni du pluralisme »[148].

La résistance des pouvoirs publics à rendre effectives les décisions des juridictions constitutionnelles met à rude épreuve l'édifice de l'Etat de droit. De même, l'inexécution des décisions des juridictions constitutionnelles africaines conduit à relativiser les pouvoirs des juges constitutionnels[149]. En effet, si les juges constitutionnels ont un pouvoir de décision qui aboutit à trancher une question contentieuse selon les prescriptions juridiques, ce pouvoir n'a de réelle signification que lorsque les destinataires se soumettent à la décision de constitutionnalité.

Cette situation montre que le législateur organique ou constitutionnel n'est pas allé aussi loin dans la définition des compétences des Cours et Conseils constitutionnels. Les textes ne prévoient pas dans l'ensemble une sanction relative à la résistance des pouvoirs publics à l'exécution d'une décision de constitutionnalité. L'affirmation de l'autorité des décisions des juridictions constitutionnelles a montré des limites à l'épreuve des faits. En cas de refus d'exécution, les juges constitutionnels sont démunis.

C'est la raison pour laquelle, instruit par l'expérience récente, le constituant nigérien a assimilé le refus du président de la République d'exécuter une décision de la Cour constitutionnelle à une violation grave de la Constitution qualifiée de haute trahison. La mise en branle de cette procédure peut aboutir à la destitution du président de la République. Toutefois, le texte constitutionnel ne vise que le chef de l'État à l'exclusion des autres pouvoirs publics.

---

[145] L. DUGUIT, *Manuel de droit constitutionnel*, Paris, Editions Panthéon-Assas, 2007, 1ère édition 1923, p. 26-27.

[146] D.-F. MÉLÉDJE, « L'Etat de droit, nouveau au nom du constitutionnalisme en Afrique ? », in Etudes coordonnées par F. Joël AÏVO, *La Constitution béninoise du 11 décembre 1990 : un modèle pour l'Afrique ? Mélanges en l'honneur de Maurice Ahanhanzo-Glélé*, Paris, L'Harmattan, 2014, p. 589.

[147] L. GABA, « L'Etat de droit et la démocratie en Afrique subsaharienne », in *Mondialisation et Etat de droit*, sous la direction de D. MOKLE, Bruxelles, Bruylant, 2002, p. 199-272.

[148] *Idem*, p. 598.

[149] Sur cette question, voire M. CAPPELLETTI, *Le pouvoirs des juges*, Paris, Aix, Presses universitaires d'Aix-Marseille, 1990, 397 p.

Au-delà du relativisme qui touche les pouvoirs du juge constitutionnel du fait de l'inexécution de ses décisions, cette situation entraîne une contestation plus générale de la justice constitutionnelle et de sa légitimité. Face à la mise à l'épreuve de ses décisions qui constitue à l'évidence des failles dans la construction et la consolidation de l'État de droit, le juge constitutionnel africain fait souvent l'objet, d'attaques personnelles, de critiques virulentes et parfois de menaces de mort. Dans des situations extrêmes, le juge n'hésite pas à écarter momentanément l'obligation de réserve que la loi lui impose pour répondre à ses détracteurs.

Dans le cadre de l'assainissement des mœurs politiques et de la lutte contre la corruption et le détournement des deniers publics, les Constituants de certains pays africains ont interdit à certaines autorités politiques de soumissionner à des marchés publics. Un député nigérien ne l'ayant pas respecté, le juge constitutionnel de la période transitoire a déclaré inconstitutionnelle l'attribution du marché. Face à la violence des critiques, la Conseil constitutionnel transitoire a dans un communiqué fustigé les réactions hostiles relayées par la presse. « […] Suite à cette décision, certains commentateurs ont estimé que : Premièrement, il n'y a pas eu violation de la Constitution sur tous les points soulevés, mais méconnaissance des dispositions, autrement dit, une erreur administrative ; rien de plus. Sur ce point, le Conseil constitutionnel tient à préciser que le non-respect, tout comme la méconnaissance des dispositions constitutionnelles, signifient purement et simplement leur violation »[150].

Au Sénégal, le juge constitutionnel a été critiqué avec des termes pour le moins désobligeants. Taxés de « forfaiture », les membres du Conseil constitutionnel ont fait l'objet de toutes sortes de pressions et d'insultes avant la proclamation de la recevabilité de la candidature du président Abdoulaye Wade à un troisième mandat de l'élection présidentielle de 2012. Le président du Conseil constitutionnel, Cheikh Tidiane Diakhaté saisit l'occasion solennelle de la prestation de serment du président de la République Macky Sall, le 3 avril 2012, pour répondre à ses détracteurs. Rompant avec la tradition qui caractérise ces circonstances, il s'adresse à l'ensemble de la classe politique réunie. « (…) Pour sa part, le Conseil constitutionnel, seul organe habilité en l'occurrence à dire le droit, estime avoir joué sa partition avec responsabilité, sérénité et impartialité, malgré les contrevérités, agressions, insultes, menaces et invectives. Il a, dans sa plénitude, accompli son devoir avec comme bréviaire l'exhortation de l'écrivain Jérome Carlos : '' Demain, dans le tir groupé de francs-tireurs embusqués, décochant, depuis leur sombre repère, des flèches assassines contre votre personne, (retenez que) c'est l'ambigu destin de ceux qui s'élèvent au-dessus du lot commun. C'est dire que, où que vous vous tournez, vous n'avez ni faveur ici, ni grâce là. Soyez et restez votre propre ami. C'est-à-dire celui qui sait écouter lui-même pour n'entendre la voix de la conscience''. C'est cette doctrine qui a permis

[150] Conseil constitutionnel de transition, communiqué de presse du 22 février 2012, *Le Sahel* (quotidien gouvernemental) n° 8285 du 27 février 2012, p. 7.

au Conseil constitutionnel de procéder à une introspection à l'occasion du séminaire interne, tenu au mois de septembre 2011 »[151].

Ainsi, le juge constitutionnel constate : « Après les multiples pressions, les menaces répétées, les attaques directes telles que le mitraillage du domicile du professeur Maurice Glélé Ahanhanzo et la marche des militants de la Renaissance du Bénin dans les rues de Cotonou scandant des slogans hostiles aux membres de la Cour, suite au meeting organisé par le candidat Nicéphore Dieudonné Soglo, celui-ci a convoqué, les 26 et 27 mars 1996, trois (3) des membres de cette institution, Monsieur Pierre Ehou, celui-ci a convoqué, les 26 et 27 mars 1996, trois (3) des membres de cette institution, Monsieur Pierre Ehoumi et le professeur Alexis Hountoungi, vice-président, Maurice Glélé Ahanhanzo [...] le candidat Nicéphore Dieudonné Soglo soutenait que les multiples pressions, tant de l'intérieur que de l'extérieur, ont été exercées sur la Commission électorale (C.E.N.A) et sur la Cour constitutionnelle et auraient influencé les résultats du scrutin tels que proclamés par ladite Cour. Il poursuivait que, fort des nombreuses preuves d'irrégularités dont il dispose, il allait introduire un recours en vue de faire annuler les élections dans les départements du Borgou et de l'Actacoura... Il précisait qu'au cas où la décision de la Cour ne lui serait pas favorable, celle-ci doit alors l'assortir d'une recommandation d'amnistie ou de l'octroi de garanties de statut officiel de l'opposition et qu'il soit accordé à lui-même, à sa famille et à ses partisans des garanties formelles contre toutes poursuites ou tracasseries administratives... Il ajoutait que si ces conditions n'étaient pas remplies, il y aurait une guerre civile qui frapperait les uns et les autres [...] La Cour constitutionnelle affirme avec force qu'en tout état de cause, elle continuera, en toute indépendance et dans la sérénité, à assumer pleinement dans son domaine de compétence, la mission que le peuple souverain, à travers la constitution, lui a confiée »[152].

Dans le même ordre d'idées, au Mali, le juge constitutionnel s'est vu obligé de sortir un communiqué pour rejeter les critiques mettant en cause son impartialité. « Depuis quelque temps, la Cour constitutionnelle du Mali fait l'objet d'agressions tant verbales qu'écrites dans la presse d'État et privée... Les membres de la Cour constitutionnelle ont pour obligation générale de s'abstenir de tout ce qui pourrait compromettre l'indépendance et la dignité de leurs fonctions. Ils ont l'obligation en particulier pendant la durée de leurs fonctions de n'occuper au sein des partis politiques aucun poste de responsabilité et de direction même à titre honorifique, de garder le secret des délibérations et des votes, de ne prendre aucune position publique sur les questions ayant fait ou susceptibles de faire l'objet de décision de la part de la Cour, de ne donner aucune consultation sur les questions relevant de la compétence de la Cour constitutionnelle. Les membres de la Cour constitutionnelle sont tenus à un devoir de réserve... En raison de cette obligation de réserve, la Cour ne saurait répondre

---

[151] *Le Soleil* des mardi 3 et mercredi 4 avril 2012.

[152] Communiqué de la Cour constitutionnelle du Bénin du 26 mars 1996, L. SINDJOUN, *Les grandes décisions de la justice constitutionnelle africaine...*, *op. cit.*, p. 346-347.

aux critiques dont elle fait l'objet. Néanmoins, elle se voit dans la nécessité de rappeler les missions que la Constitution et les lois de la République du Mali lui assignent en matière électorale… Les propos calomnieux, injurieux, outrageants et diffamatoires actuellement en cours n'ont en réalité qu'un seul but : discréditer la Cour constitutionnelle… Il s'agit là d'un bien mauvais procès qu'une certaine presse et ses inspirateurs font à la Cour constitutionnelle, laquelle n'a joué que le rôle et tout le rôle que la Constitution et les lois de la République lui ont assigné. En conséquence, rien ne saurait la détourner de cette mission qu'elle accomplira en toutes circonstances et quoiqu'il advienne »[153].

La mise en cause de l'autorité des juridictions constitutionnelles conduit la Haute instance non seulement à résister, mais encore à imposer sa lecture de la Constitutions aux organes institutions judiciaires. C'est dans ce contexte que la Cour constitutionnelle a eu à rappeler à la Cour suprême du Bénin que : « […] la plus haute autorité de l'ordre judiciaire qu'est la Cour suprême est soumise au *dictum* de la Cour constitutionnelle. Il suffit d'examiner la compétence dévolue par la Constitution à la Cour constitutionnelle et l'effet des décisions de celle-ci sur les juridictions de l'ordre judiciaire y compris la Cour suprême qui est et demeure une autorité juridictionnelle. La mission de la Cour suprême est d'unifier l'interprétation de la loi par les juridictions visées par l'article 125 de la Constitution. Et la mission de la Cour constitutionnelle est d'une part d'être juge de la constitutionnalité des lois et donc de donner de la Constitution l'interprétation qui s'impose à toutes les autorités y compris l'autorité juridictionnelle, d'une seconde part garantir au plus haut degré de la République du Bénin les droits fondamentaux de la personne humaine et les libertés publiques… »[154].

Dès lors, pour sauvegarder l'État de droit et œuvrer à sa consolidation, les institutions et organes de l'État sont obligés de conformer leurs actions aux prescriptions de la Constitution. « Aussi, il ne suffit pas de proclamer l'État de droit dans la Constitution, faut-il surtout en assurer efficacement la protection. En ce sens, l'exécution des décisions contribue à la protection des droits fondamentaux des citoyens. Elle ne peut être bafouée sans fragiliser les institutions publiques ni céder dangereusement la place à l'anarchie et au mépris de l'idéal de la justice sur lequel est bâtie toute société civilisée »[155].

Si la norme fondamentale demeure l'instrument de mesure de toutes les décisions dans l'État, l'office du juge constitutionnel qui est le gardien de la Constitution devrait être sacralisé. Dans ces conditions, l'exécution des décisions des juridictions constitutionnelles demeure la condition *sine qua non* de la respectabilité et de la crédibilité de l'État de droit. Ainsi, on a pu souhaiter il y a

---

[153] Cour constitutionnelle du Mali, Communiqué du 29 août 2002.

[154] Cour constitutionnelle du Bénin, Décision DCC 09-087 du 13 août 2009, *Recueil des décisions de la Cour constitutionnelle,* 2009, p. 437.

[155] Samba MUKIRAMFI, « Réflexions prospectives sur un contentieux d'exécution des arrêts de la Cour constitutionnelle », *Annuaire congolais de justice constitutionnelle*, vol. 2, 2017, p. 28.

longtemps que « l'Afrique, tout en puisant dans son patrimoine culturel, s'inspire du legs colonial pour instaurer un État fondé sur le droit, l'Homme étant la fin première du pouvoir et de la société »[156].

[156] Maurice-A. GLÉLÉ, « Pour l'Etat de droit en Afrique », in *L'Etat moderne horizon 2000 : Aspects internes et externes, Mélanges offerts à P-F Gonidec*, Paris, LGDJ 1985, p. 192.

TABLES DES MATIÈRES

- II - Mettre à la cape

- III - Virer de bord ?

Structures éditoriales du groupe L'Harmattan

L'Harmattan Italie
Via degli Artisti, 15
10124 Torino
harmattan.italia@gmail.com

L'Harmattan Hongrie
Kossuth l. u. 14-16.
1053 Budapest
harmattan@harmattan.hu

L'Harmattan Sénégal
10 VDN en face Mermoz
BP 45034 Dakar-Fann
senharmattan@gmail.com

L'Harmattan Cameroun
TSINGA/FECAFOOT
BP 11486 Yaoundé
inkoukam@gmail.com

L'Harmattan Burkina Faso
Achille Somé – tengnule@hotmail.fr

L'Harmattan Guinée
Almamya, rue KA 028 OKB Agency
BP 3470 Conakry
harmattanguinee@yahoo.fr

L'Harmattan RDC
185, avenue Nyangwe
Commune de Lingwala – Kinshasa
matangilamusadila@yahoo.fr

L'Harmattan Congo
67, boulevard Denis-Sassou-N'Guesso
BP 2874 Brazzaville
harmattan.congo@yahoo.fr

L'Harmattan Mali
Sirakoro-Meguetana V31
Bamako
syllaka@yahoo.fr

L'Harmattan Togo
Djidjole – Lomé
Maison Amela
face EPP BATOME
ddamela@aol.com

L'Harmattan Côte d'Ivoire
Résidence Karl – Cité des Arts
Abidjan-Cocody
03 BP 1588 Abidjan
espace_harmattan.ci@hotmail.fr

L'Harmattan Algérie
22, rue Moulay-Mohamed
31000 Oran
info2@harmattan-algerie.com

L'Harmattan Maroc
5, rue Ferrane-Kouicha, Talaâ-Elkbira
Chrableyine, Fès-Médine
30000 Fès
harmattan.maroc@gmail.com

Nos librairies en France

Librairie internationale
16, rue des Écoles – 75005 Paris
librairie.internationale@harmattan.fr
01 40 46 79 11
www.librairieharmattan.com

Lib. sciences humaines & histoire
21, rue des Écoles – 75005 Paris
librairie.sh@harmattan.fr
01 46 34 13 71
www.librairieharmattansh.com

Librairie l'Espace Harmattan
21 bis, rue des Écoles – 75005 Paris
librairie.espace@harmattan.fr
01 43 29 49 42

Lib. Méditerranée & Moyen-Orient
7, rue des Carmes – 75005 Paris
librairie.mediterranee@harmattan.fr
01 43 29 71 15

Librairie Le Lucernaire
53, rue Notre-Dame-des-Champs – 75006 Paris
librairie@lucernaire.fr
01 42 22 67 13

www.ingramcontent.com/pod-product-compliance
Lightning Source LLC
LaVergne TN
LVHW011222061026
849535LV00001BA/131
9782343201399